南京大学中华民国史研究中心
宋美龄与近代中国研究系列
主编 张宪文等

宋美龄年谱

朱宝琴
李宁 著

人民东方出版传媒
東方出版社

图书在版编目（CIP）数据

宋美龄年谱 / 朱宝琴，李宁编著 .— 北京：东方出版社，2019.6
（“宋美龄与近代中国”研究系列丛书）
ISBN 978-7-5060-9522-8

Ⅰ .①宋… Ⅱ .①朱… ②李… Ⅲ .①宋美龄（1897-2003）—年谱
Ⅳ .① K827=7

中国版本图书馆 CIP 数据核字（2017）第 045125 号

宋美龄年谱
（SONGMEILING NIANPU）

作　　者：朱宝琴　李　宁
主　　编：张宪文
责任编辑：梁　欣　杨润杰
出　　版：东方出版社
发　　行：人民东方出版传媒有限公司
地　　址：北京市东城区东四十条 113 号
邮　　编：100007
印　　刷：北京汇林印务有限公司
版　　次：2019 年 6 月第 1 版
印　　次：2019 年 6 月北京第 1 次印刷
开　　本：640 毫米 ×950 毫米　1/16
印　　张：39.75
字　　数：570 千字
书　　号：ISBN 978-7-5060-9522-8
定　　价：98.00 元
发行电话：（010）85924663　85924644　85924641

“宋美龄与近代中国”研究系列丛书编委会

总　序

20 世纪末至 21 世纪初，随着历史档案的不断开放，史学界对民国历史人物的研究，开始较多地关注蒋介石与宋耀如家族，对宋子文、宋庆龄发表和出版了较为丰富的研究成果。然而，学界对另一位宋氏家族的重要成员宋美龄却问津甚少。坊间虽然出版了关于她的一些著作、画册等，但是如何审视过去对她的一些误判并给予恰当的历史定位，无疑是历史学界应尽的责任。

2009 年 1 月，我与南京大学三位教授飞赴台北，在邱进益博士的引荐下，与“妇联会”辜严倬云女士相会，商讨合作研究宋美龄事宜。双方相谈甚为融洽，确认了积极开展宋美龄研究的学术计划。时间已经过去多年，《宋美龄与近代中国》研究丛书九卷、《宋美龄文集》五卷，均已顺利完成撰著和编纂工作。其中《宋美龄、严倬云与中华妇女》于 2012 年由台北黎明文化事业股份有限公司出版，《宋美龄文集》（五卷、繁体版）于 2015 年由台北苍璧出版有限公司出版。这是海峡两岸学术合作和宋美龄学术研究的大事，值得祝贺。

宋美龄是近现代中国历史上杰出的女性、著名的女政治家、中国妇女运动的推动者和指导者。2003 年 10 月 24 日（北京时间）逝世于美国纽约。时任全国政协主席贾庆林于当日发去唁电，表示哀悼，并对这位成功跨越三个世纪的政治家给予了高度评价。

宋美龄祖籍海南文昌，出生于上海。幼时跟随家人赴美国读书，后转入韦斯理学院深造。受家族影响，笃信基督教，是一位虔诚的基督教信徒。

1917年，宋美龄学成归国。作为一名深受西方文化熏陶的中国女青年，她进一步融合了中国的传统观念和伦理道德，成为中西文化交融的典范，彰显了中国现代女性的特质和风度。

1927年，宋美龄与蒋介石成婚。之后走上政治舞台，与蒋介石东奔西走，逐步展现其政治才华。作为一名重要的民国政治人物，凭借第一夫人的特殊身份，宋美龄亲历了中国近现代各个时期的重大历史事件，并作出了她的历史贡献。

宋美龄较早地献身于中国的妇女运动，领导创办国民革命军遗族学校，安抚遗孤，培养教育为国捐躯壮士的后代。即使蒋介石在解放战争中兵败退台后，宋美龄仍对引导妇女服务军界、筹建军眷住宅、推动社会福利事业、扶助难童和残障人士等事业表现了特别的关切。

早在19世纪后期，中国开始了现代化的历程。辛亥革命的成功，标志着中国由传统社会走向现代国家的道路。然而革命后的社会改造却是更为复杂和长期的过程。20世纪30年代，蒋介石掀起了新生活运动，尝试改良社会风气、移风易俗、改变不良习惯、规范国民生活，虽然这一运动并未取得明显效果，但宋美龄奔走呼号，成为此项运动的重要推动者。

1936年发生的西安事变，是中国国共两党走向团结抗日的重要转折点。宋美龄亲赴西安，力劝蒋介石转变态度，为事变的和平解决发挥了特殊的作用。

宋美龄一生最光辉的政治亮点是在抗日战争时期。她不仅亲赴前线、引导妇女投入战地救护工作、着力建设中国空军、陪同蒋介石出访印度、拓展中国在南亚的影响，还远赴美国，争取美援。其在美国国会的演说，震动了美国政坛，展现了她的外交风范和智慧。抗日战争后期陪同蒋介石出席具有重要历史意义的开罗会议，更加显示了中国女政治家的才能。

晚年，宋美龄逐步脱离台湾政坛，赴美久居，放手让蒋经国治理台湾。终宋美龄一生，其政治生涯既辉煌，又曲折。她为推动中华民族的复兴事业，奉献了智慧和力量，是一位值得浓笔重写的杰出女性。

南京大学中华民国史研究中心组织多位历史学教授，依据大量原始史料，撰著的这套宋美龄研究丛书，有《我将再起：宋美龄的后半生》《家国春秋：宋美龄与宋孔家族》《历史关口：宋美龄与西安事变》《东方魅力：宋美龄与战时中国外交》《新民新风：宋美龄与近代中国社会改造》《陪都岁月：重庆时期的宋美龄研究》《宋美龄年谱》《吾心吾力：政治视阈中宋美龄的思想历程》。这些著作的撰写，作者虽然努力做到尊重历史事实，给宋美龄以客观的、实事求是的评述，但毕竟受学术水平和掌握史料所限，因此，著作中疏漏及不当之处，尚请各方人士给予指正。

南京大学荣誉资深教授　张宪文

前　　言

宋美龄是中国近现代历史上著名的女政治家。她的一生对中国政治发挥过特殊的作用和影响。综观宋美龄生前逝后国际国内舆论的评价，大致如下：

一、西方政要的评价

英国前首相丘吉尔认为“这位中国女人，可不是弱者”①。美国前总统罗斯福称，宋美龄与外国人打交道是“与众不同的特点”②。但抗战时期与宋美龄交往过的史迪威则认为她“喜欢权力，重名誉，喜奉承”，且“对蒋介石有很大的影响力”。③ 而以骄傲著名的丘吉尔则把宋美龄看成世界上最受人欣赏的少数女性之一。宋美龄逝世后，时任美国总统布什及时发去唁电，为失去“一直是美国的亲密朋友”难过。美国前国务卿基辛格评价宋美龄：“一位乱世美人，以女性的非凡情感，影响了大千世界，值得我们永远品味和思考。”④

宋美龄在中美关系上的作用和影响，曾使她持续数十年被美国刊物选为“十大最著名的女性”，并多次登上美国《时代》周刊封面。

---

① 刘巨才：《一代风流宋美龄》，团结出版社 1993 年版，第 214 页。

② 刘巨才：《一代风流宋美龄》，第 202 页。

③ 《史迪威日记》（1942 年 4 月 1 日），黄加林等译，世界知识出版社 1992 年版，第 130 页。

④ 洪亮、姚岚：《宋美龄在美国》，团结出版社 2008 年版，第 441 页。

二、有关宋美龄的传记著作

美国作家汉娜·帕库拉著的《宋美龄新传》，（林添贵译，台北远流出版事业股份有限公司，2011年），以宋美龄家世背景、中国近代社会政治变迁为切入点，将宋美龄的生平活动置于社会变迁脉络中描述。该书特色是：（一）作者作为宋美龄曾就读的韦斯理女子学院的学妹，搜集了大量宋美龄与大学同学往来的书信资料，读来令人耳目一新。（二）该书以抗日战争期间宋美龄在中美关系中的作用与影响为中心题材展开描述，呈现宋美龄在现代中国的国家建构中所扮演的角色，但对宋美龄所经历的国共内战及退台后的活动着墨不多，且引述资料“多为辗转使用的二手资料”，研究者使用有待进一步考证。

林家有、李吉奎的《宋美龄传》（河南人民出版社，1995年），以宋美龄的生平活动为主线，对其与蒋联姻后参与的政治、军事、外交等活动详其原委，一一道来，具有一定程度的可读性，令人印象深刻。该书引用了中外多种材料，但对一些“明显带有偏颇性”的著作，为了记述需要，“仍加引录”。尽管作者立意在历史的还原，由于新资料挖掘缺失，该书对“传主的活动有很多是十分重要而又不为外人所知”之处“付诸阙如”。该书研究认为，在中国现代史的整个发展过程中，宋美龄显然扮演着一个反面的人物，然而研究者不能不承认她并非一无是处。她曾在一定时期内在一些问题上起过作用，当然也包括副作用。所以“她不是简单的‘爱权’的女人，而是本世纪历史上一个有着强烈的民族意识，极为著名的女人”①。褒扬贬抑，渗透于字里行间，表达了作者的观点。

杨树标的《宋美龄传》（江西人民出版社，1995年）“无法称是人物的全传，也称不上是研究专著。着重写了宋美龄与蒋介石的活动，只是编年体与纪事本末互相结合的一本历史书籍”②。内

---

① 林家有、李吉奎：《宋美龄传》，河南人民出版社1995年版，前言。

② 杨树标：《宋美龄传》，江西人民出版社1995年版，引言。

容重点以抗日战争时期宋美龄在中美关系中的活动为主，战后宋美龄的活动只提及 1948 年的美国之行，对宋美龄返台后的活动仅着墨于宋美龄致廖承志、邓颖超公开信的评析。亦如作者序中所说："感到材料还相当缺乏，有不少事只知道她还干过或参与过，但无法把始末写清楚。"书中对人物评价客观、公允，如对史迪威与蒋介石的矛盾的评析，多从实证史料出发立论。

台湾作者王丰著的《一个真实的宋美龄》（团结出版社，2008 年），是一本曾经风靡海内外记述宋美龄奇特一生的读物。作者以宋美龄的亲随、左右、故交的亲历亲闻之口述内容为主，披露了宋美龄的生活、情感，她的毕生追求与经历，她的婚姻，以及她与蒋氏家族、她的姐妹之间的真正关系。作者"纯然就事论事"，以举出事例或是追求流言的方式考察宋美龄。在评析上，作者拓展了一个新的视野，尝试从影响宋美龄一生最深的几个层面，解析她的性格。作者认为宋美龄的家庭，自始就和当时贫穷落后的中国发生着尖锐的矛盾。而美式教育对她人生历程与奋斗，起了最远大的作用，并且塑造了宋美龄独特的性格。基督教的意识形态，形成了她的整个人生态度，并为其编造了一个人事脉络和深刻的人生阅历。作者的视角尽管为宋美龄研究预留了言论和求证的空间，但研究视野的局限，似难呈现一个真实的宋美龄。

以上数种引起人们关注的传记著作，对推动宋美龄研究有所裨益。

三、宋美龄逝世后海峡两岸政坛反响

宋美龄逝世当日，时任全国政协主席贾庆林即给宋美龄亲属发出唁电，对其逝世表示哀悼，并在发表的谈话中指出："宋美龄女士是中国近现代史上有影响的知名人士，她曾致力于中国人民抗日战争，反对国家分裂，期盼海峡两岸和平统一、中华民族兴

盛。”[①] 中央电视台在隔日晚黄金时间，播映了一部反映宋美龄生平的新闻纪录片。海峡两岸关系协会会长汪道涵、中国国民党革命委员会中央委员会主席何鲁丽、黄埔军校同学会、宋庆龄基金会先后给宋美龄的亲属发去唁电。

台湾国民党方面得到宋美龄辞世噩耗后，国民党主席连战接受记者采访时表示：“宋美龄女士一生对国民党有重大贡献。”中央党部决定降旗三天，表示悼念。

斯人已去，客观地评价宋美龄跨越三个世纪的传奇人生，《宋美龄年谱》是不可替代的载体。因为年谱具有资料长编的性质，可为深入探讨宋美龄一生提供基础。

这本数十万字的年谱，是在中华民国史研究著名专家张宪文教授指导下完成的。书中对宋美龄价值观的形成、活动主要线索、个人与家庭、对蒋介石的影响、政治参与的广度与深度、与朋友关系及社会各层面的关系，以及外界对她的评论，都有连贯的记述和较全面的反映。该年谱的特点如下：

首先，年谱中的资料汇集了目前新开放的档案资料和学界关于宋美龄的最新研究成果，并对搜集到的宋美龄资料进行了审慎的考订和适当的剪辑。

其次，中国近现代史上宋美龄是一个著名的女政治家，是一个在现代民族国家建构中起过重要作用的人，在海峡两岸乃至中美关系上是一个有广泛社会影响的人。因此，凡是能够反映她参加的社会、政治活动，她对重大社会问题的态度、见解的材料，凡是关于她重要的演讲、对外广播、著作论文、回忆，反映她的政治主张、信仰的材料，本书尽量采用。

最后，宋美龄的家世背景，蒋宋联姻，蒋、宋、孔氏家族关系对中国政治、社会影响至密，对于能够反映宋美龄与此相关的态度，以及反映她内在心理活动的材料，只要具体可靠，本书亦尽量采用。读者不仅从中可以看到宋美龄一生历经世事沧桑，而

① 《贾庆林电唁宋美龄逝世》，人民网2003年10月25日。

且可以看到她在处理家庭内外的人际关系及人际交往中，甚至许多“小事情”上反映出来的文化心态。

本书呈现的宋美龄是立体的：她是一个政治上有主张、思想上有信仰、性格上喜张扬、生活上调和中西文化、懂得享受生活的历史人物。

目　　录

家　世

宋美龄的出生地是上海，祖籍海南岛文昌县昌洒镇古路园村。[1] 父亲宋嘉树（1861—1918），字耀如，原姓韩，名教准，教名查理·琼斯·宋。出生于古路园村一个商人之家，其先祖“原居河南相州之安阳。早在南宋年间，族人韩显卿南迁，先到浙江会稽县任县尉，后入粤任廉州太守。南宋庆元三年抱族谱南渡琼州，定居文昌县锦山三江地焉”[2]。此后，韩姓家族这一支派就在海南岛繁衍下来。传到清代二十世祖韩儒循（宋美龄的高祖父），于嘉庆年间从罗豆乌坡村迁居昌洒镇古路园村。

> 韩儒循有一子锦彝。韩锦彝妻伍氏生二男：鸿翼和鹏翼。长子鸿翼是一位儒商，为人宽厚，并热心公益事业，为乡人所敬重。夫人王氏，端庄文静，能诗善书，常向子女们讲述历史故事，使他们从中得到教益。鸿翼夫妇生有三男一女：长男政准，次男教准（即宋嘉树），女妚三，三男致准。宋嘉树的叔父韩鹏翼，娶同县宋氏为妻。韩教准12岁时过继给堂舅父……遂改姓“宋”，取名“嘉树”，又名“高升”。[3]

---

① 1983年，中共文昌县委和文昌县人民政府将宋氏祖居所属的乡改名为“庆龄乡”。

② 《韩氏族谱》，转引自尚明轩主编：《宋庆龄年谱长编》（上），社会科学文献出版社2009年版，第3页。

③ 尚明轩主编：《宋庆龄年谱长编》（上），第3页。

当时的海南岛处于战乱之中，加之天灾不断，不少岛民离乡背井，赴海外谋生。1875 年，十四岁的宋嘉树随舅父来到美国，在波士顿舅父开设的丝茶店铺当学徒。外部世界的精彩和中国留美学生追求西方文明的示范，激励着宋嘉树独立闯荡世界的欲望，不到一年他便逃离学徒的店铺。此后，他在美国的船上当过侍童、帮工，走南闯北，历经艰辛。

1880 年，宋嘉树皈依基督教，在洗礼仪式上被命名为“查理·琼斯·宋”。入教后，他获得了学习新知识的机会，先是在北卡罗来纳州内陆城市达勒姆市理公会的圣三一学院（后改名为“杜克大学”）读书。一年后，他又转学到田纳西州纳什维尔市万德毕尔特大学神学院学习。

1882 年至 1885 年，宋嘉树完成了万德毕尔特大学神学院的学业，“毕业时，在神学方面是班上的优等生”①。宋嘉树的二女儿宋庆龄著文称：“大学毕业后，我父亲不愿意继承叔父②的杂货店生意，他想回国。最后，他找学校当局帮忙，正好学校所在地的教会很希望有人去中国传教，因此父亲在二十岁③的时候回到了上海。”④

1886 年初，远渡重洋的宋嘉树返回阔别十余年的祖国。他先后在上海、昆山传教，还兼任一所教会学校的教职。1892 年，宋嘉树辞去教会职务，转而经营工商业，入股美华书馆，和美国圣经协会订立合同，在中国出版发行中文《圣经》，又投资面粉、香烟、棉纺等业，成为上海早期新式企业的经营者之一。同时，他继续热心布教，创办了上海中国基督教青年会，与美国的上海圣经公会过从密切。⑤

---

① ［美］约翰·奥尔牧：《回忆查理宋》，美国《世界言论》1938 年 4 月号。转引自尚明轩主编：《宋庆龄年谱长编》（上），第 4 页。

② 此处的叔父指堂舅父。因姓名无记载，《宋氏家族》中写“叔父”，《宋氏三姐妹》中写“舅父”，《宋家王朝》中写“伯父”，实指携宋嘉树赴美的堂舅父。

③ 此处的二十岁应是二十四岁。

④ 宋庆龄：《我家和孙中山先生的关系》，《党的文献》1994 年第 5 期。

⑤ 尚明轩主编：《宋庆龄年谱长编》（上），第 5 页。

1892年，宋嘉树结识了孙中山，加入兴中会，随后成为孙中山的挚友和重要的经济支持者。[①] 二十年后，孙中山在《致李晓生函》中提及与宋嘉树的结识与友谊：

> 宋君嘉树者，二十年前曾与陆烈士皓东及弟初谈革命者，二十年来始终不变，然不求知于世，而上海之革命得如此好结果，此公不无力。然彼从事于教会及实业，而隐则传革命之道，是亦世之隐君子也。弟今解职来上海，得再见故人，不禁慨当年与陆皓东三人屡作终夕谈之事。[②]

宋嘉树的人生经历，敢闯勇搏、热爱祖国、积极进取的精神和行为对后代的影响和教育是巨大的。

宋美龄的母亲倪桂珍（1869—1931），浙江余姚人，出生于上海，是我国明朝著名科学家、最早皈依基督教的教徒徐光启的后裔。她的父亲倪蕴山是徐光启的“第十六代子孙”。倪蕴山青年时由余姚移居上海，是新教圣公会的教徒，后来与上海徐家一位姑娘结婚，生下女儿倪桂珍。倪桂珍自幼聪慧好学，蒙受中西教育，喜爱数学，擅弹钢琴，学业优秀。毕业后曾在基督教圣公会（由在上海的美国人创办）创办的培文女子高级学堂担任教职，是虔诚的基督教徒，热心慈善事业和教会活动，因乐善好施，口碑甚佳。[③]

1887年夏，宋嘉树经友人介绍与倪桂珍结为连理。共同的宗教信仰、良好的教育背景、相投的志趣使婚后的夫妻生活十分美满。倪桂珍的家世给宋嘉树未来事业的发展带来了有益的社会资

---

① 尚明轩：《宋庆龄与孙中山的结合》，载尚明轩：《孙中山与国民党左派研究》，人民出版社1986年版，第97页。

② 《致李晓生函》，载《孙中山全集》第2卷，中华书局1982年版，第342页。

③ 李桓编译：《宋美龄传》，台北天元出版社1985年版，第23页。

源。[①] 他们家庭的宗教及教育理念使其六位子女成为民国时期政治舞台上令人瞩目的人物。

宋美龄排行第四，有两姐、一兄和两个弟弟，共有姊妹兄弟六人。

大姐宋蔼龄（1890—1973）（在中外有关著述中，宋蔼龄的"蔼"字，一般均为"霭"。而1932年8月宋氏兄弟姐妹为父母立墓碑时，立碑人中的"女蔼龄"，则用的是"蔼"。该碑现竖立在上海宋园路23号宋庆龄陵园里）[②] 早年赴美留学，是中国女性留学美国之始。[③] 1909年，获卫斯理安女子学院文学学士学位。1912—1914年，担任孙中山的英文秘书。随后，因与山西富商后裔孔祥熙结婚，离开孙中山，随夫从事实业。在兄弟姐妹中，宋蔼龄对宋美龄的影响最大。她极力促成宋美龄与蒋介石的婚事，夫妇二人支持蒋介石统治，孔祥熙先后担任国民政府工商部部长、财政部部长及行政院院长等重要职务。宋美龄视宋蔼龄子女如己出。外界认为，她对孔家的孩子太宠爱，由于她的庇护，孔家的孩子才干出"那些坏事"。[④] 蒋介石政权撤出大陆前，宋孔夫妇携全家移居美国。1973年10月19日，宋蔼龄病逝于美国，终年八十三岁。宋美龄晚年与大姐的子女过从密切。

二姐宋庆龄（1893—1981），1907年夏偕同宋美龄赴美国求学。留学期间对年幼的宋美龄十分呵护，宋美龄对宋庆龄非常敬重。1913年6月，宋庆龄毕业于卫斯理安女子学院，获文学学士学位。同年夏，赴日本与避难在此的父亲相聚。不久担任孙中山的英文秘书。1915年10月，她冲破家庭阻力与孙中山在东京结婚。宋美龄与宋庆龄常有书信往来，成为宋庆龄情感倾诉的知音。

婚后，宋庆龄积极投身孙中山领导的民主革命运动，不避艰

① ［美］汉娜·帕库拉（Hannah Pakula）:《宋美龄新传》，林添贵译，台北远流出版事业股份有限公司2011年版，第10页。

② 尚明轩主编:《宋庆龄年谱长编》（上），第8页。

③ 尚明轩主编:《宋庆龄年谱长编》（上），第8页。

④ ［美］裴斐、韦慕庭访问整理:《从上海市长到"台湾省主席"——吴国桢口述回忆》，吴修垣译，上海人民出版社1999年版，第247页。

险，无私奉献，成为孙中山的得力助手。她辅助孙中山改组国民党，推动第一次国共合作。随同孙中山北上，扩大新三民主义宣传和影响。1925 年 3 月 12 日，孙中山不幸逝世。宋庆龄忠诚地继承孙中山的革命思想和精神，坚决维护三大政策，当选中国国民党第二届中央执行委员兼妇女部部长。1927 年 3 月，担任国民党中央政治委员会委员、武汉国民政府委员。她反对宋美龄与蒋介石的婚事，反对蒋介石独裁，成为国民党左派的旗帜。1927 年 8 月，赴莫斯科，12 月任“反帝大同盟”大会名誉主席。1929 年，任国民革命军遗族学校校长。1932 年，在上海组织“中国民权保障同盟”。抗日战争爆发前，她积极推动国共第二次合作：1935 年，帮助沟通了国共两党长期中断的联系；1936 年，赞同和平解决西安事变，主张释放蒋介石。1937 年，她领衔联合何香凝、冯玉祥等向国民党五届三中全会提出恢复孙中山手订的三大政策提案。

全民族抗战中，在香港创办“保卫中国同盟”，致力于战时医药救济和儿童福利工作。1940 年 3 月，宋氏三姐妹在香港联袂举办公开演讲，显示团结抗战的决心，引起轰动效应。为支持蒋介石政府坚持抗战的决心，应宋美龄邀请前往重庆，考察大后方的抗战局势和妇女工作，并与亲属团聚。她不畏艰难险阻，为争取和维护国内团结，共同抗日，批评和反对蒋介石背叛孙中山的行为。

抗战胜利后，领导“中国福利基金会”，募集大量医疗器械、药品等战略物资，支持中国共产党领导的人民解放战争。后来她们虽因政见相左而分道扬镳，但姐妹情谊依然诚笃。1981 年 5 月，宋庆龄病重期间，亲属将姐姐的病情通知在美国纽约的宋美龄，几天后，复电曰：“把姐姐送到纽约治病。家。”①

1949 年 10 月，中华人民共和国成立，宋庆龄当选中华人民共和国中央人民政府副主席，并先后担任中华人民共和国名誉主席、

---

① 陈燕：《接过父母的“友好事业”》，《今日中国》2008 年第 1 期。

中华人民共和国全国人民代表大会常务委员会副委员长，1981 年 5 月 29 日病故。宋庆龄治丧委员会分别致电宋美龄及在世界各地的亲属表示沉痛哀悼，孙科夫人陈淑英、宋子安夫人胡其瑛、宋子文子女等亲属有的发来唁电，有的参加葬礼，有的敬献花圈①，但是宋美龄对宋庆龄的逝世没有公开回应。

哥哥宋子文（1894—1971），上海圣约翰大学毕业，美国哈佛大学硕士，哥伦比亚大学经济学博士。1917 年返国，任汉冶萍煤铁公司上海总办事处秘书、总公司会计处科长等职。后任上海联华商业银行总经理，并创办大洲实业公司。② 1923 年，受邀至广州，任广东军政府孙中山英文秘书，并经理盐务。1924 年，任中央银行行长。1925 年，任广东省政府商务厅厅长、广州国民政府财政部部长兼广东财政厅厅长。1926 年，当选中国国民党第二届中央执行委员，此后历届连任。旋任军事委员会常务委员。1927 年，当选中央政治委员会委员、国民政府委员及常务委员等要职。其间均担任财政部部长。1928 年 7 月，召集全国财政会议，打下统一财政之基础，11 月兼任中央银行总裁。1930 年，兼任行政院副院长，一度辞职，旋又复职。1933 年，先后奉派美国、英国、法国洽谈经济合作，谋求外援。回国后辞去行政院代院长职及财长职，全力负责经济建设。发起组织中国建设银公司，以扶持公私各类企业。③ 20 世纪三四十年代，宋子文参与过国民党政权一系列方针政策的制定与实施，直接介入过若干重要金融和经济企业的经营管理，并通过发行公债、乞求美援、吞并银行等手段，强化蒋介石政权的经济基础，同时也为自己聚集了许多财富。④ 由于与蒋介石的戚谊，人们对宋子文此间作为毁誉参半，但宋子文涉外生涯对扩大他的知名度和政治影响颇有裨益。

全面抗战爆发后，宋子文兼任国际反侵略会中国分会会长、

---

① 尚明轩主编：《宋庆龄年谱长编》（下），第 1443 页。

② 徐友春主编：《民国人物大辞典》，河北人民出版社 1991 年版，第 439 页。

③ 陈立文：《宋子文与战时外交》，台北“国史馆”1991 年版，第 7 页。

④ ［美］裴斐、韦慕庭访问整理：《从上海市长到“台湾省主席”——吴国桢口述回忆》，第 239、241 页。

航空委员会主任委员，在港协助多项中国对外借贷。[①] 1940 年 6 月，宋子文任蒋介石私人特使，赴美办理请援借贷事项。1941 年 5 月，在美国成立中国国防供应公司，办理军械物资采购工作。[②] 太平洋战争爆发后，任外交部部长，留美处理中美外交工作。1942 年，代表中国签订二十六国共同宣言。1942 年返国后，负责对英、美谈判废除不平等条约。1944 年 12 月，复任国民政府委员并代理行政院院长，仍兼外交部部长。1945 年 4 月，被选为出席旧金山联合国大会首席代表，返国后，任行政院院长，不久辞外交部部长职，以行政院院长身份负责对苏谈判，正式签订中苏友好同盟条约。1946 年 3 月，辞行政院院长职，10 月任广东省政府主席，兼国民政府广州行辕主任。

据曾担任国民政府要职、熟悉宋氏家事的吴国桢口述称："他家中共有六个孩子，据说分为两派：孔夫人、蒋夫人和宋子良为一方，宋子文、孙中山夫人和宋子安为另一方。"[③] 此为一家之言，事实上并不尽然。尽管宋子文曾反对宋美龄与蒋介石的婚事，观点上一度与二姐庆龄一致，但在处理 1936 年西安事变问题上，宋家兄弟姐妹心是相近的。吴国桢还说："虽然中国人在感情上总认为亲戚要比非亲好，但蒋夫人从来不喜欢宋子文。他们两人有好几次对我谈了他们间的个人感情。蒋夫人有一次告诉我说，子文不管别人只为他自己。宋子文与蒋介石争吵之后，担心丧命，他从未请妹妹帮助与蒋实现和解。他一度和我商量该怎么办，我说：'为什么不同你妹妹谈谈呢？'他将头扭到一边，非常严肃地说，不。"[④]

1949 年 1 月，宋子文辞去职务，不久迁居美国。1971 年 4 月

---

① 陈立文：《宋子文与战时外交》，第 7 页。

② ［美］陈纳德：《陈纳德将军与中国》，陈香梅译，台北传记文学出版社 1978 年版，第 93 页。

③ ［美］裴斐、韦慕庭访问整理：《从上海市长到"台湾省主席"——吴国桢口述回忆》，第 241 页。

④ ［美］裴斐、韦慕庭访问整理：《从上海市长到"台湾省主席"——吴国桢口述回忆》，第 249 页。

病故，终年77岁。

大弟宋子良（1901—1987），生于上海，毕业于上海圣约翰大学，后赴美留学，1921年毕业于美国凡顿贝特大学。回国后历任国民政府外交部秘书及总务司司长。1931年任上海浚浦局局长，六河沟煤矿公司常务董事兼协理，中国国货银行、中国建设银公司理事兼总经理，中央银行理事等职。并先后任中国银行、交通银行、中国实业公司、中国农工银行、华美烟草公司、南洋兄弟烟草公司、大晚报馆、时事新报馆等董事，邮政储金汇业局监察委员会委员长，上海市银行同业公会执行委员。1936年任广东省政府委员兼财政厅厅长。[1] 抗日战争期间任滇缅路总办，掌管租借事务，负责采购和运输补给品，是宋子文的得力助手。1944年，任英、美、中三国战后和平机构会议专门委员。1946年，任国际复兴建设银行代理事。1947年，定居美国纽约，1987年病故。[2]

二弟宋子安（1906—1969），生于上海，是宋氏家族六兄弟姊妹中的幼弟。1928年毕业于美国哈佛大学。曾任松江盐务稽查所经理、松江运副（辅助盐运使掌管盐务行政事宜）、中国建设银公司经理及中国国货公司监察等职。1948年担任广东银行董事会主席、西南运输公司总经理等职，定居美国旧金山，常往来于旧金山与香港之间，他是宋子文经营金融业的助手。但与其他兄妹不同，较少涉足政治。1969年，病逝于香港。

在中国近代史的变迁中，宋嘉树及其子女两代人，留下了各自不同的足迹。宋美龄因与蒋介石的结合，抗战期间及战后，她不仅影响美国对华政策[3]，其作用与影响尤令世人瞩目，是“中国近现代史上有影响的知名人士，她曾致力于中国人民抗日战争，反对国家分裂，期望海峡两岸和平统一、中华民族兴盛”[4]。蒋家

---

① 王正华编：《蒋中正“总统”档案：事略稿本》（40），台北“国史馆”2010年版，第539—540页。

② 尚明轩主编：《宋庆龄年谱长编》（上），第12页。

③ ［美］斯特林·西格雷夫（Sterlin Seagrave）：《宋家王朝》（全译本），澳门星光书店1985年版，第8页。

④ 《贾庆林电唁宋美龄逝世》，人民网2003年10月25日。

四十年的牧师周联华在主持宋美龄告别式时宣称："我们全由上帝创造，但蒋夫人是造物主的杰作。"① 著名中华民国史专家张宪文教授称她是"近现代中国历史上杰出女性、著名的女政治家、中国妇女运动的推动者和指导者"②。

1899 年　诞生

3 月 23 日　（阴历二月十二日）出生于上海。③

* * * * * *

是年

蒋介石在浙江奉化葛溪溯源堂入私塾就学。

9 月 6 日　美国提出对华"门户开放"政策。

1900　一岁

是年

发生义和团运动，英、美、俄、德、法、奥、意、日联军攻占京津，慈禧太后挟光绪皇帝逃往西安。

10 月　孙中山组织的惠州起义因失外援受挫。

1901 年　二岁

大弟宋子良出生于上海。

* * * * * *

---

① ［美］汉娜·帕库拉：《宋美龄新传》，第 678 页。

② 张宪文、姜良芹等编著：《宋美龄、严倬云与中华妇女》，台北黎明文化事业股份有限公司 2012 年版，第 3 页。

③ 王舜祁：《蒋介石家世·宋美龄出生年月日考》，浙江人民出版社 1988 年版，第 166—167 页。

是年

9 月 清廷与十一国列强媾和，签订《辛丑条约》，偿战费白银四亿五千万两，加利息共九亿八千万两，分三十九年摊还，即史称“庚子赔款”。

冬，蒋介石在溪口与毛福梅结婚。

1902 年 三岁

是年

日俄矛盾激化，日本准备与沙俄武力争夺中国东北。

1903 年 四岁

幼时宋美龄聪颖可爱，父母的宠爱、兄姐的呵护使其个性自尊而敏感。她后来撰文《我的宗教经验》回忆称：

> 先母是十分亲近上帝。我认出她的伟大处，我相信我儿时所受训练，于我大有影响，虽然当时的我，是悖逆不听话。当我觉得祈祷乏味，私自溜出外时，我亲爱的母亲必觉难过。我如我的兄弟姐妹一般，常到礼拜堂去，唯我觉得长篇讲章甚是讨厌。这是儿时情形，到今日我才觉得这种常到礼拜堂的习惯，给我树立了一种安定观念。①

* * * * * *

是年

上海各界群众通电反对沙俄违约拒绝撤兵，霸占中国东北。

---

① 宋美龄：《我的宗教经验》，《兴华周刊》1934 年第 31 卷第 25 期。

蒋介石入邑城风麓学校，习英语、算术，受新式教育。①

1904年 五岁

中西女塾，英文名称为“Mctyeire School for Girls”（马克谛耶女子学校），这是外国教会在中国开办的一所收费的女子学校，属上海慕尔教堂的一部分，因两位姐姐都在该校上学，宋美龄也要求父母送自己去那里上学。学校的课程除语文课外，所设英文、地理、历史、宗教等课程一律用英语教学。她聪颖要强，一次宗教课讨论中，她见宋庆龄要求李牧师答疑，便责问宋庆龄：“你为什么向李牧师提问题，难道你不忠实信仰？”② 体现了姐妹迥异的性格。后来，因为年幼不能适应寄宿生活便被接回家去，父母请人在家教她念书，直到宋美龄赴美留学之前，她都是在家接受启蒙教育。③ 同时，为她进行“才艺”上的早期训练。宋美龄后来回忆说：“记得小时候练习钢琴，每周要上两次课。因为星期三星期六要上课，我总在星期二五才拼命练习，星期一星期四都懒得练。先生看我如此，有一天便对我说：‘我可以教你，但学要你自己来，就好像我可以替你做好饭，但不能代替你吃。’”④由于“在家称王称霸”，显得“目空一切，盛气凌人”。⑤

* * * * * *

是年

日俄战争爆发，清政府宣布“局外中立”。英国侵略军攻陷西藏拉萨。

孙中山由日本抵檀香山。

---

① 中国第二历史档案馆编：《蒋介石年谱初稿》，档案出版社1992年版，第9页。

② ［美］埃米莉·哈恩（Emily Hahn）：《宋氏家族》，李豫生等译，新华出版社1985年版，第45—46页。

③ 林家有、李吉奎：《宋美龄传》，第38页。

④ 王丰：《一个真实的宋美龄》，团结出版社2008年版，第111页。

⑤ ［美］斯特林·西格雷夫：《宋家王朝》（全译本），第97页。

光复会在上海成立。

宋蔼龄被送往美国读书。①

宋庆龄入上海中西女塾读书。②

1905 年　六岁

在家塾读书。

* * * * * *

是年

孙中山在东京创立中国同盟会，发行《民报》，宣扬三民主义。

1906 年　七岁

在家塾读书。“宋嘉树夫妇对子女的教育，完全摈弃‘三从四德’之类封建传统，而采用民主的方式。他们对男孩女孩一视同仁，给予同样的关怀和新式的良好的庭训，并培养他们同样的社会责任心。他们经常教导儿女们说：‘身为女人不应妨碍自己成为对祖国有成就、有作为的公民。’”③

* * * * * *

是年

二弟子安出生于上海。④

蒋介石入中国陆军部全国陆军速成学堂（保定军官学堂）。⑤

---

① 尚明轩主编：《宋庆龄年谱长编》（上），第 33 页。

② 尚明轩主编：《宋庆龄年谱长编》（上），第 28 页。

③ [美] 罗比・尤恩森：《宋氏三姐妹》，赵云侠译，世界知识出版社 1984 年版，第 24 页。

④ 尚明轩主编：《宋庆龄年谱长编》（上），第 12 页。

⑤ 中国第二历史档案馆编：《蒋介石年谱初稿》，第 13 页。

1907年 八岁

9月3日 与姐姐庆龄，在姨夫温秉忠夫妇的陪护下，由上海乘邮船，经日本抵达美国求学。①

秋，与庆龄一起入美国新泽西州萨密特城波特温学校学习。此学校由波特温小姐所创办，是为中国学生进入美国大学补习的学校。当年的学友埃米莉·唐纳追忆宋氏姐妹来到波特温学校时的情景说：

> 大的那一位非常庄重、文静，年龄约莫十五岁，看来比我们都大得多。我们当时都是九岁左右。她的中国名字叫庆龄……但是，同时还来了一个可爱的小女孩，名叫美龄。她的年龄同我们差不多，非常活泼和欢跃，而且相当淘气……她长得像个滚圆的小黄油球娃娃，她对周围的一切都兴致盎然，不论是新奇的花草树木，还是房屋和人，她都要盘根问底，打听清楚。②

* * * * * *

是年

蒋介石入日本振武学校，经陈其美介绍加入同盟会。

1908年 九岁

夏，宋庆龄考入佐治亚州梅肯市（Macon）基督教卫理公会办的卫斯理安女子学院（Wesleyan Female College）文学系。宋美龄

---

① 刘复昌、王志鲜：《宋庆龄赴美留学护照考证》，《孙中山宋庆龄研究信息资料》1991年第8期。

② ［美］斯特林·西格雷夫：《宋家王朝》（全译本），第110页。

以旁听生得以允许住在学院的宿舍，和两个年龄相仿的小女孩一起读书。①

下图为宋氏三姐妹在佐治亚州梅肯市基督教卫理公会办的卫斯理安女子学院入学登记档案。②

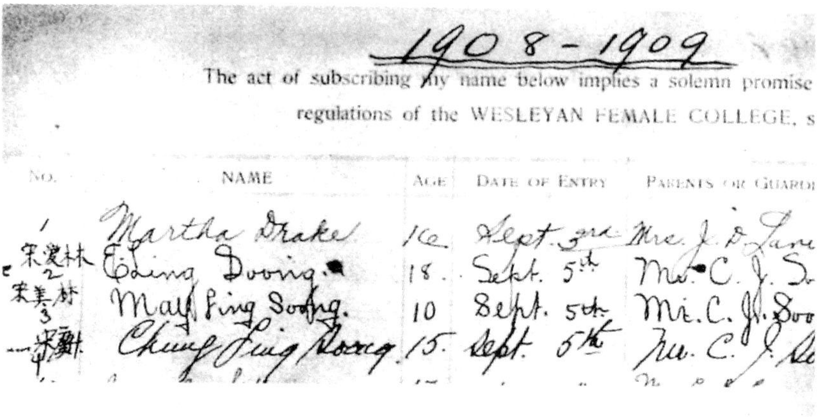

1908-1909

The act of subscribing my name below implies a solemn promise
regulations of the WESLEYAN FEMALE COLLEGE, s

NO.	NAME	AGE	DATE OF ENTRY	PARENTS OR GUARDI
1	Martha Drake	16	Sept. 3rd	Mrs. J. D. Lane
宋霭林 2	Eling Dooing	18	Sept. 5th	Mr. C. J. S
宋美龄 3	May Ling Soong	10	Sept. 5th	Mr. C. J. Soo
宋庆龄	Chung Ling Soong	15	Sept. 5th	Mr. C. J. S

* * * * * *

是年

11 月　美、日互换照会表示维护“中国独立与完整”“机会均等”。

1909 年　十岁

入佐治亚州皮德蒙特学校上学③，被大姐安排住在一个同学的母亲莫斯夫人家里。她有机会接触到来自山区求学的学友，他们拮据和贫寒的生活，激起了她尝试慈善活动的意念。她回忆初始的一次活动说：

---

① ［美］埃米莉·哈恩：《宋氏家族》，第 56 页。

② 章文灿、玉英编著：《百年风流宋美龄档案照片》，团结出版社 2008 年版，第 59 页。

③ ［美］斯特林·西格雷夫：《宋氏家族秘闻》，考夫译，四川省社会科学院出版社 1988 年版，第 141 页。

圣诞节的前几天，弗洛伦斯·海蒂·亨德森、弗洛斯·阿迪顿和我就决定发扬圣诞节的真正精神，为他人谋求幸福。想到这一点，有生以来从未有过的一种仁爱的正义感令我激动不已。我们真心实意地要行善，每人拿出25美分，用这一美元的钱买土豆、牛奶、汉堡牛排、苹果和桔子，施舍给铁路沿线的贫困家庭。我们力图表现得谦虚，对自己的高尚行为保密，但是，我们太激动了，不曾［承］想亨特先生在他的杂货铺里听到了我们的谈话和买哪些食品合适的争执。由于生理学是我喜欢的科目，我记得，我坚持要买大量的糖，因为碳水化合物的好处能使体弱的孩子保持温暖，也能给母亲大量的能量。与此同时，另一个慈善心肠的施舍者提议多用钱买土豆，她认为土豆是最能充饥和产生热量最大的食物。亨特先生好奇而有兴味地听着我们这场激烈的争端，他还给我们每人一点东西作为自己所有，然后，这个了不起的“慈善企业家”走开了。当我们手里捧满包裹，步履艰难地走过车站的天桥时，我们感到心花怒放，就像圣女贞德正在行使一次真正的使命。我们到达了盼望受施舍人的家，它们实际上都是些东倒西歪的小木板房，面对沮丧憔悴的母亲，以及紧紧拉着她的手，从她裙服后偷偷张望的孩子，我们惊呆了，像哑巴一样没有一个人能说出一句话来，我们猛地放下一包包东西夺门而去，我们跑远后，才再度感到有了勇气，这时，我们中的一个人才敢大声喊道：“圣诞快乐！”然后，便以更快的速度溜之大吉。①

善良、童真中折射出西方基督教文化中的救世精神对她的浸润。

* * * * * *

① 袁伟、王丽平选编：《宋美龄自述》，团结出版社2004年版，第2—3页。

是年

宋蔼龄在卫斯理安女子学院毕业，获文学学士学位。

蒋介石从振武学校毕业，升入日本高田野炮兵第十三联队，为士官候补生。①

1910年　十一岁

回到卫斯理安女子学院与庆龄在一起。② 在这里，美龄度过了愉快的学习时光。她回忆说：

> 我清楚记得，在卫斯理安校中平静欢悦的日子里，我们约有二十人，多数是梅肯市的女孩子，如何组织了我们自己的俱乐部，采用我们当时认为庄严崇高、富有理想、而想起来亦含深意的格言"实事求是"。当时我们幼稚的心里，认为最大喜悦、最大成功，便是有一天我们被邀请加入校中的姊妹会。我记得奎瑞博士每天十五分钟的教堂讲话，有时对我们是件苦事——学期里每天早晨必须默默背起的十字架；这好像就是昨天的事。然而回想起来，他那些谈话确为正心、力行及端正举止的金玉良言。无疑地，他有许多寓意深长的精短证道词，塑造了我们的观念和思想。他的证道词充满宝贵的格言、妙喻、概念和理想，非十岁或稍长的孩子们所能完全了解，但是我的记忆力还算不错，这种思想有很多都铭刻在我的脑海之中，以后在我自己运用思考和推究事理之际，给我极大的帮助……他告诫说，女士们应当高尚娴雅。这话听起来似乎是老生常谈，诚属平凡无奇。然而

① 中国第二历史档案馆编：《蒋介石年谱初稿》，第16页。

② 李又宁：《蒋夫人在美国卫斯里女子学院》，载秦孝仪主编：《蒋夫人宋美龄女士与近代中国学术讨论集》，台北财团法人中正文教基金会2000年版，第92页。

这种最低限度的淑行，正是今世所不易见到的最佳榜样。①

* * * * * *

是年

3月18日 蒋介石与毛氏子蒋经国出生。

4月 汪精卫、黄复生等谋炸摄政王载沣未遂，被捕入狱。

1911年 十二岁

在卫斯理安女子学院读书。因对文学和创作的兴趣，与两个小伙伴一道创办了一份小报，宋美龄担任文字编辑，每周仅发行五份，并尝试销售，成为她少年时期从事文学创作实践活动的尝试。②

* * * * * *

是年

上海宣告独立，陈其美任沪军都督，蒋介石为襄助陈其美谋定江苏，谋划暗杀陶成章。③

武昌起义爆发，继而湖南、陕西、山西、江西、云南、上海、贵州、苏州、浙江、南京、广西、广东、福建、安徽、四川等，先后响应光复，清朝统治岌岌可危。

---

① 宋美龄：《百感交集的旧地重游》，1965年10月20日在美国卫斯理安学院的演讲词，载王亚权编纂：《蒋夫人言论集》（下集），台北"中华妇女反共联合会"1977年版，第1326—1327页。

② ［美］埃米莉·哈恩：《宋氏三姐妹》，陶秦译，万象杂志社1946年版，第29页。该书作者是美国记者兼作家埃米莉·哈恩，她曾在中国生活多年，是宋蔼龄的朋友，曾亲自访问宋氏三姐妹，获得大量第一手资料，因此，该书具有权威性，出版后引起了广泛重视。

③ 中国第二历史档案馆编：《蒋介石年谱初稿》，第17页。

1912年　十三岁

年初，收到父亲寄来的中华民国国旗，和宋庆龄一道将学校中的清朝龙旗换下，悬挂上五色旗，欢庆辛亥革命胜利。①

* * * * * *

是年

1月1日　中华民国临时政府在南京成立，孙中山就任临时大总统。

2月13日　孙中山向参议院请辞临时大总统职。

4月　宋蔼龄担任孙中山的英文秘书。

春　蒋介石因刺陶案，避往日本。

8月25日　中国同盟会改组为国民党。

1913年　十四岁

转入位于美国东北部马萨诸塞州首府波士顿附近的韦斯理学院 Wellesley College（又译作魏斯里、韦尔斯莱大学），攻读英国文学和哲学。讲授英国文学的教授维达·斯卡德和讲授哲学的玛利·惠顿·卡尔金茨教授，不仅使她喜欢上这两门课，而且使她的才华得到了充分的显示。业余时间喜爱阅读时政类杂志《大西洋月刊》，习惯于将此刊放在身边，以便约会之间有一点空闲时，总有一本伸手可及。对体育，她虽不特别热爱，但乐于参加打球和游泳。她还参加了一个姐妹会社团组织，该社团组织的音乐和艺术研究活动，她都踊跃参加，成为忠诚的社团成员。② 韦斯理使她扩大了视野，学习的课程还有法文、历史、英文写作、天文、

① ［美］埃米莉·哈恩：《宋氏家族》，第91页。

② 李又宁：《蒋夫人在美国卫斯里女子学院》，载秦孝仪主编：《蒋夫人宋美龄女士与近代中国学术讨论集》，第93页。

植物学、圣教历史、辩论、教育学、音乐等。此外，她对钢琴、小提琴的擅长和体育活动的参与，使她在社交中成为活跃人物。教过宋美龄的安妮·凯姆波尔·图挨尔（Anne Kimball Tuell）教授评价她称："她对所有的事情都很有办法，她总会提出各种问题，探求各种想法的本质。""美龄有很多的倾慕者，这不仅是由于她的美丽，还因为她身边聚集的那团火，以及她的真诚。"她身上有一种"既强势又坦诚，既激人奋进，又非常个性"的东西。并指出，宋美龄有的时候"也会非常情绪化，无聊的时候表现得更明显"。[①] 宋美龄后来回忆说：

> 在这里，我度过了我学生时代连续四年的快乐时光，我接受到的熏陶，是宁静的高尚气质，是体谅他人，是正直为人，是知识上的钻研，是交换那些发展丰富人生所必要的观念与理想等等。我很感激我的教师与友人，他们经常不断地给我指导、鼓励、训示，造成今天的我。追怀旧日，这种快乐时光，只有在纯净的校园内，迷人的林野，及宽阔的场地内，才能享受到，等到离开韦尔斯利（即韦斯理——编者注）学院，便已置身在人海茫茫、艰辛而陌生的社会了。[②]

＊ ＊ ＊ ＊ ＊ ＊

是年

宋庆龄从卫斯理安女子学院毕业并获文学学士学位。夏，赴日本和在此政治避难的父亲相聚。哥哥宋子文在哈佛大学经济科读书。

---

① ［美］李台珊（劳拉·泰森·李，laura Tyson Li）：《宋美龄》，齐仲里、郭骅译，华文出版社2012年版，第33—34页。

② 宋美龄：《中华民国史实的鸟瞰》，1965年12月7日在美国韦斯理学院的演讲词，载王亚权编纂：《蒋夫人言论集》（下集），第1332页。

7月 国民党发动“二次革命”，但不久失败。孙中山被迫流亡国外。

10月 袁世凯在北京就任正式大总统，不久下令解散国民党。

1914年 十五岁

11月 收到宋庆龄的来信，信中谈及在孙中山身边担任秘书工作的心情称：

> 我从没有这样快活过。我想，这类事就是我从小姑娘的时候起就想做的。我真的接近了革命运动的中心……我能帮助中国，我也能帮助孙博士。他需要我。①

* * * * * *

是年

7月 第一次世界大战爆发。

9月 宋蔼龄与孔祥熙在日本横滨结婚。

10月 庆龄在日本正式接替蔼龄，担任孙中山的英文秘书。

1915年 十六岁

在韦斯理大学读书。

10月下旬 宋庆龄与孙中山在日本东京结婚。对此，不仅宋美龄的父母反对，宋家其他姐弟也都表示不能理解，唯有宋美龄对此表示同情和理解。宋庆龄在逃离上海赴日本前悄悄给宋美龄写来密信称：

---

① ［美］斯宾塞（Connelie Spencer）：《三姐妹——中国宋氏家族的故事》，纽约，1939年英文版，第151、157页。转引自尚明轩主编：《宋庆龄年谱长编》（上），第67页。

在前几封信上，你大概已经知道，我早就希望回到日本去，而父母亲却表示反对的事了，母亲所以不许我去，是因为反对孙先生。而父亲所以不许我去，是因为他要我详细的考虑，而要我得到相当的把握！我已经等了好久，可是母亲的意志，仍旧不会改变。又说："你接到这一封信的时候，我恐怕已经到了日本，而和孙先生在一起，我走时是那样的迅速、秘密而又不会通知任何人。"①

* * * * * *

是年

宋子文在美国哈佛大学毕业，获经济学硕士学位。

蒋介石纳苏州女子姚冶诚为妾。

12 月 袁世凯悍然复辟帝制，蔡锷在云南组织护国军宣布讨袁。

1916 年　十七岁

在韦斯理大学读书。

* * * * * *

是年

6 月 袁世凯病逝北京。

10 月 6 日 蒋纬国出生。

1917 年　十八岁

4 月 英国对德宣战，宋美龄与毕业班同学联名要求开设急救

---

① 付启学：《国父孙中山先生传》，台北文物供应社1969 年版，第 346 页。

课程，并与同学一道开始模拟救治伤员。①

宋庆龄得知宋美龄大学毕业即将回国的消息很高兴，她在给宋蔼龄的信中写道："小美龄今年（1917年）6月就要毕业，7月就要回国了。时间过得真快呀！她是个讨人喜欢的小姑娘，她的大学生活过得多么惬意！"②

6月19日 参加韦斯理大学第三十九届毕业典礼，荣获"杜兰学者"的最高荣誉。

7月 离美启程，回国与家人团聚。在返程途中，写信给埃玛③，谈她在旅途中的感受。信中说：

> 我今天才刚刚到达温哥华！而且十分的累！火车晚点六个小时。我几乎要乱发脾气了，因为近一个星期的旅途劳顿，我是十分焦躁不安和头疼，以致再有什么"纰漏"，我就完了。这次旅行真叫人受不了！车窗外尽是接连不断的西部平原，直到昨天我们才进入加拿大的洛矶山区，但是我已十分疲劳，以致没有精神观赏美景了！……
>
> 我还"想家"了！你不是说过我会想念美国的吗？我现在已在想念了！④

7月4日 致函埃玛，诉说分别思念之情。函称：

> 我一想起离开了你和我其他的几个朋友，我就滋生

---

① ［美］李台珊：《宋美龄》，第37页。

② ［美］埃米莉·哈恩：《宋氏家族》，第115页。

③ 这是宋美龄大学毕业后写给她最要好的同班同学埃玛·德隆·米尔斯（Emma DeLong Mills）的第一封信。米尔斯比宋美龄大两岁半，崇尚达达主义（Dadaism）。由于"Dada"一词在英语中有"爹爹"之义，因而宋在戏称米尔斯为"达达"之余，又在信的末尾戏署自己为"女儿"。

④ 《致埃玛·德隆·米尔斯的信函》（1917年7月3日），载张宪文、武菁主编：《宋美龄文集》第一卷，台北苍璧出版有限公司2015年版，第107页。

出乡愁和沮丧的情绪，以致想哭。你知道，当我在纽约大中央车站（Grand Central）与你分别时我还能控制住自己，但是当火车一开动，我就情不自禁地痛哭起来。啊，达达，为什么不是你同我一起回家呢？我们在途中曾遇到一些很好的人——其中有一对新婚夫妇。但是我要的是我自己的朋友！我昨天到达此地后，已收到六十多封信，但是没有你的信。

今天与在美国过的7月4日①很不一样，下午商店却都打了烊！但是我很快就知道，这并非因为是7月4日，而是因为人们要求将半休日放在星期三而不放在星期六。顺便说说，我不喜欢加拿大人！他们都无知得要命，而且气量狭隘。

哥哥和我早就决定：我们在途中所需的一切都要是最好的！于是在这家大旅社里，我们就正在得到“最好的”了！每次用餐后给侍者的小费，其数目超过了我在学院里一个月的津贴！我们正在让所有事情都完美无缺！你瞧，我们回到家以后，就不能像现在这样不负责任了。因此，我们要把我们目前得到的机会利用到极致。

在横跨大陆的途中，我们看见一列满载归国的加拿大士兵的火车。在另一个地点，我们看到一整列火车的中国苦力，他们正要接下来由海路运往法国当劳工。如他们当中有什么人死亡，死者家属可获得一百五十美元！这就是他们生命的价格！如果我有一点权势，那我就务必要使苦力不被输出，因为中国需要本国的男子去开发矿藏。

达达，亲爱的，请马上写信给我，地址是中国上海法租界霞飞路② 491 号。同时希望你尽量积蓄一点钱，以

---

① 7月4日是美国独立纪念日。——译者注

② 霞飞路即今淮海路。——编者注

便能来看我。[①]

8月7日 写信给埃玛，告诉家里的情况及回家的感受。信中略谓：

我们住得离闹市区很远。越是离得远就越高级。我们这里是一个可爱所在，但离购物区、剧场和饭店都十分远！我们有一辆可爱的马车用于到本城各处去，马车则归母亲专用。我们有一个美丽的花园，内有可打草地网球和槌球的场地。房子算得上是上海最最可爱的住宅之一。仆人的宿舍比"木楼"（Wood Cottage）[②] 的房子好。我们有阳台、凉台以及其他设施。房子有三层，还有厨房、浴室等，有十六个大房间。我的姐姐即在山西的孔夫人带着她的孩子来看望我们。她丈夫正考虑把他的生意转到上海来，如果真是那样，我们就会搬到一幢有三十个房间（仆人宿舍不计在内）的住宅。这是一幢带有屋顶花园的共有五层的真正宅第。说真的，对此我一点不感兴趣；那房子太大，天花板太高，我住在里面会感到空虚。它像一座大旅馆，尽管讲究，但太气派。对于一个刚从"木屋"（Wood Barn）毕业的女孩来说，实在是太高贵而不敢住进去的！顺便说说，我现在在掌管财务。我们有五个女仆和七个男仆。告诉你，这不是件容易的事！就现在而言，我跑上跑下检查整个屋子，那不是要我的命了吗！母亲还是掌管着银钱的事情，对此我自然是很高兴的。

有的时候会感到十分厌烦，因为我会一时忘乎所以，用英文跟仆人说话。我忘了自己不是在说中文。有时候，

---

① 《致埃玛·德隆·米尔斯的信函》（1917年7月4日），载张宪文、武菁主编：《宋美龄文集》第一卷，第108—110页。

② 此处的"木楼"当是卫斯理安学院的学生宿舍。——译者注

我无法用中文把自己的意思表达出来，这时我就对男管家演讲，让他当翻译！当然通常我是能把自己的愿望表达出来的，但是有时候，也就是我心情不好时，讲中文能力就消失。

我有点东西要送给你们那帮伙伴，只要有什么人要到美国去，我就托他带给你们。

顺便提提，你能不能为我代订《文摘》（*Literary*）、《斯库里氏杂志》（*Scribner's*）和一种关于儿童心理及如何照顾儿童等等事情的杂志。最后提的那种杂志是孔夫人要看的，因为她有两个孩子，一个二岁，一个一岁。但还是用我的名义订，并请告诉我总的花费是多少，我会还那笔钱的。

哦，也是顺便提一下，请寄给我一打鞋楦，就是你花二十五美分买的那种。请把发票寄来，我现在有相当多的零用钱。因此，达达，我完全有能力还钱的。[①]

8 月 16 日 复函埃玛，谈到回国后“完全没有找到我的正确位置”，特别是个人感情问题上的认识。函中略谓：

你的两封来信刚刚收到。它们就像一个在沙漠里迷路的异乡客所遇上的绿洲！但是你不要就此认为我的家庭生活不快乐或者不满意。决非如此！我只是依然感到自己像在梦中，因为我完全没有找到我的正确位置，你要我让自己融入家人生活之中的好建议，提得很及时。因为你知道，我是一个非常独立的人，多年来只是按照自己的意愿生活。因此，我很难记住：应该想到别人。而且我恐怕自己也没有做到应有的容忍。

我们这里是一个很快乐的家庭，我二姐孙夫人直到

① 《致埃玛·德隆·米尔斯的信函》（1917 年 8 月 7 日），载张宪文、武菁主编：《宋美龄文集》第一卷，第 111—115 页。

前几天也是在上海的。如今她与其丈夫在广州。我们并未直接收到她的信，因为与她的任何通讯都会把我们这些完全与事情无关的人牵扯进去。不过我们现在从信使那里得知她很好，也仅此而已。由于这场战争①和国内种种动乱，你该明白所有我们寄往美国和欧洲的信件，很可能是要受检查的。因此我目前只给你讲些我私人的事情。

上海的气候，我很不适应。我一直不时地生病。我们参加了一大堆晚宴和茶会，当然，我们自家也举办了不少。H. K. 曾回北京去两个星期，但现今又回到上海来了。他已来我家多次。不过，我怕自己会一点也不在乎他了。我也许是错了，但打从我回国，我就感到他是很不完美，而当我喜欢他的时候，我得承认：在我这边是不过如此。当然，就他而言，他是始终如一的。

有一个在船上认识的瑞士人来我家也来得很勤，我们用法语聊得很开心。当然他的法语讲得非常漂亮。至于见别的男人，我在晚宴上是颇为冷淡的，我多半遇到的是已婚的显要男士。而且由于我仍是一位“Jeune fille”（“年轻小姐”），又有着两个已婚的姐姐，因此我所要做的一切就是端坐勿动，试着露出开心的样子。我的两个姐姐正计划在今年秋天为我举办一个盛大的招待会——类似一种“亮相”的派对。当然到时候一切都要视国内的局势而定。母亲和父亲极其反对我和男人见面，因为他们不想在未来的三年内把我嫁出去。我自己也十分愿意留在家里——特别是因为我告诉过你我在船上遇上了“命中的灾星”。既然我不能嫁给我真正在乎的人，那我今后除了有名望的或有钱的，就什么人都不嫁。我知道你会认为我是个唯利是图的人，但是亲爱的达达，经过

① 此处的战争指第一次世界大战。

那一切之后，所有男人在我眼里都是一样的。我知道我的话听起来有点厌世的味道，但这不是我的运气太差了吗？为什么不早一点而是偏偏在回国途中才遇到他呢！家人由于他是个外国人而奚落他，所采取的方式会使你以为他是个野蛮人。

啊，达达，我们已订购了一辆“别克”汽车——但是运气不好——下一班船还不能运来，需再等一个星期。肯德尔小姐（Miss Kendall）原定今天到达，但她乘的船至今未抵达。我是想去接船的。我原希望在接船时我家的汽车已经到了；不过，我想我得用母亲的马车来代步了。

啊，我刚刚收到我最后一学期的成绩报告单：

A　哲学　9

A　哲学　6

A　国际政治

A　文学/杨格（Young）肯定改变了他的看法，不再认为我浮浅了

B　历史（英国）

B　法语

这是张相当好的成绩报告单。我真希望在一年级和二年级时也学得这样好啊。要真是那样，那我就会是个优秀生了。废话！

明天我会拍几张这幢房子的照片，并将寄之给你。

除我之外，我的家人都在草坪上玩槌球。

这几天，我的姐夫孔先生会到这里来。由于北方发大水以及有关他产业的法律诉讼，他未能早一点来。至于现在，因为道路被冲坏，他发电报说，他正步行来。

我还未给其他任何伙伴写过信，而给你已经写过两封！你瞧，老达达，我是多么想着你啊。

我怕我自己并不是一个非常成功的管家；我一直丢

三落四的。天气又热——我家又有那么多来客。

我真希望你能和我一起呆［待］在我家的美丽花园里。那花园真可爱！喔，看在老天爷的份［分］上，请给我寄一点杂志来！我在这里感到麻木。社会上，人们只读那些糟透的小说。我想得到《斯库里布纳氏杂志》、《大西洋月刊》（*Atlantic*）、《星期六邮报》（*Saturday Evening Post*）和《文摘》（*Digest*）。还请订一些你认为我会喜欢的别的杂志，并请为我争取到打会员折扣。喔，还请寄《妇女居家杂志》（*Ladies Home Journal*）以及几种有关儿童的杂志，这是给我姐姐看的。把账单寄来，因为我的口袋里已有大把的钱了。①

9月6日 复函埃玛，告诉她：

在一次夜宴上，我遇到了陈友仁（Eugene Chen）——《京报》（*Peking Gazette*）的总编辑暨所有人。时下他感到北京太热。因此帕特南·威尔（Putnam Weale）② 代理了他的职位，而他自己则来上海了。他的房子也在霞飞路，但离闹市区要近得多——大约近三英里。你知道，我告诉过你，霞飞路是上海最长的一条马路，而且离闹市区越远就越是难于进入，就越是上流。

母亲不喜欢住在离闹市区这么远的地方，她说，住在这里非常不方便。因此，她的想法是搬回我们位于虹口（Honkew）的老屋去。不知你记不记得，我曾告诉过你，我家拥有那幢老屋已二十三年有余。因此，就如今而言，虽然那幢房子依然屹立如故，但那个地区的人口

---

① 《致埃玛·德隆·米尔斯的信函》（1917年8月16日），载张宪文、武菁主编：《宋美龄文集》第一卷，第116—119页。

② 帕特南·威尔（Putnam Weale）系英国人辛博森（Bertram Lenox Simpson）之笔名，生于中国宁波。1917年前任伦敦《每日电讯报》驻北京记者，1916年被黎元洪聘为总统府顾问。

越来越拥挤，以致不可能住得舒适的。我曾试图说动她把那老屋卖掉！那里的地价是上海最高的。但她听了之后表露出十分震惊和伤心，认为我对我们的老屋太无情，以致我不敢再开口谈这件事了。

可是我不得不承认她住在这里并不快乐！这个居所太洋气，过于现代，很不适合像我母亲那样保守的人。而且它离闹市区，离她为之付出大量时间、精力和金钱的慈善团体都非常之远。她是非常虔诚的，而且喜欢出席所有董事会会议。因此我已在试图找一所离闹市区近一点的房子，但至今仍难于找到有足够面积的房子。我的姐姐孔夫人不打算留在上海了，也就是说她要回到北方去，因此这里将只有我的两个兄弟、老爸、母亲和我了。①

是时，宋美龄为了帮助母亲物色新的住所，很是奔波了一段时间。

9月13日 因为劳累病了一场，稍愈即复函埃玛，告知近况。函中略谓：

经过多日的找寻房子以及好几晚的商议讨论，我们终于看中了愚园路上的一幢房子，它离购物中心要近一英里。这幢屋子的优点是位于顶好的住宅区，又新又大，有一大草坪，可用于打网球和槌球。它是砖结构，现代化设备齐全，有一马车间，一汽车间和仆人宿舍。父亲正在考虑将它买下来，因为这是一笔很好的投资，预计在两年内会增值百分之三十。它与霞飞路不相上下，而承建商也是把它建造得能与霞飞路竞争的。你瞧，我们在虹口有房子，加上霞飞路的房子和愚园路的房子，总

① 《致埃玛·德隆·米尔斯的信函》（1917年9月6日），载张宪文、武菁主编：《宋美龄文集》第一卷，第121—122页。

起来是一笔很不错的房地产，更不用说我们在外滩有一块地皮，那也是很值钱的。紧靠着我们在愚园路房子的隔壁是一幢稍小一点的房子，我的姐姐孔夫人想把它买下来。北方的气候对她的健康很不适合，而她的丈夫又因为生意上的事情，绝大部分时间都得在北方活动，因此她能靠近我们，对她来说是件好事。这样一来，我们就能享受互相作伴之乐了，而母亲和老爸也不会被孩子们的夜间奏鸣曲打扰了。

在我们愚园路的房子里，我将有我自己的房间、化妆室和专用的浴室。在经历过狂乱地清理“木楼”（Wood）那不太干净的浴盆之后，我是多么喜欢有一间我专用的浴室啊。我现在忙于计划如何装饰我自己的一套房间。啊，真是开心极了！所有房间都有壁炉！我的卧室有五扇窗户，三扇朝西，一扇朝北，一扇朝南。我想把它弄成深玫瑰红色或像我现在房间那样的淡黄色。[①]

9月15日 写信给埃玛，祝贺她得到一份月薪七十五美元的工作，并告知自己也有了新的工作。函曰：

明天我要以一个主日学校教师的身份开始我的职业生涯了。母亲见我同意接受此职务时，简直是高兴得无法用语言来形容。由于我能为她做的事实在太少，因而我热切地要尽我所能做点事。今冬我很可能与某些慈善团体建立联系，这大概每星期要占我两三个下午的时间。

我完全不熟悉上海，而这里的朋友或多或少都是家人的朋友。我认识好些回国的男大学生；但他们不是整天忙于他们的事务，就是不在上海。于是我所认识的女子都是才认识不久的，而且我和他们在一起时，总感到

① 《致埃玛·德隆·米尔斯的信函》（1917年9月13日），载张宪文、武菁主编：《宋美龄文集》第一卷，第124—125页。

腼腆和不自在。母亲不止一次地告诫我要多开口说话！但是不知怎地，我不大想交谈。打从回家以后，我好像变成了一种“有所提防的沉默”。

我希望能有一种可使自己保持忙碌和兴趣的工作，我感到呆［待］在家里对整个家庭和对我自己的智力，都毫无好处。

不管我到什么地方去，总是由我已婚的姐姐或母亲陪着，事实上我有生以来从未见过如此严格的陪护举动。而且奇怪的是：我竟然一点不生气，只是被动地予以默许。你不会相信那个“小霹雳火”竟然会这样，是不是呢？但确实是这样。

还有更糟的是——我不喜欢见人，特别是男人。我不愿到客厅去，宁愿呆［待］在楼上看书。我只感到自己的智力一天比一天迟钝，我必须作点努力提高自己的智力和兴趣，不要稍不如意就大烦其心！我愿意付出任何代价，只要现在能使你就在我眼前！顺便说一下，北方的一个学校里为你和我自己谋得两个很好的职位，月薪都是一百美元。你在那里只教英文，别的什么事都不用教。如果你能来，我就和你一起去。至于当下，家人是希望我留在家里。

我曾告诉你我母亲想住得离闹市区近些。目下看来我们根本不可能了。我希望不搬！

常给我写信，并请记住：我给你写信比给其他任何人都要频繁——尽管我没给你写多少信。

我要把《大陆报》（*The China Press*）[①] 积起来寄给你，因为我不在信里跟你谈政治事情。[②]

---

① 《大陆报》（*The China Press*）是美国商人在上海办的报刊。——译者注

② 《致埃玛·德隆·米尔斯的信函》（1917 年 9 月 15 日），载张宪文、武菁主编：《宋美龄文集》第一卷，第 128—129 页。

9月28日 复函埃玛，告以不再搬家的愉快心情及近期工作情况，表示要给学友寄去礼品。函曰：

你的第八封信此刻刚收到。你写得如此有趣和引人入胜的长信，拿来和我那些微不足道的写得鸡零狗碎的信一比，真是使我愧赧不已！

告诉你，经过多次反复的决定、争论等诸如此类的过程，我们已决定长此在现今的这幢房子住下去！真是好啊！我真是非常非常高兴。但哥哥和我都换了房间。我们两个都搬到了有四间大房间的三楼。我们都各有一卧室，共有一妙不可言的藏书室和一间带有阳台的起居室。如今的居室真是妙不可言！我们两人都自行其是，并着实地享受着自由。由于他整天在外，你定能想像［象］得到，我享受着多么美妙的时光啊。我从这个房间走到那个房间，插插花，拿上一本书在这里看看，在那里读读。我甚至有着专用的经常盛满的茶壶。这里还有一名男仆侍候着，他的职责是整理房间和听候我的使唤。我常常吩咐把午饭拿到阳台来吃。至于我的女仆，我已把她打发了，我发现我根本不需要她，因为母亲的女仆正做着有关我的一切针线活，并为我收拾和打点服装，而且我也憎恨有个女仆在我身边待着，因为我有什么事，由我自己去做，要比向她吩咐清楚让她去做，省事得多。你瞧，多年来在民主美国的生活，现在正对我产生影响。我对有现在这名男仆侍候哥哥和我，就十分满足了。他给我们擦皮鞋，掸灰尘，打扫房间，叠好床铺等等，而且远比我的女仆要少惹麻烦，而那个女仆却要不停地跟他争吵。

父亲有不少的书，哥哥也是；而我则热切地企盼着有属于自己的书。我也正盼着你离校前送给我的窗帘和沙发套。

你可记得：我在学校时是多么的懒——整天想睡，你记不记得？还有，我刚回到家时，我很喜欢在床上喝咖啡。可是，说也奇怪，现在要我老是在床上，我真受不了。每天早晨，我五点半起床，看着太阳冉冉升起。我真希望你能在这里和我一起欣赏那五光十色的神妙场景，一起谛听那些劳工们在其场地劳作时唱歌的声音。你知道，在中国，大多数男子干的是牛马活，如果你穿过街巷，看到有两个男子一起抬重物时，你就会听到这两个苦力在哼歌以减轻其负担：其中一个哼“嗨呵”，他的伙伴就会接着喊“嗨呵”。就这样一个不断哼，另一个不断接着哼下去。母亲说他们之所以哼唱，是因为那种有节奏的声音有助于鼓劲。

……

我想我已告诉过你，我正在主日学校教一个班级的孩子。我已真正的爱上了一个很有点小聪明的十四岁圆脸小伙子，他能回答出所有问题，并在对我讲话时尊称我为“先生”。我对所教的班级很感兴趣，我希望不久就可以把他们请到家里来开一个派对。他们也很喜欢我，并在别的班级的男孩子面前，骄傲地指出我是他们的老师。你瞧，我是那所主日学校里教男孩子的教师中唯一一位“女性”。

我真希望你和特德（Ted）能到我家看看我母亲那些古老的家具。我们放在这屋子的家具足足可以摆设三幢屋子而有余——特别是在上礼拜，我们又把虹口那幢房子的所有家具搬了过来。想想看：有四套适用于客厅的数不清件数的“红木”家具。还有许多大大小小的东方地毯！还有许多漂亮的床毯！

我真希望美国的关税不要这样高。那我就能寄一些东西给你们那些人；要不然，如有我的朋友过来看望我，我就可以请他们捎带点东西回美国送给你们那帮伙伴！

在未来的四个月里，我有一个朋友要到美国去，届时我会请她带点东西过去的。玛里恩·D. 洛克（Marion D. Locke）的婚礼请帖收到了。[①]

10月11日 写信给埃玛，吐露等待来信的失落心情以及同家人欢度“双十节”的情景。函谓：

我已有两个星期没有收到你的信了。因此你尽可想像我是多么有被遗弃感啊！

你一定会以为我们这里过的日子像是天天在过节，因为我正要告诉你我们昨天是怎么过的。你知道10月10日在中国是固定的节假日，因为革命就是在那一日子爆发的。今年并无像去年那样的公众游行。这种游行曾被十分热烈地称颂，这说明通常的“暴民心理”曾流行一时。不过，昨天还是有许多“国民党”党员乘着汽车举着共和旗在街上驰过。但是，不同的家庭自然采取了不同的庆祝方式。

我的弟弟由于昨天放假从圣约翰回来了，你猜猜我们干了些什么？我们促使母亲给所有仆人都放一天假。然后我们分乘马车和汽车到上海最大的菜市场（Market Place）[②] 去。我们也确实从各摊贩买了一些蔬菜什么的。我们甚至劝说父亲和母亲同我们一起去，而且全都穿上我们所藏有的最古老的服装。你尽可想像我那出自名门的母亲对这整个事体怎么看；但她是有胆量的，因为她迁就了我们。我们回到家里后——所有仆人自然都出去了——我们全都下厨房去做我们各人自己最喜欢吃的东西。我做了牛奶糖——这是我唯一的能耐。老爸在以前

---

① 《致埃玛·德隆·米尔斯的信函》（1917年9月28日），载张宪文、武菁主编：《宋美龄文集》第一卷，第131—134页。

② 此处的菜市场（Market Place）可能指的是上海三角地菜场。——译者注

出去露营时曾烧过菜，因而他端出了盛有三只烧鸡的一大盘菜。母亲烧了三盘或四盘非常可口的套菜，而我的大姐，还有三个兄弟也都各自烧了一些菜，味道都很好。

我一定得跟你讲讲那个菜市场，那是一个很大很大的类似帐棚的建筑物——占地约五英亩。水泥地，顶部是用一种中国黑砖砌成，屋顶下四处有许多柱子支撑着这座建筑物。农夫和农妇们各缴纳一定的年金，就可以取得销售他们产品的权利。在这里你可以买到任何东西，诸如肉啊，鱼啊，蔬菜啊，炒栗啊，马铃薯啊，以及诸如此类的食品。由于各个摊贩都在喊叫自己要卖出的东西，你可以想像得到这一大堆人造成的喊叫声是如何的震耳欲聋；然而又由于空间很大，这种喊叫声带有一种粗野的和谐，并未令人感到不快。

好吧，让我回过头来再谈谈我们是如何过节的。我们吃过中饭后——这顿饭比我们两个厨子烧的要好得多——我们就全都分乘汽车或马车出去了。我们中有几个想去跑马厅，但是由于老爸和母亲的面孔看上去就像教堂的“两根石柱”，我们就决定不去了。我们在江边作了一次快乐的兜风，而在归途中，我们还买了一些刚刚出炉的炒栗。我们到家时，仆人们已做好了晚饭——我们都吃得很有滋味。

晚饭后，我们发现仆人中有几个不知好歹的坏蛋，并未得到允许就又出去看戏了。老爸十分愤怒，吩咐把所有的门都锁上。这几个可怜的坏蛋不得不在马棚里挨了一夜冻！我想他们以后不会再偷偷出去了！

就此打住。再会，并请马上写信告诉我一切新闻。你对你的职位喜欢吗？①

① 《致埃玛·德隆·米尔斯的信函》（1917 年 10 月 11 日），载张宪文、武菁主编：《宋美龄文集》第一卷，第 136—138 页。

10 月 17 日 致函美国好友埃玛，感谢她为自己所做的一切，特别倾诉了与男友 H. K. 交往的不快。函中谓：

你 10 日的信刚收到。谢谢寄来的鞋楦和杂志，虽然尚未收到，但我想很快就会到的。你谈到你会从杂志拿到一笔退款，因为他们对之征收了出口税。那好吧，就用那些钱买儿童杂志。不管你代买了什么东西，也不管用了多少钱，你都要立即让我知道，写信告诉我，我会如数归还的。

今天真好，收到了好多封美国来信！其中有图尔小姐（Miss Tuell）写来的一封长信。真是的，我花了好几个小时来辨认她的笔迹，到现在还没有辨认出来。可是这一点，你不要对人说啊。

特德也给我来了一信。我是上礼拜给她写去第一封信的。她竟用一封信来答复我的明信片，真是个好孩子，你说是不是？

你一点也没有谈到你的工作。你是不是喜欢它？你的境况到底如何？

我想送给你一些罐装糖果；可是母亲对我说再等一个月，让商店进到一批新货再说。食品是我唯一能送的东西，因为别的东西都要征税，加上我没有熟人要到美国去。

我给这幢房子拍的一些照片都拍得不好；不过，我又拍了一些，正准备拿去洗印。

现在来谈谈我的朋友 H. K. 。记得跟你说过，他去北京。他来过上海几次，有一次他为我在卡尔登（Carlton）举办了一个盛大的晚宴。那一晚，他的一位我初次认识的朋友对我产生了爱意。这位朋友当时以为我已与 H. K. 订婚，后来他偶然发现我仍是自由之身。H. K. 最近写了一封令人嫌恶的信，信中说什么一个女人为新奇事物所吸引，总是有理由的！你当然知道他指的是什么，我想他写这些话时肯定是极为愤怒的。我读到这番话时我也很生气，恨他平素所作所为，都让人以为我是属于他的，是他的未婚妻。加上由于无人说出过他们认为我已与他订婚的话，因而我没有机会加以否认。

当然我是生气的，但我决定任其自然，就这样过吧。①

10月22日 复函老爷子（米尔斯先生），感谢他寄来的美国报刊和埃玛寄达的鞋楦以及家人对所寄物品的喜人场景。谓曰：

你寄来的第二包《纽约时报》的《星期日增刊》今天收到了。请你听着，我一定得对你说的是：我真希望你能看到我们全家人一哄而上去抢的情景。幸好有足够的报纸可供分配！要不然，我们也许要找个医生来修补损伤的眼睛、牙齿和鼻子了！

我们实在太喜爱这些报纸了！请告诉埃玛，鞋楦今天寄到了。我隐约记得，那包裹收到时，里面有十二双鞋楦。可是上天赐给我一个母亲和两个姐姐，她们也都很喜爱美国的鞋楦，因而我在一个半小时前发现那堆鞋楦已被偷掉四分之三。可是我该不该像波莉亚娜（Pollyanna）② 那样，因她们没有全都拿走而感到欣慰呢？你说该不该呢？我以为应作如是观！

告诉你，我很喜欢回到家里；但是我开始想念美国了。我发誓是真的！我愿意付出很大代价，只要能看到你眨眨眼睛，然后从你不知哪个口袋里掏出一盒糖果来

① 《致埃玛·德隆·米尔斯的信函》（1917年10月17日），载张宪文、武菁主编：《宋美龄文集》第一卷，第139—140页。

② 波莉亚娜（Pollyanna）是美国作家埃莉诺·波特尔（Eleanor Porter）所著小说中的女主人公，是个盲目乐观的女人。——译者注

并说：

“嗨，要不要来尝尝，小妹妹?”

你千万不要以为喜欢你是由于你有糖，因为我手边正有一盒糖。我想我马上要拿一粒吃吃了。

今天几乎所有的仆人都出去了；因而我偷偷走进厨房，做你从未吃过的最最正宗的“惠司理牌”牛奶糖。我真希望你能在这里与我共享此糖。

再见，长毋相忘。寄上我的爱奉献给你和米尔斯太太。①

10月26日 复函埃玛，告知近况，特别是对婚姻、家人的态度和自己的认识。函中谓：

告诉你，我正在接受皮下注射来治疗粉刺，这粉刺已折磨我近两个月了。我现在看上去是个美人了——由于所有外用药看来都无效，我最后只得把自己交给那令人很不舒服的可怕针头了。这对我的作用，与今春的伤寒注射似无二致。那好像是很久以前的事了！我多么希望我现在能和你在一起啊——甚至于即使和你在一起有着交不出期终语文作业的恐惧。

我想我告诉过你，我出任中国的全国电影审查委员会的委员了，是不是呢？想一想吧，想你女儿那样一个年轻、纯洁、不通世故的女孩竟然参与审查那些对公众具有指导意义的东西！真可笑！

我很高兴遇到一位在美国受过教育年已82岁的中国老先生。他过去曾参加六十年代的内战②。真想不到！而且他过去曾在斯普林菲尔德（Springfield）共和党所属机

---

① 《致米尔斯先生（Mr. Mills）的信函》（1917年10月22日），载张宪文、武菁主编：《宋美龄文集》第一卷，第141页。

② 六十年代的内战是指1861—1865年的美国南北战争。——译者注

构工作。

我的两个姐姐——孔夫人和孙夫人现都在上海。

告诉你，达达，我想我是很希望能做一些真正的事情的，也就是能走向发达的事情。我现在正在过的生活，其最终结果只能是结婚，我以为自己并非没有想过这是一种完美的和合法的营生；但我恐怕自己是那种会因婚姻而意志消退的人。为什么？因为，你还记得，即使在学院里，我都是在万不得已或自认为万不得已的时候才去工作的。在这方面我现在并无改变。如果我有一职业，我就能迫使自己去工作，尽量努力工作。眼前，你瞧，我无所事事，而且十之八九，我的兄弟都要在未来几年内结婚，自然，我不会担心成为他们的负担。他们当然会好好待我！但是你明不明白，我或多或少要成为一个吃闲饭的人——可以说是个多余的人——除非我嫁出去。甚至现在，我能感觉到我那两个已嫁的姐姐正在合计为我缔结一门“高贵的亲事”，而且母亲是或多或少加以默许的。我真反对被当做包袱抛出去。但是我承认她们的道理是无可辩驳的。她们说：“现在是你结门好亲事的最佳时机，如果你不乘年轻时嫁出去，那你将来怎么办?”

而且更有甚者，尽管我没有见到她们所挑选的人，我就已经不喜欢他了。一切都对他有利，就是不考虑对我有利。你可以绝对相信，如果她们再对我谈结婚的事，我就会回美国去！我从早到晚耳际都响起“结婚”叨絮聒声。如今，我在家里是不讨人喜爱的了，因为如果我的大姐或二姐对我说有关婚姻的事时，我就像个沉默寡言的人闭上嘴巴，一声不吭地离开饭桌。今天我不肯下楼吃饭，让仆人把我的饭菜送上来。当然我知道她们都是好意；但又怎么样呢！谁叫我生就这样一种令人嫌恶的脾气！我最不爱被人摆布。

我很高兴看到两个姐姐的婚姻都很美满，以致她们就想促成我也结婚。但是这又怎么样呢，我就是不愿意。①

11月4日 致函埃玛，倾诉皮肤病的折磨及对购买债券等入迷的近况。函谓：

你的第十一封信刚到我手里。还有《文摘》也到了。说真的，我简直把这杂志不折不扣地看作是“上天赐下的宝贝”。我确实非常非常惦记它。我想我已告诉过你，在近两个月中，我的面孔可怕地长满粉刺，以致我不戴上面罩就无法出门。现在感谢上苍，我的脸快要好了。在规定要打的十针中，我已打了八针，到下个礼拜就可打完余下的两针。你肯定不知道那种蒸烫和按摩是如何的痛苦。我希望到下周末就能像个文明人出门。伯克斯小姐寄给我价值一百多元的服装，由于我时下有许多地方要花我自己的钱，所以我真不知道自己该如何来付这笔帐［账］。幸亏我的大姐将帐［账］单拿到母亲那里去，母亲一句话也没说就乖乖地将之付掉了。你知道我是如何的开心啊！因为我眼下最恨要掏自己的腰包，因为我把自己的钱都投放到债券上去了。你知道，我会捞进很多，足可供我挥霍而有余的，因此我现在已对购买债券等等入迷了。加之除了伯克斯小姐寄来的之外，我原有的衣服已超乎我的需要（你可记得我在纽约就买了不少衣服）。我没有其他的花费。你瞧，家里有马车和汽车，这就省了我出外的车费，加上母亲经常在家里备有水果和糖果，我也就不需要自己去买了，园丁也不断有鲜花提供给我们。

父亲送给我一方水晶印章，上面刻有用中国古文字

① 《致埃玛·德隆·米尔斯的信函》（1917年10月26日），载张宪文、武菁主编：《宋美龄文集》第一卷，第143—145页。

书写的我的名字，以供我在债券上盖印之用。我真有已是百万富翁的感觉，尽管事实上我并没有多少钱！

但是这倒提醒了我，你为我在各方面——包括所有杂志——花了不少钱。大约一星期前，我凑巧得了一张二点八五美元的支票，就把它寄给了你，作为支付鞋楦和邮资之用。①

11月12日 写信给埃玛，函中称：

首先，非常感谢你寄来《大西洋月刊》和《星期六晚邮报》，两种刊物都刚刚收到。我想你是为了我才订阅它们的。由于林星因我为她定制的大衣而欠我一笔钱，她会给你寄去约十八美元一笔钱。请即将此款支付订阅费，并告诉我是否够了。如不够，我会给你再寄一点钱。如有得多，就存放在你那里，因为我知道迟早还会要你代我买这买那的。只是请你让我知道到底多多少或少多少。

我也要送点小礼物给你，让你时时想起我。希望你能喜欢。

函中还告以管教小弟弟的情景，写道：

我那十岁的小弟弟今天一再像魔鬼那样胡闹。我抽打了他，还责令他躺在床位上长达三小时。我从未见过他像今天所表露的那样乱发脾气。我要爸爸和母亲都离开房间，以便让我能更有效地教训他，此刻他稍稍安静下来，而且软弱得像只羔羊。我无法对你说清楚，在打他时我是如何痛心，但是由于他不肯说声“对不起”，我

---

① 《致埃玛·德隆·米尔斯的信函》（1917年11月4日），载张宪文、武菁主编：《宋美龄文集》第一卷，第146—147页。

只得一直抽打他，直到他为粗暴地对待自己姐姐的行为认错为止。我都把打他的棍棒打断了！

函中还说：

我的姐姐孙夫人从广州来上海住了两个星期。在此期间，生活是往复回环的一轮轮社交应酬的集合，无怪乎我的脾性搞得更坏了。

陈仁友这位《京报》的编辑，在一次宴会上就坐在我旁边。他很聪明，也才华横溢，但自私透顶，且爱慕虚荣。他令人生厌地不停地耸动肩膀，几乎叫我发出火来！这星期他要来拜访我，但愿我不会粗暴无礼……我喜欢听到有关时尚和政治的消息。①

11月22日 写信给埃玛，寄去感恩节给她及学友的礼物。函中提及“爸爸的身体也不如平常好，因之对我来说是一件令人泄气的事”②。

12月7日 写信给埃玛，告知家中近况，特别是对中国哀鸿遍野的感想。函曰：

你的来信真是上天赐下的宝物！告诉你，我正卧病在床，昨天体温达华氏一〇三度，但此后就下降至一〇一度。我在上次写给你的信中曾告诉你父亲的病情。你知道肾小球肾炎，不能吃荤腥，只能吃蔬菜。唉，他实在是吃厌了！但是只要他一沾荤，他的整个身体就会肿起来。母亲得了流行性感冒，现在我也得了。接着最近

① 《致埃玛·德隆·米尔斯的信函》（1917年11月12日），载张宪文、武菁主编：《宋美龄文集》第一卷，第149—151页。

② 《致埃玛·德隆·米尔斯的信函》（1917年11月22日），载张宪文、武菁主编：《宋美龄文集》第一卷，第153页。

爸爸在生意上又有很大的亏蚀，使他每年的收入减少了数千元之多。总起来说，什么事都令人沮丧。

我告诉过你我因面孔而受到的那些可怕时刻。唉，到现在面孔还没有好，但我已决定任意出门，就当什么事情也没有发生。因为我发现，我越是呆［待］在家里不外出，我的脾气就越发不稳定。自从我把自己关在家里，生活就变得更阴郁——阴郁，阴郁！我常常不问情由、神智失常般的乱发脾气，以致有时我觉得自己快要疯了。

说到主日学校上课的事，唉，由于我脸上长满了疱疱，我已有十个星期没有去了！我很抱歉，你的祈祷文就这样被浪费了，但如今我不管面孔有没有好都要照常行事了。

中国历来有许许多多疾病在流行，加之可怕之极的天津大水，以致可以说是哀鸿遍野！有时当我看到贫民区里一大堆肮脏、褴褛的人群，我会产生两种感想：一是感到要建立一个伟大的中国完全是徒劳的；二是感到自己的渺小。达达，你无法想像在这样环境中的人所感到的极不安逸。这里穷人的比例要比你在美国所能设想的大得多。

函中还谈到她为母亲生病而到医生家请他，后来经历迷路的情景。并写道：

每个星期，我都要去审查电影。总的说来，这些影片非常好，其中的绝大部分我们都予以通过了。百代和维多利亚（Victoria）两家公司的最佳。这些影片中大部分包含有过多的纯粹是作爱和浪费目光的内容。

孙逸仙博士的侄子被炸弹炸死在黄浦江中，由于孙博士卧病在床，只得由孙夫人去收尸。她见到死者的头

> 肿得比平时三个大，嘴巴和双目都沾满血。她从参加完葬礼后就因深受影响而病倒了。
>
> 你大概已经知道，《京报》已被查禁。总编辑陈先生在上海养病。段内阁倒了，中国政治真是叫人受不了：谁也不知道接下来要发生什么事；谁也不知道接下来轮到谁的头要被砍掉。
>
> 多谢你给我寄来了《新共和》（*New Republic*）杂志！我将先睹为快并与你讨论其内容。

又随信附了一封给全体伙伴的信，并寄给各位小礼物，希望各位小伙伴收到都能立即给她回信。信中写道：

> 当我见到你们寄给我的那本相册时，我是怎样高兴得无法形容啊。我真的感到你们离我并不远，而威司理学院①也仿佛就在隔壁。我毋需对你们说，这本相册是如何勾起了过去四年的所有回忆——以及与你们大家相处的所有情景。昨晚爸爸对我说："女儿啊，看到你有这么多好朋友，真感到高兴。我敢说，即使你在学院的日子里，除了这些好朋友，别无所获，那这四年也值了。"他能"亲眼看到"（他就是这么说的）我的朋友，感到十分高兴。他要我写信告诉你们大家，若是你们大家能来这里参加一次"夏末"派对，那他就再快乐不过的了。

她在信中谈到每天学习安排，除了跟一位老先生学中文，还要练习钢琴，每礼拜两次去上音乐课，午饭后通常再练习钢琴两小时，还要花一个小时教小弟弟学习。之后，要去参加公益活动

---

① 威司理学院即韦斯理学院。

等。信中她叮嘱伙伴们“长毋相忘”①。

12 月 28 日 写信给埃玛，告知料理家务的繁杂和家人欢度圣诞节的情况。函称：

由于哥哥整天在外，料理家务的事情自然就落到我身上。而最糟糕的是，有一个厨子因他老婆快要生孩子已回家去了，这就留下一大堆事情要另一个厨子去做，特别是菜市场离此地十分远，这就更糟了。接着顶重要的一件事是：我们的汽车现在还在汽车修理厂中安装过冬的顶盖，而哥哥每天早上又要把马车送到姨母家去，这样我只得找冷之又冷的人力车乘坐，去操办装饰圣诞树的东西以及准备给孩子和仆人的礼物了。

你一点也不知道在冬天乘坐人力车会感到如何的冷。供你搁脚的底部是用木板条制成的，中间有诸多大的空隙，因而当寒风从你两腿间呼啸而过时——真是够戗的！

还有，你知道，我完全不熟悉上海，平日总是吩咐汽车夫或马车夫送我到哪里去。现今则是要使人力车夫有一个更明确的方向。由于他们中大多数来自乡下，讲的是一种“浦东的”上海方言，因而我要花很大力气才能让他们明白。商店十分拥挤，而我又有那么多的东西要买回来。

[注意：老爸刚走进来，他说，你的来信显然鼓舞我写潦草字，因为他经常发现：我一接到你的信，就马上坐下来写字。]

再继续说下去，通常汽车夫总是跟着来商店帮我拿一包包东西的。但是近两周来，我不得不自己拎一包包东西了，而且这期间要被人挤来挤去，以致我几乎要火

① 《致埃玛·德隆·米尔斯的信函》（1917 年 12 月 7 日），载张宪文、武菁主编：《宋美龄文集》第一卷，第 155—164 页。

冒三丈。

在我们家里，过圣诞节对仆人来说是一件大事；既然母亲无法去买那些东西，那只得我去买了。我买了手帕、零食、长袜和糖果，桔子、柑子、糖果、糕饼等等，一直买到我自以为快要发狂了，因为每个仆人都得有一不同尺码的长袜。买好以后，还得把所有长袜一一装满物品，之后再把余下的东西包装成一个个可爱的小包。我扎啊扎的，扎得几乎要头昏眼花了。这时我当然会想到特德，因为她最喜欢包扎东西了。

弄完给仆人的东西和装饰好圣诞树之后，还有我小弟弟和表弟妹的礼物要考虑。他们看来都喜爱各种想得出来的游戏；因此很难找到新奇的玩具。我有两个礼拜都到商店里去找寻，有时甚至一天出去两次。

……

现在再回来谈谈圣诞节的情况。家里济济一堂，仆役们一刻也不停的忙于洗碟子或为大家准备餐食。我从未见过这么多吃客，你知道老爸是喜欢保持“家门开放”的。

……

圣诞日，或者不知说是那天的晚上，我们为小孩们，连带也为仆人们举行了一个派对。仆人自然是除了在他们自己的宿舍是完全活跃不起来的，但他们确实看上去很高兴地拿到礼物和观看圣诞树。我们请来了大约二十位表弟妹，他们放大喉咙拼命叫喊，还放鞭炮。那天晚上我们请他们在家里吃饭，当时我真怕他们要“撑”死了。顺便说一句，达达，我们吃到了顶呱呱的美国火鸡！

H. K. 发给我一封电报，他说他已经很久没有收到我的信了，因而担心得要命。作为圣诞节的礼物，他送来一车子花，我还没有给他写信。战争正在杀戮这么多的人，再多死几个或少死几个不会有多少差别，你说是不是?

我的脸已差不多好了，我现在过得很快活。告诉你，杨先生来拜访过几次，但每次母亲都告诉他我在生病。他于是写来一封讽刺意味十足的信，希望我那“极其短暂”的病很快就会好。他的意思是我不想出去见他，所以对他说生病了。我自然很愤怒，因而拒不对他的来信或电话作答——这就是他送给我的圣诞贺卡！他对某人——此人是我们共同的朋友——说，我这样对待他，不仅有欠尊重，而且带有藐视的意味。你自然是明白的，我从来不那样对待人，而且我确实是在生病；只是他的信令我愤慨而已。①

* * * * * *

是年

9月1日 孙中山在广州召开非常国会，并被推为中华民国军政府陆海军大元帅。

11月 俄国十月革命胜利。

1918年 十九岁

1月13日 复函埃玛，告以近况。函中谓：

你的第二十一封信是前两天收到的。获悉你生病了，我很难过。我想你除了从事战争救济外还有自己的工作要做，你是太劳累了。

The New Republic 是一本少有的令人清新的期刊，我很喜欢里面的文章，尤其是 William Hard 写的那两篇。你

① 《致埃玛·德隆·米尔斯的信函》(1917年12月28日)，载张宪文、武菁主编：《宋美龄文集》第一卷，第169—173页。

可能想我在夸大其词，但我开始感到，自从我回家以后，我的英文词汇量变小了，我在大学期间某种程度上有过的表达思想的流畅和自如现在已经与我无缘了。我现在只能泛泛地而不是有针对性地、具体地表达思想。当然你知道，课堂讨论和讲演使我思维敏捷，让我经常有机会使用新词。在家里谈话最多是泛泛而谈，而且一半的时间是讲中文。我很担心再过几年我的英语知识就会退化到只有三百个单词了。

你很难准确地想象我多么怀念你以及其他朋友对我的友情，我们曾经在一起作半学术性的交谈。你记得我说过，一个普通男人和妻子之间的普通交谈会让我分心。现在，我不知道我还能不能做半学术性的交谈，我的脑子似乎全都是老掉牙的东西……

H. K. 下个月要来上海，他父亲是上海江南码头的经理，上海江南码头是最重要的国家兵工厂之一，我已故的 uncle 是这家兵工厂的秘书，现在 H. K. 将去接替这个非常重要的职位。我的 aunt 当然反对任何人接替她已故丈夫的职位，很没有道理的反对，同时整个事情让我觉得很为难。H. K. 要我嫁给他，现在比以往任何时候都更希望我嫁给他，他把我看成他未来的一个突破口。对于他这样年龄的男人来说，这个秘书职位不同寻常，特别是它带有半政治性，而且可能性很大。你知道，H. K. 生来就是从政的。我家人感到很逗的是他给我弟弟、结了婚的姐姐和姐夫所写的信跟给我写的信几乎一样多。但我的父母显然希望我过几年再结婚。我的姐夫说我还只是个孩子，还不能考虑谈婚论嫁。但我已经嫁人的两个姐姐却非常想把我也嫁出去！①

---

① 《致埃玛·德隆·米尔斯的信函》（1918 年 1 月 13 日），载张宪文、武菁主编：《宋美龄文集》第一卷，第 174—178 页。

1月31日 复函埃玛，谈对婚姻的理解。函中略谓：

H. K. 现在在上海，来看我了。母亲不要我嫁给他，由于我对此事漠不关心，我默认了她的意愿。哦，我跟你讲过想要娶我的那个百万富翁，对吗？我的亲戚认为我要是不嫁给他，我就是一个笨蛋，但我确实是个笨蛋，因为我不意识到自己是笨蛋！离开学院的这半年使我认识了金钱的价值，同时也使我认识了自尊的价值！我永远不会没有钱就结婚，同样也决不会为了钱而结婚。懂吗？

哦，我跟你说过我的弟弟要参加圣约翰的考试，对吗？他英文通过了，但中文差得太远，结果没被录取。太倒霉了，我又得教他半年，因为我们住的地方离好学校都很远。

老爸，我真希望你能在我这儿，你一定得来看我。记住，我所对你说的话只是给你一个人听的。①

2月8日 复函埃玛，告知庆贺春节的准备情况，特别是对人际交往和舒缓情绪的认识。函中略谓：

自从回到中国，我已经学会不发表意见、不说没有礼貌的话，要说只是跟你在信中说。但我想每个人有时都会感到有要爆发的时候。当事情很多时，我就去弹钢琴、练琵琶，它们对让我释放压抑许久的想法确实非常有效！

顺便说及，Kendall 很高兴看到我家里有这么多杂志，她说我家是她在中国到过的所有外国人和中国人家里看到的第一家，其主人似乎希望随时关心世界问题。她对

---

① 《致埃玛·德隆·米尔斯的信函》（1918年1月31日），载张宪文、武菁主编：《宋美龄文集》第一卷，第180页。

《新共和》杂志（*The New Republic*）尤其感兴趣，还借了几本。①

2月12日 清早与兄弟姐妹给父母磕头拜年。②

2月13日 致函埃玛，介绍中国新年风俗。信中认为：

> 中国和美国不一样，不管是规矩，礼节还是观念，都是用来限制个人的。你要么循规蹈矩，老老实实，要么还有一种可能，那就是管它三七二十一，干脆做个所谓的“新女性”！可是这个头衔的名声不太好，是个贬义词。我觉得不应该把“归国侨生”和“新女性”这两类人混为一谈，后者确实相当可怕，她们分不清什么是自由，什么是放纵。就我个人而言，我还是倾向于尊重和遵守那些旧习俗和老规矩，尽管很烦人，但至少能防止女人去做那些本身就不光彩，影响又极坏的事情。③

3月6日 致信埃玛，告知近况并谈及对国内政局的认识。函中写道：

> 我的小弟弟现在上学了，所以我比以前空闲多了，尽管还在忙。我在学习中文，上音乐课，还在这里的基督教女青年会上花不少时间。我是好几个委员会的委员，又在开办一个女子英语会话俱乐部。社交委员会的任务相当艰巨，在上海的全体会员每月有一次聚会，我们得为这一活动安排节目。不过我很喜欢这项工作，它让我

---

① 《致埃玛·德隆·米尔斯的信函》（1918年2月8日），载张宪文、武菁主编：《宋美龄文集》第一卷，第184页。

② 《致埃玛·德隆·米尔斯的信函》（1918年2月12日），载张宪文、武菁主编：《宋美龄文集》第一卷，第186页。

③ 《致埃玛·德隆·米尔斯的信函》（1918年2月13日），载张宪文、武菁主编：《宋美龄文集》第一卷，第189页。

对各式各样的人产生更大的兴趣，也在一定程度上迫使我改变对别人一般不够关心的秉性。我花了很大的力气去激发大家的兴趣，这也多少感染了我自己。此外当然还有审查委员会的工作，给主日学校上课，还有我母亲那边的各种社会工作。对了，我有没有告诉过你我母亲几年前为穷人的孩子开办了一所学校？这是一所“街道学校”，只收走读生，而且只收女孩子。我对这学校很感兴趣，只希望我们住的地方离那个市区不要那么远，因为我也希望参与进去。母亲每个礼拜去一个下午，料理一些事情。

几天前我收到了《韦尔斯利①通讯》，你不知道我有多开心！现在我完全能相信校友们为什么那么喜欢这份简报。下个礼拜我要去一所女校讲“班级组织”的问题，这份报纸来得正好，让我好好重温了一下母校的“传统精神”。

我们这里有一个（美国）大学俱乐部，一共有七十五名成员。我上次去的时候遇见了韦尔斯利〇九级的一位毕业生，我们很快就热络起来，原来她是基督教女青年会的秘书之一。《通讯》看完后我就传给她看，让她也高兴高兴。对了，《通讯》没有被我们翻烂的话，要不要寄还给你？

我现在每天要练琴四五个钟头，觉得进步还是蛮快的。当年在学校里要是一直把钢琴学下去，不改学小提琴就好了。小提琴对气候极其敏感，不适合上海这里的天气。

中国的政治局势令人忧虑。南北如此对立，自然谈不上人民所希望的统一行动。可惜我政治史懂得不多，没法把我的强烈感受写下来。目前中国没有为援助协约

① 韦尔斯利即韦斯理。——编者注

国做好准备。我们的政府真正应该做的（以我愚见）是真心实意地推行民主，因为我们已经把自己的命运与那些公开宣称反对专制独裁的国家紧紧联系起来了。为此，最好的办法是建立一支训练有素的军队。当然我们没有杰出的军事专家，不过既然美国已经同意给我们一笔贷款，用于军费开支，那么如果中国提出向美国借几位将军来这里按照美国的模式建立几个训练营的话，美国政府是不会不同意的。

还有一件事最近也一直困扰着我。就算我上面所说的各种原因都不切实际，也不符合中国政府的一贯政策，就算是这样，那么中国又将如何应对战后的局势呢？不管哪一方获胜，中国总得面对这个问题，因为中国会身处夹缝，左右为难，一边是日本，另一边是德国。在和会上别的国家都将有发言权，因为它们在战场上奋战过，而中国则因其摇摆不定的立场和可有可无的作用而被忽视，除非中国也有一支强大的陆军和海军，并且作为一个独立的国家强硬地提出自己的要求，这样，也只有这样，日本和德国才会尊重中国。我虽然不同意卡莱尔“强权即公理”的观点，但我不得不承认“强权”能让那些野心大于良心的国家肃然起敬。

我真希望我有足够的政治史知识来写点东西，发表在能够影响公众舆论的报纸上。当然我完全知道上面所说的那些问题需要我们掌握实际的技术，否则我那些设想都不可能实现，而只能以惨败告终。我还知道即便有报纸认为我的话值得刊登，那么编辑同意刊登的理由十有八九是“唷，这个中国女子的英文写得不错嘛！”你是了解我的，这样的照顾对我的自尊是莫大的侮辱。①

---

① 《致埃玛·德隆·米尔斯的信函》（1918 年 3 月 6 日），载张宪文、武菁主编：《宋美龄文集》第一卷，第 191—194 页。

3月19日 致信埃玛，告知侍奉病重父亲的烦躁心情，信称：“你没法想象这种状况有多么恼人。”“我这个人脾气很坏，还不容易控制自己。父亲有病，我当然得强颜欢笑，让他高兴，尽管有的时候我真恨不得一下子暴跳起来。父亲作为病人，算是很能忍耐的了，可是跟所有的病人一样，稍不称心就大发脾气……他很难接受如今日渐虚弱的这一事实。”

信中提及与比尔尼关系的问题，她跟家里大吵了一场，“因为家里人不同意他来中国看我，害怕他一来我就会嫁给他。没准他们说对了”！表示“我和 H. K. 最后见过三次之后就没有再见过面……我现在肯定不想嫁给他了”。[①]

4月7日 复函埃玛，函中略谓：

> 洛德·邓萨尼[②]的两本书都收到了，从中获得了无穷的乐趣。那些故事都非常简单，好像连我都能写得出来，可恰恰错了。别看情节那么简单，那么朴实无华，但结构严谨，干净利落，一气呵成，我看别人想模仿都难。我们全家都非常喜欢这两本书，太谢谢你了！[③]

鼓励埃玛，认为她的确有写作的才能，希望继续写下去。

4月11日 托人给埃玛捎去礼品，并附信称：

> 盒子里有两块绸缎，还有一顶丝质的苏格兰圆帽。我也有一顶，一模一样的，所以忍不住也给你做了一顶，散步时戴上它再合适不过了。这帽子样式时尚又高雅，你会发现许多场合都用得着它，必要的话可以固定在头

① 《致埃玛·德隆·米尔斯的信函》（1918年3月19日），载张宪文、武菁主编：《宋美龄文集》第一卷，第195—196页。

② 洛德·邓萨尼是爱尔兰作家，原名爱德华·普伦基特（1878—1957），第18世邓萨尼男爵，洛德·邓萨尼为其笔名。

③ 《致埃玛·德隆·米尔斯的信函》（1918年4月7日），载张宪文、武菁主编：《宋美龄文集》第一卷，第198页。

发上。我等着听你说喜欢不喜欢。我送你料子中有一块是灰色的织锦，给你做件衣服。我本来想给你多买一码，可这料子在上海很抢手，我跑了几个店铺，只有这么多了。不过，衣服的袖子和领子可以用灰色的薄绸代替，需要的话还可以滚个边。你皮肤白皙，加上深栗色的头发，穿上这样的衣服一定好看得不得了。另一块是金黄色的，看上去颜色有点暗，给你做件晚礼服。你想做别的，也可以，随便你。你要是知道这还是我曾祖母的东西，一定很高兴。

我想送点糖果给爷爷，不过林克先生恐怕不一定乐意让大包小包把箱子塞得满满的，我准备让家兄去探探他的口气。

最近几个礼拜，我瘦了许多。那天夜里，母亲都哭了，她说她看到我这么苍白，这么憔悴，很心疼。我好像一下子把肉都掉光了，真是莫名其妙，昨天一称，只有一百零七磅了，想到我离开你的时候有一百二十九到一百三十磅，你一定觉得奇怪，想知道我到底怎么啦。家里人说要送我去外地疗养，可是有件事让我不想现在就走。①

4月12日 致函埃玛，告以父亲病情，谈到她的情感问题。信中写道：

刚收到你的第32封信。先说一件事吧，父亲住院了，他病得很重，我们以为他快不行了，不过现在他看上去好了许多。为了照料他，大家都累得筋疲力尽，最后只好送他去医院。他生病后脾气暴躁，一天比一天厉害，还得有人整天陪着他。母亲现在就在他那儿，我呢，正

---

① 《致埃玛·德隆·米尔斯的信函》（1918年4月11日），载张宪文、武菁主编：《宋美龄文集》第一卷，第201—202页。

在监督佣人打扫屋子。我们家有一套非常漂亮的红木雕刻家具，可是，天哪，要让这些东西保持得干干净净可没那么容易。我要佣人把灰尘统统擦掉，这下可把我的头都搞大了，因为雕刻的部分很麻烦。他们只好把每一幅画都卸了下来，把每一件东西都擦洗了一遍，还用了一种酸，使表面的清漆涂料更加光亮。此外，地毯也都卷起来了，准备送出去清洗。我对家庭大扫除一窍不通，母亲又不在，佣人怎么弄，我也只好随他们了。

对不起，达达，我这几封信说的都是些不开心的事情。说实话，金钱永远不会让我快活。我整夜整夜睡不着，觉得自己没有任何长进。你懂我的意思吗？在学校里，总有功课要做，可是如今在家里，我也一天忙到晚，却毫无收获。我的小弟弟现在上学了，按理说我应该比较空了，可我还是跟以前一样忙忙碌碌。父亲病重，我已经不练钢琴了。我本来一直在练格里格①和歌剧威廉·退尔②。我的达达啊，你总是低估自己的能力，可是要不了多久，你就会成为真正的“才女”。

对了，H. K. 为了他自己的一点事，跟他父亲大吵了一场，好在他们吵架前我就跟他分手了，要不他父亲一定会怪到我头上的。

我真心希望你的诗歌能被采用。我也想写点东西拿出去发表，只是眼下我心里乱得很。我可以告诉你，将来有一天我结婚的话，不会是出于爱情，因为我已经不幸喜欢上了一个已婚的男人。这几个月来，我俩的痛苦难以言表。他的妻子是他几年前从美国回来后不久由他父母做主强加给他的，而我们家对离婚的态度你也是知道的。再说，他妻子是无辜的，只是他不喜欢她而已。当然，我们两个都非常谨慎，决不越雷池一步，谁都不

① 格里格是指爱德华·格里格（1843—1907），挪威作曲家。
② 歌剧威廉·退尔是指李斯特根据罗西尼的《威廉·退尔序曲》改编的钢琴曲。

会做出不光彩的事情，只是我们互相爱慕，到了无法形容的地步。唉，那种心情真难受，我从来没有尝到过这种滋味。最糟糕的是我总是后知后觉，而他则说哪怕上刀山下火海，他也要成为自由身。不过一切皆枉然。我劝他离开上海几个月，因为我肯定不能丢下父亲。你不用替我担心，我会正确处理的，别怕。可是我已经无法说服自己嫁给别人了。①

4 月 20 日 为照顾病重住院的父亲，宋美龄精疲力竭，写信给埃玛，诉说近况和焦虑的心情。信中写道：

这是一封短柬。我们真替父亲担心，八天前送他入院，好了两天，之后出现了反复。今天上午医生说他康复的希望极小，只有大约百分之二十。母亲坚持要他出院回家，尽管家兄和我，还有医生都反对，父亲还是回来了。眼下我们还没找到护理他的人。

母亲说她不相信医生，还说只有上帝救得了父亲，因此她不让父亲发汗排毒。真急死我了，因为我相信唯一的希望就是让他出汗，因为他的肾脏不起作用了。大家都很紧张，母亲又不听医嘱，我都快急疯了。出院前，医生逼父亲多喝开水，可是一回家，他连一滴水也没喝过。家里还有两个不到三岁的小孩，根本安静不下来。我的天哪！

我把自己的卧室让给了两个小孩，现在睡在小书房里。父亲住院时，我夜里要陪护他，白天还要跑大约四趟，可我体力上不觉得疲劳，还是精神抖擞，只是心理上感到困乏。

医生说毒素已经侵入父亲的大脑，他大部分时间都

---

① 《致埃玛·德隆·米尔斯的信函》（1918 年 4 月 12 日），载张宪文、武菁主编：《宋美龄文集》第一卷，第 203—204 页。

处于睡眠状态，脸也肿起来了。[1]

4月29日 致函埃玛，告知近况，特别是对父亲出院后家中实态和对“灵魂救赎”的理解。函中略谓：

父亲出院了，头几天住在家里，病情似有好转，可眼下又不行了，出现了各种症状，包括吐血。

病痛使他脾气暴躁，弄得我们个个神经紧张，几近崩溃。我们让他发汗，要他服用浴盐，他都不肯。这样，病情只能越来越糟。谁要逼他做他不愿做的事，他的血压立刻飙升。

你知道，母亲是使徒信心会[2]的，不相信医学，只相信祷告。我们家里来了不少信心使徒，成天为父亲祈祷。尽管我不信这一套，但我很敬佩，也很感激他们这种了不起的献身精神。现在，我既相信祈祷，也相信医学。

给父亲看病的医生是家兄和我本人的好友。他极不赞成父亲出院，再说母亲又不听他的，一般来说，在这种情况下，无论是他还是别的医生都不会继续给父亲看病了，可是看在子文和我的面子上，他没有撇下不管，照样每天出诊，且分文不取。我们给他寄去一张支票，他非常生气。

提心吊胆的日子很不好过，大家都身心俱惫。母亲不同意请护士，认为这有违上帝的意志。尽管有些信徒过来护理父亲，但他们只是朋友，不是专业护士。

说实话，我本来只希望父亲尽快康复，现在我更关心的反而是他的灵魂救赎。他脾气倔犟，不肯承认自己

---

① 《致埃玛·德隆·米尔斯的信函》（1918年4月20日），载张宪文、武菁主编：《宋美龄文集》第一卷，第205页。

② 使徒信心会是基督教的一个宗派，属五旬节派，其教义偏重圣灵的重洗和能力。

在上帝面前是罪人，我真担心他能不能得到救赎。

我觉得我也快疯了。①

5月15日 致函埃玛，告以父亲去世后家中近况。函中谓：

我很高兴得知你的剧本大获成功，你也终于有时间稍事休息了。

自我父亲生病以后，我一直无暇进行音乐学习或打字。而自他去世后，我自然更是百事无心了。父亲的葬礼是悄悄进行的，也非常简单，只通知了他的几位至交。没有中国葬礼上常见的丧乐队或其他任何场面。母亲和我们这些儿女都穿着非常粗糙的帆布服装。父亲去世之时，我们就决定不把他安葬在那座葬有母亲娘家大部分亲属的西门公墓（Wets Gate Cemetery），尽管我们在那里拥有空余的墓地。你也许知道，父亲一边的亲人都葬在广州，而且出于种种理由，我们认为最好把他安葬在上海。真凑巧，我们得知有一座名“万国公墓”（International Cemetery）的新公墓刚刚落成——于是我们就到那里去参观，发现这座公墓非常优美，而且洁净。于是我们就买下了一大块墓地——其面积够我们全家用的。父亲是真正的第一位安葬在那座公墓的人士。你知道，他在任何竞赛中，都喜欢争第一；因此我想如若他天上有知，一定会非常开心的。

父亲死后，我们一直在忙于使我家里恢复原样。十有八九，我们要搬到我们在西摩路（今陕西北路）的那幢房子去。由于我的两个姐姐都已离开上海，这幢房子，对母亲和我来说，实在是太大了，因为T. V（子文）整天呆［待］在写字间里，John（子良）住在寄宿学校，

---

①《致埃玛·德隆·米尔斯的信函》（1918年4月29日），载张宪文、武菁主编：《宋美龄文集》第一卷，第206—207页。

而Joe（子安）每天要到学校去。我真想你能看到那幢房子！内里十分华丽，一色的柚木装潢，以及雕花的门。两层楼，有一美妙的贴瓷砖的暖房，还有一间贴瓷砖的厨房。楼下，有一大小适中的客厅，一盥洗室，一吸烟室，一镶嵌着雕镌天花板的大餐厅，而配膳室和厨房也在那里。至于二楼，则有三间卧室，一间大起居室，一间大客厅，以及一间非常宽敞的浴室。那里还有两个可供放衣服之用的大壁橱——壁橱在上海是很稀罕的。第三层是一个屋顶花园，我们打算以后在此度过下午时光。还有一个妙处：这幢房子有一个水泥地的地下室，你知道我们现在住的房子是没有地下室的。这幢房子还有一个玻璃温室，我和园丁准备在此种些玫瑰，日后拿去参加花展。我们准备建造一间三层的汽车房，二层供仆人居住，三层则用于堆放杂物。花园很大，也很美丽，有一保育棕榈树的顶棚。以后到了冬天，我们可以在暖房里取暖。

霞飞路的房子太大，超乎我们的需要。这房子总共三层，而且我们在里面起居，随时都会想起父亲。跟你说老实话，天花板太高、房间都太大，不可能把它弄得安适。这房子看上去宽敞精致，但并不安适、“温暖”。你懂得我说的是什么意思！我们打算卖掉我们的所有家具，只留下母亲那些作为嫁妆带来的家具以及那套中式雕花黑檀木的客厅摆设。我们在这里的家具太大，对西摩路的房子不合适。

我真希望你能见到西摩路的那幢房子。屋内木建堪称上乘，窗户也都很精致。我们真是撞上大运：因为这房子原来的主人是一对挪威夫妇，他们建造此屋时原本是想终老于此的——不料这场战争爆发，他们不得不凑钱回国。屋内的一切都很精致，加上这对夫妇没有孩子，因此这产业十分完好，我们搬过去后，我会写信告诉你的，随着我的两个姐姐连同她们的仆人和小孩离去，母亲和我整天呆［待］在这幢大房子里，什么都得自己来，真有点茫然若失的感觉。这幢房子三个楼层，很难将之弄得像模像样，需要一大堆仆人才弄得过来。而住到别的房子去，我们只要有一个厨子、一个男仆、一个干粗活的工人、一个司机、一个园丁以及现在服侍母亲和我的两个女佣，就十分舒服了。

父亲遗留下的一切都是妥妥贴贴的，而且母亲对他的事务一清二楚，因而我们没有什么麻烦。外间有人推测父亲死时是个百万富翁，也有人推测只不过称得上殷实而已，这些流言在任何时候都会引起人们兴趣的。就近七年来说，父亲已是"一位安逸的士绅"，说这话的一位外人是清楚父亲的财产状况的。

母亲勇敢地挺过来了。起初，我们所有人都几乎疯了，但我们也知道他现在要比能活下去快乐得多。肾小球肾炎是一种叫人很难受的病症。对我们来说，他是一个多么好的父亲啊！就算他不再与我们在一起，我们也爱他。

在父亲去世前不久，我刚拿到我的春装衣服！现在一看到这些衣服，就颇为伤感，因为我要想起购买它们时我是多么的快乐和无忧无虑啊。现在母亲和我把所有会引起哀伤的东西都收起来锁上了。母亲坚持要我穿白领子和白袖口的衣服。①

6月4日 复函埃玛，告知近况，特别是对要求帮助其"重获一些对整个人类的信念"的理解。函中略谓：

你在信中要我帮你重获一些你对整个人类的信念，

① 《致埃玛·德隆·米尔斯的信函》（1918年5月15日），载张宪文、武菁主编：《宋美龄文集》第一卷，第208—212页。

让我开始感到这个世界太腐败了，已经不值得我关心我是否是其中一员了。我确实很遗憾，你有这么悲惨的、让你灰心丧气的经历，但你这经历并不如你以为的那么糟糕。我想你好好休养一段时间后，就会发现这世上还是有很多的好人。我也已经开始发现许多事情全在于自己如何看待生活。你权且将那段经历当作消极的一面放在一边，而去看积极的一面。你会惊讶地发现还是善要比恶多很多。

我最近的经历有时让我怀疑生活是否还值得去过，因为我缺乏普通人看待生活价值的标准。比方说，我注意到当一个人宣扬自我牺牲、公益精神时，他的手可能正忙于攫取与他表示的信仰明显背道而驰的东西，所有这一切让我怀疑真善是否确实存在于人间。尽管善并不多见，但善的确实存在应该让我渴望成为一个有真正道德的人。然而想到所有这一切，我就无动于衷了。

我每每会疏忽为周围的人做事，因为感到厌烦，但过了一阵，我又重新振作，对我的疏忽会有一种近乎自责的感觉。

我不能说教，说你现在过于相信人了，是年轻和缺乏经验的表现。我之所以这样说，完全是因为我也有同样的表现，一种我还无法解释和分析的表现。

我知道你感到你是想高高在上，不屑跟人多啰嗦，我也有同样的感觉！我想我可以跟你说，其实正是生活中遇到的麻烦、幻想、幻想的破灭、悲剧、喜剧等等让我们生活得有意义。由于你很了解我，你会知道我的这番话听上去有点虚伪和肤浅——两种我们二人谁都不能原谅的罪过。老爸，你说难道不是吗？

所以我不会写那一类东西，我只是要让你用自己的方式自己解决问题，而我也会设法用我偶尔想到的方式去解决它，但知道你的女儿与你“同舟共济”对你乃是一种安慰，即使是一个小小的安慰，不是吗？要知道，当觉得自己的问题有人在帮助解决时，你会感到激动的。我想，在有些方面，对，在很多方面，我碰巧和你有所共鸣。①

6月26日 复函埃玛，告知近况，特别是对管理家务之道的认识。函中略谓：

几天前，我的一个大拇指割破了，差点割到骨头。由于是右手的拇指，我直到今天才能使用我的右手。

两名Wellesley的1913和1914届的中国女生Ying Mei Chu和Fung Hui Lin这个礼拜要结婚了。我本来是要分别担当首席伴娘的，但由于我还在服丧，我当然就不能"为他们效劳了"。

Ying Mei的婚礼是在今天下午，Fung Hui的婚礼是在这个礼拜六。另外一个中国女孩，一个从美国回来的留学生，也要在礼拜六结婚。这三位六月的新娘年龄都相当大了，分别为三十、三十一和三十六。说起六月新娘让人脸红！

我觉得36岁的这一位找的人最匹配了，她的未婚夫很能干，会很有出息。另外两位呢，当然只能到时候再说了。

天气一直太热，我们无法搬家。我已经跟母亲说我们得辞退几个佣人，因为那儿的房子比这儿的小。我们不能中外厨师都用，只能用那名外国厨师，那名很好的外国厨师，我们将全部吃外国饭菜。我负责支付所有的饭菜的账单，母亲督管其余家务。佣人的饭菜全部由食品店一天三次送来。这样一来，事情就简单多了，佣人

① 《致埃玛·德隆·米尔斯的信函》（1918年6月4日），载张宪文、武菁主编：《宋美龄文集》第一卷，第213—214页。

们就不能借口在厨房和管家的食品室转来转去，他们在佣人住处有自己的用餐的地方。

我们正在建车库，扩建佣人的住处。

厨师至今管着所有的食品供应。近来我发现我所有的外国朋友将鸡蛋、奶油、面粉等全都锁了起来，跟他们交谈后，我发现我们家此类主食的消费和浪费太过分了，所以我把很多橱柜都上了锁！钥匙全掌握在我手里！

可是你难以想象我多么讨厌家务！当然，我只不过指挥指挥佣人而已，但是天哪，我多么盼望能一个人单独住一套房子，用不着管那些灰灰土土，什么都不操心。①

6月29日 复函埃玛，告知与H. K. 的关系，坦诚对婚恋的矛盾心理。函中略谓：

H. K. 今天下午将在Fung Hui Lin的婚礼上充当男傧相，你知道吗，我本来也要在这个婚礼上当主伴娘的，但好在我没有！因为我不想和他走在一道。

前天，准确地说是昨天，我午餐后与Fung Hui一起回到她的饭店，在那儿等她的居然正是H. K. 。我先看到了他，就立即放下所有的东西跑开了。可是Fung Hui追上了我，我不得不回去。我不知道为什么，但我一点也不想看到他。我一直感到很尴尬，虽说我没有什么理由需要尴尬。我们两人都彬彬有礼，起初他想摆出老样子，但我想我也非常冷淡，根本不搭理他。我已经拿定主意在今天看到他时，对他采取十分冷淡的态度。

对了，老爸，奶奶要你结婚！我家里最近倒没有跟我多谈这个话题，但我想他们如果知道我对你所讲的，

---

① 《致埃玛·德隆·米尔斯的信函》（1918年6月26日），载张宪文、武菁主编：《宋美龄文集》第一卷，第216—217页。

一定会非常激动。

你知道，我曾在信上对你说过，就关爱而言，我要嫁的男人从我身上得到的只会是友情，现在我还是这样想的。有一个比我大得多的男人，一个差不多大十五岁的男人想娶我！他知道我并不爱他，很可能永远不会爱他，但他还是要娶我。我喜欢并且尊重他，他是一个很有行政能力的男人，话很少，不做作，而且思想还很保守。他还很有钱，他告诉我如果我嫁给他，我可以帮他工厂里的几百个劳工做些社会工作，我们可以为他的劳工在教育和社会改善方面做很多事情，办成中国第一家这样的私营企业。你想啊，为工厂劳工和受训的社会工作人员办一所学校、一座体育馆、一座娱乐中心，向这些男男女女的头脑里灌输礼貌、民主、人文的思想。而我将在这项伟大的工作中出一份力！

我还没有决定做什么，我真希望你能在这儿和我一起商量。这个男人是位绅士，他的家庭和社会关系都非常好。他心地善良、能体谅人、人很温柔。我不认为他像我那样会发脾气。我不能把爱给他，如果我愿意，我会争取做他的一个好伴侣，一个体贴他的同志。虽说事情有时很简单，有时候容易，但要做决定却是很复杂、很难。我还不知道什么才是最该做的，但我现在已经告诉你我会考虑这个问题。①

7月18日 复函埃玛，告知夏天生活安排。函略谓：

一年前的后天我回到家里。一年过去得很快，但发生的事却那么多！……这儿天气一直很热，但我们还一直照样打网球。母亲上个礼拜带孩子们去 Taochow 了，所

① 《致埃玛·德隆·米尔斯的信函》（1918年6月29日），载张宪文、武菁主编：《宋美龄文集》第一卷，第219—221页。

以有几天就 T. V[①] 和我在家。我们过得很开心，请人吃饭、打牌。然后我们一道深夜外出开车到很远的地方。母亲回来时，我们两人累得几乎动都不能动了。我们把老表们请来，开了个例行的家庭聚会。然而我担心佣人们并不会像我们一样开心，因为我们让他们跑来跑去、做这做那。比方有一次，我们让他们做了三次冰淇淋，而且由于白天雨时下时停，他们得时而把网球的网和线挂上去，时而又取下来。

母亲让我整个夏天或夏天的一段时间外出，想到哪儿就到哪儿。可是考虑到西摩路（Seymour）的房子还要装帘子，我觉得我还不能外出，尤其弟弟经常要请人吃饭，母亲感到不大好安排。你应该看到尽管我们有厨师做饭，我在研读烹调书，我们的中国厨师和外国厨师相处得并不好。[②]

7 月 29 日　致函美国房东爷爷（Crandad），对所给予的关心表示感谢。函称：

你和 Wills 太太人真好，在我最需要同情的时候能想到我，非常感谢你们。

父亲一去世，家真就一点都不像家了，我们都很怀念他，他是一位可亲的父亲。

父亲去世后，母亲心情一直非常紧张，所以她现在住在我们的另一处房子里，我们每天去看望她，有时她也过来。她不想离开本市，所以我们觉得这对她来说是最好的安排。她有一位美国朋友同她一起住，家里的房子由我照看，现在天气这么热，很难留住好的佣人。我

---

① T. V 系宋子文。

② 《致埃玛·德隆·米尔斯的信函》（1918 年 7 月 18 日），载张宪文、武菁主编：《宋美龄文集》第一卷，第 222—223 页。

想你在纽约也烤得慌吧，是吗？[①]

8月7日 复函埃玛，告知近期家居生活。函谓：

昨天收到了你那封最有意思的信。你这次回Wellesley让我十分思念母校，让我倍感孤独！我一直在跟厨师们较劲，十天之内换了六个厨师！整天吃各种饼干糕点，把我的胃口全吃倒了。现在几乎不可能找到一个讲究卫生、手艺很好而且脾气也好的厨师！我真是找得累死了。

今天我要去参加一个一千多人的招待会。顺便告诉你，我私下写了一篇题为《美国的女子学院》的文章，由上海的美国大学俱乐部出版。由于只能写五百左右的字数，我当然就不能讲很多，但这是写给要去美国留学的中国女学生看的。我的两个嫡亲表妹要来美国，他们都是女孩，有一个是我雷德克利夫（Radcliffe）学院cousin的妹妹。我托她们给你带了一点小东西，为的是让你知道，我虽然信写得不多，但还是想你的。天气、操持家务和一些其他的事情让我既忙又累。[②]

8月15日 复函埃玛，告知近期写作情况，并请帮忙订阅美国杂志。函中略谓：

我寄给了你一篇我为中国大学俱乐部写的文章，由于*Shanghai Gazette*转载了它，而且是整批文章中唯一被转载的，因而引起了很大的轰动。现在我正在考虑针对

---

① 《致爷爷（Grandad）的信函》（1918年7月29日），载张宪文、武菁主编：《宋美龄文集》第一卷，第224页。

② 《致埃玛·德隆·米尔斯的信函》（1918年8月7日），载张宪文、武菁主编：《宋美龄文集》第一卷，第225—226页。

上海的某些弊病写一些社会改革方面的文章，希望你能在这儿帮我从我的想法中理出一些重点。我也在考虑写一篇《上大学的美国妇女》。你看，我想我应该最能写好我第一手了解的东西。对我来说，写叙事文比写正式的文章容易。由于这个原因，我正在完全为了自己修读一门 Macaulay 的课程，我想掌握分析性写作的要领。

我希望你能在这儿帮我开始，我觉得我想法很多，但表达起来却那样地笨嘴拙舌。

以后写信寄到上海 Seymour 路 30 号。我还没搬家，但母亲已经搬了，所以邮件在那儿是安全的。还有，请为我订阅下列杂志：

1. *Saturday Evening Post*,

2. *Ladies Home Journal*,

3. *The Literary Digest*,

4. *Scribner's*,

5. *Atlantic*,

6. *Harper's*,

7. *Woman's Home Companicon* 妇女家居指南,

8. *New Republic*。

请告诉我总共多少费用，我会在回信时汇给你。①

8 月 24 日 复函埃玛，谈摆脱情感纠葛的方法及对上海城市需求的考虑。函中略谓：

昨天哥哥有一位朋友顺道过来吃饭，由于就哥哥和我在家，而哥哥又跑过去在电话上商讨一些公务，我就只好一个人陪着他。这位朋友明确表示决意要向我求婚，我感到既累又困，于是借口离开，让车夫把车开出来。

---

① 《致埃玛·德隆·米尔斯的信函》（1918 年 8 月 15 日），载张宪文、武菁主编：《宋美龄文集》第一卷，第 228—229 页。

当哥哥打完电话，我建议一起开车出去兜一兜风，顺便把客人送回家。你不觉得我做得很巧妙吗？由于他过一两天就回天津，我想我就彻底把他摆脱了。

我在上一封信中请你帮我续订和新订一些杂志。请将杂志全都投递到中国上海 Seymour 路 30 号，因为我过几天就要搬过去了。另外也请把给我的信也都寄到那儿。

你还想当多长时间的农妇？如果母亲不反对，我想联系上一家公共慈善机构。只是，唉，我讨厌难闻的气味和肮脏的垃圾，但我想如果有垃圾要打扫的话，还是要有人看到的。当你看到这样一批人的时候，你几乎不可能激发他们的生存意识，而只能看到革命才给一个基本上是王权贵族统治的国家带来民主意识。

我想今年我要研究上海这个城市的社会需求，以及如何克服其最突出的弊病。也许到时候这儿的市政府会认识到尽管这儿百分之九十的人口都是中国人，但市政府对改善最需要改善的人的生活却无所作为。①

9月2日 复函埃玛，告知近况，称不久将去北方。信中略谓：

你知道吗，我搬家啦！我无法对你说搬家有多么辛苦。子良得回学校补考，Mater 除了佣人得有人在这儿陪她，所以我就成了祭坛上的牺牲品。这三天来，我一直里外奔波，打包、拆包、安排，什么都做。现在还没有把所有的东西都搬过来，子文（T. V）跟我姐姐一道住在另一座房子里，我姐姐在等她的丈夫带她和孩子去北方。我忙着搬家是因为我要跟他们一起去北方看一看。今年我还没有外出过，所以我想现在也该让我到什么地方去

① 《致埃玛·德隆·米尔斯的信函》（1918 年 8 月 24 日），载张宪文、武菁主编：《宋美龄文集》第一卷，第 230—231 页。

一去了。由于不能让 Mater 住在乱糟糟的房子里，我在外出前想把家里的事情都安排好。Mater 在这儿有好多事要做，我们要卖掉许多家具，因为房子太小，而我们的大部分家具体积都比较大。这就意味着这个礼拜我得要买好多东西，因为 Mater 说她觉得自己做不了这种事情。我保留了那套雕刻精美的红木家具。我打算先去南京、天津、北京，最后到太谷（Taku）待一个月。我想总之我外出一直要到圣诞节，虽说母亲非常担心姐姐会留我多住一段时间。唉！我知道母亲没有我会很孤独，但正如她所说，她不可能把我永远留在身边。我最好圣诞前就动身，因为 Joey[①] 今年秋季学期后要去上寄宿学校了。

我将把 10 号外出后每天的见闻和感觉都记下来，是 T. V 给了我这次外出的机会，他太可爱了，不是吗？

哦，我有个好消息要告诉你，我终于请到了一位好的厨师！前面找了 8 位，现在才找到了这位。最好的是，他中外菜都会做。我还要告诉你一个秘密，我付给他的工资可不菲哦，我还另外找了个洗盘子的男孩给他作帮手。啊，他做的馅饼和糕点啊！太好吃了！太好吃了！[②]

9 月 21 日　复函埃玛，诉说一直以来的精神困惑和参与积极的社会工作的愿望。函中谓：

你第四十六和第四十七封来信与 Reno 的一并收到。如果你还记得的话，早在去年冬天，我就告诉过你我的精神快要垮了，是的，亲爱的，我知道我有征兆，你是不是也发现了？由于缺乏脑力训练，我一直感到我简直要崩溃了。我试过写作，但天哪！我没有写出过任何有

---

① Joey 系宋美龄弟弟宋子安。

② 《致埃玛·德隆·米尔斯的信函》（1918 年 9 月 2 日），载张宪文、武菁主编：《宋美龄文集》第一卷，第 232—233 页。

一点点价值的东西。你、泰德和 Reno 都很忙，体力上忙，我真羡慕你们啊！要知道，我的思维应该是很活跃的，但回家后我周围什么都是死气沉沉的，可以说太死气沉沉了。你能感觉到，你不论做什么事，都是扎扎实实在为山姆大叔做，不是吗？可我呢！我参与的那些委员会呢？它们什么也不是！它们徒有其表，委员们开会时，更多是注视彼此的穿着而不是探讨改进的措施。一事无成啊！你或许会建议我设法去改变这一切！真是天大的玩笑！

你对某位 Rhodes 学者写的那本牛津书的简介太有意思了。我一直在写一篇关于“美国大学女性述评”的文章，岂不是很怪吗？现在既然有位能人写了这样的述评，我就不会再写下去了，因为那样做只会让我自己所写的东西相形见绌。将拙劣的试笔与优秀的作品相比是很可悲的。有一点很有意思，就是看到你的简介里的思路和论点与我所写的文章里的完全一样，而我的表述却远不如你。请你把这本书的书名告诉我好吗？我很想读它，如果有可能，就帮我买一本。

你今年冬天有什么打算？我想我会反复参加同样的委员会工作。你知道，我是一个典型的没有大事可做的人，结果是不能清醒地、合理地看待生活。知道我的意思吗？最糟糕的是，我不能让我的母亲和弟弟相信，家里是不需要我的！但是我可以告诉你一个秘密，我要去参与一些积极的社会工作，那种艰巨、真实、活跃、有意义、值得做的工作，那种让我身体感到很不舒服的工作，那种让我累得无须择床而眠的工作，那种不涉及虚荣和光环的工作，也就是说，那种对娇生惯养的人没有吸引力的工作。懂吗？

好了，母亲睡着了，我也写完了。

又及：我已经不能不做了，我刚给基督教女青年会的一位秘书打电话，约谈是否有无报酬的艰巨的工作可做。现在感到非常轻松！①

10 月 19 日 复函埃玛，告知近期座车碾压孩子的经历和处理过程。函曰：

刚收到你的第五十封信，我也有好多事要告诉你。两个多礼拜前，我正坐在车里时，车碾上了一个孩子。我吓坏了，尤其是街上聚满了人（全部是素质很差的人），把我们围得水泄不通。孩子还有知觉，但在流血，她的妈妈开始发疯似的吼叫。

我把孩子抱上车，吩咐车夫开往 St. Luke 医院②。我们刚开了一百码左右，汽油没了。然后我就跳上一部黄包车，让小孩和他的妈妈坐上另一部，告诉车夫无论如何不要离开汽车。黄包车跑得很慢，我担心孩子会死，所以当我们经过一辆福特车的时候，我恳请车主让我们上他的车。他是一位外国人，非常慷慨地让我们和浑身血污的孩子上车。我们赶到医院后，我把孩子留在那儿，有一位好心的医生告诉我不用担心，因为那是孩子的过错；另一位医生很坏，说孩子有根肋骨断了，而且伤情可能会恶化。

然后我去城里的另一头加了汽油。你看，出车祸时，我人在郊外。当我回到现场时，车被围着，但车夫已经逃走了。你说这人坏不坏？他是一个新车夫，我还在让他试开车，所以没有给他在市政府领执照。我试着给几家车行打电话请车夫，但回答都是车夫只开自己的车！最后我招呼了一辆过路车，一辆有车夫的车，车主用自

---

① 《致埃玛·德隆·米尔斯的信函》（1918 年 9 月 21 日），载张宪文、武菁主编：《宋美龄文集》第一卷，第 234—236 页。

② St. Luke 医院即上海同仁医院，1880 年由美国圣公会传教士文恒理创办。

己的车送我回家，我的车由车夫帮我开回家。

当我到家时，我紧张得不得了。母亲还没有回来，我原定五点钟进城去接她，因为我的哥哥去天津了。后来母亲终于回来了，我把车祸的事告诉了她，她很担心，说我们家周围会布满素质很差的侦探，尤其是哥哥不在家的时候。我没吃晚饭就上床了，但电话铃声不断。我给医院留了电话，如果孩子死了，就给我打电话。我于是跳下床，抓起电话，结果是警察局要了解事情经过。我告诉警官千万不要把我的名字见报，因为母亲十分害怕事情弄得满城风雨，她担心我会上法庭，特别是车夫已经逃跑，所以她在深夜让人去找一位我们家的朋友王先生，告诉他万一我被传唤就请他代我出庭，因为中国的良家女孩是从不出席法庭的。同时，我又给我的一位uncle打电话，不巧他还没有回家。悬念太揪心了。

第二天早上，母亲到我房间来，发现我高烧达一百零五度①，而且在狂叫汽车不要压到我身上，母亲请了两位医生，都说我是受了惊吓，仅此而已。我连续三天发高烧，最后，在我某个清醒的时刻，我姐姐孙夫人偶然间告诉我，我的某一位朋友，一位我认识的最好的朋友（虽说家里并不知道此事），已经去了西伯利亚志愿当一名红十字医生。我们决定在目前情况下不跟她联系，因为那是我第一次听说此事。这个消息并未让我的病情有所好转，我也不知道我的头脑不清醒时会不会说什么以后懊悔的话。我病重时有一天，一位警官来跟我谈话。我当时烧得有点糊涂，他听不懂我在说什么，甚至因为虚弱，说着说着就睡着了。

现在我虽说感觉好多了，但身子还很虚弱，做不了什么事。我承认我一直在想着西伯利亚！

---

① 此处的一百零五度约40摄氏度。

病中有一天，女佣在我面前打翻了一盆滚开的水，她是想给我用热气熏一下，因为我在咳血。烫伤非常严重，大的血泡现在开始脱皮了。今后半年我就不再穿国外的衣服了。前两天有个人来看我，我回国后第一次穿上了中国衣服，我问他我穿中国衣服看上去怎么样，他说我看上去更“让人容易接近”。我不知道那是不是奉承。不管怎样，鉴于他好久以来一直想找我谈一个问题，这可能给他一个机会，只是我还没有决定是否要让他来。在目前情况下，这是个难题。我想我只能顺其自然、听天由命了。

我非常希望出去当个护士，只是母亲和家里人怎么也不会同意。我几乎会跟哥哥一道去天津，只是母亲不希望我把她独自留在家和佣人一起过。T. V 还在北方，而且看来会在北方再呆［待］一段时间。

他们还没有找到那个逃跑的车夫，我们有了一个新的车夫，那个男孩伤也好了。他没有死，肋骨也没有断，只是受了点轻伤。我要出去坐车了，但那只是由于母亲要我坐，因为我坐在里面始终很紧张。①

10 月 29 日 在天津写信给埃玛，告知与姐姐一家在北方的生活。信中写道：

我在这儿已经四天了，来了以后一直到处奔波。姐姐在这儿有许多朋友，我们从早到晚忙着坐车、喝茶、吃饭、看戏，从没有在凌晨 1：30 前上床睡觉的。

现在孔先生、我姐姐、两个孩子、三个佣人、我 uncle、我弟弟和我都住在饭店里。我们占了饭店的一厢，多大的吵声都不会影响别人。从名字上可以看出，这是

---

① 《致埃玛·德隆·米尔斯的信函》（1918 年 10 月 19 日），载张宪文、武菁主编：《宋美龄文集》第一卷，第 237—240 页。

一家法国饭店，饭菜特别可口！头三天，气候变化特大，我几乎要冻死了。现在正常多了。我遇到了一些很有意思的人，外国的、中国的都有。孔先生的一位朋友家里房子很大，希望我们一起搬到他家去住，当然我们不会同意。

我去过一家中国戏院、一家日本戏院，看过一次歌剧，每晚看一场电影。今晚我们跟 Jees 一道吃过晚饭后要去参加一项“慈善活动”，我们要跟 Grimes 夫人一起喝茶，我很傻，只带了个小箱子，所以我在一家法国商店里“快速定做”了一些衣服。

我们过几天就要离开天津，然后将去北京，可能还有石家庄，最后要去我姐姐的家山西 Taku。我只在那儿看望她几天，因为母亲要我一个礼拜后就回去。她不希望我去山西，因为路途太远，但她不知道我要去，我到那儿后会给她打电报。

从上海到天津坐火车要四十个小时，我哥哥和我各有一个豪华间，所以我大部分时间就躺在卧铺上看书。

能再次看到山似乎很好，因为上海平坦而又单调。我们在古都南京停留了两三个小时看看风景，这儿多山，风景优美。我们得过江到南岸的车站，在船上时，一些乞丐划着可住人的小船向我们靠来，他们有一根长的杆子，一头挂了一个类似教堂奉献箱的袋子，情景非常独特，尽管我有自己的信念，但我还是给了他们一点施舍。

从天津到上海，一路上都种有庄稼，灌溉得也很好。除了墓地外，没有一块地是荒着的。每个家庭都有一块墓地，上面种满树陪伴逝者，家人怎么都不愿意离开。你记得维吉尔诗篇中葬礼上的柏树吗？意思是一样的。他们的墓地通常是椭圆形的，comme ca……

我注意到另一件有趣的事是在荷花塘里，男男女女划着木船采藕，他们让我想起《水孩子》（*The Water Babies*）① 的故事。

谁会或能对德国人说三道四呢？（译者认为，这儿的Hans很可能就是说的德国人，德国很多人都叫Hans）我得承认，他们在铁路沿线植了很多树。你知道吗，德国人是这条铁路的主要建造者。

我们在北上的途中看到了大批北方和南方的军人，他们总的来说都穿着整齐，但显然缺乏外国军人的尚武气质，这种尚武气质只有经验和严格纪律才能训练得出来。

火车座位分成三等，三等座的乘客会在铁路沿线车站购买硬得像砖头的大饼。我看到有个男子吃了六块这张信纸大小、一英寸厚的饼。这样的饼我哪怕只吃一块还不得撑死啊？

天津很有意思，全部分成租界：英国的、法国的、德国的、奥地利的、意大利的、日本的等等，每个租界都有自己的治安部队。天津有一条无轨电车线路，你可以只花三分钱就可以乘电车从城的这一头到另一头！天津远不像上海那样拥挤，房屋铺得很开，使我联想到那种裤子遮不住长腿的高个男孩。天津的房屋和上海的房屋建筑风格不一样，例如，它们是意大利风格而不是英美风格，赛马场有好几英里长，很漂亮。

天津黄包车夫的穿着要比上海的好多了，我在天津没有见到过一个乞丐，但在上海，乞丐到处都是。北方和南方方言的差别很大，南方人和北方人是无法交谈的，当然，书面语还是一样的。

我一直和饭店的人练说法文，它们似乎都对我能讲法文感到惊讶。这儿法租界的商店都用法文进行交易。

---

① 《水孩子》（*The Water Babies*）是英国小说家查尔斯·金斯利（1819—1875）的儿童文学作品。

我的侄儿侄女人很漂亮，吸引了很多人的注意力。我姐姐从没有十一点钟以前起床，可我总是七点左右起身，带孩子们出去转一圈，我们去外滩看船进港，很有意思。

这封信写的东拉西扯，希望你能知道我在说什么。我姐姐起床了，在喊我呢，我得搁笔了。①

11 月 12 日　写信并附上支票给埃玛，告知：

昨天回到家中，发现有好多事情要我处理。我忙得连气都喘不过来。下一封信再跟你讲北京和南京的事。现在我附上二十美元的支票付我所订杂志的钱。请让他们以后将杂志投寄到 Seymour 路 30 号，如果二十美元不够，就告诉我，我会把欠你的钱还你。②

11 月 14 日　复函埃玛，告知寄了一张二十美元的汇票帮助代订杂志，还寄去了中国生产的床单和花边。

函中告知赴北京观感：

北京几乎没有外国的商店……街道都狭窄不平，灰尘有十英尺厚。除了公馆那一段以外，街道既弯又窄，驴车到处可见，全都是满人的。满族妇女还带着他们的那种滑稽的、难看的高头饰，脸上涂的一英寸厚的脂粉看上去像小丑……在北京，你会发现一切还都是受外国影响之前的中国，而在上海，你会发现，很多方面与美国城市没有什么两样。

---

① 《致埃玛·德隆·米尔斯的信函》（1918 年 10 月 29 日），载张宪文、武菁主编：《宋美龄文集》第一卷，第 241—244 页。

② 《致埃玛·德隆·米尔斯的信函》（1918 年 11 月 12 日），载张宪文、武菁主编：《宋美龄文集》第一卷，第 246 页。

并曰：“袁世凯在他短命的帝王统治期间花了两千万，造了不少建筑以图流芳百世。”①

在北京期间，宋美龄游览了长城和十三陵。

12月7日 复函埃玛，告知近况，特别是对志愿者工作的喜爱和对工作成就的满足。函谓：

> 我近来太忙，真有点冷落你了！知道吗，我要当一个像样的银行家了！这儿的基督教女青年会正在搞一场募捐活动，我是活动委员会的委员。我一直在紧追各家银行不放！这儿的银行老板们真还不错，当然，中国人募捐要比外国人更起作用。我已经从印度支那银行募得一百美元，相信其他银行的捐款很快也会到账。
>
> 我亲自去找银行的经理，跟他们面谈，钱几乎就源源不断了！我从不对两个人讲同样的话，我就是上下打量他们，琢磨说什么样的话最能打动他们，然后就趁热打铁！比方说，一个人可能对发展社会服务感兴趣，另一个人可能喜欢更加“商业性”的行为（然后我就给他们讲为什么帮助中国妇女对他们是有益的）。每次我都会对他们讲我是一个志愿者，做这个事不是为了钱，而是因为知道我在为了更加美好的中国而尽力，心里感到很满足；再说由于他们自己不能做这样的服务，我现在就给他们一个提供财力支持的机会。我发现我志愿者的身份给他们留下了非常好的印象。
>
> 我很喜欢这项工作！那些经理们很有礼貌，也似乎有兴趣，他们中的大多数是外国人，我想他们感到印象深的是中国人对中国的事感兴趣！懂吗？我还与我以前不认识的一些外国妇女交了朋友，她们似乎也乐于捐助，而且告诉了我一些她们朋友的名字，说这些人愿意结识

---

① 《致埃玛·德隆·米尔斯的信函》（1918年11月14日），载张宪文、武菁主编：《宋美龄文集》第一卷，第247—248页。

我，因为他们不大遇到中国女孩。总的来说，我觉得找银行捐款是我的强项，而且这儿有几十家银行。妇女当然不会捐得像银行那么多，但她们对基督教女青年会的兴趣以及她们的合作诚意会对她们自己和委员会有很大好处。

总共有六十名志愿者参与了这次募捐活动，但没有什么人觉得敢于在商人的办公室里冒险。现在不用担心了，我总是带一位老的女秘书陪着我，但话都由我来说，因为我对你说过，一个中国女孩要比一个外国人更能打动人。

你会感兴趣了解，去那些办公室的时候，我总是穿上最好的衣服（当然是适合公众场合的），因为在我看来，戴一顶合适的帽子、脸上适当用些脂粉、穿上华丽的皮衣比什么都更能给人以信心。还有，穿着整齐会有把握得到更多的捐款，男人捐的钱至少不会不够我买双鞋！再说了，我从没有乞求他们施舍，而总是让他们做最终有利于他们的事情，因为更好的中国意味着商业上更强大的中国。我很喜欢做我所做的工作，由于我自己有部车，用不着花费不必要的体力，我可以保留精力去作面谈。

我现在每个礼拜两次去女青年会为他们做办公室工作：与人面谈、付账单、查账、写报告，等等。我也负责 12 月 28 日举办的归国女学生圣经学习班，整整一天。我正在制作一份问卷，也许还要致开幕词。

你看我这个孩子多忙啊！尤其是今晚我们要请人吃饭，我还没穿戴呢。①

* * * * * *

① 《致埃玛·德隆·米尔斯的信函》（1918 年 12 月 7 日），载张宪文、武菁主编：《宋美龄文集》第一卷，第 250—252 页。

是年

2 月 苏俄政府宣布废除中俄不平等条约。

11 月 第一次世界大战结束。

1919 年 二十岁

1 月 24 日 复函埃玛，函中谓：

你在信中提到了我欠你的钱款，但自你写信以后我已经又给你寄上了一张十五或二十美元的支票，你收到了吗？请将我和我姐姐的欠款合在一起计算，看我还欠不欠你钱？如果还欠的话，请告诉我还欠多少……

我们现在正在为中国的春节作准备。我的姐夫孔先生即将来上海出差，要和我们一道过春节……我已经买了不少年货，这段时间也一直忙于支付今年的欠款。人们通常在年前偿还所欠的全部账款。我还购买了一架德国钢琴……由于我感到自己不经常弹，弹不出什么乐趣，我就在几个月前把钢琴送给了我的一个表弟。现在我十分感到缺少音乐。后来我所熟悉的一个德国人搬家，想卖掉他们的钢琴，我就觉得这是买下来的好机会。这架钢琴的音色很好，柔和、甜美、洪亮，我知道我很喜欢它的。我要把它放在我的房间里，因为我已经对我房间给人的“闺房”印象感到厌倦，希望将它改成一间工作室。我很高兴买到这架钢琴，因为它是一件精美的乐器。

我从美国订购的银器已经运到，你应该来看看这些漂亮的器具：各类食物所需的刀、叉、汤匙等统统都有。我们现在还没有开启使用，但下周会用。我还在上海买了一些银制的盘子、壶和刻花玻璃什么的。

我很忙，但很开心，因为一切进展得都很顺利。我们的所有商务都运作良好，今年没有亏损。我们身体都很健康。我做了一点私人投资，回报还相当不错。

过了春节，我就用不着戴重孝，就又可以外出了。也许，如果母亲愿意的话，我的生活将会有些变化。但我还没有做出任何安排，因为我想最好一切还是顺其自然吧。自从父亲过世，母亲还没有像现在这样高兴过。

最近我一直在读彭斯的 *Morality of Nations*。你读过吗？诗写得很好，用词巧妙，富有道德观念方面的哲理。我发觉仅仅及时阅读你订阅的杂志就够我忙的了。

我在山西的姐姐给我寄了一些明代的古币，还有大的香炉等。

希望中国春节给你带来好运和幸福。我想我已经或者很快就会获得好运和幸福。因为我相信我就要找到幸福的钥匙了。你知道是什么吗？①

4月4日 复函埃玛，告知近期学习、生活情况。函中谓：

这封短信只是想告诉你我没有忘掉你，而且意识到我在此之前就该给你写信了。只是最近我似乎丢掉了写信的习惯，现在似乎也写不出更多的东西。

我正在跟一位俄国音乐教师学习音乐，他是教过我的老师中最最好的一位。我每天练三小时，而且确实很喜欢练，即使音乐很单调。我只跟他学了两个月，但进步相当明显。现在我在学弹肖邦和 Moszkowski 的曲子。

我的服丧期现在快满了，所以可以经常出去参加聚会。我们也经常在家请客，差不多每个礼拜两次晚餐，外加请人喝喝茶什么的。我很喜欢我在女生俱乐部里所做的事情，因为现在的女生似乎不大像以前那样拘谨，

① 《致埃玛·德隆·米尔斯的信函》(1919年1月24日)，载张宪文、武菁主编：《宋美龄文集》第一卷，第253—255页。

比以前能与人交往了。俱乐部的工作随叫随到，但是很值得去做。

我大约两年前在韦尔斯利（Wellesley，即韦斯理）订购的那箱书上个礼拜终于寄到了。你确实很难想象我收到时有多高兴！其中就有你的“破帘子”，还记得吗？它们让我十分怀念你那张长沙发床，我甚至有点想哭。自从回家以来，我还没有像收到我的书和你的帘子时那样又回到了从前的我。现在我感到我原来的一些理念和想法几乎又回来了。大学生活似乎已经远去，生活，特别是现在的生活，有时仿佛很不稳定，令人颇为难料。

我有没有告诉你我的姐姐现在在上海？她将在8月生小孩，生她第三个孩子。

我住的房子很可能要刷一层宁波油漆，因为母亲非常注意不让房产败落。由于宁波油漆的毒性对所有家人都有影响，我们将搬离这儿三个月，一直到油漆味散去。房子就由我来照看，而且要在热天到来之前把屋里所有的东西搬出去。当然，油漆味散去时，天会极为炎热，而我们又得搬回来。Sammy（Marguenite Samuels）讲过“无所事事的女大学生”的不规律生活，是很恰当的。可是天哪，是大热天来回搬家呀！当然，由于男孩们都在上学（最小的男孩走读）、我哥哥在两家公司辛苦工作、我姐姐怀孕，我们就离不开这儿，所以我们就硬挺着！①

4月9日 复函埃玛，慰问埃玛病情，坦诚自己对“生活中什么最重要”的理解。函中谓：

我知道，同样的“日复一日”的常规生活有时似乎把人压抑得难以承受。人们尽可以说，如果一个人对生

① 《致埃玛·德隆·米尔斯的信函》（1919年4月4日），载张宪文、武菁主编：《宋美龄文集》第一卷，第258—259页。

活有强烈的、巨大的“兴趣”，生活就理想了。要我说，这一切纯粹是令人感伤的空话，天真无邪。生活中究竟什么最重要？你找到了吗？这个检验生活的标准？坦率地说，我认为我知道生活中什么最重要，但至今我还没有得到它。

遗憾的是，有些方面我们没有能力让生活中的一些事情使我们激动，对吗？例如，如果我现在回过去上大学，我就会用与从前不一样的眼光看待问题，但仍然不会有与现在一样的情感。说感到老了是愚蠢的，但我认为我们中大多数毕业了两三年的人确实感到缺乏自发的感情和理想。

如果我对你讲点什么你不会生气吧？是这样的，我认为妇女对生活失去了兴趣，至少她们感到一种明显的失落，仿佛如果不嫁人她们就是受了生活的欺骗。现在好多人断然否定这一点，但据我观察，我发现我的看法是正确的。还有，一个人如果没有孩子，那确实还有什么可指望的呢？生活就会以那个人的死亡而结束。除了她一生中拥有的东西以外，她没有希望、没有抱负、没有欲望。哦，我知道，有人认为一个人对工作中的成就感兴趣比感到自己死后子女将继承己业更为重要，但我就不能相信这一点。例如，我的一些朋友觉得中国不用先有爱国感情就可以有国际感情，而我却认为这是不可能的。同样，在我的俱乐部工作中，我注意到，当我谈到为了诚实或整个世界的利益人要正直和诚实的时候，女孩们全都看上去很茫然，但当我告诉她们诚实意味着中国就没有贪官时，她们立刻全都注意力集中。当然这只是举的一个例子，而且其价值是有限的。

让我再回到我的观点。我想你应该做的是结婚。我知道我的话不中听，仿佛结婚是一件很随便的事情，是冷酷无情的，或者是一帖灵丹妙药。我也不是说你可以与一个偶然相遇的人就可以结婚。我是说如果你恋爱了，就与这个男人结婚，只要没有任何障碍阻挡你们。这样你就不再会感到不满足了，因为至少会有两个你感兴趣的人。啊，我知道你现在在想些什么："与其两人遭罪，不如一人享福！"但是你觉得像你现在这样就算幸福了吗？结婚就意味着注定要过琐碎烦恼的生活吗？我可不这样看！尤其像你这样一位富有同情心的人。

你知道，我现在努力想让你做的是给你的男朋友们一个了解真实的你的机会，一个喜欢穿漂亮衣服而且能够欣赏真正乐趣的你。把那个沉湎于亨利·詹姆斯的自我放在一边吧，你在学校的时候就够沉湎的了。

你可能会问，既然我有自己的这些想法，我为什么不结婚呢？嗯，正如我以前有一次对你说过，我曾经愚蠢地爱上了一个不能与之结婚的男人，与他结婚，就不能不让关心此事的许多人伤心。有时候，往往有时候，我会鬼迷心窍想舍弃一切与他结婚，我甚至想过要到荒野去过原始的生活。但我知道，这些只不过是诱惑，而且在目前情况下，我只能做我现在所做——即什么也不做。昨天晚上我和我母亲谈及我想和我所爱之人一道去荒野过原始生活时，我注意到她以奇怪的眼光看着我。今天我很懊悔我昨晚的直言。

唉，老爸，我这不是在帮你解决你的问题。如果女孩似乎要想了解你"脑盘"（这是对 Scudder 小姐使用的一个亚瑟式浪漫词语）里在想些什么时，就让她们尝试能否成功。你会通过将她们引入歧途而获得极大的乐趣。

晚安，我真想给你献上一大束金心玫瑰！①

6月5日 致函美国好友埃玛，同情五四运动，诅咒卖国的北

---

① 《致埃玛·德隆·米尔斯的信函》（1919 年 4 月 9 日），载张宪文、武菁主编：《宋美龄文集》第一卷，第 262—264 页。

京政府。函称：

本市好几家报纸邀我对此一抵制问题发表意见，但是我拒绝接受访问，因为不论我怎么说，都会受到扭曲。老实告诉你，我觉得这个杯葛（boycott）运动只有在导致有建设性的方案后才会有效果。你可以肯定的是，日本人会把这个运动统统怪罪到中国人身上，一旦时机到了，他们会要我们付出代价。如果我们还没有准备好面对他们……我们就惨了。因此，我固然赞成此一杯葛运动，因为它向全世界展现……我们全国十八省团结一致，我觉得杯葛到底还是太消极了。我建议在每一所学校都要教学生当代历史……说起来也很泄气，学生在学校学那么多历史，却一点儿也没有教到革命以来的中国。我们东方人的头脑似乎埋在过去的丰功伟绩里，这一点如果不改，我们将是步朝鲜的后尘。

如果我有办法，我要开设一家工业学校收容街上的孩童。他们应该学习编织席子的手艺。日本人今天做走了我们制席业所有的生意，如果孩童学会手艺，他们做出来的产品不会逊于日本进口货，这些国家肯定可以卖得更便宜。孩童也应该花两三小时学习中文和算术，将来才能够读懂白话文的报纸，才能通晓国家大事……然而，日本人已经牢牢控制住我们的市场，任何人胆敢资助这个运动，都会轻易被他们打垮……

妈妈刚从城里回来……她说，许多学生到处躲奉命要抓他们的警察。一般认为日本人收买了北京若干官员……（他们）答应要驱散杯葛运动……我心为可怜的学生淌血，我希望那些贪婪、腐败、没有人性、竟敢卖国的人统统下地狱。仇恨别的国家人民已经够糟了，但是拿那些于情、于理、于法都该爱国的人毫无办法，就更惨了……日本人并不怕我们的政府，因为他们知道我们的政府软弱，充斥着自私自利的小人；但是他们怕中国人民，因为尽管他们批评我们缺乏爱国心，他们心里很明白，我们若是被激怒了，就很难对付。几天前，几家日本产业被火烧毁，他们应该已经尝到我们被逼急了会做出什么动作。①

6 月 15 日 致函好友埃玛，继续表达对学生爱国运动的立场。函称：

上海（公共租界）在工部局管理之下，组成这个单位的人士全是外国人，当然其中有一个日本人。他一定会反对对社区好的事情。因此，工部局禁止学生游行或张贴海报……学生很理智，他们把总部移到华界……他们撰发传单，让外国人了解运动的目标不是排外……他们遗憾总罢市给外国人带来不便，但是也唯有如此才能有效对北京政府施加压力，我们中国人迫不得已……在运动之前，日本人趾高气昂，不可一世，你应该看看他们现在在角落里窜走的模样。他们让你想到丧家之犬夹着尾巴的模样……日本政府吓坏了，派出四艘炮艇到上海。②

是年秋，被选为美国大学女子俱乐部上海分部的副主席。③

7 月 9 日 致函埃玛，对她在情感上遇到的挫折予以安慰，特别是对情爱与性欲的理解。函中曰：

我想你不妨就将这次事件看作一件极不愉快的事，除了让你了解了区别于学究式激情的野蛮激情——一种

① ［美］汉娜·帕库拉：《宋美龄新传》，第 75 页。
② ［美］汉娜·帕库拉：《宋美龄新传》，第 76 页。
③ ［美］李台珊：《宋美龄》，第 54 页。

我们在大学里从未听说过的激情——外，没有任何意义。我觉得我们大多数人都认为性欲是一种与我们不相干的东西，一个我们可能甚至一定会明确表态的话题，一个我们曾经通过理论和猜想思考过的问题。但是除了那个视角以外，我们没有在生活中见过它，也没有在生活中见它出现过。我想这个惊讶对你有点太突然、太措手不及了。

……

我想你以正常态度对待男人的最好方法是完全抛开性的问题。当然这很难，因为当一个男人对一个女孩感兴趣时，她几乎毫无例外地会变得多情。你不要回避谈论这个问题。性是爱情的一部分，如果你把它与构成真爱的其他因素一并考虑的话，它就没有什么让人感到厌恶的地方。例如，身体之爱就像巴赫或贝多芬作品的某些部分，孤立去听是杂乱无章的。但如果与作者着意安排的其他部分一起去听的话，它就变得和谐优美。用让你讨厌的眼光看你的男人很可能只是倾心于你的外貌，那样的男人当然只是禽兽、动物，你对他反感我并不觉得奇怪。但是，老爸，男人并不都是那样的。有些男人，我承认只有极少数的男人，确实是禽兽，对他们来说，爱情只是欲望的满足，但还有的男人把身体之爱只看成真爱的一部分。我也认为你最好不要从性的方面看待爱情，而是正常看待。当你真正爱上一个值得你爱的男人时，你就会觉得一切都很清晰、自然。我承认，我的这番话听上去像是在骗你，但确实是很理智的，而且到时候你也会承认的。

不要开始去想你对爱情已经感到厌恶，因为你并没有。你只是对它的某个方面感到厌恶，这是所有那种你就是你的清纯女孩常有的态度。例如，我喜欢外出野营，我讨厌该死的蚊子，但与我从野营中获得的乐趣相比，蚊子只是很小的骚扰，在我津津乐道野营时，它是不值一提的。

我知道我讲得不透彻，但我就是这么一个不善于表达思想的笨人。

又：附上一张 5 美元的支票，请帮订阅两年的 *St Nicholas Magazine*。请寄：

中国　上海

Seymour 路 30 号

宋 Tse 安先生①

11 月 28 日　写信给埃玛，并汇去支票，要求立即帮助订阅下列杂志：

1. *The Nation*（英文版）周刊
2. *The Saturday Evening post* 周刊
3. *Ladies Home Journal*
4. *Woman's Home Companion*
5. *Harper's* 月刊
6. *Scribner's*
7. *The Home Beautiful*②

* * * * * *

是年

5 月 4 日　五四运动爆发。

10 月 10 日　孙中山在上海改组中华革命党为中国国民党。

宋子文学成归国，任汉冶萍煤矿公司上海总办事处秘书、总公司会计处科长等职。③

---

① 《致埃玛・德隆・米尔斯的信函》（1919 年 7 月 9 日），载张宪文、武菁主编：《宋美龄文集》第一卷，第 265—268 页。

② 《致埃玛・德隆・米尔斯的信函》（1919 年 11 月 28 日），载张宪文、武菁主编：《宋美龄文集》第一卷，第 269 页。

③ 陈立文：《宋子文与战时外交》，第 6 页。

1920年　二十一岁

1月24日　写信给埃玛，谈对寄来新书的喜爱和毕业后面对各种实际问题的思想变化。信中谓：

我想告诉你今天刚收到你寄来的两本书。我还没来得及仔细看，但已经迫不及待地翻了几页，瞄了几眼，就爱不释手了。我恨不得马上就看，都等不到明天了，不过时间已晚，我得上床睡觉了，明天早上我还得起来学习中文呢。

我还从来没有像得到这两本书之后这么急着想看的。我在几份杂志中看了好些关于《牛津烙印》① 的评论，可谓众说纷纭，我一定要认真地看，好好欣赏这本书，不带任何偏见，全面了解作者在写这本书的时候心里是怎么想的。

见到彭德尔顿女士和科诺女士之后，韦尔斯理学院和美国的情景又历历在目，再次激发了我求知的热情。毕业后，必须面对各种实际问题，在这个过程中，求知的欲望消退了，思想也不活跃了，这是最可悲的事情之一，这等于心甘情愿地承认实实在在的物质利益要比捉摸不定的精神追求重要得多。

说到新书，我想起前些日子看过的一首小诗，作者是安妮·费洛斯·约翰斯顿。他把翻开一本新书比作走进从未进入的房子，她说两者的感受十分相似。我很喜欢这个类比，因为尽管我也隐隐约约有过这种难以言传的感觉，我还从未见过这样的表述。

不过真的太晚了，我得去睡了。等我好好看完这两

① 《牛津烙印》是指弗兰克·艾德洛特（Frank Aydelotte）所著的《牛津烙印及其他文章》（*The Oxford Stamp and other Essays and Articles*），1917年初版。

本书之后再给你写信，谈谈我的印象。这倒让我想起我还没来得及谢谢你呢，我想这应该是最能让人满意的致谢，因为你可以看到我有多么喜欢这两本书，激动得连礼节都忘了。

那几块漂亮可爱的手绢是你给我做的吗？太好看了！你知道我这个人有点迷信，一定会在小提包里放一块作为护身符。这样，我每次打开小提包就一定会想到你。

又及：我托一位叫珀西·郭的朋友捎带一些礼物给你。他将于8号起航赴美。我上个礼拜就把东西交给他了，原以为他上个礼拜就可以出发，可是他的护照延误了，要到8号才能启程。请把写上“玛吉·布克斯女士”的那包东西邮寄给布克斯女士，请把这包东西放在盒子里寄出，或者用硬纸板包起来，因为里面除了别的东西外，还有一把遮阳伞。①

3月21日 写信给埃玛，谈及近况。信中谓：

好久没给你写信了！时间过得真快，不知不觉离我上次给你写信已经足足六个礼拜了。

是什么原因让我如此懈怠呢？是我的大姐孔夫人一个多月前去了北京，把三个孩子全留在这里让我照看。我现在住在孔府，但每天回家上中文课。我的老师非常优秀，但特别严格，往往要求我做我几乎做不到的事情。他是我哥哥的中文秘书，是位杰出的旧式文人，但对各种新思潮都有所了解，也懂得新的表达方式。你一定知道近十年来，随着西方文明和科学发现传入中国，中文里出现了许多新的表达方式，词汇也得到了极大的丰富。老派文人不与时俱进的话，就不会明白新词语的意思，

---

① 《致埃玛·德隆·米尔斯的信函》（1920年1月24日），载张宪文、武菁主编：《宋美龄文集》第一卷，第271—273页。

学问再好也不行。

我正在学习中国古文，每天都要背诵大段、大段的文章。中文作文不讲谋篇布局，一篇文章的好坏在很大程度上取决于如何遣词造句来表达意思。既然如此，那么怎样才能写得优美高雅，又不费气力呢？那就得背诵名家的文章，自然而然地养成一种“直觉”，知道这么写就是对的，好的，而不这么写就达不到想要的完美效果。但问题是盲目地模仿和重复哪怕是最好的文学作品也未必写得出好文章，关键要看学生在多大的程度上消化吸收了优秀文学的思想和精神。可是中文里所谓的好文章差不多就是不动脑子的文章。我这么说可能不恰当，也不知道说清楚了没有。

不管怎么说，真要想成为中文学者，而且知道在达到真正的艺术境界之前，必须经过一个打基础的阶段，那么学习中文的确会很有趣。可是对于普通的外国人来说，学习中文很难，很枯燥，那是因为他们只要能看报纸，能看懂一些简单的读物就够了，没有更高的要求。我希望你跟我一起在这里。我每天要写一篇作文，我发现中文的口头语跟书面语差别大极了。我们管口头语话叫“土白”，管书面语叫“文理”。如果我念一篇“文理”给我家的阿妈听，她连一个字也不会明白，可是她的“土白”比我好得多……

等孔夫人回来后，我就可以摆脱这几个孩子了，也有时间出去“神游”一番。眼下我脱不了身，一方面要照看那几个孩子，一方面要应付我的学习。

对了，你说你为了专心写作，拒绝了一份二十五美元的美差，这太愚蠢了吧！倒不是说我这个人太过重视物质的东西，或者太看重金钱，我只是觉得你既然闲不住，那最好找一份“见习记者”的工作，正经八百地给报社做事。这样，繁重的、日复一日的写作照样能把你的才华展现出来。就算你没有那份才华，那么你至少知道给过自己一次施展的机会，也不至于感到遗憾。

我相信只要你家里把你看作“包袱”，只要你还在“自顾自”地写东西，你不会有太大的发展。走出去吧，找一份十美元的见习记者的工作，然后把自己写的文章反复捶打，斩头去尾，甚至撕得粉碎，把自己弄得筋疲力尽。到那个时候，如果你真有天赋，那么这天赋之火定会熊熊燃烧，没有的话，这火就会飘忽，就会熄灭。

我这么说，活像个残忍、冷酷、无情的恶魔。不过，达达，只要你有一份正常的工作，埋头苦干，你一定会写出很好的东西，这一点我深信不疑。我的近况下次再告。①

9月5日 写信给埃玛，谈几个月来自己内心的苦闷，特别是对事业和婚姻的认识。信中称：

你在我沉默了这么长的时间之后收到这封信，不感到意外吗？这么说吧，我有件事情拿不定主意，已经有好几个月了。

我一直在考虑重返美国去学医，将来当一名医生。你对我这个主意有什么看法？我跟母亲谈过，她很不赞成，说了好些理由，其中最有说服力的几点是：1. 至少在接下来的六年里我不可能在她身边（因为回国前我还得在医院里当一两年实习医生）；2. 医生的工作很辛苦，怕我吃不消；3. 我已经丰衣足食，为什么还要自讨苦吃；4. 我做别的事情，一样可以报效国家。

母亲很疼我，也离不开我，我当然也不愿意离开她，尤其是这三年来我过的是一种真正的家庭生活，而这正是我青少年时期所缺少的。此外，我觉得我也不像以前

① 《致埃玛·德隆·米尔斯的信函》（1920年3月21日），载张宪文、武菁主编：《宋美龄文集》第一卷，第274—277页。

那样只考虑自己了，而更加懂得“亲情”了。

那么我为什么要去国外学医呢？我跟你说吧，在事业和婚姻二者之间，我选择事业。在我看来，医生这一职业涉及人类关心的各种问题，很有意思，也能让我自觉保持一颗仁爱的心。在中国，女人除了结婚和教书外，没有别的出路。我也一样，否则就是大逆不道。比方说，我不可能去做生意，要做就必定有人说三道四，招来一大堆闲言碎语，搞得自己心烦意乱。至于社会服务，我觉得空谈太多，至少我做过的都是这样，所以不适合我。你能理解我的意思吗？再说社会服务不是一种职业。大家说得很多，但收效甚微。当然我们也做了些好事，但没有实实在在的东西。反正我只想给人治病，他们的社会福利就交给别人去管吧。

看了这封信，你一定觉得我想入非非，但这也许是因为慈善事业和社会服务，就像大多数人认为的那样，不过是一时的热情，对此我不感兴趣。

母亲认为我想回美国，就是舍近求远去寻找幸福，难免空手而归。我希望她跟我一起去，不过她恋家，不会同意的。

亲爱的达达，我多么希望你在这里，和我一起商量这件事。我多次想给你写信，把我几个月来一直在考虑的问题告诉你。但我没有写，因为自己还没想好。①

10 月 11 日 复函埃玛，谈对亲情的理解。函中谓：

几天前收到你的来信，我真的希望我在你那里，或者你在我这里。这样我们就可以当面交谈了……

不过有件事我必须告诉你，这是我回家后才悟出的

① 《致埃玛·德隆·米尔斯的信函》（1920 年 9 月 5 日），载张宪文、武菁主编：《宋美龄文集》第一卷，第 278—279 页。

道理，那就是朋友固然好，但你要记住，一旦你真的遇上大麻烦时，只有家人跟你站在一起。我是个大半辈子离家千里之外的人，这话从我嘴里说出来，好像很奇怪。不过，说真的，你得相信我。此外，我很高兴你离开87条街324号之后，在纽约的日子过得很充实。我觉得改变一下无论对你，还是对你家人都是好事。

最近两个礼拜我病得很惨，我把扁桃腺摘除了。医生发现我的扁桃腺严重感染，还断定我脸上长的痘痘就是扁桃腺发炎引起的。你知道吗？我这个人特别容易紧张。看来真是这样，尽管我自己没觉得。这次手术让我吃了不少苦头，我差点崩溃。目前我还在休息，不参加任何社交活动，也不去做社工。家里人对我百般呵护，都快把我惯得不成样子了。

早晨我一般在花园里挖挖弄弄，我已经种了些豌豆，当然，重活都是花匠干的，我只管轻松的播种等等。等到十一月，我该准备月季扦插了。

听说有一位玛格丽特·诺顿女士要来上海，还听说她是卫斯理学院的毕业生。我猜想她会不会是弗朗西丝·诺顿的姐姐或是妹妹。卫斯理学院俱乐部的主任回美国去了，不在这里，我现在是俱乐部的代主任。我们这个俱乐部规模很大，有一百多名会员，我要安排今年的活动，忙得不可开交。我还是基督教女青年会的董事会董事，又应邀担任了上海玛格丽特·威廉逊医院①的董事会董事，这样事情就更多了。此外，我还是两三个组织的秘书和好几个委员会的主任委员。这样一来，我得成天忙个不停，就算我不念书，不做家务也忙不过来。

不过，十一月之前我不会做任何事情，因为医生要

① 上海玛格丽特·威廉逊医院又称“红房子医院”、西门妇孺医院，1884年6月由美国人玛格丽特·威廉逊创办，现为位于上海市方斜路419号的复旦大学附属妇产科医院。

求我彻底休息。他说我有那么多的事情要做，不死才怪呢。的确，我自己也觉得要不是这次让我休息，我还真不知道自己有多么累呢。不过，你知道，我这个人闲不住，做事火急火燎。我受不了那种不温不火的生活。何况我还没结婚呢！不过不结婚也有不结婚的好处。我有一个表姐，住在拉德克里夫（你见过她），两年前结的婚，只比我大一岁多一点，现在生了小孩，看上去要比我大足足五岁，还成天喊累。我比以前瘦了许多，但更结实了。休息一段时间之后，我又会生龙活虎起来的。

我那位在拉德克里夫的表姐最近回来了。她说她很不喜欢中国，无法忍受跟家人一起过日子。她的家人则说她不检点，不知好歹。你可以想象他们过的是什么样的日子，不过你不要跟别人说这事。我觉得整个问题在于她和她的家人都对对方要求过高，却很少想想自己应该做些什么。

都是回国回家，可她的情况和我的大不一样。我的家人了解我，优点和缺点都清清楚楚。我们也有意见不一的时候，但我们互相尊重，各自做出让步。当然，不是所有人都像我这么好福气，有这么好的一个母亲。说真的，我母亲对我实在太好了，让我觉得很惭愧，老觉得自己表现不好。①

* * * * * *

是年

蒋介石与姚冶诚居上海法租界贝勒路。5月，蒋患伤寒症入院治疗。孙中山“临问，深为戚然”②。蒋病愈后，“而闺房与商业

---

① 《致埃玛·德隆·米尔斯的信函》（1920年10月11日），载张宪文、武菁主编：《宋美龄文集》第一卷，第281—283页。

② 中国第二历史档案馆编：《蒋介石年谱初稿》，第41页。

又连不得意，遂以漫游以舒郁怀”①。

11月20日 孙中山在上海接见共产国际远东局代表维经斯基，双方就苏俄与孙中山建立关系初步交换了意见。②

11月28日 孙中山与宋庆龄抵广州。

11月29日 孙中山在广州重组军政府。

1921年 二十二岁

2月28日 写信给埃玛，谈及在广州情况。函曰：

我现在在广州，看望姐姐孙逸仙夫人，已经来了差不多一个礼拜了，看了不少地方，也去了几处著名的景点。这里的天气现在就很热了，两个礼拜前我在上海的时候穿着毛皮大衣，自然想不到广州会这么热，所以我把冬衣都带上了，但发现全都用不着。

虽然广州远不及上海那样洋化，但正在努力成为一座像样的城市。我姐姐说三年前这里的街道都很窄，而现在许多街道都跟上海的差不多宽了。可是我还得说这里的马路简直糟糕透顶，坑坑洼洼，碎石满地，坐在汽车里真叫心惊胆战，一点都不惬意。姐姐总是要我去参观这个那个景点，可是广州山多，汽车有时开不上去，只好下车步行，要走不少路。你知道上海都是平地，连小丘的影子都没有，我根本用不着下车走路。这里呢，在火辣辣的太阳底下，穿着半高跟鞋去爬崎岖的山路，那可不是闹着玩儿的。再说那太阳热得发烫，我每次出门都被晒得脑袋发胀，脸也晒黑了。不过，不管怎么说，这是一种全新的体验。

---

① 中国第二历史档案馆编：《蒋介石年谱初稿》，第41页。

② 尚明轩主编：《宋庆龄年谱长编》（上），第111页。

我们住在观音山，观音是中国家喻户晓的女神，叫观世音菩萨。在我们家上面的山顶上有一座观音庙和七级浮屠。山下面是兵营，驻扎着姐夫的士兵，有五千来名。我们一天到晚都能听见号角声，能看见他们在下面的练兵场上操练。兵营对面是政府大楼，许多人都在那里耐心等待与孙博士会见。

我们住的这幢房子是原省长的官邸，是典型的中国式建筑，非常宽敞，后院特别漂亮，有假山石，有随地形起伏而上上下下的石级，有树木，还有大石头凳子。一条有遮盖的专用通道把我们家和政府大楼连接起来，有点像一座抬高的小桥，大约三分之一英里长，两头都有卫兵把守，只有持有孙博士签发的通行证的人才能从这里通过。这条通道只有我们和来宾能用，还有一条道也可以通向我们家，那就是走石头台阶，不过这里也有武装卫兵把守，所以你看，我们的隐私得到很好的保护，这正是我们喜欢的。

我离开上海的时候，地上还有积雪，可是这里什么都跟夏季一样，鸟儿鸣叫，树木繁茂，鲜花盛开。

前几天，我们去了李将军的果园，有150来亩，种着各种各样的果树，要什么有什么——柑橘、柠檬、柚子、鳄梨、甘蔗，还有许多叫不出英文名字的本地水果。我们是坐摩托快艇去的，回来的时候坐的是一条漂亮的花船。你要是跟我们在一起就好了，我知道你会很喜欢的。来信请寄到上海。①

4月21日 书函埃玛，函谓：

我还在广州，但下个礼拜要乘俄国女皇号邮轮回家了。

---

① 《致埃玛·德隆·米尔斯的信函》（1921年2月28日），载张宪文、武菁主编：《宋美龄文集》第一卷，第285—287页。

孙博士已被合法国会推选为民国大总统，全国一片欢腾。我本想逗留到他的就职典礼之后再走，看来不行了。这个礼拜我已经接到家里打来的两个紧急电报，要我赶紧回去。不知道出了什么事情。不管怎样，我就要回去了，再不回去的话，母亲非得大发雷霆。在这里跟你说声再见，到了上海后再跟你联系。我不知道你给我写过信没有，因为我的信一封也没转过来。①

4月28日 在广州生活很开心，所见所闻及与庆龄在一起生活，促使自我反省，她写信给埃玛，诉说对大学生活的感念和对同学的思念之情，反思过去四年自己的思想和行为，探讨做什么才能获得充满活力的人生乐趣问题。信中写道：

想想四年前我们还是大学四年级学生，可是那样的日子再也不会有了。再想想我这几年做了些什么呢？我有过梦想，有过对未来的憧憬，可这些都变成了毫无希望的现实。一年又一年就这么悄悄地、不知不觉地过去了，不堪回首，也无可厚非。

我常常在想毕业后这几年的日子。我有什么可以炫耀的呢？假如我直接进入医学院学习的话，现在也许是一名独当一面的医生了。我想在我的朋友和家人中，你是我唯一可以向他倾诉思想的人，可以向他承认这四年来我一事无成，或者说没有做过一件有意义的事情。当然，我可以举出无数正当的理由来为我碌碌无为开脱，譬如说，适应新环境得花时间、父亲身体不好等等，可是只要凭良心用冷峻的眼光不留情面地审视一下，就可以看到实际的情况是如果我真有点能耐的话，我可以克服所有这些障碍，把它们甩在一边，走出舒适的家庭，

① 《致埃玛·德隆·米尔斯的信函》（1921年4月21日），载张宪文、武菁主编：《宋美龄文集》第一卷，第288页。

到内地去靠自己的本事做点事情，我必须离开那些认识我家人的人，特别是离开上海，因为在这里，由于我家庭的关系，在社会服务方面不管我做什么，都会得到公众的一片赞扬，可是这只能说是我个人的成绩，效果到底怎样却很难说。

这封信多少是一种自我反省，好像在自言自语。近来我经常反省，觉得一定要写信告诉你，希望你认真考虑我说的一切，老老实实地告诉我你的想法。

我先说说我的真实情况吧。

在过去的四年中，第一年我确实病得不轻，所以实事求是地说，这一年应该不算。第二年年初，我父亲刚过世不久，我们就搬了家，于是我一心一意忙家务。后来我学习中文，掌握了一定的知识，当然算不上优秀，甚至连马马虎虎都谈不上，但还是取得了一些进步，也打下了较好的基础。在社会活动方面，我在各种活动中表现突出，我发起过游园会、音乐会来筹集善款，组织了各种俱乐部、联谊会，当上了好几个慈善机构的董事。这就是说我干得不错，口碑也很好，大家觉得我有公德心，也有一定的工作能力。我说这些不是自我标榜，而只想让你了解我现在的状况。大家还说我“聪明”，“有头脑”，有点自负，但讨人喜欢。总之，我觉得自己比一般的“归国留学生”强，不会势利得叫人讨厌。我跟大家也合得来，不过由于我家庭的地位，跟那些“芸芸众生”又不太一样，当然还因为我穿着讲究，又都是外国货，还坐着汽车进进出出，也不用靠教书来养活自己。

这就是我目前的情况，我也就做了这一点点。当然大家都不厌其烦地说我起到了“良好”的社会作用，说我是中国女子投身公益的榜样等等，不过我们私下里说说，我觉得这些都是不折不扣的胡说八道。

说完我做了什么之后，再说说我可能做到的事情。我可能离家去某个地方教书，不过我会有收获，会做出成绩吗？看看我周围的人，看看那些到外地去教书的女子的生活，我看她们并没有做什么值得做的事情，也不见得比我更开心或者从生活中汲取了更宝贵的东西。相反，她们显得十分闭塞，要么冷漠懒散，要么怨天尤人。她们的生活很空虚的。那么我到底做了什么，或者现在该做什么，才能获得充满活力的人生乐趣呢？

唉，达达，我到底怎么啦？有时候我觉得要解决我的问题，唯一的办法是自我克制，去做天主教的修女，彻底抛弃个性中的“自我”，过一种忘我的无私的生活。

有时候呢，我又不禁想干脆结婚算了，过一天算一天，什么也不去想。可是问题又来了，在家这四年中，我算是把男人看透了，所以一旦要我选一个做丈夫，我就犯难了。当然，你也知道，没有一个男人会像我们女人那样对待生活，他们即使现在没有私通，到头来总会有的。这种事我见多了，包括那些我认为绝对可靠的男人也不例外。我知道我这么坦率很可怕。当然，我承认好男人还是有的，譬如像我哥哥那样的，但是我哥哥现在还年轻，我不敢担保他十年后会是什么样子。总之，我害怕结婚后成为平庸的家庭妇女，这种担心一直在我心头，让我无法忍受，让我想都不敢想，特别是在当今的中国。因为这里的道德标准跟美国完全不一样。也许我们东方人在这些问题上更加直言不讳。

噢，达达，达达，我多么想念你啊！我真希望你在我这里。三个月前我快离开上海时，曾经希望不同的气候、不同的景色能让我摆脱这些烦恼，可是尽管这里的生活很开心，看来我还是不能自拔。更糟糕的是我连我姐姐都没法跟她说我的感受。我说过，能够让我“敞开心扉”的只有你。来信请寄到上海。我现在没有心思给你讲我做的事情和所见所闻。以后再说吧，我会告诉你的。

又及：我好几个月没给你写信是因为我想说的事情多得不知道从哪儿说起。宋美龄①

5月 与自香港取道广州的宋子文一起回到上海。

受聘上海市参议会女工童工委员会委员，成为第一位负责童工事务的中国人。她参观了公共租界中的几家缫丝厂，后来回忆称：

我对工厂工人的生活状况极感兴趣。我曾经用很多时间，考察了上海的许多工厂，对于在所谓公共“租界”（但主要是由英人管理）各工厂里女工和童工工作时间之长（每班十二小时），以及工作环境之坏，感到非常不满。工厂的卫生状况之劣是骇人听闻的。②

上海的工厂童工数量惊人，童工的劳动强度和悲惨的生活使宋美龄初步接触到中国下层社会，此间的工作经历对她日后关注难童公益服务是一种启蒙。

5月25日 书函埃玛，谈及看到朋友来信后的感悟及情感问题。函曰：

我是三天前从香港回到家里的，现在还觉得昏昏沉沉，仿佛还在梦中。我一到家就发现我的信件堆积如山，一封也没给我转寄，因为母亲觉得我说不定什么时候就会回来的。她给我发过三个电报，催我回来。要不是我

① 《致埃玛·德隆·米尔斯的信函》（1921年4月28日），载张宪文、武菁主编：《宋美龄文集》第一卷，第290—293页。

② 《与鲍罗廷谈话的回忆》，载王亚权编纂：《蒋夫人言论集》（上集），第430页。

兄弟去了南方，我可能还不会回来。我几乎是硬被拽回来的。

我首先打开的是你的来信。又有你的消息了，真高兴！就像见到你本人一样高兴！对了，我要好好谢谢你给我寄来威尔斯的《世界史纲》①，我在《民族》周刊上看过不少褒扬这本书的评论。在我离开广州前几天，我姐夫收到了一本，所以我只能略为翻了翻。我去邮政局领取你寄给我的那一本时，邮局局长说他们把书退回给寄件人了，还说他们给我发了一份通知让我去取，可我没去。实际上我从来没有收到过什么通知，也许是佣人给弄丢了。我很失望，因为我很想读这本书。达达，你看你能不能再给我寄一次？我很想得到这本书。

我给一位非常要好的朋友比尔尼先生写了一封信，把他介绍给你。我要告诉你一个秘密。我非常喜欢他，他也非常喜欢我。我是在香港上船前一天晚上才在朋友家里认识他的，尽管我们在船上一共只有三天，却已经成了好朋友。我们到达上海那天刚好是他的生日，所以尽管我离家已有三个月，我还是一直陪着他，直到下午开船才分手。我们一起玩得很开心，特别是这是我有生以来第一次这么大胆轻率。不用说，家里人对我很恼火，说我给他们丢脸了，这主要是因为我回国后一直被家里严严实实监护起来的缘故。他们生气的另一个原因是他是外国人，甚至责备我，说是我在船上“勾引”他的，这当然不是事实。从星期六下午开船到现在，我已经收到他的两个无线电报了，说他多么想念我。家里人想把电报压下来，可没能做到。他六个月后就回来，这一趟只是一次公务旅行。

我非常喜欢他，从某种意义上说胜过我见过的任

① 《世界史纲》是英国作家赫伯特·乔治·威尔斯（1866—1946）所著，1920年出版。

何男人，也许胜过我不久可能要和他订婚的那个人。他有一些在其他人身上很难见到的品质，不过，从我这方面来讲，这次艳遇十有八九止于一般友情。现在幸好他不在这里，因为我不知道他一出现我会怎样。你知道我们这个家庭非常保守，对自家的门第傲气十足，要求家族血统必须“纯正”，因此他们宁可我死也不会同意我嫁给外国人的。通常情况下，我也是这么想的，可是……

现在我正在认真考虑接受另一个男人。我喜欢这个才华出众的年轻人，他的家庭很优秀，本人受过良好的教育，人品也好，可是我还在犹豫。你知道许多时候，理性上确信可行的事情在感性上未必如此。你说是吗？不过请别跟任何人说这件事，我要自己来处理这个问题。同时，如果比尔尼先生去看你的话，一定要热情接待他，但不要让他看出我跟你说过什么。我请他给你带了点东西，可是在最后一刻忘了交给他。下次有人去美国时再带给你吧。①

7 月 6 日 复函埃玛，谈对生活和宗教的认知理解和她的文学翻译梦想。函曰：

你 6 月 5 日的来信刚收到，我正赶着给你回信。因为话语就像世间万物一样稍纵即逝，无法随意掌控。我从广州回来后，给你写过一封信，但是，不用说，我实际上好多次提笔打算给你写信，但每次都十分厌烦，厌烦得只好作罢。

你说你和我在知足方面具有共识，这一点我有同感。就生活的空虚而言，唉，生活是空虚的，说生活

① 《致埃玛·德隆·米尔斯的信函》（1921 年 5 月 25 日），载张宪文、武菁主编：《宋美龄文集》第一卷，第 294—296 页。

是空虚的并没有什么好处，然而环顾我的四周，我认识的所有人，所有亲朋好友都羡慕我，说我似乎拥有生活中一切美好的东西，一切值得拥有的东西，我以前就对你讲过这些，你知道我自己对这件事怎么看。但我也不得不承认我过着比我所有的朋友和熟悉的人都要富足的生活。可是从常理上说，为什么我是这么一个不知感恩的人，这么厌倦生活？而且强烈感到生活没有意思？

你可能会耻笑我下面要跟你讲的话，你知道我已经尝试过各种可能的生活方式以寻求幸福，或者至少是一种应对枯燥生存的灵丹妙药。在我的生活环境中，我已经试图做过“社会服务”“自我完善”“butterflying”，事实上一切可能让我过上看起来丰富、充实生活的方法我都试过，但都没有成功！

现在我正在作一件新的尝试，一件至少对我来说是新的尝试，可是至今我还没有尝试到足以显示效果是否满意。尽管如此，我还是要告诉你。

老爸，你是知道的，我不是教徒，我十分独立、无拘无束、不听话、不卑躬屈膝。你或许也知道，我姐姐孔夫人也许比我还要独立。她看问题要比我敏锐得多，是一位非常聪慧的女性，善于交往，直至两三年前始终是首席社交明星，她甚至否认上帝的存在。只要有人在她面前提起宗教，她要就回避这个话题，要就直言不讳说这全是老生常谈，等等。但现在她笃信宗教，她对我说她如此变化的原因是她认识到过去对待上帝的态度是错误的。她说她经历的痛苦阶段远远超过我所经历过的，而且正由于她的悲惨遭遇和痛苦使她改信了上帝，现在她已经在生活中找到了慰藉，找到了生活的信念。我希望你能结识她，她在我们家无疑是才华最出众的，非常睿智、活跃、敏捷、精力充沛。她绝没有我心目中认定的那种狂热，但她对宗教十分虔诚，现在她正祈求上帝帮助她解决她的问题。不仅如此，她还找到了安宁，从未有过的安宁。以前我总认为她是有意识地从心理上麻痹自己，但现在我不这样看了。她对我说克服我的厌世情绪的唯一方法就是信教，真正与上帝沟通。你知道吗，她长时间以来，直到现在一直在对我作这样的灌输，我往往会恼羞成怒，因为她的话让我很不愉快，于是我会叫她闭嘴。但现在我正按照她的话去做，很难说已经有多少效果，不过我要说的是，自从按照她的话做以来，我感到开心多了，仿佛我已不再独自承担重负。现在当我祈祷时，可以说我能听得进别人的话了。我无法向你解释这一点，但我希望你能在这儿让孔夫人跟你讲讲。你知道吗，虔诚信教并没有改变她的日常生活，她还依旧很开心，照样外出参加各种聚会。可是，她的内心却有了某些改变，她不那么爱批这批那了，能替他人着想了，能宽容他人的缺点了。

与上帝加强沟通，最重要的是坚信主就在你身边，始终和你在一起。只有在你靠拢上帝时，那些诸如教堂、《圣经》之类的有形物才会对你有帮助，所以最重要的是信奉全能上帝的爱心。我想这听起来近乎异端，但这是我对上帝的认识，我希望你也尝试一下。我发现与上帝紧密交流的最好方法是选择一段意思完全符合你期望的赞美诗，然后朗诵或者唱出诗句，直到诗意渗透你的意识，真的感到自己的思想要与上帝融为一体，然后祈祷，就像你在与父亲或者一位好友交谈，当然，每个人祈祷方式都不一样，但就我来说，这确是我最能强烈地感受到上帝存在的方法。

你可能会认为我精神不正常，但是老爸，我尝试了，也对其他所有的事情都厌倦了，你或许觉得我已经变得

"虔诚"了，但不是这样的！我此时此刻正坐在我房间外面的门廊上给你写信，抽着一支好的雪茄烟，品尝着它的香味。

我广州的姐姐孙夫人是南方政府战时救济会会长了，她给我寄来一本书，要我帮她募捐。今天早上我出去募到了五百美元。可是，天哪，太难了！我讨厌到处讨钱，但这笔钱是为战士家属募集的，我觉得我必须尽一份责任。

幸亏我找到了本市一位著名的企业家、我一个朋友的父亲，让我带他到他朋友的办公室转了两个小时。当他的朋友知道了我是谁时，都向我点头哈腰，你要是见到他们怎样朝我看就好了！男人有时就是那么贱！好在我让她的女儿也陪着我！但我不会再去募捐了！

……

我还在攻读中国古典名著，每天早上花三小时（今天早上除外），还有老师辅导。我打算花一段时间好好学习古文，以便能够将中文中美丽、高雅、多彩的瑰宝译成英文供你阅读。我们要是能在中国内地有一座漂亮的房子供我们居住，让我们能合作将我们中国文学中所有美好作品都翻译出来，岂非很有意思？我可以翻译出经典作品的精神实质，你可以再对它们润饰加工。你觉得出一套《密尔斯——宋》文集如何？所以，亲爱的老爸，振作起来吧，你和我会有足够的动力、色彩、透明度，以及沸腾、洋溢、激动人心的变化的！①

7月22日 复函埃玛，告以近况，谈及将再次南下广州。函略谓：

---

① 《致埃玛·德隆·米尔斯的信函》（1921年7月6日），载张宪文、武菁主编：《宋美龄文集》第一卷，第297—301页。

这个礼拜我一直生病，只好躺在家里，没力气也没精神在家走动或外出办事，最近几天十分疲倦，思想不集中，所以连学习也暂停了。天气也非常炎热。

我弟弟子良是范德堡大学毕业的，现在人在纽约。我要他去拜访你，我也准备把他的地址给你……

广州政府在行政方面取得了很大的进展，在战场上也频频告捷。今年九月我或许还会南下一次，孙夫人已经给我发了好几封电报了。我多么希望你也在这里啊！我有一包东西要给你和特迪，有人去美国时就托他带给你们。①

8月10日 复函埃玛，谈及阅读 Wells《历史纲要》的心得并邀请埃玛来华，希望合作做一点中文小说的英译工作。函中称：

Wells 的《历史纲要》上个礼拜收到了，从收到后我就一直在认真研读，得到了很大的乐趣，我想告诉你，自我回家后收到了 Wells 的书，我第一次感到我前所未有的感觉。你还记得吗，在学校时，我经常心血来潮，会有一个礼拜或者十天让自己远离所有的朋友，把自己关在房间里，到凌晨一两点钟才睡觉。在这样的“间歇”期间，我常常完完全全沉溺于吸引我的、无法舍弃的这样那样的专题，直到我读书读得筋疲力尽为止。我记得 Reno，Higgins 和 Beny 说过，当我处于那种精神状态时，我会像熊一样暴怒、粗野。我认为他们要我与人交往，但我那时甚至连道理都不想讲。不管怎样，我是唯一懂得欣赏那种精神状态的人。我生活在自己的世界里，这儿只有我和书。我承认当那些间歇结束时，人已经疲乏不堪。你知道，间歇总是有反应的，每次都是繁忙的社

① 《致埃玛·德隆·米尔斯的信函》（1921 年 7 月 22 日），载张宪文、武菁主编：《宋美龄文集》第一卷，第 302—303 页。

交和快乐。

我回家后一直到Wells来访，一直没有对任何专题有足够的兴趣让我把所读的书报很当回事，但是自从Wells来了以后，我就一直像着了魔一样，忘记了周围的一切，生活又重新从头开始，经历世界各地文明的各个阶段。我尤其感到惊讶的是他对待中国历史史实的态度，因为他所掌握的史实都十分可靠。

作为历史文献，他的著作遭到许多非议，这我并不感到意外。可能在他处理某些“史前”设想的过程中，他深深地刺到了某些所谓专家经不起推敲的理论的痛处。虽然历史在大踏步地向前迈进，有些地方他讲得过于详尽，而另外有些地方可能更需要着重阐述。但是，总的来说，他研究的“历史”是一桩神奇、浩然的事业！他对事件的逻辑发展、所表现的思想的幅度和境界、“观点诠释”总体的适度都很突出。阅读他的这本书，我感到自己窥见了一个“新的领域”，或者准确地说，一点皮毛而已，不过还是很吊我胃口的。我认为我完全有理由说，《历史纲要》在彰显乌托邦式“国际主义”方面是一个不可忽视的因素，读过这本书的人都一定会忘却种族或者地域的差异，对世人感到一种亲情。

关于Wells就说到这儿！我希望你没有感到厌烦，因为我所写的只不过是一种“读后感”，至今我上海的朋友都还没有读过这本书，我感到我必须发泄我的兴奋，由于你是管我感情的，所以你必须对我的激情予以宽容。

读Wells书之前，我一直在系统阅读莫泊桑的作品。如果你还记得的话，在引言中，作者（莫泊桑）认为，他的作品应该从艺术角度予以评价，即不涉及其主题，因而也就不必考虑读者赞同还是不赞同所用的“语气”或所刻画的情景。也就是说，作者不对现实社会的道德负责，他的艺术应该由此予以评价，他的描述在艺术上是否忠于生活。

我承认我对莫泊桑的人生观十分厌恶、感到恶心。在他的“社会”中，礼貌、思想或行为的纯洁、真诚的豪爽、人性的高尚全都没有位置。他所塑造的男男女女全都是感情动物，受肉欲的驱使，凭瞬时冲动行事，只有野兽般的心态却鲜有所谓的文明意识。我知道，你或许会问，既然我这么厌恶他，为什么还要读他的所有作品。亲爱的，当然不是由于好奇！我现在正在用中文读中国的小说，为的是有一天我有足够的语言功底能将一些作品译成英文。现在有些中国小说有着莫泊桑的风格，但写得非常好，语言很美，刻画细腻。虽说主题是当时社会的状况，这些小说的某些部分甚至比莫泊桑的作品还要淫秽，但其余部分还是赏心悦目，可以用作翻译。我想看看莫泊桑如何处理他的题材的，所以我对他的书进行了仔细的研究。

当然，英文中也肯定有可以责疑的书，例如 *Clarissa Home* 等，但在我看来，那类英文小说绝不像法国小说那样低俗，更不用说某些中国小说了。我现在读中国小说有点障碍，有些字和词语我在古典作品中从未碰到过，结果我得找我的老师求教。由于他是四十岁左右男人，因而有点别扭，所以我现在只读而不问问题，相信运气，通过不断努力和应用，我终将融会贯通。

你信上说要来旧金山，我亲爱的老爸，想想我们只不过是一水之隔！我已经与我姐姐孔夫人讲了下面这件事情：我很希望你到中国来，因为我想见你！但除了纯个人的考虑外，当你离东方如此近时，你没有理由不来东方看一看。我相信你会发现这儿的生活充满情趣、色彩和动感。再有十年，也许东方将有许多改变，因为西方思想正在迅速渗入我们国家的生活和活动中，所以你现在应该到中国来，你在这儿想呆［待］得长一点短一点都可以。你现在如果想到这儿来，我可以保证让你回美国。你如果愿意在上海呆［待］上几个月，这儿有很多工作你可以做而且不是那种上午九点到下午五点的工作。也许你可以教中国有钱妇女每天三到四小时英文，每月收入一百至一百五十美元，其余时间你完全自由支配。当然你会和我住在一起，这样你的薪水就足够你花销了。几个月后，我们可以南下广州，在我姐姐孔夫人家里住一段时间。到了夏天，我们可以去北方中华文明的摇篮山西。孔夫人是否在她的山西家里并不重要，因为她的房子总是空着，有佣人在那儿，因为我们现在住的房子很小（大约我们 Joffre 路房子的三分之一大），孔夫人已经提出让我们在她现在上海居住的房子里住一间。不管怎样，你都不用操任何心，你只要好好休息，看看东方，也许和我一道做一点中文小说的英译工作。

我希望你能来！我知道你在琢磨你是否喜欢我现在这个样子，因为我离开学院后已经有了变化，人过了四年总会有变化，特别是因为这儿的生活方式、理想标准和外部条件与 Wellesley 都不一样，但我想我们因为经常通信还是彼此十分靠近，而不是完全陌生，应该可以找到适合的会面之处。

如我前面所说，我的计划不是一时的冲动，所以我希望你予以认真的考虑。①

* * * * * *

是年

5 月 5 日　孙中山就任中华民国非常大总统。

6 月 14 日　蒋介石之母卒。

---

① 《致埃玛·德隆·米尔斯的信函》（1921 年 8 月 10 日），载张宪文、武菁主编：《宋美龄文集》第一卷，第 304—308 页。

宋子文任上海联华商业银行总经理，并创办大洲实业公司。①

7 月 23 日 中国共产党在上海宣告成立。

11 月 21 日 孙中山派陈果夫代表诣奠，为蒋母撰祭文，孙亲题石：蒋母之墓。

11 月下旬 蒋介石连日处理家务，与妻毛氏、妾姚氏宣告脱离家庭关系，并析定蒋经国、蒋纬国家产。②

12 月 12 日 蒋介石因上海交易所生意失败，前往广州。③

12 月 23 日 孙中山在桂林，与中共张太雷和共产国际远东代表马林会谈。④

1922 年 二十三岁

1 月 致信美国好友埃玛，称为她在《上海时报》找到工作。

3—8 月 安顿来中国工作的埃玛。开头的几个月，待埃玛很热情，并要求埃玛做私人秘书的工作，诸如跑银行、送信、处理海外来函等。不久因执着基督教女青年会工作，与埃玛关系疏远了。半年后埃玛离开上海。⑤

* * * * * *

是年

6 月 16 日 陈炯明在广州叛变，围攻广州非常大总统府，孙中山在永丰舰上指挥海军反击叛军。

宋庆龄突围后，因紧张与疲劳致流产，身体受到无法弥补的摧残。⑥

8 月 9 日 孙中山离粤返沪。

---

① 陈立文：《宋子文与战时外交》，第 6 页。

② 中国第二历史档案馆编：《蒋介石年谱初稿》，第 74 页。

③ 《周恩来选集》（上），人民出版社 1980 年版，第 115 页。

④ 尚明轩主编：《宋庆龄年谱长编》（上），第 119 页。

⑤ ［美］汉娜·帕库拉：《宋美龄新传》，第 109—110 页。

⑥ 尚明轩主编：《宋庆龄年谱长编》（上），第 122 页。

9 月 蒋介石撰《孙大总统广州蒙难记》书稿。[1]

12 月 25 日 孙中山与苏俄代表越飞在上海会见。

1923 年 二十四岁

夏，与宋蔼龄一家人北上，游天津、北京。在北京邀在此教英文的友人埃玛喝茶，重叙前缘。[2]

* * * * * *

是年

1 月 26 日 孙中山与苏俄代表越飞发表联合宣言。

3 月 18 日 孙中山任命蒋介石为大本营参谋长。

6 月 12—20 日 中共第三次全国代表大会确立了与国民党建立统一战线的决策。

8 月 16 日 蒋介石奉孙中山之命率“孙逸仙博士代表团”赴俄考察，成员有沈定一、张太雷、王登云等人，历时三月有余。[3]

1924 年 二十五岁

居沪家中。

12 月 12 日 孙中山北上因病滞留天津，为了确保与庆龄通信联络，宋美龄委托在北京工作的埃玛代为保管转交家书。

宋庆龄致函埃玛称：

> 这段时间一直想去看你，可是孙博士还没有完全康复，我们要一个礼拜后才能离开天津。近来邮件很不正常，听说家里的来信要寄到你那里才能确保收到。如有

---

① 中国第二历史档案馆编：《蒋介石年谱初稿》，第 99 页。
② ［美］汉娜·帕库拉：《宋美龄新传》，第 111 页。
③ 中国第二历史档案馆编：《蒋介石年谱初稿》第 130 页。

家书，请替我保管好。有什么需要我在这里替你买的东西吗？听说北京东西不好买。①

* * * * * *

是年

1月20日 孙中山在广州主持召开中国国民党第一次全国代表大会。

1月24日 孙中山委派蒋介石为陆军军官学校筹备委员长。

2月3日 孙中山任蒋介石为中国国民党本部军事委员会委员。

2月21日 蒋介石辞筹办军校职，擅离广州。

4月21日 蒋介石在孙中山、廖仲恺劝导下返回广州。

5月3日 孙中山任蒋介石为陆军军官学校校长，兼粤军总司令部参谋长。

7月15日 孙中山派蒋介石任各军军事训练筹备委员长。②

10月23日 冯玉祥发动北京政变，电邀孙中山北上共商国是。

12月底 孙中山扶病抵北京。段祺瑞公布“善后会议”条例。各地掀起国民会议运动热潮。

1925年 二十六岁

1月 致信埃玛，托她亲自面交一封信给在北京的宋庆龄。不久，得知姐夫孙中山病危，顶着严寒从上海搭乘火车赶往北京，给守护在病床前的宋庆龄慰藉与体贴。多年后她在给别人的一封信中提到火车上不供给食物、饮水，也没有暖气：“我们又饥又渴又冷。我们离开上海之前就知道此行充满危险，也很难估计我们何时可以抵达北京，可是基于对总理的爱，我们毅然成行，这也

---

① 《宋庆龄致埃玛·德隆·米尔斯的信函》（1924年12月12日），载《宋美龄书信集》（未刊稿），南京大学中华民国史研究中心。

② 中国第二历史档案馆编：《蒋介石年谱初稿》，第216页。

是对我们姐姐表达实质与精神的支持。”①

1月3日 受宋美龄委托转交家书的埃玛，收到宋庆龄的亲笔来函称：

> 亲爱的米尔斯小姐，我从房间出来时，一眼就看见桌子上放着你送给我的花篮。真好看，太谢谢你了。有空过来坐坐，一起喝杯茶，或者吃顿饭。又及：我准备叫美龄过来一起过圣诞节和新年。你也去信劝说一下。祝好，诚挚的罗萨蒙德·孙。②

3月12日 上午9时25分，孙中山病逝于铁狮子胡同11号行辕。与宋庆龄、宋子文等护送孙中山遗体至协和医院。

3月19日 宋氏家族及部分特邀人士为孙中山举行了祈祷仪式。宋美龄与亲属陪同宋庆龄参加了孙中山灵柩安放仪式。

* * * * * *

是年

7月1日 大元帅府改组为中华民国国民政府。汪精卫任主席，胡汉民为外交部部长，许崇智为军事部部长，廖仲恺为财政部部长。

8月20日 国民党左派廖仲恺在广州遭枪杀。③ 汪精卫、许崇智、蒋介石被国民党中央联席会议授予政治、军事及警察全权。

8月24日 蒋介石就任广州卫戍司令。④

9月7日 蒋介石被国民党浙江省执委会推为国民党第二次全国代表大会出席代表。

---

① ［美］汉娜·帕库拉：《宋美龄新传》，第122页。

② 《致埃玛·德隆·米尔斯的信函》（1925年1月3日），载《宋美龄书信集》（未刊稿），南京大学中华民国史研究中心。

③ 尚明轩主编：《宋庆龄年谱长编》（上），第146页。

④ 中国第二历史档案馆编：《蒋介石年谱初稿》，第409页。

9月14日 国民党中执委推任汪精卫为国民革命军及军校党代表。

9月19日 蒋介石致函许崇智，劝其“暂离粤境”。

9月20日 国民党中央任命宋子文为国民政府财政部部长兼广东省财政厅厅长。

9月23日 国民政府任命胡汉民为赴俄大使。

9月28日 蒋介石受军事委员会令，任东征总指挥。①

1926年 二十七岁

1月上旬 陪同宋庆龄由沪抵粤，一起出席国民党第二次全国代表大会。②

1月17日 在广州参加黄埔军校举行的第三期学生毕业典礼，毕业生共计1224名。国民党中央执行委员会主席兼军校党代表汪精卫暨出席国民党第二次全国代表大会代表莅席。女宾中有宋庆龄、何香凝、陈璧君等。蒋介石在会上致辞。宋美龄以“女宾有孙宋夫人与其妹”第一次出现在蒋介石的日记中。③

1月23日 在广州致函埃玛，函称：

> 大约两个礼拜前我和孙夫人一起来到这里，因为她要参加在这里举行的国民党第二次代表大会。我们住在我哥哥子文家里，他是这里的财政部长，上任四个月来，他把政府的月财政收入从一百七十万美元一下子增加到四百二十万美元，而且月月如此，还不用提高对生活必需品的征税。四个月前，他宣布稳定财政的意图时，香港的一些报纸对他冷嘲热讽，现在就连这些报纸都说他完成了几乎不可能完成的事情。大家说他是清官，在广州政府中一言九

---

① 中国第二历史档案馆编：《蒋介石年谱初稿》，第430页。

② ［美］汉娜·帕库拉：《宋美龄新传》，第128—129页。

③ 中国第二历史档案馆编：《蒋介石年谱初稿》，第527页。

鼎，可他还是一如既往地保持谦逊。

随信附上梅西公司[1]的一张支票，是你让他们给我邮寄乳草面霜时所付金额的余款，公司退给了我，请你用这笔钱再买些面霜吧。对了，到目前为止，我收到的乳草面霜大概有两打半，到底是两打还是两打半，我记不清了。你把剩下的寄到上海西摩路[2] 139 号的话，我就能收到。我的邮箱已经不用了。

广州又干净又平静，根本不像报纸上描绘的那样。你要在这里该多好！你想找份工作的话，这里有的是，就怕你不敢。来信请寄上海西摩路 139 号。[3]

6 月 30 日 蒋介石拜访宋蔼龄、宋美龄。[4]

7 月 2 日 准备启程返沪，蒋介石在日记中写下了对她的不舍之情，日记称：“美龄将回沪，心甚依依。”[5]

10 月 1 日 宋子安受宋美龄之托，致函埃玛，表示捎带薄礼前往哈佛学院之际转交于她。[6]

12 月 26 日 与母亲、宋蔼龄从上海抵武汉看望宋庆龄、宋子文。在武汉的三个月中，与苏联顾问鲍罗廷有过几次“很长而又坦诚无隐”的谈话。宋美龄后来回忆说：“我们和鲍罗廷夫妇早就认识，不论是在国父最后卧病的北平（当时称为北京。——编者注），或是国民革命运动和政府所在地广州，抑或稍后在武汉，与鲍氏夫妇均接触频繁。”谈话主要内容如下：一、共产主义本质及殖民主义消失后，中国在世界上的未来地位；二、俄国在其扶助弱小国家使之挣脱帝国主义压迫所采取利他行动的真正动机等。

---

① 梅西公司即 Macy’s，是美国一连锁百货公司。

② 西摩路即今陕西北路。

③ 《致埃玛 · 德隆 · 米尔斯的信函》（1926 年 1 月 23 日），载张宪文、武菁主编：《宋美龄文集》第一卷，第 310—311 页。

④ 《蒋介石日记》（1926 年 6 月 30 日），美国斯坦福大学胡佛研究所藏。

⑤ 《蒋介石日记》（1926 年 7 月 2 日），美国斯坦福大学胡佛研究所藏。

⑥ 《致埃玛 · 德隆 · 米尔斯的信函》（1926 年 10 月 1 日），载《宋美龄书信集》（未刊稿），南京大学中华民国史研究中心。

她认为："我们谈话过程中，我能看出鲍罗廷的谈话具有一个目的，其外表固有耐人寻味处，但其内涵更具有重大意义……我对他对我说的话，感到不安。因为他所告诉我的一切，如果在任何地方施行，都会被谴责为不人道、残酷和暴虐。"她一方面认为鲍罗廷是一位"才气纵横、深思而受过优秀自修教育的人"，另一方面对鲍罗廷"谈话中所谈到第三国际最初为中国而订，并提供其他国家遵循的行动计划"，"感到不安"。她坦承："我的本性和直觉，事实上，就是我这个人以及我的信念与鲍罗廷所说的一切，正好是背道而驰。""我由于曾经受过开朗的教育，并具有渴求知问之好，使得我能够相当容忍地听取偏锋邪道骗人之说。"① 她对鲍罗廷的"直率感到忿怒及惊讶"。逗留武汉期间，她对武汉三镇在共产党和国民党左派组织推动下的工会和工人纠察队的反帝反封建运动，产生了恐惧和排斥心理。②

她回忆说：

> 当年弥漫在汉口的气氛……每个星期，共产党把持下工会所控制的工人都不断的示威游行，他们轮次高呼着打倒某些人、某些传统或道德，或者打倒帝国主义——通常是打倒英帝国主义的口号，工人和穿着深兰色制服的受过军训的工人纠察队，封锁交通或者保护行进中的示威游行队伍。一连几个小时，当每个游行行列在一个手提扩音器领袖领导下经过我们所住那栋建筑物之时，可以听到几千人震耳欲聋的喊声越来越大，号声、鼓声、锣声和铙声交织而成的噪音，震天价地响着……任何人只要回想很多书里所描述一七九三年"巴黎公社"的混乱状态，当不难想象到一九二六年中国东部、中部和南部各省的混乱情形。③

---

① 宋美龄：《与鲍罗廷谈话的回忆》，《"中央"日报》1976年10月29日。
② 宋美龄：《与鲍罗廷谈话的回忆》，《"中央"日报》1976年10月29日。
③ 宋美龄：《与鲍罗廷谈话的回忆》，《"中央"日报》1976年10月29日。

* * * * * *

是年

1月16日 在广州召开的国民党第二次全国代表大会上，蒋介石当选为国民党中央执行委员会委员。

1月19日 国民党中央军事委员会任命蒋介石为中央军事政治学校校长。

1月22日 蒋介石当选为国民党第二届中央执行委员会常务委员。

2月1日 国民党军事委员会任蒋介石为国民革命军总监。

3月20日 广州发生“中山舰事件”，蒋介石试探操纵军权得逞。

5月17日 蒋介石操纵国民党第二届中央执行委员会第二次全体会议通过了排挤、打击共产党人的“党务整理案”，并选定张静江为中央常务委员会主席。

7月9日 国民革命军誓师北伐，蒋介石就任国民革命军总司令。

10月10日 北伐军攻克武昌。

12月13日 国民党中央执行委员及国民政府委员在武昌议决，由上述两会组织临时联席会议，作为党政最高权力机关。

1927年 二十八岁

3月18日 宋母和宋蔼龄暗中助力蒋介石筹得军饷，顺利督战宁沪。蒋介石当日日记记载：“行军之事，饷需先也。日前宋太夫人与孔宋夫人来游浔庐，闻总司令部军饷拮据，武汉财部为共产党阻挠不敢发给。宋太夫人与孔宋夫人乃由浔回汉，力催宋部长筹发二百万元，秘密运浔。因此军饷无虑，公乃乘舰东下，亲自督战宁沪，得以如期克服，厥功为不尠焉。”[①] 蒋介石与宋家关系可见一斑。

3月 告别宋庆龄、宋子文返回上海。蒋介石在3月21日日记中称：“今日思念美妹不已。”[②]

5月28日 数月来常与蒋介石通信。[③] 蒋介石在日记中也倾诉“终日想念美龄”[④]。

6月11日 凌晨三时，蒋介石到沪看望宋美龄。

6月12日 与从杭州返沪的蒋介石从晚上叙谈到午夜，依依惜别。[⑤] 此后蒋宋恋情渐入佳境。

6月13日 晚与蒋介石在沪“乘游”至凌晨分手。[⑥]

7月中旬 宁汉合流，汪精卫公开反共。宋美龄从上海赶赴武汉，劝说宋庆龄回心转意，一同回沪，遭到拒绝，宋美龄只身离开汉口。[⑦]

8月某日 蒋介石自溪口致函称：

> 余今无意政治活动，唯念生平倾慕之人，厥唯女士。前在粤时，曾使人向令兄姐处示意，均未得要领，当时或因政治关系，顾余今退而为山野之人矣，举世所弃，万念灰绝。曩日百对战疆，叱咤自喜，迄今思之，所谓功业宛如幻梦。独对女士才华容德，恋恋终不能忘，但不知此举世所弃之下野武人，女士视之，谓如何耳？[⑧]

---

① 王正华编：《蒋中正“总统”档案：事略稿本》（1），台北“国史馆”2010年版，第130—131页。

② 《蒋介石日记》（1927年3月21日），美国斯坦福大学胡佛研究所藏。

③ 王宇高、王宇正编：《蒋中正“总统”爱记》（一），台北“国史馆”2011年版，第31页。

④ 《蒋介石日记》（1927年5月28日），美国斯坦福大学胡佛研究所藏。

⑤ 《蒋介石日记》（1927年6月12日），美国斯坦福大学胡佛研究所藏。

⑥ 《蒋介石日记》（1927年6月13日），美国斯坦福大学胡佛研究所藏。

⑦ 尚明轩主编：《宋庆龄年谱长编》（上），第191页。

⑧ ［美］汉娜·帕库拉：《宋美龄新传》，第170—171页。

9月23日 蒋介石早晨抵上海。上午往宋宅。宋美龄与蒋“慕久”。自蒋离职后“函电往来不绝。今日晤语，情意殷拳”。蒋介石在日记中称：“晚与三弟（美龄）叙谈，情意绵绵，相怜相爱，惟此稍得人生之乐也。”[1]

9月24—26日 数月来常与蒋介石函电往来，了解加深，感情日臻。日前，蒋到上海，不日晚即拜访宋美龄，蒋邀请王正廷与冯玉祥夫人李德全做媒，于26日订婚。晚与蒋谈往事，蒋以为“人生之乐以定婚之时为最也”[2]。

9月27日 下午与蒋介石在孔祥熙家摄影，并一起往访王正廷、李德全，“谢其为介绍人也”。晚与蒋介石密谈至凌晨。[3]

9月28日 上午蒋介石前来辞别，“情意绵绵”。蒋在日记中称：“不惟外人不知三弟之性情，即中亦于此方知也。”由此可知，对蒋介石的情感日深。[4]

10月1日 据报载，国闻通信社《蒋宋订婚之经过》略谓：

> 蒋下野前，宋美龄确曾劝告，以促成宁汉合作，避免党的分裂，宋亦确赞成蒋出洋游历，以广学识，然宋皆认为友谊上应有之举，并非以为结婚之条件，至掌握财权，尤为庸俗女子不信任其夫者之要求，宋决不屑为此，宋确信蒋勇与迁善，既已信任，决不再有怀疑，故绝未提出任何条件也，再宋从未到过南京，与蒋同乘专车之说，自更无稽，宋每与蒋会晤，皆有家属在旁。婚约亦至最近方决定。[5]

蒋自长崎来电诉说相思之苦，并称宋母已“面允婚事”，只是

① 《蒋介石日记》（1927年9月23日），美国斯坦福大学胡佛研究所藏。
② 《蒋介石日记》（1927年9月26日），美国斯坦福大学胡佛研究所藏。
③ 《蒋介石日记》（1927年9月27日），美国斯坦福大学胡佛研究所藏。
④ 《蒋介石日记》（1927年9月28日），美国斯坦福大学胡佛研究所藏。
⑤ 《蒋宋订婚之经过》，《申报》1927年10月1日。

不同意宋来日本结婚，不胜怅望。①

10月3日 蒋介石与宋子文前往宋太夫人养病驻地——日本神户有马温泉。为使婚事得到宋太夫人允诺，蒋介石当日“三次往谒宋太夫人”，宋母虽“婚事亦面允，惟不欲其女即来此”。蒋介石心中颇为“怏怏”，致电宋美龄：“详述已一时不能回国之实情。望其速来。”蒋在当天日记中记述与宋太夫人见面情形写道：“三次往谒宋太夫人。太夫人意甚愉快，频频注视公。爱重之意，形于颜色。公甚感之。”②

宋美龄在《我的宗教经验》一文中记述：“我的母亲竟能以身作则，感化他做基督徒。当我们议婚时，外子当我母面允勤读圣经，研究基督教义。”③

10月4日 致电蒋介石表示不来日本。④

10月9日 接受日本《每日新闻》记者采访，当记者问其晚婚原因时，宋美龄答：“因誓觅得相爱之人故。”⑤

10月10日 致电蒋介石祝贺生日。

10月11日 晚蒋介石在大阪琵琶湖边对景怀人，情不能自已，称“接宋女士电，心乃稍慰焉”⑥。

10月29日 接蒋介石自日本复电。⑦

11月10日 在沪生病，下午由日本返沪的蒋介石得知宋美龄有病，登岸后即往访，见其“形容瘦减”，十分忧虑。晚餐后与蒋介石叙谈良久，蒋介石“不觉悲喜交集”，至十二时后方离去。蒋

---

① 王宇高、王宇正编：《蒋中正“总统”爱记》（一），第37—38页。

② 周美华编：《蒋中正“总统”档案：事略稿本》（2），第75页。

③ 宋美龄：《我的宗教经验》（1934年3月），《兴华周刊》1934年第31卷第25期。（注：原文刊载美国《论坛杂志》1934年3月号；《蒋夫人言论集·卷二》，国民出版社1939年版译为《我的宗教观》，且文字有修正、润色。）

④ 周美华编：《蒋中正“总统”档案：事略稿本》（2），第82页。

⑤ 日本大阪《每日新闻》1927年10月9日电，转引自王丰：《一个真实的宋美龄》，第141页。

⑥ 周美华编：《蒋中正“总统”档案：事略稿本》（2），第82页。

⑦ 周美华编：《蒋中正“总统”档案：事略稿本》（2），第104页。

自此对宋改称三弟为三妹。①

11月13日 下午与蒋介石晤谈。

11月14日 下午与蒋介石陪同母亲宋太夫人前往孔祥熙寓所看望宋蔼龄，又到宋嘉树墓地祭扫，宋蔼龄同往。

11月17日 与蒋介石共赴孔祥熙家宴，晚与蒋介石叙谈。②

11月22日 下午蒋介石身体不适，至宋宅休息。

11月23日 上午蒋介石与吴稚晖、李石曾等讨论党务与时局，下午与宋美龄谈人事。③

11月25日 晚与蒋介石晤谈。

11月26日 下午与蒋介石前往祁齐路新屋布置。蒋介石于上海《申报》等广告栏发布结婚启事称：

> 中正奔走革命，频年驰驱戎马，未遑家室之私。现虽辞职息肩，惟革命未成，责任犹在。袍泽饥寒转战，民众流离失所，讵能恝然忘怀。尤念百战伤残之健儿，弥愧忧乐与同之古训。兹定十二月一日，在上海与宋女士结婚。爰拟撙节婚礼费用及宴请朋友筵资，发起废兵院，以完中正昔日在军之私愿。宋女士亦同此意，如亲友同志厚爱不弃，欲为中正与宋女士结婚留一纪念，即请移节盛仪，玉成此举，无任铭感。凡赐珍仪，敬谨璧谢。婚仪简单，不再柬请。（废兵院规划当与同志贤达详商，现托浙江军事厅金诵盘君筹备）式布区区，惟希公鉴。④

11月28日 下午与蒋介石同车出游。

11月30日 蒋介石拟撰结婚感想文稿《我们的今日》，全文

---

① 王宇高、王宇正编：《蒋中正"总统"爱记》（一），第40页。
② 周美华编：《蒋中正"总统"档案：事略稿本》（2），第146页。
③ 周美华编：《蒋中正"总统"档案：事略稿本》（2），第147页。
④ 周美华编：《蒋中正"总统"档案：事略稿本》（2），第149—150页。

如下：

余今日得与余最敬最爱之宋美龄女士结婚，实为余有生以来最光荣之一日，自亦为有生以来最愉快之一日。余奔走革命以来，常于积极进行之中，忽萌消极退隐之念。昔日前辈领袖问余，汝何日始能专心致志于革命？其他厚爱余之同志，亦常讨论如何而能使介石安心尽革命之责任。凡此疑问，本易解答，惟当时不能明言，至今日乃有圆满之答案。余确信余自今日与宋女士结婚以后，余之革命工作必有进步。余能安心尽革命之责任，即自今日始也。余平时研究人生哲学及社会问题，深信人生无美满之婚姻，则做人一切皆无意义。社会无安乐之家庭，则民族根本无从进步。为革命事业者，若不注意于社会之改革，必非真正之革命。其革命必不能彻底。家庭为社会之基础，欲改造中国之社会，应先改造中国之家庭。余与宋女士讨论中国革命问题，对于此点实有同一之信心。余二人此次结婚，倘能于旧社会有若何之影响，新社会有若何之贡献，实所大愿。余二人之今日，不仅自庆个人婚姻之美满，且愿促进中国社会之改造。余必本此志愿，努力不懈，务完成中国之革命而后已。余二人今日之结婚，实为建筑余二人革命事业之基础。余第一次遇见宋女士时，即发生此为余理想中之佳偶之感想。而宋女士亦曾矢言，非得蒋某为夫，宁终身不嫁。余二人神圣之结合，实非异常可比。今日之日，诚足使余二人欣喜莫名，认为毕生最有价值之纪念日。故亲友之祝贺亦敬受而不敢辞也。①

12月1日 与蒋介石结婚。下午一时蒋介石至孔祥熙宅换礼

---

① 周美华编：《蒋中正“总统”档案：事略稿本》（2），第155—158页。

服。三时到宋宅行教会婚礼。四时到大华饭店礼堂举行婚礼。其间，宋美龄“姗姗而出，如云飘霞落”，使蒋顿觉“平生未有之爱情，于此一时间并现，不知余身置于何处矣”！[①] 蒋宋婚礼之主婚人男定为蒋锡侯、女定为宋子文，证婚人为谭延闿、蔡元培、王正廷、余日章、何香凝女士、李德全女士等六人，男相傧为刘纪文、女相傧为王正廷之女公子。蒋锡侯、宋子文函请何杰才、陈立夫、牛惠生、郭宝珠等三十六名亲友为结婚时男女招待员，发出请柬一千五百余封。[②] 出席婚礼的有国民党要人如汪精卫、吴稚晖、戴季陶、陈果夫、陈布雷、周佛海等。礼毕，与蒋介石同乘车游行。晚至宋公馆宴会。九时回祁齐路公馆。蒋宋夫妇对婚礼中孔祥熙夫妇赠送的中华书局刊行之《四部备要》婚庆礼品十分喜爱。[③]

《申报》称蒋自撰《我们的今日》之文章“诚我国婚姻史上极有价值之文字也”[④]。

宋美龄对于与蒋介石的结合曾回忆说：

> 我有惊人的热忱和爱国，要为国家做点事。我的机会在此。我偕同外子不住的要使中国富强。我的打算很好，但缺少权能，因我依靠自己。政治生活是充满着虚假、权谋和机变的。我却深信，人的最好武器，不是虚假、权谋和机变，乃是真诚和忠实。[⑤]

12 月 2 日 夫妇二人在祁齐路公馆“并坐拥谈”，终日未出门。[⑥]

---

① 王宇高、王宇正编：《蒋中正“总统”爱记》（一），第 41 页。
② 《蒋介石宋美龄明日结婚》，《申报》1927 年 11 月 30 日。
③ 周美华编：《蒋中正“总统”档案：事略稿本》（2），第 158—159 页。
④ 《蒋介石宋美龄今日结婚》，《申报》1927 年 12 月 1 日。
⑤ 宋美龄：《我的宗教经验》（1934 年 3 月），《兴华周刊》1934 年第 31 卷第 25 期。
⑥ 《蒋介石日记》（1927 年 12 月 2 日），美国斯坦福大学胡佛研究所藏。

12月3日 上午与蒋介石前往宋公馆谒见宋太夫人，晚母亲设宴欢聚。

12月20日 与蒋介石前往漕河泾看废兵院地址。同游闵行镇。

12月22日 与蒋介石往游吴淞。

12月29日 因与蒋个性不合发生激烈争执，一气之下跑回娘家，蒋连夜登门道歉，宋方释然，继而劝诫蒋进德，宋美龄的“骄矜”使蒋介石当夜“心悸惊跳，不能安眠”①。

* * * * * *

是年

3月下旬 上海工人在中共领导下举行第三次武装起义，随即北伐军进军上海，24日占领南京。

4月12日 蒋介石在上海发动了“四一二清党”反共事件。

4月17日 武汉国民党中央议决，开除蒋介石党籍，免去本兼各职。拿解中央，按反革命罪条例惩治。②

4月18日 蒋介石在南京成立国民政府，与武汉国民政府相对抗。

5月 宋子文为武汉国民政府在上海筹款期间，因拒绝与以蒋介石为首的南京政府合作，受到武力恫吓和政治压力，在宋蔼龄的劝导下，宋子文从宋氏家族利益出发，同意与蒋介石的南京政府合作。③

武汉叛变军官何键派兵搜查宋庆龄在武汉的住宅，国民党中央派人并致函慰问。④

6月10日 汪精卫、唐生智、冯玉祥在郑州举行会议，决定宁汉合流。

---

① 《蒋介石日记》（1927年12月29日），美国斯坦福大学胡佛研究所藏。

② 中共中央宣传部编：《中共党史教学参考资料》第4册，人民出版社1979年版，第370页。

③ ［美］汉娜·帕库拉：《宋美龄新传》，第150—151页。

④ 尚明轩主编：《宋庆龄年谱长编》（上），第186页。

7 月中旬 宋子文携蒋介石亲笔信赴武汉，游说宋庆龄返沪遭到拒绝，宋美龄的母亲写信劝说，也未得应允。[①]

7 月 14 日 武汉国民政府讨论“分共”，宋庆龄拒绝参加，派代表庄严宣布：“联俄、联共和扶助农工的三大政策是总理手定的。有了三大政策，革命才能够发展成今天的局面，抛弃三大政策，就必然要向帝国主义和蒋介石屈服。”[②] 并发表《为抗议违反孙中山的革命原则和政策的声明》，公开宣布退出中国国民党中央执行委员会，同革命的背叛者彻底决裂。[③]

7 月 17 日 宋庆龄秘密离开武汉回到上海孙中山生前的寓所。

8 月 23 日 宋庆龄由上海秘密启程赴苏，完成孙中山未竟的访苏遗愿。[④]

12 月初 宋庆龄对于宋美龄与蒋介石的婚姻强烈抨击说：“这一婚姻，双方都是出于投机，其中绝无爱情可言。”[⑤]

1928 年　二十九岁

1 月 1 日 力劝蒋“以党国为重，德业为要”，不可久留上海，“赴京（南京）不可再缓”，蒋允 4 日抵南京。

1 月 2 日 力劝蒋介石既决定复职，赴南京不可再缓。蒋介石甚是感激。日记曰：“余与三妹于去年十二月一日结婚以来，浃月之中每言辄以党国为重，是古人所谓爱人以德不以故息者乎。如此情爱弥可敬也。”是晚，夫妇二人同谒母亲宋太夫人，告以决于 4 日赴南京，特来禀母辞行。母亲“亦甚喜”。[⑥] 陪同蒋介石走访胞妹蒋瑞莲。

---

① 尚明轩主编：《宋庆龄年谱长编》（上），第 190 页。

② 《第一次大革命的回忆》，载《吴玉章回忆录》，中国青年出版社 1987 年版，第 150 页。

③ 《宋庆龄选集》上卷，人民出版社 1992 年版，第 178 页。

④ 尚明轩主编：《宋庆龄年谱长编》（上），第 194、198 页。

⑤ ［美］埃德加·斯诺：《复始之旅》，宋久等译，新华出版社 1984 年版，第 100 页。

⑥ 周美华编：《蒋中正“总统”档案：事略稿本》（2），第 221 页。

1 月 4 日 蒋介石与宋美龄话别，离沪赴宁。

1 月 7 日 致函蒋介石勉其“专力国事，并劝以和蔼待人者”。蒋甚感愧。曰：“夫人爱我以德，望我立业成名，吾更当自爱其身，节其思虑，以仁存心以义存心可耳。”①

1 月 11—13 日 先后致电蒋介石，拒绝赴南京。蒋“抑郁不知何事”。②

1 月 14 日 致电蒋介石，“劝戒并来”，使蒋“惭惶，几不成眠”。③

1 月 15 日 由沪来宁，蒋介石亲往下关迎接。婚后的宋美龄体弱多病，“皮肤病甚剧，神经亦衰弱”④。故常住上海，在蒋介石多次电催下，带病来到南京。蒋介石对宋美龄“细加慰藉”。宋美龄称，吴稚晖先生亦病于沪上，蒋遂致电张静江嘱为吴访觅良医，妥加诊治。宋又说：“孔祥熙尚留沪。”蒋介石心领神会，再电促孔氏来南京，电曰：“近日各方形势紧张，而进行务须迅捷。乃挑拨之徒，密谋从中离间。对于阎冯两方，离间尤剧。吾人应为革命大业计，不必以私亲避嫌，兄素爱国当屏弃一切，为公为私皆应来京（南京）助我。有兄一人分劳，则弟可得而从容应付各方矣。”宋见丈夫“作事公私兼顾，情理两方各如其量，心甚喜悦，病为大痊”。⑤ 宋为孔祥熙谋官手法高明，蒋介石取悦夫人心照不宣。

1 月 20 日 劝勉蒋介石“勤劳国事”，使缠绵情感的蒋介石“心甚自惭”。⑥

1 月 22 日 旧历除夕，蒋介石因宋美龄来归第一次度岁，特邀友好与眷属聚餐守岁，宋很高兴，劝蒋说：“人生宜报乐观，不

---

① 周美华编：《蒋中正“总统”档案：事略稿本》(2)，第 238、255 页。
② 《蒋介石日记》(1928 年 1 月 11 日、13 日)，美国斯坦福大学胡佛研究所藏。
③ 《蒋介石日记》(1928 年 1 月 14 日)，美国斯坦福大学胡佛研究所藏。
④ 《蒋介石日记》(1928 年 1 月 15 日)，美国斯坦福大学胡佛研究所藏。
⑤ 周美华编：《蒋中正“总统”档案：事略稿本》(2)，第 258—259 页。
⑥ 《蒋介石日记》(1928 年 1 月 20 日)，美国斯坦福大学胡佛研究所藏。

可如杞人之忧天，戚戚焉以明日之事为患。”①

1月24日 在南京致函埃玛，谈及婚后感想及近况。函曰：

我结婚快两个月了。就在提笔给你写这封信的时候，我脑子里再次闪过一个问题，那就是结婚到底有没有给我带来什么变化，我真的说不清楚，不知道这种变化是结婚造成的还是本该发生的。

希望你收到我的结婚照了。婚礼是在大华酒店举行的，你在上海时这家酒店还没有开张，那个时候它叫麦边大厦，在涌泉路②上，有三个门面，开在戈登路③和涌泉路上。这场婚礼场面之大，在上海是前所未有的！哎呀，真可惜你没有在现场！来宾一律凭请柬入场，所有的头面人物都到了，外交使团也悉数到场。

我当时害怕得不知所措，好像什么人、什么事都没有看见，婚礼大堂是由李维斯苗圃装饰的，西摩路那边举行基督教婚礼的大图书馆也是由他们装饰的。我记得这图书馆是你在北京那会儿我们一起筹建的。在餐厅旁边，原来是温室的地方。

婚后约一个多月，将军就重新肩负起总司令的工作。大多数人以为我们会去度蜜月，其实我们没有！我们婚后第二天，他就开始参加各种政治会议，会见客人，以后一直这样。

也许你还记得，你到中国后不久我们一起来过南京。这地方脏透了，简直可怕！所以我想为市公共卫生局做点事情。我想我已经找到一个合适的人来负责这个部门。此外，我还打算建一个公园和一所荣军院，让伤残士兵在那里养伤，同时学一门手艺。

---

① 周美华编：《蒋中正“总统”档案：事略稿本》（2），第279页。

② 涌泉路即静安寺，今南京西路。

③ 戈登路即今江宁路。

这里没有像样的旅馆，因此我还要建立一间政府招待所，接待政府邀请的外宾。我来这里才十天，已经看到有许多该做的事情，也打算尽一点绵薄之力。将军比我早到十天。

寄给我的 *Rookic* 通知已收到，我还收到了编辑的一封信，可是在收拾行李时弄丢了。请你告诉编辑请她刊登一条小告示，就说我收到通知了，也给 1917 届的全班同学发出了问候，再告诉大家我明年会投稿的，因为到那个时候我也许完成了一些值得一写的事情。

我认为婚姻不应该抹煞或者吞噬一个人的个性。正因为有这个想法，我要做我自己，而不是将军的夫人。这么多年来我一直是宋美龄，我相信我是个独立的人，我要继续发展我的个性，保持原来的身份。我的丈夫自然不同意我的想法，他要我把自己定位为他的妻子。我不好说什么，但我要坚持独立的人格。尽管我不是露西·斯通①联盟的追随者，但我是实实在在的一个人，这一点必须要得到承认，因为我就是我，而不因为我是他的妻子。

因此，当我来这里时，铁路部门派了一名代表来告诉我他们给我安排了一节包厢。我谢绝了，因为在我还没有证明自己有资格享受特权之前，我不想享受任何特权。

非常感谢你给我寄书，我已经收到两本了，希望以后每个月都能收到几本。

请不要把我这封信登在 *Rookie* 上，来信请寄：中国南京　蒋介石夫人。②

2月2日　偕刘纪文、金诵盘等往后方第一、二、三、四、五

① 露西·斯通（1818—1893），美国早期的女权运动领导人。

② 《致埃玛·德隆·米尔斯的信函》（1928年1月24日），载张宪文、武菁主编：《宋美龄文集》第一卷，第 343—345 页。

及第十二医院慰问伤兵，对卫生设备欠缺提出了切实整顿意见。[①]

2月5日 与蒋在家宴请法国公使马泰尔，宋担任翻译。蒋十分满意，称“夫人内助之贤且能也”。[②]

2月21日 晨由沪抵宁，看望在汤山因病休养的蒋介石。夫妇“终日休息戏嬉”，蒋觉得“为数年来所难得之机也”。[③]

2月26日 与蒋介石偕谭延闿、何香凝同游宝华山，登拜经台纵眺长江。[④]

3月1日 与蒋介石经沪赴杭，检阅军队。[⑤]

3月3日 在杭州庆贺生日。晨起与蒋介石同游三潭印月，观东山日出，又经玉泉至灵隐，午餐后游龙井、翁家山、烟霞洞、虎跑泉，观济公塔至夕阳落归。晚乘夜车返沪。[⑥]

3月4日 与蒋介石离沪返宁。蒋介石对于夫人内助之贤，在沪宁车中感思尤切，并自书于日记曰：“三妹爱余之心，无微不至。其为余而牺牲幸福者，亦诚不少。余苟不能以学术、德业，自勉期有成就，是诚愧为丈夫矣。古谓妻者齐也，夫妻造诣，必相齐一，亦所以始终保全爱情之道也。吾必与我夫人共勉之。”[⑦]

3月11日 在南京邀集谭延闿、于右任、刘纪文、牛惠生、何香凝、王文湘（何应钦之妻）、郝子华等军医监理委员会委员开谈话会，讨论改良军医事宜。[⑧]

3月12日 下午与蒋介石往谒总理陵墓，并参加纪念会及植树节，参观汤山小学。

3月下旬 与蒋介石时生龃龉。蒋因国民政府财政部部长宋子文筹款不力，情绪急躁，出言不逊，屡屡迁怒妻子，令宋美龄心

---

① 《蒋夫人慰问伤兵》，《申报》1928年2月3日。
② 王宇高、王宇正编：《蒋中正“总统”爱记》（一），第43页。
③ 《蒋介石日记》（1928年2月21日），美国斯坦福大学胡佛研究所藏。
④ 周美华编：《蒋中正“总统”档案：事略稿本》（2），第447页。
⑤ 周美华编：《蒋中正“总统”档案：事略稿本》（2），第462页。
⑥ 周美华编：《蒋中正“总统”档案：事略稿本》（2），第465页。
⑦ 周美华编：《蒋中正“总统”档案：事略稿本》（2），第467页。
⑧ 《首都纪闻》，《申报》1928年3月11日。

绪忧闷不已。此时蒋介石已复职就任国民革命军总司令，继续北伐统一大业。对行伍出身、顽梗暴戾性情的丈夫，宋美龄在相处磨合中一方面规谏管束，另一方面温情关爱，使蒋既感受到宋美龄“爱余之切，无微不至”，又对妻子规戒其“不矜才，不生气”，“对下总不能温和厚爱，使人无亲近余地，而且对学生亦如之”的“非丈夫气概”的规谏有理折服。感叹妻子“待我之笃，而我不能改变凶暴之习，任性发怒，使其难堪，吾母既以我不顺而致病，悔已无极，若对妻不敬爱更……”①

3 月 31 日 晨起，送别蒋介石离宁北伐。②

4 月 6 日 在宁生病，蒋介石“心甚焦虑”，自徐州行营来电慰之。③

4 月 16—28 日 由南京乘火车赴徐州看望蒋介石。19 日与蒋同往郑州，又回经开封前往洛阳视察。28 日自徐州回南京。其间，蒋对宋子文擅权有所不满，常发怒，使宋美龄心中不快。

4 月 19 日 托宋子文携手书转赴徐州督战的蒋介石，劝其“勿矜才，勿使气”。④

4 月 23 日 宋美龄的劝诫，使蒋介石有所反省。“我对下总不能温和厚爱，使人无亲近余地，而且对学生亦如之，切戒之。”⑤

5 月 8 日 建议由军委会组织军医监理委员会，聘任专家组织各医院事宜被采纳。并受聘为委员之一，又以私人资格，捐集款项，制成日常用品两万包，连同“蒋夫人致各受伤同志函”，派专人慰劳北伐受伤将士。慰问函曰：“希望诸位身体早日复原，再替党国服务。将来青天白日遍布全国统一的伟业完全的告成，都是诸位的满腔热血所换来的，这不但是诸位的荣誉，实在也就是党

---

① 《蒋介石日记》（1928 年 3 月 29 日），美国斯坦福大学胡佛研究所藏。

② 周美华编：《蒋中正“总统”档案：事略稿本》（2），第 574 页。

③ 王宇高编：《蒋中正“总统”档案：事略稿本》（3），台北“国史馆”2010 年版，第 97 页。

④ 王宇高、王宇正编：《蒋中正“总统”爱记》（一），第 47 页。

⑤ 《蒋介石日记》（1928 年 4 月 23 日），美国斯坦福大学胡佛研究所藏。

国的无上光彩。”①

5 月中旬 蒋介石致函告知“济南惨案”情况。函称：“日军冲突今已和缓，但结果如何尚未可知。英美领事均由我方派兵保护，一切平安。转告在沪领事。”②

5 月 16 日 乘夜车由南京抵徐州，蒋介石亲往车站迎候，“相见甚欢”。③

5 月 17 日 中午乘汽车赴徐州第二陆军医院慰问伤兵，并向 700 名伤兵每人送上军衣、毛巾、香皂、饼干等慰问品。④

5 月 19 日 与蒋介石乘飞机离开徐州行营，前往郑州督战。下午与蒋介石前往医院慰劳北伐患伤士兵。天气闷热，宋美龄大汗涔涔，蒋介石见状称赞说：“吾三妹能耐苦习劳，对于革命事业助我多矣。”⑤

5 月 21 日 与蒋介石自 19 日由郑州乘夜车出发，先后巡视洛阳、孝义、新郑后，返抵徐州行营，夫妇二人“甚形劳顿”，“精神欠佳”。⑥

5 月 27 日 偕铜山县县长、公安局长夫人及妇协会委员，赴各医院慰问伤兵，并向 1400 余名伤兵赠送慰问品，每室给总理像一帧。⑦

5 月 28 日 晚离开徐州行营乘车返南京，蒋亲自送至车上。据《蒋中正“总统”档案：事略稿本》记述：“夫人自 16 日到徐随公视察郑汴各处，并共商国计及雪耻之道，至今行且两周。公以夫人太苦，恐身体不支，故请夫人回宁也。夫人车开后，公仍向新乡北征。”由此可知，北伐军进至济南，发生日本军队进行武

---

① 《蒋夫人慰劳受伤武装同志》，《中央日报》1928 年 5 月 8 日。

② 《蒋中正与宋美龄等来往函》，载《蒋中正“总统”文物》，卷宗号：0020-00000449A，台北“国史馆”藏。

③ 王宇高编：《蒋中正“总统”档案：事略稿本》(3)，第 357 页。

④ 《宋美龄慰问伤兵》，《申报》1928 年 5 月 18 日。

⑤ 王宇高编：《蒋中正“总统”档案：事略稿本》(3)，第 381 页。

⑥ 王宇高编：《蒋中正“总统”档案：事略稿本》(3)，第 389 页。

⑦ 《首都纪闻》，《申报》1928 年 5 月 28 日。

装干涉，制造了“济南惨案”后，新婚不久的宋美龄对在前线督战的蒋介石甚为牵挂，亲往前线慰藉，并介入“国计”。①

5 月 31 日 蒋介石来电告知：“前方情形颇利，需留石家庄数日，处置妥后即回宁晋谒母亲(指宋太夫人)。”②

6 月 7 日 北伐讨奉胜利后，蒋介石返回南京，并任命阎锡山为京津卫戍司令，激起蒋、冯、阎、桂四系围绕地盘、军队展开激烈角逐。蒋介石急火攻心，“头痛如刺，牙痛而咽喉亦痛”，加之“事又纷扰、心绪益烦”，故“时发躁急”，“往往愤慨而近于消极”。宋“忧之”，不时劝诫，使蒋稍有感悟，蒋在日记中记载：“消极虽非余之本性，实为余之病态，今日夫人言之，余心滋愧。余将何以自勉根除余之病态，健全余之精神，以担负艰巨之重任。余亦稚存心养性，专务于大者远者而已。”③

6 月 8 日 晚竭力劝勉蒋介石“不宜消极”。④

6 月 10 日 与蒋介石同诣宋宅，为母亲六十寿辰至诚拜贺。

6 月 13—16 日 陪蒋介石在镇江休憩。为控制中央领导权，蒋介石以退为进，于 6 月 11 日提出辞职，并乘永健舰游弋焦山与镇江山水间休憩。13 日中午，宋美龄为安抚蒋介石，离南京赴镇江与蒋登焦山，入枕江楼，游招隐寺、观音岩，随后又往扬州历游名胜。⑤

6 月 17—18 日 上午与蒋介石离焦山，至镇江乘车至栖霞山，游观佛寺，并宿于栖霞寺。⑥

6 月 19 日 下午与蒋介石同往中山陵园登高眺望。宋劝勉蒋谓：“大丈夫作事不可常常以悔愤而堕气，悔愤究非丈夫之气概。”蒋认为，夫人之言亦有理：“因与详究悔愤之原因曰：一则余以天下之安危为己任，责任心太重。二则见中国一切落伍，欲挽救之

---

① 王宇高编：《蒋中正“总统”档案：事略稿本》(3)，第 441 页。

② 《蒋中正与宋美龄来往函》，载《蒋中正“总统”文物》，卷宗号：0020-00000449A，台北“国史馆”藏。

③ 王宇高编：《蒋中正“总统”档案：事略稿本》(3)，第 489、493 页。

④ 《蒋介石日记》(1928 年 6 月 8 日)，美国斯坦福大学胡佛研究所藏。

⑤ 王宇高编：《蒋中正“总统”档案：事略稿本》(3)，第 509、525 页。

⑥ 王宇高编：《蒋中正“总统”档案：事略稿本》(3)，第 527—528 页。

心太急。三则党中诸友太不谅人。四则余之涵养功夫尚未到炉火纯青时。五则余本性淡泊，急欲功成身退，优游于山林泉石之间，有此五因故易悔愤。自兹以后，当益加戒勉。”① 宋陪同蒋逗留至傍晚，始返回汤山寓所。蒋自感“与三妹相谈甚乐，其规谏有理”。当晚蒋即电告各方表示“已回宁照常办事”，并自省曰：“从明日起按时办事，再不灰心堕气。”② 不难看出，宋美龄婚后已能揣摩蒋介石的秉性，对其“规谏”常能奏效。

6月30日 与蒋介石乘夜车北上，翌日晨经停郑州，冯玉祥来迎。上午蒋冯密谈，冯表示不愿同上北平之意。车上闷热异常，蒋甚怜惜带病随行的宋美龄，频频慰劳，宋答称：“得与夫子为国辛劳，心殊愿且乐也。”③

7月2日 晨车抵石家庄，宋不甚耐暑，蒋乃下车入站觅冰块解宋美龄燥热。中午在保定旧督署休憩，下午与蒋介石游览南郊公园。晚登车前往北平。

7月3日 上午与蒋介石同入北平碧云寺，礼谒总理之灵。当晚留居寺内含青舍。

7月4日 晨与蒋介石冒雨谒总理灵前敬礼。晚因病仍宿含青舍。

7月5日 下午与蒋介石至北平八大处游览，蒋介石登岩观景间笑问宋曰：“闻美国华盛顿，力辞蝉联第三任大总统者，为欲退居弗尔南山，一过其恬静平淡之山林生活也，夫人以为如何？”宋闻之亦然，莞尔点头。④

7月6日 上午蒋介石向宋诉说，在碧云寺总理灵堂主持祭告典礼上泪满襟衫的情景，自称：“三年来有半之岁月中，中正所受之冤曲事务，真不知何自而可声诉也。”言毕又涕泪雨下。⑤ 宋因病，通宵未得安眠。

---

① 王宇高编：《蒋中正“总统”档案：事略稿本》（3），第534—536页。
② 《蒋介石日记》（1928年6月19日），美国斯坦福大学胡佛研究所藏。
③ 王宇高编：《蒋中正“总统”档案：事略稿本》（3），第574页。
④ 王宇高编：《蒋中正“总统”档案：事略稿本》（3），第591页。
⑤ 王宇高编：《蒋中正“总统”档案：事略稿本》（3），第590页。

7月7日 下午由蒋陪同，入北平城内医院诊治。

7月8日 蒋来医院探视，慰抚之余详谈养心养病之理。

7月25日 傍晚与蒋介石同诣总理灵前告辞。晚11时半，亲送蒋登车离北平南下，宋暂留北平将由海道经沪返宁。①

8月4日 卧病在沪，蒋由宁抵沪探视。

8月7日 因病发烧，宋子文将其病情告知蒋介石，蒋正忙于筹备国民党五中全会，称无暇往视。② 宋致电蒋，告"其病减轻"。③

8月8日 蒋介石致信慰抚。

8月12日 病已稍痊，蒋介石来沪探视。

8月16日 病渐愈，蒋由宁抵沪，见状甚喜。

8月28日 与蒋往极司非尔路公园游览。蒋因牙疾，在沪医院疗养旬余。并决定先归奉化而后返宁。④

9月7日 下午与蒋同乘新宁绍船回奉化。

9月8日 晨抵宁波，与蒋登岸至蒋兄锡侯家少憩。上午由宁波乘小轮船回乡。当日与蒋赴慈庵，展谒太夫人茔墓。⑤

9月9日 上午与蒋介石在溪口游览雪窦寺，观瀑布，并至妙高台新造居室，见幽雅静谧、山景满窗都很愉悦。下午夫妇游览中山庵、仰止桥，晚宿妙高台新居中。

9月10日 上午与蒋同游溪口隐潭。宋见潭顶有一块石头挺立如笋，劲节可见，指此拟比蒋介石"刚毅气节殊可敬爱"，蒋闻之点头称许，故在此徘徊良久。随后游隐潭庙，在庙内夫妇同烹饪食之，"相视乐甚"。傍晚夫妇游览雪窦寺，仍宿妙高台新室。蒋对此番游览非常兴奋，于日记中留下感怀："回思今日游山之乐，于崎岖难行之处，多见奇异胜景，一乐也。于劳动饥饿之余，自烹自食山肴野蔌，其味胜常，二乐也。夫妻同游故乡佳山水，想见古人夫妇偕隐

---

① 王宇高编：《蒋中正"总统"档案：事略稿本》（3），第689页。

② 周美华编：《蒋中正"总统"档案：事略稿本》（4），台北"国史馆"2009年版，第49页。

③ 《蒋介石日记》（1928年8月7日），美国斯坦福大学胡佛研究所藏。

④ 周美华编：《蒋中正"总统"档案：事略稿本》（4），第109页。

⑤ 周美华编：《蒋中正"总统"档案：事略稿本》（4），第140页。

之事，比肩耦耕，提榼相饷雍雍然，和风可挹，三乐也。”[1]

9月11日 上午在溪口，与蒋介石下山谒老祠堂、新祠堂祭祖，下午访亲友，晚宿于慈庵。宋美龄梦见太夫人托顾家事，与蒋言之，蒋称：“今愿夫人更有以助我，以报先慈罔极之思。”[2]

9月12日 上午在溪口与蒋谒祖父母墓，下午与蒋游览悲度庵旧址及墨斗潭风景，傍晚登山仍宿于慈庵中。

9月13日 上午与蒋谒太夫人墓后，离开溪口前往宁波。

9月14日 因风浪所阻，与蒋暂息新宁绍船中。

9月15日 在宁波船中与蒋讨论进德修业之道。下午乘船赴沪。翌日晨抵沪。

9月25日 由沪来宁，蒋亲往车站迎接。

9月26日 上午与蒋谈道德、学问、气节之要。

9月28日 上午与蒋到晓庄，参观乡村师范学校，又游燕子矶，晚与蒋泛舟玄武湖。[3]

9月 国民党中央常务委员会议决由宋庆龄、蒋介石、蔡元培、胡汉民、戴季陶、何应钦、何香凝、宋美龄、王文湘九人为国民革命军遗族学校筹备委员会委员。提议宋庆龄担任校长。[4] 遗族学校的创办，是南京国民政府建立后，宋美龄参与公益事业的一个起步。

10月6日 同意蒋提议“政府与冯玉祥合作之需要”，安置北伐遗孤教养主张，致电冯玉祥夫人曰：

> 此次北伐成功，实为武装同志牺牲之代价。诸志士杀身成仁，夫复何憾。惜所遗孤苦，无人教养，若我辈不为之设法抚育，何以对死者之忠魂。妹等有鉴于此，拟设立革命军人后裔学校，施以相当教育，惟事关重大，

---

① 周美华编：《蒋中正“总统”档案：事略稿本》（4），第143—144页。
② 周美华编：《蒋中正“总统”档案：事略稿本》（4），第145页。
③ 周美华编：《蒋中正“总统”档案：事略稿本》（4），第178页。
④ 尚明轩主编：《宋庆龄年谱长编》（上），第220页。

极愿大姐共同负责，请即命驾来京（南京），指导进行为幸，何日起程，请先电知以便欢迎。①

10 月 7 日 与蒋介石往观中山陵园及总理陵墓，视察后决定在中山门外陈家营，设二营基地以卫护总理陵寝。②

10 月 11 日 下午与蒋介石、宋蔼龄视察总理陵寝。

10 月 13 日 上午赴沪，蒋亲自送至车站。

10 月 14 日 中国国民党中央执行委员会第一七六次常委会同意蒋介石提议设立“遗族学校筹备委员会”提案，以培养教育阵亡将士后代。推定委员十一人，谭延闿、蒋介石、蔡元培、胡汉民、戴季陶、何香凝、何应钦、叶楚伧、王文湘、宋庆龄、宋美龄等，校名为“国民革命军遗族学校”。③ 国民政府主席谭延闿对宋美龄说：“完全请你负责，来筹备本校。”④ 自此，宋美龄开始负责遗族学校筹款、选址等各项工作。

10 月 21 日 下午与蒋介石到北极阁测候所游览。

10 月 26—28 日 与蒋介石乘车前往无锡、常州游览名胜。

10 月 31 日 当选为立法委员。蒋介石见“美妻亦在其内，于心喜而不安”⑤。

11 月 2 日 晚宴请美国海军总司令夫人，外交部部长王正廷、海军司令陈绍宽夫妇、冯玉祥女公子等应邀陪同。⑥

11 月 3 日 下午与蒋介石去金陵女子文理学院参观。⑦

11 月 13 日 致电蒋介石，称“此间谣言颇炽，兄现究竟如何

---

① 王宇高编：《蒋中正“总统”档案：事略稿本》（4），第 204 页。

② 王宇高编：《蒋中正“总统”档案：事略稿本》（4），第 206 页。

③ 《中国国民党中央执行委员会第一七六次常委会记录》，台北中国国民党党史馆档案：会议记录，二．三——九二。

④ 宋美龄：《国民革命军遗族学校和女校的经过》（1931 年 10 月 10 日），载《蒋夫人言论集·卷二》，国民出版社 1939 年版，第 409 页。

⑤ 《蒋介石日记》（1928 年 10 月 31 日），美国斯坦福大学胡佛研究所藏。

⑥ 《宋美龄昨宴外宾》，《申报》1928 年 11 月 3 日。

⑦ 王宇高编．《蒋中正“总统”档案：事略稿本》（4），第 323 页。

请火速电示，以慰母亲及妹之忧念”。[①]

11月15日 蒋介石复电：“兄刻抵兖州，极为安善，但未知何种谣言，盼复。”[②]

12月1日 今日为与蒋结婚周年纪念，蒋特地从视察地赶回南京，并对宋说：“于此一年之中，任事不少，颇足自慰，亦夫人之有以助我也。”[③]

12月15日 与蒋偕阎锡山夫妇同游南京汤山。晚蒋宋夫妇在励志社设宴招待阎氏夫妇，在南京上校以上军官均列席。[④]

12月18日 回上海，蒋送至车站。

12月22日 由沪返宁，下午与蒋同游陵园，后宿汤山公馆。

是年，写信给韦斯理大学的一位大学同学，告知：

> 中国的军阀尚未被消灭。他们为了满足争得势力范围这种自私的欲望，公然反抗中央政府，而不顾只有实现中国统一才能救中国这一事实。我的丈夫作为国民政府的主席和国民革命军的总司令，已尽了一切努力来防止叛乱将领阎、冯二人的暴动。但是这些将领抱着他们的封建思想，眼睛面前看到的只是自己的私利，而没有别的。其结果是显而易见的。中央政府发布命令，对他们进行镇压，我的丈夫以总司令的身份率领军队……一想到我国面临的灾难，我心痛万分。[⑤]

* * * * * *

---

① 《蒋中正“总统”文物——一般资料：民国十七年（十）》，卷宗号：0020-00001427A，台北“国史馆”藏。

② 《蒋中正“总统”文物——一般资料：民国十七年（十）》，卷宗号：0020-00001427A，台北“国史馆”藏。

③ 王宇高、王宇正编：《蒋中正“总统”爱记》（一），第57页。

④ 《蒋阎夫妇偕游汤山》，《申报》1928年12月16日。

⑤ ［美］斯特林·西格雷夫：《宋家王朝》（全译本），第272页。

是年

1月9日 蒋介石通电全国宣告复职。①

2月2日 由蒋介石主持的国民党二届四中全会在南京召开。会议通过的一系列决议，违背了孙中山手订政策和国民党一大宣言的精神。②

4月5日 蒋介石在徐州誓师北伐。

5月3日 日军向进入济南的北伐军进行武装干涉，制造了肆意屠杀中国军民的“济南惨案”。

6月20日 南京国民政府改北京为北平。

8月8日 蒋介石主持的国民党二届五中全会在南京召开。蒋介石决定“整理军事”，“实施训政”。

10月8日 国民党中常会任命蒋介石为国民政府主席兼海陆空军总司令。

10月25日 国民党中常会通过了《中央政治会议暂行条例》，确定“政治会议为全国实行训政的最高指导机关”。蒋介石自此集党、政、军大权于一身。

12月19日 国民党中央政治会议通过了《全国编遣会议条例》。③

12月29日 东北易帜，蒋介石名义上统一了中国。

1929年 三十岁

1月1日 蒋介石在南京成立“励志社”，成为黄埔系军官的精神家园，宋美龄参与其中。她称赞励志社在总干事黄仁霖领导下的工作说：“我从来没有看见过政府公务人员，收入这样微薄，而能做这样勤奋的工作，你们励志社同仁都是谨慎而节省的，你

---

① 周美华编：《蒋中正“总统”档案：事略稿本》(2)，第239页。
② 张宪文主编：《中华民国史纲》，河南人民出版社1985年版，第331页。
③ 张宪文主编：《中华民国史纲》，第345页。

们用一块钱去做两块钱的事，愿你们好好保持这种精神。”[①]

是日 张学良、于凤至致电蒋宋：“统一告成，群情翕戴，恭贺新禧，并祝俪福。”蒋宋复电：“张司令升官暨于夫人惠鉴。全国一致主义乃行，公义私交与时俱进，遥望东北为无量颂。特贺新禧。”[②]

1月13日 与蒋介石往万福林与德国顾问午餐。[③]

1月23日 蒋介石举行驻沪外报记者招待会，宋美龄参加接待。[④]

1月27日 下午，与蒋介石在上海高昌庙海军造船所出席永绥舰下水典礼。蒋宋夫妇向舰首伫立，军乐声毕，宋即举香槟酒瓶，向舰首猛击，瓶破酒溢，舰身即徐徐入水。舰上散五彩纸花，掌声、欢呼声、军乐声、鞭炮声交汇。[⑤]

1月28日 与蒋介石到吴淞口游玩，不愿随蒋回宁，使蒋不悦。蒋在日记中叹息：“人有母爱其子、兄爱其弟、姐爱其妹、妻爱其夫，而余孑然回京（南京）。谁爱谁惜谁知余？呜乎！”[⑥]

2月6日 除夕、春节独自留居上海，使南京主持编遣会议后的蒋介石因与冯、阎、桂的矛盾加剧更加凄苦无援，感慨跃然纸上：“有妻不能同居，而使余家庭降落……一生烦恼事，无时得息，思家兼思妻。”[⑦]

2月24日 与蒋介石离开奉化经沪返宁。[⑧]

3月12日 与蒋介石参加南京各界举行总理逝世四周年纪念

---

① 《黄仁霖回忆录》，台北传记文学出版社1984年版，第43页。

② 《蒋中正“总统”文物——一般资料：民国十八年（一）》，卷宗号：0020-00001430A，台北“国史馆”藏。

③ 吴淑凤编：《蒋中正“总统”档案：事略稿本》（5），台北“国史馆”2009年版，第64页。

④ 《沪外报记者团到京》，《申报》1929年1月24日。

⑤ 《永绥舰昨举行下水礼》，《申报》1929年1月27日。

⑥ 《蒋介石日记》（1929年1月28日），美国斯坦福大学胡佛研究所藏。

⑦ 《蒋介石日记》（1929年2月6日），美国斯坦福大学胡佛研究所藏。

⑧ 《蒋主席昨过沪返京》，《申报》1929年2月24日。

大会并植树。[1]

3月22日 为庆祝诞辰，蒋陪宋游览燕子矶，次日又与蒋同赴明孝陵赏樱花。[2]

3月29日 上午离宁赴沪，蒋亲送上车后赴江西督师。

5月28日 从南京到蚌埠，与蒋介石、宋子文、唐生智等人在车站迎接孙中山灵榇。灵车抵达，陪蒋登车在孙中山灵前行礼致敬。在浦口江边，与宋氏亲属及国民党政府文武百官参加迎梓祭典仪式。下午，在国民党中央党部礼堂参加中山灵柩安放仪式。之后，与宋蔼龄一道陪同宋庆龄视察新建成的中山陵。[3]

5月29日 为总理奉安大典，宋美龄自始至终以第一夫人身份礼待孙夫人及廖夫人（何香凝），蒋介石有感于此，载于日记曰："三妹以公忘私，诚挚精强，贤妻也。"[4]

5月31日 下午参加宋庆龄主持的家祭。与祭者有孙科夫妇、戴恩赛夫妇、宋子文夫妇、蒋介石夫妇等孙中山亲属五十余人。家祭毕，参加孙中山灵柩封棺仪式。

6月1日 参加在南京隆重举行的孙中山国葬仪式。在奉安大典期间，宋美龄陪同二姐庆龄前往中山陵墓附近的国民革命军遗族学校看望全体师生。宋庆龄勉励老师们："一定要为彻底实现孙中山先生的革命理想和教育主张而努力工作。"[5]

6月8日 夜车赴沪。[6] 代表蒋介石专程从南京到上海邀请宋庆龄参加10日在南京开幕的国民党三届二中全会，遭到拒绝。[7]

6月23日 晚蒋介石北上邀冯玉祥在北平会晤，宋美龄陪同北上。随行人员有：吴稚晖、陈布雷、赵戴文、孔祥熙、陈绍宽、

---

① 《首都纪念日之植树典礼》，《申报》1929年3月15日。
② 王宇高、王宇正编：《蒋中正"总统"爱记》（一），第58页。
③ 《总理灵榇昨日奉迎到京》，《申报》1929年5月29日。
④ 王宇高、王宇正编：《蒋中正"总统"爱记》（一），第60页。
⑤ 尚明轩主编：《宋庆龄年谱长编》（上），第227—228页。
⑥ 《首都纪闻》，《申报》1929年6月9日。
⑦ 尚明轩主编：《宋庆龄年谱长编》（上），第229页。

周佛海等。①

6月29日 与蒋介石在北平，慰问郑毓秀博士及魏道明部长太夫人病，并游览温泉。②

7月7日 与蒋介石往檀拓山、岫云寺游览，经门头沟返北平。③

7月10日 晚与蒋介石同赴张学良之宴后，离北平南下。

7月11日 下午与蒋抵济南。

7月12日 与蒋介石经泰安登泰山游览，两日后抵宁。④

8月7日 在上海住疗养院，蒋介石来沪探视。

8月8日 与蒋介石往吴淞游览。

8月23日 蒋由宁来沪，接宋出院回西摩路寓所静养。⑤

8月25日 小产，病情加重，蒋滞沪侍宋。⑥

8月26日 “其痛苦以今日为最甚”，蒋在家陪护。⑦

8月28日 夜，刺客入室谋图行刺蒋宋夫妇未遂。⑧

8月31日 病未愈，蒋介石决定续假留沪陪伴。⑨

9月5日 与蒋介石参观上海大光明大剧院有声影片。夫妇二人均在有声新闻中出现。据报载，蒋氏夫妇在新闻片中现身已非一次，但说话发声则此为第一次。财长宋子文陪同参观。⑩

9月15日 离沪回宁，蒋亲至车站迎接，暂住汤山别墅养病。⑪

---

① 《蒋主席昨自京北上》，《申报》1929年6月24日。

② 《郑毓秀等在平养疴讯》，《申报》1929年7月8日。

③ 袁惠常编：《蒋中正“总统”档案：事略稿本》（6），台北“国史馆”2009年版，第173页。

④ 袁惠常编：《蒋中正“总统”档案：事略稿本》（6），第247页。

⑤ 袁惠常编：《蒋中正“总统”档案：事略稿本》（6），第436页。

⑥ 《蒋介石日记》（1929年8月25日），美国斯坦福大学胡佛研究所藏。

⑦ 袁惠常编：《蒋中正“总统”档案：事略稿本》（6），第442页。

⑧ 袁惠常编：《蒋中正“总统”档案：事略稿本》（6），第443页。

⑨ 《蒋介石日记》（1929年8月31日），美国斯坦福大学胡佛研究所藏。

⑩ 《蒋主席夫妇参观大光明有声影片》，《申报》1929年9月6日。

⑪ 《蒋夫人回京》，《中央日报》1929年9月16日。

9月16—17日 与蒋介石同游汤山及四十里外古庙。①

9月19日 因事赴沪，不日内即返宁。②

10月 在上海参加励志社总干事黄仁霖与余庆寿订婚仪式，并担任黄仁霖介绍人。③

10月16日 与蒋介石、宋蔼龄乘车游紫金山麓。

10月17日 宋蔼龄为蒋介石生辰设午宴，宋美龄与蒋赴宴后，下午参观遗族学校。

11月7日 在南京，联合国民政府党政官员夫人二十余人，发起组织慰劳将士会。以宋（宋哲元）、石（石敬亭）、孙（孙良诚）等叛变中央，政府明令讨伐，前方将士奋勇杀敌，取得胜利。募集巨款，购办物品，派人赴前方，以资激励。④ 宋美龄在慰劳会公启志中称："此次叛将称兵，业奉明令讨伐，凡有血气，莫不同仇……我前方武装同志，为党国除障碍，为民族争生存……同在革命之立场，宜有宣劳之致敬。美龄等有见于斯，因特发起组织前方将士慰劳会……专赴战地，亲予慰存。"⑤

11月13日 在南京召集慰劳将士会发起人会议，讨论组织章程，并通电南京以外军政长官夫人，组织分会，广募捐款，以推广扩大慰劳事宜。在宋宣示下，相继加入发起人队伍的有唐生智、李任潮、蒋梦麟、杨杰、张治中等人的夫人。会议推定宋美龄、戴季陶夫人、胡汉民夫人、方振武夫人、古应芬夫人、葛敬思夫人、刘纪文夫人为慰劳将士会常务委员，聘定章绳以女士为总干事。该会下设慰问组、财务组、宣传组、庶务组，由朱培德夫人、谭祥女士、王正廷夫人、张治中夫人任各组组长。并议决募捐办法，各院长夫人每人负责募捐五千元，各部长夫人每人负责募捐三千元，其余发起人中，每人至少负责募捐一千元。会议还电请

---

① 《首都纪闻》，《申报》1929年9月18日。

② 《蒋夫人昨日赴沪》，《中央日报》1929年9月20日。

③ 《黄仁霖回忆录》，第32页。

④ 《宋美龄等组织慰劳将士会》，《申报》1929年11月8日。

⑤ 《蒋夫人等发起组织将士慰劳会》，《中央日报》1929年11月8日。

各省设立分会，指定戴季陶夫人拟就拍发。①

11月17日 慨捐巨款资助苏州女子职业学校。职教社主任江问渔，鉴于苏州职业女校办学有年，经费拮据，就商宋美龄，宋不忍苏职女校任其停顿，即捐巨款，以资维持。②

11月20日 据报载，在上海捐洋一万余元，并在南京主持前方将士慰劳委员会常务会议，推动政府高官夫人捐款慰劳前方将士，孔祥熙夫人、何应钦夫人、宋子文夫人也相继捐款。③

11月26日 由沪来宁。蒋介石亲督讨伐冯玉祥得胜回宁，数电催促，宋离沪来会。连日里蒋宋夫妇同出游览，摄像留影，相聚甚欢。④

11月29日 与蒋介石合摄一影，以翌日结婚二周年纪念。⑤

12月1日 与蒋介石到溧阳视察，中午在崇礼寺就餐，蒋介石对宋美龄说："结婚二年北伐完成，西北叛将溃退潼关，吾妻内助之力，实居其半也。"⑥

12月14日 出席立法院第六十五次会议。⑦

12月 为筹建国民革命军遗族学校，向海内外人士筹募经费，在海外华侨的大力帮助下，共筹得五十万元基金。⑧

* * * * * *

是年

3月15—27日 国民党第三次全国代表大会在南京举行，三届一中全会推举蒋介石、胡汉民等九人，组成国民党中央执行委

---

① 《前方将士慰劳会成立》，《申报》1929年11月16日。

② 《宋美龄捐助苏女职中》，《申报》1929年11月17日。

③ 《蒋夫人在沪捐洋一万余元》，《中央日报》1929年11月20日。

④ 王宇高、王宇正编：《蒋中正"总统"爱记》（一），第62页。

⑤ 袁惠常编：《蒋中正"总统"档案：事略稿本》（6）第127页。

⑥ 《蒋介石日记》（1929年12月1日），美国斯坦福大学胡佛研究所藏。

⑦ 《要闻》，《申报》1929年12月15日。

⑧ 宋美龄：《国民革命军遗族学校和女校建校的经过》（1931年10月10日），载《蒋夫人言论集·卷二》，国民出版社1939年版，第409页。

员会常务委员会，蒋介石控制了国民党中央大权。[①] 宋庆龄被国民党第三次全国代表大会选为国民党中央执行委员，但并未出席该次大会。

3月26日 蒋介石下令对桂系所属各部“讨伐”，爆发了蒋桂战争。

5月初 宋庆龄离开德国，参加将在南京举行的孙中山国葬仪式。回国前，发表《关于不参与国民党任何工作的声明》。

5月27日 冯玉祥通电下野。

1930年 三十一岁

1月1日 与蒋介石在孔祥熙家晚宴，共唱赞美歌。[②]

1月2日 劝蒋介石“事事应从根本解决”，又说：“今年以彻底澄清为望。”[③] 时值蒋从形式上完成了全国统一，但国民党内仍派系林立，权力角逐剧烈。

1月30日 下午与蒋介石及孔夫人同游汤山。

2月1日 下午与蒋介石、宋蔼龄再游汤山。

2月13日 阎锡山发出通电，摆出与蒋介石“同下野”的反蒋姿态。为排解蒋“推倒余个人”[④] 的郁闷，与宋蔼龄频频陪蒋出游。

2月24日 由宁赴沪，蒋亲送上车。

3月7日 由沪回宁，蒋亲往迎接。

3月16日 与蒋介石赴汤山。[⑤]

3月20日 下午与蒋介石乘军舰由镇江莅澄，检阅黄山

---

① 张宪文主编：《中华民国史纲》，第357页。

② 孙诒编：《蒋中正“总统”档案：事略稿本》（7），台北“国史馆”2010年版，第338页。

③ 王宇高、王宇正编：《蒋中正“总统”爱记》（一），第65页。

④ 孙诒编：《蒋中正“总统”档案：事略稿本》（7），第471页。

⑤ 《蒋胡等昨在汤山商谈》，《申报》1930年3月17日。

炮台。①

3月21日 与蒋介石视察江阴要塞。②

3月22日 与蒋介石经沪赴甬，前往奉化祭祖扫墓。

3月23日 与蒋介石、宋子安等亲友视察武岭农场及学校，往游雪窦寺后回妙高台，自烹自采山笋野蔬。③

3月24日 与蒋介石、宋子安、陈绍宽一行察看百丈沙堤岸工程后，往游法华寺竹山，下午返溪口。

3月25—29日 与蒋介石拜扫祖墓。游历溪口风景名胜，晚与蒋同宿慈庵并督视墓地工程，开山种树。蒋对妻子"甚爱故乡，以明日将行颇不忍舍"④ 的虔诚十分满意。

3月30—31日 与蒋介石赴杭住蒋庄，游览西湖名胜。

4月2日 与蒋抵沪，谒母宋太夫人，处理家事。

4月3日 中午与蒋拜扫父墓后离沪赴宁。前往送行者有：孔祥熙、宋子文、张群、熊式辉、卢洽卿、宋子良、宋子安等人。蒋抵宁后将赴徐州检阅部队。⑤

4月9日 蒋介石来电，告知已安抵徐州，诸事甚安，决定明晚回宁。⑥

4月22日 与蒋介石一起出席全国童子军总检阅。蒋介石登台训话，宋美龄为童子军颁发奖品。⑦

5月6日 与蒋介石在励志社宴请陆军教导第一师部分官兵，该部为国民革命军基本部队。胡汉民、宋子文、张治中及该师师长冯轶裴均到场。蒋、胡即席训话后，宋美龄致辞，略谓："此次讨逆定可在短期取得胜利，今日特代表女界祝各位胜利。并将首

---

① 《蒋主席视察镇澄炮台》，《申报》1930年3月21日。

② 《蒋主席莅澄检阅要塞》，《申报》1930年3月22日。

③ 孙诒编：《蒋中正"总统"档案：事略稿本》（7），第623—624页。

④ 孙诒编：《蒋中正"总统"档案：事略稿本》（7），第635—636页。

⑤ 《本埠新闻》，《申报》1930年4月4日。

⑥ 《蒋中正与宋美龄等来往函》，载《蒋中正"总统"文物》，卷宗号：0020-00000449A，台北"国史馆"藏。

⑦ 《全国童子军总检阅闭幕》，《中央日报》1930年4月23日。

都慰劳会犒劳物品请冯师长代收转交，计每人赠毛巾一条、饼干一罐。”①

5月8日 由于遗族学校学生人数增加，宋美龄认为：“男女儿童应有不同的训练，让他们各展所长。”决定把女生分到城内羊皮巷总司令部旧址，“设立国民革命军遗族女校”。② 下午出席遗族学校第一次演说竞赛会，并对学生训话。③

5月15日 蒋介石致函称：“前方情形顺利，一星期内当可决战。”④

5月19日 蒋介石致函告知战事：“归德攻破后，逆胆俱寒。战事可操必胜。”⑤

6月3日 蒋介石致函：“避疫及消毒药水须加买能备五万人之用者，派员带来前方。又逆军气馁力竭，不敢来犯，我正面甚稳固。”⑥

6月18日 致电上海特别市政府请捐助款项。电文如下：

> 岳军市长暨各局长钧鉴，去冬大军讨逆，克奏肤功，美龄等发起慰劳，会叨辱惠，三军挟纩，拜赐殊多。方期长此清平，距意叛军又起，苦我武装同志，又驰驱于陇海平汉之间。炎暑蒸人，辛劳倍切，旌旗在望。魂梦难安，以是再起慰劳，恳诸公之协助，务祈兼金下赐，购物转运前方，以慰勋劳，而壮士气。不胜迫切待命之至。捐款请汇寄首都成贤街三十六号谭公馆本会财务组

---

① 《蒋宴教导官兵》，《申报》1930年5月7日。

② 宋美龄：《国民革命军遗族学校和女校的经过》（1931年10月10日），载《蒋夫人言论集·卷二》，国民出版社1939年版，第412页。

③ 《蒋夫人到会训话》，《中央日报》1930年5月10日。

④ 《蒋中正与宋美龄等来往函》，载《蒋中正“总统”文物》，卷宗号：0020-00000449A，台北“国史馆”藏。

⑤ 《蒋中正与宋美龄等来往函》，载《蒋中正“总统”文物》，卷宗号：0020-00000449A，台北“国史馆”藏。

⑥ 《蒋中正与宋美龄等来往函》，载《蒋中正“总统”文物——一般资料：手稿录底（十一）》，卷宗号：002000001795A，台北“国史馆”藏。

谭祥女士收，首都前方将士慰劳会常务委员宋美龄叩寒。①

7月19日 连年混战导致政府财政困难，财政部部长宋子文不肯筹发军费，蒋介石十分恼火，宋美龄为支持蒋讨伐，面斥宋子文说：

> 如你坚持不拨军费，则先将我房产积蓄，尽交你变卖以充军费；若军费无着，战事失败，我深知介石必殉难前方，决不肯愧立人世，负其素志。如此则我如不尽节同死，有何气节？

宋子文不得已答应即日勉力拨款。② 由此可知，在政治权益面前，蒋宋夫妇之情已超越宋氏兄妹情谊。

同日 蒋介石来电告知前线战况："昨日以来逆军已无力反攻，形沈寂，而逆军此次伤亡确在一万五千人以上也。"③

9月5日 与宋子良乘飞机到徐州，并赴归德一带观察战绩，慰劳前方将士。在徐州劝蒋"以国事为重，家事为轻"。力促赴前方指挥急进。蒋介石当晚即乘车，返回归德前线。④

同日 致电张学良夫人于凤至，电云："承命协助辽赈，义不容辞，当联合诸同志夫人，竭力进行。"于凤至复电致谢。⑤

9月11日 晚由宁抵徐。转车西上，赴归德晤蒋，并慰问前方将士。⑥

---

① 《前方将士慰劳会电请市府捐助款项》，《申报》1930年6月19日。

② 王宇高、王宇正编：《蒋中正"总统"爱记》（一），第71页。

③ 《蒋中正"总统"文物：一般资料——手稿录底（十二）》，卷宗号：0020-00001796A，台北"国史馆"藏。

④ 孙诒编：《蒋中正"总统"档案：事略稿本》（8），台北"国史馆"2010年版，第527页。

⑤ 《宋美龄致于凤至电》，《申报》1930年9月6日。

⑥ 《宋美龄赴前方劳军》，《申报》1930年9月16日。

9月28日 晨由沪抵宁，下午偕宋子安赴成贤街谭公馆吊唁行政院院长谭延闿。宋与谭之二女儿谭祥，交称莫逆。①

10月10日 日前，蒋自前线回南京，宋外出未归，蒋颇感寂寞。当日特陪蒋同出游。②

10月23日 晨与蒋抵达上海谒见母亲宋太夫人。蒋在宋公馆教堂洗礼入教。由江长川牧师主持仪式。③ 宋氏家族成员除宋庆龄外全部到场为蒋介石祝福。

宋美龄很重视对蒋介石的皈依基督的宣传，她在《我的宗教经验》中称：

> 家母去世后，他在精神上虽不免觉得好像有所失，但仍读经不辍。我失望之余，觉着有一种权能，比我自己的大，因此，我更加亲近上帝。在灵性上，我帮助外子，因之我自己的灵性也大有长进。④

10月24日 晨与蒋介石、孔祥熙夫妇等一行护送母亲宋太夫人抵沪新关码头，乘船东渡赴日本养疴。下午与蒋介石、宋蔼龄等乘船赴甬转往奉化。⑤

11月1日 宋蔼龄偕子女来溪口，蒋宋夫妇陪游雪窦寺等景观。由于蒋经国滞俄未归，蒋介石难以排解思子之忧，宋美龄善解其意，与前来相聚的宋蔼龄主动向蒋介石提及救助蒋经国回国之事，使处于政治斗争旋涡中的蒋介石十分感动："孔妹与吾妻对经儿之念念不忘，甚可感也。"

为使征战间隙的蒋介石精神放松，生活愉悦，宋美龄在夫妇生日、节庆日或亲属团聚时总不忘邀宋蔼龄、弟弟及诸甥陪伴其

---

① 《宋美龄赴谭宅吊唁》，《申报》1930年9月29日。

② 孙诒编：《蒋中正"总统"档案：事略稿本》(9)，台北"国史馆"2004年版，第43页。

③ ［美］斯特林·西格雷夫：《宋家王朝》(全译本)，第271页。

④ 宋美龄：《我的宗教经验》，《兴华周刊》第31卷第25期。

⑤ 《蒋主席夫妇昨回籍》，《申报》1930年10月25日。

旁，营造家庭和谐、其乐融融的氛围，使蒋感喟：“为自生以来所未有。余夫妇当亦甚乐。”还称赞宋美龄：“诚意爱辅我者，惟妻一人。”①

11 月 10 日 与蒋介石、孔祥熙夫妇、宋子良等一行离开武岭，由宁波乘联鲸舰抵沪，晚乘车回宁。②

12 月 1 日 结婚三周年纪念日，与蒋在上海谒宋太夫人，访亲友，并在宋宅照相。晚乘车返宁。

12 月 19 日 复信蒋介石。月初，蒋亲赴赣鄂，部署“剿共”军事。蒋得夫人信后，“阅竟而叹曰，乃知彼此有同感也，晚作书复之”③。

* * * * * *

是年

5 月 蒋、冯、阎之间爆发中原大战。

8 月 9 日 邓演达组建“中国国民党临时行动委员会”，举旗反蒋。

11 月 汪精卫、冯玉祥、阎锡山、李宗仁等实力派组成的反蒋联盟，因冯阎军事失败解体。

12 月 蒋介石调集十万兵力采取“并进长追”的战术，向赣南闽西中共中央革命根据地开展第一次“围剿”，被红军打败。

1931 年 三十二岁

1 月 2 日 与由宁抵沪的蒋介石往谒母亲宋太夫人。

1 月 3 日 邀约宋蔼龄来寓，与因公务心烦的蒋介石闲聊，不久，得报张辉瓒在江西东固龙岗“剿共”惨遭失败。翌日，与蒋

---

① 《蒋介石日记》（1930 年 11 月 1 日），美国斯坦福大学胡佛研究所藏。

② 孙诒编：《蒋中正“总统”档案：事略稿本》（9），第 116 页。

③ 孙诒编：《蒋中正“总统”档案：事略稿本》（9），第 210 页。

乘车返宁。①

1月8日 夫妻日久，对蒋好恶知之益深，常劝其修身养性，又指出蒋“短于自知，自主不足，”蒋认为“其言甚善”，表示“从今以后，余当持特立独行四字以自敬勉”。② 显然，蒋介石的擅权独裁与宋美龄的主张不无关联。

1月10日 具函立法院，请辞立法委员一职。③

1月23日 兼代教育部部长的蒋介石向宋咨询“速革恶习”问题时称：“人心麻木、风尚颓靡、党员堕落、青年自弃、革命基础尚未奠定，吾其如之何而可？”宋回答说：“挽救堕风，端在教育。”当晚二人讨论良久。④

1月26日 中文习作送蒋展阅受到称许谓：“吾妻文字日有进步，心志亦贞静安定，此吾最乐之事。盖家庭安乐之趣，乃一切幸福之基础也。”⑤

2月1日 与蒋介石往谒谭延闿之灵。

3月8日 与蒋介石、宋蔼龄、甥孔令伟及孙科等往陵园管理会屋后作野餐，餐后到小茅山孙科别墅小憩。宋美龄的安排，使蒋介石感到“近日郁积之气，为之一伸”。⑥

3月9日 蒋介石因软禁胡汉民于汤山一事，受各方谴责，不得已将胡汉民自汤山移至其南京私寓。并一再发表意见称，胡汉民惟其宜久住南京不宜远离。宋美龄见蒋常几乎终夜不能成寐，劝请稍节劳为国保重，蒋心甚感之，曰：“吾妻爱我，较爱其自身为尤甚，是天性之至诚使然也。”⑦

3月21日 旬余多病体瘦。身体稍有好转后与蒋及孔氏甥自

① 王宇高编：《蒋中正“总统”档案：事略稿本》（9），第281页。

② 王宇高、王宇正编：《蒋中正“总统”爱记》（二），第79页。

③ 《宋美龄辞立法委员》，《中央日报》1931年1月11日。

④ 王宇高编：《蒋中正“总统”档案：事略稿本》（9），第516页。

⑤ 《蒋介石日记》（1931年1月26日），美国斯坦福大学胡佛研究所。

⑥ 《蒋介石日记》（1931年3月8日），美国斯坦福大学胡佛研究所。

⑦ 王宇高编：《蒋中正“总统”档案：事略稿本》（10），台北“国史馆”2007年版，第237页。

为烹饪，餐毕同到明孝陵谭延闿墓参观。[①]

3 月 30 日 下午与蒋介石在南京郊外游览，庆祝自己三十三岁诞辰。[②]

4 月 4 日 抵沪后与蒋谒母，下午邀宋蔼龄与二甥同乘江天轮前往奉化。[③]

4 月 5 日 抵宁波，乘车赴溪口。[④]

4 月 10 日 离开溪口抵达杭州，与蒋谒见因病住在杭州的母亲。

4 月 13 日 在杭州，与宋蔼龄一起听蒋介石述说 1924 年春，孙中山决定联俄之事。蒋称：

> 当时徒以总理既决心联俄，不能转移其方针，余乃只有赴粤任事，以图逐渐补救而已。如余当初积极反共，不去广东任事，则总理止后，国民党早为共产党所消灭，中国亦无挽救之望矣。

4 月 14 日 晚在杭州寓所，与宋蔼龄听蒋介石谈共产党与基督教之比较，蒋遂大肆攻击马克思主义和共产党。[⑤]

5 月 16 日 中午在励志社宴请参加南京国民会议女代表。[⑥]

6 月 6 日 闻十九路军部下有异心者，对蒋介石采取的对策不予苟同，告诫蒋“革命不能彻底”。当时蒋为利用十九路军进犯苏区，任命陈铭枢入赣指挥。对宋的告诫，蒋认为“其理甚是，而中国环境，实所不许，唯当勉图之耳”。[⑦]

6 月 18 日 为国民革命军遗族女校挑选富教育行政经验、赴

---

① 王宇高编：《蒋中正“总统”档案：事略稿本》(10)，第 299 页。
② 《蒋介石日记》(1931 年 3 月 30 日)，美国斯坦福大学胡佛研究所藏。
③ 王宇高编：《蒋中正“总统”档案：事略稿本》(10)，第 405 页。
④ 《蒋主席抵甬》，《申报》1931 年 4 月 6 日。
⑤ 王宇高编：《蒋中正“总统”档案：事略稿本》(10)，第 425、427、429 页。
⑥ 《要闻》，《申报》1931 年 5 月 17 日。
⑦ 王宇高、王宇正编：《蒋中正“总统”爱记》(二)，第 84 页。

美留学归来的钱用和女士担任校务主任，并邀钱同车前往羊皮巷遗族女校校务主任办公室谈定交接事宜。年末，又任钱兼私人秘书。[①] 为工作方便，宋将钱安置在黄浦路中央军官学校内官邸附近居住，由钱早晚为其讲当日新闻、报告校务、请示各方来函应对要点，还担任中文辅导，讲习文字源流和文章谋篇结构、中文掌故等。钱此后长期追随宋左右，对宋工作辅佐十分得力，朝暮磨砺，成为宋身边“机警、忍耐、安分、尽责”[②] 的私秘。

6月20日 离宁去沪，蒋送至车站疑：“近有人思陷害我夫妻，如偶或不详加审慎，反中彼辈之奸计矣，慎之。”[③]

7月15日 偕母、宋子良及孔祥熙子女由沪乘轮抵青岛。此行侍母避暑游青岛。财政部派秘书长边志远等十八人随行保护。[④]

7月18日 韩复榘夫人纪甘青、张伯诚夫人张佩贤由济南来青岛谒宋美龄并问候宋太夫人。[⑤] 翌日宋离青赴沪。

7月23日 母亲倪桂珍病逝于青岛别墅。

7月25日 与宋子文、宋蔼龄、宋庆龄、宋子良、宋子安等在上海《申报》和《民国日报》登载《宋母倪太夫人讣告》。

8月上旬 与蒋介石派励志社总干事黄仁霖为特使，前往大连迎候回国奔丧的宋庆龄。[⑥]

8月15日 与宋蔼龄、宋庆龄、宋子文等会见吊唁倪桂珍的张学良夫人于凤至。

8月18日 倪桂珍的葬礼在上海万国公墓举行，因“剿共”军务，“一时无暇来沪”的蒋介石在宋美龄的催促下赶赴上海。宋氏兄弟姊妹与蒋介石、孔祥熙一起参加宋母倪桂珍的葬礼。在对母亲故宅的处理上，宋美龄与宋蔼龄产生分歧。前者坚持保留作

---

① 钱用和：《钱用和回忆录》，东方出版社2011年版，第5页。

② 钱用和：《钱用和回忆录》，第12页。

③ 王宇高编：《蒋中正“总统”档案：事略稿本》(11)，台北“国史馆”2007年版，第315页。

④ 《宋美龄侍母游青岛》，《申报》1931年7月16日。

⑤ 《韩夫人一行到青》，《申报》1931年7月19日。

⑥ 尚明轩主编：《宋庆龄年谱长篇》(上)，第242页。

为兄弟姐妹联结感情的纽带，后者提出把旧宅交给教堂，宋庆龄支持宋美龄主张，故宅得以保留。

8月19日 因病滞留上海。

9月5—13日 率孔氏诸甥，陪蒋频游览南京、宜兴风景名胜，助蒋排忧。此间，蒋因第三次“围剿”红军失利，同时蒋与粤桂之间矛盾加剧，加之长江洪水泛滥，日本又就“中村事件”作对华紧急行动之酝酿，使蒋焦头烂额，“思之夜不能寐”。①

9月18日 上午与蒋介石谒孙中山陵墓后，与出发往南昌督剿的蒋介石相别。② 送蒋后离南京去上海。

9月25日 自沪回南京，蒋亲往火车站迎接。因九一八事变发生，蒋于21日由赣抵宁。

9月27日 与蒋“以一言不和”，即“不别而自赴上海”。③

9月29日 由上海急赴南京。当日上海各大学到南京请愿学生五千余人，强烈要求政府改弦更张，蒋介石不得不出面接见，穷于应付。故对宋之到来十分欣喜，称：“危难之中，不避艰险，来共生死，无任感激。”④

9月30日 在孔祥熙家集会，读圣经劝勉，虔诚为国祈祷。并提议每日下午五至六时祈祷继续，直至国家内忧外患完全平息为止。与会者还有余日章夫妇、杜庭修及教会诸领袖十余人。⑤

10月8日 上午，蒋与张群详谈，表示备战不屈之决心，但仍期望通过外交解决东北问题。下午，蒋与宋美龄“谈为国牺牲之决心，夫人亦表示与公共同生死之决心”。⑥

10月10日 撰写《国民革命军遗族学校和女校的经过》，强调对该校管理的亲力亲为：“我对于遗族男女两校，既然负着责

---

① 王宇高编：《蒋中正“总统”档案：事略稿本》（12），台北“国史馆”2006年版，第64—65页。

② 王宇高编：《蒋中正“总统”档案：事略稿本》（12），第77页。

③ 《蒋介石日记》（1931年9月27日），美国斯坦福大学胡佛研究所藏。

④ 王宇高、王宇正编：《蒋中正“总统”爱记》（二），第87页。

⑤ 《蒋主席夫人发起为国祷告》，《真光杂志》1931年第30卷第12期。

⑥ 王宇高编：《蒋中正“总统”档案：事略稿本》（12），第144页。

任，总要希望把它们办成中国的模范学校。无论哪种事业，如果不是亲自去参加，只把一个计划交付别人办理，不去闻问，是不中用的。所以我对于两校的校务，完全由我负责进行。”对于教师的任用，宋严格把关。她强调：“我对于任用教师，向来以人才为标准，不赞成将政治和教育掺合一起。曾有许多谋事的人，仗着党政要人的引荐，希望能被聘用，我丝毫不敢敷衍，不论何人推荐，全要考察其才能和资格。不论主任或教师，在聘请以前，必须亲自会谈，合格者先试用一学期，如果服务成绩优良的，得以逐年加俸，所以教师也安心服务，终年在校，无寒暑假，每日教课以外，都负着训育的责任。”①

10 月 14 日 陪蒋介石由陵园别墅散步至紫霞洞麓。蒋介石感叹曰：“患难之中，得此雅逸，聊以舒我忧虑也。”②

10 月 22 日 陪同蒋介石乘飞机离宁抵沪。中午 11 时左右，宋庆龄在莫里哀路寓所接待来沪的蒋介石拜访。③ 当时，国民党宁粤两派迫于日本侵华和舆论压力召开“和平统一会议”，粤方坚持要求蒋介石下野。蒋“心神抑郁”④ 在沪往访粤中诸代表，又谒见宋庆龄，以混淆视听，然而宋庆龄已对外发表辟谣声明，表示，因丧母回国，暂滞沪休养，外传和平运动，绝不参与。⑤ 下午与蒋介石乘原机返南京。

10 月 26 日 与蒋介石同电宋子文，恭贺生日。上午陪同蒋介石由紫霞洞登紫金山顶，夫妻二人对食山中，下午谒总理陵墓，晚官邸宴客，与来宾尽欢而散，以庆祝蒋介石四十五岁生日。蒋称：“今日生日，亦颇足自娱也。”⑥

10 月 29 日 患盲肠疾病，住院治疗。⑦

---

① 宋美龄：《国民革命军遗族学校和女校的经过》（1931 年 10 月 10 日），载《蒋夫人言论集·卷二》，国民出版社 1939 年版，第 419—420、413—414 页。

② 王宇高编：《蒋中正“总统”档案：事略稿本》（12），第 167 页。

③ 尚明轩主编：《宋庆龄年谱长编》（上），第 247 页。

④ 王宇高编：《蒋中正“总统”档案：事略稿本》（12），第 190 页。

⑤ 尚明轩主编：《宋庆龄年谱长编》（上），第 244 页。

⑥ 王宇高编：《蒋中正“总统”档案：事略稿本》（12），第 200—201 页。

⑦ 王宇高编：《蒋中正“总统”档案：事略稿本》（12），第 352 页。

11 月 25 日 病愈自沪回南京，蒋介石迎入官邸后对其诉说“处境之悲惨”：其一，粤方逼迫蒋下野，正酝酿“协商进退各事”；其二，“各地学生来京（南京）请愿者益众，并有请缨愿北上杀贼者”。蒋哀叹：“知识幼稚之青年，为反动派所鼓惑，故意捣乱，使余为难哉。”并对宋说：“余之悲惨，尤未有甚于此刻者。危难愁困之时，而得见我真情至爱夫人，能不令我更觉悲酸。”①

11 月 26 日 与妇女慰劳会委员等致电马占山，“希始终奋斗，复我河山”，并汇银一万元以资军需。②

11 月 27 日 为声援黑龙江省代主席马占山血战暴敌，通电全国妇女速起，分头组织伤兵救护队，又筹集药品准备送往前线。爱国侨胞胡文虎捐洋三万元汇寄孙夫人宋庆龄，病中的孙夫人将此款金交宋美龄领导的将士慰劳会以资抗日。③

12 月 1 日 与蒋介石乘汽车到宜兴城游览，以纪念结婚四周年。④

接南京市妇女救国会大同盟电称，有诸夫人女士呼吁，此间同人正组织慰劳保国将士会以资后援。⑤

12 月 16 日 蒋发出辞职通电，翌日，宋离开南京赴上海。⑥

12 月 20—22 日 由沪回宁后，与蒋介石作归乡准备，22 日中午与蒋乘飞机离宁到甬，换乘汽车抵奉化溪口。⑦

12 月 25 日 与蒋介石召集武岭学校学生到慈庵唱歌为乐。武岭学校的课程设置与遗族学校类似，专为蒋氏培养族人子弟，注重农科，设有武岭农场，设施完备。晚，邀集乡亲故旧欢宴以庆圣诞。⑧

12 月 27 日 在溪口患病，蒋介石电杭州市长，邀杭州广济医

---

① 王宇高编：《蒋中正“总统”档案：事略稿本》（12），第 414—415 页。
② 《宋美龄等电马占山慰劳》，《申报》1931 年 11 月 27 日。
③ 《蒋夫人发起马将军将士慰劳会》，《申报》1931 年 12 月 27 日。
④ 王宇高编：《蒋中正“总统”档案：事略稿本》（12），第 436 页。
⑤ 《组织慰劳保国将士会》，《申报》1931 年 12 月 1 日。
⑥ 王宇高编：《蒋中正“总统”档案：事略稿本》（12），第 464 页。
⑦ 王宇高编：《蒋中正“总统”档案：事略稿本》（12），第 479 页。
⑧ 王宇高编：《蒋中正“总统”档案：事略稿本》（12），第 484 页。

院医生乘飞机来奉诊疗。

* * * * * *

是年

4月 蒋介石调动二十万兵力，以何应钦为总司令，向中央苏区发动第二次“围剿”，不及一个月即以失败告终。

5月28日 广州的国民党中央执监委召开非常会议，成立广州国民政府，以汪精卫为主席，形成宁粤分裂的政治局面。

7月 宋庆龄回国奔丧。

是月 蒋介石调集三十万兵力，亲任总司令，向中央革命根据地发动了第三次“围剿”，受到红军重创。9月，蒋介石下令全线退却。

8月17日 中国国民党临时行动委员会总干事邓演达在上海被逮捕，蒋介石急令押解南京。

8月24日 宋庆龄会见美籍记者史沫特莱，重申她坚持1927年出国前发表的声明政治的观点。①

9月18日 日本发动九一八事变，大举入侵东北。

9月20日 南京方面致电广州非常委员会，呼吁“共赴国难”，停战议和，宁粤双方经过一个多月的讨价还价，在上海举行和平统一会议并达成协议。②

11月7日 中国共产党在江西瑞金宣告成立中华苏维埃共和国临时中央政府（后称中央工农民主政府）。毛泽东当选为中央政府执行委员会主席。

11月12日至12月5日 国民党第四次全国代表大会分别在南京、广州、上海三地举行。

11月29日 蒋介石将邓演达秘密杀害于南京麒麟门外。

12月14日 宋庆龄得知邓遇害传闻，再次赶赴南京面见蒋介

---

① 尚明轩主编：《宋庆龄年谱长编》（上），第246页。

② 茅家琦、徐梁伯等：《中国国民党史》（上），鹭江出版社2005年版，第476页。

石，当确认邓被蒋杀害，宋庆龄勃然大怒，愤然把茶几掀翻，蒋介石匆忙逃脱。[①]

12月15日 蒋介石迫于内外压力通电下野，辞去军事行政本兼各职。但仍以中委名义参与国事。[②]

12月22—29日 国民党宁、粤、沪三方中委在南京联合召开四届一中全会，宣告国民党的统一。蒋、汪、胡被选为中央常务委员及中央政治会议常委。

1932年 三十三岁

1月1日 上午与蒋介石同谒蒋母之墓后，会见蒋兄锡侯夫妇，相谈甚欢，并同往祖坟瞻谒植树。下午往奉化城北游览。[③]

1月3日 因病离开奉化赴沪就医，蒋亲送至宁波飞机上。[④]

1月8日 于凤至来函问候，并对前回捐款表示一时甚难募集成数，请求多延些时日方能办到。[⑤]

1月15日 由沪赴杭，蒋介石到车站迎接入驻澄庐。[⑥]

1月17—20日 在杭州蒋介石与汪精卫密晤，“披肝沥胆以精诚对之”，达成联袂入南京“共支危局”协议。宋美龄“闻之点首称善”。[⑦] 蒋介石很高兴称：“夫人之有以助成也。”[⑧]

1月21日 与蒋介石乘汽车离杭赴宁，晚抵汤山寓所，宋因病后身体尚未复元，益感疲乏，蒋甚感歉疚，叹曰：“吾妻以有病之身，长途劳顿，送余入京（南京），心中之感激可胜言哉。”[⑨]

---

① 尚明轩主编：《宋庆龄年谱长编》（上），第247页。

② 茅家琦、徐梁伯等：《中国国民党史》（上），第480页。

③ 王宇高编：《蒋中正“总统”档案：事略稿本》（13），台北“国史馆”2006年版，第4页。

④ 王宇高编：《蒋中正“总统”档案：事略稿本》（13），第10页。

⑤ 《蒋中正与亲友政要往来函电》，载《蒋中正“总统”文物》，卷宗号：001016142A024，台北“国史馆”藏。

⑥ 王宇高编：《蒋中正“总统”档案：事略稿本》（13），第42页。

⑦ 王宇高编：《蒋中正“总统”档案：事略稿本》（13），第48—61页。

⑧ 王宇高、王宇正编：《蒋中正“总统”爱记》（二），第92页。

⑨ 王宇高编：《蒋中正“总统”档案：事略稿本》（13），第65页。

1月31日 一·二八事变后，政府发表迁洛宣言。与蒋介石乘车离宁赴洛阳。

2月1—13日 与蒋介石在洛阳、开封、新乡等地巡视后返宁。

3月初 由于南京国民政府执行蒋“先安内，后攘外”的方针，中国军队在沪抵抗日军节节胜利的情况下，何应钦致电蒋光鼐“以十九路军保持十余日来之胜利，能趁此收手，避免再与决战为主”①。十九路军面对日军增兵，政府后援乏力，被迫放弃江湾、闸北阵地而撤至吴福线。

3月2日 夜，宋美龄对中国军队撤退一事痛不欲生，“愿亲赴前线与倭寇一拼”，并对蒋介石告诫说：“上海我军撤退，反动派造谣更甚，军民恐更将归怨于夫子，夫子将成为怨府，为国家为夫子将何以为计？”蒋答称：“夫人爱国以爱余诚可感，即其他责难之切亦皆由其属望之殷而来……余受深冤更无从表白。亦只有置之使其自明而已。”② 连日来，经过蒋介石频频灌输，宋“悲愤之虑亦少解焉”③。

3月18日 为蒋宋夫妇欢愉之日。其一，蒋介石就职视事。上午，军事委员会委员长兼参谋本部参谋总长就职典礼开始，蒋宣誓就职并发通电。其二，为宋美龄诞辰之日。蒋拨冗陪夫人登仰止亭行虔祷礼，召集数百小学生讲话，并分食果饵，为夫人庆生营造祝福气氛。晚，邀约女宾客为夫人祝寿，宋美龄笑称：“吾夫子今日正式就职，为中国四万万苍生作福，普天之下欣欣同庆，是为美龄祝福莫大乎此矣。”其三，日本方面对于“淞沪和议亦趋就范”④，蒋无后顾之忧，专心“剿共”。

3月22日 乘飞机赴沪，蒋亲送登机。蒋于当日记事中称：“余今亦有吾夫人佐我致力党国，淞沪撤兵时夫人痛不欲生，其爱

---

① 何应钦等致蒋光鼐电（1932年2月13日），南京国民政府军事机关档案，中国第二历史档案馆藏，转引自张宪文主编：《中华民国史纲》，第383页。

② 王宇高编：《蒋中正“总统”档案：事略稿本》（13），第338—339页。

③ 王宇高编：《蒋中正“总统”档案：事略稿本》（13），第343页。

④ 王宇高编：《蒋中正“总统”档案：事略稿本》（13），第452—453页。

国之忧实不愧为余之贤内助，志趣同向，情愿周洽，古人解妻字，谓妻者，齐也，吾妻真与吾相齐，余于吾妻，何能不切念于怀哉。”“余此刻极想吾夫人乘飞机而回来也。”① 可见，蒋介石的复出进一步融洽了蒋宋夫妇的情感。

3 月 26 日　与宋蔼龄自沪到杭，蒋夫妇陪同游览钱塘江。②

4 月 9 日　与蒋介石携孔氏诸甥，到紫霞湖畔仰止亭野餐。③

4 月 10 日　连日来蒋介石“以日寇交涉、粤陈款项与‘剿匪’名义为急”，心力交瘁，认为“时与大自然相接，可以清豁胸怀，增长干事之心力”。于是，宋待蒋处理公事后，偕蒋携孔氏诸甥到灵谷寺作野餐。当晚，蒋与张群详谈内政与外交方针，精力十足，“以为乐矣”。④

4 月 23 日　蒋介石夫妇与孔氏诸甥嬉笑愉悦，其乐融融，宋视诸甥如己出，不时抚教。蒋亦颇觉有“家庭之乐”。⑤

6 月 7 日　至赣看望“督剿”红军的蒋介石，并前往庐山疗养。⑥

6 月 27 日　与蒋离开庐山前往武汉。随行者有孔祥熙之二公子。舰抵黄州，蒋偕夫人登岸游览赤壁。28 日下午抵达武汉。⑦

7 月 24 日　蒋介石由汉口处理豫鄂皖三省“剿共”事务毕，欲享“清闲静幽之福”，返抵庐山，“与夫人相见，夫人欢甚”。中午，蒋宋夫妇二人与孔氏甥男女，在庐山访仙亭野餐，远眺长江美景。蒋介石信誓旦旦：“大好江河，吾必使之益加丰腴而美妙，不许有一点污痕存也。”⑧

---

① 王宇高编：《蒋中正“总统”档案：事略稿本》（13），第 470—471 页。

② 王宇高编：《蒋中正“总统”档案：事略稿本》（13），第 498 页。

③ 王宇高编：《蒋中正“总统”档案：事略稿本》（14），第 43 页。

④ 王宇高编：《蒋中正“总统”档案：事略稿本》（14），第 44、46 页。

⑤ 王宇高编：《蒋中正“总统”档案：事略稿本》（14），第 131 页。

⑥ 王宇高编：《蒋中正“总统”档案：事略稿本》（15），台北“国史馆”2004 年版，第 243 页。

⑦ 《蒋中正莅汉》，《申报》1932 年 6 月 30 日。

⑧ 王宇高编：《蒋中正“总统”档案：事略稿本》（15），第 548、551 页。

7月30日 与蒋携孔氏甥等往游含鄱口、九十九峰等名胜。①

8月2日 携孔氏甥离开庐山，蒋送至山下。②

8月11日 乘飞机抵武汉，蒋亲往机场迎接。③

8月20日 蒋介石因汪精卫以辞职反对张学良的冲突而“心绪不佳”。宋美龄在庐山陪同蒋游览于山泉之间，使蒋“始稍稍愉悦，其亦有得于山水之助”。④

8月21日 陪蒋游历于林泉山水之间，使囿于“围剿”红军失利的蒋介石因“林泉睡眠妻旁，为之心安”。⑤

8月28日 自庐山至武汉看望指挥“剿共”的蒋介石。⑥

8月 与宋子文、宋子良、宋子安、宋蔼龄、宋庆龄六人，在上海宋氏墓地，为父母建立合葬墓，并立墓碑。

9月7日 由武汉抵沪，前往莫里哀路宋庆龄寓所看望，姐妹久别重逢，叙谈甚久，宋美龄恳请二姐到南京居留，显然代表蒋介石邀约，遭到宋庆龄拒绝。⑦

9月9日 与为营救牛兰夫妇准备赴宁的宋庆龄，同机飞赴南京。⑧

9月22日 蒋自武汉至庐山看望宋美龄，笑称：“家庭和乐余甚知足也。”⑨

9月26日 与蒋介石在庐山仙岩馆改排国歌曲谱。⑩

10月5—6日 与蒋介石离开庐山乘军舰赴武汉，途中夫妇讨论耶稣的博爱、忠勇、忍耐、勤劳、笃行、牺牲及救人济世至死

---

① 王宇高编：《蒋中正“总统”档案：事略稿本》（15），第580页。

② 王宇高编：《蒋中正“总统”档案：事略稿本》（16），台北“国史馆”2007年版，第13页。

③ 王宇高编：《蒋中正“总统”档案：事略稿本》（16），第117页。

④ 王宇高编：《蒋中正“总统”档案：事略稿本》（16），第189页。

⑤ 《蒋介石日记》（1932年8月21日），美国斯坦福大学胡佛研究所藏。

⑥ 王宇高编：《蒋中正“总统”档案：事略稿本》（16），第241页。

⑦ 尚明轩主编：《宋庆龄年谱长编》（上），第261页。

⑧ 尚明轩主编：《宋庆龄年谱长编》（上），第261页。

⑨ 王宇高编：《蒋中正“总统”档案：事略稿本》（16），第519页。

⑩ 王宇高编：《蒋中正“总统”档案：事略稿本》（16），第547页。

而不倦的精神。①

10月14日 为愉悦蒋介石身心，精心筹划蒋四十六岁生日活动。中午设宴为蒋介石祝寿，下午陪蒋乘车游览万国体育场。晚上与蒋前往意大利餐馆吃西餐，随后与蒋乘船观赏长江夜景，“月明风清，妻甥唱和”。蒋介石感佩夫人至诚曰：“今日余生日当益自奋勉以期无忝所生，愿夫人力以襄我也。”②

10月26日 蒋在武汉指导治鄂方针，为使体弱多病的宋美龄早愈，傍晚偕夫人乘舟游览，促其精神清快。③

10月27日 与蒋介石同乘军舰由汉口溯江上驶，前往长沙，沿途游览风景，研议治鄂纲要及“剿共”方略。夫妇一路谈笑，蒋介石谓：“今夕一舟江上聊补蜜月之行，亦一乐也。”④

10月29日 抵长沙，驻湖南省政府主席何键家。此行，蒋介石拟落实江西“剿共”计划、选定鄂南总指挥和各省保安负责人选等事宜。

10月31日 蒋宋夫妇率湖南省党政军诸长官到岳麓山祭辛亥革命先烈黄兴、蔡锷、焦达峰、陈作新之墓。⑤ 蒋借助祭祀辛亥革命先烈之礼，张扬宋美龄的官方地位。

11月2日 蒋宋夫妇在长沙由何键等陪同，分乘二十辆车赴南岳。⑥

11月3日 在何键等陪同下，蒋宋夫妇游览南岳各处胜景。

11月7日 与蒋介石乘军舰返武汉，途中谈及来湖南一旬感想，宋美龄对蒋介石所述极表认同。蒋谓：“湖南倚衡岳而临长江，湘水贯注，原野肥沃且有曾胡遗风，确实有为之地，余必于此早为之所，以为复兴之基。”认为蒋介石来湖南所作“惟教育与

---

① 王宇高编：《蒋中正“总统”档案：事略稿本》（17），台北“国史馆”2010年版，第36页。

② 王宇高编：《蒋中正“总统”档案：事略稿本》（17），第144—145页。

③ 王宇高编：《蒋中正“总统”档案：事略稿本》（17），第223页。

④ 王宇高编：《蒋中正“总统”档案：事略稿本》（17），第227页。

⑤ 王宇高编：《蒋中正“总统”档案：事略稿本》（17），第237—238页。

⑥ 《蒋夫妇游南岳》，《申报》1932年11月3—4日。

经济建设可以救中国”的多场演讲，“对于湖南之社会与教育或有相当效力”。①

11月30日 与蒋介石视察武汉市政道路及中央公园。

12月1日 为纪念与蒋介石结婚五周年，早起，与蒋共同祷告，唱赞美诗，相语曰：“吾为国事劳力，而心则甚乐，以吾夫妻和睦为人生之第一幸福者。吾已得而有之也，张之厚有言，和乐道之端乎，和则可大，乐则可久，天地之性，久大而已矣。今吾夫妻和睦而相乐共济国难，持之以久。扩而大之，必使吾中国国民，人人皆得保有家庭夫妇之安乐幸福。而复吾夫妻之心始真乐也。”② 下午与蒋介石到洪山东林游览，并以林中野餐作为结婚纪念。随后，参观武汉大学及湖北省府内硃石山。

12月10日 与蒋介石乘舰离开武汉前往南京，途中视察马当要塞废址。12日抵南京。

12月24日 只身由南京返沪逾一周，时值热河告急，蒋一面急电张学良速下保热决心，一面电胡宗南与各师长“竭力‘追剿患匪’”，并于当晚由南京往沪看望宋美龄，“妻盛装整室相候，敬礼如宾”。③ 蒋介石感言称：“余劳苦国事，无以自慰，所以可为吾慰者，唯有内助之贤夫人耳，愿吾夫人身健无病，可与吾共赴艰巨也。”④

12月27日 与蒋从上海抵奉化武岭。

是年 美国韦斯理大学《校友杂志》以宋美龄引以为豪地报道：“天朝少女被束缚的小脚时代，将永远被韦斯理培养出的可以大踏步的大脚时代所取代。”⑤

* * * * * *

---

① 王宇高编：《蒋中正“总统”档案：事略稿本》（17），第318—319页。

② 王宇高编：《蒋中正“总统”档案：事略稿本》（17），第502页。

③ 《蒋介石日记》（1932年12月24日），美国斯坦福大学胡佛研究所藏。

④ 王宇高编：《蒋中正“总统”档案：事略稿本》（17），第693页。

⑤ ［美］李台珊：《宋美龄》，第87页。

是年

1 月 28 日 日军在上海制造一·二八事变，爆发了淞沪抗战。驻沪第十九路军奋起抵抗，得到上海各界民众支持。由于国民政府坚持“攘外必先安内”方针，5 月 5 日与日方签订了屈辱的《淞沪停战协定》。

1 月 30 日 宋庆龄与何香凝一道赴闸北慰问抗日前线的十九路军。

2 月 6 日 宋庆龄与弟媳宋子文夫人张乐怡，携带慰问品赴上海真茹前线劳军。①

3 月 1 日 汪精卫主持国民党四届二中全会，蒋介石被任命为军事委员会委员长兼军事参谋本部参谋长。

3 月 9 日 在日本策划下，伪满洲国在长春建立，溥仪出任“执政”。

5 月 24 日 国民政府颁令蒋介石为豫鄂皖三省“剿匪”总司令。②

6 月 蒋介石调集五十万兵力，以何应钦为总司令，采取“分进合击”战术，向革命根据地发动第四次“围剿”。

12 月 宋庆龄与蔡元培等在上海发起成立“中国民权保障同盟”。

1933 年　三十四岁

1 月 2 日 与蒋离开奉化返沪。

1 月 10 日 与宋蔼龄由沪抵南京，蒋介石陪同姊妹二人出游。两天后因体弱生病由南京返沪。③

1 月 17 日 在南京联络宁沪各界领袖、国民政府长官夫人，

---

① 尚明轩主编：《宋庆龄年谱长编》（上），第 252 页。

② 王宇高编：《蒋中正“总统”档案：事略稿本》（14），台北“国史馆”2006 年版，第 481 页。

③ 孙诒编：《蒋中正“总统”档案：事略稿本》（18），台北“国史馆”2010 年版，第 74、78 页。

召开首都妇女慰劳会，设法筹款，发起慰劳东北抗日将士。[①]

2月14日 在上海做切割盲肠手术。[②] 一个月后病痊愈。

3月26日 在南京与赴河南、河北视察返回的蒋介石晤面。[③] 蒋坚持“以‘剿共’工作为抗日军事之先务”[④]，宋美龄意欲追随。

南昌之行前撰《告本校教职员学生》，要求国民革命军遗族学校教职员及学生遵循如下管理规则：“整洁校舍、锻炼体魄、注重实际、准备自立、共同生活、爱惜公物、撙节校费。”文告强调：

> 现在国家，危险万分，贫穷万分，空言高论，何能救国。遗族学生必须脚踏实地去做……现在“剿匪”抗日工作，极为紧张，军费浩繁。万一有缓不济急之时，不得不撙节用途，以资周转……教职员应体念学校经费困难，尽量撙节……
>
> 余即有南昌之行，爰将思念所及，为本校教职员学生一言，务须切实注意，共同缔造一完美之遗族学校。[⑤]

4月20日 月初，日本有与伪满联合进攻多伦之势，察省危急，而江西“剿共”军事又有新淦失守情形，蒋介石急赴江西“主持‘剿匪’军事”。宋美龄上午乘蒋介石自备飞机由南京赴赣。[⑥]

4月30日 组织成立江西妇女慰劳将士会并任主席，拟开办救护训练班，培训救护人才，助蒋“剿共”。[⑦]

---

① 《宋美龄发起慰劳抗日将士》，《申报》1933年1月17日。

② 孙诒编：《蒋中正“总统”档案：事略稿本》(18)，第349页。

③ 孙诒编：《蒋中正“总统”档案：事略稿本》(19)，台北“国史馆”2010年版，第229页。

④ 孙诒编：《蒋中正“总统”档案：事略稿本》(19)，第197页。

⑤ 宋美龄：《告本校教职员学生》，《遗族校刊》1933年第1卷第3期。

⑥ 《宋美龄乘飞机赴赣》，《申报》1933年4月21日。

⑦ 《赣妇女慰劳会成立》，《申报》1933年5月1日。

5月2日 购大批慰劳品，分送“剿共”受伤将士。[①]

5月7日 蒋自南昌出发，前往崇仁“剿共”指挥前线督战，宋美龄亲自送蒋至梁家渡。[②]

5月8日 报载南昌妇女慰劳会组织会员实习救护工作。日内，宋美龄将率全体会员赴临川慰劳“剿共”部队。[③]

5月11日 在沪购大批慰劳品运抵南昌，分发各地“剿共”官兵。[④]

5月15日 宋蔼龄由沪来南昌看望蒋宋夫妇。两天后，宋美龄因病到庐山疗养。[⑤]

6月16日 由庐山回南昌看望生病的蒋介石。

6月中旬至9月下旬 蒋介石在庐山举办“‘剿共’军官训练团”，对“剿共”各军军官分期训练。宋美龄陪同蒋介石寓居庐山和南昌行营之间。[⑥]

6月24日 在江西抚州随蒋介石到前线督战，曾记叙了当夜发生的事情：

> 最近在江西行营某一个深夜所发生的事情：我们突然听见辟拍、辟拍有几百声枪声，从城墙那边传来。发生了什么事情？委员长立刻起身，唤我赶快穿上衣服，他派特务员去侦察。枪声越来越多，越来越近。一面冷得寒战，一面在微弱的烛光下披上衣服，我检［拣］出了不可落入敌人手中的文件。我把那些文件放在手边，到我们非走不可的时候，好付之一炬。然后我掏出手枪

① 《蒋夫人购物慰劳将士》，《中央日报》1933年5月2日。

② 孙诒编：《蒋中正“总统”档案：事略稿本》（20），台北“国史馆”2010年版，第71页。

③ 《蒋夫人将赴临川慰劳》，《中央日报》1933年5月10日。

④ 《南昌专电》，《申报》1933年5月12日。

⑤ 孙诒编：《蒋中正“总统”档案：事略稿本》（20），第218页。

⑥ 孙诒编：《蒋中正“总统”档案：事略稿本》（21），台北“国史馆”2010年版，第115、431页。

坐下，等着事态的开［发］展。我听见丈夫命令全部卫队环列成一个圈子，准备万一真的给包围起来时，冲杀出去……在那危急万分的时候，我倒泰然自在。心中只记挂两事：一是我们军队调动以及布防的那些文件，二则万一不测，惟有举枪自毙，出之一死。我宁死不愿遭到落在“匪徒”手中的那些妇女的命运。后来幸而对方被击退了，我们重新安息。①

9 月 22 日　蒋介石因内忧外患“心烦意闷，几不能耐”。宋美龄劝慰其要“克己耐烦”。②

10 月 1 日　与孔祥熙同机由南京飞抵南昌。③

10 月 4 日　晚，陪蒋赏月排忧。④

10 月 18 日　由南昌“因公抱病飞沪”。⑤

10 月 27 日　由沪赴赣。舆论认为宋美龄因宋子文辞职而来沪，传达蒋介石与宋子文之间讯息。⑥

10 月 28 日　与蒋介石乘飞机离开南昌飞抵南京。蒋以宋子文因财政筹款不易，表示引退后，正值军事紧张之际，军费亟待财政部部长宋子文筹划，特派宋美龄于 26 日前由赣飞沪，恳切挽留。宋子文感于中央财政，已至窘境，坚非彻底履行新预算，无法维持，故去意坚决，宋美龄只得于 27 日飞抵南昌，报告沪行结果，蒋介石宥于推进“剿共”军事，偕宋美龄由赣乘机返南京，随即往铁道部官邸，与汪精卫会商财政问题。⑦

10 月 31 日　蒋介石在抚州拟定占领广昌“进剿”方案，下午

① 宋美龄：《灾区巡礼》，载《蒋夫人言论集·卷二》，国民出版社 1939 年版，第 346 页。

② 《蒋介石日记》（1933 年 9 月 22 日），美国斯坦福大学胡佛研究所藏。

③ 《孔祥熙宋美龄来京偕同飞往赣垣》，《中央日报》1933 年 10 月 1 日。

④ 《蒋介石日记》（1933 年 10 月 4 日），美国斯坦福大学胡佛研究所藏。

⑤ 孙诒编：《蒋中正“总统”档案：事略稿本》（23），第 303 页。

⑥ 《宋美龄昨晨赴赣》，《申报》1933 年 10 月 28 日。

⑦ 孙诒编：《蒋中正“总统”档案：事略稿本》（23），第 335 页。

接宋美龄到抚州。[①]

11 月 15 日　由赣飞抵上海，翌日往访孔祥熙。[②]

11 月 20 日　首都妇女提倡国货会举行，执行委员会常会推定宋美龄、张默君、陶玄等为常委，并决议向各校接洽宣传提倡国货。[③]

12 月 1 日　结婚六周年纪念日，与蒋到美石山野餐。蒋感慨曰："于此六年间，艰难辛苦，险阻困顿，得力于内助者，实非浅鲜。"并对"督平闽变，得夫人内助"[④] 尤为感激。

12 月 20 日　由抚州回南昌。福建事变发生后，蒋介石拟定了讨闽计划，为应对"剿共"、讨闽双重任务，蒋宋夫妇奔波于抚州、南城、南昌之间。[⑤]

12 月 23—24 日　陪蒋介石乘飞机由南昌抵杭州，到杭州笕桥航空学校对学员训话。

12 月 25 日　与蒋介石乘飞机由杭州抵衢。随后乘汽车，经江山前往福建浦城督战。[⑥] 宋美龄在《灾区巡礼》中写道：

> 我陪丈夫到福建去。圣诞节那天，我们走了一千多里，一半乘飞机，一半沿着闽变发生以后临时兴筑的军用公路坐汽车而行。我们从杭州动身，坐了两小时的飞机与八小时的汽车，就到闽边的浦城。我们经过浙、赣、闽三省边境，那些是我们东部最崎岖的地区，路又粗率不平，所以我给颠簸震荡得头都抬不起来，异常疲乏……在这崎岖的地域，以一月的工夫筑成公路，不得不令人诧异，就地势之险，与完工之速而论，技师们谁都认为是一件惊人的建

---

① 孙诒编：《蒋中正"总统"档案：事略稿本》（23），第 344 页。

② 《宋美龄到沪访孔祥熙》，《中央日报》1933 年 11 月 17 日。

③ 《妇女提倡国货宋美龄等为常委》，《中央日报》1933 年 11 月 22 日。

④ 王宇高、王宇正编：《蒋中正"总统"爱记》（二），第 117 页。

⑤ 孙诒编：《蒋中正"总统"档案：事略稿本》（24），台北"国史馆"2005 年版，第 89、99、108 页。

⑥ 孙诒编：《蒋中正"总统"档案：事略稿本》（24），第 124 页。

设。四面山坡都以人工开凿。不消说，筑路时有数千人参与工作，每天分成三班轮替。路虽高低不平，但到底完成一条路了。有时公路穿过山谷，既窄又陡，两旁高山鹤巍欲堕，颇有直迫行人头上之势……有时我们沿高原边上的悬崖奔驰，开车一不小心，就会堕下深渊，有几段公路仍在筑造中，峭拔陡削，几如悬壁。一直到经过以后，我方才觉察那次旅行多么危险，多么费力。事后我丈夫深悔不该教我冒这许多危险。所幸人们在身处危境的当时，每每不如追想时那样觉得可怕的……

除夕那天，我和丈夫在周围的山中散步，我们发现了一株花蕊怒放的白梅，那真是吉兆！中国文学里，梅花五瓣，预示着福、禄、寿、考以及（我们大家最希冀的）康宁。委员长很细心地折了几枝回来。那晚点起红烛的时候，他把梅花放在一个小竹筐里送给我，作新年礼物。梅花在树上的时候，固然清丽多姿，而堆在篮里，映着烛光，越发美不可言。枝条的疏影，在墙上映出清劲的笔势，饶有明八大山人的画意。你们或许明白我何以愿意和丈夫在前线共尝艰苦，他具军人的胆略，又有词客的温柔呢。一星期后，丈夫动身向南边的建瓯去。他坐军用飞机，一小时便到了，可是此去的航空途中，寒冷而危险，所以他打电报来，叫我乘船前去……我带着美籍看护妇、女秘书、女仆一名和男仆卫兵等，同行共有六七十人，分乘五个民船、五个竹筏。①

在这里，宋美龄竭力渲染沿途见闻，并把蒋介石军队进行军事“围剿”实施残酷烧杀的罪行，全部栽到所谓“匪徒”身上。

福建事变中，由于中共“左”倾领导者的错误，坐失良机，蒋介石得以在镇压福建事变后，重新进攻中央革命根据地。宋美

---

① 宋美龄：《灾区巡礼》，载《蒋夫人言论集·卷二》，国民出版社 1939 年版，第 345—352 页。

龄在《灾区巡礼》中写道："在福建不上两个月，我们就打胜了，一部分由于近代航空的力量。我草此文时，江西方面，胜利也就在目前了。"① 显示宋美龄对蒋介石"攘外必先安内"、彻底"剿灭"中共红军立场的追随。

＊ ＊ ＊ ＊ ＊ ＊

是年

3月 蒋介石对红军的第四次"围剿"失败，损失惨重。

3—5月 日军侵占山海关、热河。继而侵犯长城各口，爆发长城抗战。蒋、汪同意与日本签订《塘沽协定》。

5月21日 国民党军事委员会委员长南昌行营正式成立，直接组织和指挥第五次"围剿"。②

10月 财政部部长宋子文辞职，孔祥熙继任。③

11月20日 蒋介石的倒行逆施，推动了国民党爱国民主力量的进一步集结和发展，十九路军联合"第三党"和国民党内部分爱国将领发动福建事变，成立"中华共和国人民政府"（简称"福建人民政府"），李济深为政府主席兼军事委员会主席。④

1934年 三十五岁

1月17日 致函哈特小姐，坦陈对"剿共"、福建事变的认识，表达自己的价值观和追求。函曰：

> 我一直同我丈夫在江西"清剿"在该省活动的"共匪"。我担任妇女慰劳将士会主席，悉心指导江西妇女慰

① 宋美龄：《灾区巡礼》，载《蒋夫人言论集·卷二》，国民出版社1939年版，第353页。

② 茅家琦、徐梁伯等：《中国国民党史》（上），第505页。

③ 孙诒编：《蒋中正"总统"档案：事略稿本》（23），台北"国史馆"2005年版，第2页。

④ 茅家琦、徐梁伯等：《中国国民党史》（上），第518页。

劳受伤将士的工作。尽管生活艰苦，但能同我们的军队进一步深入内地，加之我身体健康、颇具耐力，能与他（译注：指蒋介石）在一起并对他有所帮助，因而心甚喜悦。倘若我在家里静候中国真正实现和平，那么我们不得不相期很久才能团聚。所以，我总是选择和他在一起。由于我们的军队迅速深入，我们很少在一个地点停留超过两周。无论放弃多少物质享受，我们都不在意，因为我俩彼此在一起，同心协力地工作……

想想吧，这条公路竟是在一个月之内建筑起来的。以其开凿的困难程度，这种速度堪称世纪筑路奇迹。据行家说，这完全可以被称作“赫拉克里斯重任”。各面山坡都是人工开凿，因为任何机器都无法钻透坚硬的岩石！不用说，此项工程雇佣了数千人，每天分三班轮换工作。有时我们在既狭窄又陡峭的山谷穿越时，简直感觉周围高山几近倾倒压顶。我想赛莫皮莱山口跟这里比起来一定相形见绌了。话再说回来，我们在高原边上开凿出的又高又窄的小路上行进，开车时一个小小的突然转向就能让我们像原子一样冲下悬崖。我们乘的汽车全副武装，很有战斗力，但是车体太重，导致刹车不灵。

我丈夫开始痛责自己不该把我置之如此危险境地时，我才意识到这次行程是多么的危险……

也许我没有什么时间看书。情况的确是这样，但只要一有时间，我就抓紧看书，其一是我喜欢看书，其二也是由于我觉得自己很无知……

有一本中国的《水浒传》最近被赛珍珠翻译成了英文，英文书名是《四海皆兄弟》。我并不怎么喜欢赛珍珠写的小说，可是她的这部翻译作品真的很不错，很有可读性和精准性。我在上次出行途中，把她的译文和中文原著做了比较，并欣喜地发现她出色地把握住了原著之精神。①

1月22日 与蒋介石从福建建瓯乘飞机回到南京。

1月31日 与蒋介石、孔祥熙夫妇暨卫士等三十余人赴沪转杭。蒋在车站对新闻记者称，先往杭州即转道赴闽，一俟军事善后事宜部署后，即赴江西督“剿残匪”。②

2月初 与蒋介石到杭州航空学校检阅第二期学生毕业典礼。

2月4日 蒋宋夫妇陪同宋蔼龄游览六和塔。③

2月21日 “新生活运动”促进会在南昌成立，蒋介石自任会长。此后，宋美龄成为“新生活运动”的鼓吹者、推动者。她说：“‘新生活运动’的概念，是蒋委员长在‘剿匪’期中所悉心考虑而成的。他以为用武力收复‘匪区’，尚不能视为完成使命，必须在那些饱经蹂躏的残破之区，继之以社会的和经济的复兴工作才行。”④ 推行的程序是：由公务员做起，再推及民众；由机关团体、公共场所，如学校、公署、车站、码头、戏馆、公园、会场、菜馆等做起，要求普及全体社会。⑤

同日 在南昌私邸备茶召集南昌妇女慰劳将士会委员座谈。褒扬该会募捐、慰劳、采办、缝制、输赠等工作。勉励大家继续努力并注意难民救济工作。⑥

2月23日 在南昌行营，对患病的蒋介石“调护备至”，使蒋“甚感之”。⑦

---

① 《致哈特小姐的信函》(1934年1月17日)，载《宋美龄书信集》(未刊稿)，南京大学中华民国史研究中心。

② 《蒋委员长离京》，《申报》1934年2月1日。

③ 孙诒编：《蒋中正“总统”档案：事略稿本》(24)，第258页。

④ 宋美龄：《中国的新生活》，载《蒋夫人言论集·卷二》，国民出版社1939年版，第388页。

⑤ “新生活运动”促进总会编：《“新生活运动”汇编》第一集，“新生活运动”促进总会印行1934年版，第65页。

⑥ 《宋美龄慰勉赣妇女慰劳会委员》，《申报》1934年2月22日。

⑦ 孙诒编：《蒋中正“总统”档案：事略稿本》(24)，第490页。

3月29日 蒋介石在武汉行营成立特种教育委员会，并召开闽赣豫鄂皖五省教育厅厅长会议，推杨永泰、宋美龄为特教会常委，以加强“匪区”教育。①

3月30日 与蒋介石参加春季植树。②

5月5日 与蒋介石、孔祥熙夫妇在江西南昌行营。③

5月6日 在江西“新生活运动”中，宋美龄身体力行，蒋介石十分欣赏，在日记中称赞道：“妻爱至久弥笃，其诚笃精神，实世无其匹，一生爱人惟母与妻耳。”④

5月15日 蒋介石发表《“新生活运动”纲要》及《新生活须知》文件，用以指导在全国推行“新生活运动”。⑤ 在南昌，宋美龄在“新生活运动”中试点倡导三种方式：一、依靠基督教会领袖及附属各教会学校、医院、团体协助推广；二、重视妇女的作用；三、将“新生活运动”与消除共产党影响、维持巩固国民党统治的需要相结合。宋美龄称：

> 我们在江西……第一步先遣派名为别动队的青年军官团……帮助复兴工作，这些青年军官曾在总司令部受过严格的训练，训练要目是教导他们应有的责任与“新生活运动”的目的，并且使他们知道，与民众发生接触的时候，必须和蔼有礼。这批青年军官到了前方，就立刻进行调查工作……然后把调查结果详细报告，呈报总司令部。同时组织合作社，发放低利而长期的贷款，使人民得到工具、种子、修葺房屋的材料以及其它生活必需的东西。⑥

---

① 《蒋委员长重视“匪区”教育》，《申报》1934年3月29日。

② 《蒋介石及其夫人宋美龄植树留影》，《导光周刊》1934年4月1日。

③ 袁惠常编：《蒋中正“总统”档案：事略稿本》（26），台北“国史馆”2006年版，第25页。

④ 《蒋介石日记》（1934年5月6日），美国斯坦福大学胡佛研究所藏。

⑤ 袁惠常编：《蒋中正“总统”档案：事略稿本》（26），第79页。

⑥ 宋美龄：《中国的新生活》，载《蒋夫人言论集·卷二》，国民出版社1939年版，第393页。

5 月 20 日 与蒋介石到南昌梁家渡渐山古岭西寺游览并野餐，以庆贺蒋介石将航空署改组为航空委员会，并兼任航空委员会委员长。①

6 月 1 日 在南昌与蒋介石参加“新生活运动”展览揭幕典礼，并参观展览。②

6 月 14 日 与蒋介石离开庐山乘军舰驶往南京，翌日抵宁，参加军校成立十周年纪念活动。

6 月 17 日 与蒋介石出席军校家属恳亲会。

6 月 视察国民革命军遗族学校，发表《告两校教职员学生及家长书》，表示对“遗族教育”办学五年，“关怀颇切”，此次返南京，视察两校，再次重申“遗族教育”宗旨：

> 遗族教育，教养兼施，以教以养，在求于最经济时间之内，造就社会最适用之人才，既与普通学校不同，更与慈善机关大异。除抚育遗孤、藉慰忠烈外，养成健全有用之公民，为最要目的。

强调“遗族教育”要“认识学校社会关系”，加强学校与社会沟通，教职员尤宜注意“以社会生活教材为中心，以操作服务为训练，使学生在学校即与社会生活相接触”，将来立足社会，不做“寄生虫”。

文告要求两校师生、家长“发展共同合作精神”，爱护“遗族教育”。③

6 月 26 日—7 月 与蒋介石由宁经杭返溪口故里。在探亲访友、祭祀先人的省亲活动中，蒋介石对宋美龄称道不已曰：“妻于

---

① 袁惠常编：《蒋中正“总统”档案：事略稿本》(26)，第 140、160 页。
② 《南昌新展开幕》，《申报》1934 年 6 月 4 日。
③ 宋美龄：《告两校教职员学生及家长书》，《遗族校刊》1934 年第 1 卷第 4 期。

劳瘦之中，仍能尊亲敬长，不失仪范，可敬也。”①

7 月 5 日 与蒋介石离开溪口抵甬后，乘中山舰驶往南京。在舰上蒋对宋美龄“常提家事，并念如余死后之家事”。夫妻情深，乐极生悲。年近五十的蒋介石撰写日记，以代遗嘱，称：

> 一、余死后，不愿国葬，而愿与爱妻美龄同葬于紫金山紫霞洞之西侧山腹之横路上。二、余死后，凡武岭学校，以及不属于丰镐房者，皆全归爱妻美龄管理。三、余死后经国与纬国两儿皆须听其母美龄之教训。凡认余为父者，只能认余爱妻美龄为母，不能有第二人为母也；四、农民银行之资本金，与公记户存款，皆为国家公款，本为发展航空之用，如余死后若能仍为建设空军更好，否则当加作遗族、武岭、政治三学校基金各一百万之外，其余应并入中央银行，作为农村复兴永久之基金，家庭私人不得参加干预其事也。②

7 月 10 日 由宁飞沪，停留二三日即赴赣。③

7 月 13 日 由南京下关军码头乘舰前往九江。④

7 月 22 日 住庐山，是时蒋主持庐山军官训练团训练，下午陪蒋游黄龙潭后，访林森主席。⑤

7 月 26 日 与蒋介石离开星子县，乘军舰往南昌行营。

8 月 15 日 在庐山陪护因劳累致病的蒋介石，蒋连日在寓休养，在日记中写道：“妻侍病护疾，忧劳异甚，其诚切实过于割肉疗疾也。”⑥

---

① 袁惠常编：《蒋中正“总统”档案：事略稿本》（26），第 495 页。

② 《蒋介石日记》（1934 年 7 月 5 日），美国斯坦福大学胡佛研究所藏。

③ 《蒋委员长赴赣》，《申报》1934 年 7 月 11 日。

④ 《蒋委员长抵汉》，《申报》1934 年 7 月 14 日。

⑤ 袁惠常编：《蒋中正“总统”档案：事略稿本》（27），台北“国史馆”2007 年版，第 29 页。

⑥ 《蒋介石日记》（1934 年 8 月 15 日），美国斯坦福大学胡佛研究所藏。

8月下旬至9月 在庐山陪同蒋介石对军官团进行第三期训练。蒋宋夫妇认为："此地林泉清幽，致足乐也。"[①]

9月19日 陪蒋游览江西石钟山。

10月4日 与蒋介石离开庐山前往武汉，指导豫鄂皖三省"剿匪"机宜并视察市政。[②]

10月5日 上午与蒋介石乘永绥舰抵汉，视察三省边区"剿共"进度。当晚在行辕邀张学良等共进晚餐。[③]

10月上旬 陪同蒋介石前往华北、西北各地视察，随行的有张学良、端纳等人。

10月10日 与蒋介石在洛阳参加阅兵国庆典礼和洛阳分校第二期开学典礼。[④]

10月12日 随蒋飞抵西安。翌日由杨虎城夫妇陪同赴西安碑林游览。[⑤]

10月14日 在西安，举行与西方教会人士座谈会。蒋宋宣传"新生活运动"。多年后，宋美龄对于此次西安之行的业绩仍念念不忘，宣称：

> "新生活运动"另一个更重大的成就，就是为了公共福利而和教会保持密切关系，这也可说是"新运会"最显著的成就之一。1934年，当我同委员长旅行中国西北之初，我们即第一次在西安聚集了所有外国的各宗教团体，向他们说明"新生活运动"，并商讨改善人民生活的合作办法。那些教士们都很高兴，因此，一个合作努力的计划立即就安排好了，他们这种真忱的反应，无论是对于他们自己的团体或对于"新生活运动"都是很有益

---

① 袁惠常编：《蒋中正"总统"档案：事略稿本》(28)，台北"国史馆"2007年版，第184页。

② 袁惠常编：《蒋中正"总统"档案：事略稿本》(28)，第205页。

③ 《蒋委员长抵汉》，《申报》1934年10月6日。

④ 袁惠常编：《蒋中正"总统"档案：事略稿本》(28)，第258页。

⑤ 《蒋委员长抵西安》，《申报》1934年10月14日。

处的，而一般人民两面受惠。自后，由于兰州、绥远、开封、太原及其他城市教会的合作，各地的合作委员会立即相继成立了。①

宋美龄还以“第一夫人”身份，召集西安高级官员的太太们开会，一方面宣扬自己对“新生活运动”身体力行的推助，另一方面敦促她们关心参与公共事业，重视女子的教育。在宋的启示下，西安高官太太应诺集资筹建戒毒诊所，并陪同宋参观了省立孤儿院和为贫穷少女开设的商业学校。

10 月 17 日 上午与蒋介石、张学良等在西安行辕接见陕西省党政军诸要及经委会西北办事处负责人。随后与蒋、张一行离开西安，飞抵兰州视察。下午，参观兰州制呢厂、造币厂与兵工厂。②

10 月 19 日 与蒋介石等一行由兰州飞宁夏视察。马鸿达在机场迎接，欢迎仪式“颇为热烈”。下午到西北城上视察。

10 月 20 日 与蒋介石、张学良等离开宁夏飞抵西安。

10 月 21 日 上午与蒋介石到咸阳谒茂陵与周陵。下午飞离西安抵洛阳。③

10 月 23 日 与蒋介石由郑州到开封视察。在开封，蒋宋与当地外国传教士举行茶话会，宋美龄用英语读了一份外国记者写的报告，宣传江西省“新生活运动”改造的成绩。宋特别呼吁女教士们要与中国的官员夫人合作，开展美好家庭活动。

与蒋介石飞抵洛阳，刘峙等军政长官前往迎接。④

10 月 24 日 与蒋介石由开封经济南飞抵北平。

10 月 27—30 日 与蒋介石同住北平协和医院检查身体。医生

---

① 宋美龄：《我将再起——“新生活运动”》(1940 年 6 月)，载王亚权编纂：《蒋夫人言论集》(上集)，第 204 页。

② 《蒋委员长昨飞兰州》，《中央日报》1934 年 10 月 18 日。

③ 袁惠常编：《蒋中正“总统”档案：事略稿本》(28)，第 349 页。

④ 《蒋委员长莅汴纪要》，《申报》1934 年 10 月 26 日。

诊断蒋介石“肝胃肠胆皆无恙”。①

11月1日 在北平行辕接见各外国驻北平记者，作私人访谈，讲述游览西北经过。②

11月2日 晚在北平举行记者招待会，作即席发言，报告游览西北经过，并称：“从前错误在国家领袖人物与人民之隔阂，今后当作更多之旅行，俾与人民接近。中国最大之希望，厥为‘新生活运动’，其目的在保全中国旧有之最好文化。近曾邀外国教士合作，因其与人民接近，而能辅助政府也。今已着手者为戒除烟瘾、解放缠足、疗治沙眼三事，俟十年后，中国在‘新生活运动’指导下，定可为世界最伟大之国，中国既已恢复其伟大地位，定能有助于世界之福利，而作精神极有价值之贡献。”当有记者问：“蒋委员长认何种政体为中国最佳政体？”宋答称：“委员长未有模仿希特勒或墨索里尼之意，盖适宜于甲国者，未必适宜于乙国也。”③ 宋美龄借此扩大“新生活运动”和蒋介石在国际上的政治影响。

11月3日 中午由黄郛夫人沈亦云陪同，到北平市戒毒所参观，并捐助三千元，沈捐助千元。下午与蒋介石乘车赴张北视察，同行者有端纳、宋哲元等。④

11月4日 乘车赴张垣大境门外赐儿山，游览塞北风光。

11月6日 晚随蒋介石由大同抵绥远，同行者有傅作义、宋哲元、李服膺、端纳等，云王、德王及萧振瀛等蒙政会官员逾千人至车站欢迎。⑤

11月7日 随蒋介石乘专车至毛织工厂、农林实验场及省府参观，并观看了赛马。在行辕蒋宋夫妇还以茶会招待各外籍牧师。⑥

---

① 袁惠常编：《蒋中正“总统”档案：事略稿本》(28)，第366页。
② 《宋美龄接见外报记者》，《申报》1934年11月2日。
③ 《宋美龄招待外国新闻记者》，《申报》1934年11月3日。
④ 《蒋委员长离平西行》，《申报》1934年11月4日。
⑤ 《蒋委员长抵绥后与云德二王会晤》，《申报》1934年11月8日。
⑥ 《蒋委员长勖绥各界》，《申报》1934年11月9日。

11 月 8 日 中午随蒋介石由绥远飞抵太原。在机场受到阎锡山、孔祥熙、徐永昌、赵戴文等欢迎。下午，阎设宴为蒋宋夫妇一行洗尘。

11 月 9 日 参加太原市各妇女团体欢迎会，会后由阎锡山夫人陪同参观土货商场。

11 月 10 日 蒋宋夫妇出席太原各界联合欢迎会，蒋介石发表“复兴国家民族唯有实行新生活”演讲。会后，夫妇二人由孔祥熙陪同前往太谷孔府，参观铭贤学校，当晚宿孔宅。①

11 月 11 日 与孔祥熙由山西飞抵北平。②

11 月 13 日 上午由黄郛夫人沈亦云陪同，到北平西山万寿寺参观幼稚园，捐资两千元，助该园经费。下午由孔祥熙、黄郛夫人等陪同乘车离平赴津。③

11 月 14 日 与孔祥熙、端纳等离津飞抵济南，孔宋下机后乘车与韩复榘等到省府谈话，对修复曲阜孔庙，中央所捐助二十五元万，除已汇来十万元外，其余十五万元，回南京速汇，并应允对小清河工程及推广棉业财部给予援助。④ 下午，与孔祥熙、端纳等一行，离开济南飞抵青岛视察。

11 月 17 日 上午，与孔祥熙等一行六人，由青岛飞沪。在青岛机场，市长沈鸿烈偕夫人胡英芝暨各机关长官、中外绅商名媛六百余人莅临欢送，孔宋于军乐悠扬中登机南下。宋蔼龄等赴虹口机场迎接。中午，孔祥熙接见新闻记者谈赴平津济青等地收获称：“华北财政已入正轨，各省目前收支均可相抵。”⑤ 不难看出，蒋宋前往华北、西北各地视察一月有余，行至数千里，巡视了十一个省份，增强了蒋介石在边远地区的控制力，扩大了政治影响，宋美龄在宣传推动“新生活运动”中通过与外国教会的合作，加深了与英美等西方国家的关系，扩大了“第一夫人”的政治地位

① 《蒋委员长出席各界欢迎会》，《申报》1934 年 11 月 11 日。
② 《蒋委员长由晋过汉返赣》，《申报》1934 年 11 月 13 日。
③ 《孔祥熙偕蒋夫人昨日离平赴津》，《中央日报》1934 年 11 月 14 日。
④ 《孔宋在济详情》，《中央日报》1934 年 11 月 15 日。
⑤ 《孔偕蒋夫人抵沪谈华北财政已入正轨》，《中央日报》1934 年 11 月 18 日。

和影响，也增强了宋美龄参与中枢决策的自信心和欲望。

11 月 22 日 上午，由沪飞宁，蒋介石赴机场迎接。晚，与蒋介石在官邸宴请美国驻俄大使贝立特，并邀各部会长官作陪。①

11 月 28 日 为慰勉前线“剿共”胜利，特购买价值八千元食物、用品运往各“收复区”，分发犒赏。②

12 月 15 日 与蒋介石等由南京乘机飞杭，渡钱塘江后换车，晚十点四十五分抵溪口。次日，至蒋母旧居，蒋宋夫妇在太夫人遗容前并立，行敬礼三鞠躬。③

12 月 24 日 与蒋介石联名致电孔祥熙夫妇、宋子文夫妇，恭贺圣诞节。④

12 月 29 日 离溪口至杭。

* * * * * *

是年

2 月 蒋介石在南昌行营发起“新生活运动”，自任促进会会长。

7 月 蒋介石宣示对日方针“不绝交、不宣战、不讲和、不订约”。⑤

8 月 南京国民政府通令全国，规定每年 8 月 27 日孔子诞辰日为国家纪念日。

10 月 中国工农红军第五次反“围剿”失败，撤出江西，开始长征。

秋，蒋口授，由陈布雷执笔，以徐道邻的名义发表了《敌乎？友乎？——中日关系的检讨》一文。⑥

---

① 《蒋夫人由沪返京》，《中央日报》1934 年 11 月 23 日。

② 《宋美龄慰劳“剿匪”将士》，《申报》1934 年 11 月 29 日。

③ 《蒋社长孝思不匮到奉化即祭王太夫人》，《励志》1934 年第 2 卷第 52 期。

④ 袁惠常编：《蒋中正“总统”档案：事略稿本》（28），第 613 页。

⑤ 中国国民党中央党史史料编纂委员会编：《革命文献》第 72 辑，台北文物供应社 1977 年版，第 36、149、152 页。

⑥ 中国国民党中央党史史料编纂委员会编：《革命文献》第 72 辑，第 36、149、152 页。

1935 年　三十六岁

1 月 15 日　随蒋由浙返沪。下午同往孔宅访晤孔祥熙夫妇。旋赴虹桥万国公墓吊祭宋母。前往祭祀的有孔祥熙夫妇及子女。①

2 月初　与蒋介石离开南京驻节庐山，“行将入川‘剿赤’”。②

2 月 19 日　上午乘车到高安藻塘，参观第五农村服务区的妇女民校及合作社、训练班等。③

2 月 20 日　与蒋介石离开南昌，前往武汉。蒋介石提出：入川事处理与入川时间应须审慎。④ 此时，南京国民政府军委会撤销南昌行营，建立重庆行营。

3 月初　随蒋介石督师西南，追击长征中的工农红军。在武汉接蒋飞抵重庆电文，随即由汉乘永绥舰入川。⑤ 这是宋美龄第一次入川，美丽的三峡风光，沿途的风土民情，纤夫们赤膊工作“形同牛马”拉纤的身影，金沙江畔淘金工人手工作业，“工作半日，每人只得两角钱的代价”的情景，给宋美龄留下了深刻的印象，成为日后训导遗族学校学生的素材。⑥

3 月 10 日　由巴渝舰护送抵达四川。蒋亲乘轮溯江三十里迎接，自江边至蒋宋寓所，沿途皆有军队防护。⑦

在四川，宋美龄只到了重庆，未到其他的地方，但仍以“第一夫人”身份，下船伊始，发号施令。宋美龄对川政的不满有三：一、借住宿为由，鞭挞四川军阀。宋美龄称：“我们住在一座大的

---

① 《蒋宋谒宋母墓》，《申报》1935 年 1 月 16 日。

② 袁惠常编：《蒋中正“总统”档案：事略稿本》（29），台北“国史馆”2007 年版，第 349 页。

③ 《宋美龄参观妇女民校》，《申报》1935 年 2 月 20 日。

④ 袁惠常编：《蒋中正“总统”档案：事略稿本》（29），第 416、482 页。

⑤ 袁惠常编：《蒋中正“总统”档案：事略稿本》（30），台北“国史馆”2008 年版，第 24 页。

⑥ 宋美龄：《西南漫游》（1935 年 4 月、5 月、7 月），载王亚权编纂：《蒋夫人言论集》（上集），第 456—457 页。

⑦ 《宋美龄抵渝》，《申报》1935 年 3 月 11 日。

房子里，我和委员长都不喜欢这座房子，因为这房子是用人民血汗造成的呀！四川是我们中国最富省份之一，但是被历来贪婪无厌的军阀剥削，自饱私囊，反把四川搅得民穷财尽。他们所以敢如此猖狂，病根就是在他们不知‘爱国’为何事！”[①] 二、对川民种植、吸食鸦片不满。宋美龄致函遗族学校称：“川黔省份的民众都被鸦片弄穷了，不良的官吏使他们种烟、吸烟以便大饱私囊，烟祸若不扫除，中华民族就要灭亡！所以我同委员长无论到何处，都要大声疾呼扫除烟祸！设法训练民众，禁止吸烟，免得我们的民众沦为奴隶。在重庆的时候，我们劝告官吏将烟馆一律关闭，现在我又设法使妇女们也组织起来，共同肃清烟病，可惜他们毫无训练，对于组织开会等仪式，一点都不知道，做起来实在困难。”三、对四川无人担起复兴的责任不满。宋美龄认为四川的物产是最丰富的。“但是四川与别省犯着一样的毛病，就是无人担起这复兴的责任。这也就是整个中国贫弱的原因……委员长与我正努力提倡一种新运动，要来开发富源，倡办工厂，制造我们所需要的东西。改良农业增加生产，使我们的民食从此充裕。这个运动就叫做‘国民经济建设运动’。”[②] 当时的四川军阀刘湘和刘文辉正在忙于争夺地盘，对蒋宋干预四川的军政事务不予理睬。3 月下旬，红军三渡赤水，进入川南。

3 月 15 日　赣省教育厅厅长呈文，请求补助赣省特种教育经费。呈文称：“为训练师资设立民校之用，现本省收复县已设中山民校二百四十所，又南丰实验区一所，新收复区特教推行所一所，连同训练行政视导等费月共需二万余元，此项行营按月一万元补助费极为需要……现以事业进展结果月需经费甚巨，按月一万元之补助费，骤予停止，各县劫后疮痍，万难筹款弥补……本省特

---

① 宋美龄：《西南漫游》（1935 年 4 月、5 月、7 月），载王亚权编纂：《蒋夫人言论集》（上集），第457 页。

② 宋美龄：《西南漫游》（1935 年 4 月、5 月、7 月），载王亚权编纂：《蒋夫人言论集》（上集），第 458—459 页。

种教育承指导扶助，用敢电谏敬乞鉴，察特呈委座赐于核准为祷。”[①]

3月18日 在重庆与蒋介石召集西方传教士座谈，下午与蒋登佛图关游览。[②]

3月20日 “新生活运动”总会书记阎宝航对记者谈称：“蒋夫人以为‘新生活运动’，应从大处着眼，彻底改革我国人民生活之旧习惯与恶习惯，而为复兴民族之基础，对于取缔剪发烫发意见在崇尚朴素大处着眼，并非强迫干涉与禁止。”[③]

3月21日 在重庆召集地方官员夫人及西籍女教士数人，筹商设立妇女戒烟所，宋捐五千元，妇女界难民救济会拨五千元，作戒烟所经费，积极筹备。带动了重庆职工俱乐部呈请重庆市政府设免费戒烟所，并取缔烟品。[④]

3月24日 与蒋介石乘飞机由重庆到贵阳计划“剿共”事宜。[⑤]

4月 在贵阳给遗族学校学生写信，宣扬她与蒋介石在贵州“督剿”红军的战绩。[⑥] 事实上红军在贵州采用高度灵活的运动战方针，四渡赤水歼灭了大量敌人，蒋介石指挥失算，却斥责“剿共”部队“将士愚弱，不能遵照旨意。致‘匪’东西自如，不能如计歼灭，任其偷窜者三次，失却良机”。蒋宋夫妇“一月来惊心吊胆寝食不安”。蒋在4月25日日记中自慰：“夫妻和乐同道，足以制胜一切忧患也。”[⑦]

4月7日 致信遗族女校同学，庆幸她们“能够很安乐的生活而且受着良好的教育，能够在世界上寻得增进德业的门径，将来

---

① 《赣省教育厅长致蒋夫人呈文》（1935年3月15日），一般资料，卷宗号：0020000001603A，台北“国史馆”藏。

② 袁惠常编：《蒋中正“总统”档案：事略稿本》（30），第154页。

③ 《宋美龄对取缔剪发烫发意见》，《中央日报》1935年2月21日。

④ 《宋美龄在渝》，《中央日报》1935年3月23日。

⑤ 袁惠常编：《蒋中正“总统”档案：事略稿本》（30），第194页。

⑥ 宋美龄：《西南漫游》（1935年4月、5月、7月），载王亚权编纂：《蒋夫人言论集》（上集），第459页。

⑦ 袁惠常编：《蒋中正“总统”档案：事略稿本》（30），第327、573页。

又能够有帮助同胞服务国家的机会”，应时刻记着“受教育的宗旨是要帮助你们的国家及你们的同胞”。①

4月26日 “新运”总会将各种服务团改为劳动服务团，总会特聘宋美龄为全国妇女劳动服务团指导长，宋复允担任。②

5月1日 赴贵阳东山慰问伤兵。③

5月3日 在贵阳与蒋介石乘车到花谷崂扒火寨考察当地青苗生活，4日又到龙里游览观光。④

5月10日 下午与蒋介石由贵阳飞抵云南视察。此时，红军“已全部渡过金沙江”，蒋介石欲“速灭”红军，“与龙云商西南及贵州大局”，“以挑选部队紧追”。⑤ 在昆明，云南省主席龙云举行盛大欢迎仪式，自飞机场至云南大学十五里之间，沿途列队，途为之塞。⑥ 还举办提灯会，陪同游览昆明西山、滇池等名胜山水。

5月19日 下午前往昆明陆军医院慰问伤兵。

5月21日 下午乘滇越铁路电轮车赴个旧，参观锡矿矿山，随行者有吴稚晖、陈布雷等。⑦

5月23日 接蒋介石自重庆来电称：“美国代表定星期六由渝回沪，兄拟约其星期五晚餐，未知妹明日能天晴回渝否?”翌日由昆明飞抵重庆。⑧

5月25日 晚与蒋介石宴请美经济考察团。⑨

5月26日 下午与蒋介石离开重庆飞抵成都。蒋拟“会刘湘商战事”⑩。在成都，宋美龄对沿着地势筑成的古城饶有兴致，她

---

① 《致遗族女学校同学书》，《遗族校刊》1935年第2卷第4—5期。

② 《宋美龄允任女劳动服务团指导长》，《妇女月报》1935年第1卷第5期。

③ 《最近政界消息》，《申报》1935年5月3日。

④ 袁惠常编：《蒋中正“总统”档案：事略稿本》(31)，台北“国史馆”2008年版，第12、15页。

⑤ 袁惠常编：《蒋中正“总统”档案：事略稿本》(31)，第48、51页。

⑥ 《蒋委员长飞抵昆明》，《申报》1935年5月11日。

⑦ 《宋美龄参观锡矿》，《申报》1935年5月22日。

⑧ 袁惠常编：《蒋中正“总统”档案：事略稿本》(30)，第144页。

⑨ 袁惠常编：《蒋中正“总统”档案：事略稿本》(31)，第156页。

⑩ 袁惠常编：《蒋中正“总统”档案：事略稿本》(31)，第157页。

对店铺林立、工艺精巧的成都手工工艺品，推崇其价廉物美，但住了一段时日后，她感到厌倦，认为："成都在历史上虽很出名，但比起我国其他的古城来，可供游览的地方并不多。它的城墙很高很广，周围约九英里。我时常上去散步，差不多把它走遍了。城墙是唯一可以供我们散步的地方。城里的街道很狭，人又拥挤，所以散步起来极不舒服。"①

6月7日 在成都经医生检查诊断，肝有病，不久出现脑眩作呕状。②

6月10日 根据屈辱的《何梅协定》，中国驻河北的军队之撤换、河北省包括铁路党部在内的国民党党部之撤销成为事实。蒋宋夫妇"悲愤欲绝"，吞下这个"攘外必先安内"的苦果，他们"通晓未成眠"。宋美龄"乃下泪"，蒋在日记中写下了"爱国之切，爱夫之笃，吾妻诚不愧女中英豪矣"③ 之感怀。

6月12日 在成都与蒋介石举行茶会，与七十多位西方传教士晤谈与"新运"工作者共同合作问题。④ 是月，在《美国论坛》杂志发表《中国的新生活》，进一步宣传"新生活运动"的意义。她竭力推崇蒋介石在"新生活运动"中倡导的旧道德的作用，称："'新生活运动'的恩惠，已经达到低层的民众，同时对于已觉醒的开明分子，也有相当的功绩。江西一经实施以后，全国就闻风响应，委员长最近巡游十二行省，所到的城市，多数是清洁整饬，大改旧观，同时人民有道德观念，官吏有责任心。"还称："委员长和我，到了各大城市，总要召集教会团体，开会谈话。他们莫不立刻表示，愿意在他们城区之内，与'新运'工作者共同合作。"她对"新生活运动"充满自信。她认为"有人批评'新生活运动'，以为全国人民衣食尚且不给，而高谈精神复兴，是无济于事的。我们可以根据事实来驳辩这种批评不当，全国上下，自

---

① 宋美龄：《西南漫游》（1935年4月、5月、7月），载王亚权编纂：《蒋夫人言论集》（上集），第473页。

② 王宇高、王宇正编：《蒋中正"总统"爱记》（二），第130—131页。

③ 袁惠常编：《蒋中正"总统"档案：事略稿本》（31），第314页。

④ 袁惠常编：《蒋中正"总统"档案：事略稿本》（31），第352页。

高官以迄苦工，倘使人人的日常生活，能遵循此四种原则，决没有衣食不足的道理。”①

6月27日 收到山西太原妇女“新生活运动”服务团电贺宋美龄担任指导长。②

6月30日 蒋介石对半年间宋美龄助其“安内”评价说：“川滇黔因此得以统一，完全入于中央范围之中。国家地位与民族基础能因此巩固，是夫妻努力，自觉事业日益加难而成效亦日益显著，深信上帝之使命决非偶然者也。”肯定宋美龄在“剿共”战争及国民党中央军势力渗透西南地区过程中的作用。

6月 在四川华西大学毕业典礼上讲演《国民牺牲精神与女界责任》。③

7月2日 在成都蒋介石称赞宋美龄曰：“吾妻谋国之忠，爱国之切，刺激之烈，几难名状。国有良妻，人心犹在，复兴必成也。”④

7月23日 与蒋介石在峨眉山。蒋拟举办峨眉山军官训练团自兼团长，对川滇黔军队营连军官进行短期培训，使其“脱胎换骨做一个崭新的现代军人”。“从此以后，只知道有我们的党国和我们的政府……共同努力来完成国民革命。”又因两月中日本策划华北事变，“威胁利诱逼迫异甚”，宋常陪蒋游览峨眉名胜古刹，使蒋“胸襟调畅”。⑤

7月 下旬，她在给南京遗族学校学生的信中称居所“景色绝美”。她与蒋“常常爬到一块小山石上，静静坐下，那里空气很凉，日光也并不强烈，仰脸看着那庄严伟大的峨眉山。到晴天，位于最高峰名‘金顶’那里的庙宇也清晰可见”。“什么时候我才

---

① 宋美龄：《中国的新生活》，载《蒋夫人言论集·卷二》，国民出版社1939年版，第389—390页。

② 《电贺蒋夫人担任指导长》，《中央日报》1935年6月28日。

③ 宋美龄：《国民牺牲精神与女界责任》，《华兴周刊》1935年第32卷第25期。

④ 袁惠常编：《蒋中正“总统”档案：事略稿本》(31)，第575页。

⑤ 袁惠常编：《蒋中正“总统”档案：事略稿本》(32)，台北“国史馆”2008年版，第154、158、132、118页。

能到那里去看一看呢？”因为“自山麓攀登峨眉绝顶，至少需时两天”，而且攀登峨眉，“真是惊心动魄的玩艺儿。不能坐轿，无数的阶层，要你两腿去爬……有些地方虽然可坐轿，但经过仙人洞的那一段，石级既多，而且十分危险，轿子就无法行走了”。宋美龄详述了此行的遗憾，写道：“委员长曾结伴去过，可惜我没参加……我们（指与蒋）常常静坐观山的地方，仰视山巅。”并表示“我日后仍然想上去一游”。①

8月23日 在南京，亲送蒋至机场，蒋因汪精卫辞职事回南京挽留，事毕仍回川“督剿”。②

8月25日 在上海，蒋介石致电嘱：“存沪重要书籍与日记，请此次带川。凡历史有关之件皆不宜藏沪。”③

8月 下旬，再次小产。④

8月30日 收到蒋自成都电函曰：“爱在沪须将身体诊治调养完全，勿必急来。此间气候不佳，恐爱来增病也，兄身体甚好，自能当心，不必挂念。”⑤

9月6日 在宋未莅会的情况下，被首都妇女赈灾募捐委员会推为名誉常委，定9月底举行音乐会筹募赈款。⑥

9月7日 蒋介石自成都致电，表示对宋美龄推荐某机构人选不满。电文称：“经济建设运动实施之准备事务复杂，恐非刘君耳聋体弱者所能胜任。应重新选人，并从速成立筹备机关。”⑦

---

① 宋美龄：《西南漫游》（1935年4月、5月、7月），载王亚权编纂：《蒋夫人言论集》（上集），第485页。

② 《蒋委员长飞成都》，《中央日报》1935年8月24日。

③ 袁惠常编：《蒋中正“总统”档案：事略稿本》（32），第355页。

④ 1935年8月21日，陈诚在致其妻家书中提及宋美龄再次小产，云：“委座赴京（南京），夫人同行否？以其望小孩之切，此次又小产，实可惜。然无小孩亦有好处，不然决不能如此自由行动。”参见何智霖、高明芳、周美华编：《陈诚先生书信集：家书》（上），台北“国史馆”2006年版，第336页。

⑤ 袁惠常编：《蒋中正“总统”档案：事略稿本》（32），第372页。

⑥ 《首都妇女赈灾募捐委员会推宋美龄为名誉常委》，《中央日报》1935年9月7日。

⑦ 《蒋中正“总统”文物：一般资料——民国二十四年（五十一）》，卷宗号：002000001638A，台北“国史馆”藏。

9月22日 蒋介石自成都致电，期盼宋翌日“驾飞重庆”，并嘱随身带来佣人与厨师。①

10月中旬 在农村服务区管理处召开第三次干事会议并颁训词，要求农村服务人员对本身工作应有深切浓厚之志趣，使推动之新生活与新理想，灌注于一般农民之心孔。②

10月15日 蒋宋电宋子良、宋子安即来奉化。③

10月20日 与蒋介石由南京飞甬，前往奉化休养。④

12月1日 结婚八周年纪念日，蒋介石感怀称：“夫妇之爱，与年俱增。”⑤

12月2日 由南京飞沪，为孔祥熙夫妇两女公子孔令仪、孔令俊赴美留学送行。⑥

12月26日 对蒋介石所处内忧外患的境况深表忧虑，日前外交部次长唐有壬在沪被刺，为抗日救亡请愿的学生纷纷涌向南京，急于赴西北“督剿”红军的蒋介石难以脱身。宋对蒋说：“古今中外所处时代与环境之困难危殆，未有如吾人今日所处之甚也。”⑦月底赴沪就医。

* * * * * *

是年

3月27日 国民党中央政治会议议决特任蒋介石为特级上将。⑧

---

① 袁惠常编：《蒋中正“总统”档案：事略稿本》（33），台北“国史馆”2008年版，第456页。

② 《农村服务通讯》1935年第5期。

③ 《蒋中正“总统”文物：一般资料——民国二十四年（五十八）》，卷宗号：002000001645A，台北“国史馆”藏。

④ 《蒋委员长由宁飞甬》，《中央日报》1935年10月21日。

⑤ 王宇高、王宇正编：《蒋中正“总统”爱记》（二），第136页。

⑥ 《宋美龄由宁飞沪》，《中央日报》1935年12月4日。

⑦ 袁惠常编：《蒋中正“总统”档案：事略稿本》（34），台北“国史馆”2009年版，第733页。

⑧ 袁惠常编：《蒋中正“总统”档案：事略稿本》（30），第222页。

3月28日 国民政府任孔祥熙为中央银行总裁。①

5月 日军在华北武装挑衅，公开策动华北五省“自治运动”。

7月6日 北平军分会代理委员长何应钦与华北驻屯军司令官梅津美治郎签订《何梅协定》。

8月1日 中国共产党中央发表《为抗日救国告全国同胞书》，呼吁全国各阶层、各党派、各军队团结起来，停止内战，一致抗日。

10月 中共红军长征抵达陕北。

10月2日 国民政府特派蒋介石兼西北“剿共”总司令、张学良兼副总司令。②

11月1日 汪精卫在南京遇刺受伤。

11月12—23日 国民党第五次全国代表大会在南京举行。大会宣言列举了“建设国家，挽救国难”的十项要计，将国策要点转向“攘外”。③

11月26日 南京国民政府对日妥协，设立“冀察政务委员会”，任命宋哲元为委员长。

12月9日 北平学生一万多人举行大规模的抗日救国游行示威，掀起“一二·九”抗日救亡运动。

1936年 三十七岁

1月1日 出席上海基督教广播协会电台揭幕仪式并致辞。吁请人人能在爱国救国的共同目标之下团结一致，为了本国，更进一步为全世界的幸福而工作。④

1月2日 蒋介石电熊式辉称，宋美龄可加入收回牯岭租界后

① 袁惠常编：《蒋中正“总统”档案：事略稿本》(30)，第247页。
② 袁惠常编：《蒋中正“总统”档案：事略稿本》(33)，第491页。
③ 茅家琦、徐梁伯等：《中国国民党史》(上)，第529页。
④ 《一矢易折，众矢难摧》，《中央日报》1936年1月4日。

之中西顾问。①

同日 电陈诚、谭祥，祝贺弄瓦之喜并请注意调养。②

1月 国民政府军事委员会“航空委员会”由南昌迁到南京。为了加强控制，协调内部，蒋介石以宋美龄作为襄助空军发展的助手。

2月8日 蒋介石在日记中称赞妻子写道：“勤奋可感，公务为之一振，空军必有长足进步也。”③

2月10日 “新运”总会于1月迁至南京后，为统筹全国妇女“新生活运动”，在南京设置“新生活运动”促进总会妇女指导委员会，宋美龄担任指导长，主持制定了一系列组织及工作章程，并以指导长名义通函各地“新运”会，查照《省市县“新生活运动”促进会妇女工作委员会或劳动服务团调查表》填报。函称：

> 本委员会业经成立，兹为调查各地“新运”促进会妇女“新运”之组织与工作状况以为改进之依据，特检同调查表，希即查照填报本会（通讯处南京第一公园），如无是项组织者，将来有否组织可能，并希分别述明。嗣后关于妇女“新运”工作报告或消息，尤希直接寄至本会一份，以资有所联系，藉增工作效率为荷。④

不久，即视察各地妇女工作，指导编辑《妇女新生活月刊》，设计拟定各种工作方案等。⑤

2月14日 发起组织“新运”总会妇女指导委员会。拟定并通过会章，推吴贻芳为副指导长，罗家伦夫人张维桢任秘书，马

---

① 《蒋中正“总统”文物：一般资料——民国二十五年（一）》，卷宗号：0020-00001652A，台北“国史馆”藏。

② 《蒋中正“总统”文物：一般资料——手稿录底（二十三）》，卷宗号：0020-00001807A，台北“国史馆”藏。

③ 《蒋介石日记》（1936年2月8日），美国斯坦福大学胡佛研究所藏。

④ 《本会成立之经过》，《妇女新生活月刊》创刊号1936年11月。

⑤ 《会务概要——本会一年来工作简报》，《妇女新生活月刊》1937年3月。

超俊夫人沈慧莲负责召开南京妇女“新生活”工作委员会。①

2 月 19 日 在励志社召集首都各界妇女团体代表集会，讲演《新生活与妇女》，重申推行“新运”之必要与方针，并为“新生活运动”二周年纪念特刊题词“礼义廉耻”。②

3 月 21 日 与蒋介石在奉化扫墓游览。

3 月 26 日 召集当地妇女领袖，协商并议决由武岭学校邓夫人负责主持，指导乡村妇女工作。③

3 月 28 日 在杭州召集各妇女团体领袖开会，指定浙江省主席黄绍竑夫人负责筹备浙江省妇女工作委员会。④

是日 由浙抵南京。⑤

3 月 29 日 倾力支持蒋介石，使蒋认为“夫妻同心救国，协力救民，为人生无上之幸福”⑥。

4 月 3 日 蒋介石电嘱，请代慰问宋庆龄病情。⑦

同日 电蒋称，苏俄有巨量增兵开到东西伯利亚，此或系关东军造谣，借口于满洲增兵冀东伪组织，向伪满求订防共协定等。⑧

4 月 4 日 与蒋介石到句容参观产马场。⑨

4 月 6 日 早起与蒋审查各部预算，决定预算标准。蒋介石叹曰：“此事太费心力，自觉疲乏异常。吾妻亦更倦矣。吾夫妻两人为国宣劳，身固忙苦，心则安乐也。”⑩ 不日，宋离南京赴沪医病，

---

① 《蒋夫人发起组织“新运”妇指会》，《申报》1936 年 2 月 15 日。

② 《蒋夫人昨召集妇女团体代表谈话》，《中央日报》1936 年 2 月 20 日。

③ 《蒋夫人日前在杭亲加指导》，《中央日报》1936 年 3 月 29 日。

④ 《妇女“新运”指委会筹设各省妇女工作会》，《申报》1936 年 3 月 29 日。

⑤ 王宇高编：《蒋中正“总统”档案：事略稿本》（36），台北“国史馆”2008 年版，第 166 页。

⑥ 王宇高编：《蒋中正“总统”档案：事略稿本》（36），第 207 页。

⑦ 《蒋中正“总统”文物：一般资料——民国二十五年（三）》，卷宗号：0020-00001654A，台北“国史馆”藏。

⑧ 《蒋中正“总统”文物：一般资料——民国二十五年（三）》，卷宗号：0020-00001654A，台北“国史馆”藏。

⑨ 王宇高编：《蒋中正“总统”档案：事略稿本》（36），第 244 页。

⑩ 王宇高编：《蒋中正“总统”档案：事略稿本》（36），第 265 页。

蒋到武汉、四川、云南、贵州、湖南、江西视察，并计划全力“进剿”陕北红军。①

4月19日 蒋介石自成都致电，询问孙夫人病状，请代慰问。当时宋庆龄正在上海住院治疗盲肠炎。②

4月 受蒋介石之命，担任航空委员会秘书长。

5月 对航空委员会进行人事改组，提拔周至柔为航空委员会主任，调任原航空委员会主任陈庆云为中央航空学校校长。这一调任，为广东籍的陈庆云日后策动两广空军军官“投诚”埋下了伏笔。③

5月6日 蒋由宁抵沪看望妻病始知：“其开割内症，始终不忍电我，今见乃知其症之危也。”④

5月7日 与蒋介石视察宝山吴淞公路。翌日与蒋在沪祭扫父母之墓。

5月29日 在南京第一公园举行露天茶会，招待南京妇女界，以联络南京女界妇女感情，并推进妇女“新运”工作。到会者二百余人。宋在致辞中要求大家以身作则，由家庭开始，推广于社会与国家。⑤

6月14日 参加遗族学校游泳池开幕典礼并行剪彩礼。⑥

7月2日 在南京防空委员会接见西南彝族沿边土司代表高玉柱女士，并邀请赴遗族女校讲演。⑦

7月18日 写信给 Wheeler，主要介绍中国的近况。

信中首先介绍了中国的内忧外患，说：“最近一两年，我和委员长一起飞赴全国各省，花了大量时间视察许多远离中央政府的地方。这项举措旨在改善中央政府与地方官员之间的关系……同

---

① 王宇高编：《蒋中正“总统”档案：事略稿本》（36），第490页。
② 王宇高编：《蒋中正“总统”档案：事略稿本》（36），第409页。
③ 王丰：《一个真实的宋美龄》，第179—180页。
④ 《蒋介石日记》（1936年5月6日），美国斯坦福大学胡佛研究所。
⑤ 《宋美龄招待京妇女界》，《申报》1936年5月30日。
⑥ 《校长蒋夫人行剪彩礼》，《中央日报》1936年6月14日。
⑦ 《西南夷族代表谒见蒋夫人》，《中央日报》1936年7月3日。

时，我们也着力宣讲实行立宪政体的计划……但这项促进统一的举措却因日本的阻挠而中途生变，因为自从共和国成立以来，日本对华政策便是要尽可能阻止中国统一。”信中她维护政府“攘外必先安内”政策，认为两广事变是“两省以抗日为名，实则意图推翻中央政府”。“中央政府迅速揭穿他们的阴谋，迫使他们取消了进军的行动。”在介绍“围剿”中共红军时说：“几年前他们被赶出江西的大本营，逃窜到湖南、贵州、云南和四川等省份，后又马不停蹄追击他们的中央军，前方不时遭遇地方军的袭击。”“中央政府光是在‘追剿’上就消费了大量的时间与物资，更不用说人力投入了。”信中辩称：“中国武装力量薄弱，难以遏制日本的野心，其他国家显然也不会对日本侵华有所表态或行动，中央政府唯一能做的，只有促成国内团结，攘外必先安内。”她驳斥指责中国对日妥协退让的舆论说：“中国尽一切可能避免灾难性的战争，以至于在很多人眼中显得十分懦弱。然而，在做好一切准备之前防止冲突并不是懦弱，而是谨慎。”①

7月26日 与蒋介石自7月18日离京到庐山休养。② 据蒋日记记载：“晚以妻为受外来刺激，深夜呓语失智觉者约一小时余，不胜忧惶。幸祷告后安睡如常，此心方安。”③

8月11日 与蒋介石离开庐山飞抵广州。这是蒋离开广东十年后初次重返，欢迎之盛，达到极点。蒋此行拟对和平解决两广事变作进一步谋划。④

翌日 与蒋介石到黄埔军校旧址视察。

8月23日 由沪抵港避暑。⑤

---

① 宋美龄：《致 Wheeler 的信函》（1936年7月18日），载《宋美龄书信集》（未刊稿），南京大学中华民国史研究中心。

② 王宇高编：《蒋中正“总统”档案：事略稿本》（37），台北“国史馆”2009年版，第522页。

③ 《蒋介石日记》（1936年7月26日），美国斯坦福大学胡佛研究所。

④ 《蒋飞抵粤》，《申报》1936年8月12日。

⑤ 《蒋夫人宋美龄到港避暑》，《中央日报》1936年8月24日。

9月1日 蒋介石电函探寻病情，并约中秋前相会。[①]

9月8日 应香港总督邀请，出席招待茶会。9日由港返粤。[②]

9月24日 在庐山收到蒋介石自广州电告英国空军司令今来粤访问，蒋询问宋有否与港督夫人通信。因8月下旬宋曾赴港求医受到港督夫人礼遇。显然有意通过夫人私谊，加强中英关系。宋接电后即在庐山专电香港总督夫人表达敬意。[③]

10月10日 在上海《字林西报》发表《舆论的形成》，指出中国：

> 如今这种舆论影响力的伟大，值得我们大书特书。例如福建叛变的平定，能如此迅速，完全因为全国舆论的一致反对的缘故。四川省的军阀，二十年来内战了四百多次，于是把这富庶的省份搅得十分贫乏，似乎永远没有归附中央的可能，但时机一到，立即归入中央政府直接统治，转变的迅速，出人意外。又如僻远的贵州省，军阀政权，能于短期间内，完全消除，似乎也是不可能的事。又像粤桂异动的早日解决，不明白中国近来进步实况的人，也会感到万分神奇，实则舆论所归，可说是无坚不摧呢。[④]

同时发文纪念《“新生活运动”》，再次宣传“新生活运动”的意义和两年来所取得的成绩。她指出：

> 这运动包含着除旧更新的原则，是以鼓励人民改革生活和思想的习惯，提高他们的道德精神，给予他们以

---

① 《蒋中正“总统”文物：一般资料——民国二十五年（七）》，卷宗号：0020-00001644A，台北“国史馆”藏。

② 《港督茶会招待蒋夫人》，《申报》1936年9月9日。

③ 王宇高编：《蒋中正“总统”档案：事略稿本》（38），台北“国史馆”2010年版，第263、513、531页。

④ 宋美龄：《舆论的形成》，《字林西报》1936年10月10日。

深深的感动，使他们不论对人对己，以及对于地方团体或整个国家的事业，都发生极大的兴趣。这运动并非徒托空言，也不是视作装饰，更不是好高骛远的。这是一种改良生活习惯、发展民族精神的现实努力。我们第一步是鼓励大众，养成有秩序的习惯，所有居室和环境都保持清洁，然后大家的思想，也会跟着纯洁了。同样地，一村一镇一市都能讲究卫生，保守秩序，到相当时期，大家旧有的一切缺点，也就能洗刷净尽了。我们从最小处着手，向最大的目标迈进，循序推行，直到获得最后的成功为止。这个运动，无疑有许多工作，等待着女性的效力，保持家庭的清洁、赞助社会改革等等，都是妇女责无旁贷的任务。所以也可以说，复兴民族的工作，女性是基本方面的切实服务者……我以为任何妇女只要有知识、有魄力、有志趣、有干才、有目标，就能做到她所愿做的事业。①

是日　与蒋介石等检阅中国童子军。②

10 月 11 日　与蒋介石在杭州巡视航空学校。

10 月 12 日　与蒋介石到杭州翁家埠机场观看飞机轰炸实验。蒋对三年来发展空军取得的显著成绩很欣慰，对宋美龄说：“以三年精神与夫妻合力而得有今日成绩，五年之内期欲赶上倭国空军，则可以保我国之安全矣。”③

10 月 13 日　对国民党空军人事调整和军事采购事宜进行深入研究，工作倾力投入，积劳染疾。蒋介石日记写道：“妻病甚忧，而彼对空军之整理不愿因病稍缓，爱国心切，实所罕见，惟鉴上

---

① 宋美龄：《“新生活运动”》(1936 年 10 月 10 日)，载王亚权编纂：《蒋夫人言论集》(上集)，第 42—43、45 页。

② 《蒋委员长及夫人宋美龄等国庆节检阅中国童子军》，《礼拜六》1936 年第 662 期。

③ 王宇高编：《蒋中正“总统”档案：事略稿本》(38)，第 602 页。

帝护佑，祝其痊愈也。”[①]

10月27日 蒋介石自西安来电谓：“告以贵恙如何？甚恐飞行劳苦有碍病体，则吾爱不必为祝寿来陕，明年正五十岁补足可也。如必欲来则拟于三十日派飞机来迎，在洛阳相会。”阴历9月15日为蒋介石五十岁生日，有人提议“献机祝寿”。蒋介石一方面“以此纪念个人则万万不敢承受”表示“避寿”[②]，另一方面与宋美龄约定，前往洛阳参加由宋美龄参与筹划的庆祝大会与飞行表演。

11月11日 接受国民政府颁给的三等云麾勋章，奖励航空委员会秘书长任上筹划国防事功。[③]

11月12日 致电蒋介石：“驱逐教官麦唐纳，现由侍从室借用。曾经得兄同意，命渠回校服务。但据施顾问报告，麦现在兄命留洛候命。窃思外籍机师已有三人留洛，似无须留麦。实在情形如何，故请即准麦回杭服务为盼。”

是日 再致电称：“据周主任面陈，兄拟将祝寿购机款内五百万元还农民银行，以便每月可再借用。但妹曾闻兄言，每月由特税内可拨一百八十万，故妹意不必再由农行借款，并民众捐款专为购机，似以不移作别用为便。”

同日蒋复电：“（一）应先将机款五百万元拨还农行，否则航会无从借支，亦并无有每月一百八十万元之特税之说。（二）麦唐纳已饬其回南京矣。”[④]

11月17日 联合有名妇女三十人拟募款救济西班牙内战中受害妇孺。并派代表往访驻华西班牙代表代电，致以慰问。[⑤]

---

① 《蒋介石日记》（1936年10月13日），美国斯坦福大学胡佛研究所藏。

② 高素兰编：《蒋中正“总统”档案：事略稿本》（39），台北“国史馆”2009年版，第61—62、71—72页。

③ 国民政府：《蒋宋美龄勋奖》（1936年10月9日），卷宗号：001035100A056，台北“国史馆”藏。

④ 《蒋中正“总统”文物：亲批文件——民国二十五年十月至民国二十五年十二月》，卷宗号：002000000906A，台北“国史馆”藏。

⑤ 《蒋夫人发起募款救济西妇孺》，《中央日报》1936年11月18日。

11 月 20 日 致电蒋谓，航校经整顿后，大有进步。美顾问现正努力进行，数月后成绩定可观。该顾问报告俟译好即寄上。[①]

11 月 21 日 蒋介石来电索要"航校报告书，请速寄"[②]。

11 月 22 日 致电蒋介石曰，据马利顾问由香港电称，德机两架已无条件交还，现在广州，约星期三四可结束。牧先生拟来洛面商"新运"工作。

蒋复电，牧先生来洛甚好。[③]

11 月 23 日 致电蒋称，妹病已渐痊，现仍医治，以期断根。四川小布礼士君本在行营管理车辆，现在无工作，如兄同意，拟调至航委会工作。今晨妹与庸兄周主任及何尔波禄君会议航会事，已决定再聘美国教官三人为队上训练，机械师六人为机械学校及飞机修理一切。航校进行顺利，如照妹计划做去，六个月后，必有成绩可观。[④]

蒋复电称，皆可照办。

11 月 25 日 致电蒋介石称：绥远战事剧烈，将士劳苦，妹良心上自觉应设法募捐慰劳前线将士。唯恐此举有碍兄之整个大计划，故迟疑未决。应否进行，请即电复。[⑤]

蒋介石再次致电酌定航委会事宜。[⑥]

11 月 26 日 蒋介石致电谈购机、募捐事宜。电曰："募捐事，吾爱自出面将来恐有人借此疑谤，不如托人出面，惟上海及各处捐款应速定统一办法交由中央或上海总机关汇集，先向洛阳行分配，以防弊端也。"当时献机祝寿捐款总数蒋介石虽然"尚未明

---

① 《蒋中正"总统"文物：亲批文件——民国二十五年十月至民国二十五年十二月》，卷宗号：002000000906A，台北"国史馆"藏。

② 高素兰编：《蒋中正"总统"档案：事略稿本》(39)，第 260 页。

③ 《蒋中正"总统"文物：亲批文件——民国二十五年十月至民国二十五年十二月》，卷宗号：002000000906A，台北"国史馆"藏。

④ 《蒋中正"总统"文物：亲批文件——民国二十五年十月至民国二十五年十二月》，卷宗号：002000000906A，台北"国史馆"藏。

⑤ 《蒋中正"总统"文物：一般资料——手稿录底（二十八）》，卷宗号：0020-00001812A，台北"国史馆"藏。

⑥ 高素兰编：《蒋中正"总统"档案：事略稿本》(39)，第 306 页。

了，而所知者已在一千万元以上”。[①] 宋美龄在全国募捐出尽风头，蒋介石电诫回避。

12 月 1 日 接蒋介石来电嘱办诸事谓：“闻膺白兄病危，请代访问为盼。望购人参若干，托明晨商用机带来交西安邵主席转。并望另购数支分送家兄与宋姐丈。”[②]

12 月 5 日 致电蒋介石，美总顾问赖英勃因心脏病在杭暴卒。已电嘱周主任来沪商量善后及继任问题。膺白先生病危，恐难挽救。[③]

蒋复电，请用我夫妇名义致电其家属吊唁并令航校开追悼会。

另蒋介石自西安来电谓：“手书及冬靴皆已收到，甚感。对意顾问检阅报告兄已详批，寄至柔兄。该报告甚好。”[④]

12 月 7 日 电蒋曰：“膺白晨九时逝世，已亲往吊唁。赖英勃顾问遗骸已运沪，追悼会亲到致唁。航校事与周主任黄校长会商后，暂由何尔波禄维持，俟一个半月后司脑君由美来华后再商。”[⑤]

是日 蒋介石复电称：“准照来电之意办理。甚妥。”

12 月 8 日 代表蒋介石前往上海中国殡仪馆礼堂吊唁黄郛。[⑥]

12 月 10 日 接蒋介石自西安电谓：“此间管理监察汽车人员应用甚急，望派前在四川之洋人，来西安总部协助张副司令整理为盼。又西北‘剿共’官兵实比绥远‘剿共’军队更苦，且其责任，亦尤为重要，而反无人慰问，易启西北将士灰心，故望派励志社全部人员，设法来西北，携犒赏品慰劳。其经费可由军需署拨付。”[⑦]

12 月 12 日 上午在上海寓所主持召开关于改组全国“航空建

---

① 高素兰编：《蒋中正“总统”档案：事略稿本》(39)，第 310、92 页。

② 高素兰编：《蒋中正“总统”档案：事略稿本》(39)，第 366 页。

③ 《蒋中正“总统”文物：亲批文件——民国二十五年十月至民国二十五年十二月》，卷宗号：002000000906A，台北“国史馆”藏。

④ 高素兰编：《蒋中正“总统”档案：事略稿本》(39)，第 380、388 页。

⑤ 《蒋中正“总统”文物：亲批文件——民国二十五年十月至民国二十五年十二月》，卷宗号：002000000906A，台北“国史馆”藏。

⑥ 《黄郛遗礼昨日大殓》，《申报》1936 年 12 月 9 日。

⑦ 高素兰编：《蒋中正“总统”档案：事略稿本》(39)，第 403—404 页。

设会”事宜。其间，担任行政院副院长、财政部部长的孔祥熙匆匆赶来，称：“西安发生兵变，委员长消息不明。”宋美龄顿感“不啻晴天霹雳”，惶急中停止会议，随即与孔祥熙及稍后赶来的宋蔼龄商议应对。当时西安方面讯息、交通全部断绝，上海市面谣言四起，宋美龄决定当夜返回南京，并由孔祥熙出面致电张学良，要求确保蒋介石生命安全。电文中对张学良称：“此次之事，弟意或兄痛心于失地之久未收复，及袍泽之环伺吁请，爱国之切，必有不得已之苦衷。尚须格外审慎。国家前途，实利赖之。”

由此可见，西安事变后，第一时间里宋氏家族即以审慎态度应对，与起事者张学良委婉协商，避免刺激中伤。①

12 月 13 日 清晨抵达南京。随行者孔祥熙夫妇、蒋介石顾问端纳。由于牵挂蒋介石安危及难以断定张学良的意图，宋美龄打算派端纳前往西安与张学良沟通，了解实情。8 时前，致电张学良，告以端纳拟即日飞西安。端纳也同时致电张学良，盼即复前往。早餐时，军政部部长何应钦赶来，向宋通报了日前国民党中央临时会议议决讨伐西安的军事计划，激起宋美龄强烈反对。她在事后撰写的《西安事变回忆录》中，写道：

> 时政府中人深受事变的刺激，情态异常紧张。中央常务委员会及中央政治委员会已于星期六深夜开会，决定办法，立付执行，并将叛变首领张学良明令免去军事委员会委员及西北“剿匪”副司令职，交军事委员会严办。命令措词，异常严峻。京（南京）中已于是日晨接到西安发来之通电，署名者除张学良、杨虎城及其重要部将外，复有在西安之中央官吏多人。电中列举非难中央之事状，皆是令人发指者，并称彼等曾“涕泣诤谏，屡遭重斥”，故不得不“对介公为最后之诤谏，保其安全，促其反省”。最后提出自命为“救国主张”之八项要

---

① 宋美龄：《西安事变回忆录》（1937 年 1 月），载王亚权编纂：《蒋夫人言论集》（上集），第 53 页。

求，希望南京当局“俯顺舆情，开诚秉纳，为国家将来开一线之生机”。至所列八项要求，则为：改组南京政府；停止内战（实际注重于“剿共”军事）；立即释放在上海被捕之救国联合会分子七人；释放一切政治犯；保障言论、出版、集会自由；开放民众爱国运动，实行总理遗嘱；立即召集全国救国会议。

是日 张学良致电：

蒋夫人赐鉴：学良对国事主张，当在洞鉴中。不意介公为奸邪所误，违背全国公意，一意孤行，致全国之人力、财力尽消耗于对内战争，置国家民族生存于不顾，学良以待罪之身，海外归来，屡尽谏诤，率东北流亡之弟含泪“剿共”者，原冀以血诚促其觉悟，此次绥东战起，举国振奋，介公以国家最高领袖，当有以慰全国般般之望，乃自到西北以来，对于抗日只字不提，而对青年救国运动，反横加摧残。伏思为国家、为民族计，不忍以一人而断送整个国家于万劫不复之地。大义当前，学良不忍以私害公，暂请介公留住西安，妥为保护。耿耿于此，可质天日，敬请夫人放心。如欲来陕，尤所欢迎。此间一切主张，文电奉闻。挥泪陈词，伫候明教。张学良叩。①

宋美龄认为：

中央诸要人，于真相未全明了之前，遽于数小时内决定给张学良之处罚，余殊觉其措置太骤；而军事方面复于此时，以立即动员军队讨伐西安，毫无考量余地，

① 周毅、张友坤、张忠发主编：《张学良文集》（下），香港同泽出版社 1996 年版，第 443—444 页。

> 认为其不容诿卸之责任，余更不能不臆断其为非健全之行动。军事上或有取此步骤之必要，委员长或亦悬盼此步骤之实现，然余个人实未敢苟同。因此立下决心，愿竭我全力，以求不流血的和平与迅速之解决。①

下午，与孔祥熙和从香港赶回的宋子文一起，参加国民党中央常务委员会和中央政治委员会再次召开的联席会议。宋美龄兄妹和孔祥熙关注蒋介石的安危，坚决主张和平解决。国民党元老吴稚晖、戴季陶、居正等人认为，维系政府权威信誉计，不能纵容张、杨“叛逆”行为，坚持立即对西安进行讨伐。何应钦宣称洛阳一带中央军已经开始向潼关进发，应趁张、杨未做好准备前，向西安发动全面进攻，以此还有可能救出蒋介石。会上，宋美龄据理力争，她在回忆录中称：

> 余迭向京（南京）中诸要人剀切陈述：于未得确实消息之前，务镇定其态度，信任民众精神上之后援，勿采急遽之步骤。余主张，既未能确证西安将领别有企图，曷若姑信其言之由衷，一方面迅速搜寻其动机之真相。余曾作臆断曰：或者彼等确有不平之情绪，而自谓其有相当的理由。一部分国人若对中央怀抱不平，中央应虚怀若谷，探索其不平之究竟，而尽力纠正之，同为国人，苟有其他途径可寻，又何必求军事解决也。

但是，国民党中讨伐派坚持认为在军事的高压下，张、杨不会孤注一掷，蒋介石的安全可以得到保障，国民政府不能对“叛乱”行为示弱。面对会上讨伐派占上风的情势，宋美龄在回忆录中写道：

---

① 宋美龄：《西安事变回忆录》（1937 年 1 月），载王亚权编纂：《蒋夫人言论集》（上集），第 54—55 页。

当时局势虽黑暗危殆，然余深感必有可以解决之途径，故愿中央诸公共信之。因为反复申述，请各自检束与忍耐，勿使和平绝望；更请于推进军事讨伐之前，先尽力求委员长之出险。盖战事开始之后，委员长即不为亲自统率之陆空军轰炸所误中而丧生，亦将为怨恨暴戾之叛军所残害，不料此时余已陷入甲胄森严与战斗意识弥漫之重围中矣。①

宋美龄的主张得到了冯玉祥、孙科的支持。应该说宋美龄的上述回忆，还是较为客观地再现了西安事变后国民党中央的处置情境。尽管宋氏兄妹未能在会上阻止对西安的讨伐，但由于宋美龄的据理力争，迫使执行军事指挥、调遣全国军队职权的何应钦不得不同意空军只炸西安城外，不得在城内投弹。同时，会议同意宋美龄派人前往西安了解具体情况。

宋美龄当机立断派遣端纳飞往洛阳，待张学良复电后即往西安，并让其亲信励志社总干事黄仁霖陪同前往。行前，宋美龄分别写给张学良、蒋介石亲笔信。

西安事变后，宋美龄恳请宋庆龄与中共联系，了解中共对西安事变的态度和动向，并出面斡旋，以保证蒋介石的生命安全。宋庆龄与中共中央派驻上海的代表潘汉年联系。潘汉年亲赴南京，与宋子文、宋美龄面谈。中共关于和平解决西安事变的方针，对促成宋氏兄妹日后的西安之行有积极的作用。② 宋美龄回忆录中写道："当余精神肉体忧劳交迫之时，孔部长及余的两姐孔夫人孙夫人与其他戚友，掬诚慰藉，爱护之情，至足铭感。"

夜间接得端纳自洛阳的电话，告知当日已有飞机 30 余架在西安上空飞行示威，端纳将于翌日晨飞赴西安。张学良致电端纳欢

---

① 宋美龄：《西安事变回忆录》（1937 年 1 月），载王亚权编纂：《蒋夫人言论集》（上集），第 58 页。

② 《潘汉年回忆七七前后国共联系的情况》，潘汉年自传材料摘录，未刊稿。转引自尚明轩主编：《宋庆龄年谱长编》（上），第 327 页。

迎入陕。

12月14日 端纳抵西安转交宋美龄致蒋介石的亲笔信。信谓：

> 夫君爱鉴：昨日闻西安之变，焦急万分。窃思吾兄平生以身许国，大公无私，凡所作为，无丝毫为自己个人权利着想，即此一点，寸衷足以安慰，且抗日亦系吾兄平日主张，惟兄以整个国家为前提，故年来竭力整顿军备，团结国力，以求贯彻抗日主张，此公忠为国之心，必为全国人民所谅解，目下吾兄所处境况真相若何？望即示知，以慰焦思。妹日夕祈祷上帝赐福吾兄，早日脱离恶境，请兄亦祈求主宰赐予安慰，为国珍重为祷。临书神往，不尽欲言。专此奉达，敬祝康健。妻美龄　二十五年十二月十二日[①]

宋在信中表达了对丈夫关切焦思之情，令蒋介石阅后感激涕零。并嘱“宁抗日勿死于敌手”（指何应钦、汪精卫）。[②]

端纳的信使和斡旋作用使蒋介石连日来对张学良的对抗情绪有所缓解，对张、杨的敌视紧张关系开始缓和，西安和南京的僵持露出寻觅解决的曙光。

在焦虑的等待中，宋美龄对周围诸多歧见关心者竭力阐述自己主张“必用和平方法以保证其安危”，因为“委员长之安全，实与国家之生命有不可分离之联系”。比如，她向黄埔军校学生作公开演讲，平息他们的情绪，强调“谈判之途径，自当勿念壅塞”。[③]

当晚，接端纳来电，告蒋介石平安，生活上受张学良善待，

---

① 《蒋夫人致蒋委员长函》（1936年12月13日），载秦孝仪主编：《革命文献》第94辑《西安事变史料》（上），台北文物供应社1983年版，第327—328页。

② 《周恩来致延安电》，载中共中央文献研究室编：《周恩来年谱》（1898—1949）（修订本），中共中央文献出版社1998年版，第341页。

③ 宋美龄：《西安事变回忆录》（1937年1月），载王亚权编纂：《蒋夫人言论集》（上集），第59、61页。

并转达张学良诚邀宋美龄、孔祥熙赴西安，宋美龄十分欣慰，“确证余主张之未误”①，更坚定了亲赴西安的决心。当日还接到海外疗疾的汪精卫致电，曰：“西安事变，闻之忧愤，天相吉人，介兄定可出险，敬祈珍摄。”②

12月15日 接张学良复电，曰：

京蒋夫人赐鉴：元电敬悉，语重心长，至深感佩。介公在此，极为安全，精神饮食如常，良常谒谈，并饬妥加侍奉，万望勿以为念。介公处境艰苦，良所素知，但国家民族已至存亡最后关头，中央非变更对外妥协政策，不足以救危亡，精诚团结，固为必要，但必须中央政策，悉合民意，始足以言团结。沉着准备，固为胜算，但强敌无厌，危机一发，何容再谈准备。数年来良之拥护介公，竭诚尽智，为夫人之所深知，金石可渝，此心无二。只以爱国家爱介公发于至诚，屡经以立起抗日涕泣陈词，文登具在，绝非虚语，乃介公之主张坚执不移，万不得已，始有文日之举。区区之心，为公而非为私，倘介公实行积极抗日，良仍当竭诚拥护。端纳即行遄返，不尽之意，由渠面为详陈。统祈鉴察为祷。张学良翰戌印。③

是日 孔祥熙由于身体不适及代理行政院院长的身份，难以前往西安，宋美龄诸姐弟都愿陪其前赴西安，但南京政府中主张讨伐派一面竭力劝阻宋美龄前往西安，一面开始调动军队准备西征，宋美龄心急如焚。她在回忆录中写道：

---

① 宋美龄：《西安事变回忆录》（1937年1月），载王亚权编纂：《蒋夫人言论集》（上集），第62页。

② 《汪主席电告力疾回国并电慰蒋夫人》，《中央日报》1936年12月16日。

③ 《张学良复蒋夫人电》（1936年12月15日），载秦孝仪主编：《革命文献》第94辑《西安事变史料》（上），第79—80页。

> 时论忽有致疑端纳来电者，余闻之骇然……至张学良致余电，用意亦同，亦欲诱余入陕而加以拘禁耳……反令余信念益坚，知避免战争之奋斗，更有竭力推进之必要。因此余竭全力求赴西安，孔部长与余之诸姐弟皆愿伴余前往，尤足感人。然主张讨伐者仍竭力阻我成行，余始终未为所动，当激烈辩论，情绪紧张之时，竟无暇计及发言之态度矣。[①]

下午，得端纳从洛阳打来的电话，告以西安之真相称：委员长并未受苛刻待遇。端纳到达后，委员长已允迁入较为舒适之房屋，斯时委员长始初次与张学良谈话，唯怒气仍未息。张表示决随委员长入南京，盖彼自承举动虽错误，然动机确系纯洁。张盼余（指宋美龄）入西安，亦盼孔部长同行。[②] 宋美龄告诉端纳南京情势称：军事长官已决定立即进攻西安，并嘱其以其真相设法转告委员长。当晚，宋美龄又专门打电话给端纳，因孔祥熙难成西安之行，嘱其征求对方意见，可否以宋子文或顾祝同代之，并且直言："各方阻我成行，然余亦决心飞陕。"显然要端纳转告蒋介石，尽管蒋要端纳"坚嘱余切勿赴西安"，然而她的决心是不可动摇的。

12 月 16 日 南京政府公开发布"讨伐令"，何应钦正式宣布军事部署。情况十分紧急。宋美龄一早即打电话告诉端纳，嘱其将南京政府的决策和自己目前的境遇告诉蒋介石，并且详述了自己努力阻止战争之经过。端纳暗示"或有其他办法，我今不能多言"，使宋美龄感到"犹震荡余之耳鼓而不能去怀"。她连夜接见送端纳赴西安返回南京的飞行员爱尔德，详细了解到西安方面的诸多情况，特别是蒋介石负伤，写给宋美龄的亲笔信被扣及蒋介

---

① 宋美龄：《西安事变回忆录》（1937 年 1 月），载王亚权编纂：《蒋夫人言论集》（上集），第 62—63 页。

② 宋美龄：《西安事变回忆录》（1937 年 1 月），载王亚权编纂：《蒋夫人言论集》（上集），第 63 页。

石“宁死不受挟持，且以身后事向夫人叮咛嘱咐”的情况，加之东北军与西北军之间的复杂关系，宋美龄认为：“凡上事实，皆为余等以前绝未闻之真相。今则危机毕露，明示其他部队哗变之时，张学良实无保护委员长之能力。因此余阻止进攻之决心益坚。”为了不给讨伐派以口实，宋美龄将“委员长致余函之内容余亦未告军事长官，盖深知此函立意之宣露，更将影响彼等之心理，益艰余之处境”。[①] 宋美龄综合西安方面的情况和南京讨伐派的部署认为：“余知轰炸西安必置委员长于死地。为中国计，此时万不能无委员长以为领导；委员长生还之价值，实较其殉国尤为重大；此为余始终坚持之信念，故愿决死为和平奋斗，以期其成。因此余决意立赴西安。”[②] 然而，讨伐派的阻挠也使她十分无奈。

当晚，返回西安的端纳给宋美龄打来了电话，意为：西安方面欢迎宋子文来西安，又称蒋介石决定翌日派蒋鼎文带着自己写给何应钦的手令飞回南京。不料，以何应钦为首的讨伐派对此讯息公开表示：“不独不愿与西安作谈判，且亦不愿在委员长离陕前，接受任何命令，盖此书即出委员长手，又安能确证其为出于委员长之本意者？”[③] 令宋美龄十分激愤。

12 月 17 日 驻法大使顾维钧、驻英大使郭泰祺暨国联办事处处长兼驻瑞士公使胡世泽，自日内瓦联名来电慰问，谓：“委座受困，深切关怀，已电张学良，晓以此举影响中国之国际威信，促其迅复蒋自由安全，护送回京（南京）。”[④]

12 月 19 日 致电端纳，由宋子文一人入陕，后因阻力横生，“不得不去电取消前讯”。可见，在与政府讨伐派博弈中，宋美龄实属弱势。直到一小时后，宋美龄重新电话通知端纳宋子文获准

---

① 宋美龄：《西安事变回忆录》（1937 年 1 月），载王亚权编纂：《蒋夫人言论集》（上集），第 66—67 页。

② 宋美龄：《西安事变回忆录》（1937 年 1 月），载王亚权编纂：《蒋夫人言论集》（上集），第 67 页。

③ 宋美龄：《西安事变回忆录》（1937 年 1 月），载王亚权编纂：《蒋夫人言论集》（上集），第 67 页。

④ 《顾郭胡三使电慰蒋夫人》，《外部周刊》1936 年第 146 期。

成行。“盖子文力排群议，请以私人资格前往。我等主张：政府虽不能与叛变者直接谈判以自贬威信，亦应准许我等作劝导叛变者之工作。故子文行后，政府令各报登载，充分说明子文此行，纯为私人资格之意义。”①

是日 德国国防部长柏龙白致电称：

> 蒋夫人钧鉴，委座危境，柏日夜系念，无任慨惜，因久望此次事变确能迅速解决，故未早日奉电夫人慰问也。柏望以至诚，敬视委座充分健全，早日出险……从此益增力量，以领导广大之贵国，是所至祷。柏龙白叩。②

12 月 20 日 上午抵达西安的宋子文将宋美龄的亲笔信交给蒋介石，信中写道：“倘子文去后，三日内不能返京（南京），则不得再阻余飞西安……与君共生死。”③ 蒋介石十分感动。宋子文代表宋美龄前往西安，成为西安、中共与蒋介石三方沟通的桥梁，促进了蒋介石态度的转变。

是日 停止进攻期限已到，由于宋美龄的坚持，南京政府同意再延长三天时限。

12 月 21 日 宋子文、端纳抵达南京，下机后即赴孔祥熙寓所与孔祥熙、宋美龄叙谈。宋子文回南京，“系迎宋美龄赴陕”④。宋子文认为：“应该准许蒋夫人来西安照顾委员长，并改变他宿命论的态度。”⑤ 宋美龄从二人闻见中更加自信，“倘能与张当面商谈，必能以余信心感其迷懵”。当时宋美龄非常兴奋，在回忆录中写道：

---

① 宋美龄：《西安事变回忆录》（1937 年 1 月），载王亚权编纂：《蒋夫人言论集》（上集），第 69 页。

② 《德国防部长电慰蒋夫人》，《大公报》1936 年 12 月 20 日。

③ ［美］李台珊：《宋美龄》，第 110 页。

④ 《宋子文昨由西安返京》，《中央日报》1936 年 12 月 22 日。

⑤ 邵铭煌：《宋子文西安事变日记》，《近代中国》2004 年第 157 期。

> 余力争展现三日，决偕子文同机入陕，神经兴奋，几不能持……当时余对西安事变已具一种感想：譬之造屋，端纳既奠其基，子文已树柱壁，至上梁盖顶完成之工作，实为余无可旁贷之责任矣。①

随着情势的变化，主战派失去了军事解决西安事变的借口，不再阻拦宋美龄亲赴西安。当日下午，宋赴邵宅吊唁在西安事变中不幸身亡的邵元冲。②

12月22日 在宋子文、端纳陪同下离开南京，前往西安，随行的还有国民政府负责情报的戴笠和蒋鼎文。在洛阳机场，宋美龄见轰炸机罗列待发，一派战争气氛，“心坎突增阴影”，于是特别召集“该地中央驻军及空军将领面谈”，训令其不得轻举妄动。临登机前，她又“坚嘱洛阳空军司令，未得委员长命令，切勿派机飞近西安”。尽管如此，经历与政府主战派十天的抗衡煎熬，“及机启飞，余渐感悬悬，不识前途如何”。③ 并将自卫的左轮手枪交给同行的端纳，“坚请彼如遇军队哗谏无法控制时，即以此杀我，万勿迟疑”。她写道：

> 我复筹划，面对劫持我丈夫者，应取如何态度；盖余深知成败契机，全在于瞬息之间。最后决定余对彼等之态度，即使彼等行动暴戾，而余必须强为自制，勉持常态，只有动以言辞，以达余来西安营救委员长之唯一目的。④

---

① 宋美龄：《西安事变回忆录》（1937年1月），载王亚权编纂：《蒋夫人言论集》（上集），第69—70页。

② 《张继蒋夫人等昨日往吊》，《中央日报》1936年12月22日。

③ 宋美龄：《西安事变回忆录》（1937年1月），载王亚权编纂：《蒋夫人言论集》（上集），第70—71页。

④ 宋美龄：《西安事变回忆录》（1937年1月），载王亚权编纂：《蒋夫人言论集》（上集），第71页。

在机场，受到前来迎候的张学良、杨虎城诚挚的礼遇，原先的紧张、疑虑释然，表现从容。从机场至下榻沿途，“未见臆想中之紧张”，更加相信张学良为人的诚信和仗义。

在张公馆稍事休息，即在张学良、宋子文的陪同下前往暂住高桂滋公馆的蒋介石住处。宋美龄的突然出现令蒋介石先是惊恐激动，继而嗔怪不该“入虎穴”，随后喜极而泣，“愀然摇首，泪潸潸下”。内心深处对妻子患难与共之情由衷高兴，竟然调侃说：“今晨余读《圣经》，适闻及‘耶和华今将有新作为，将令女子护卫男子’句，今君果然来此。”蒋介石有了好心情，互诉别后境况，宋美龄就西安事变劝导蒋介石说：“倘处理得宜，或可立即解决。我等目前应自制，应忍耐。”宋言辞间显然要蒋不要固执地抗衡不妥协。蒋介石言及事变经过情形时，感情冲动，不能自持①，耿耿于怀。宋美龄深知蒋介石囿于“领袖”权威，难以释怀，“余即温慰之”，并取圣诗在蒋床前诵读，平息蒋介石的情绪。在宋氏兄妹的劝解下，蒋介石的态度有了根本的改变。是日与宋美龄、宋子文私下交换了有关谈判的看法，由宋氏兄妹出面，代表他进行谈判。宋美龄深感责任重大，她在回忆录中记述了当时的心情：

> 然到此关头，需具信心与智慧，偶一错失，立入死亡之陷阱。我等处境，实遭大难；四周军队皆整装待发，叛军之后，复有共军，此又为委员长多年剿讨之寇仇也，凡此各方，皆屏息以待，立可爆发。而中国境外，复有各国静观此间之结果。所谓东北军者，人数众多，军械精良，其作战之计划，即以后方之共军为其唯一之后盾。万一战争发动之日，即共党重生其活力之时，则其影响将如电流之疾走，酿成空前之内战，召［招］致不可预期之浩劫。而虎视眈眈之帝国主义者，正悬盼中国内战之爆发，俾得借口以大规模之侵略，完成其统制中国之

① 宋美龄：《西安事变回忆录》（1937年1月），载王亚权编纂：《蒋夫人言论集》（上集），第73页。

迷梦，则此种现象之造成，自将引起彼方无限制之干涉。

凡上述之危状，皆为日来缠绕我心坎之魇影。[①]

于是连夜去张学良公馆商谈，表达了对张、杨抗日初衷的理解，也批评了张学良此举铸成“大错”。张学良表达了以下几点意见：兵谏确为造福国家不谋个人私利；希望宋夫人婉劝委员长平息怒气，同意八项政治主张一致抗日；只要同意抗日，签不签文件都可以恢复委员长自由，并送其回南京；为尊重杨虎城及西北军的意见容其协商后待定；中共代表周恩来参加和平解决商谈。宋美龄基于对张学良的信任，及之前宋庆龄与中共的联系，了解到中共和平解决事变的态度，当即表示同意谈判，并让张学良尽快将自己做好此事善后工作的意愿转达各方。甚至急于与中共代表商谈的意愿，宋美龄在她的回忆录中亦未曾掩饰，写道：“倘彼等欲与余面晤者，可遣之来见；凡委员长所不愿见者余皆愿代见之。余留此候汝复音。”宋美龄在焦急的等待中得知，杨虎城等西北军将领对“所提之条件无一承诺，遂释委员长，岂非益陷绝境？”[②] 质疑蒋介石诚信，深感不安和忧虑。

12 月 23 日 宋子文代表蒋介石和南京方面，张、杨代表西安方面及中共代表周恩来在张学良公馆进行了首轮谈判。周恩来提出中共及红军六项主张：一、停战撤兵至潼关外；二、改组南京政府，驱逐亲日派，加入抗日分子；三、释放政治犯，保障民主权力；四、停止“剿共”，联合红军抗日，共产党公开活动；五、召开各党、各派、各界、各军救国会议；六、与同情抗日国家合作。以上六项要蒋介石接受并保证实行，中共、红军赞助他统一中国，一致对日。谈判中宋子文对西安、中共方面提出的政治主

① 宋美龄：《西安事变回忆录》（1937 年 1 月），载王亚权编纂：《蒋夫人言论集》（上集），第 74 页。

② 宋美龄：《西安事变回忆录》（1937 年 1 月），载王亚权编纂：《蒋夫人言论集》（上集），第 77—78 页。

张表示同意，承诺转达蒋①，并就改组南京政府和释放蒋介石的先决条件进行讨论和协商。又建议“可先见宋美龄（子文、学良言她力主和平与抗日）”②。

是日晚，宋美龄会见中共代表周恩来，彼此长谈两小时，宋美龄耐心地听取周恩来详述的整个中国革命问题，及九一八事变以来中国面临的民族危机，及西安事变发生的原因和中共关于和平解决事变的主张，及对于国防上所抱之杞忧。周恩来的坦诚和精辟的分析，使宋美龄受到感动，她也表达了在政府统一领导下团结御侮对国家民族的重要性。周恩来希望宋子文兄妹能劝蒋介石同意抗日要求，以利国家与个人。周恩来也答应宋美龄做劝说杨虎城的工作，早日恢复蒋介石自由。

12月24日 宋美龄参加两派三方谈判。宋子文兄妹既有和平解决事变的紧迫感，也有爱国抗日的诚意，故谈判基本达成协议。结果据周恩来、博古联署发给中共中央电报中称：

> 一、孔、宋组行政院，宋子文负绝对责任保证组织人民满意的政府，肃清亲日派。
>
> 二、撤兵及调胡宗南等中央军离西北，两宋负绝对责任。蒋鼎文已携蒋手令停战撤兵（现前线已返）。
>
> 三、蒋允许归后释放爱国领袖，我们可先发表，宋负责释放。
>
> 四、目前苏维埃、红军仍旧，两宋担保蒋确停止“剿共”，并可经张手接济（宋担保我与张商定多少即给多少）。三个月后抗战发动，红军再改番号，统一指挥，联合行动。
>
> 五、宋表示不开国民代表大会，先开国民党会，开放政权，然后再召集各党各派救国会议。蒋表示三个月

① 《关于西安事变的三个电报》，载《周恩来选集》（上），人民出版社 1980 年版，第 70—71 页。

② 《关于西安事变的三个电报》，载《周恩来选集》（上），第 72 页。

后改组国民党。

六、宋答应一切政治犯分批释放，与孙夫人商办法。

七、抗战发动，共产党公开。外交政策：联俄，与美、英、法联络。

八、蒋回后发表通电自责，辞行政院院长。

九、宋表示要我们为他抗日反亲日派后盾，并派专人驻沪与他秘密接洽。①

晚上，宋子文、宋美龄陪同周恩来抵蒋介石下榻公馆见蒋介石。蒋与周恩来握手寒暄后②，对周恩来表示三点："停止'剿共'，联红抗日，统一中国，受他指挥。由宋、宋、张全权代表他与我解决一切（所谈如前）。他回南京后，我可直接去谈判。"③宋美龄在送周恩来出来时特别表示："我等皆为黄帝裔胄，断不应自相残杀，凡内政问题，皆应在政治上求解决，不应擅用武力。"④此次见面，表明西安事变的和平解决确有转机，蒋介石虽未直接参加谈判，但还是以"领袖人格"担保实施。

12 月 25 日 宋美龄"开始整理行装，希望于日落之前飞达南京"⑤。但东北军和西北军的部分高级将领联名致信宋子文，信中言辞激烈，要求蒋介石必须在协议上签字，否则，即使张、杨两位将军答应恢复蒋介石自由，他们也誓死反对。宋子文、宋美龄见事态严重，当即找张学良。宋子文要大家相信他，他愿意负全责落实谈判协议⑥，宋美龄也对张学良施加压力说："圣诞日为停战期限之最后一日，如今不能释委员长回京（南京），则中央军必

---

① 《关于西安事变的三个电报》，载《周恩来选集》（上），第 72—73 页。

② 高素兰编：《蒋中正"总统"档案：事略稿本》（39），第 601 页。

③ 《关于西安事变的三个电报》，载《周恩来选集》（上），第 73 页。

④ 宋美龄：《西安事变回忆录》（1937 年 1 月），载王亚权编纂：《蒋夫人言论集》（上集），第 81 页。

⑤ 宋美龄：《西安事变回忆录》（1937 年 1 月），载王亚权编纂：《蒋夫人言论集》（上集），第 86 页。

⑥ 《关于西安事变的三个电报》，载《周恩来选集》（上），第 73 页。

开始进攻。我等固死，汝亦不能独免。”① 表示：“如委座不离此，则余亦必不离此，余决与委座同生死，共起居。”② 张也唯恐出现乱子，难以控制，立即找到杨虎城和周恩来，表示马上释放蒋介石，并且准备亲自送蒋介石返回南京。杨虎城、周恩来“并不同意蒋今天走”③。杨嘱张慎重考虑送蒋赴南京之行。

下午，杨虎城在张学良的说服下同意放蒋，但仍竭力劝说张学良万勿送蒋回南京，但张学良去意坚决，只能作罢。约 4 时左右，张学良建议宋美龄：“日云暮矣，曷勿明晨径飞南京？”宋美龄惊乎：“不！决不能作片刻留！应速行，毋再滞疑。”④ 随即张学良和杨虎城分别陪同蒋介石夫妇、宋子文、端纳分乘汽车，悄然赶赴西安军用机场，未及告知中共代表周恩来。

蒋介石有感于得以生还，临行时对张、杨说：“今天以前发生内战，你们负责；今天以后发生内战，我负责。今后我绝不‘剿共’。我有错，我承认；你们有错，你们亦须承认。”⑤ 张学良陪同蒋介石夫妇离开西安，傍晚抵达洛阳。

12 月 26 日 上午 10 时左右，随蒋一行由洛阳乘机 12 时许抵达南京。南京大校场举行了“空前所无”的欢迎仪式，国民政府主席林森亲往机场迎接。蒋介石从西安获释使宋美龄获得国民党朝野一片赞誉，也使她获得了政治上炫耀的资本。

12 月 27—29 日 27 日晚，张学良见蒋介石要求“实行改组政府”，兑现西安谈判协议，蒋介石却告以“军法会审后，请求特赦及予以戴罪图功之意”。⑥ 此间蒋介石着手部署对张学良军法审判，并皆借口事务繁多，回避宋子文兄妹为张学良说情。宋美龄、

---

① 宋美龄：《西安事变回忆录》（1937 年 1 月），载王亚权编纂：《蒋夫人言论集》（上集），第 82 页。

② 王宇高、王宇正编：《蒋中正“总统”爱记》（二），第 148—149 页。

③ 《关于西安事变的三个电报》，载《周恩来选集》（上），第 73 页。

④ 宋美龄：《西安事变回忆录》（1937 年 1 月），载王亚权编纂：《蒋夫人言论集》（上集），第 87 页。

⑤ 《关于西安事变的三个电报》，载《周恩来选集》（上），第 73 页。

⑥ 高素兰编：《蒋中正“总统”档案：事略稿本》（39），第 641 页。

端纳、宋蔼龄先后前往北极阁宋子文公馆看望、慰问遭受软禁的张学良。曾经代表蒋介石在西安作出承诺的宋子文、宋美龄面对见诸报端的政治压力十分焦虑。由于宋美龄的斡旋，张学良写了一封向蒋介石请罪的信，以适应蒋介石“依法办理，并特予宽大”的军法审判把戏。而实质上蒋介石在12月29日考虑处置张学良问题的日记中已认定：“此问题欲求一公私两全之法不可得也。乃惟有决心不准其再回西北，以保全其生命……并应缓撤西北及潼关部队以备叛军抗命。若复放张学良回任，不惟后患无穷，而政府之地位立即动摇，以彼回西北以后，不仅为所欲为，且可借口前所要求者，有一件未行，彼即可叛变也。盖彼所要求者，为中央在西北部队一律撤退，此乃其唯一之要求，是等于放弃西北，任其赤化矣。果尔则不惟国防失一根据，而且中华民国发祥之地，陷于永不劫复矣。不宁惟是，如西北动摇，则统一之局全隳。”①对蒋介石的背信弃义，“惟宋子文一人，则不肯失信于其友人，必欲任其回去，并以为深信张以后必能服从政府也”。蒋介石不予理睬，强硬表示：“吾人作事一切以国家为重，个人一切则不宜独顾也。”②

12月30日 下午蒋介石送宋美龄赴沪养病③，以回避翌日上午在南京组织的高等军事法庭对张学良的会审判决。

12月31日 张学良被高等军事法庭判处有期徒刑十年，褫夺公权五年。蒋介石在当天日记中称：“昨午后送夫人赴沪养病，以其刺激太深，此次操急，实非常人所能担负也。”④

* * * * * *

是年

1月4日 中共驻共产国际代表团在巴黎《救国时报》上提出

---

① 高素兰编：《蒋中正“总统”档案：事略稿本》（39），第649页。
② 高素兰编：《蒋中正“总统”档案：事略稿本》（39），第648页。
③ 高素兰编：《蒋中正“总统”档案：事略稿本》（39），第663页。
④ 高素兰编：《蒋中正“总统”档案：事略稿本》（39），第663页。

第二次国共合作的主张。

1月28日 上海各界救国联合会成立，宋庆龄被推选为理事。①

5月5日 中共革命军事委员会发表《停战议和一致抗日》通电。

5月31日 上海召开全国各界救国联合会成立大会，宋庆龄被选为执行委员。

6月1日 两广军政领袖李宗仁、陈济棠等揭举抗日救国旗号，公开反蒋，最终，两广事变被蒋介石政治分化消解。

7月20日 宋子良被派任广东财政特派员兼财政厅厅长。②

8月25日 中共中央发出《致中国国民党书》，提出两党恢复合作，集中力量，共同抗日。

11月23日 全国各界救国会领导人沈钧儒、章乃器、李公朴、史良、沙千里等七人在上海被国民党当局逮捕，在全国激起强烈反响。

12月12日 张学良、杨虎城在西安发动兵谏，拘禁蒋介石，通电全国，停止内战，一致抗日，史称“西安事变”。

12月24日 西安事变和平解决，为国共第二次合作和全民族抗战奠定了政治基础。

1937年 三十八岁

1月 随同蒋介石回浙江奉化疗养。

1月4日 杨虎城致电求援，电文称：

> 奉化蒋夫人懿鉴：顷接确报自三十一日以来，中央军中止复原并有回来模样，第六师自三河口渡渭河北岸并架军桥，第二十三师在华阴华县之间展开于渭河南岸，

① 尚明轩主编：《宋庆龄年谱长编》（上），第309页。

② 王宇高编：《蒋中正“总统”档案：事略稿本》（38），第49页。

第二十八师集结华县对面准备行动，教导总队在华阴登车开火待命，第七十九师集结潼关附近，第十师集结雒南附近，第九十五师集结商南附近，其他后续部队尚有增加模样等语，查阅于中央军向东撤退一节，前承委座规定办法，业经转饬所属军民一体知照。近日以来，此间悉照委座旨意办理，尤无调动军队之事，乃中央军不惟未遵规定办法全数撤竣，反继续增加俨成准备作战形势，未知用意何在。此间民中颇灌疑惧，虎城亦觉无词可解。夫人爱护和平，夙所欲仰，此次事件尤赖大力斡旋，苦心孤诣，万乘同钦，敢祈仍本此衷就近商请委座迅令赶速撤退一切，遵照前电所示办法办理以免误会为祷。杨虎城叩。

同日，又致电宋美龄称："中央已判处张学良徒刑十年暂留在京（南京）……日来华阴一带中央军向西压迫并渡河推进……实有违反委座意旨，毁损委座威信之嫌……万一发生枝节，有负委座爱护国家杜绝内战之至意，致乞始终维持，将此中详情转陈委座，力予制止。事关国家前途，固非仅城及各将领之私衷企望已也。"①

1月15日 接美国麻省芒特霍莱约克大学电称，本年5月将举行成立百年纪念，该校校友及董事会将邀请宋出席百年纪念会，莅临演讲，并接受该校赠予之名誉学位。②

应美国《世界青年》杂志创刊号之约，撰写《中国的青年运动》，指出"'新生活运动'根本是一种青年运动"，"是两年前蒋委员长所倡导的，以四种中国的固有道德为基本原则，这四种原则就是礼义廉耻，也就是古代中国社会所依赖以建立、中国所以成为伟大国家的四根基柱"。宋美龄称蒋介石"洞悉我国人民缺乏

---

① 中国第二历史档案馆：《中华民国史档案资料汇编》第五辑第一编，政治（五），江苏古籍出版社1999年版，第837、840页。

② 《赠蒋夫人学位》，《中央日报》1937年1月16日。

高尚精神的病根所在，觉得国民的日常生活，倘能实现这四种美德，则几世纪来由于清政府的压迫而丧失的民族自由、民族自尊心和国家意识，就不难复兴。他并且认为这四种美德倘能充溢于中国青年的意识里，作为他们立身处世的准绳，中国将来一定在他们的手中得救”。[①]

是月 写成《西安事变回忆录》与蒋介石的《西安半月记》合刊发行。回忆录尽管竭力维护蒋介石的威权，为其“攘外必先安内”政策辩解，渲染她个人为和平解决西安事变的大智大勇，但“分析各方面同时活跃之经过”，为窥得西安事变和平解决艰难、复杂的过程全貌，提供了较为翔实的记录。

她在回忆录中指出，西安事变“倘处置失当，即酿成民国以来空前之战祸”[②]，“实关系全民族最重大之问题，其变化实易受热情与狂想之激荡”。回忆录中，宋美龄虽掩饰其代表蒋介石参与谈判的情节，但未回避她两次会晤蒋介石“所不愿见者”——中共代表周恩来，并表达了停止内战的意愿。[③] 为了维护蒋介石的权威，她在回忆录中还是掩去了蒋介石会见周恩来并承诺“停止‘剿共’，联红抗日”[④] 的事实。她对蒋介石性情的刻画可谓入木三分：“委员长之性情，每有计划，非倚其成熟，不愿告人，遇他人向其陈述意见时，或有不容异议之见，而以对其部下为尤甚。盖彼以为服从命令为军人唯一之天职。委员长为主张厉行纪律之人，见其部下将领有违反军人基本信条之举动，自将深嫉痛恨。彼所期望于部下者，为军人唯有严守命令，战死沙场，不能擅加探讨。”[⑤]

---

① 宋美龄：《中国青年运动》，载王亚权编纂：《蒋夫人言论集》（上集），第49—50页。

② 宋美龄：《西安事变回忆录》，载王亚权编纂：《蒋夫人言论集》（上集），第53页。

③ 宋美龄：《西安事变回忆录》，载王亚权编纂：《蒋夫人言论集》（上集），第81页。

④ 周恩来：《与宋子文、宋美龄谈判结果》，载《周恩来选集》（上），第73页。

⑤ 宋美龄：《西安事变回忆录》，载王亚权编纂：《蒋夫人言论集》（上集），第84页。

蒋宋合刊出版西安事变回忆录在国民党内引起了轩然大波。有人将宋美龄的回忆录视为“与国策不相容之著作”，“乃不惜厚诬南京之长者，谓其主张讨伐系别有作用”，“彼于书中必曰蒋先生之出险独得力于端纳、宋子文及彼三人，是虽有欲为其辩护，非夸大狂者而不得也”。① 陈公博则指责“蒋夫人此作，其目的在表示自己一贯的主张和缓之有识，而非难中央政府之主张讨伐者。此种非难政府之态度，殊非中央要人所宜有”，故向国民党宣传部部长邵力子建议：“既有半月记，就不出回忆录也罢。如果回忆录一定要发刊，非大加改削不可。”由于意见不一，“这本半月记合刊，印刷好又停止发行，忽发忽停，反复了三次，结果还是出世了”。陈公博责询邵力子，邵说：“蒋夫人一定要这样，不肯改，我有什么办法呢?”② 交正中书局出版时，据称：“索稿费万元。据宋美龄表示，欲作慈善事业。”③

1 月 22 日 上午从上海抵奉化，蒋介石亲往迎候，下午随蒋谒墓，游览乡景。其时皮肤病未愈，“臀部焦烂”。④ 蒋介石有感于日记：“妻之于夫，不惜牺牲其本身之一切，以保全余之身心为唯一目的，殊为可感。”⑤

1 月 23 日 上午与蒋介石游公园，在乐亭午餐后回慈庵休息，午休后随蒋介石乘车赴甬视察老江桥。

1 月 28 日 与蒋介石乘车游鄞江桥。⑥

2 月 1 日 与蒋介石往游东钱湖。

2 月 2 日 上午随蒋介石离开慈庵前往新昌大佛寺揽胜，随后前往杭州。蒋介石经爱克斯光镜显示脊骨有一节受伤未痊愈。

2 月 3 日 上午与蒋介石在朱家骅、陈果夫等陪同下前往莫干

---

① 《王子壮日记》第四册，台北“中央研究院”近代史研究所 2001 年版，第 111、135、162 页。

② 陈公博：《苦笑录》，香港现代史料编刊社 1981 年版，第 254—255 页。

③ 《王子壮日记》第四册，第 111 页。

④ 王宇高、王宇正编：《蒋中正“总统”爱记》（二），第 151 页。

⑤ 《蒋介石日记》（1937 年 1 月 24 日），美国斯坦福大学胡佛研究所藏。

⑥ 王正华编：《蒋中正“总统”档案：事略稿本》（40），台北“国史馆” 2010 年版，第 87 页。

山，凭吊黄郛墓。中午在黄氏文治藏书楼午餐，下午参观黄氏所创莫干山小学。①

是日 杨虎城、于学忠致电，希冀宋对蒋施加影响，助张学良返陕，处理善后。电文称：

> 蒋夫人赐鉴，密。城等努力和平经过，谅蒙详察。近日各部队因久盼张副司令之归，情绪极度高涨，表示必须张副司令返陕后，方能实行一切商定办法。虽经城等再三慰解迄不稍变。本日王以哲军长因劝止过力，致激起一时气愤，业被狙击身死。似此情形，万一前方冲突，此间官佐士兵，确皆人怀死志宁愿牺牲。举国家之武力尽消耗于对内，良必可惜，城等尽极大努力卒归无效，即牺牲个人亦属无补。夫人福庇西北前功具在，刻当垂危之际，别处实无可告吁，万恳此间详情陈商委座，即日饬令汉公飞航返陕屈持。众心一平，一切处理办法自易解决。西北治安舍此实无他策，唯夫人鼎力足以斡旋，无论如何总恳恤念一方生灵立场援拯不吝，迫恳之至。城等此请实因挽回危局，只此径途，决无一点封建割据意识及其他作用存于其间，尤祈鉴察并于委座前详为解释，并所恳盼如何之处，立候示音。杨虎城、于学忠叩。②

2月4日 与蒋乘汽车巡视清河坊一带市容，赴吴山登紫阳山游览。③

2月7日 在杭州陪侍治疗腰伤的蒋介石。

2月9日 随蒋介石由杭州抵沪，蒋介石在上海接受电疗。

---

① 《蒋昨赴莫干山凭吊黄膺白墓》，《中央日报》1937年2月4日。

② 《杨虎城于学忠致宋美龄电》，载《蒋中正“总统”文物：革命文献——煽动西安事变》（一）卷宗号：002000002258A，台北“国史馆”藏。

③ 《蒋委员长昨登山游览》，《中央日报》1937年2月5日。

2月10日 与蒋介石在上海寓所共度除夕，蒋在宏恩医院照爱克斯光得知身体内部无恙很欣慰，兴称：岁暮岑寂，无可欢欣，惟夫妻相对，得自慰耳。①

2月11日 上午与蒋介石谒父母合墓。晚看电影。

2月12日 在上海，奉蒋之命看望住院疗病的戴笠。②

2月14日 与蒋介石由上海乘飞机回南京。

2月16日 晚11时，蒋介石欲往医院探视病重的朱培德，宋美龄适外出归来，获知朱已于11时病殁，劝蒋夜已深，改日前往。蒋听从乃止。

2月17日 晨，将朱培德病殁婉言以告蒋介石，蒋闻后不胜悲涕曰：近年来得力于益之无形之补助，殊非浅尠。益之能在军委会苦心孤诣主持，代余整理一切，今无其人。于是匆匆前往吊之。③

2月19日 晚九时十分，在中央广播电台用英语向海外及侨居中国之各国人士演讲，纪念三年来“新生活运动”在中国之开展。④

2月21日 在中央广播无线电台以英语对欧美广播，说明“新生活运动”意义，暂任驻美大使王正廷到台致介绍词，蒋介石对这一扩大影响之活动深以为慰。⑤

2月23日 上午九时，与蒋介石参加追悼西安殉难将士大会。灵堂设于励志社，蒋介石主祭，仪式后宋美龄由南京乘飞机回沪，蒋介石亲往机场送行。⑥

3月3日 美国惠尔斯勒大学将授予宋美龄哲学博士名誉学位，并决定于本年6月举行授予典礼。东京联合妇人会得悉后，拟邀请宋美龄于渡美时过日登岸，由该会出面招待，并将其招待计

---

① 王正华编：《蒋中正“总统”档案：事略稿本》（40），第123页。
② 王宇高、王宇正编：《蒋中正“总统”爱记》（二），第152页。
③ 王正华编：《蒋中正“总统”档案：事略稿本》（40），第124、138、139页。
④ 《蒋委员长夫妇今晚广播演讲》，《申报》1937年2月19日。
⑤ 《蒋夫人今向美国广播新运》，《中央日报》1937年2月21日。
⑥ 《追悼西安殉难烈士》，《中央日报》1937年2月24日。

划请托在华会员清洒郁子女士转交宋美龄。①

3月6日 在上海患脑病，蒋介石十分焦急，恐成痼疾，认为亟应设法调治。

3月7日 上午蒋介石乘舰游镇江焦山，因妻子宋美龄生病在沪顿生忧思，拟到沪后相约同乘舰游江养病，于是换乘海筹舰于晚间赴沪。②

3月8日 首都各界妇女纪念“三八妇女节”，拟邀请宋美龄、李德全等讲演。③

3月9日 与蒋介石乘飞机离沪赴庐山。

3月10日 在庐山与蒋介石及顾问端纳、宋子良等聚谈。

3月11日 与蒋介石共同署名复黄郛夫人信，约再到沪时往访。

3月12日 该日为孙中山逝世十二周年，写成《航空与统一》，发表于12日上海英文《大美晚报》。文章竭力推崇中国的航空业发展，认为：“一切促进中国统一的新发明，或许要推飞机的功绩，最为伟大。”指出：

> 这种飞行巡视，所贡献于国家的功绩，实在不是随便可以衡量的。同时，全国地理和特殊情况的实际知识，凡是从前最高当局所没法知道的，委员长因此也都能了然于胸中了。和地方官吏、各处民众有了这种直接接触的机会，当他推进改良中国的计划的时候，更多了实地参证的可贵资料。其他官吏，以委员长为表率，争相仿效，虽范围较小，而成效则有同等重要的，彼此都因而消除了地方成见，把谅解为基础，缔结起敦睦的情谊来。我们看了航空给委员长政治工作的帮助，那么，其他各

---

① 《美国惠尔斯勒大学赠蒋夫人博士学位》，《中央日报》1937年3月8日。
② 王正华编：《蒋中正“总统”档案：事略稿本》（40），第242页。
③ 《首都各界妇女今日纪念妇女节》，《中央日报》1937年3月8日。

方面官吏所受到的良好影响，也可以类推而知。[①]

3月13日 与蒋介石离开庐山，由九江乘永绥军舰返回南京。[②]

3月17日 致电驻美大使施肇基，请转告母校，因一时无暇出国，原拟渡美参加校庆盛典无法成行，表示歉意。[③]

3月20日 与蒋介石同车出游，为中国航空人才匮乏甚感忧惶。

3月21日 与蒋介石到明孝陵赏梅。登吴王陵眺望并巡视阵亡将士公墓，随后赴汤山，至夜回城内寓所，蒋介石力乏腰痛，与夫人预定赴杭州休养。

3月23日 晚与蒋介石由南京抵杭州。此行系从医劝告，值此春日和煦，小作游览，借以增进健康。宋子良、宋子安由沪到杭谒蒋。[④]

3月24日 在杭州，举行家宴点燃寿烛为宋美龄庆生，参加者有宋子良、宋子安及甥令仪、陈诚、朱家骅等。[⑤]

3月25日 在杭州，上午偕宋子良、宋子安赴国术馆参观。中午与蒋介石参加孔祥熙夫妇、女公子代表全家为宋美龄举办庆寿午宴。下午与蒋偕宋子良、宋子安游览西湖名胜。[⑥]

3月26日 晚蒋宋夫妇参加宋子良、宋子安在杭中央银行举办的晚宴，孔女公子作陪。[⑦]

3月30日 下午蒋介石在杭州会见意大利顾问史梯法尼夫妇及子女，出席会见的有朱家骅、蒋百里、薛光前等，史梯法尼未

---

① 宋美龄：《航空与统一》，载王亚权编纂：《蒋夫人言论集》（上集），第91—92页。

② 《蒋委员长昨旋京》，《中央日报》1937年3月15日。

③ 《美大学赠宋美龄名誉学位》，《申报》1937年3月19日。

④ 《蒋委员长昨到杭》，《中央日报》1937年3月24日。

⑤ 《宋昨日诞辰》，《申报》1937年3月25日。

⑥ 《蒋夫妇昨荡游西湖》，《申报》1937年3月26日。

⑦ 《蒋晚至中行视察》，《申报》1937年3月27日。

能与宋美龄晤面，即婉转地说："闻蒋夫人对于中国之复兴运动极其热忱，对于委员长极多帮助。敝国人民久深钦仰。余夫妇甚愿有机会请教。"蒋介石答曰："内人今已离杭，将来可以介绍与诸位见面。"①

4 月 1 日　曾担任美国某空军战术学校高级教官的陈纳德应宋美龄的邀请，从美国启程来华。他在《陈纳德将军与中国》一书中忆述："1936 年正月，当我们远飞行小组在迈亚密地方作临别表演时，有些参观者把我们看中了。其中一个是中国空军里的毛邦初将军，另外一个是罗伊·霍勃鲁克（Roy Hobruk），他后来到中国当飞行教官。其后他曾来信给我，请我介绍几位飞行人员到中国当教练，我于是就提出路克和比利，路克和比利受召之后与一些有飞行经验的人启程赴中国……从他们的来信中我知道了中国在成长中，她正在挣扎着，准备抵抗。而就在那个时候，在受训练的中国空军有问题了，美国和意国分歧势力之间，由美人主持的空军学校有不少困难……后来还是蒋夫人起而主持空军，任航委会主席，组织了中国空军。中国就像从漩涡中找到一条出路……我和中国发生联系可以说是在美国堪萨斯州的一所病院里开始。""那是一九三七年的春天，我刚巧结束了二十年的军队生涯，也就是陆军飞行队战斗机驾驶员的工作告一段落。我躺在美陆海军医院的病榻上，患着慢性的重气管炎、低血压、听觉不灵和精神体质双重衰弱等症。那时我已经是快要四十七岁的人，并且因为体力衰退，不合继续服务军队的条件，所以我就在那一年获准退休。连我自己也梦想不到……最后，蒋夫人的召书来了，问我是否愿意来华任职。月薪一千美元，此外还有津贴、汽车、司机、译员，并有权驾驶中国空军的任何飞机。我答应了。1937 年 3 月 20 日，我把家眷安顿在路易斯安那州之后，就于 4 月 1 日由旧金山启程赴华。"②

4 月 3 日　与蒋由沪乘飞机赴宁波回武岭，游览武岭公园。

---

① 王正华编：《蒋中正"总统"档案：事略稿本》(40)，第 312—313 页。

② ［美］陈纳德：《陈纳德将军与中国》，第 29—31 页。

4月4日 上午与蒋介石及端纳拜扫太夫人墓，下午与蒋介石于武岭潭畔观鱼。蒋称故乡风景秀丽，使人心神顿安。[①]

4月5日 与蒋介石游武岭校园。[②]

4月6日 蒋介石得蒋经国自海参崴来电，此为第一次通电，十分欣慰，下午蒋为宋修正《西安事变回忆录》，随后夫妇同游公园。

4月9日 与蒋介石往妙高台游览。[③]

4月11日 上午蒋因中日外交问题应对甚烦，下午夫妇谈话后，巡视蒋氏宗祠与溪口礼堂。

4月19日 蒋介石在杭州与长子蒋经国迎来期待十年的重逢。日前，蒋介石因家事烦恼，在日记中自警："忍字须由家庭做起。"[④]

4月21日 一些国民党人对宋美龄《西安事变回忆录》极度不满，指责："妇女之见，莫不以炫才饰短为其聪明。蒋先生信之，且为出版，非溺爱而何！"[⑤] 一些曾主张讨伐西安的国民党要人纷纷告假离职。"戴先生（季陶）请假赴汤山不问事者月余矣，闻近日并无甚重病，说者谓与此事相关。丁先生（惟芬）赴日，照已去数日，虽主要系为中央政校事，但对于蒋之溺爱不明，亦颇不谦。居先生（居正）亦云，如此胡来，只有不干而已。何应钦求出洋而未得许可。"[⑥]

4月26日 与蒋情感间发生摩擦，蒋介石由杭州飞沪后，住进中山医院治疗牙病。在日记述称："以家事烦恼，不胜抑郁沉闷，强勉由杭来沪，此身几天无自由之趣，将以他人之喜怒哀乐为哀乐，可悲之至。"蒋在当年所记杂感中宣泄了对宋美龄的不满，蒋谓："妇女智慧越高者，虚荣心越大，而妒嫉心亦更高，做

---

① 王正华编：《蒋中正"总统"档案：事略稿本》(40)，第326页。
② 王正华编：《蒋中正"总统"档案：事略稿本》(40)，第327页。
③ 王正华编：《蒋中正"总统"档案：事略稿本》(40)，第330页。
④ 王正华编：《蒋中正"总统"档案：事略稿本》(40)，第343页。
⑤ 《王子壮日记》(1937年4月21日)，第四册，第111页。
⑥ 《王子壮日记》(1937年5月15日)，第四册，第135页。

事且乏恒心，此妇女之所以历来不能与男子共同建国之一因乎。”①显然宋美龄的“虚荣心”与“妒嫉心”成了此次家事冲突的根源。

4月 对被蒋介石囚禁的张学良，宋美龄一直心存愧疚。在无法改变蒋介石决定的情况后，予张学良以生活上关心。她曾在奉化雪窦山妙高台两次招待张学良、于凤至吃饭。但对张学良“请缨雪耻”的要求却不予应允。②

4月30日 下午与蒋介石乘由美国新购塞可斯水陆两用飞机来杭，在杭州天空回翔一周后，降泊于西湖。西湖降落飞机，尚系初次，另一架随行护送。蒋宋夫妇出机后，即改乘游艇登岸。此来系陪蒋主持航校五月一日毕业典礼。③

5月6日 在中华基督教协会第十一届年会上发表书面演辞。演辞由主席会长吴贻芳博士代为宣读。演辞内容为三大部分：一、前进与忍耐之呼召；二、“新生活运动”为紧密合作之呼召；三、“新生活运动”为协助国家复兴之呼召。其中心思想：愿“新生活运动”与教会合作而推进。④

5月19日 晚在上海借中美无线电话举行开幕典礼与美国总统罗斯福夫人通话，大致内容如下：一、中美无线电话开通可消除民族间距离，希望世界妇女鼓励科学家设法用科技维持人类生命与和平。二、认为世界军备重整者不停止，第二次世界大战是不能避免的。三、希望罗斯福总统夫人继续扩大工作范围，动员全世界的妇女，求和平的建树，并转达中国妇女对美国妇女和总统夫人的祝福。⑤ 宋美龄以第一夫人身份与美国加强感情联络，期待联合英美，反制日本。

5月26日 致电蒋介石称：西安事变日记及回忆录之英文本

---

① 《蒋介石日记》（1937年4月26日），美国斯坦福大学胡佛研究所藏。

② 陈红民：《解读张学良与宋美龄的几封信》，载胡春惠、陈红民主编：《宋美龄及其时代国际学术研讨会论文集》，香港珠海书院亚洲研究中心2009年版，第342—343页。

③ 《蒋委员长昨飞杭》，《中央日报》1937年5月1日。

④ 《蒋夫人演辞》，《申报》1937年5月7日。

⑤ 《蒋夫人和罗斯福总统夫人谈话》，《申报》1937年5月20日。

前日已出版，中外人民争购一空，有添印不及之势，外国各报评论一致赞美，印象不能再好，英美各国舆论对此亦时有良好评论寄来阅之，殊为愉快，想吾兄亦必乐闻也。①

6月初 与陈纳德在上海见面。陈纳德在回忆录中记述了他在上海与宋美龄会见的情形。“当我们抵达上海的时候，中国正在六月初的闷热天气之中……在上海，我会见了蒋夫人和委员长的私人顾问端纳。他们正是邀请我来华出力的两个人……一个炎热的午后，罗伊·霍勃鲁克来找我，把我带到法租界的一所大厦内，去见我的新的雇佣者——蒋夫人。接见的人说蒋夫人已出去了，于是便邀我们到一间幽静凉爽的内室去等待她回来。忽然之间一个穿着流行的巴黎式长袍的年轻女子轻步跑了进来，这是一个洋溢着热情与活力的女子，照我当时推测，那是罗伊的一位年轻朋友吧，便仍安坐不动，可是，罗伊把我推了一把，随即向她说道：‘夫人，我可以介绍陈纳德上校给你吗?’原来这比我想象中要年轻二十岁的女人就是蒋夫人！她讲的英语，带着南方尾音。这初次的见面印象使我至今尚在迷惑之中。那天晚上，我在日记上写道：‘她将永远是我的女王’……蒋夫人要我去南京开始工作，于是我邀了旧部比列·麦唐纳，驾驶两架从杭州空军学校取来的道格拉斯双翼机向南京进发。”②

6月1日 由沪致电蒋介石，称：

> 妹已与文兄面谈一切，彼星期五拟与杨虎城乘翁克机同来晋谒，届时如妹病稍愈，妹亦同来。但今日贱躯不适，神经衰弱，据医者云，由西安事变后未曾得到相当休养，故时时生病。关于周恩来，妹约星期四来见，如兄拟约其六来浔，妹拟派祥庆陪来。彼可乘普通机来浔，文兄已与航空公司接洽，任其在九江军用机场下机

① 《蒋中正“总统”文物：蒋中正与宋美龄等来往函》，卷宗号：00200000-0467A，台北“国史馆”藏。

② ［美］陈纳德：《陈纳德将军与中国》，第34、36—37页。

可也。如何盼复。①

6 月 4 日 抵庐山。蒋介石已于十天前上庐山部署聘请顾问及办训练班等事宜。②

6 月 13 日 下午与处理公务后的蒋介石游黄龙潭山下。

6 月 18 日 致电陈璧君，慰汪兆铭病情，如渐愈约同其早日到庐山晤叙。③

6 月 22 日 复函韦斯理学院校长 Mildred H. McAfee 小姐，感谢邀请出席 1938 年学院毕业典礼。表示尽其所能安排明年行程，但不要事先对外宣布，“因为那样就会有太多的事情需要我去做”，“如能确保这一点，则我会尽力前往”。④

6 月 27 日 仍居庐山，上午蒋介石批阅文件，对暑期训练高干班训话。下午与蒋介石游含鄱口。

7 月中旬 卢沟桥事变发生后，与蒋介石在庐山召见陈纳德，蒋询问可作战的第一线飞机数量，担任翻译的宋美龄要求陈“告诉他实在情形”。由此，蒋发现航空委员会的记录与实际情况相距甚远，十分震怒，决定整顿毛邦初指挥的空军。自此，“蒋夫人便获得其所需权力，以整顿航委会”。⑤

7 月 20 日 与蒋介石乘飞机离庐赴南京。⑥

7 月下旬 嘱南京遗族学校设法筹建防空洞，以防敌机空袭时，教职员工及学生避难。⑦

7 月 29 日 首都各界妇女为抗战自卫，在宋美龄发动下，在

---

① 《蒋中正“总统”文物：蒋中正与宋美龄等来往函》，卷宗号：00200000-0467A，台北“国史馆”藏。

② 王正华编：《蒋中正“总统”档案：事略稿本》（40），第 428 页。

③ 《宋美龄致电陈璧君》（1937 年 6 月），载《蒋中正“总统”文物——一般资料》，卷宗号：0020000001668A，台北“国史馆”藏。

④ 《致 Mildred H. McAfee 的信函》（1937 年 6 月 22 日），载张宪文、武菁主编：《宋美龄文集》第三卷，台北苍璧出版有限公司 2015 年版，第 1082 页。

⑤ ［美］陈纳德：《陈纳德将军与中国》，第 44 页。

⑥ 《蒋委员长昨午后由庐返京》，《中央日报》1937 年 7 月 21 日。

⑦ 钱用和：《钱用和回忆录》，第 32 页。

金陵女子文理学院召集谈话会，讨论组织慰劳会及进行募捐救助事宜。①

7—8 月 对筹备空军发展，甚为用心投入，蒋介石在此间日记中多次表示“妻对空军筹备尤苦”，“协力谋国之尽诚，世无其匹也”。又记曰：“妻主持空军之劳，如将来胜利，则其功实不能没也。”②

8 月 1 日 在励志社主持召开中国妇女慰劳自卫抗战将士总会成立大会，参加者有马超俊市长夫人沈慧莲女士、金陵女子文理学院院长吴贻芳以及各机关女职员暨各界妇女七百余人。由宋美龄担任主任委员，唐国桢担任总干事。宋美龄在会上致开会词说：“我们一定不要再迟疑，要勇往向前用尽我们的全副力量，来救国家的危亡。”她呼吁：“我们妇女也是国民一分子，虽然我们的地位能力和各人所能贡献的事项，各有不同，但是每人一定要尽量的实现她的能力救国，万不能让国家失败，不能使大家做奴隶，凡有用得着我们的工作，我们一定要抢先来做……团结一致，组织起来……后方的工作是我们妇女的责任。”③ 此后，各省设立了分会，推动各界踊跃捐款劳军。

8 月 2 日 美国各报以封面登载蒋夫人宋美龄发起中国妇女慰劳自卫抗战将士运动，《纽约公论报》并刊载蒋夫人照片。纽约及美国各华埠报纸，均登载此项消息，在美华人盛赞蒋夫人之勇敢，实为中国准备团结抗敌之模范。④

8 月 3 日 平津沦陷后，蒋对外交、战务筹划实施焦头烂额，并称：“大小事件，除妻之外，无一人能为余代负一分责，代用一分心。”⑤

8 月 4 日 上海、广州、武汉等地妇女团体纷纷集会，响应蒋

---

① 《首都各界纷起捐输慰劳品》，《中央日报》1937 年 7 月 30 日。

② 《蒋介石日记》（1937 年 7 月 24 日、31 日，8 月 9 日），美国斯坦福大学胡佛研究所藏。

③ 《蒋夫人领导组织妇女慰劳战士会》，《中央日报》1937 年 8 月 2 日。

④ 《美各报深切注意蒋夫人慰劳运动》，《中央日报》1937 年 8 月 4 日。

⑤ 《蒋介石日记》（1937 年 8 月 3 日），美国斯坦福大学胡佛研究所藏。

夫人主张，成立中国妇女慰劳自卫抗战将士大会地方分会，开展慰劳自卫救国运动。①

8月7日 李宗仁夫人郭德洁复电，表示拥护中央领导抗日素愿，追随中国妇女慰劳自卫抗战将士总会，致力救国实际工作，以为抗战将士后盾。②

8月9日 设午宴款待美国总统罗斯福近亲前美国菲律宾总督罗斯福夫人及公子，午后游览园陵等名胜。③

8月 八一三事变前夕，派陈纳德赶往上海"警告美国的官方人员，及早疏散他们的侨民和保护他们自己的财产"。"日本人正在准备占领上海！"④

8月13日 参加在南京举行的重要军事会议，并担任翻译。会上得知日本在上海酿制八一三事变，她含泪说："他们在炮轰上海市中心，他们在屠杀我们的老百姓！"表示："我们要打！"⑤

8月17日 南京空战不息，冒险赴南京郊外句容等机场巡视，并代表蒋介石慰劳空军将士。⑥

8月18日 为提倡捐输救国，带头捐万元作劳军用。在宋美龄示范下，居正夫人、遗族学校教职员等纷纷捐款，赵博权、赵淑敏女士各捐出婚戒以示救国热忱。⑦

8月20日 转请戴季陶夫人、张治中夫人等将余款八千六百八十五元九角六分拨交首都妇女慰劳会。⑧

8月21日 中国空军飞行员汪克文在执行赴沪空战任务中，不幸腿部中敌机枪弹，仍坚持对敌作战，后被迫降落镇江，因延误就医，失血过多，须输血截肢，宋美龄闻讯，特命移南京就医，

---

① 《各地妇女响应蒋夫人主张》，《中央日报》1937年8月5日。

② 《郭德洁致宋美龄电》（1937年8月7日），载《蒋中正"总统"文物——卢沟御侮（四）》，卷宗号：002000000 2112A，台北"国史馆"藏。

③ 《罗斯福夫人昨到京访蒋夫人》，《中央日报》1937年8月10日。

④ ［美］陈纳德：《陈纳德将军与中国》，第46页。

⑤ ［美］陈纳德：《陈纳德将军与中国》，第48页。

⑥ 王宇高、王宇正编：《蒋中正"总统"爱记》（二），第160页。

⑦ 《蒋夫人捐万元劳军》，《申报》1937年8月19日。

⑧ 《蒋夫人捐万元》，《中央日报》1937年8月20日。

并于当晚亲自到医院看望慰问。①

8月25日 在南京接见上海英文大美晚报编辑兼国际通讯社记者福特（C. M. Ford），发表《日本使世界战慄》谈话。宋美龄在谈话中指出，日本以上海租界为根据地发动侵华战争由来已久。她说："中国过去让步得太多，以致历尽艰辛，受尽侮辱。我们忍气吞声，连东三省受到剧烈的劫夺，世界人士都为之瞠目结舌的这样大事情，我们也仍委曲求全，究竟为的什么呢？实在因为我们要整理国内秩序，使他到达统一和平和繁荣之境，这当然于全世界都有利的。"她在揭露日本制造侵华荒谬理由时指出："他们还竭力使世界愿意相信他的人们相信，他最近种种的行为，是在打倒中国的共产主义，这也完全没有事实根据的。中国人民这次英勇的抗战，实在是日人始料不及的，为了达到他侵略的目标，灭亡中国，他渴望着别国的帮助，所以用这些莫须有的谣言来诱惑他们。"

她在谈话中重言声明：

> 中国或许受到相当损害，但决不畏怯，我们觉得日本的行为，是天理公法所共弃的。即使现实政治上，已没有正义的存在，即使神圣条约的签字各国委弃责任，对于无辜的弱小民族遭到横暴的侵略，袖手旁观，绝不加以抗议或制止，而祸福倚伏，到相当时机，在我国领土之上，大规模的残杀人民和毁坏产业的恶魔，终有受到循环报复的一天。②

8月30日 致电黄郛夫人沈亦云，电曰：敬电诵悉，吾姐热忱救国，慷慨毁家，义声所播，不但女界同胞，人人感动，而我将士亦必闻风同感，齐勇救国，以慰膺白先生地下之志，感佩无

---

① 《蒋夫人昨亲往慰问》，《中央日报》1937年8月22日。

② 宋美龄：《日本使世界战慄》，载《蒋夫人言论集》，国民出版社1939年版，第141—144页。

量，特电奉复。①

9月1日 一位英国路透社特访员撰文目击宋美龄在南京活动，并前往其办公室参观。撰文评述：

以女子而参加陆军参谋军事会议，此在中国新时代历史中实为创见，其人为蒋委员长夫人。夫人与委座之军事顾问环坐一案，讨论空战空防事务。委座为航空委员会主席，夫人则任该会秘书长。此次中日战争中，凡关于航空问题之一切行政工作，悉由夫人亲自处理，而佐以秘书数人。凡开陆军与空军战略会议，夫人靡不出席。日本飞机每次袭击首都时，都亲自视察，不惧危险，敌机一离去，又亲往各处调查损失。夫人除行政与技术职责外，并密切关心空军人员，不时巡视飞行场，亲自检查飞机师之设备，与他们的生活起居，甚至顾及他们的饮食。凡飞机师有所献议，都从善如流。委座接见外宾时，夫人常担任翻译，与外国政府通讯时，亦常由夫人起草。夫人还指导“新生活运动”，并关心战时难民和儿童的安置。夫人不仅兼善写作，还留心世界事务，闲暇喜读书报，尤爱阅读英美出版关于妇女、家庭、人道之杂志。……作为路透社特访员被导入其办公室，室内陈设简单，仅置普通书案办事，夫人常用手提打字机作书，案侧悬耶稣圣像一帧，案上置有朱古力糖一听。室隅置机关枪两挺，是近日在首都击落日本飞机中缴获的战利品。首都设有战时实验室一所，由夫人管理，凡战争残物，如日飞机之类，皆由夫人会同专家查验。②

9月 在南京接受路透社记者采访，阐述《中国妇女的战时职

---

① 《中央日报》1937年8月31日。

② 《路透社记者述蒋夫人参与戎机》，《申报》1937年9月2日。

责》，表示："已发起一种妇女运动，激励全国各地的妇女，唤起她们的'高度意识的爱国心与责任心'，因此可以给男子以必需的帮助。"她根据妇女自身的特点，认为战时妇女"还是以在后方服务为宜"。她指出：首先，妇女必先从事组织，有所准备。其次，为保持国家衣食的资料，并且将来或许有一个时期，耕种工作和其他男子担任的事业，都需要妇女来做。再则，"从事抗战，损失一定很大，但我们无论怎样，一定要为了我们的生存，抗战到底"。她强调："我以为我们最大的义务，在发挥我们的力量和决心，为救援国家民族而不惜作任何牺牲。"①

9月6日 在南京针对淞沪抗战中日本向世界发表虚妄谰言，撰写新闻电讯《战事有进展》指出："过去三星期，日本在上海欲打击中国使屈服企图，显已失败……昨晚迄今日，战争仍激烈，……日政府正封锁整个中国海岸，中国政府将竭力破坏之。为避免危险计，国民政府通告一切中立船只，保持离中国海岸一百公里之遥，倘欲进出中国海口，均需于二十四小时前通知。此外，日政府并声言探得《中苏互不侵犯条约》秘密附带条款，目的欲于防共口号之下，劝诱德意相助。实则《中苏互不侵犯条约》除已公布者外，并无任何秘密条款或默契存在也。"② 并揭露日机击伤英国大使后，又嫁祸中方的阴谋。

9月12日 向美广播演讲辞《日本毁灭人类文明，各国不应熟视无睹》③，对八一三事变，日本以公共租界为根据地在上海作战，"多面袭击、肆意破坏"，造成中外人士生命财产安全巨大损失的反人类行为进行揭露声讨，并对"中国军队奋勇抵抗"时，西方"列国竟都袖手旁观，无一以为痛痒相关者"表示极大愤慨。她指出，日本"之有大规模残杀无辜惨剧之发生，文明各国要亦

---

① 宋美龄：《中国妇女的战时职责》，载王亚权编纂：《蒋夫人言论集》（下集），台北"中华妇女联合会"1977年版，第1521—1522页。

② 宋美龄：《战事有进展》，载《蒋夫人言论集》，国民出版社1939年版，第177—178页。

③ 《日本毁灭人类文明，各国不应熟视无睹》，《中央日报》1937年9月13—14日。

不能无答”。她在演辞中列数西方诸国对日本侵华的一贯立场指出：“一九三一年日本占我满洲之际，列国曾允许其肇始，一九三二年，日本轰炸上海闸北居民于睡梦之中，列国实纵容其继续。及今日本再度大举侵略，铁蹄遍踏中国全境，列国竟亦默许，熟视无睹。”演辞中代表中国政府表示：一、对旅华欧美各国人士撤退中的运输，将竭力援助，使之达到海岸。二、呼吁世界各国对日本宣告封锁中国海岸，并要求各国停止以军火供给中国，“毋予接受”。“若竟守缄默，则人类文化，殆真蹈末日矣。”三、对海外侨胞忠诚赞助表示感谢，对于友邦人士之同情及精神援助表示谢意。并保证为捍卫疆国之奋斗，不辜负大家合作鼓励之美意。重申中国政府“决定放弃容忍政策，不再忍受暴敌侵略残杀及其无理侮辱，全国奋起为国家生存而抗战”。最后，她再次谴责西方诸国袖手旁观行为“是国际道德、耶稣信条、或所谓西方优美道德之堕落之先声”。①

9月21日 英国使馆代为贺武致函，建议中国政府能否与一适当保险公司商定接受货物兵险办法，使汉口出口商务得以恢复。②

9月23日 在上海，针对日本海军司令长谷川两次发出警告，命令列强侨民撤离南京，“为实行大屠杀而不伤及友邦人士生命与感情计”，撰写电讯指出：“倘外人听其命令，离京（南京）他去，则将无所顾忌，择其最便利之方法，以达到目的，则此不宣而战之战争，将有某种可能的迅速屠杀工作，以震惊安定之世界矣。”③

9月25日 致电驻英国大使馆呼吁救济我受伤军民。电称：“余方自前线返，目击千万受伤士兵，在急救站，静待运入医院。余心为之惧恻，现上海药品已购买一空，来源有断绝之虑。凡英国民众愿供给医药及红十字救济工作者，均感激领受，因千万重

---

① 《蒋夫人昨向美广播演讲》，《中央日报》1937年9月13—14日。

② 《蒋中正“总统”文物：对英外交（一）》，卷宗号：002000001280A，台北“国史馆”藏。

③ 宋美龄：《长谷川之无理命令》，载《蒋夫人言论集》，国民出版社1939年版，第184—185页。

伤兵士，非得充分医药，以资疗治，将无痊复之望矣，现大使馆已向英国民众发出呼吁。”①

9月27日 在南京，针对日机对南京进行数十次空袭和近两日中国空军在南京反击日机空袭战绩，撰写新闻电讯指出，敌人将发动大批飞机，作大规模空袭，指责世界对日机惨炸非战斗人员生命财产，“任其纵横，不加制止”，将使敌人“可以肆无忌惮”。②

10月5日 应纽约《论坛杂志》之约写成《“意外事件”的发展》，揭露了日本蓄意侵华“搬演”了一系列的“意外事件”。指出卢沟桥事变、八一三事变是“按着日方侵略计划所安排的”。揭露日军“速战速决”战略的挫败，高度赞扬中国军民的顽强抵抗和英勇不屈的精神。文章指出：“日本人由于从前的经验，确信不必用大量军力，在短期间内，就可以很容易地解决中国。可是新的教训，如我军南口的英勇抵抗，以及淞沪的坚强血战，告诉他们，他们的算计完全错误了，事实使日军不得不承认：中国虽军备简陋，她抗敌的力量比了未统一之前强大得多，并且军队的勇敢精神，已把国内不觉悟分子完全唤醒，把全国军民自南到北都团结起来了！”最后文章表示：“日本从中国学得了文明，从西洋得到了文化。世界人士目睹了这次‘不宣而战’的对华战争……日本的文明和文化，已经堕落到怎样地步，日本的所谓文明，不过是遮掩他们狠毒的、杀人掳掠行为的面具而已。”③

10月6日 应澳大利亚悉尼某刊物之约写成《战争与中国女性》，揭露了日本侵华给中国人民带来的空前灾难。详尽介绍了中国各界妇女成立组织，投入战地救亡、慷慨捐输、埋头苦干救援

---

① 《蒋夫人向英人呼吁》，《申报》1937年9月25日。

② 宋美龄：《毁灭南京之威胁》，载《蒋夫人言论集》，国民出版社1939年版，第183页。

③ 宋美龄：《“意外事件”的发展》，载王亚权编纂：《蒋夫人言论集》（上集），第99、101页。

国家的忘我精神，并表示："我们中国将尽可能地长期抗战下去。"①

10月8日 获美国公民及妇女团体致电，对于日本侵略中国、轰炸不设防城市平民、乡村及轰炸中国非战斗人员及妇孺，深为震愤，并表示深切同情。美国大学女生联合会还致电罗斯福夫人及美国各妇女团体，请共敦促美国政府，领导各国制止日本之侵略及野蛮行为。一些美国公民还通过红十字会转来捐款。② 这些正是宋美龄对美广播演讲词的反应。

10月12日 写成《中国固守立场》载美国《论坛杂志》十一月号。文章首先说明，她是在日机空袭间隙撰文的："我每当空袭，循例要出去观察，尤其注意我方怎样地从事抵抗。"她指出："我们还缺乏精劲的空军，当遭遇到侵略的时候，我们不得不仰赖美国和其他各国，向他们定购大批飞机，希望他们能迅速地满足我们的要求。"并对美国屈从日本，"禁止船舰运输军火来华，并且拒绝颁发赴华美籍教练员的护照"，以及"不准将飞机运输出口"的做法，表示"骇异"。她谴责说："我们服从国联的条约和精神，因此受到了丧失东三省的苦痛，我们的脸上，不啻受了这堂堂共和大国的掌击，这个堂堂的共和大国，是我们一向以敬意相瞻和效法的。当我们以现金向美国购买飞机，而美国服从日本荒谬的要求。"表示："我们应该深深地自省，如何向着尊重条约，和及早把敌人逐出国土的两大目标，勇往迈进。"③

10月23日 在端纳陪同下乘汽车离南京赴沪视察并慰劳将士，途中在沪附近发生车祸，不幸被摔出车外，昏迷不省人事，醒后不顾伤痛，仍坚持赴前线视察。翌日延医诊断，有一肋骨折断。④

---

① 宋美龄：《战争与中国女性》，载王亚权编纂：《蒋夫人言论集》（上集），第102页。

② 《美公民及妇女团体致电蒋夫人》，《中央日报》1937年10月8日。

③ 宋美龄：《中国固守立场》，载王亚权编纂：《蒋夫人言论集》（上集），第104、109—110页。

④ 《蒋夫人劳军前线摔车受伤后仍毅然前往》，《中央日报》1937年10月30日。

10 月 28 日 由上海前往松江看望蒋介石。①

撰写新闻电讯《重要战略胜利》指出，中国最高司令部下令放弃上海江湾闸北突出之一角，实系战略上之重要胜利。过去十星期，中国军队表演两种惊人成绩：一、服从命令有抗战至死的决心；二、于城市间作战，任何军备精良之军队，不易击之使退。②

11 月 1 日 丹麦各报对宋美龄巡行阵地覆车受伤事，均用大字登载表示敬仰之意。③

11 月 3 日 由美抵南京的财政部部长孔祥熙前来探视伤情并谈及访美归国感想。宋美龄借此撰成《中国之决心》外文电讯稿，内容略谓："余敬借贵报，告慰国外好友，余受伤业已痊愈，立可照常工作矣。财政部长孔祥熙博士来访谈及归国后，见同胞抗战决心之坚强，惊喜出乎意外。日方虽复有飞机五百架运载来沪，中国财政尚足支相当时期抗战之用。孔氏深觉美国之和平派人士，不知日本苟灭中国，则世界情势必急剧变化，届时不论是否出美国之愿，均不免牵入战争漩涡。盖日本独霸太平洋，并设法破坏美国之限制外侨入境法。孔氏复以为夏威夷有日侨十五万人，必要时将助其政府发动，该岛苟落日人掌中，试问加利福尼亚滨海之地，将受何影响乎？"④ 不难看出，宋美龄迫切希望通过对美舆论宣传，争取美国对中国抗战的支持。

11 月 5 日 复电致谢妇运会。数日前赴沪前线慰劳将士途中覆车受伤，妇女运动促进会前日特电慰蒋夫人。复电称：

> 尊电奉悉，辱承慰问，感荷殊深，尚望共同努力，

---

① 王宇高、王宇正编：《蒋中正"总统"爱记》（二），第 162 页。

② 宋美龄：《重要战略胜利》，载《蒋夫人言论集》，国民出版社 1939 年版，第 195 页。

③ 《丹报对蒋夫人表示敬仰》，《中央日报》1937 年 11 月 1 日。

④ 宋美龄：《中国之决心》，载《蒋夫人言论集》，国民出版社 1939 年版，第 197 页。

以竟抗敌全功，谨电复谢，蒋宋美龄叩江。①

11月7日 针对日本夸称将在沪庆祝“大胜利”，在南京撰发《日本果真胜利乎?》新闻电讯，抨击称：“此残暴行为之成功，日本亦不能谓出于一己之功，盖列强不守条约义务，且默认日本策略，阻扰中国获得抗战所必需之军械军需，间接给予日方以不少之助力。中国于此不宣而战之战争中，如一奉公守法之良民，仅持一旧式前膛枪，而当前之盗贼则以机枪向之作无情扫射，彼身为警察者立于安全地带，袖手旁观，希望祸不及己，己身既不加援助，且阻止他人之加以援助。惟中国已于积尸灰烬中，发现若干可惊喜事实，最要者彼已获得民族国魂。”②

同日，复函埃玛等11位校友，略谓：

非常开心收到在Leonard Hsu致辞的午宴上大家写的联名信。它一下子把我带回到大学时光，那些远比此刻在中国生活快乐的日子。

我们并不想要这场战争，并曾竭尽全力阻止其发生，但是战争仍被强加于我们。现在，战争既已打响，我们就要努力奋战以期结束这场战争。我国正处于生死存亡之际。全国上下都意识到这一点，团结一心支持政府。尽管每一位士兵都做好战死的准备，每一位农民都将抗战到底，但是我们尚不知还能抵抗多久。

世界其他各国逐渐意识到，中国不仅为己而战，也在为全世界而战。一旦日本征服中国，没人能预测其野心勃勃的魁首何时才会罢休。日本意欲建立一个大陆帝国，他们正一步步推进臭名昭著的“田中计划”。田中的野心是让日本统治全世界。从当前的世界局势和“民主

① 《蒋夫人电谢妇运会》，《申报》1937年11月5日。

② 宋美龄：《日本果真胜利乎?》，载《蒋夫人言论集》，国民出版社1939年版，第200页。

国家”的冷漠来看，日本的目的——尽管看起来像是在做梦——是可以达到的。

当我说“世界其他各国”时，我不是说各国政府，而是各国工会和民间组织——到目前为止——只有他们向我们提供了有力的援助。各国政府不愿实施制裁，因此公众呼吁政府抵制日本。这一抵制运动正在世界各地蔓延开来。越多人坚持抵制日本，拒绝买卖运输日货，这场血腥战争就能越快终结。

你们十一位可以成为在美国推动此项事业的力量。为我们祈祷吧——是的，不仅祈祷——同时也要尽您所能将这场抵制运动继续下去。

我无法告诉你们我国在过去三个月里遭受的恐怖暴行。你们可能已在报纸上读到。我亲眼见到血肉模糊的尸体。在上海南站，数百名难民遭到轰炸后，我听到孩子们呼唤死去父母的哭泣声。当我走过那里时，我的鞋子上都沾满鲜血。

这就是我今天请求你们的原因——你们和你们所有朋友和同胞——请帮助我们停止这场战争。①

11 月 8 日 复函澳大利亚悉尼某夫人，感谢海外同胞征募医药用品以救济祖国的工作。揭露日本侵华的暴行，但为蒋介石不抵抗政策辩解。②

11 月 9 日 复函美国马萨诸塞某女士，感谢对中国的同情与了解，揭露日本侵略中国暴行，并指出：

若使日本飞机轰炸我国城市可以不受制裁，就没有

---

① 《致埃玛·德隆·米尔斯的信函》（1937 年 11 月 7 日），载张宪文、武菁主编：《宋美龄文集》第三卷，第 1084—1085 页。

② 宋美龄：《复澳洲悉尼某夫人书》，载王亚权编纂：《蒋夫人言论集》（上集），第 486 页。

理由不相信他们的军队，日后不向夏威夷推进，建立了空军的根据，那是与加利福尼亚相距咫尺，谁能保证她不来侵犯贵国领土。如果美国不予日本以制裁，不以经济封锁来惩罚她的侵略，反而照了她的定单供应军需物品，那么它野心的计划，或许在最短的时间，就能实现……若要避免更大的祸患，必须帮助中国。[①]

11月17日 于上海沦陷第五日，在南京撰发新闻电讯《中国决不屈服》称，中国军队已到达新阵线，日方日有增援前来，企图在上海到杭州一带海岸登陆，俾完成其速战速决之希望。中国决不屈服，亦不气馁，若无法忍耐敌方精劲火器之压迫时，军队或将更向内地迁移。[②]

12月13日 致函世界妇女和平协会，吁请援助。函中揭露日本侵略中国野心，谓：

首相近卫声称当迫令中国屈膝，中国于此，惟有奋力抗战，以与敌人相周旋，吾国团结之坚实，乃前此所未见，同人皆知吾人系因保卫家庭与民族生存而战，日军残杀无辜平民，数以万计，此种暴行，制止之法厥惟经济的压迫，换言之，抵制日货运动，实乃军事以外争取和平自由最有效力之武器。[③]

当日，日本侵略军在南京大肆烧杀奸淫无辜中国和平居民，宋美龄热切期盼国际组织采取措施予日本暴行以干预。

12月 张学良致函再次请缨雪耻，称：

---

① 宋美龄：《复美国马萨诸塞某女士书》，载王亚权编纂：《蒋夫人言论集》（上集），第496、494页。

② 宋美龄：《中国决不屈服》，载《蒋夫人言论集》，国民出版社1939年版，第202页。

③ 《蒋夫人吁请援助》，《申报》1937年12月14日。

O[①] 恪守夫人前在妙高台之训，唯委员长之命是遵，所以居山以来，每日以阅书看报检束身心为事，外间事一概不闻不问。唯自中日战争爆发以来，家仇国难，时萦于心，恨不能舍命捐躯，以抗强敌，是以前此有请缨雪耻之举。近两个月中，每日锻炼身心，以备领袖之驱使，期为民族而牺牲，不敢自图安逸，苟全性命于乱世间。O受委员长之优容厚待，有如家人。委员长运筹决策，夙夜焦劳，凡属同志同胞，皆各效其能，以为抗战之助力。O处此时势，讵敢妄有希冀。扪心自问，实有难安者耳。否则饱食暖衣，山居优游亦或他人求之所不得。夫人平素待我良厚，故敢略陈下情，尚祈有以教之是幸。率沥不恭，唯希鉴谅，敬颂神祉。[②]

接见瑞典记者李氏（J. C. E. RYe），针对记者询问对于日本在太平洋上的企图意见，发表《日本野心家的计划》谈话。谈话目的揭露日本发动战争的动机，激励英美予以制止。谈话主要内容为：

一、日本在太平洋上的目标。宋美龄说，在著名恶毒的田中奏折里面，你可以找到完备的答复。他的确是日本所神圣地信守不渝的、真正的政策和计划。日本在太平洋上的目标，是想把所有的东方民族，也就是非白种人，合并在他的统治之下，其中包括日本、中国、菲律宾、马来及其附近，南洋各岛（坡里内西亚及其附近）、印度支那、荷属东印度（爪哇和苏门答腊等）印度、阿拉伯、阿富汗以及非洲的各民族。在中国建立日本大陆帝国，是日本抱着野心想跃入欧洲大陆政治中的跳板。跃进了欧洲之后，然后再尽力扩展，立图变成一个大而强盛的举世无匹的国家。

二、日本参加所谓防共协议的目的。宋美龄指出，日本时常

---

① “O”即张学良自称。

② 此信未署时间，从信中内容推测，应是写于抗日战争初期。参见陈红民：《解读张学良与宋美龄的几封信》，载胡春惠、陈红民主编：《宋美龄及其时代国际学术研讨会论文集》，香港珠海书院亚洲研究中心2009年版，第342—343页。

声言，要排除西洋人在中国和远东的势力，并且早已开始他的威胁，这也是发动战争的一种动机。他恐吓我们，要我们放弃与西方国家悠久的关系，把他们当作唯一的合作者、唯一的真心朋友。因为我们并不害怕，因为英美也不会接受日本的要求，于是他决心参加所谓的防共协定，断定由此能保障他自由地迅速地用武力来征服中国。他认为倘使外交上行动滞后，这机会就要因循坐失了。

三、日本在中国实施烧、杀、抢、掠的目的。宋美龄指出，日本发现吞噬整个中国，并不像吞咽东三省那样容易和顺利。中国非但不畏怯，并且增强了抵抗到底的决心。他们夸言要打击我们至屈膝，使我们没有抵抗力。于是他们恼羞成怒，使用历史上空前的野蛮手段，于是他们就以飞机轰炸为入手，凡是飞机能及的地方，他们就屠杀了成千累万的无辜平民。他们每到一处，必带来了残酷的死亡和毁灭。到今天，已有几百万非战斗人员成了难民，还有几十万遭到了野蛮的屠杀，有的整批死在炸弹和机关枪下，有的个别地死在步枪和刺刀上，数万成年及未成年的女性，遭到了一种使人难以置信的野蛮蹂躏，一种决非这文明时代所可能的蹂躏。日本人踪迹所及的地方，那种可怕的灾害就跟着发生了。若不是外侨中亲见亲闻者的记录，这种残酷而暴戾的故事，简直使人不会相信。南京、杭州以及各大都市都发生的现象，在较为偏僻的城乡村镇，只有更加厉害。荒淫无道的刽子手，他们正在毫无节制地到处横行。此外，并且还有组织地惨杀年事壮盛的非战斗人员，有计划地抢劫一切有价值的东西。他们的企图，似乎想把这广土众民的国家，造成一片荒漠，把我们的人民，造成贫无立锥的奴隶。

四、世界不制止日军的行为的结果和我们的决心。宋美龄在谈话结束时指出，世界倘继续不制止日军的行为，他们将完成两种结果：糜烂中国和永远剔除英美在中国市场的一切权益。事虽如此，我们仍决心抗战下去。我们的军备很简陋，我们已被截断了供应的来源。倘使声言维护文明的国家，对于我国的获取军需不加援助，甚至对日本的暴行不加约束，我们就有失败的危险。我们失败，并不是中国的耻辱，大半还是人类文明的耻辱。①

上述谈话，适值南京沦陷后，日军实施大屠杀暴行。

* * * * * *

是年

2月15—22日 国民党五届三中全会在南京召开，对中共提出的五项要求和四项保证给予部分采纳，标志着国共合作的抗日民族统一战线初步形成。

6月 宋庆龄发表《儒教与现代中国》文章，指出“新生活运动”没有给人民任何东西，主张以改善人民生活的运动来代替“新生活运动”。②

7月7日 日本侵略军发动对北平近郊宛平县城武力攻击，中国守军奋起反击，史称“七七事变”或“卢沟桥事变”。

8月13日 为扩大侵略范围，日军向上海市区发动攻击，中国军队发起攻势作战，淞沪战役爆发。翌日，国民政府发表“实行自卫，抵抗暴力”的抗日声明，标志着中国全民族抗战的开始。

9月22日 国民党中央通讯社公开发表《中共中央为公布国共合作宣言》。翌日，蒋介石发表谈话，公开承认了中国共产党的合法地位，标志着第二次国共合作的正式形成。

11月20日 上海于一周前沦陷，国民政府宣布移驻重庆。

12月13日 南京保卫战失利，首都沦陷。日军在南京实施惨绝人寰的大屠杀。30万人惨遭杀害。

1938年　三十九岁

1月 美国《时代》杂志创办人卢斯宣称，蒋介石和宋美龄是

---

① 宋美龄：《日本野心家的计划》，载《蒋夫人言论集》，国民出版社1939年版，第158—162页。

② 尚明轩主编：《宋庆龄年谱长编》（上），第333页。

1937年的杰出人物，并将他们的照片刊登在1938年第一期《时代》杂志的封面上，作为“新闻人物伉俪”。①

1月6日 在武汉复函埃玛，抨击美国错误行为，揭露日本侵华暴行。函曰：

> 美国不仅终止了从圣地亚哥海运我们战前订购并已付款的战斗机，还对救急必备战争物资的运输限制重重，导致我们几乎完全受制于日本。中国人民尤其不能理解美国政府的态度，因为他们所了解的美国总是率先标榜为维护人权的领袖，更何况中美之间的合约是神圣不可侵犯的。如果英美两国能够联手厉谴日本，侵略战争也许能因此而结束。就算言语不能发挥作用，我们不明白为何不可以实施经济打压让日本屈服？
>
> 美国的行为，无异于是帮助日本打击中国。在尚有供给的情况下，我们将倾全力抗击日本，一旦物资匮乏，我们必将失败。我们并不是败给了日本，而是败给了民主列强，因为他们没能让中国获得理应得到的公正。
>
> 日本在中国到处烧杀抢掠，其行径令世人发指。（此刻刚好收到警报，日本37架战机正前来轰炸武昌。）
>
> 你肯定在密切跟进战争的最新进展。日本有意在世界上制造错误的舆论导向，但世人能否意识到这一阴谋，我们就不得而知了。中国也极力地与外界取得联系，但我们绝大部分的困难是世人无法看到的。外界无法了解日占区中国领土内正发生着什么，我们自己都要等一段时间才能获得一点情报。从南京及其他有独立观察者的地区的形势来看，那些没有目击证人的地方肯定也正遭受着可怕的屠戮。
>
> 很多人都说日本人“疯”了，但事实上这只是他们

---

① ［美］斯特林·西格雷夫：《宋家王朝》（全译本），第341页。

预谋已久的侵略计划的一部分。他们深知中国地广人多，无法像在满洲里那样愚弄视听，假言日本是在为解决人口增长问题而寻找出路。他们的真实企图是让大量的日本人在中国立足扎根，同时剥夺中国人反抗的机会。通过大规模的屠杀并驱赶生还者，日本人就有可能占领中国人逃离的农田，在中国的土地上让他们的国民立足扎根。

日本人在图谋侵占满洲里和华北之时，就开始用鸦片和毒品来麻醉中国国民。他们料想，如果能让一大部分中国人吸食成瘾，他们就不仅会摧毁中国人的反抗意志，也将摧残中国人可以行动的身体。所以侵略战争一发动，他们便迅速采用了这种毁灭性的阴毒之招。现在他们又发明了更有效的手段，能让一大批人瞬间致死。目前他们就是这么做的。

起初我们以为日本人屠杀非军事人员、机枪扫射逃亡的难民、杀害无辜学生都只是意外，但时间很快就证实这只是日本人既定计划的一部分，他们想要消灭中国国民，让中国臣服于日本。世人能够对这样的恐怖行为视若无睹，不敢大胆地予以制止，实在令我们震惊。我们已经尽力反抗，虽然外国政府的态度对我们不利，我们仍然会与日本战斗到底。我们正为此积极整顿，希望能在今年冬季让日本人也尝尝损失惨重的滋味，到来年的春夏能占据更有利的地位。

中国国民的抗日情绪高涨，国民政府的抗日决心是无法动摇的。我们当然希望和平，但必须是有尊严的和平。中国的主权必须掌握在中国人自己的手中，这是所有自尊国家的底线。日本人已经残忍地践踏了中国的大部分土地，他们的毁灭性行为还将继续，但只要一息尚存，我们就绝不会投降。我们不仅是为了拯救自己的领土和国民而战，也是为那些怯于反对独裁武装势力的民主国家而战。

至于战事的发展，你应该比我们更早知道，因为在你的国家，通信还没有受到限制。而我们这里通信中断，很难准确判断国际形势。但我们仍然充满了希望：抗战必将胜利，民主国家将会看到正义得到伸张。

你在信中提到你们在美国的情况和想法，我深感欣慰，希望你和其他的中国之友人能继续努力，让美国人认识到中国一旦战败将对世界其他国家造成多大的威胁，更不用说中国自身将置于怎样的残酷境地了。占领中国，意味着日本早晚将控制太平洋地区，意味着美国终有一天至少在经济上受到威胁，即便其本土不会受到侵略。日本一旦控制了中国的丰富资源，就可以完全独立于其他任何国家。到那时，日本必将南侵，并占领石油储量巨大的荷属东印度群岛。同时，日本还将占领自然资源富饶的西伯利亚沿岸，并完全控制北库页岛的石油资源。有中国和荷属东印度群岛在手，这些自然资源完全可以令日本不依赖于任何国家而自给自足。

我个人并不认为日本能够占领中国。虽然我们在战争中处于极度的劣势，虽然我们在物质方面显然得不到英美两国的帮助，但我还是相信，只要我们能够坚持下去，假以时日，日本就无法如愿以偿，也不会从我们的损失中获益。日本可以利用他们的高端武器和空战机轻松打败中国，但这并不意味着他们能够占领和控制中国。

（刚才的空袭打断了我，机场附近爆炸声不断，浓烟弥漫，但目前尚未获悉此次空袭损伤情况。）

我知道，日本已经感受到抵制日货的影响力了。如果世人加强对日货的抵制，即使各国政府不参与，日本也终究会受到制约。我们必须牢记，美国花在日本产品上的每一美元都是在帮助日本实现其让中国就范之目的。①

1月8日 在武汉复函给新西兰某君，揭露了侵华日军的血腥暴行。函曰：

京（南京）沪一带原是世界有数的人口密集之处，如今已万突无烟，村市为墟了。日本飞机先尽量以大扫荡，所余剩的壮年男子再由陆军来作根本的肃清，妇人和小孩也没有例外的被杀戮，还有无数女子被他们奸淫侮辱。南京有数万人民，或被他们个别枪毙，或被他们系累成列，用机枪扫射。其他各城市也都如此，所以凡属日军所到之处，都有极度的摧残与死亡……中国将尽可能的长期抗战下去。她最可怕的是英美不愿出售或运输她所需要的一切，以及帮助她把东西运进国内。中国出钱购买军火，和把军火运进国内是两个不同的问题。只要能配备她的军队，中国就一定能继续抗战下去，以至于击退日本军阀，倘使不能的话，这就是日本军阀得到了鼓励。如此而战败，中国不是败于日本军阀，乃是败于列强之手……中国并不希望英美代她作战。她觉得英美倘能硬朗地向日本军阀有所表示，战争是不难中止的。此刻只要在金融方面跟日本绝交，我们不相信日本军阀敢冒险向英美挑战。若干财政上的压迫，已足使日本国民陷于非常的困难……我们抱着最后胜利的信心奋斗着，并且继续奋斗下去，希望文明的世界能矍然惊起。②

① 《致埃玛·德隆·米尔斯的信函》（1938年1月6日），载张宪文、武菁主编：《宋美龄文集》第三卷，第1086—1090页。

② 宋美龄：《复纽西兰某君书》，载王亚权编纂：《蒋夫人言论集》（上集），第499—500页。

1月10日 在武汉复函美国圣路易某君谓：

当日本军阀还没有毁弃条约和公法的时候，他们虽有野心，毕竟感到束缚，还有若干顾虑，1931年他们突然试探这些机构究有多少力量时，结果发现国际公约公法的脆弱。一如秋风里的败叶残枝。他们占领东三省，国际除了耸一耸肩头之外，别无举动。他们就大胆再向南推进，侵入华北，建立了傀儡政权，希图统治自长城以南黄河以北的整个中国本土。仅是若干日本军阀的暴戾跋扈，就燃起了侵略的烽火，使军备如此简陋的中国，不得不起而抵抗远为国际所纵容的暴力压迫……中国军备非常简陋，可以说只有血肉之躯和落后的军器以抵抗日本军阀新式机械的集中威力，可是在淞沪战线，敌人弹火的猛烈，超过了欧洲大战，中国军队仍能支持了三个多月。当我们使敌人偿付了相当代价之后，阵线有移动的必要时，自然是要移动的。在北方，他的机械化的精劲部队，沿着若干交通线冲开了几条血路。但不能因为他们能够沿着长江用猛厉的火力造成一条途径，就算日本军阀胜利，或中国战败了，倘使我们不能获得精良的军火以配备我们的军队，失败或许是可能的。然而这失败，将不是日本军阀所独立造成的结果，列强在中国必要时，中国努力捍卫避免战祸的协定及公法的时候，原有帮助中国的条约义务，他们不能履行这种义务，也就负了大部分的责任。这种可怕的牺牲，我们不知道要继续多久。可是我们决心奋斗下去，希望总有一天，世界会觉醒他们应付的责任，而若干国家会采取积极行动，保卫被日本军阀所肆意摧毁的人类文明。①

---

① 宋美龄：《复美国圣路易某君书》，载王亚权编纂：《蒋夫人言论集》（上集），第504—506页。

她希冀通过信函，努力使友人更多知道日本侵略的真相，认清漠视摧残人类文明对他们自身的危害。

1月23日 在香港接蒋介石自武汉来电曰："近日精神谅已恢复，空军待决之事甚多，请速回汉。"①

据陈纳德回忆录记载："在上海失利期间，蒋夫人因汽车失事受伤。她的蒙古籍的司机因低飞的飞机威胁，致转弯不慎而将车倾覆，蒋夫人受伤很重，于是对一切工作只得暂时放弃。""这时候，中国的空军亦似乎走到了尽头。以八十架战斗机开始战斗的空军阵容，结果此时剩下的数目，还不足12架！许多优秀的飞行员，死的死，伤的伤。"② 蒋介石又据"陈纳德顾问报告，宜昌轰炸学员不愿练习轰炸，致将全数意国轰炸机故意破坏"③，为立即应战计，一面"向苏方洽商，加派驱逐轰炸机飞行员各一大队"，一面电令空军总指挥周至柔"严令各飞行员及机械员恪守纪律，服从外籍教官命令"。同时考虑到国民政府"各方订购之飞机，均已陆续到华，新机练习必需时日"，故蒋介石急需留港疗养的宋美龄回武汉襄助"空军待决之事"。④

另据李台珊所著《宋美龄》一书披露，宋美龄在香港"调查空军装备购买中的腐败问题"，并"已经了解到所有飞机供应商都给回扣"，"她把所有嫌疑人都列入黑名单并且不动声色地收集足够的证据"。但如果彻底清查将会引发如下问题：

一、抽空了空军队伍，引出丑闻使总司令蒙羞。

二、此举可能影响外国对中国的援助，这种援助是中国抵抗日军侵略所迫切需要的。

蒋介石拒绝清查。端纳建议宋美龄辞职，离开航委会秘书长职位。⑤

---

① 叶健青编：《蒋中正"总统"档案：事略稿本》（41），台北"国史馆"2010年版，第81页。

② ［美］陈纳德：《陈纳德将军与中国》，第64页。

③ 叶健青编：《蒋中正"总统"档案：事略稿本》（41），第53页。

④ 叶健青编：《蒋中正"总统"档案：事略稿本》（41），第13、52页。

⑤ ［美］李台珊：《宋美龄》，第124页。

1 月 25 日 在港接蒋介石发来电函。电称："购械事，已与庸兄说明，不必照所开之数，可减少若干。但步枪与轻重机枪及迫击炮与战车防御炮应用最急，请设法速购。何日来汉，并望邀子文同来。"抗战爆发前夕，蒋介石即将向欧洲、美国商洽借款订购军火交易委行政院副院长兼财政部部长的孔祥熙办理，为避免宋子文与孔祥熙之间的矛盾，宋子文被任命为中国银行董事长、全国经济委员会主席。1 月中旬，蒋介石为应抗战急需，电促孔祥熙购办一批巨额军火。1 月 16 日，又致电孔祥熙曰："步枪手枪及迫击炮应用更急，如不能全购，务请照前电所开之数，定购半数，闻美国尚有存货，请设法购取。"1 月 22 日，蒋介石曾致电在香港的宋子文拨付卡车价款，电文曰："前购卡车，闻已到 500 余辆，因中行不肯付款，至仍存港库云，卡车应用较武器为急，请兄即拨付价款，提前运汉应用为盼。"① 蒋介石致夫人商购械事，"望邀子文同来"，意由夫人协调孔、宋关系。

1 月 26 日 在香港接受印度记者希斯（A. D. Sheth）访谈。就记者提问，作答要点如下：

一、中日双方会不会提出和平条件？战争将延长到什么时候？宋美龄答称，日本推进他确立已久的统治亚洲的政策，中国是被迫抗战的，所以中国主权一天在被侵犯的危险中，就得继续抗战一天。中国接受和平也得完全以恢复主权为基础。上次德国大使所提出的条件我们不能接受的理由非常简单，因为那些条件有计划地剥夺我们中国的独立和尊严。日本所施于中国的残暴和野蛮，以及大规模的屠杀，为历史上所从未有过。所以，中国抗战一直要到逐出了最后一个日本兵才能停止。

二、日本还愿向英俄挑衅吗？对此宋美龄指出，日本的政治家曾屡次发表宣言反对第三者帮助中国。因此，谁都不能说日本不准备和英俄一战。日本毫无问题想排除各国在华利益。他为了要避免困难的增加，他说他愿保持中国的门户开放，这种欲盖弥

---

① 叶健青编：《蒋中正"总统"档案：事略稿本》（41），第 87、49、58 页。

彰的饰辞诡辩，聪明的观察者知道他决没有实行的诚意。

三、中国在军事方面是不是还得几个月的只手撑持？宋美龄答称，我们定要继续到不是日本战胜了我们，就是我们打败了日本。我们能支持多久，全靠能否获得武器而定。倘使我们只因缺少武器而战败了，那并不是中国的耻辱，是常在宣称遵守条约义务，保障正义，维护人道主义的列强的耻辱。

四、印度在现在处境之下，怎样才能帮助中国？宋美龄认为，印度人民唯一援助中国的方法，就是跟日本断绝一切关系。

五、以你的地位将给印度何种意见？宋美龄答称，关于印度和印度争取解放的努力，我不想参加任何意见。中国现在所受的惨痛，聪明的印度人民一定会加以深思。中国之所以遭此祸患，由于比起前进的国家来，在组织方面、维新方面，落后了一百年，因此不能和西洋各国的人民站在一条水平线上，并驾齐驱。若使一定要我向印度民众贡献一言，我要劝告他们，各种推进国家独立的计划，必须以十分审慎的态度来实行。倘使印度脱离了英国的保护，武力还是不足以自卫，这在日本看来，正是染指的极好机会。中国是独立的国家，不得到别国的帮助尚且不成，印度人民怎么可以认为不获得外力之助，就可以比我们获得更多的成就呢？①

显然，宋美龄对印度人民争取民族解放的独立运动持有保留态度。

1 月 29 日 在香港致电蒋介石，谈及病情及辞去航委会秘书长职务问题。电曰：

有电奉悉，自应遵嘱力劝文兄来汉，妹病据医生云，需要服药一星期，再调治一星期，或可复原。故需两星期后，方能回汉，当此国难严重，固应在兄左右规划，代兄分劳，航会尤所关心，无奈病体缠绵，展转思维，

---

① 宋美龄：《不是中国的耻辱》，载《蒋夫人言论集》，国民出版社 1939 年版，第 165—171 页。

唯有恳请准予辞去航会秘书长职务，另简贤能，免误要公，俟贱恙告痊再图效力，不胜企祷。

蒋接电后当即复电表示：“贵恙甚念，航会不必辞职，由兄暂时代行，惟望早日痊愈回武为盼。”①

2月11日 致电蒋介石，飞机现已又到十架，香港不能装配。广州因敌机轰炸危险，亦不能装。应运何处装配？请即电示。②

2月12日 蒋介石致电催归，电曰：“英机决在广州装配，已与光锐商定，航委会拟改组为空军司令部，请速驾回为盼。”③

2月19日 由香港飞抵武汉。

2月20日 与蒋介石出席武汉各界公祭武汉空战殉难烈士李桂丹、吕基淳等大会。

2月21日 下午陪蒋介石在武汉大学附近散步。当时蒋因德国宣布承认伪满洲国召回顾问、停止军械供给深受刺激，认为“国际外交只重利害，绝无道义可言”。④

2月25日 写长信给母校——美国韦斯理某博士，悲愤控诉日军侵华犯下的暴行，抨击西方列强袖手旁观和冷漠，对母校邀请参加毕业典礼无法前往表示遗撼。函称：

日本军阀居心毁灭中国，不仅扫除我们的人民，凡是日军足迹所及的工厂与学校，也都给摧残了。中国一切有价值的东西完全给收集起来装运到日本去。工厂的机件，家用的铁器，渔船上的废炮，甚至铁锚等等东西，只要劫掠得到的，都运回三岛，镕铸成了军器，再来屠杀中国人民。这是超乎世界上一般想象的惊人野蛮现象。我们不明白民主各国为什么不各［个］别或集体地派遣

① 叶健青编：《蒋中正“总统”档案：事略稿本》（41），第104页。

② 《蒋中正“总统”文物：亲批文件——民国二十六年二月至民国二十七年十二月》，卷宗号：002000000906A，序号：495，台北“国史馆”藏。

③ 叶健青编：《蒋中正“总统”档案：事略稿本》（41），第157页。

④ 叶健青编：《蒋中正“总统”档案：事略稿本》（41），第181—182页。

调查团，到中国来看看我们这里的真相。民主各国显著的冷漠，与日本军阀可怕的暴行，同样足以惊人……若果列强明白宣布，逐出日本于国际团体之外，和她断绝外交关系，我们不相信日本军阀仍敢继续那种可恨的野蛮行动。①

2月26日 中午与蒋介石约宋子文、宋子安到卓刀泉野餐。日前宋子文由香港回到武汉后即谒见蒋介石，汇报在香港交涉通航及运械事。此次与宋氏兄弟餐聚，蒋介石很愉快，谓：“开战以来第一次有此兴致。”②

2月28日 在武汉出席战时儿童保育会第七次筹备会议并致辞。宋美龄强调，由于日军施暴，当前各收容所难民儿童实占五分之一，他们是中国将来的主人，如不及时教养，良心固然有亏，民族前途更受极大影响。已倡导每家量力担任救济儿童办法，得到响应，如能普遍，极易收效。会上当即指定由妇女慰劳总会拨国币一万元，为第一保育院开办费，先行收容战区难童五百名，作为实验。并决定保育会收容儿童目标暂定三万名。并具体拟定以下办法达到此项目标：一、保育会隶属妇女慰劳总会，在其领导下独立运行，并在宋美龄领导下，争取国内外协助。二、第一保育院之建立，先电川寻觅院舍。三、推李德全等九人，后日开会，讨论开始收容战区难童事宜。③ 由此可知，宋美龄是战时儿童保育工作的发起人和积极推动者。

致电美国同学，吁请：“你们似乎应当有些实际的行动出来，不仅表示你们的义愤，还得制裁日本军阀的凶暴和野蛮。”④

2月底 辞去航委会秘书长职务，并对媒体称：“我在中国的

---

① 宋美龄：《复美国魏斯里某博士书》，载王亚权编纂：《蒋夫人言论集》（上集），第509—510页。

② 叶健青编：《蒋中正“总统”档案：事略稿本》（41），第187、196页。

③ 《第一儿童保育院将在川觅址创立》，《申报》1938年3月1日。

④ 宋美龄：《电美国同学》，载王亚权编纂：《蒋夫人言论集》（上集），第514页。

抗战中只是充当了一枚小小的齿轮，我想我干得还可以，但我毕竟不是一个空军专家。”但她继续担任蒋介石和陈纳德的联络员。①

3月1日 复函加拿大安大略省某君，对圣玛丽扶轮社表达了中国曾经依赖国联和公理的自省。函谓：

> 中国信仰条约力量，公法有效，因此却做了牺牲。日本破坏条约，占领东三省，民主各国毫无具体表示……那些野心勃勃、择肥而噬的侵略者，倘纵容他们横行无忌，民主各国的人民，为什么相信他们不会用偷盗东三省和毁灭中国的手段来对付你们。若日本征服中国，她到相当时期，就会按照了声言的步骤，动员东方民族对抗西人。那时各国政府所要偿付的代价，决非想象薄弱的人所能估计的了……我在结束此信以前，很难抑制自己，不向贵社诸君，提出一个问题。中国因为信守条约、国联盟言和国际公法，受到如此惨痛的摧残，她将得到怎样的报偿呢？中国因属为自己生存而抗战，更重要的还是为支持文明的基础，这种文明基础乃是民主各国所赖以确立，而如今显然是一发千钧，到了不能维护的地步了。②

她吁请努力唤起加拿大人民对华的同情心。

3月3日 致电全世界基督教徒，敬请在世界公祷日，为中国祈祷。中国为抗战而遭受牺牲，决不致虚糜，且因而奠定合理的与永久的远东和平。

3月5日 复函美国犹他州盐湖城某女士，详述中国所受的苦难，为世界任何民族所从来没有经验过的：“列强政府的态度，使中国人民惶惑不解，同时美国及各地人民，对中国抗战卫国的奋

---

① ［美］李台珊：《宋美龄》，第124—125页。

② 宋美龄：《复加拿大安剔鳌阿某君书》，载王亚权编纂：《蒋夫人言论集》（上集），第516、518—520页。

斗表示同情和渴欲援助的意愿使我们十分安慰。”她吁请美国人民“倘能继续积极援助我们，这是文化还不致崩溃的表征”。①

3月10日 在武汉出席战时儿童保育会成立大会。该会在宋美龄、李德全等人发起指导下已筹集捐款一万八千余元。蒋宋夫妇带头，冯玉祥夫妇、孔祥熙夫妇、宋子文、航空委员会、委员长侍从室各捐一百位难童的生活费。该会组织的主要目的就是“拟将战区儿童转移后方，予以保育教养”。宋美龄在会议上表示：“不单是为人道，我们应该如此做，为救国，我们应该如此做，为支持与建立战后的新中国，我们更应该如此做！现在的中国，正是一个多难的大家庭，而战时流离困苦的失教失养的儿童们，这中间正有不少可以磨琢成功的精金和美玉，我们只要能够周到的保护，尽心的教养，这一批儿童，自小就知道自强自立是怎样的重要，自小就以吃苦为常事。再不会畏难，再不会怕危险，再不会堕落，再不会不努力，而且这一批一定能够理解互助的价值，一定具备很丰富的同情心，一定能够知道不奋斗就不能生存，一定能够打倒列强，争取国家民族光荣为终身的责任。”演讲要点是：一、保育问题是我们妇女界战时最重要工作之一，是关系国家民族的基本工作；二、强调救助教养战时儿童与未来国家建设的关系；三、号召全国关心妇女运动的女同胞、妇女慰劳会和儿童保育会的同仁们，团结一致扶持这一伟大的工作。②

出席会议者均为妇女界名流，秘书钱用和见与会者中有张蔼真、陈纪彝、史良、曹孟君、邓颖超、刘清扬、孟庆树、彭道真等人，认为“与会人员性质相当复杂”，“大都系倾共分子”，遂“向夫人陈述挽救难童，着重教育设施，不带政治色彩为尚”。宋回答：“国共合作，没有妨碍。”③

3月13日 战时儿童保育会召开第一届理事会，选出宋美龄、

---

① 宋美龄：《复美国犹他州盐湖城某女士书》，载王亚权编纂：《蒋夫人言论集》(上集)，第522页。

② 《蒋夫人昨日演讲》，《申报》1938年3月11日。

③ 钱用和：《钱用和回忆录》，第39页。

李德全、黄卓群、邓颖超、史良、曹孟君、沈兹九、安娥、孟庆树、张蔼真、陈纪彝、郭秀仪、唐国桢、舒颜昭、任培道、徐闾瑞和陈逸云十七名常务理事。徐镜平、刘清扬、庄静、吕晓道、朱纶五名候补常务理事。宋美龄担任理事长。①

是日 旧历2月12日宋美龄四十周岁生辰，蒋介石特设宴祝寿。事后蒋又为“执事者丰其肴馔”，“心滋愧疚”，认为国难当头应“节约自践”。②

3月18日 发表《从艰苦中缔造崭新的民族》，号召全民一致团结起来“救国”。文章指出：“日本把我全国化为灰烬、化为瓦砾场，我们就在这灰烬、在这瓦砾场中，建造起一个伟大崭新永远统一团结的民族。”要求大家帮助前线抗战的部队，“帮助后方被难的同胞，发展他们生产的力量”。只要尽我们的责任，鼓起勇气战败我们的敌人，“我们就能把新中国建设起来”。③

3月21日 应纽约《前驱论坛》之请撰文《给美国的妇女们》。详述了中国数百万妇女在日本不宣而战的恐怖下蒙受的灾难，呼吁美国的妇女，注意着侵略的残暴进展，发挥出极好的助力，像她们建国之初那样，“辅助着国家采取集体行动来对抗举世的公敌”。并向美国妇女表示，中国人民在日本残暴的屠杀与苦难中，“没有停止抵抗，并且要继续抵抗到底”。④

3月25日 与蒋介石赴洛阳驻军校，下午游龙门。

3月28日 与蒋介石乘车抵达武汉。

4月1日 致电美国基督教监理会常会，并代表蒋介石对在中国的各教会和教士在中国惨痛的国难期中，救助中国人民的行为表示谢忱。电文强调：

---

① 郭秀仪：《我与抗战时期的儿童保育会》，《今日中国》1995年第8期。

② 叶健青编：《蒋中正“总统”档案：事略稿本》（41），第268页。

③ 宋美龄：《从艰苦中缔造崭新的民族》，载王亚权编纂：《蒋夫人言论集》（上集），第117—118页。

④ 宋美龄：《给美国的妇女们》，载王亚权编纂：《蒋夫人言论集》（上集），第524、527页。

> 若不是教会的存在，不知更有多少人民将死于日军各种恐怖行为之下。若不是教会人士的亲眼目睹，世界一时也就不会确切明了我国人民所受的苦难，日本军阀所有的暴戾行为，或许连实情的一半程度，他们也不会相信的……好几万人因教会的救济，保全了生命，同时有许多妇女避免了那种比死亡更可怕的命运。各方面的教友，都以不可形容的勇气来应付日本残暴的威胁。他们以孜孜不倦的热诚，在悲惨的环境之下，尽力工作，救助不幸的难民，因此凡是身受基督教恩惠，以及目视这种事实的人们，谁都表示着深切的感谢。许多与教会向无关系的人们，也意外地一致颂扬他们的功绩。①

这一电函不仅揭露了日本侵略者对沦陷区中国人民的血腥暴行，也证实了包括南京沦陷期间，国际安全委员会设立的难民区对日军实施南京大屠杀期间的人道主义救助。

是日 应美国伊里诺州基督教青年大会之请，撰《告美国青年书》电函，以美国青年与前辈作比较，得出美国青年由于缺少思考，导致与前辈的差异。她指出："由于缺少思考，由于不曾认识你们前辈的长处，你们的前辈，在若干事态方面，往往有你们所没有的特殊知识，因此他们有时的作为，就不能跟你们的新思想完全吻合了。为了这个缘故，今日的青年应当慎重他们的判断与决策，并且应当比过去和未来的青年，更要审慎周详。"她呼吁："正在学习中的青年，你们有养成鉴别力的必要。"信中她向美国青年揭露日本对中国"不宣而战"的野蛮暴行，并提醒说："你们应该悉心静气地去思索一下，探讨一下，这种祸患的原因在哪里，中国的现状将产生怎样的结果。"同时预言："中国所受的残酷侵略，以及侵略所造成的灾难与恐怖，因为空中战术如此发展，很容易会重演于美国或其他国家的。并且因为一般科学的普

---

① 宋美龄：《颂基督教会的英勇精神》，载王亚权编纂：《蒋夫人言论集》（上集），第529—530页。

遍进步，或许给南美或南美附近的国家利用起来，就有侵略美国的可能。”①

是日 复函加拿大多伦多某君，对其及许多热心援助中国的加拿大人士表达由衷的感谢钦佩。信中对教会团体和教友不顾日本威胁，留在危险区域救援难民的人道主义精神给予高度评价，并表示中国“在抗战中，不惜作任何牺牲”。②

4 月 6 日 出席武汉西宣教师祈祷会例会，发表演讲《基督教为具有勇气与大无畏精神的源泉》，称颂战争中抱着大无畏牺牲精神救助难民的宣教士，宣扬最能牺牲服务的人乃是基督徒。③

同日 发布关于教会教育谈话，称蒋总裁已决定将禁止教会学校强施宗教教育之法令加以修改。并指明此种决定，证明国人重视教会对我国复兴及人民福利的主要贡献。④

4 月 10 日 台儿庄大捷增强了士气，宋美龄心情愉快，与蒋介石中午往九峰寺后山野餐。

4 月 11 日 在《妇女生活》杂志发表《谨为难童请命》一文，号召全民援助“成千成万的儿童”，强调他们都是“未来中国的壮丁”。为完成我们保全国家实力的任务起见，“不能坐视这些儿童被难而不救”。⑤ 这些反复宣传对推动全国人民出钱出力支援抗战起到了积极作用。宋美龄和保育会理事带头，她一次认捐了两万六千多元和负担了二千四百五十九名儿童当年的生活费。⑥

4 月 宋美龄利用自己的身份和地位，与国际友人、国际组织之间频繁加强函电联系，宣传中国抗战的决心，争取国际舆论对

---

① 宋美龄：《告美国青年书》，载王亚权编纂：《蒋夫人言论集》（上集），第533—534 页。

② 宋美龄：《复加拿大多伦多某君书》，载王亚权编纂：《蒋夫人言论集》（上集），第 538 页。

③ 《基督教为具有勇气与大无畏精神的源泉》，《圣公会报》1938 年第 31 卷第 11 期。

④ 《蒋夫人关于教会教育之谈话》，《新南星》1938 年第 4 卷第 78 期。

⑤ 宋美龄：《谨为难童请命》，载王亚权编纂：《蒋夫人言论集》（上集），第122—123 页。

⑥ 张宪文、姜良芹等编著：《宋美龄、严倬云与中华妇女》，台北黎明文化事业有限公司 2012 年版，第 115 页。

中国抗战的同情和支持。当全澳妇女和平大会在悉尼集会之际，宋美龄致电揭露日本帝国主义在中国制造的“野蛮而原始的杀人悲剧”。她针对世界列强的袖手旁观严厉谴责说：

> 最近八个月来中国受到残酷的蹂躏，基于人道的立场，他们至少应当筹划一种政策，使战争的行动，有所节制，避免大规模的残杀无辜，以及妇人女子受到比死亡更恶劣的悲惨命运，可是他们连这点最低限度的义务都没有尽……希望妇女的呼声能响彻云霄，觉醒举世的政治家，纠正他们像传染病似的精神麻木和道德堕落。我请求全世界的女性，喊出绝不犹豫的正义呼声来，救援我们无辜的人民和保障我国未来的安全……为自己生存而抗战的中国，从那些所谓国际条约和人类正义的保护者那里，果真连经济的援助也不能得到，那么这世界仍只是强权胜过一切的世界，侈谈未来和平是多余的。①

4月14日　复函美国纽约某博士，该君来函中对中国抗战表示的失望情绪使她“怅然不悦”，并批评称：“我觉得世界人士很怕牵入战争，连基于人道主义立场的捐款救济，也瞻顾因循，毫不踊跃。尤其在美国，大部分人士反对那些足以被解释为仇日的任何举动。”她认为世界畏惧日本的原因，是列强们受到日本军阀虚张声势的“愚弄”。因此，她讲述了中国抗战取得的成绩，以改变该博士的失望情绪。信曰：

> 过去九个月来更有许多可惊的事实，引起了军事观察家的兴味。不仅中国军队能在淞沪战线坚守数月之久，就在大家认为中国军队已遭败绩之后，可是鲁南一役，就歼灭了敌人两个精锐师团，并在山西境内，使十万敌

---

① 宋美龄：《致澳洲妇女和平大会电》，载王亚权编纂：《蒋夫人言论集》（上集），第539—540、542页。

军失去活动能力……自你去后，中国民气的激昂，日见增进。我们的哲学使我们的受难民众毫无怨言，并且都负荷起应负的责任来。我们的战士，都以空前的英勇精神抵抗敌人，并且人人坚持一致的决心，一定要把敌人驱逐出我们的领土之外。

她拒绝了受邀赴美国的建议：

目下的环境，还不允许我接受你的意思……觉得有留居国内的必要……同时我在这里正为同胞努力。因为航空委员会费去我太多的时间，所以辞去了该会的职务，俾有充分的余暇去从事救济难民，尤其是救济难童，以及别种工作。我们航空委员会的职务让给家兄子文，于是自己好从事别方面的工作了。①

由此可知，此时她的工作重点转向战时救济和对外宣传工作。

是日 复函伦敦某君，因近日归纳伦敦的广播报告，仍有许多人对中国把日军击退的消息产生怀疑，希望通过该君，把现实真相发表出来，揭破日本通过媒体造成的烟幕。信中说："我以为在这个时候，把实际的情态好好分析一下，估量估量日本军阀的宣传，然后以真消息公之于世，这在英美等列强不是绝好的时机吗？他们为什么固执着谬妄成见，以为日本是了不起的国家，了不起的民族呢？为什么还要助长英美国民相信日军常胜的观念呢？把现实真相发表出来。"并表示："一切都不影响我们不屈不挠的精神。"②

4月16日 致函加拿大多伦多某博士：

---

① 宋美龄：《复美国纽约某博士书》，载王亚权编纂：《蒋夫人言论集》（上集），第543、546页。

② 宋美龄：《复伦敦某君书》，载王亚权编纂：《蒋夫人言论集》（上集），第549页。

> 我们全力抗战，已历时九月。我们将尽量长期抗战下去。我们相信，正义终有一天会到我们这边来的……我们谈不上军备，而如今所抗战的敌人，他们是充足的配备着现代杀人武器的。双方实力虽如此不相平衡，可是我们丝毫不畏缩。尽我们所能得到武器，来保卫自己。因此已有数十万同胞作了壮烈牺牲，恐怕接着还有不少要继续成仁取义，完成他们光荣职责。我们将带着高度的忠勇精神、日盛一日的果敢士气、最后胜利的坚定确信，继续不屈不挠的奋斗下去。①

4月18日 应澳大利亚墨尔本反战反法西斯运动大会之请致电，就日本侵华暴行谴责西方列强，"袖手旁观着这种毁灭中国的暴行而丝毫不敢有所动作"是"间接地赞助了日本这次无节制的暴行"。电文警告南方诸国：日本拓土开疆的目标，是要把你们的领域也包括在里面。并吁请南方诸国援助中国抗战，电文称："中国并不要求别国代她作战，只要求大家不赞助她的敌人。"②

4月22日 在徐州，访晤西方传教士，商洽收容战区灾童问题，商定以当地天主教堂为收容地点。又赴各兵站医院慰抚伤兵，为前线将士携大批慰劳品安抚激励。③

复函纽约牡蛎湾某夫人：

> 我们自卫抗敌的工作，至今已有九个月了。九个月奋斗的最后，我们欣幸地在陇海线北面，歼灭了敌人两个精锐师团……委员长和我正要到前线去激励我方的士气……我们因为武器赶不上日本军阀的精劲，所以受到了严重损失。当冲锋肉搏的时候，中国军队比敌人强得

---

① 宋美龄：《复加拿大多伦多某博士书》，载王亚权编纂：《蒋夫人言论集》（上集），第557—558页。

② 宋美龄：《警告南方诸国》（1938年4月18日），载《蒋夫人言论集》，国民出版社1939年版，第215页。

③ 《蒋夫人关心战区灾童》，《中央日报》1938年4月23日。

多……我可以告诉你的是，我们将尽力抵抗以至最后。我们不希望获得零零星星暂时的小胜利，但我们确信最后胜利一定是属于我们的。①

4月23日 分别给加拿大、伦敦、美国等6位朋友写信，其内容共同之处为：一、感谢各国友人、社会团体对中国抗战的同情支持，宣传九个月以来中国抗战取得的成绩和继续坚持抗战的决心；二、揭露日本侵华期间残酷的暴行和反人类罪恶；三、抨击西方列强不能制裁日本破坏条约的罪恶。

其中，在复美国纽约某女士的信中谈及救助难童的计划和对抗战前途的预测称：

我们已着手救济难童，现在有无数儿童，他们的父母或死于敌人的枪炮，或死于敌机的炸弹，孤苦无依，流离失所。我们第一步先想保育两万个难童，尽可能在国内筹募经费，以作这些儿童的衣食教养之用。我们一方面把他们分送到各教会的孤儿院去，一方面自建院所来保育他们，一名儿童一年的所需，约计美金二十元。直到现在，我们这里已有很热烈的反响了。我们在财政方面能不能源源供给战争，以及收拾战争后的残局，我此刻还不敢断言，这须看日后情形的开展。我们若不幸而失败，那一定因为我们已竭尽了力量，用尽了各种方法。我们希望军队在这次敌人猛烈攻击之下，能固守不动。只要能守，我们就已经克服了日本的毒辣手段。即使暂时守不住，也仍得继续抵抗，所以战争或将延长到若干年岁之后方能结束。②

① 宋美龄：《复纽约牡蛎湾某夫人书》，载王亚权编纂：《蒋夫人言论集》（上集），第559—561页。

② 宋美龄：《复美国纽约某女士书》，载王亚权编纂：《蒋夫人言论集》（上集），第576—577页。

同日，复函埃玛，解释她在来电中提出的一些问题。函曰：

很多人写信告诉我，如果我能亲自到美国，肯定能获得不少帮助。我想到美国去一趟，但我不希望自己的任何一次出访被认为是乞讨之行。这就是我迟迟不打算去美国的原因。

又说道：

你提到“焦土政策”，这是日本人而非中国人所为。日本人所到之处都被他们付之一炬。更糟糕的是，他们不仅把一切烧光，还掠走所有贵重的东西并运往日本。他们尤其抢掠金属器物，如工具、设备和机器，小到乡村铁匠铺，大至纺织工厂，都被他们扫荡一空。日本官兵在中国这种有组织的极为恶劣的抢劫行为是任何国家都未曾经历的。①

4月26日 复函埃玛，曰：

今天收到了你第十五封来信。以往都是我口述，让别人打出来的，但这次我要亲自回复……

我和委员长刚从台儿庄前线回来。台儿庄一战，我们大举歼灭了日军。战斗还在继续，步枪声声，机枪阵阵，大炮隆隆。不断有伤员被抬往医疗站。我们随车带回部分伤势严重的士兵，把他们送到徐州的军医院救治。在前线的这几天里，每到一处，只要有空，我就会去各个战地医院探望，还将二千多名战争孤儿妥善安置到四个天主教堂。修女们会倾其全部的爱来照顾这些孩子。

---

① 《致埃玛·德隆·米尔斯的信函》（1938年4月23日），载张宪文、武菁主编：《宋美龄文集》第三卷，第1107、1111—1112页。

我仿佛听到你在叫她们“代理妈妈”。是的，可以这么叫。不管怎样，我是在亲自考察过其中一些教会机构之后才做出这样的决定，相信将这些孩子托付给修女们是明智之举。当然，我要确保让天主教会答应我们的条件，那就是由我们派老师给这些孩子上课，讲解三民主义及“新生活运动”原则中体现的爱国主义精神。我们也在尽可能将更多的难童安置到其他教派的收容机构中去。很奇怪，不知怎么回事，新教教会设立的孤儿院很少。因此，我们不得不自建一些孤儿院。但我认为充分利用已有的保育院最为可取，毕竟人员和设备等都是现成的。你答应寄来的钱将用于救助这些难童。你应该是很乐意的吧？以后我会将所有你资助过的难童照片寄给你，我会让他们知道是你和你的朋友在照顾着他们。

你帮了我太多的忙了，应该不在乎再多一点吧？是你说的，能者多劳嘛！但请听我说完你再决定是否答应吧。

今年1917级同学会，我肯定是不能参加了。但不用担心，你们每一个人，我都时常想念。这几个星期以来，我的脑子里除了这可怕的战争及其导致的所有复杂问题，就是17级的同学们了。我是多么想回到韦斯理故地重游一番，多么希望能和你们分享毕业后这么多年的经历啊！我现在最大的感受也许是，终于可以不用上八点钟的课啦，要替我保密哦！天啊，我真的很讨厌大冬天的一大早就要起床去上课！你应该还记得，我总是一副没睡醒的样子。我现在还是这样。前几天，我对我丈夫说，很多人怕死，但我一点都不怕，因为死后没人打扰，可以睡很长很长时间的大觉。你瞧，对于这一点，在目前的情形下，我越发这么想了。这几天，我一直乘飞机和火车四处奔波，简直累得要死。要能睡一会儿多好啊！我虽不是出生在新英格兰，但也在那的学校读过书，养成了当地人的习性，不干完一天的活就绝不会躺下。

函中告知，为了今年夏天韦斯理同学聚会留念，她将寄去为师生们准备的精致礼品：二百七十五个银勺、约六百五十套茶杯、茶叶和小国旗。①

4月28日 应美国基督教女青年会第十五次全国大会邀请发表广播演讲《我为维护正义和平，向暴敌抗战到底》，主要介绍中国“新生活运动”训育的效验，并强调中国抗击日本侵略的坚定立场称：“我们民族虽身受种种痛苦与恐怖，可是我们抱着不摇不动的信心，确信最后胜利，一定是我们的，更因为确实相信我们的战争，是为正义而牺牲。”②

5月1日 下午与蒋介石到武汉儿童保育院巡视。

5月2日 在英国《伯明翰邮报》发表谴责日寇侵华文章。呼吁西方列强维持自承之信念及道德上的原则。邮报特发社论，肯定中国团结抗战的进步，并恳请各界从物质上热烈赞助救济中国，给予实际的帮助。③

复函美国佐治亚州某夫人：

> 我们这十个月的抗战，已揭破了日本是战无不胜的迷信。我们如能获得财政与军事的帮助，我们一定能继续抗战，一定能战败日本……民主各国，袖手旁观，就不啻帮助日本军阀来战败我们……然而，我们正继续抵抗，我们并不畏惧。士兵和民众的敌忾心都很高涨，我们只要能继续下去，最后胜利一定是属于我们的。

她在信中表示：“我们的领土只要有一个日本兵存在，我们就

---

① 《致埃玛·德隆·米尔斯的信函》（1938年4月26日），载张宪文、武菁主编：《宋美龄文集》第三卷，第1113—1117页。

② 《向暴敌抗战到底》，《中央日报》1938年4月30日。

③ 《蒋夫人在英报发表日寇侵华论文》，《中央日报》1938年5月3日。

要继续抗战下去。”①

5月3日 复函加拿大某华侨团体秘书，对该会一切援助祖国抗日的工作和由国际红十字会转来的捐款表示感谢。函称：

> 我们已力战十个月，已使敌人付了相当的代价，无论如何，我们将来还要使他遭受更大的牺牲。他们有法子屠杀我们无辜的同胞，屠杀我英勇士兵，可是不能动摇我们抗战的决心。日本军阀不能征服中国，那是确切不移的事实。我们有的是团结一致、军队胜利的坚决意志，我们是做得到的，军队正以无上的英勇精神作战，这些英勇抗战的同胞，是你们足以引以自豪的。他们在世界上任何队伍所难于忍受的高力爆炸物集中轰击之下，屹然不动，伤亡虽重，但前仆后继，勇敢无比。我们的军队没有畏怯，充满着歼敌的决心。你们的同胞已获得了外国军事观察家无上的赞美，说我们战斗力比日人强。日军最怕肉搏，所以竭力避免这种短兵相接的交锋。

函中劝告海外侨胞：“不要相信日本军阀的宣传。”重申持久抗战、自力更生的精神：

> 我们的鲁南阵线，即使被敌人突破，也没有什么紧要。他们若要做到这一层，须牺牲大量的战斗员，大量的军火与金钱以作代价。我们可以移转阵地，继续抗战……我希望民主各国作实际援助的时候，快要来到了。但我们仍赖自力以更生。迄今为止，我们处处予日本军阀的胜利企图以严重打击。在抗战九个月的末了，鲁南一战击溃了它两个精锐师团，现在敌方正大量增援，决

---

① 宋美龄：《复美国乔治亚州某夫人书》，载王亚权编纂：《蒋夫人言论集》（上集），第579页。

心雪耻复仇。可是我们并不害怕。我们正沉着应战……但在飞机、大炮、坦克以及一切机械化配备的集中威力之下会产生怎样的结果，谁都不易作肯定的断言。我们向最有希望的目标迈进，但不能不作以防万一的准备，总之我们只要获得任何自卫工具，决不放弃抗战，只要我们能坚持信仰，始终不渝，日本军阀绝无征服中国的可能。我可以断定他们不能。我们认识敌人的实力，决不夸张。我们无疑地将历尽艰难，然而我们的血不至于白流，牺牲也决不是没有代价的。①

5月5日 复函英国伦敦某君，并附奉五百镑救济难童捐款收据一张。函中详述了5月2日开始中国为反击日军控制津浦线的军事进展情况，对持久抗战充满信心，但也清醒地认识到："太乐观也不好的。"表示："我们竭力警戒人民，不要相信战事结束就在目前，不要以为驱除敌人是容易的工作。我们告诉人民，此次战争是持久而艰辛的；我们得忍受严重的苦难；还会有更多的死亡，更多的摧残蔓延到广大的领域中。我们鼓励大家坚持到底，乐观勇敢地——这简直须要超人的毅力——相信国家终会得救，终会获得最后胜利。"她在评析西方列强对中国抗战态度时指出：

只有帮助中国，避免未来的世界大战，节省扩充军备的费用，才是真正的现实主义。或者他们怕中国胜利吗？我想有时或许是的。中国如果能以自力打败日本，情形当然于大家有利得多，我们从此可以建设一个现代的国家了。②

---

① 宋美龄：《复加拿大某华侨团体秘书函》，载王亚权编纂：《蒋夫人言论集》（上集），第582—583页。

② 宋美龄：《复英国伦敦某君书》，载王亚权编纂：《蒋夫人言论集》（上集），第586—588页。

5月6日 发表《母亲节献词》一文，指出中国有重母教传统，勉励国人勿贻母氏羞，为保家卫国奋发努力。①

5月8日 与蒋介石泛舟东湖，参观疗养院。

5月11日 蒋介石据报：北线蒙城已陷敌，宁波、温州、台州防务皆甚松懈，各该官长皆不负责尽职。故一面督饬各海口驻防长官加强防务，一面决定"先扫清皖北，而对鲁西宜取守势"。晚间，陪蒋介石散步于东湖，排解忧患心情。②

5月14日 致函美国某同情中国之友人，谈及"对于将来的瞻望"："我的瞻望不容易很分明的表达出来——有些还不能公之于世。"她解释说："将来的工作大概大部分是重新建设的工作罢。可慨的是，即使简陋的重行建设也得费很久的时间。到炮灰熄灭之后，我们就得立刻从事我们城市村镇的根本建设工作，并且我们还需要重新建设整个的国家。"她表示："所以到着手复兴的机会来临的时候，我们就得急急抓住它，按着缔造成伟大国家的计划，勇往迈进，使将来世界上进步民主国家的和平集团里，我们也成为尊荣的一员。我国的人民，在精神上、气质上天生爱好民主主义，所以我理想的目标，也是趋向于民主主义的。"并认为："中国的完成统一，曾费去了很长的时间，但在短时期内部却已显出了它的力量和好处……我们还瞻望到，倘使我们人民中间的知识分子，以后在改造和推进民族复兴的工作中，不能做一个良好公民，不能贡献他们的忠诚和努力，将成一种绝大的羞耻。并且我们看到，倘使果有不肯出力的懒惰者，那末那种新兴的力量，也要对于他们施以精神的压力，从前那种各人自扫门前雪的冷漠态度已没有人再能容忍的了。冷漠和懒惰过去虽曾成为普遍的风气，可是现在中国已决心把他们弃如敝屣了。目下已经觉醒的一代，以及进步的下一代，都能注意到这一点。"

战后建设，首先要"驱除我们传统的旧观念"。"有人以为国家的经济进展，民众方面不必出力，也无须国外的合作和帮助，

---

① 《明日母亲节》，《申报》1938年5月7日。

② 叶健青编：《蒋中正"总统"档案：事略稿本》(41)，第491、496页。

就可以成功的，这种谬误的见解，因此也将完全消灭了。我们中间还有很多人没有驱除我们传统的旧观念，以为我们可以生活在狭小的圈子里，闭关自守，不受外界的影响。这种观念，一百年前，至少五十年前就该舍弃的了。我们对舶来的方法，常有不能容纳的表示，使外国的商业时时受到影响，因此外国的投资家、商业家、政治家和经济家就对我们发生了猜疑和顾虑。我们不能责难他们，商业到底必须基于互利的立场的，必须双方有利的。中国人这种态度的发生，当然为了畏惧外国人的侵略的缘故……有许多人还厌恶外人的技术的帮助。”“凡是受过教育的中国人既明白了以消极态度拒绝接受新观念的愚蠢，同时他们又被这次战争刺激成敏感状态，没有充裕的时力去分析过去的情况，我想他们也一定会立刻发现许多民族的特性，略加改善就可作有利的贡献。”①

其次，经济建设合理政策的推行。“对于开发天然资源以及寻觅更多的坦途，采用科学化的、有组织的方法来动员大众，作经济开发的工作，却是惊人的缓慢，或者可以说是惊人的怠惰而不曾进行。虽则我们口头常常谈到，怎样提高人民生活水平需要一种聪明而协调的努力，可是并没有切实地推行过。只说不做，也是我们病态之一……然而，或许阻滞了许多事情的内战的坏影响，同样地阻滞了我们物质方面的进展和组织，剥夺了我们矫正错误、积极实施的机会。”认为“新生活运动”是她与蒋介石进行国民经济建设运动的开始，只是“当我们准备着手推行的时候，日本就开始打击我们的动作。日本怕我们革新运动的成功，他们并且看得很清楚，若使革新运动成功了，那成功所给与［予］我们的礼物，不仅是空泛的幸福，而是坚实的力量。有组织和繁荣的中国，是日本军阀最不愿意看见的”。表示应当用各种方法鼓励对外贸易，保护在华投资，以使“前进的国家信任我们”。为安定民众生计，提出：“对于全国的商人，我们一定要给他们一个活动的范

---

① 宋美龄：《中国的现在过去与将来》，载王亚权编纂：《蒋夫人言论集》（上集），第589—604页。

围，可是又千万不能损害了别国人民所有的权益。”“凡是生产原料的地方，农村工艺都能认真地发展起来，生产我们人民日常所需的物品。”强调：“不要把机器节省人工，作为第一要义……不能允许机器与工人搏斗的现象存在。因为那只有使工人吃亏。”“我反对为了没有天良的资本家的利益而流着工人的血汗。这种事实，我在任何环境之下都表示反对。”因此，“不可用力于大工业的过度发展。这是财力不足时应有的节制”。主张“利用外国资本，开发我们的资源”，同时，建立适当的机构加以管理，“防止贪污官吏的从中渔利”。①

最后，建立一个良好的文官制度。“在未来的那个时期，有一件事我们必须做到，就是要建立一个良好的文官制度，给他们适当的俸给和生活方面的一切优遇。因为战争的关系，现在尚沿用着若干旧的系统，所以我们在公共生活方面，应当及时建立起新的系统来，以巩固我们的国家，安定我们的国家。”“这种除旧更新的事业，以前已有若干办法收得相当成效，而‘新生活运动’则是其中最有力的工具……是达到经济繁荣可靠的向导。”②

该函强调妇女的作用和责任说：“保持国家元气，大半是妇女的工作。挽救国家道德方面与精神方面的堕落，我们妇女也有重要的责任。为了准备这种艰巨工作，我正召集着全国妇女界的知识领袖，开一次谈话会。于五月二十日开始。这次谈话会的目的，是想直接明了各地妇女目前正在进行或计划进行的救亡工作。归纳了她们的报告，我们将拟定一个工作大纲，然后来进行我们战时及战后保持国力的任务。”③

5月17日 在庐山作召集全国妇女界代表座谈会的准备工作。致电蒋介石询问前线战局，接蒋回电称：“前方情形甚好，惟铁路

---

① 宋美龄：《中国的现在过去与将来》，载王亚权编纂：《蒋夫人言论集》（上集），第606—609、612—613页。

② 宋美龄：《中国的现在过去与将来》，载王亚权编纂：《蒋夫人言论集》（上集），第614、616页。

③ 宋美龄：《中国的现在过去与将来》，载王亚权编纂：《蒋夫人言论集》（上集），第622页。

线时被敌便衣队袭击，余无顾虑。”①

5 月 20—24 日 在武汉举行全国妇女界领导人会议，之后在庐山主持召开全国妇女界代表谈话会。出席者来自全国十余个省，共有五十余人，其中有中共代表邓颖超、孟庆树，知识界代表吴贻芳、雷洁琼，救国会成员史良、沈兹九、刘清扬，国民党内妇女工作系统的沈慧莲、唐国桢、陈逸云及社会团体和各地区妇女代表。宋美龄担任会议主席，金陵女子文理学院院长吴贻芳担任副主席，这是一次体现中国妇女战时大团结的会议。宋美龄致开幕词强调：

> 我国现在最大的需要是各党各派以及社会各部门的团结合作，国家的利益高于一切，不论有什么党派的偏见，为顾全国家的利益都应该去除净尽。在今天的中国，以促成团结为第一要事，而促成团结，要以密切联络相互认识做起。就我们今天的会议来说，我们今天到会各人的姓名声誉，也许早已互相知道，但彼此并不完全熟悉，我召集这一次会议的第一个目的，就是要使妇女界的领袖分子能够聚首一堂，大家认识。许多误会的发生，往往由于大家虽在做着同一的工作，彼此却并不认识，私人的接触和认识，实在足以促成有效的合作，在许多方面，我们女子可以影响男子，要是我们女子能够表示合作，以团结的精神来感应全国，我敢信全国同胞就更不得不和衷共济，为国家利益共同奋斗了。②

她还表达了对战后愿景的期许：

> 也有许多外国人这样问我：中日战争结束以后，中

① 叶健青编：《蒋中正“总统”档案：事略稿本》（41），第 521 页。

② 宋美龄：《妇女谈话会演讲词》（1938 年 5 月 20 日），载王亚权编纂：《蒋夫人言论集》（下集），第 698—699 页。

国仍是团结统一呢？或将发生分裂呢？我这样回答他们：中国现在确实团结起来了，统一起来了，这次日本帝国主义不宣而战的侵略，使全国人民饱受痛苦和困顿，要是这些痛苦和困顿还不能够教训中国人，觉悟到协力同心的必要性和重大性，那么，中国就只配亡国，永远不会再有希望了。[①]

会议主要宗旨是讨论战时妇女工作和生活问题。为培训妇女工作干部，会议讨论了宋美龄拟定的几项计划。一、战时妇女工作问题；二、如何动员妇女民众；三、如何鼓励妇女参加生产事业；四、改善妇女生活问题；五、妇女团体联络问题。会议完成了宋美龄拟定的会议目标："订一个实验性的纲领，以训练全国的妇女工作人员。"她决定通过全国性的"新生活运动"组织，迅速完成妇女工作培训，以完成上述工作任务。[②]

宋美龄为动员妇女参加抗战，拟定了方针，并确立了领导机构和运作机制，将"新生活运动"妇女指导委员会改组扩大为领导全国妇女救亡运动的统一领导机构，宋美龄担任指导长，成为战时妇女工作的最高领袖。这样确立了她在全国妇女界的领导地位。

5月21日　在庐山接蒋介石来电称："徐州失守（5月19日），但我各军皆已突围安全到达指定地点，实力并无损失，此间铁路前被截断者，今已恢复交通，一切皆好。"[③]

5月27日　致函美国韦斯理母校，感谢救援中国同胞的计划与工作，谈及不能分身前往美国参与校友会的原因说："我因为职务繁忙，不能分身到美国来。最近在经常地工作之外，并且还要安排好了救济难童的组织，在庐山召开的全国妇女领袖谈话会也

① 宋美龄：《妇女谈话会演讲词》（1938年5月20日），载王亚权编纂：《蒋夫人言论集》（下集），第698页。

② 《蒋夫人召集全国妇女会议》，《申报》1938年5月25日。

③ 叶健青编：《蒋中正"总统"档案：事略稿本》（41），第536—537页。

刚刚结束，我们拟定了动员全国妇女推进战时工作的计划。”并表示：“此次战争是持久的斗争……我们的策略是尽可能地固守着主要阵地，必要时相机撤退，以避免敌人击溃我们主力企图。我们时常在十分危殆的境地，可是我们常常在机警地避免，俾延长时间，以拉平双方实力的不均衡。”感谢母校“供给了我们学识，训练了我们人格，以及树立了我们对上帝、对社会、对人类的忠信，送我们到这世界的洪炉里，是要试验我们究竟有没有建造地上乐园的能耐。我们到底能有多少贡献，还有待于将来事实的证明”。[①] 为表达对母校的“微意”，她还赠送一些中国特产的杯盏，以与千里之外的校友“共进一觞”。

复函埃玛，感谢大学同班同学募集的第一笔救援中国平民款，并随信附上汇款发票。[②]

6月1日 复函美国纽约某女士，该女士曾来电要宋美龄报备关于中国难童的公函并附寄相关照片。宋复函说：“我已着手进行拍摄照片的事情，这可并不十分容易。我们想一步一步地从广大区域里收集难童。先把他们就近派在若干临时的收容所里，然后分遣到安全的后方去。如今为了拍摄照相，已派专员前往，他们是真正得深入战区的，所以较为麻烦。但此刻我附寄若干已收难童的照片。等我们把难童送到了永久保育的地点之后，摄取照片就毫无困难了。”由于战区扩大，“难民与难童的问题也愈趋严重”。而“友邦在战事方面不能直接帮助我们”，所以宋“希望他们能帮助我们这种人道方面的工作”。[③] 根据西方救助难民难童的规范要求，宋美龄在复函中重点申述了以下方面的工作内容：

一、中国救援难童的步骤计划。你只要看一看中国

---

① 宋美龄：《复美国魏斯里母校书》，载王亚权编纂：《蒋夫人言论集》（上集），第631—632页。

② 《致埃玛·德隆·米尔斯的信函》（1938年5月27日），载张宪文、武菁主编：《宋美龄文集》第三卷，第1127页。

③ 宋美龄：《复美国纽约某女士书》，载王亚权编纂：《蒋夫人言论集》（上集），第635—636页。

地图，就知道这次战祸所及的领域是如何广大。几十万平方里的人民都流离失所。我们正在这样辽阔的区域里，尽力救援难童。我们的进行步骤，大略如下：先派人员到战区去设法收集……把难童收集之后，在各临时收容所，沐浴更衣，然后遣送到后方公立或教会的院所去……我们计划第一步保育两万个难童。现在已在后方各省建立了若干院所，工作的人们大都是义务性质的。他们以整个的时间在院服务，除供应膳宿外，每月得大约美金三元的报酬。待遇之菲薄，足见只有真心爱好儿童的人们才肯踊跃参加，办公费可说是省无可省的了。在汉口设有救济难童的总委员会。分收集、运输、遣送等若干组别。所谓遣送，即是把难童分别送到后方的教会或公立院所，或让殷实人家领去抚育。各委员会的委员，不论全国性质或地方性质的完全义务服役……目下共有五个战区，每区都有临时收容所。天主教与基督教各教会，在各处都曾不断赞助。截至本年六月一日止，分别收容各地难童的地点、已收难童名额、机关、主持人列表附上。

二、关于善款的使用情况。各省都有分会，由总会委派干练妇女为之主持。每一文捐款都由总会经手，直接用到难童身上，全无虚耗。一名难童，一年所需，为法币六十元，约美金二十元……外国教会代为收容难童，则由总会供给经费，教会方面供应服务人员，他们往往设立委员会一类的组织来进行事务，也有若干教会仅把院所借给我们，其余一切，仍由总会派员料理……美金二十元，只能供一年之需。其中必有多数孩子要留在孤儿院直到长大成人。战争停止之后，我们希望尽量让人家领去养育。①

---

① 宋美龄：《复美国纽约某女士书》，载王亚权编纂：《蒋夫人言论集》（上集），第636、638页。

三、请友邦对中国持久抗战有信心。我竭力注意这次战争所牵涉的各种社会问题。这不是容易的工作，我已把妇女服务打定了一个坚实的基础，我希望她们从此完成她们的职责。同时，战事还在进行……我们即使放弃汉口，尚有多么广大的抗战根据地。所以在战事方面不能援助中国的友邦，当我们移动阵地时，不必为我们失望，因为这是战略关系，是对抗敌人精劲武器的唯一办法。我们愈向内地迁移，敌人财力人力的损失也将愈大。假定军火来源不受阻碍，我们确信可以长期抗战下去的……能帮助我们这种人道方面的工作，以免无数难民委诸沟壑。①

6月7日 在武汉发表《告全国女同胞书》，号召全国妇女集中救国力量，继续长期奋斗。②

6月19日 因蒋介石“日来事忙心衰，督责所部未免太过严厉”，下午陪蒋乘舟溯江小作游憩，调节心态。

6月20日 中德邦交恶化，蒋介石以次子蒋纬国在德起居行动担忧，自责：“余命纬国赴德求学，是无远虑，惟赖上帝保佑其安康自由耳。”下午，陪蒋游田墓及东湖。③

6月22日 接美国社会正义会致信《告中国民众书》，表示对中国抗战的同情支持。“你们现在正为生存与自由而斗争，我们美国民众，抱着无限的同情，不管政府采取什么态度，我们美国民众十分之九和你们站在一条战线上。”并鼓励中国的同志们“抗战到底不要妥协，不要投降，全世界以关切的心情注视着你们，你们的斗争也就是我们的斗争”。④

6月28日 复函埃玛，谈及中国抗日近况及对持久战的认识：

---

① 宋美龄：《复美国纽约某女士书》，载王亚权编纂：《蒋夫人言论集》（上集），第642—643页。

② 《蒋夫人发表告全国女同胞书》，《中央日报》1938年6月8日。

③ 叶健青编：《蒋中正“总统”档案：事略稿本》（41），第653、655、658页。

④ 《美正义会寄蒋夫人告中国民众书》，《中央日报》1938年6月23日。

面对装备精良的日本军队，这是目前我们仅有的策略，因为我们的装备实在太差了。我们要拉长日军的战线，增加他们的作战成本，让他们受到更多挫折。一旦战线拉长，游击作战也能够对他们的战线进行大量破坏。就算以后被包围，我们也不会被打败；胜利将永远属于我们，日本是不可能取胜的。

从军事上而言，攻城略地算不上胜利。城池的丢失的确是我们的物质损失，而这恰会成为日本的沉重负担。

日本很快就会发动策划已久的侵略广州的战争，到那时，香港和汉口之间的供给线会被切断。此外，他们还企图攻占西安，并派了一个纵队向北推进，以切断苏联来华的道路。但是，他们的如意算盘很难实现。他们的作战范围越大，就会越来越陷入困境。①

7 月 1 日　“新生活运动”促进总会妇女指导委员会在武汉正式办公，宋美龄担任指导长，共产党人邓颖超、康克清，进步人士史良等都担任了常委会委员。妇指会下设总务、训练、文化事业、生产事业、慰劳、儿童、保育、战地服务等 8 个组和联络委员会，并在各省市设分会。宋不但切实负起“指导长”的职责，并且身体力行深入妇女干部训练班授课，参与寒衣缝制所缝制棉衣，走进医院，慰问伤病员，带头募捐等。②

7 月 3 日　日前蒋介石电令各省政府主席、各战区司令长官：“同负守土卫民之责，如有未奉高级军事长官之命令，而擅自发退者，一经查明，即按军法惩处。”下午陪同蒋接见英大使卡尔，傍晚与蒋游东湖。③

---

① 《致埃玛·德隆·米尔斯的信函》（1938 年 6 月 28 日），载张宪文、武菁主编：《宋美龄文集》第三卷，第 1139—1140 页。

② 张宪文、姜良芹等编著：《宋美龄、严倬云与中华妇女》，第 71—76 页。

③ 许卓山编：《蒋中正“总统”档案：事略稿本》（42），台北“国史馆”2010 年版，第 16 页。

7月22日 复函埃玛，请转告母校1917届同学们，感谢愿意收养三十五名孤儿。①

7月 载文《抗战一周年来妇女界对抗战建国的贡献》，具体总结了中国妇女慰劳自卫抗战将士总会和战时儿童保育会一年开展的工作，向人们展示“一向爱好和平的中国妇女，从温柔的爱好和平者，一下子转变成同仇敌忾的勇士”，并对无数遭受蹂躏、伤害或牺牲的女同胞致深切的悲念与永远的追忆。②

8月20日 与蒋介石乘火车前往鸡公山，此地清静高爽，可观览云海。此时蒋介石对俄、英、美三国外交方针略定，对俄合作以不牵涉内政为度，对英勿使其与倭妥协以牺牲中国，对美应积极取得其援助。当晚夫妇二人共同祷告。

8月21日 下午与蒋介石同游北街与教会区。傍晚在山上纳凉，并做祷告。③ 此时日本一面向武汉军事进逼，连陷九江、宿松与黄梅，一面以恫吓胁迫蒋介石投降。蒋介石避暑于鸡公山，“在山心清神爽，虑事多周”。

9月8日 写信给埃玛，感谢她和同学们寄来一千美金救助中国难童。④

9月12日 向美广播演讲，揭露日本战争暴行，其罪恶目的在“鞭挞中国使其屈膝，不敢再有抗战之精神”。⑤

9月中旬 主持召开战时儿童保育会常务理事会。为扩大影响，争取多方赞助，保育会聘请了二百八十六位名誉理事，其中包括国共双方领导人，如蒋介石、林森、冯玉祥，以及毛泽东、周恩来、朱德等；各界知名人士，如沈钧儒、邹韬奋、郭沫若等；国际友人，如斯诺、史沫特莱、司徒雷登等。⑥

---

① 《致埃玛·德隆·米尔斯的信函》（1938年7月22日），载张宪文、武菁主编：《宋美龄文集》第三卷，第1144页。

② 《蒙藏旬刊》1938年第151—152期。

③ 许卓山编：《蒋中正“总统”档案：事略稿本》（42），第204页。

④ 《致埃玛·德隆·米尔斯的信函》（1938年9月8日），载张宪文、武菁主编：《宋美龄文集》第三卷，第1145页。

⑤ 《蒋夫人广播演讲》，《时事译读》1938年第4期。

⑥ 郭秀仪：《我与抗战时期的儿童保育会》，《今日中国》1995年8月。

9月18日 上午率妇女会工作人员二十余人前往武汉伤兵医院慰劳伤兵将士，分送慰问品，并亲为伤兵包扎伤口。又召集全院工作人员训话，要求后方伤兵医院要为前方浴血奋战的伤兵将士切实做好服务工作，只要前后方一心一德，胜利一定属于我们的。①

同日复函埃玛，谈及政府宣传部门近期出版自己文集的看法：

> 我手边有一本刚出版的书，就是前几天我寄给你的那本。书寄出后，我又仔细地看了看，有很多原因导致我对这本书不满意。所以，决定不把这一版本推向欧美市场。这本书的字体太小了，有些文章内容重复，而另一些本应该收入的文章却没有放进来。宣传部门的本意是好的，但是这本书出版之前，他们并没有征询我的意见。我最近过多忙于战事，他们担心如果征求我的意见的话，会导致这本书延迟出版；他们认为既然各方都期待这本书早日问世，还是不要耽搁为好。要是我当初看到校稿就好了，这样其实更能节省时间和精力。不幸的是，汉口的排版工人不懂英语，所以如果这一稿纠正一个错误，下一版又会出现数不清的错误。我已经审阅了全书，考虑在上海出版下一版本。上海的设备比这边要好很多，更适合做这样的工作。我寄给你这本书，倒也有些意思，因为这本书的缺陷，恰好反映出战争时期我们在汉口经历的异常困苦。
>
> 委员长和我身体都健康，尽管你也能想得出，我们现在极其繁忙。但是，有海内外的中国爱国人士和外国朋友给我们不断的和实在的支持，我们都感到精神振奋。②

① 《蒋夫人亲为伤兵裹伤》，《中央日报》1938年9月19日。

② 《致埃玛·德隆·米尔斯的信函》（1938年9月18日），载张宪文、武菁主编：《宋美龄文集》第三卷，第1147—1148页。

9月27日 与蒋介石到珞珈山东岛卧云亭野餐，以消愁自适。武汉会战，蒋介石组织了四个兵团，总兵力约一百万人，企望利用长江两岸的山川湖泊天然屏障，以阵地防御应对日军速战速决，由于指挥失当，武汉外围的保卫战节节失利，中国军队虽历经大小数百次战斗，但由于“各部应援不力，畏缩不前”，中国军队“死伤惨重”，蒋介石一筹莫展，指令肖仙阁在香港与敌接触中，“原状未复，诚信未孚以前，决不能商谈任何协定”。[1]

9月28日 致函埃玛，称：

> 我最近去农村检查我们的救援队在后方动员妇女的工作情况，忙个不停。这些短途旅行可不轻松。当我们走在去往目的地的泥路上，又软又湿又黏的泥浆，粘得脚踝上到处都是。我还在没有弹性的人力车上颠簸，在细雨中站立好几个小时。
>
> 你会为我已经变成一位娴熟的树桩演说家而感到惊讶。你要知道，下面我就要成为老到的街头演说家了。这里有太多的事要做——数以千计的伤员夜以继日的被送过来，血肉模糊，无法辨认。他们中有些人是被日军在江西前线肆意使用的毒气弄伤残的，因为那是驱赶没有足够防毒面具的我国军队的唯一办法。一队又一队惊恐万状的弃儿哭喊着涌来，这是我们按照总部电令，在遭到轰炸的山区收集到的难童，我们还要想方设法把他们遣送出去。我们在不断地给高中生和大学生做简短而全面的培训，教他们如何在敌后农村动员妇女参加抗战。必要时我会亲自到乡下检查他们的工作，根据情况，责问、批评，或鼓劲他们的工作。这是怎样的一种生活！难怪你会在这封信和我写的其他东西里找到很多错误。

---

① 许卓山编：《蒋中正“总统”档案：事略稿本》（42），第338页。

当这场战争结束之时，我的头发会变白，但是有一点会令我宽慰：我很拼命工作，不用担心变成一个舒舒服服臃肿柔软的沙发垫，或长个肥屁股。

如果你能将我给1917届同学和韦斯理朋友们的信复印，并和每一本书一道寄给大家，我会非常感激。如果你感到这些工作是强加给你的，你可得要谢谢你自己，因为你实在是太乐于助人了。

蒋委员长来了，又要我去做这做那了，我得就此搁笔。

随信寄去二百九十三本《宋美龄文集》，分赠母校校友。①

10月7日 与蒋介石讨论“人生以服务为目的，不是手段”问题，蒋对宋服务教育与妇女运动之热心日益增强尤感欣慰和兴奋，视之为患难中助力。其间，蒋巡视伤兵收容所，对管理混乱、环境污秽极端不满。宋挺身而出，代蒋巡视监察，使蒋“聊得心安”。②

10月9日 为延揽“新运”妇指会骨干，推动妇女广泛参加抗战后援工作，宋美龄较注重实际能力，尚未以党派色彩作为绝对的任用标准。据中共党员刘清扬回忆：

我到她（宋美龄）的武昌家中，她说想让我担任妇女指导委员会训练组组长工作，我警惕到将要发生什么问题，所以摇头说：“我看不相宜吧。”“为什么呢？”她问。我冷静地笑着说：“我要训练的是真能为群众服务，为祖国赴汤蹈火的干部，那样一来，会有人说我刘清扬是共产党，专门训练出一些共产党。那时夫人你就不好办了。”她忍不住笑起来：“啊呀，你说得一点也不错，

① 《致埃玛·德隆·米尔斯的信函》（1938年9月28日），载张宪文、武菁主编：《宋美龄文集》第三卷，第1157—1158页。

② 王宇高、王宇正编：《蒋中正“总统”爱记》（二），第175页。

陈立夫就对我说你是共产党，不能让你来训练干部。可是我相信你不是共产党，只要能训练出来能为抗日工作的干部就行，陈立夫他们管不了我的事，你做你的就好了。”①

晚在东湖边约集“新生活运动”女指导员等多人聚谈，蒋介石也乘兴参与其中，大家围坐，共唱岳飞《满江红》词，场景热烈悲壮。

10月10日 晨5时，率“新运”总会妇女指导委员会委员到武汉城防军驻地慰劳将士，并代表蒋介石向城防军将士家属致慰。随后又前往各伤兵医院及收容所慰问并分发慰问品。②

10月13日 蒋介石巡视武汉伤兵收容所，对宋美龄代为监察赞赏有加，但仍难免收容所污秽不堪情况，蒋对主事人“无识游惰”、亏待伤兵现象十分痛恨。③

10月16日 粤惠州被日军攻陷，蒋介石极度焦虑，不时电询中常委及各省主席对时局的意见，宋陪蒋在东湖边散步，以排解其凄怆万千的心情。④

10月28日 广州已于两日前沦陷，国民政府着手弃守武汉，蒋介石认为：“此时武汉地位已失重要性，如勉强保持则最后必失，不如决心自动放弃，保存若干力量，以为持久抗战与最后胜利之根基。”敌机不断在武汉上空侦察轰炸，宋美龄毫无畏惧且勤勉投入更倍于平时，蒋介石感谓：“夫妻相爱之切，诚能消愁去忧，在苦痛患难中，惟此足以自慰。”⑤ 晚乘车到长沙。

10月 针对长江流域对日空战的损失，宋美龄要求陈纳德返

---

① 洪宜嫃：《论宋美龄与抗战初期“新生活运动”促进总会妇女指导委员会的改组》，载胡春惠、陈红民主编：《宋美龄及其时代国际学术研讨会论文集》，香港珠海书院亚洲研究中心2009年版，第455页。

② 《蒋夫人犒劳城防军》，《中央日报》1938年10月11日。

③ 许卓山编：《蒋中正“总统”档案：事略稿本》（42），第432页。

④ 许卓山编：《蒋中正“总统”档案：事略稿本》（42），第440页。

⑤ 许卓山编：《蒋中正“总统”档案：事略稿本》（42），第449、462页。

回昆明中国空军训练学校，以美国的办法做模范，教授中国空军从事战术训练，振兴失败了的空军。①

11 月 10 日　日前临湘与大沙坪相继失陷，滇军望风奔溃，士气不振。蒋介石检讨对日作战战术认为："我军往往以八师或十余师人数与敌军一师对战，然尚不能战胜敌军者，以我守一线，且取守势，故敌军用锥形战术，突破我正面之一点，即可动摇我阵地，此我军不取攻势之误也，以后应以我之大单位六师或九师兵力，取广正面攻击战术，尤应注重侧背包围与袭击其弱点与空隙，并在备战时而用优势兵力取攻势，则不难攻胜也。"为了前方战务，蒋介石决定在长沙多留几日，让宋美龄回南岳。②

11 月 12 日　与蒋介石由郴州乘汽车经良田宜章至坪石，换乘火车赴韶州。③

11 月 15 日　与蒋介石由韶州登车回湖南。

《蒋夫人抗战言论集》运抵英国。路透社《每日电讯》称："遍览此书后，可知蒋夫人对中国前途，确具坚强不拔之信心。"该书编者序言称："蒋夫人实为改变历史面目之有数妇女中之一员。"该书国外版也在不久后付印。④

11 月 16 日　晨由衡阳下车改乘汽车到南岳，驻圣经书院。

11 月 22 日　蒋介石因长沙大火前往处理善后，约一周返回南岳，感谓："近日困难重重，而处理尚觉裕如，并得忧中之乐之趣。"中午与蒋介石到络丝潭野餐，下午由华严湖经甘霖桥到南岳庙巡视殿宇。⑤

11 月 23 日　中午与蒋介石到黄庭观后山野餐。此期间蒋介石准备召开南岳军事会议，拟定第二期抗战战略。

11 月 24 日　中午与蒋介石往金鸡林野餐，蒋介石曰："如言

---

① ［美］陈纳德：《陈纳德将军与中国》，第 76 页。
② 许卓山编：《蒋中正"总统"档案：事略稿本》（42），第 554—555 页。
③ 许卓山编：《蒋中正"总统"档案：事略稿本》（42），第 560 页。
④ 《蒋夫人抗战言论集在英博得好评》，《中央日报》1938 年 11 月 16 日。
⑤ 许卓山编：《蒋中正"总统"档案：事略稿本》（42），第 588、597 页。

堪与风水，则此处墓地实为稀有者也。”①

11 月 29 日 南岳军事会议日前结束，准备赴广西，中午与蒋介石到圣经书院西侧山头（卷鸡山）野餐，下午沿白沙岭经西岭返回住地。

11 月 30 日 下午与蒋介石由南岳出发到衡阳，乘火车赴桂林。

12 月 1 日 该日为蒋宋夫妇第十一年结婚纪念日。中午抵达桂林，驻于旧藩署。蒋介石在此设置行营，统筹西南抗日军务。②

12 月 3 日 在桂林，随蒋与党政军各级人员会谈，气氛融洽。在抗战相持阶段来临之际，蒋对“上下和睦、夫唱妇随”情境，感到精神上慰藉，认为“实胜于克敌千万”。③

下午与蒋介石巡游七星岩，沿途所见避难民众塞途，老幼者尤为可怜。④

12 月 8 日 与蒋介石中午 11 时由桂林乘飞机抵达重庆，驻黄山寄寓。

12 月 12 日 写信给埃玛，帮助查询所订的杂志寄达情况，并告知近况。函谓：

> 泛美航空公司的邦德先生刚刚飞回美国。借此机会，我想请你留意一下，我订的下面这些杂志是不是经过海防中转，寄到：四川省重庆市的国防最高委员会统帅部。
>
> 我刚回到重庆，最近六个星期我一直陪着委员长在前线视察。我们用几天时间到了西北前线，在那里视察了十天。这是怎样的一种生活！不过我们不会停止视察。祝你圣诞节快乐！
>
> 附件：书目如下

---

① 许卓山编：《蒋中正“总统”档案：事略稿本》(42)，第 605 页。
② 许卓山编：《蒋中正“总统”档案：事略稿本》(42)，第 634 页。
③ 王宇高、王宇正编：《蒋中正“总统”爱记》(二)，第 178 页。
④ 许卓山编：《蒋中正“总统”档案：事略稿本》(42)，第 641 页。

Saturday Evening Post 星期六晚邮报
Ladies Home Journal 妇女家庭杂志
Ladies 淑女
Asia 亚洲
Readers Digest 读者文摘
Cosmopolitan 全球主义者（或者是时尚）
Harpers Magazine 哈泼斯杂志
Atlantic Monthly 大西洋月刊
Goopd Housekeeping 时尚好管家①

12月13日 蒋介石重录两年前西安事变寄给妻儿遗嘱。致妻嘱曰：

贤妻爱鉴，兄不自检束，竟遭不测之祸，致令至爱忧伤，罪何可言，今事既至此，惟有不愧吾妻之丈夫，亦不愧负吾总理与吾父母一生之教养，必以清白之身还我先生，只求不怍，无负上帝神明而已，家事并无挂念。惟经国与纬国两儿为兄之子，亦即吾妻之子，万望至爱视如己出，以慰吾灵。经儿远离十年，其近日性情如何，兄固不得而知，惟纬儿至孝知义，其必能克尽孝道，彼于我遭难前一日，尚来函极想为吾至爱尽其孝道也，彼现驻柏林，通信可由大使馆转，甚望吾至爱能去电以慰之为感。二十五年十二月二十日中正。

蒋嘱其两儿称：

……我一生唯有宋女士为我唯一之妻，如你们自认为我之子，则宋女士亦即为两儿唯一之母。无论何时，

① 《致埃玛·德隆·米尔斯的信函》（1938年12月12日），载张宪文、武菁主编.《宋美龄文集》第三卷，第1162—1163页。

皆须以你母亲宋女士之命是从，以慰吾灵，是嘱，父十二月二十日。

下午与蒋介石同到浮图关营房视察，以示夫妇共赴国难的信心。①

12月14日 下午，在重庆出席中央妇女运动委员会、妇女抗战建国协会、儿童保育院等六团体举办的盛大欢迎茶会。大会主席沈慧莲致欢迎词说："蒋夫人是妇女运动的指南针，是新中国妇女的新生命。"宋美龄致辞，对中国抗战前途表示百分之百的乐观，并申述对战时妇女工作的几个要点：一、要争取男女平等，先要在本身工作上表现最大的毅力。二、要成就某一项事业，必须先认清这项事业，然后彼此间密切联系，一致努力。三、为了我们的国家，为了我们的民族，应该不惜我们的牺牲。会后在接受记者采访时表示，她最近计划训练六百个学生来充实妇女训练班，借以增强妇女抗战的力量。②

12月16日 英国记者珊珊逊在港接受《南华晨报》记者访谈，赞誉宋美龄称："在武汉时代，蒋夫人为中国妇女领袖最活跃之一人，余曾亲见蒋夫人在妇女服务团中，以身作则，洗刷地板，以示团员保持清洁之重要，其次余观彼坐于缝纫机之前，教导团员缝纫之方法，彼又时至伤兵医院，为伤兵换药及洗涤伤口，其工作之精密完善，实属难能。"③

12月19日 参加重庆妇女界欢迎大会，发表演讲，以六事寄望妇女界努力抗战工作：

第一，应该认识我们自己是民众的一分子，是属于民众的，无论做什么事，应以服务民众为目的，要爱护民众，不要忘记民众的痛苦。第二，各妇女团体要有合

---

① 许卓山编：《蒋中正"总统"档案：事略稿本》(42)，第668—670页。
② 《一个盛大的茶会欢迎蒋夫人》，《中央日报》1938年12月15日。
③ 《英国记者赞誉蒋夫人》，《中央日报》1938年12月16日。

作精神，不必多组团体，分散力量，应该集中人才共同努力。第三，应有宽宏的肚量，不可狭隘，中国科学本来发达很早，指南针、火药、印刷术都是中国发明的，中国医学也很精良，但因中国人器量狭隘，有所发明，不肯传给外人，以致不但不能进步，反而至于失传，器量狭小，妨碍了科学的发展。第四，我们要服从纪律，有纪律才能使行动敏捷，步骤不乱，才能使工作有效果。第五，我们必须有忍苦的决心和牺牲的精神，只要我们能忍受目前的一切痛苦，抱有牺牲的决心继续出钱、出兵，抗战到底，那末最后胜利一定是我们的。第六，最后一点是中国人的老毛病，就是好讲面子，以为我是太太，就不肯做粗工作，这种习惯应该打破。抗战期间只要有益于国家的，无论粗细工作，都应该去做。凡是有利于抗战的事都很尊贵，做了不但不失体面，而且很光荣。①

12 月 24 日 赴湖北孝感视察妇女乡村服务工作，表示培训妇女干部，动员更多的力量投入抗战救援工作是妇指总会的重要任务。当第一期“新运”武汉妇女干部短期训练班学员毕业后，分赴黄陂、孝感等县乡村从事抗日救国宣传工作，宋亲自赴各地调查，了解培训实效。②

12 月 26 日 在重庆《扫荡报》发表《告国民书》，号召全国人民以人力物力贡献国家，为创造新中国而奋斗。③

12 月 28 日 下午视察重庆歌乐山战时儿童保育会第一保育院。端纳随同参观。当时，由战时儿童保育会及各地分会转到后方加以教养的难童已有一万七千余人。保育院设有三十余处，担任战时儿童保育会理事长的宋美龄很重视难童教养工作的更益改

① 《渝妇女界欢迎大会中蒋夫人训词》，《中央日报》1938 年 12 月 19 日。
② 佟静：《抗战中的宋美龄》，华文出版社 2006 年版，第 118 页。
③ 《蒋夫人告国民》，《申报》1938 年 12 月 27 日。

进，视察时她为难童带来了纪念圣诞的教育玩具、糖果等礼品。[①]

12 月 31 日 在中国妇女协会发表演说，要求四川妇女为国尽劳。她说："至少可设法改善伤兵之生活状态，参加街道整洁运动与公共卫生事业。"[②]

晚，参加重庆市"新运"协进会举行的除夕聚餐会。与会者有蒋志澄、沈慧莲等四百余人。由"新运"会总干事黄仁霖主持，会上黄仁霖宣读了蒋介石题为"提倡正当娱乐与振作国民精神"的训词。宋美龄因捐款一千元获得"新运"纪念杯。宋主张当场拍卖纪念杯，标价最多的人为该杯的主人，最后由卢作孚以三千元的代价获得了"新运"杯。聚餐会上所捐款总数三十六万零五百一十四元全部用于支持抗战。[③]

* * * * * *

是年

4 月 1 日 国民党在武汉召开的临时全国代表大会闭幕。制定了《抗战建国纲领》。[④]

4 月 6 日 国民党五届四中全会在武汉召开。会议通过了蒋介石交议的建立三民主义青年团组织。[⑤]

4 月 7 日 中国军队在第五战区司令长官李宗仁指挥下，在台儿庄战役中取得围歼日军精锐三万余人的大捷。[⑥]

7 月 6 日 国民参政会第一届第一次会议在汉口开幕。

10 月 21—25 日 广州、武汉三镇相继失守。

10 月 28 日 国民参政会第一届第二次会议在重庆召开。

11 月 25—28 日 国民党召开南岳军事会议，拟定第二期抗战战略。

---

① 《蒋夫人视察第一保育院》，《中央日报》1938 年 12 月 29 日。
② 《宋美龄请川妇女为国尽力》，《申报》1939 年 1 月 1 日。
③ 《"新运"协进会除夕聚餐会提倡正当娱乐》，《中央日报》1939 年 1 月 1 日。
④ 张宪文主编：《中华民国史纲》，第 509 页。
⑤ 叶健青编：《蒋中正"总统"档案：事略稿本》（41），第 344 页。
⑥ 叶健青编：《蒋中正"总统"档案：事略稿本》（41），第 349 页。

12 月 18 日 汪精卫逃离重庆，潜往河内，29 日发表“艳电”通敌求和，公开叛国投敌。

1939 年 四十岁

1 月 1 日 因汪精卫发表致国民党中央党部“和平”电，宋美龄与蒋介石非常气愤，取消了当日的新年团拜活动。①

1 月 6 日 致电香港妇女慰劳分会，电谓：拟于西北及粤桂两战场设战地服务社，并择中心地点设后方医院，人力方面已获上海妇女团体踊跃参加，物力方面拟请香港妇女团体募款四万元，购置一切医用器材药品车辆，尽速运往，以便应用。②

1 月初 拟计划在短期内办妇女干训班，训练有现代知识妇女六百人，将来分配于全国各地，从事领导及组织妇女参加抗战。③

1 月 10 日 下午在重庆国际联欢社参加国际妇女会主持召开的欢迎会，与会者有中外妇女二百余人。她用英语发表了演说，列举中国妇女慰劳抗战将士的工作情况，并报告来渝途中所见妇女投身抗战工作的故事。并告诉外国妇女朋友：“中国的妇女已被日本侵略的炮声所震醒。”重申：“中国永远不会向敌人屈服。”④向同情支持我国的友邦致以谢意。

1 月 11 日 重庆《中央日报》，登载美国“中国之友会”致宋美龄的一封信，报告纽约抵制日货运动情形，函称：“自抗货运动之后，日本对美的出口已减少三分之二了。”⑤

1 月 14 日 参加“新运”会妇女指导委员会主持召开的重庆市妇女界集会，作了题为《抗战建国中之妇女问题》的演讲。指出：“每一件事只要于国家有益，于民族有益，我们都得去做，每一个人只要是中华民族的一份子，都应该贡献出整个的力量、整

---

① 《唐纵失落在大陆的日记》，台北传记文学出版社 1998 年版，第 66 页。
② 《蒋夫人电港募集》，《申报》1939 年 1 月 6 日。
③ 《蒋夫人拟办妇干训班》，《申报》1939 年 1 月 7 日。
④ 《国际妇女会欢迎蒋夫人》，《中央日报》1939 年 1 月 11 日。
⑤ 《美国“中国之友会”致蒋夫人一封信》，《中央日报》1939 年 1 月 11 日。

个的生命来救国家救民族，动员整个重庆市的妇女，组织整个重庆市的妇女，已经是刻不容缓的事情。怎样来动员呢？正是妇女指导委员会的使命和责任，也是重庆市知识妇女义不容辞的当前重大工作。重庆市的知识妇女这一次的大集合，正是重庆市妇女团结的象征，动员的先声。”她用各地妇女投入抗战的鲜活实例，富有感染力的演讲动员重庆各界妇女一起开展抗日救亡活动，取得了良好的效应。不久，重庆各界妇女便组织起抗敌军人家属服务队、救护队、缝制队、民众教育队和宣传队等妇女团队，救亡活动在重庆兴起高潮。①

1 月 15 日 在重庆对中国妇女团体发表演说，称：“中国不能与日本言和，亦将不与之言和，余最近数度赴前线视察，前线士兵与民众虽受恐怖之痛苦与艰难，未闻其有何愿意言和的表示，仅至后方，始闻有若干勇气与信心两缺者有和平谈判之建议。”②

为《妇女“新运”》周刊创刊号发表《中华民族的再生》长文，指出：

> 伦敦圣保罗大教堂南面入口之前，有一块奇特的石碑，上面铭刻着一个拉丁文，它的意义为“我将再起”。这块碑文的来历是如此的：当这座教堂的穹顶将要落成的时候，建筑师华仑爵士要一块石头来标出这建筑上中心点，使工人们有所鉴别。在一堆废料中偶尔捡到了这块陈旧的石碑，石碑上就镌有这个拉丁字，它的涵义使那建筑师很受感动，于是决定把这块石碑筑在里面，给它一个永恒保存起来，这个碑至今还在那里。凡是看到它的字，对于我们，对于目睹着同胞伤亡、家亡国破的我们，尤其当有特殊的感动。对这有力的字，它将要深深地印刻在我们每个人的心头。

---

① 宋美龄：《抗战建国中之妇女问题》，《中央日报》1939 年 1 月 15 日。

② 《蒋夫人快话痛斥主和者》，《申报》1939 年 1 月 16 日。

在阐述战时中国西部地区前景时说：

> 我们的西部跟当时美国的西部不同之处，就是我们西部并不缺乏人力，而只缺乏技术和交通。换一句话说，只缺乏促进开发的推动力。如今这一个大量移民给西部各省带来了不少的工程专家来。航空运输和贯通各省的公路，大大地减少了交通的困难，铁路也在推进，到相当时期，可以跟西方的邻近国家沟通起来。有些人，尤其是侵略我们的敌人，他们以为我国的独立，我国的自主已将到消失的末日，还有人以为我们的颈子上套上那奴隶的桎梏，不过是时间的问题。这些人不管他们悲观或乐观，总是忽略了一个重要的历史启示，中国成为一个民族和国家，只因为她保有一种再生的力量，所以能够克服了几世纪来的天灾人祸，仍旧屹立在天地之间，屹然未动。这种再生的力量，是永不磨灭的……我们要培养这种力量，利用这种力量，我们决不让我们自己这一辈或是未来的一代蒙上那牺牲了民族生存权利的耻辱。我们的同胞将继续奋斗下去，生存下去，并且要把我们的民族复兴起来昌盛起来。

文章最后表示：“那个不朽的有着预言意味的拉丁字‘我将再起’这个简劲有力的字就是具体地表现了我们中华民族的精神。”① 该文经过陈布雷润色，并评价称：“文字极俊雅，而含意深长。”②

1月22日　在重庆演讲《抗战建国与妇女》。③

在《妇女“新运”》周刊第二号发表《中华民族再生》（其二），指出：

---

① 蒋宋美龄：《中华民族的再生》（其一），《中央日报》1939年1月15日。

② 陈布雷：《陈布雷先生从政日记稿样（二）》，转引自冯启宏：《唐纵日记中的孔宋》，载胡春惠、陈红民主编：《宋美龄及其时代国际学术研讨会论文集》，香港珠海书院亚洲研究中心2009年版，第602页。

③ 《抗战建国与妇女》，《申报》1939年1月23日。

我们对于中华民族的再生有着坚决的确信。然而要把信念变成事实，我们必须从理想演绎成实际的行动……要建设一个新颖的强盛的统一的中华民国，我们每一个人都首先应当作深切地自省……那些处在负责地位的人们，一定将觉悟，他们必须自动地负起担子来，尽他们最大的义务，把所有的精力、思想以及智虑贡献到福国利民的工作上面，不然他应该引咎自退……凡是处在负责地位的人们，纵令他只有一份的能力，就得竭诚地凭着他这一份能力做去，这不仅为了国家应当如此，即就个人着想，为了避免素餐尸位的丑名，避免在国家危难中故意推诿责任的诘责，也得如此。凡是违反大众利益的行为，我们都应当加以严格地批判，对于那些表面上装着热心公务的食禄居位的人们，都得加以毫无瞻徇的检讨。在另一方面，假使那些由国库赡养名在仕籍，而委弃责任，负有罪疚的，将予以严厉的处分。传令嘉奖对于那些负责而贤明的人们，及是最低限度的报偿。我国从前所有的那些腐化贪污的旧瑕点，凡我同胞谁都有湔涤它们洗刷它们的责任，紧跟着贪污的后面，就是那形影不离的畏葸怯懦……只有丧尽了天良的汉奸，他们利用了安全，直接或间接地侵吞着救国抗战的公款，辜负了英勇战士，他们的脸上，才会不浮起羞愧的红晕来……受国家俸禄的人，谁都不能忘记，也不容他们忘记，他们既享用了人民的赋税，他就是人民的公仆。必须以提高纯洁，以真正为民服务的两种观念作为一切行动的准绳，从前官吏为人民主人的腐化思想，在我们脑海里应当驱之唯恐不远。从自由的火焰里，我们将锻炼出一个新的认识：一切完课纳税的民众有权享受良好而公正政府的恩惠，这个政府不惜任何代价必得名副其实地为人民谋福利。若政府果能如此，人民必然富庶，人

> 民富庶，国家必盛，繁荣的国家必定和平而强劲。国家到了和平富强的境地，那么一个新中国，将像寓言上传说的那只涅槃的凤凰那样，从燃烧她的灰烬中复活起来，真正地达到那个拉丁字所预言的目的："我将再生。"①

她在文中所表现出的宗教热忱和爱国心，"当时极获读者欢迎"。②

1月23日 以"新生活运动"总会妇女指导委员会指导长名义，招待中央各院部长官夫人及妇女界领袖，商讨组织事宜，计划发动家庭妇女参加战时工作，决定组织妇女工作队。出席会议者计八十余人。宋致开会词，强调抗战时期妇女之实任，妇女代表分别报告战地妇女、华北妇女及战时妇女生产事业工作情况。会议讨论议决战时妇女工作内容，计分八项：（一）协助征募工作；（二）协助缝制慰劳品；（三）协助救护工作；（四）协助出征军人家属；（五）协助救济难童；（六）协助扫除文盲；（七）协助手工业生产；（八）协助宣传工作。决定组织妇女工作队。机关方面，由各该机关长官夫人负责筹备组织，私人方面由各人集合同志组织之，由各工作队自行担任一部或两项。决定中央社会部由马超俊夫人负责，政治部由陈诚夫人负责，教育部由陈立夫夫人负责，立法院由赵懋华和梁寒操夫人负责，经济部由吴景超夫人负责，中央大学由罗家伦夫人负责，中央军校由陈继承夫人负责。各工作队直辖于妇女指导委员会，其成绩优良者，由蒋夫人予以奖励。③ 由此，在宋美龄领导下，国民政府自上而下组成了长官夫人领导参与的妇女战时工作指导群体。

1月29日 发表《中华民族的再生》（其三），重点阐述知识分子如何对于国家有所贡献。文章指出：

---

① 蒋宋美龄：《中华民族的再生》（其二），《中央日报》1939年1月22日。

② 宋美龄：《我将再起·前言》，载王亚权编纂：《蒋夫人言论集》（上集），第133页。

③ 《发动家庭妇女参加战时工作》，《中央日报》1939年1月24日。

革命给我们开创了一个新的时代，大家获得了珍贵无比的思想与行动自由，专制时代杀人大刀悲惨的阴影消失了，笔墨与报纸开明的权威树立起来了；我们得以在有利国家，有益全世界的基础上发展那代表公意的舆论，在这一方面就是我们知识分子可以效力求民族再生的地方……从前代积聚的知识和经验的田地里我们收获了丰富的知识，再灌注以近代科学文化的成就，赋予以新的活气，这就构成了我们这一代所有的知识。我们既有这种知识，那么就应该运用这些知识，努力解除那种卑屈的沉默所残留的桎梏，我们既有了自由的呼吸，那么就应该响起嘹亮的角声，建设起开明的舆论，同心协力来推进民族的自由……假若有时需要批评，那必得是积极的批评，而不是消极的谩骂。发表意见的自由不论是个别的或集体的，都不能离开公共应守的秩序和法则，都要以自己约束自己为特征，再则应用这种发表意见的自由，必须是为了大多数人的最大幸福……个人的攻击，恶意的批评，嫉妒与逞胜的争辩，随时随地都得取缔，以防自由二字放纵恣肆地被滥用着……这对于建立崇高的爱国热忱，永远树立起正直、服务、合作等的观念，将是第一步必须的步骤。而一个国家，他的国民尚使没有爱国、正义、服务、合作等的观念，是一定不能繁荣而永远存在的。①

1月31日 在重庆召集行政、学术、经济等机关主管长官夫人，商讨动员各机关职员眷属参加抗战建国工作，落实了“新生活”妇女工作队组织成立的分工及责任。规定每周举行队员会议一次，每月举行队长会议一次，共同商讨会务之进行。要求各机关长官夫人“以身作则，实事求是，尽力发动女同胞，共同参加

---

① 蒋宋美龄：《中华民族的再生》（其三），《妇女“新运”》1939年1月29日，第3号。

抗建工作，以期对国家民族有所贡献”。[①]

2月 《蒋夫人言论集》出版。编者“弁言”称：

> 蒋委员长夫人对国家民族的贡献是非常伟大的，由于她勇于任事，不辞劳苦的坚毅精神，夫人的努力，不但超越了她应尽的职责，简直超越了世上任何女子所能负担的精力。在抗战开始的时候，夫人担任了航空委员会的重要职务……其后，夫人又致力于领导全国妇女的战时工作，办理保育难童等等的事业。使无数在敌人铁蹄下毁灭了家园，丧失了父母的孤苦儿童，有所安顿，教育不缺……而且自抗战到今，夫人总把个人的安全，置之度外，常常冒了敌机轰炸的危险，到前线去激励将士，这种勇敢精神，更是罕有伦比的……纵不论夫人战前的创导“新生活运动”，振刷全国的国民精神，热心于革命遗族的教育，培植救国救民的人才；西安事变中，于谈笑应对之间，解救了国家的危难，弼成了领袖的伟大；我们只要看到夫人战时所表现的精神，所成功的事业，大概“转变历史的女性”，这个称号，也是以当之而无愧了。[②]

论文收集了宋美龄的战时言论，及战前若干关于中国问题、“新生活运动”、遗族学校、宗教信仰等文字。有演讲、广播词、致辞、专论、西方记者访问记、新闻电讯、海外特约广播及致辞稿、书牍选录，共四十四篇。

2月5日 发表《中华民族的再生》（其四），阐述大中学校战时教育的责任。文章指出：“学校教育操着决定的全权，一切身为教师的人们，实在是每一个人都负着严重的责任。教师们必须

---

① 《新生活妇女工作队组织成立》，《中央日报》1939年2月1日。

② 《蒋夫人言论集·弁言》，国民出版社1939年版，第1—2页。

时刻记着为光大我们民族未来的命运，为增进我们国家的利益，必须鼓舞着青年们脆弱的心灵，使他们对于爱国的人生观有正确的认识，同时须养成他们丰富的服务意识，更须教导他们，使他们明了以所得的知识造福同胞才是教育的基本用意。”她主张大中学校的学生利用假期直接接触民众的机会，“济困扶弱”，并“能用自己的知识来直接报答民众”。她认为：“积极参加服务的训练是容易做得到的，并不困难……如今在乡村方面，在难民方面，到处都有各种各样的爱国工作等待着人们去服务。我们每一个城市里都需要大家帮助，一方面指导全体民众向最后胜利的目标努力，同时启发他们的知识和责任心，尽量贡献于复兴国家的工作。”“大学的教师永远不可忘记他们的学校是造成民众幸福的工具，是运载幸福给予民众的渡船。”“大学应当是抗日的中心……我国目前尚有足够的战斗员，还无须到学校里征募新兵，所以我国的学生就应该用其他的方法来尽他们的责任。”“启导、教育、服务这三种工作，是以大学为中心的，它们在这个非常的困难时期较之平时更负有特别重大的特定使命，它们实在是负着道德的责任，应该向完成抗战建国的唯一目标而集中它们的努力。”①

2月7日 获纽约妇女俱乐部联合会赠金质荣誉章，表彰宋美龄在国难中领导中国妇女从事抗战之果敢精神。②

2月12日 发表《中华民族的再生》（其五），阐述民众教育问题。文章指出：“我国有百分之八十的文盲，民众教育这个问题，初看似乎是非常艰难巨大的。然而只要细细一想，就会觉得实际上也不见得一定怎样困难。凡是负有这种使命的人们，如果大家都能忻然自动孜孜不倦地合力推进这种工作，尤其是采取了最简单最进步的方法，那末把文盲转变成有知识的国民，并不是全无希望的。”“民众教育的根本目标，应当是把现在这些尚未开发的西南各省，启迪成抗战建国的经济和文化的根据地。”文章认

① 蒋宋美龄：《中华民族的再生》（其四），《妇女“新运”》1939年2月5日，第4号。

② 《纽约妇女金质荣誉章》，《申报》1939年3月1日。

为："我们有传统的文明，可以作为这一切工作的基础，我们把自由的民主宪政作为我们努力的鹄的。""我们的步子幸而已稳定踏进了民主政体的门槛。""可以由知识分子们自己去想法，或者利用'新生活运动'已有的机构。"总之，"需要无数义务工作者起来参与。因为我们的目的是要训导民众迅速而完美地成为现代国民。"具体而言："民众教育的目的，应为教导民众能读能写，能够思维；一方面帮助他们革新生活情况，增进生计，改善耕耘畜牧，增加原料的生产，发展农村实业、合作会社，俾以自己生产的原料制成应用的物品。"关于实施民众教育的方法："可以采取直接教育的方法，或开班授课；或应用图表小册、标语传单，或散发简易的土语新闻纸；或用图画演讲，以及无线电广播等等。"关于民众教育的相关经费："可以征募，或由大众提任、或由慈善家捐输。""我们的民众教育，那样小范围的进行是不够的。对于这一件重大的工作，不仅少数爱国分子以及把教育为职业的人们所应努力，凡是知识分子都该站在义务的立场来共同推进。"①

2 月 16 日 下午在重庆召集全市妇女界代表会议，商讨妇女界献金办法。会后巡视"新运"五周年纪念会场。②

2 月 18 日 发表《中华民族的再生》（其六），阐述发展国民经济问题，文章指出："自私与愚昧，两者交融一起，形成了我们产业落后与经济衰颓的主因，跟着时间的进行，产生出许多极坏的现象来，使我们的国家一直保持着未开化的状态（直到这次抗战才有了觉醒），使我们的国民，过着贫穷艰苦的生活。"她在分析近代以来阻碍中国经济停滞不前的各种原因后提出，复兴的中华民族，必须以下列数事作为基础：一、天然资源的开发；二、现代实业的建立，投资的鼓励与保障；三、劳工利益的促进与保护，都要制定正当合理的法令与精密有效的办法，一一付之实施。并强调："我们不能再做无益的实验，事实既不需要，而且时间也

---

① 蒋宋美龄：《中华民族的再生》（其五），《妇女"新运"》1939 年 2 月 12 日，第 5 号。

② 《"新运"五周年各业准备热烈献金》，《中央日报》1939 年 2 月 17 日。

所不许，凡是不能确实断定的及未经事实证明的方策不必去考虑它们，行政上负责的官吏们正应该用目前的机会，遵循着若干已经确定的路线，去涤除前人给我们留下的污点……我们的责任是要把中华民族所蕴藏的力量培养起来，使之发扬光大。”①

致函美国小朋友，曰：

> 这里所聚集的小朋友都是孤儿，日本军队在我国广大的区域里，残害我们无辜的同胞，焚烧我们民众的家室，于是造成了无数难童。这里只是得救的一小部分罢了，他们都是遥远地从我国东部救出来的……他们的家被烧毁了，被炸掉了，他们的父母被杀了……远方城市的人们听到了他们苦难的情形，就组织了机关来救济，派人到战区去收集这些流浪的孩子，把他们分送到偏僻的安全地方，加以教养……不幸战区里正有无数的难童源源而来……幸而中国、美国、英国以及其他国家的慈善家踊跃捐钱来教养他们……但是当你们听到日本军阀扬言着轰炸或占领更多中国城市的时候，你就可以推想到又有无数的儿童乘风登天，或失去了父母而孤苦无依，他们只有靠着全世界慈善家的仁爱与援助，方可免于冻饿。

并代表难童，表示对“你们一切的帮助而祝福你们”。②

是日 参加在重庆社交会堂举行的除夕聚餐会，颁奖并切蛋糕予与会者，分送幸福袋为壮丁醵募慰劳金，袋上写有“施比受更为有福”，带头捐千元。③

2月24日 在“新运”会主办的自助食堂，宴请四川省中等

---

① 蒋宋美龄：《中华民族的再生》(其六)，《妇女“新运”》1939年2月18日，第6号。

② 《致美国的小朋友》，《中央日报》1939年4月2日。

③ 《渝各界实行新生活集体过年》，《新教育旬刊》1939年第1卷第5—6期。

以上学校教育行政部门受训的女校长，到会者五十余人。即席致辞谓：一、新生活真正之目的在解除老百姓之痛苦；二、教育与生活不能分割；三、到会者均系身负四川省青年女子教育责任者，希望能训练学生切实明了“新运”真谛，努力实行新生活，真正爱护老百姓，本人并应以身作则，以自己之人格为后盾；四、“新运”妇女指导委员会是一个帮助民众，为民众服务的团体，他的工作是为国家、为民族做的，但力量有限，希望各方能加以指教，多方协助。并介绍指委会常务委员及工作人员与到会者相见。企望借助中等学校教育的力量助力战时“新运”工作。下午，特召见重庆市警察局长徐中齐，要求从速开始收容，至于教育管理事项，可会同教会、妇女工作指导委员会办理，并以本市街头野犬较多，到处狂吠，如遇空袭，更为可虑，嘱徐局长立即着人捕杀，徐表示切实遵办。①

2月26日 发表《中华民族的再生——七种致命的痼疾》（其七），文章指出：

> “自私”是我国所有许多传统的恶劣习俗中最可怕的一种，列举为七种痼疾。（一）自私；（营利舞弊）（二）爱面子；（三）派别观念；（四）自暴自弃；（没有法子）（五）笼统含糊；（差不多）（六）缺乏自制能力；（七）逃避责任……特别在这抗战期间，竟还有不少的人，利用了他们的地位，用爱国的面具，遮掩着自己的罪恶，不管怎么样民穷财尽，仍旧尽量搜刮，自饱私囊，这种事实更是证明我所说的痼疾是如何的深重。至于利用战时图谋暴利，所谓的“发国难财”本是世界各国战时所共有的通病，然而这不能作为原谅他们的理由，应当大大地加以斥责的。

① 《蒋夫人设宴招待川省听训女校长》《蒋夫人关怀流浪儿童》，《中央日报》1939年2月25日。

针对与“自私”有密切关系的“面子”问题，对官吏阶层中种种由此而生的现象进行批判，分析自私对青年一代的危害：

它降低了青年们的爱国热忱……使青年们缺乏崇高的理想，减少冒险奋斗的勇气，降低大公无私、不顾成败毁誉的热情，在习俗的重压之下，他们更或奄奄无生气，只能做机械的工作。青年们的创造能力，若在适当的培养之下，将是复兴民族中有力的原素，可是一有“面子”观念，关心于世俗的得失荣辱之后，青年们这种创造力就容易变成了有破坏性的怨愤与不平。本来沈滞不进的结果已经足以产生人们的不满足，而“面子”问题则更为厉害，它往往是策动变乱及支持变乱的重要原因。

因此，“对于上述痼疾所引起的败坏后果，我们似乎不能给予更多的容忍”①。

2月27日 重庆“新运”五周年纪念会举办各业节约献金竞赛运动，宋美龄以稿费五千六百五十元一并呈献，蒋介石以一万零六百三十元作为私人献金。蒋宋夫妇的献金倡导促使重庆各界纷纷慷慨解囊。②

2月28日 委托史良代表其出席慰问出征军人家属游艺大会并致辞，号召军人家属尽全力支持前方将士抵抗奋斗。③

3月5日 因其倡导妇女献金运动，仅此一天，募得献金六十三万六千余元。创抗战以来重庆妇女界献金之最。④

发表《中华民族的再生——七种致命的痼疾》（其八）。文章对“派别观念”“缺乏自制能力”“逃避责任”“自暴自弃”“笼统

---

① 宋美龄：《中华民族的再生——七种致命的痼疾》（其七），《妇女“新运”》1939年2月26日，第7号。

② 《蒋委员长夫妇节约献金》，《申报》1939年3月1日。

③ 《蒋夫人代表史良致辞》，《中央日报》1939年3月1日。

④ 王宇高、王宇正编：《蒋中正“总统”爱记》（二），第182页。

含糊”等痼疾的种种表现、原因、危害进行了梳理剖析，指出：“我们所需要的是国家组织化，其实这并不难，只要驱除了那些蒙蔽我们眼睛、碍我们政治社会进展的那些恶劣习俗，组织化就立刻会见诸显现的。”①

3月8日 出席重庆妇女界纪念“三八”节大会，并发表演讲，强调：“只讲妇女解放还不够，要达到全民族同胞的解放才算尽到我们的责任。”并为《妇女“新运”》周刊“三八”纪念特刊题字：“动员全国妇女参加抗战建国工作，是真正的纪念‘三八’。”②

3月12日 发表《中华民族的再生——妇女与家庭》（其九）。高度赞扬妇女在争取抗战胜利与民族复兴工作上的贡献：“她们突破了向来不许她们参与公务的限制，跃出了阻碍她们贡献智慧能力的樊笼，她们正在努力推进社会与政治的革新，促成国家的发展。这些伟大的工作中，妇女的工作是不可缺少的，她们可以供给一种生产力与推动力来促进一切事业的成功。”殷切希望：“妇女们要负起责任来，把爱国热忱与忠诚美德深深打定复兴民族的基础。她们应该保证我们国家的将来，具有坚定团结与永远的尊严。她们可以创造出一种忠信、宽大与正直的风气，使之普及于家庭，流入于社会，造福于国家。只要给她们以适当的机会和有效的组织，她们就可以一一做到的。妇女们组织起来了以后，还可以改善每个分子的思想态度，以及待人接物的关系，这也是永远有益于人类的。”并以史为鉴，列举了当代妇女引为楷模的人物，对阻碍女性发展的“三从四德”予以否定，强调：“德性重于一切，凡是青年女子都应当把这个真理牢记在心，变成她们永恒不变的信念，妇女自尊心的培养，是造成人格与一切事业的基础。”还论述了家庭教育中，父母以身作则与子女成才的关系，

① 宋美龄：《中华民族的再生——七种致命的痼疾》（其八），《妇女“新运”》1939年3月5日，第8号。

② 《蒋夫人在“三八”节纪念会演词》，《中央日报》1939年3月9日。

战时家庭教育与抗战胜利的关系及女性在家庭教育中的作用与地位。①

3 月 18 日　由渝抵港，延医疗治，随行者有端纳及女看护二名。②

获赠美国纽约妇女俱乐部联合会荣誉奖章，褒奖领导中国妇女从事抗战后援工作之果敢精神。③

3 月 19 日　发表《中华民族的再生——精神动员的重要》(其十)。文章对改正民族的缺点、重建国家的民族精神抱有热烈期望。“希望能播下全国响应的种子，使我们的知识阶级都能通力合作，在行政、经济等各种事业中革除那些陈腐的、浪费的、无效率的旧方法，以及一切不良的风气和习惯……镕铸出一个新的中华民国来。”④

3 月 23 日　发表《新中国的妇女与家庭》一文。

派刘清扬携数千件衬衣、毛巾、肥皂等用品赴桂林慰问伤兵。⑤

4 月 13 日　在香港接见香港妇女慰劳会及儿童保育会职员。对香港妇女界领袖领导在港妇女致力于救亡工作的成绩给予嘉勉，希望侨胞继续努力援助祖国。香港舆论称赞宋美龄：抗战以来，除于政治上、外交上协助蒋委员长外，并且以其社会领袖的地位，站紧妇女领袖的岗位，从前线到后方，尽心竭力，推进民族解放运动，坐而言起而行，历经艰苦阻难，愈战愈奋，实可为全国妇女领袖的典范。⑥ 17 日由港返渝。

4 月 19 日　出席重庆妇女界举行的国民宣誓大会并致辞说：

---

① 宋美龄：《中华民族的再生——妇女与家庭》（其九），《妇女“新运”》1939 年 3 月 12 日，第 9 号。

② 《蒋夫人前晚飞抵港》，《申报》1939 年 3 月 20 日。

③ 《赠蒋夫人荣誉奖章》，《中央日报》1939 年 3 月 18 日。

④ 宋美龄：《中华民族的再生——精神动员的重要》（其十），《妇女“新运”》1939 年 3 月 19 日，第十号。

⑤ 《蒋夫人慰劳桂林伤兵》，《申报》1939 年 3 月 24 日。

⑥ 《宋美龄先生对本港妇女的勉勖》，《申报》1939 年 4 月 14 日。

“对国民公约的宣誓的意义，就是表示个人对于爱国有了基本的认识，亦就是实行精神总动员的起点。要认识国格，就是爱国的精神，我们抗战已经二十二个月了，我们的目的最要紧的，在于求国家的独立、民族的生存。由精神动员达到最后胜利，大家要一传二、二传四地去勉励其他的同胞……我们要将我们的一切人力物力贡献给国家。”①

4月27日 在重庆邀请新生活妇女工作队正副队长及分队负责人茶叙。分赠《蒋夫人言论集》，并借机接受美国纽约妇女协会转赠金牌，彰显领导妇女参加抗建工作成绩。并即席发言：“此金牌实系赠与我全国努力抗战工作之妇女，是我全国妇女之光荣。”②

4月30日 《蒋夫人言论集》印行。重庆《中央日报》载文称：

> 自抗战开始以来，蒋委员长夫人宋美龄女士，勇于任事，不辞劳苦，如掌理空军、领导全国妇女战时工作、办理保育难童等，对于国家民族之贡献，实罕有伦比。夫人且恒以个人安全置之度外，每冒敌机轰炸之危险，赴前线激励将士，精神之勇敢，更足为全国表率。吾人读世界各国历史，于非常时期中，每有一二稀有之女英雄，且卓越思想，超人才干，坚强毅力，彪炳功绩，为民族历史添辉煌灿烂之一页，吾人无以名之，名之曰“转变历史之女性”。蒋夫人战时创导“新生活运动”，振刷全国国民精神，热心于革命遗族教育，培植救国救民之才。西安事变，于谈天应对之间，解救国家危难，弼成领袖伟大。纵不论此，仅就夫人战时所表现之精神、成功之事业观之，“转变历史之女性”之称号，亦足当之无愧。故以夫人之言论裒集印行以供当世传诵，必为各方所热切渴望，今国民出版社为适应是项要求计，爰将

① 《渝妇女界昨举行国民公约宣誓》，《中央日报》1939年4月20日。
② 《纽约妇女协会赠金牌蒋夫人亲自接受》，《中央日报》1939年4月28日。

去年六月以前夫人战前战时之言论编纂成书，都二十五万余言，其中大半且系未经发表之作，尤足珍贵，闻已印刷就绪，实价每部一元六角，邮费在外，即日由正中书局服务部总经售。①

5月4日 重庆遭敌机轰炸，警报一解除，即令“新运”总会指导委员会暨妇女慰劳总会沈慧莲、唐国桢等十余人，携带衣物赴各医院慰问受难同胞，并派妇女慰劳救护队前往医院协助救护工作。②

5月9日 下午6时20分向澳大利亚广播演讲，痛斥日机轰炸重庆，滥杀和平居民，广播词指出：“以轰炸屠杀无辜平民，决不能借此获得胜利。”“敌机几分钟匆匆掠过，已把全城最繁盛的大部分区域造成了基督受难的考而高萨，然而敌人的这种自诩为胜利的暴行，不过是以前对中国无数城市散布无数恐怖手段的重演，但程度更加残酷而已。”③

5月10日 致信埃玛，谈日机空袭重庆惨案事和自己遇到的危险。函曰：

我正智穷力竭地做着无数杂事，有的与这座城市最近遭受的空袭有关，有的与对那些正准备走上前线与将士们同甘共苦的许多女子加以培训有关。

剩下的事情就是清理那些被炸毁建筑的废墟，据估算，死亡名单至少有三千人，可能还会更多。还有大量人员受伤，无家可归者更是不计其数。

……空袭刚刚结束，委员长就下达命令，要求属于各组织机构及个人的所有轿车及卡车——包括他本人的

---

① 《蒋夫人言论集已印就》，《中央日报》1939年4月30日。

② 《蒋夫人关怀被炸难胞派员慰问并散发药物》，《中央日报》1939年5月7日。

③ 《蒋夫人向澳洲播讲痛斥敌机暴行》，《中央日报》（重庆各报联合版）1939年5月11日。

以及我的轿车——都投入到将难民运送到城外的任务之中。食品供应站散布在各处，仿佛是一下子涌现出来的，它们是由不同的组织及志愿者所设立的。

我们的妇女也非常伟大。在战争爆发后近两年里，她们本来应该被狂乱而紧张的压力所摧垮，但事实上，她们挺过来了，而且精神饱满、不屈不挠地投入到拯救不幸者的努力之中。在一次炸弹袭击中，我一度确信我们的办公室以及工作人员可能在大火中丧生，因为大火从三个方向朝我们扑来，而且当时还刮着大风。不过，风向发生了变化，我们得救了。

我费了好大的劲才穿过警戒线。警察包围了那片区域，禁止任何人穿越，因为那儿被认为是很危险的。不过，我成功地穿过那里，因为我再三向警察表示，如果我发生了任何意外，他们无须对此负责。我发现工作人员都很平静地集中在那里。

他们把所有的档案和办公文件都捆扎好了，等着看还会发生什么。回想一下，如果不是风向发生改变，我真不知道他们还能做些什么，因为所有的逃生之路都被切断了……①

5 月 15 日　在重庆发表《中国工业合作社运动》一文，分析中国工业合作社运动的作用与影响。认为："是日本侵略中国的产物，这些工业社并非是想来代替工业企业，他们只是供给目前的需要的。"强调工业合作社的优点，"不仅他是一种谋生的好方法，同时也是谋利、造福社会的一个媒介"。

文章呼吁："中国是为正义而战，凡是慷慨的人士，或是为人道主义而愿意帮助中国的人们，则中国工合社和'新生活运动'内的生产部，是接受这种帮助的最实际的地方。这是一个最好的

① 《致埃玛·德隆·米尔斯的信函》（1939 年 5 月 10 日），载张宪文、武菁主编：《宋美龄文集》第三卷，第 1164、1166—1167 页。

机会，来帮助中国的难民，来发展他们自己的力量，他们自己的原料，使他们能够成为自尊的民众，使他们能够自给自足，使在日本残暴行为中受难的人们，能因国际爱好正义公理人士慷慨帮助而成为自尊的国民。”①

6 月 3 日 由渝飞港求医诊病。②

是日 接受美国钮杰赛州大学授予的名誉法学博士学位，由中国大使馆参事陈长乐代领文凭，并电当局表示感谢。③

6 月 4 日 委托中国驻美大使参事陈长杰接受美国纽杰赛州大学、美国新泽西女子大学授予之名誉法学博士学位。④

6 月 20 日 致函母校美国韦斯理女子大学学生，详述日机五月三日滥炸重庆犯下的滔天罪行。并称：“若非美国坚决反抗侵略行动，则美国人民必难逃于今日中国人民之所遭遇。”⑤

7 月 7 日 在重庆，用英语代表蒋介石向全世界广播演讲。⑥

7 月 8 日 应美国反侵略委员会之请，向美国作广播演说，吁请各国执行条约原则，对日本实施经济制裁，并以物资援助中国，将使日本早日趋于崩溃。⑦

致电丹麦哥本哈根国际妇女平权参政会，代表中国妇女致庆贺之意，并吁请援助中国抗战。⑧

7 月 17 日 致函 Twinew 女士，并发去一百份关于外国友人“收养”难童管理条例。强调该条例依据战争难童救援委员会章程而制定，“所有愿意收养难童的外国友人均须遵守该条例”。⑨

8 月 1 日 出席全国慰劳自卫抗战将士总会成立两周年纪念

---

① 宋美龄：《中国工业合作社运动》（1939 年 5 月 15 日），《华美》1939 年第 2 卷第 7 期。

② 《蒋夫人由渝飞港》，《申报》1939 年 6 月 8 日。

③ 《美国纽杰赛州大学赠蒋夫人名誉学位》，《中央日报》1939 年 6 月 5 日。

④ 《赠蒋夫人名誉学位》，《中央日报》1939 年 6 月 5 日。

⑤ 《蒋夫人致函美大学》，《中央日报》1939 年 6 月 21 日。

⑥ 《蒋夫人用英语代播》，《申报》1939 年 7 月 8 日。

⑦ 《蒋夫人对美广播演说》，《申报》1939 年 7 月 9 日。

⑧ 《宋美龄驰电致意》，《申报》1939 年 7 月 9 日。

⑨ 《致 Twinew 女士函》（1939 年 7 月 17 日），载张宪文、武菁主编：《宋美龄文集》第三卷，第 1168 页。

会，并发表演讲，提出该会今后工作的四项要求：第一，应普及组织，要求各省分会成立各县的支会。第二，应该做访问伤兵医院的工作。第三，从本年度起，本会应该积极襄助抗战将士家属和被难同胞的家属。第四，重视对抗战将士精神上的鼓励。战争的持久制胜，士气的奋发旺盛，一大半靠精神的振奋。会后率领全体人员赴各伤兵医院，慰劳受伤将士及被炸受伤同胞，并向他们赠送了慰问品。①

8月13日 委托贵州省政府主席吴鼎昌夫人搜集到珍奇珠宝等物件三百余件，拟运往英国伦敦公开竞卖，为中国难民募集款项。②

8月26日 与蒋介石邀见印度国大党领袖尼赫鲁，并共进午餐，作陪者有孔祥熙、张群、朱家骅、吴稚晖、王宠惠、叶楚伧等。③

9月6日 为救济战时两万孤儿，拟举办慈善舞会，呼吁各界支持，将收入所得，充作难童生活维持费。④

9月17日 致电各省主席夫人、各地妇女工作委员会、慰劳分会、各妇女团体及海外侨胞，发起征募棉衣五十万件运动。⑤ 其间，宋美龄、李德全带头捐赠棉衣分别为两千件、一千件。在各地妇女界的支持下，仅几个月的时间即募集了一千万元捐款、五十万件以上的棉衣和棉背心以及五十万双棉鞋，并全部分发给前方部队。⑥

9月23日 通电海内外，呼吁民众捐赠药品，支持前方将士浴血奋战，赢得了海内外广泛支持。⑦

10月1日 率“新运”妇女指导委员会委员、女参政员一行

---

① 《妇女慰劳总会》《蒋夫人训词》，《中央日报》1939年8月3日。
② 《吴鼎昌夫人搜集珍贵物件》，《申报》1939年8月14日。
③ 《蒋委员长偕夫人昨邀宴尼赫鲁》，《中央日报》1939年8月27日。
④ 《宋美龄为孤儿呼吁》，《申报》1939年9月7日。
⑤ 《蒋夫人发起征募寒衣》，《申报》1939年9月18日。
⑥ 张宪文、姜良芹等编著：《宋美龄、严倬云与中华妇女》，第96页。
⑦ 张宪文、姜良芹等编著：《宋美龄、严倬云与中华妇女》，第97页。

十余人前往永川松溉纺织实验区视察。实验区成立一年来，运用合作组织，动员农村妇女，从事纺织生产，为抗战前线提供军需纱布、药棉、军毯、毛线、毛巾及松溉土布等物品，具战时生产推广意义。①

10月10日 上午8时与蒋介石出席成都国庆日阅兵典礼。②

10月18日 报载："蒋夫人领导下募衣成绩惊人，两周内得捐款二百余万元。"③

10月20日 拨款二十万元交由中国工业合作协会，负责落实缝制棉大衣，供抗战前线将士御寒。④

10月26日 应《纽约前锋论坛报》妇女座谈特刊约请，向美国人民发表英文讲演《向文明挑战》。

演讲指出："日本是第一个在我们中华民国打击一切崇高道义原则的罪魁，凡是举世爱好自由人士所奉为神圣、共感为文化的化身和民主主义象征者，都遭受日本暴力的摧残。"九一八事变后，日本在中国领土上不断扩大侵略并施暴，"这样的狂暴行为，民主国家却绝无表示，那时大家劝告我们始终要听从国联、遵守条约，我们尊重信义，因之也并未有所行动，可是我们的信赖，究竟得到多少的反响，我们的等待，又有如何的结果"？"在这一段时期之内，我们奋起抵抗，并不依赖外力的援助，我们以实力薄弱的国家，对付坚强的暴力，但我们毕竟给敌人以严重的打击，我们仍在抗战，而且要继续抗战下去。""当然使我们对西方文化向来的信赖，发生剧烈的动摇，但我们仍然亦执行我们自身神圣的使命——继续抗战。"揭露美国在物质上帮助日本实施强暴的事实，针对美国对日宣布废止商约指出："再用庄严沉重的姿态，表示绝对不再帮助日本毁灭中国生命财产的工作，简单地说，美国只要对日撤销一切供给物资的便利，禁绝日本以前用来推行野蛮

---

① 《蒋夫人前往视察并致训词》，《中央日报》1939年10月3日。
② 《蒋委员长成都阅兵》，《中央日报》1939年10月11日。
③ 《蒋夫人领导下募衣成绩惊人》，《中央日报》1939年10月18日。
④ 《蒋夫人捐万元为伤兵缝制寒衣》，《中央日报》1939年10月21日。

残杀的工具的接济，就可以使得警告日本的宣言，发生实际的力量，而不致徒托空言。”“美国若要不这样做，就等于承认文明已成灰烬。”①

10月28日 与蒋由桂林乘火车至南岳。蒋叹曰：“开战以来，余妻对伤病官兵、难民、难童之爱护工作，其赤忱与热心，非任何人所能有，而于近日为尤胜。吾夫妻之爱情，因彼此爱国之故，而更成为知己之爱，同志之爱矣。”②

10月30日 出席战时儿童保育会院长会议并致辞，指出：

> 这一次集合我们全国儿童保育院院长来此开会，各位都不远千里而来……在开会期间，我们不但要交换工作的经验，讨论改进办法，而且我认为如此聚首一堂，在我们本身也不啻是一种实际的训练……我们是为了爱国而担任这种工作的，这不仅是一种事业或职业，而是一种神圣的使命，我们对于国家，对于国内外捐资赞助的人士，对于受我们保育的儿童，都负有很大的责任。我们怎么样陶冶这些儿童们，使成为国家健全的国民？

她提出了三点意见：

> 第一，我们必须注意儿童的健康和生活习惯。病重的看护，疾疫的预防，蚊蝇的驱除和隔离，餐堂和居室的整齐清洁，都要必须用科学的头脑，想尽方法，使做到尽善尽美。第二，我们要培养儿童的人格，和启发儿童的义务观念，我们必须要使受保育的儿童能自爱自立，具备高尚的人格，富有牺牲的精神，屏绝他们的倨傲心和依赖性。要教导这些儿童们能劳动、能制造、能贡献、能为保卫国家民族和拯救同胞困苦而牺牲，才是我们教

---

① 《蒋夫人向美国广播讲话》，《中央日报》1939年10月28日。

② 《蒋介石日记》（1939年10月31日），美国斯坦福大学胡佛研究所藏。

育和训练的要旨。第三，我们要使儿童们知道国家困苦和物力艰难，要使他们特别刻苦和俭约；我们现在保育二万个儿童，每月经费二十五万，除国家补助大约四分之一以外，大部分都是辛辛劳劳捐募得来的……这中间出钱的多不是有钱的人……我们主持保育院的同人，必须使儿童们知一粥一饭来处不易，要他们能感激知恩，长大了必须努力报国。我们持久抗战，国家财政一天天的艰难，而我们保育儿童的事业，仍必须维持下去……要自己能劳动来弥补缺乏，不要事事仰仗公家，依靠捐助，而视为当然应享受的权利。要知道中国境内还有几十万几百万流离困苦的儿童，哪里能人人过保育院这样的生活，所以一切应该习于简陋，自知勤苦，一切设备能利用废物的就应该尽量利用，能使用自己劳力来生产的，就要尽量生产……以上三点意义很平常，但是非常重要。我们在国家遭受如此侵略蹂躏中间来保护国家未来生命的儿童，培养民族新生的幼苗，这个使命是神圣的……我们任何工作，最主要的是有服务精神，如果缺乏了服务精神，凭你怎样努力，看去似乎忙碌，实际也必无成效的。服务精神就是热烈和坚忍，凭着热烈坚忍的勇气和热忱，一切工作困难，自然会得到解决，而且最后必能得到最大的成功。[1]

11 月 3—11 日 赴鹤阳、邵阳慰问伤病官兵，对所赠食品、衣物等慰问品总是亲自过问料理。一周以来，宋美龄由湘经桂回渝，代表蒋介石到各处慰问伤病官兵[2]，增强抗战的凝聚力，也树立了宋美龄在抗战官兵中的慈善形象。

11 月 29 日 据合众社电，宋美龄以英文发表《关于湘北所见》一文。记叙了湘北华军游击队中，未成年儿童参与其间，战

① 《蒋夫人亲临致训》，《中央日报》1939 年 10 月 30 日。
② 王宇高、王宇正编：《蒋中正"总统"爱记》（二），第 195 页。

地医院多有流离失所、受伤孤儿的悲惨情景。有受伤孤儿表示伤愈后再上前线，待抗战胜利后再去学校读书，令宋美龄为之动容。她对战地医院药品极为稀少十分焦虑。[①] 同期在《中央日报》《战时妇女月刊》《妇女“新运”》发表《从湘北前线归来》长文，宣传巡视战区之见闻，激励全国同胞“共同奋斗，战胜暴敌”。[②]

12月1日 结婚十二周年纪念日，蒋以夫妇情感“日日增进，久而弥笃”感奋，中午“夫妻对吃火鸡”[③] 以庆贺。

12月7日 电唁北平吴佩孚夫人，勉抑哀思。[④]

患鼻疾，手术割治。[⑤]

是年，陈纳德因与蒋介石“不能融洽共事”，多次提出辞呈，宋美龄尽力挽留，帮助解决实际困难，并带陈面见蒋，从中协调。她向陈解释，中国人是蒋“必须共同共事的人，假若因为犯了过错而将他们都免职，那么他还有谁呢?”得益于宋的帮助，陈纳德留在中国，并认为“在这时期中，中国的空军亦有了相当的进步”。[⑥]

* * * * * *

是年

1月1日 国民党中央执行委员会常务委员会决议：开除汪精卫的党籍，撤销其一切职务。

9月1日 第二次世界大战爆发。

12月30日 汪精卫与日本侵略者秘密签订“日华新关系调整要纲”及“秘密谅解事项”。

---

① 《宋美龄发表湘北之见闻》，《申报》1939年11月30日。

② 《中央日报》1939年11月29日；《战时妇女月刊》1939年第3、4期；《妇女“新运”》1939年第4、5期。

③ 王宇高、王宇正编：《蒋中正“总统”爱记》（二），第196页。

④ 《蒋夫人电平唁吴夫人》，《申报》1939年12月8日。

⑤ 王宇高、王宇正编：《蒋中正“总统”爱记》（二），第197页。

⑥ ［美］陈纳德：《陈纳德将军与中国》，第80页。

1940年　四十一岁

1月　发表《告服务队指导员书》，要求“携此书返乡，宣读于学生之前”。针对深入乡村服务的学员提出以下要求：首先，服务工作“足以影响妇女的前途”，学员们要“持之以恒，守之以终”；其次，服务工作“宜以新生活为前提”，学员们应当“本礼义廉耻之美德，以身作则，为民众作楷模”。最后，学员们应当“由谦逊中求进”，“每日须有一小时之修养，以供反省，过则痛改，善则加勉”。①

1月5日　接加籍侨童来函，报告募款捐助情况，并将参加音乐会表演得款全数捐助给祖国儿童保育院。②

1月8日　马来西亚妇女界联名通电美国妇女，“拥护蒋夫人对美广播”，吁请美国对日施行经济制裁。③

1月13日　与蒋介石分别购买“节约建国”储蓄券，以资倡导。④

1月17日　与宋庆龄、何香凝、李德全、郭德洁等，被延安妇女宪政促进会聘请为名誉理事。⑤

1月21日　致函各地妇女团体，发起征募夏衣运动。⑥

1月26日　设宴招待各妇女工作队队长。一年来，在宋的发动组织下，重庆各机关、团体职员、眷属在各部、处长官夫人倡导下，共建立新生活妇女工作队三十三队，支持抗战、组织募捐、慰劳将士等。⑦

---

① 宋美龄：《告服务队指导员书》，《妇女“新运”》1940年第二卷第一期。

② 《加籍侨童等上书蒋夫人》，《中央日报》1940年1月5日。

③ 《马来亚妇女界拥护蒋夫人》，《中央日报》1940年1月8日。

④ 《蒋委员长暨夫人倡导购买节约券》，《中央日报》1940年1月15日。

⑤ 《新华日报》（延安）1940年2月3日，转引自尚明轩主编：《宋庆龄年谱长编》（上），第399页。

⑥ 《蒋夫人发起征募夏衣运动》，《中央日报》1940年1月21日。

⑦ 《蒋夫人昨设宴招待各妇女工作队队长》，《中央日报》1940年1月27日。

2 月 8 日 本日为春节。上午与蒋介石前往清水溪乡间巡视。①

2 月 12 日 致函交通部，商请对于已婚妇女不得再在交通机关服务之规定，予以重新考虑。②

2 月 13 日 由渝飞抵香港就医。③

2 月 19 日 以中国妇女慰劳自卫抗战将士总会主任委员名义，公布《中国妇女慰劳自卫抗战将士总会所经收棉衣捐款及分配报告》，称："自二十八年九月二十二日迄二十九年一月三十一日，我们为前线将士征募的寒衣捐款，各方认捐的总数共国币四百七十二万五千零八十八元七角九分。"报告详细列出收支数据并附有一张表格，说明棉衣是如何分配的。"在分配之初，我们先和战区长官商讨过，大体上我们都是接受了他们的意见，为了节省运输的费用，所有寒衣，我们尽量设法就军队所在地分别缝制，并不集中一地制造。""我们在支出方面，曾经抱定一个决心，竭力谨慎，务使每一文捐款都直接用到寒衣上去，不作别的浪费。"④

3 月 8 日 设立《蒋夫人文学奖学金》，纪念"三八妇女节"。该奖项宗旨：奖励妇女写作及选拔新进妇女作家。奖金金额总数为三千二百元。征文分论文、文艺创作（小说、短剧），内容关于妇女问题、妇女工作、妇女修养、妇女运动等论著，或以抗战中的妇女生活、妇女运动为中心的小说、短剧等。作者资格限于三十岁以内之女性，未曾出版单行本著作者。⑤

在香港收到重庆妇女界盛大纪念"三八节"大会致电。⑥

和宋庆龄、宋蔼龄一道出席香港"三八妇女节"茶话会。⑦

---

① 萧李居编：《蒋中正"总统"档案：事略稿本》（43），台北"国史馆"2010年版，第 131 页。

② 《蒋夫人维护女权》，《申报》1940 年 2 月 13 日。

③ 王宇高、王宇正编：《蒋中正"总统"爱记》（三），第 202 页。

④ 宋美龄：《中国妇女慰劳自卫抗战将士总会所经收棉衣捐款及分配报告》，《中央日报》1940 年 2 月 19 日。

⑤ 《蒋夫人奖金征稿简则》，《申报》1940 年 3 月 9 日。

⑥ 《渝纪念三八妇女节蒋夫人特举办文学奖金》，《中央日报》1940 年 3 月 8 日。

⑦ 张世福主编：《宋庆龄与中国抗日战争》，上海社会科学院出版社 1996 年版，第 581 页。

3月12日 为了支持重庆蒋介石政府坚持抗战的决心，揭露汪精卫的卖国投敌罪行，由宋庆龄提议，宋蔼龄、宋庆龄、宋美龄姐妹三人在香港利用聚会举办公开演讲。宋美龄高度评价宋庆龄领导的保卫中国同盟和中国工业合作协会（工合）的工作，对中国抗战作出的卓有成效的贡献。她诚挚地邀请保卫中国同盟对她在香港新成立的“伤兵之友社”香港分社的财务账目进行审计。宋庆龄、宋蔼龄在发言中分别表示支持宋美龄领导的“伤兵之友社”的工作，显示了团结抗战的决心，引起轰动效应。①

派金陵女子文理学院院长吴贻芳代表慰劳成都部队，并送上慰劳品及“我武维扬”锦旗，激励官兵士气。②

3月31日 与宋蔼龄、宋庆龄联袂来渝，蒋介石迎见，“相见甚欢”。③

4月3日 陪宋蔼龄、宋庆龄至“新生活运动”妇女指导委员会视察，并与受训女生共进午餐。午后，共同参观孤儿院及刺绣训练班，并介绍孙、孔二位夫人与诸生相见。孔夫人力言发展生产之重要。孙夫人夸奖孤儿训练成绩优异，并说诸位孤儿既受如此良好训练，将来必不致产生汪精卫一类之人物，孤儿们报以热烈掌声。

晚上，出席孔祥熙为宋氏三姐妹团聚举行的宴会，蒋介石、孙科、宋子良出席宴会。④

4月4日 与宋庆龄、宋蔼龄一起，参观中苏文化协会举办的“中苏儿童照片展览和儿童科学玩具展览”。⑤

4月5日 与宋蔼龄、宋庆龄相偕参观重庆郊外各工业合作社。先后参观了军毯合作制造厂、印刷合作社。当她们进入工厂时，宋美龄嘱撤去“欢迎蒋夫人”标语，代以“欢迎孙孔两夫

---

① 宋庆龄基金会研究室编：《保卫中国同盟新闻通讯》，吴景平译，中国和平出版社1989年版，第154—155页。

② 《蒋夫人慰劳驻蓉部队》，《中央日报》1940年3月14日。

③ 萧李居编：《蒋中正“总统”档案：事略稿本》(43)，第331页。

④ 《欢迎孙孔两夫人》，《中央日报》1940年4月4日。

⑤ 《孙夫人参观中苏儿童照片展览》，《新民报》1940年4月5日。

人”。三人对于工业合作社素具热忱。宋蔼龄热心赞助，宋庆龄向海外募捐款项，宋美龄推动西北妇女界捐募经费，合力推动合作事业的发展。她们一致称赞制毯厂工人的高效率。参观中，宋蔼龄见一女工背上尚负有一婴孩，倍加关注，允为各合作社设一公共育婴室，工人们闻之莫不感奋。在印刷工厂参观时，三位夫人均对中国的印刷工艺感兴趣，尤其详询工人健康、工作时间、工资等。宋庆龄闻该处工友较他处工人得资为厚，尤感快慰。参观完毕，三姐妹联袂视察劫后之重庆市区。1939 年重庆遭日机轰炸，残迹真相历历在目，孙孔两夫人尚初次详察浩劫残迹，颇为愤慨。此后三姐妹又参观了多处公共防空壕。晚间，孔夫人向报界宣称：“中国工业合作社足以解决我国当前若干重要问题，余将尽力继续加以赞助。”①

4 月 7 日　在重庆私邸举行茶会招待孙、孔两夫人。中外妇女界二百余人出席，蒋介石亲临茶会。报界称此茶会“堪为战时首都之盛会”。到会者除宋氏三姐妹外，并有何应钦夫人、冯玉祥夫人、马超俊夫人、吴国桢夫人、董显光夫人、外宾英国大使卡尔夫人、法国大使馆中文参事丰康栋夫人、美国大使馆参事贝克夫人等。“新运会”妇女指导委员会派员专事招待。蒋介石致辞称：“孔、孙两夫人此来，非仅重庆各界极表欢迎，即全国人士亦莫不快慰。”宋美龄致辞先用中文，后用英文。致辞称：

> 孙孔两夫人非仅本人之姐，且为吾侪之同志，而夫人协助抗战工作，厥功甚伟，尤为吾侪忠实之同志。孔夫人在港沪两地工作成绩卓著，犹忆淞沪作战时，孔夫人及友人数辈，曾设立医院所，救护伤兵达一千人，受伤官兵因救护得宜，痊愈以后，大半均能重返前线，为国效力。本人服务航空委员会时，孔夫人曾捐献卡车四十辆，吾忠勇空军之交通问题，赖之便利甚多。本人此

① 《孙孔蒋三夫人昨参观工合社》，《中央日报》1940 年 4 月 6 日。

次赴港时，孙孔两夫人复在港组织香港伤兵之友协会，由孔夫人担任会长。今日得与两夫人欢聚，本人以及诸君衷心之愉快，自不言而喻。本人对两夫人，惟有一项请求，即希望两夫人可以留居重庆领导妇女工作，共同争取最后之胜利，两夫人苟能对此接受，实属私心默祷者也。

宋情真意切的致辞，确也表达了心底的情愫。由于政见不合，姊妹隔阂十年之久。民族危机，爱国激情，三姐妹重新携手联袂，同仇敌忾。会上，一向低调内敛的宋庆龄作了简单致辞。宋蔼龄起立致辞，热烈练达，词谓：

刚才我说过，很感谢蒋夫人让我同孙夫人今日有这机会同各位重叙旧谊，并认识新朋友，我这次虽系第一次入川，但是我的心和精神是时常和各位在一起的。我曾听到我们内地的妇女，在应付战争的环境之下，做了许多新奇勇敢的工作，但是要完全了解这种工作的伟大和重要，需要亲自来接触视察，我在过去一星期中亲眼见到你们所做的工作，实在觉得非常愉快。我要乘此机会恭贺今日聚集此地的各位，恭贺各位已经成就的事业，我知道你们会继续努力，互相合作，完成抗战的最后胜利……我现在以不屈不挠的信念与忠诚贡献诸位和全中国的妇女界，以达成我们建设强盛统一新中国的共同目标。

茶会上，三人的发言及气质性格、举手投足迥然不同，给与会者留下了深刻的印象。①

4月8日 陪同宋庆龄、宋蔼龄到嘉陵江北岸“中国伤兵之友

① 《蒋夫人昨招待孙孔两夫人蒋委员长亲临参加》，《中央日报》1940年4月8日。

医院”慰问伤兵。该医院由重庆女青年会夜校女学生协助医院服务，医院物质供给虽欠缺，但全院卫生设备及环境颇合标准。她们均亲至病床逐一加以慰问，并分赠慰劳品，还向日本受伤俘虏赠送了慰劳品。宋美龄向住院的所有中国受伤官兵发表演说称：各位为祖国而流血，我们特向各位致谢，并表示全国女同胞均愿为受伤官兵服务。陪同前往的励志社总干事黄仁霖向受伤官兵介绍了宋氏三女士战时工作情况。①

4月9日 与蒋举行家宴，欢迎宋庆龄、宋蔼龄。宋子文、孔祥熙以及英国大使卡尔夫妇、伦敦《泰晤士报》特派员麦唐纳等应邀参加。②

十天来，宋美龄对宋庆龄、宋蔼龄来重庆参访活动的安排，使宋庆龄颇有微词，她表示：“不久我便要回香港，我按着姐姐和妹妹的愿望到重庆来了，但这里并不是我生活的地方。香港有更有益的工作等着我，不是像这里那样，当展品。”③ 据目睹宋庆龄在重庆的好友王安娜描述：

> 她的两个姐妹孔夫人和蒋夫人，竭尽全力夸示宋家难得的大和解。她们接待客人进行参观，举行晚宴招待外国外交官。姐妹三人在一起的罕见场面以及那些轰动社会的场面——蒋介石与他视为异端的自由主义者的大姨子站在一起，使得摄影记者拼命照个不停。招待会很多，蒋本人和其他国民党领导人一般都拨冗出席。在宋庆龄方面，她欢迎这些活动，以显示“上层统一战线”。但她经常警惕活动的另一方面的用意，即：试图把她留在重庆，并用恭维谄媚的办法使她不再说话。④

---

① 《宋氏姊妹在渝慰问伤兵》，《申报》1940年4月9日。

② 《蒋委员长夫妇设家宴招待孙孔两夫人》，《中央日报》1940年4月10日。

③ 张世福主编：《宋庆龄与中国抗日战争》，第584页。

④ ［德］王安娜：《中国——我的第二故乡》，李良健等校译，生活·读者·新知三联书店1980年版，第383页。

4月10日 上午和宋庆龄、宋蔼龄赴重庆某处检阅后方交通车辆，陪同者有军政部部长何应钦、西南运输管理处主任宋子良及华侨陈嘉庚等人。下午到重庆郊外视察中正学校及遗族工厂。晚上，姐妹三人一起接受孙科的宴请。①

4月11日 和蒋介石为苏联驻中国大使潘友新夫妇举行宴会，宋庆龄、宋蔼龄应邀参加。②

4月12日 和宋庆龄、宋蔼龄赴重庆中国电影制片厂参观。

4月14日 和宋庆龄、宋蔼龄一起接受马超俊夫人沈慧莲的宴请，重庆妇女界领导人应邀参加。

4月15日 与蒋介石一起出席孔祥熙夫妇特别欢迎宋庆龄的茶会。茶会设在重庆嘉陵宾馆，宾馆大厅中安置一长桌，两旁散布着许多小方桌。宋庆龄坐在长桌正中央嘉宾位置，孔祥熙坐在宋庆龄右手边，蒋介石坐在宋庆龄左面，英国大使卡尔坐在蒋介石下面，宋美龄坐在英国大使卡尔下面。宋庆龄端坐长桌之一端，除了不断与致敬的人握手外，很少发言。据报载："长桌两边的贵宾渐渐落座后，委员长站了起来，极度严肃地站在宋庆龄左边的位置上，大概有十几分钟的时间，委员长始终是直立在那儿，没有言语，没有动作。我们要把这种内心的情绪告慰宋庆龄。"③

4月16日 重庆新开寺新宅装修过度奢侈，宋蒋恐舆论谴责及影响抗战军民情绪，表示不迁往入住，仍住重庆曾家岩寓所。

4月18日 上午7时45分，应重庆中央广播电台及国际广播电台之请，与宋庆龄、宋蔼龄向美国播音，由美国NBC电台转播全美。宋庆龄表示，中国抗战必获胜利，太平洋和全世界将来的历史一定和以前不同，且将更光明灿烂。宋蔼龄痛批汪伪政权说：南京那幕丑剧，完全由敌阀指使，他们要把各国在华的权益，加以毁损，给日本独霸一切。蒋夫人希望美国做到两件事：一、对

---

① 张世福主编：《宋庆龄与中国抗日战争》，第584页。

② 尚明轩主编：《宋庆龄年谱长编》（上），第408页。

③ 《欢迎孙夫人》，《中央日报》1940年4月16日。

侵略不再表示恐惧；二、停止鼓励侵略的行动。①

4月21日 上午与宋庆龄、宋蔼龄一起离开重庆，乘汽车赴成都。中午抵永川县，视察“新生活”妇女指导委员会主办的、乡村服务队第七队队部所服务的毛织工业合作社和妇女工艺社永川分社。午饭食用自带干粮。下午抵达荣昌，视察乡村服务队第六队队部主办的干训班。傍晚赶至隆昌县，视察了财政部妇女工作队队部所属的挑花厂及织麻厂。晚抵达自流井。

4月22日 上午参加内江人民举办的万人民众欢迎会。宋庆龄、宋美龄、宋蔼龄先后发表了讲演，激励同胞克服困难，争取民族复兴光明前途。会后乘车经资中、资阳、简阳各地，分别与民众相见，晚抵达成都。② 沿途所经各县，先后参观各种妇女工作、“新生活”妇指会指导下的各种事业，对于生产事业，三夫人大感快慰。

4月25日 下午4时与宋庆龄、宋蔼龄视察中国工业合作协会成都事务所，听取主持人的工作报告。宋蔼龄首先致辞，接着宋美龄致辞称：“孔夫人系中国第一女子积极提倡生产事业者……顷见若干小妹妹在从事纺毛工作，机上轮盘转动不已，深觉此举含有无穷意义。要知我前方弟兄抗战辛苦，纺毛后所给我之军毯，则系送往御寒，彼辈不怕寒冷，抗战愈必有力，是以你等虽未往前方，但其贡献于民族者正复相同。机盘之转动，亦正如机关枪之扫射敌人，各位工作之价值甚大，殊不可轻视或怠忽也。”鼓励工业合作社员，努力增加生产，增强抗战力量。宋庆龄虽患牙痛，但难却大家鼓掌敦请，也作了简短讲话。她说：“略加以补充者，即工合社事业，正为总理民生主义之实行，一面求改善人民生活，一面求充实国家经济力量，希望各位对民生主义加以研究，俾总理遗旨能普遍实行。”随后，三位夫人又参观了工合产品展览会，宋美龄还坐下亲作挑绣数针，针法纯熟，为美国摄影师格里芬当

---

① 《孙孔蒋三夫人对美广播》，《中央日报》1940年4月19日。

② 《三夫人在成都》，《中央日报》1940年4月29日。

场摄拍成电影，俾与工合社其他影片并寄欧美放映宣传。①

4 月 27 日 在成都励志社，设茶会欢迎首次莅临成都的宋庆龄、宋蔼龄，并柬邀成都各妇女工作队、妇女界团体、各学校、各抗战军人家属代表四百余人参加。宋亲自主持茶会，介绍来宾与二位夫人见面，她致欢迎词说："今日举行茶会，一面系欢迎孔孙两夫人，一面又系以小妹妹之资格，代表二位姐姐致谢 22 日各位到车站迎迓之盛意。此次孔孙两位夫人，由港到渝，复又来蓉，对于乡村工作，甚为注意，并欲知道全川妇女同胞担任战时工作之情况。余今日以成都人之地位招待欢迎，所有妇女工作之困难及前途如何进展等，各位皆可向两夫人报告与探讨。"随即邀请宋庆龄、宋蔼龄即席讲话，宋庆龄谈及观感谓："在港时，闻蒋夫人道及内地妇女界努力工作之情形，承被邀请到川省，目睹一切，良足佩慰。由港到渝，所经各地，尝见敌机轰炸我人民与土地财产之惨状，感想甚多，同时深觉吾人所须克服之困难尚多，非积极努力不可……余以为我妇女界所宜着重者，厥为教育工作，将来国民大会，不日召集，应使妇女界明了其重要性，由各团体推出代表参加宪政运动，动员广大妇女，努力于此，亦为吾人对抗战之重大贡献。"宋蔼龄演词谈及两点：第一，妇女界要有自信心，她对"新运会"妇女乡村服务队的工作成绩给予高度评价。第二，妇女界要努力做好生产事业。宋代表成都妇女致谢，并称：相信此后，成都妇女界必格外努力，俾不辜负夫人之希望。又谓今日出征军人家属，亦有代表参加，尤足令人兴奋。说完，宋乃领导全场高呼"中华民国万岁""三民主义万岁""中国妇女界万岁"及"抗日战争胜利"等口号。② 宋氏三姊妹战时同仇敌忾，令宋美龄精神亢奋。

是日 与蒋致函美国美以教会联合会，痛斥欧洲战争和日本侵华，这种造成中国和欧洲流血的祸源"同属人类之自私与贪

① 《三夫人在成都参观工合事业》，《中央日报》1940 年 4 月 29 日。

② 《蒋夫人在蓉举行盛大茶会欢迎孔孙两夫人》，《中央日报》1940 年 4 月 30 日。

婪”，认为“人类生活之目标竟未受基督教训之影响”。①

4 月 28 日　与宋蔼龄、宋庆龄商讨着手筹办工人托儿所。下午陪宋庆龄、宋蔼龄离开成都飞往重庆，蒋介石亲往机场送行。②

5 月 1 日　与宋蔼龄参加“新运”妇女指导委员会、妇女高级干部训练班结业典礼。致辞中向各位同学提出五点要求：（一）毕业后，入社会任事，须以服务民众为职责。（二）于任事之先对环境作深切之认识，便于工作，而补学力经验不足。（三）深入民间组织民众，须以爱护民众为出发点，始得民众信仰，在工作上始能收到良好之效果。（四）对人对事要有合作互助之精神。（五）对前途要乐观，须克服环境上所遇到的任何困难，并应学大将的风度，有危难要身先士卒，有安逸须先让民众享受，充分发挥服务精神。会上学员代表向蒋夫人献锦旗一面，上绣“全民救星”，由宋亲自接受。③

5 月 4 日　收到上海孤岛三位小学生的捐款，他们以征文比赛及书法比赛所得奖金捐献国家，以表示爱国热忱。④

5 月 11 日　为嘉勉抗战将领，特将加拿大侨胞捐献中国妇女慰劳总会的 3000 余条品质精良毛毯，分赠各战区将领，以资犒慰。⑤

5 月 12 日　与蒋介石往新开寺视察。⑥

5 月 15 日　设午宴招待英国驻中国大使卡尔夫人，并接收公映募款捐助中国战时儿童保育经费一万六千余元。⑦

同日拟定“伤兵之友”运动计划。提出以两种方式为抗日的伤兵和军队服务。第一，给予物资援助，可以通过继续进行除虱、洗澡、医治疥疮的工作，来达到这点。这是伤兵之友运动计划里

---

① 《蒋夫妇去函表示战祸感想》，《申报》1940 年 4 月 28 日。
② 萧李居编：《蒋中正“总统”档案：事略稿本》（43），第 426 页。
③ 《妇女高级干训班昨举行结业典礼》，《中央日报》1940 年 5 月 2 日。
④ 《上书蒋夫人表示爱国热忱》，《中央日报》1940 年 5 月 4 日。
⑤ 《蒋夫人赠羊毛毯》，《中央日报》1940 年 5 月 13 日。
⑥ 萧李居编：《蒋中正“总统”档案：事略稿本》（43），第 496 页。
⑦ 《英大使夫人助我保育事业》，《中央日报》1940 年 5 月 16 日。

很重要的一个方面。第二，就是在军事行动期间和之后，鼓励他们的士气。我们应使这些人返回这个社会时，能够成为有用的、令人满意的公民。①

5月21日 晚与蒋介石同车出游，蒋深以妻子用脑过度感念。②

5月28日 敌机连日空袭四川，重庆北碚被炸严重，下午与蒋介石出外视察。③

当日，刘清扬前来询问妇女高级干部训练班下一期开办时间，宋美龄说了实话："刘组长，委员长说训练班不能再请以前的教员办了，有人汇报，说训练班宣传共产主义……委员长说，今后要训练干部的话，要让浮图关上的中央训练团来训练了……好在目前我们服务队已不少了，够用了。刘组长，你就经常到各地去视察视察、督导督导吧。"④

6月 为《"新运"周刊》撰写的《中华民族的再生》系列文章，经修订并补充若干篇，以《我将再起》为题出版。蒋介石作序，称："作者于撰写此书时，由于她的宗教热忱和爱国心驱使，曾极力指出中国民族的许多缺点，盖欲求中国复生，这些缺点是必须要加以医正的。掩饰和隐藏她的同胞的弱点的诱惑并非没有，但她的良知不容许她那样做。"⑤ 宋美龄在前言中称："蒋委员长不惮其烦，将其中若干篇剪辑成册，寄往他认为能收获良好效果的各个地区。"妇唱夫随，可见一斑。她深信："以《我将再起》为题撰写若干篇文字，或能有助于鼓舞纯正的爱国主义，并为强大

---

① 宋庆龄基金会研究室编：《保卫中国同盟新闻通讯》，第152页。

② 萧李居编：《蒋中正"总统"档案：事略稿本》（43），第528页。

③ 萧李居编：《蒋中正"总统"档案：事略稿本》（43），第554页。

④ 转引自洪宜媜：《论宋美龄与抗战初期"新生活运动"促进总会妇女指导委员会的改组》，载胡春惠、陈红民主编：《宋美龄及其时代国际学术研讨会论文集》，第456页。

⑤ 蒋介石：《我将再起——序》，载王亚权编纂：《蒋夫人言论集》（上集），第129页。

复兴的中国奠定在一个不可动摇的基础上，铺筑一条正确的路线。”①

新撰《我将再起——精神的需要》称，她主张的原则包含在“国民精神总动员”方案中，即“集中全民精神于一单纯共同的目标之上，俾公民均能遵循救国的伦理，对于国家的重建具有共同的信仰，其目的在于每一公民均能为了他所拥护的伦理信仰而奋斗，而牺牲”。“以蒋委员长为主席的委员会，负责解释实行各该原则，在实行方面，其主要任务即开始使令所有纯正的公民成为活跃的分子，并致力于获得一种国民生活与发展一种爱国公民的型式，而为新生复兴的中国所切需者。”②

新撰《我将再起——“新生活运动”》重点阐述了“新生活运动”对于抗战的贡献：战时“新生活运动”促进会除了为军事委员会的“战地服务团”培训大量团员，还在各重要军事及战略地区成立了三十多个服务站，同时协助“奖励荣誉官兵委员会”，为数十万伤兵颁发现款奖金。还罗列了“新生活运动”促进会所推行的第三种服务，如“伤兵之友”“以战时难童服务伤兵”“筹建航空同运输的宿舍”等项服务，为应急战时需要起了积极作用。其他活动如：创办“新生活运动”宣传车、发起对国家的献金运动、救助敌机空袭受难群众、倡导战时生活简约节俭风尚、开展增强青年体质的竞赛活动等，表明抗日战争爆发后，“新生活运动”的目标和内涵与战前相比发生了质的变化，朝着爱国、团结抗战、争取民族复兴的方向发展。

新撰《我将再起——中国妇女工作》指出：“战争已加速了中国妇女的抬头与解放。它激起她的爱国热情，并给予她久所梦想而迄未实现的工作领域。它使她获得在社会上与男人平等努力的机会，它使她开始担负那些原为富有经验的男人们所独占的责任。

① 宋美龄：《我将再起——前言》，载王亚权编纂：《蒋夫人言论集》（上集），第133页。

② 宋美龄：《我将再起——精神的需要》，载王亚权编纂：《蒋夫人言论集》（上集），第185页。

最后，她在协同击溃祖国侵略者的战争中，终于表现出她的创造力。”“现在每个政府机构中，都已有妇女在工作，她们在公务上表现出惊人的才干。由各界领袖所组成并代表各方政见的国民参政会，即有女参政员十人。在二十一个省份中，计有三百七十个妇女团体在参加战时工作。甚至在边远省份，如西康、察哈尔、青海以及绥远——真正前线地区，都有这类组织。妇女战时救济协会在中国有三十五个分会……在新闻圈中妇女也极活跃，对于时事尤为关怀。三年前中国只有两种刊物是纯为妇女而发行并由妇女所自编的，一为《妇女生活》，另为《妇声》杂志。今天已有五十种妇女刊物——周刊、半月刊及月刊……试想我们从事这一工作的现有力量是如此的微薄和欠缺，我们人民中间又有许多的文盲，能够获得目前这许多的成就，确已够惊人的了。”强调 1938 年 5 月成立的“新生活运动”工作指导委员会，领导全国妇女参加战时工作的核心作用。具体记录了中国的妇女们在战时的敌后、前线从事的各种抗日、支前活动，包括少数民族妇女及在沦陷区的中国妇女们种种可歌可泣的抗战爱国奉献行为。

新撰《我将再起——中国人民对于民主国家政策的想法》坦承：“我在本书开头几章内揭露我们民族的弱点，那是很坦白和诚恳的，我是有意如此。我是想借此激励我们的国人能有所作为的……我不愿意看见外国读者会得到这个印象，就是以为中国的错误都应该由我们的国人来承担，或者以为好的地方都是由于受了外国的影响，我们的意思完全不是这样的。”“我很感到怀疑，那些赞扬我，批评我们同胞缺点的美国朋友，对于中国人民批评民主国家对中国的态度究竟又作怎样的看法。”她认为：“中国人民都相信，今天席卷欧洲而震惊全世界的大战的爆发，究其责任，实在是由于民主国家没有正确认识日本这个国家的性格和它的野心……民主国家对于日本侵略中国所持之消极态度，其本身就构成了违反国际条约和国际措施的行为，这种消极的违反态度之破坏国际信誉，国际之善良行为与尊严，其不可宽恕，和日本在一九三一年九月进攻中国东北及一九三七年进攻中国本土那种违反国际先例的积极破坏行为是一样的。”并反省了政府依赖国联决策的失误：“当日本开始侵略中国东北的时候，我们因为国际联盟要采取措施就没有从事抵抗，但是结果国联丢掉了我们这块土地。”“中国人民在这次战争中，遭受了全世界任何其他民族所从未经过的艰难困苦，丝毫没有得到民主国家值得称道的援助……在过去这三年中，中国人民丝毫没有看到那些自称为保卫国际法和国际秩序的国家，用任何具体的方法来援助我们于水深火热之中，甚至也没有公开支持我们的主张。我们也知道他们的那种解释，那个借口：即没有人准备作战。然而我们也并没有准备作战；我们只是不得不应战而已。试想：假如我们不从事自卫，假如我们投降了，那么今天的世界局势还会成个什么样子。”“中国人民曾经相信，民主国家的基础是建立于正义和人道的原则之上的，他们又相信一个伟大的原则是不可分的，不能可否参半。但是如今我们中国人民感觉到，他们已经被人出卖了。”严厉谴责英、美、法等西方国家鼓励日本侵略者的行动，假如“中国为日本所败，那么至少全世界应该知道：我们之败并不是由于缺乏勇气——无论精神上或是事实上，而是由于那些民主国家一致的作风，所以日本才敢于利用英国人的姑息、美国人图利以及法国人畏惧的心理，以经济的锁链，将中国缢厄以死”。① 因此，“我们现在已经得到的一个教训就是，中国在将来的发展上一定是要以自力更生为目标。它必须想出种种办法来永远不靠别人”。因为“不管这几年来有些什么事情还未做，但已使我充分认识到自力更生的价值”。强调：“中国民族的特性，具有起死回生的先天气质，已一天天的更趋明显，所以中国的精神，是不可能征服的。无论天崩地覆，我们会证明我们的勇毅同我们的人格的。中国这个古字——人格，就是无价之宝。在过去几年来的国际局势中，这个字已几经剥蚀，但我们希望终有一天它会变成一支光明灿烂的灯塔，将那些如陷深

---

① 宋美龄：《我将再起——中国人民对于民主国家政策的想法》，载王亚权编纂：《蒋夫人言论集》（上集），第240、245—246页。

渊痛苦无告的人民导向安全的天堂。”① 表达了自立、自信、自强的中华民族精神。

7月7日 发表《抗战建国三周年纪念致辞》。指出：

> 1937年的7月7日，是一个重大而可纪念的日子……就在这可纪念之一天，我们以军力较弱的国家，毅然奋起，凭着无限的勇气与坚定的决心，抵御那自诩为战无不胜的第一等强国，经过了其他国家所未曾经历的血与火之洗礼，我们恢复了我们民族的人格，引起全世界的尊敬。尤其重要的是我们恢复了数百年来在异族压迫下久以消沉了的民族自尊心，我们从此一致认识我们民族力量的伟大与我们民族使命的重要……我们所经历的艰难和困苦，真无异于一首悲壮的史诗，就像我草拟此文的今天，敌机正投下无数炸弹，爆炸的声音，从广而且远的范围内，四面回荡过来……今天或明天，我或你，都有机会在杀人的敌军残暴行为下作壮烈的牺牲，这有什么关系呢？……我以为最关重要的，是国家至上的信念，我们要知道我们每一个同胞的生存无不是已死军民先烈牺牲所赐予，所以我们应当为中国而生，也应当为中国而死。我们应当尽我们的力量，为实现最后胜利而不断努力。②

8月1日 为妇女慰劳总会三周年纪念日，前往某空军基地慰劳空军，看望受伤的空军战士，并与空军基地的官兵共进晚餐。她致辞表示，自己是以空军委员会的委员和中国妇女界的领袖代表双重资格来慰问的。故以客人兼主人的双重关系提出两点意见：

---

① 宋美龄：《我将再起——中国人民对于民主国家政策的想法》，载王亚权编纂：《蒋夫人言论集》（上集），第247页。

② 宋美龄：《抗战建国三周年纪念致辞》，载王亚权编纂：《蒋夫人言论集》（下集），第725—726页。

第一，希望空军战士们应该想到阵亡同志们的慷慨就义而继承他们的遗志；第二，在抗战岗位上应通力合作，在保障集体安全的原则下，各自努力。同时指出：中国劣势的空军为什么常能克制敌人的荒蛮呢？其唯一的基因，是我们空军及革命的精神、牺牲的精神是我们民族的至宝。她的讲话使空军官兵很感奋。[①]

8 月 2 日 将最近两篇著作交陈布雷审定润色，陈评阅称："其文学天才殊可惊佩。译《史记・虞卿列传》，简洁有力，可当英文名著读也。"[②]

8 月 5 日 率重庆妇女界名流前往郊区某飞行基地，慰劳空军官兵，并检阅高射炮队。[③]

8 月 13 日 成都妇女团体致电中国国民党中央党部，要求委任宋美龄担任国民党中央执行委员会新设机构——妇女部主任。[④]

8 月 23 日 连日来，敌机对重庆实施轰炸，蒋介石"两昼夜以来焦虑苦思救以保民与抵御大轰炸之法……心力交瘁"。中午敌机三批袭击重庆，宋美龄乘车前往各灾区视察，慰问难胞，并对"新运"总会专为难胞所设粥站服务点工作人员予以慰问嘉勉。[⑤]

8 月 28 日 为筹建重庆"新生活运动模范区"，核准批建并首拨 8 万元，以资创导。[⑥]

8 月 31 日 在重庆"新生活运动"总部举行孤儿登记时，当即收养遭空袭而屋破家亡之难童二百名。[⑦]

9 月 20 日 指令"新生活运动"委员会妇女指导委员会训练组，举办第五期妇女干部训练班并发表《告女界青年》，说明举办

---

① 《在空军第一防线》，《中央日报》1940 年 8 月 2 日。

② 《陈布雷先生从政日记稿样（三）》，第 425 页，转引自冯启宏：《唐纵日记中的孔宋》，载胡春惠、陈红民主编：《宋美龄及其时代国际学术研讨会论文集》，香港珠海书院亚洲研究中心 2009 年版，第 602 页。

③ 《蒋夫人慰劳空军人员》，《申报》1940 年 8 月 6 日。

④ 《蒋夫人将任妇女部长》，《申报》1940 年 8 月 14 日。

⑤ 袁金书编：《蒋中正"总统"档案：事略稿本》（44），台北"国史馆"2010 年版，第 198 页。

⑥ 《"新运模范区"日内即可兴工，蒋夫人拨款 8 万元》，《中央日报》1940 年 8 月 29 日。

⑦ 《蒋夫人收养孤儿》，《申报》1940 年 9 月 1 日。

培训班的目的是："为着开展战地与乡村服务工作的需要培养一批健全的工作人员，决定续办训练班，结合高中毕业以上的女青年，施以两个月的训练。为了急于分配工作，训练的期间，不能过久。而一方面随着战争的进行，我们所需要的工作人员，在数量上要扩大，在能力水准上要提高。所以这次我们盼望能结合一批知识基础很优秀、服务志愿很坚定、爱国热忱最浓厚的女青年。"她指出，一个教育良好的常识丰富的工作人员要具备三种能力：一是独立处理事务的能力，二是领导人的能力，三是影响力，"能以一个人影响到几十几百人"。她强调："当此抗战期间我们应尽的国民贡献和神圣的义务。"她呼吁："热心爱国的青年女同胞们，请响应我们的号召，踊跃参加我们的实际工作吧！"① 据后来的统计，截至 1943 年 12 月，"新运妇指会"共开办了 15 次妇女干部训练班，培训妇女干部千余名②，有力地推进了战地服务工作的开展。

9 月 21 日 在重庆生病，数症并发。近期重庆连续遭敌机狂轰滥炸，宋美龄忙于指导妇指会救助难民及儿童保育等各项工作。蒋介石日记称："吾妻工作太猛，以致心神不安，脑痛目眩，继以背痛牙痛，数症并发，渝无良医，彼乃不愿远离，以为在此敌机狂炸之中，如离渝他住，不能对人民，尤不愿余独居也。三年来，兵火残酷之中，吾妻能持久不懈，实非金枝玉叶之身所能忍受者，不能不使余铭感更切矣。"③

9 月 23 日 向海内外同胞发表征募药品通电。④

10 月 4 日 致电美国妇女援华委员会，感谢以罗斯福夫人领衔的美国各界妇女捐款九万美元援助中国抗战，并发起"希望书"运动，从精神上声援中国。电文称：

列名于这"希望书"的各位美国女士，对我们中国

① 宋美龄：《告女界青年》，《中央日报》1940 年 9 月 20 日。
② 张宪文、姜良芹等编著：《宋美龄、俨倬云与中华妇女》，第 84 页。
③ 王宇高、王宇正编：《蒋中正"总统"爱记》（三），第 212 页。
④ 《宋美龄通电征募药品》，《申报》1940 年 9 月 24 日。

妇女们表示的，不只是深厚的同情，而是承认我们和各位之间有着共同的希望。各位所希望的，正如我们中国妇女所希望的，也就是我们中国正在持久奋斗以求的，在于实现正义与直道的理想，希望是最可贵的。有了希望，什么不可能的事也必能做到，没有了希望，我们任何努力都将无代价，我愿这本“希望书”成为一种高尚的标志，表示着今天全世界有识人士的深思，寄托在普遍永恒的精神价值，而不在一时物质的消长得失。我们中国全体女同胞对于署名本书的各位女士，以及各位所代表的美国妇女，敬致无限的谢意。①

10月6日 染病月余，蒋介石亲送机场飞往香港疗疾。

10月27日 蒋经国奉父命前往香港看望宋美龄，并接蒋纬国回重庆。

11月3日 由港返渝的蒋经国、蒋纬国向蒋报告在港期间与宋美龄“相处极为亲爱”，蒋介石颇欣慰。②

11月15日 应美国妇女界援华委员会特约对美广播演讲。该会由美国著名作家赛珍珠发起，罗斯福总统夫人任主席。自1940年6月成立以来，从精神、物质上对中国抗战妇女给予热心支持，本月中旬该会欲发起扩大募捐运动，目的是募集一百万美元，作中国医药救济及慈善事业，特约宋美龄对美演讲广播。她在演词中感谢援华委员会给中国的物资援助和精神鼓舞。她说：“你们要求我谈一谈中国的救济问题，以及救济方面的需要，我想与其仅仅报告我们需要些什么，不如把我国同胞怎样完成这种需要的努力，详细告诉你们。”她向美国朋友介绍了战时中国难童状况与中国妇女对难童的关心和贡献，及中国政府对一般难民的救济及设立难民工厂、维持难民生存等。

她还说：

---

① 《美国妇女界援华蒋夫人复电致谢》，《中央日报》1940年10月4日。

② 袁金书编：《蒋中正“总统”档案：事略稿本》（44），第391、505、578页。

我常常亲自视察医疗伤兵及轰炸受伤的医院，使我感到了医药救济问题的迫切。最近以前，滇缅路暂时被封锁，使我们医药材料的来源，大感恐慌，甚至动用大手术而无麻醉药剂可施。我们眼看着若干男女老幼伤痛呼号，而丝毫不能减轻他们的痛苦，实在觉得伤心惨目……抵抗日本侵略的第四个冬季，现在已到面前，而这将是一个最艰辛的时期，随着战争的延长，我们当然要受更深的辛苦，可是我们全国同胞，都有坚定的决心，为了人类自由、正义、平等而继续奋斗……任何救济我们伤兵同胞的举动，我们都表示无限的感谢。

据赛珍珠女士来电称，宋的广播使美国妇女界深受感动，因此捐款甚众且踊跃。①

11 月中旬 亲笔复函上海四行孤军团团长谢晋元。日前，曾率四行孤军抗战的壮士团长谢晋元特以该部所组织生产合作社出品线袜五百打、肥皂一千打，拟运往抗战前线慰劳，但因运输不便，特折成现金计国币三千三百六十一元零五分，汇交重庆慰劳会。宋函称：

谢晋元同志并转孤军全体将士鉴：汇电并汇款三千三百六十一元零五分，均经收悉。款已拨交全国妇女慰劳会应用，孤军营过去英雄史绩，永镌人心，现处恶劣环境之下，群策群力，从事生产足见自力更生。兹复关念袍泽，捐输义资，尤显爱国热忱，殊深喜慰。尚望不断淬励，好自为之，前途光明，实临不远也，专复鸣谢，并颂勋祺，蒋宋美龄。附收据一纸。②

---

① 《蒋夫人播讲致谢美国妇女界捐款援华》，《中央日报》1940 年 11 月 21 日。

② 《蒋夫人函谢》，《申报》1940 年 11 月 15 日。

11 月 26 日 对美广播演讲，申述中国为自由正义而战，吁请美国给予鼓励援助。①

12 月 25 日 致函全国荣誉军人，对抗战中负伤患病的中国将士表示慰勉，并且赠每位负伤将士十元，患病将士五元。托军事委员会慰问组黄仁霖寄往各地。②

* * * * * *

是年

3 月 30 日 汪伪国民政府在南京宣布成立。

6 月 法国向德国投降，戴高乐组织“自由法国”运动，坚持抗敌斗争。

8—12 月 中国共产党领导的八路军发动“百团大战”，重创日军。

9 月 27 日 德、意、日三国政府在柏林签订法西斯军事同盟条约。

1941 年 四十二岁

2 月 12 日 上午，由香港飞抵重庆。③

2 月 22 日 是日为“新运妇女日”，晚广播演讲《妇女“新运”》。④

2 月 26 日 晚美国总统罗斯福特使居里与蒋介石晤谈，宋美龄担任翻译，自晚 7 时至 11 时半方毕。会谈内容涉及中国在美购机办法，美国飞行员援华及中国相关人员赴美训练等具体援华问题。蒋感到居里对中国“真情盖未能熟悉”，顾虑美援受阻。⑤

---

① 《蒋夫人向美演讲》，《申报》1940 年 11 月 26 日。

② 《元旦犒劳荣誉军人》，《中央日报》1940 年 12 月 25 日。

③ 蔡盛琦编：《蒋中正“总统”档案：事略稿本》（45），台北“国史馆”2010 年版，第 502 页。

④ 《妇女“新运”》，《中央日报》1941 年 2 月 22 日。

⑤ 蔡盛琦编：《蒋中正“总统”档案：事略稿本》（45），第 623—626 页。

3月7日 罗斯福派亲信秘书居里来华期间，宋美龄亲自出面接待。其间，因皖南事变，中共参政员拒绝出席参政会，尽管蒋封锁舆论，难掩残杀新四军暴行。为争取美援，不使美国失望，宋在应对居里的接待中尽力周旋。据蒋介石日记记载："此君（指居里）初为共党'蒙混'，最后乃悟，其智慧敏捷，实超常人！而我内人协助得力，收效甚大，亦不可忘也。"① 显然，担任翻译的宋掩饰皖南事变真相。

3月8日 出席重庆妇女界纪念三八国际妇女节大会，勉励全国妇女同胞从事耕稼，推销战时公债，厉行节约储蓄。"男子以出征当兵为荣，女子应以务农耕稼为荣……男子应当兵争取军事胜利，女子应务农参加经济生产。"②

3月9日 中午，蒋介石为宋诞辰设宴邀请亲友欢聚。晚与蒋介石同接受何应钦、张群等宴请。③

3月10日 在官邸设晚宴邀集遗族学校学生聚餐，并勉励其继先烈未竟之志。④

3月20日 与蒋介石出席重庆基督教女青年会代表集会，该会赠送精致别针纪念品。到会中外来宾有美大使詹森暨美大使馆全体职员、英大使馆参事毛克本夫妇、陈立夫、张治中、何应钦夫人、刘纪文夫妇、董显光夫妇、吴国桢夫妇、冯玉祥夫人、谢冰心等三百余人。美国女青年会全国协会驻华代表哈斯（Hans）女士致辞称：中美妇女感情素甚融洽，自中国抗战以来，中国妇女参加保卫祖国工作，尤为美国妇女所钦佩。故此项纪念品之敬赠，当为国际妇女团结一致之象征。宋致谢称："该项纪念品实际上为赠予全国抗日妇女者，余代表领谢。"并说："一、美国妇女对我素表同情，多方与我合作，其友谊实足珍贵。二、女青年会之目的，为人类为世界为妇女而服务，创造妇女对社会服务之先

---

① 王宇高、王宇正编：《蒋中正"总统"爱记》（三），第222页。
② 《妇女应务农参加经济生产》，《中央日报》1941年3月9日。
③ 蔡盛琦编：《蒋中正"总统"档案：事略稿本》（45），第699—700页。
④ 蔡盛琦编：《蒋中正"总统"档案：事略稿本》（45），第705页。

例。三、余尽力勉我妇女同胞对国家社会尽责任，多尽服务，勿争权利。”①

3月23日 与蒋介石邀约吴贻芳至重庆老鹰岩野餐。

3月24日 所撰《我们对于民主国家政策的观感》在国外舆论界引起反响。加利福尼亚州阿仑氏致函称：“夫人以中国妇女领袖的地位，用恳切真率的态度，为了民主各国的前途，给我们以金玉良言。”美国《每日记录报》的吉勃孙氏发表专论称：“因为我们的政府根本是不稳定的，为政者必须结好于资本家选举人，方能安于其位。”“条约在美国政府看来，原也不过‘一束废纸而已’。”②

3月27日 抵达重庆的蒋纬国遵蒋介石之命叩拜宋美龄，“母子相见，慈爱真挚”，蒋介石“不胜欣慰”。日记曰：“本周心神愉快之时较多，尤以母子亲爱，夫妻和睦为最！家有贤妇与孝子，人生之乐，无过于此！”③ 可见宋对家庭亲情的处理，成全了蒋介石“一生最大宿愿”。

4月4日 于儿童节拨款一百五十万元，由中国妇女慰劳自卫抗战将士总会补助战时儿童保育会，作为儿童教养费，以增加培植幼苗。④

4月13日 上午与蒋介石宴请全国妇运干部，下午接见来渝搜集中国抗战小说材料的美国作家海明威夫妇。⑤

4月27日 致电上海谢晋元团长夫人，痛悼其夫壮烈殉国。电云：

> 上海谢故团长夫人鉴，谢团长在沪殉国，英名足垂

---

① 《美女青年会纪念品献赠蒋夫人》，《中央日报》1941年3月21日。

② 《蒋夫人“民主国家政策观感”一文在国外舆论界的反响》，《中央日报》1941年3月24日。

③ 王宇高、王宇正编：《蒋中正“总统”爱记》（三），第223页。

④ 《纪念儿童节蒋夫人拨款补助保育院》，《中央日报》1941年4月4日。

⑤ 叶惠芬编：《蒋中正“总统”档案：事略稿本》（46），台北“国史馆”2010年版，第53页。

千古，惟念中道捐躯，遗孤失怙，夫人之悲怆，更可想念，尚望勉抑哀忱，抚孤继志，谨代表本会同仁，专电驰唁。中国妇女慰劳总会主任委员蒋宋美龄感。①

4月28日 对英国发表英语广播演讲称：

感谢英国的朋友们，在我们抵抗日本侵略者的过程中，给予我们的同情与援助。我们中国人历来是受惠勿忘的民族，中英两国的奋斗目标同一……世界上没有每战必胜的军队，也没有每地必胜的军队。只要一国的士气不衰，人民的意志不摇，一定能获得最后的胜利。你们可以断然相信：在正义未重申之日，中国决不会放下它的武器来。只要如此，我们就可以告慰那些作崇高牺牲的同志们的英灵。②

本年某日 向十四航空队及附属单位致辞称：

第十四航空队来到中国的时候，发现他们就是飞虎队所留下友谊遗产的受惠者。同时他们也遗下一个为你所维护的冒险犯难的英勇传统……现在，你们亲自看见中国了。你们看见了中国学者、艺术家和工人阶级的特质，你们也看见了他们在坚持奋斗中不屈不挠忍让乐观的精神。同时我们相信你们对于这些特质与精神，都已有了同情的了解。中国所要求的，只是一个不受干扰而能与现代各国并驾齐驱的机会。你们对于那些仅凭道听途说来认识中国的人们，必能告诉他们中国人具有一切伟大的潜力。中国的情形，决不可以西方的标准来遽作判断。这不是说你们看到了战时中国的若干部分，便可

---

① 《蒋夫人电唁谢团长夫人》，《中央日报》1941年4月28日。

② 《蒋夫人对英播讲》，《中央日报》1941年4月29日。

能成为了解中国一切的专家，或已能洞悉中国复杂社会的本质，而是说你们所了解的情形，足以鼓励你们切实研究中国，以及中国与世界安全的密切关系。我以十二万分的至诚，希望你们将来都是中国的挚友……世界的和平不仅系于物质和科学的进步，尤须有赖于各国人民高尚的理想。倘使仅凭物质上的进步即可获致人类的福祉，问题便比较简单了，但物质进步只是一个不可或缺的资金，而不是一个最重要的因素。世界和平最重要的因素，就是将重点放在精神价值上面。我所谓精神价值，不仅对于我们自己须有公平和正义的精神，而且还须有维护各个民族的精神。①

4月30日 浙江奉化武岭沦陷。蒋牵挂胞亲。宋对蒋说："惟此足以对我全国受难之民众。"② 以多难兴邦大义给蒋予以慰藉。

5月1日 英国人士对宋美龄对英广播演讲作出响应，再认捐款五百万英镑，以作救济中国难民之用。③

5月19日 设宴招待鲁斯夫妇西北归来，致辞以示惜别。④

5月20日 罗斯福总统夫人在救济中国难民时装表演会中，购买印花衣服一件，赠送给宋美龄，另购两袭，以为自用，并致函称："所赠衣服，系购自救济中国难民时装表演会，尚祈笑纳。"⑤

6月2日 中美协定发表，美国表示战后愿放弃特权。宋对蒋称：当我军在上海、南京、汉口撤退时，各国人士对我讥刺评论之言实难忍受，我当时不敢对你明译，恐刺激过甚也。⑥

---

① 宋美龄：《向十四航空队及其附属单位致辞》，载王亚权编纂：《蒋夫人言论集》（下集），第996、998页。

② 王宇高、王宇正编：《蒋中正"总统"爱记》（三），第225页。

③ 《答复蒋夫人播讲》，《中央日报》1941年5月1日。

④ 《鲁斯夫妇西北归来》，《中央日报》1941年5月20日。

⑤ 《罗总统夫人赠衣蒋夫人》，《中央日报》1941年5月20日。

⑥ 王宇高、王宇正编：《蒋中正"总统"爱记》（三），第229页。

6月10日 为助云南受伤将士预防疟疾，捐款十六万元，用以购置蚊帐一万顶，赠予云南省内受伤官兵。①

6月24日 与蒋介石在重庆黄山官邸接见美大使高斯，担任翻译。谈话议题为苏德战争爆发后，中美对欧洲局势的政策。②

7月1日 撰写《中国妇女抗战的使命》一文，号召中国妇女在神圣的反侵略与保卫民族的战争中共同努力，争取中国民族的自由平等和独立。③

7月 出席"新生活运动"妇女工作辅导委员会文艺比赛并致辞，鼓励女青年从事文学创作。致辞指出："我国受过教育的妇女数字很小，至于能以写作来充分发挥自己的妇女更是少得可怜。但在我国走向国际舞台，从事世界政治的今日，国内亟应有思想开明畅达民意的舆论。就陶冶国民性情而言，亦再没有比文学更为重要的工具。"并鼓励比赛中未能当选的文学女青年说："千万不要气馁。确能在初步比赛中获得文艺成就的，实在太少了……我中华民族向以刻苦、耐劳、有恒著称，我深信你们必能克制因缺乏初步成功而一时感到沮丧的心情。你们务必记住，成功永远属于那些真正当之无愧的人。"④

7月4日 与蒋介石前往美国大使馆祝贺美国国庆。⑤

7月7日 向马来华侨发表广播演讲。吁请海外华侨继续发扬爱国主义精神，对于振发民族精神给予实际援助，争取胜利尽速达成，并表示中国已抱有希望与信任，转入战争第五年。⑥

7月21日 病渐愈，蒋介石甚欣慰。⑦

7月31日 与蒋介石约见美国顾问拉铁摩尔（Lattimore），并担任翻译。蒋介石提出两点建议：一、罗斯福总统向英苏建议，

---

① 《宋美龄购蚊帐赠受伤官兵》，《申报》1941年6月12日。
② 叶惠芬编：《蒋中正"总统"档案：事略稿本》（46），第393页。
③ 宋美龄：《中国妇女抗战的使命》，《中央日报》1941年7月1日。
④ 宋美龄：《向参加"新生活运动"妇女工作辅导委员会文艺组举办文艺比赛人员训词》，载王亚权编纂：《蒋夫人言论集》（下集），第733—734页。
⑤ 叶惠芬编：《蒋中正"总统"档案：事略稿本》（46），第453页。
⑥ 《蒋夫人向华侨广播演讲》，《申报》1941年7月8日。
⑦ 叶惠芬编：《蒋中正"总统"档案：事略稿本》（46），第507页。

促二国与中国成立同盟。二、中国参加英、美、澳、荷太平洋联防会议。希望拉铁摩尔以电报或航空邮件将此意转达罗斯福总统。宋美龄提出，寄美航空信须三星期或一个月始可送达罗斯福总统，拟请拉铁摩尔以电报转达此意。蒋介石同意夫人意见，并请美顾问拟一电稿先送给他一阅。拉铁摩尔回答，倘二项建议皆不能接受，未识钧座准备考量第三种建议否？蒋介石表示，勿提第三种建议，但就予所提二项建议言之可也。拉铁摩尔表示，当遵命为之。以上约见，可知宋美龄不仅为蒋翻译，亦是外交参谋。①

8 月 1 日　任中国妇女慰劳自卫抗战将士总会成立四周年纪念大会主席并致辞，提出该总会第五年度工作计划，要求发挥我们的民族精神，协助残疾军人从事生产。②

8 月 2 日　因病身体不适，极多消极不祥言语，蒋介石以吉凶祸福、听之上帝相劝勉。③

8 月 8 日　陈纳德致函，建议组织第二美国自愿大队。④

8 月 12 日　与蒋介石接见美方人员谈滇缅路问题，之后与蒋同车出游。⑤

8 月 29 日　与蒋介石在黄山官邸接见美大使高斯。谈滇缅路、美日谈判及苏日关系等问题。高斯认为，美日谈判不会有何结果，日本与苏联终不免于破裂。近接各方电报均称日本已集重兵于东三省。宋美龄提出："倘贵国能多派军事专家前往东北工作不亦善乎。"高斯称："任何军事专家对一国军情之观察意思亦常不一致，如询其对于日本兵力之估计究竟其实力若何即是各执一说。"当得知美国驻台湾领事馆雇用日籍译员时，宋美龄提出："台湾有否贵国侨民？"高斯称："该处无一美侨，以前虽曾有美籍茶商，现则完全由日本公司经营。"显然宋美龄对美国驻台湾领事馆雇日人担

---

① 叶惠芬编：《蒋中正"总统"档案：事略稿本》（46），第 540—541、544 页。

② 《蒋夫人致辞》，《中央日报》1941 年 8 月 2 日。

③ 王宇高、王宇正编：《蒋中正"总统"爱记》（三），第 232 页。

④ 《蒋中正"总统"文物：空军报告与建议（一）》，卷宗号：002000001094A，台北"国史馆"藏。

⑤ 叶惠芬编：《蒋中正"总统"档案：事略稿本》（46），第 604 页。

任译员，致使情报不易发出的洞察是正确的。[①]

8 月 30 日 敌机袭击重庆黄山蒋宋夫妇官邸防空洞，两次实施连续轰炸，其时宋美龄正在北洞口茅屋前看书，与蒋介石不在同一防空洞，蒋介石所处防空洞三面洞口皆被炸中堵塞，洞顶树木全毁，两名侍卫当场炸死，四名卫士重伤，蒋宋夫妇因及时避入洞内逃过一劫。[②]

9 月 14 日 向美国赠送西康熊猫一头，以感谢美国组织联合对华救济基金委员会，募款救济中国平民。[③]

9 月 为鼓励世界青年热心于写作，发表《告参与“新运”妇女指导委员会文艺竞赛诸君》书。强调指出：

> 我们国家正常迈步进入现代国际的舞台，在一切方面要获得与并达列国同等的地位，因之就必须提高我们国内的文化，普及国民知识，使人人有发表意见的能力。对于教育国民，发扬舆论，没有比文字这个工具更重要的……我希望因这次竞赛而提高我们女界青年写作的热心和兴趣。[④]

10 月 4 日 与蒋介石由重庆飞往桂林。本周长沙失而复得，蒋介石自觉可庆。

10 月 5 日 与蒋介石在南薰亭旁共赏明月，安度中秋佳节。[⑤]

10 月 6—7 日 与蒋介石乘火车经衡阳抵南岳，暂居磨镜台。蒋介石筹划第二次南岳军事会议。

10 月 11—12 日 连日来与处理军务后的蒋介石多处寻游南岳

---

① 叶惠芬编：《蒋中正“总统”档案：事略稿本》(46)，第 710、711 页。

② 叶惠芬编：《蒋中正“总统”档案：事略稿本》(46)，第 717、719 页。

③ 《蒋夫人赠美西康熊猫》，《申报》1941 年 9 月 15 日。

④ 宋美龄：《告参与“新运”妇女指导委员会文艺竞赛诸君》，载《宋美龄书信集》(未刊稿)，南京大学中华民国史研究中心。

⑤ 周美华编：《蒋中正“总统”档案：事略稿本》(47)，台北“国史馆”2010 年版，第 215、221 页。

幽胜名寺。蒋因武岭沦陷，对南岳不禁有第二故乡之感，且因久居蜀中，天时地理与人情皆以不习惯为苦，又以不日须下山召开南岳军事会议，宋美龄陪同往游普光寺、邺侯书院、河林般若寺等景。①

10 月 14—15 日 率中国妇女慰劳抗战自卫将士总会委员张蔼真、唐国桢、吴祺真等到湘北视察，并慰问湘北会战将士，拨款五十五万元犒赏前线将士。②

10 月 16—22 日 南岳军事会议期间，视察湘北的伤兵医院及若干难童保育院。南岳军事会议结束后，与蒋介石离开南岳乘火车转桂林。③

10 月 23—24 日 与蒋介石视察桂林湘漓分流处，并乘舟游桂江。④

10 月 25 日 结束湘北视察及慰问，由湘抵渝，此行宋等曾涉足各伤兵医院及湘北前线。⑤

10 月 28 日 致电居里转告蒋介石与美国军事顾问团马格鲁德（Magruder）谈话要旨：一、感谢美国当此时局险恶之时派遣军事顾问团来华，为两国之共同利益计及中美两国友谊。二、日本企图于 11 月中进攻云南，美国如能采取行动立即通知日本，凡经由越南攻击云南，美国决不能坐视，则日本企图或能改变。如云南失守，则国际补给之最后生命线将断绝。三、增强空军实为目前最重要之事，现陈纳德仅有飞行员四十九人，现驻云南部队足以抵抗，务望美国力促英国派遣新加坡空军与陈纳德合作，以挽救远东之民主危机。四、英美对于阻止云南之失陷，将与中国同样关心。因日本如占云南，则其第二步必将攻击英国远东之属地、掀起太平洋之战争。因日本将集中最大空军力量于越南，如英美

---

① 周美华编：《蒋中正“总统”档案：事略稿本》(47)，第 232、250、268 页。
② 《蒋夫人赴湘北》，《申报》1941 年 10 月 16 日。
③ 周美华编：《蒋中正“总统”档案：事略稿本》(47)，第 277—308 页。
④ 周美华编：《蒋中正“总统”档案：事略稿本》(47)，第 310 页。
⑤ 《宋美龄等由湘返渝》，《申报》1941 年 10 月 26 日。

空军能联合将其消灭，则最后远东之威胁可以解除。① 据陈纳德回忆，他于1941年夏返回中国后，在蒋介石、宋美龄的支持下租用英国在缅甸的机场训练美国志愿队，但实际应战困难重重，缺乏来自英美政府内部的支持和协调，直至太平洋战争爆发，一系列难题仍然未能解决。②

11月8日 致电陈纳德，告以10月28日来信收悉。电称："委员长批准你通过董显光公布消息，提高司机薪酬。"③

11月10日 对美播讲《答谢美国友谊》，感谢美国联合救济中国难民协会对中国救济工作的支持。并用她在湘北前线视察伤兵医院及若干难童保育院"见到了很多具体的明证"，"你们以接济医药器材""把营养的食品捐给中国的难童"所表示出来的"仁爱之心"，使我们"真有无穷的感动"。"我们中国为了正义与人道流血斗争，迄今已四年半了。因此我相信，我中美两国的友谊是建基于一致的理想之上的。""今天经蒂文先生，我们很愉快地赠送美国这一对肥大滑稽的黑白相间长毛茸茸的熊猫，聊表感谢的微忱。"④

11月15日 患疟疾及牙病，彻夜不得安眠。蒋介石认为妻子神经异常灵敏，故感觉痛苦亦较常人为烈。⑤

11月17日 致电陈纳德，告以15日来信收悉。电称："委员长授权你接受英国支援并安排一切必要细节。"⑥

11月20日 致电陈纳德，要求"致委员长之所有电文之抬头人应为'致委员长'专此备考"。

同日，又致电陈纳德，告以十九日来电收悉。电称："马格鲁

---

① 周美华编：《蒋中正"总统"档案：事略稿本》(47)，第325—327页。

② ［美］陈纳德：《陈纳德将军与中国》，第104—109页。

③ 《宋美龄致陈纳德上校的电文》(1941年11月8日)，载张宪文、武菁主编：《宋美龄文集》第三卷，第1369页。

④ 宋美龄：《答谢美国友谊》，载王亚权编纂：《蒋夫人言论集》(下集)，第1007、1010页。

⑤ 周美华编：《蒋中正"总统"档案：事略稿本》(47)，第467页。

⑥ 《宋美龄致陈纳德上校的电文》(1941年11月17日)，载张宪文、武菁主编：《宋美龄文集》第三卷，第1370页。

德周四前往腊戌等待皇家空军飞机。”①

12 月 1 日 为庆祝结婚十五周年，晚约亲友聚餐以资纪念。日前，对蒋称：无论商家与住室，若无家主与老板娘时刻贯注全神，管理业务，则必不成。②

对美播讲《自由中国恰像黄河向前奔流不可遏制》，指出：

> 数千年以来，我们中国同胞的公众生活，一贯地符合于民主主义人才发展、机会均等的原则……这个精神，到科举制度废除、专制政体推翻以后，一些没有改变，而且更谋推进。我们今日所努力求取的，尤其在最近困苦艰难中所奋斗以求民主主义，乃是现代的民主主义……因为我们民族酷爱独立自由与平等，所以我们今日对于侵略暴力，能作如此勇敢的奋斗……我们跟全世界的民主国家是存亡相共的……我们无怨无尤地担起这个艰辛的责任，使其他民主国家无数的人民，得到我们的感应，并获得宝贵的准备时间，以捍卫人类的光明。我们自由中国的这条黄河，东入太平洋的时候，也就是我们完成创造民主世界工作的时候。这个世界对于你们，对于我们中国以及一切的民主国家，都将是一个宝贵的贡献。③

12 月 5 日 翻译蒋介石拟定与美国军事顾问团顾问拉铁摩尔谈话要点：借款问题；东北问题；共党“阴谋”问题；对俄对日方针；中美军事合作问题等。中午与蒋介石偕拉铁摩尔出外野餐并散步，晚担任蒋介石与拉铁摩尔谈话翻译。蒋称：“近日心情以

---

① 宋美龄：《宋美龄致陈纳德上校的电文》（1941 年 11 月 20 日），载张宪文、武菁主编：《宋美龄文集》第三卷，第 1371—1372 页。

② 王宇高、王宇正编：《蒋中正“总统”爱记》（三），第 240 页。

③ 宋美龄：《自由中国恰像黄河向前奔流不可遏制》，《中央日报》1941 年 12 月 5 日。

今日最为愉悦。”①

12 月 23 日 蒋介石按罗斯福建议在重庆召集中英美三国代表举行军事会议，通过远东联合军事行动初步计划六条等要案。

12 月 25 日 中国由美国租借法案运到仰光之物资已被英方全部提用，故蒋介石对英国“贪诈与自私、豪无协同作战之诚意，不禁痛愤无已”。②

12 月 28 日 嘱拉铁摩尔顾问，致罗斯福总统助理居里，电文内容转知在美新任国民政府外交部部长宋子文。电文主要内容：一、委员长决定中国为表示与民主国家真诚合作计划，业经明令空军志愿队增援缅甸，虽陈纳德不愿乐从，以为英国属地对空设备全不适用，而各地之简陋警报组织，亦感不足，是以夜袭甚容易，且属无法防御，委员长仍令往缅助战，决不以此为意也。二、委员长并又许诺将所有租借法案之物资，而为英方所需者概予转让，然嘱马格鲁德警告英方，凡任何卑劣之专横办法，势必引起严重之后果，马格鲁德态度显系卫护中国之利益，惟恳求先生能运用华盛顿之压力而加诸英方。三、对华必须开始实行经济与军事之实际援助，不然，中国将觉英美准备完全牺牲中国，而无真正合作之印象，飞机尤为决定之力量，若能不顾英方之要求，只从有效战略上而言，则轰炸机与其保护之战斗机应以云南为根据地，以轰炸越南港口与交通，在云南前线，轻轰炸机亦甚合用，如需缅方详细情况，请即电示。③显然希望宋子文在美国按电文内容力促达成。因为太平洋战争爆发后，重庆国民政府即对日、德、意宣战，并电罗斯福表示，中国在共同作战中将贡献其所能与英美等国一致奋斗到底。

* * * * * *

是年

1 月 7 日 “皖南事变”爆发，不久宋庆龄、何香凝、柳亚子

---

① 周美华编：《蒋中正“总统”档案：事略稿本》(47)，第 587、590—591 页。
② 周美华编：《蒋中正“总统”档案：事略稿本》(47)，第 725、731 页。
③ 周美华编：《蒋中正“总统”档案：事略稿本》(47)，第 746—747 页。

等联名拟定致蒋介石及国民党中央的宣言，要求“撤销剿共部署”，“发展各抗日实力”。①

6月22日 希特勒发动侵苏战争。

8月14日 美国总统罗斯福、英国首相丘吉尔于海上会谈后共同发布《大西洋宪章》。

12月8日 日军偷袭珍珠港，太平洋战争爆发。

12月9日 重庆国民政府正式宣布对日作战，并于同日发布对德、意宣战。

1942年 四十三岁

1月1日 按蒋介石所嘱，草议英国扣留我所到缅甸之物资抗议书，并致电美国，表示事态严重后果。②

1月13日 致电印度尔邦国王，感谢捐赠印币五万元。按其授权将此款之四分之一慰劳长沙守军，其余分配予保育院等机构。③

1月15日 为对美借款事致电居里。电文称：

> 关于摩根索部长建议之提案，已由宋部长转呈委员长，委员长顷复宋部长要点如下：(一) 使中国军队陷于佣兵状态中，势必引起军民心理之分裂与仇恨。(二) 势将立即引起军事与政治经济之对立，而使通货无限制之膨胀，更使无法忍受之艰难加诸困苦人民之上。(三) 产生部队不能统一与失却团结力。(四) 欲使中国长期抗战，不仅在保有其军事之力量，而尤要在稳定其经济之基础，委员长深信罗斯福总统与摩部长必能了解对华借

---

① 宋庆龄基金会编：《宋庆龄选集》(上)，人民出版社1992年版，第322页。

② 周美华编：《蒋中正“总统”档案：事略稿本》(48)，台北“国史馆”2011年版，第7页。

③ 《印度尔邦国王捐巨款援华》，《中央日报》1942年1月13日。

款，完全为各国所有一切物资共同集中分配，以协助各盟邦经济之稳定。而后乃能发挥其军事之效用，故不能加以任何之限制。因美国信任中国能以最可能之方法，运用此项借款，以获得共同之胜利。此尤于中国四年半独立抗战中，已表现其能力，且此项借款，远较中国过去所费者为少，而使各民主国皆得有时间以准备其防御。且此项借款，尚不足美国本年度军事预算之百分之二。委员长以为任何美国之单独借款，若不足五万万之数，将无以解决中国危急之问题，而使借款归于无用。在福克司君到达以前，委员长不欲进行其他谈判。渠与孔副院长深信摩部长接见福克司君后，当能明了中国目前之情况，与其最近之趋势。关于借款对于中国军事、经济、财政之影响，而尤其对于国民一般心理之关系更大。其全部所需之详细事实，已俱告福克司君矣。[①]

1月18日　与蒋介石往访林森主席。[②]

1月21日　出席妇女慰劳总会招待谢晋元团长夫人凌维诚女士茶会。冯玉祥夫人、马超俊夫人、潘公展夫人等各界妇女代表百余人与会，宋致辞说："可以使谢夫人得到些微告慰的是：谢团长是为国牺牲了，可是因为大家英勇的牺牲和坚持抗战的精神，中国在国际上得到了以前所没有的光荣的地位。而这种精神我们还要继续不断的努力，保持下去。"谢夫人在广东蕉岭农村，种田养育着四个孩子、一个侄子及公公，生活十分艰难，为了将孩子抚养成人（最大的仅十二岁），继承父亲的遗志，她希望政府能帮助担负起子女教育的责任。为了能表示政府对于抗战将士的关怀，希望能给还扣留在上海的三百孤军的家属以抚恤。为了以后能一年谒见一次蒋委员长夫妇，希望能给予交通上的便利。她的三个

---

① 周美华编：《蒋中正"总统"档案：事略稿本》(48)，第92—94页。

② 周美华编：《蒋中正"总统"档案：事略稿本》(48)，第109页。

希望，在会场上得到了宋美龄圆满的答复。①

1月26日 与蒋介石接见美国军事代表团马格鲁德一行，商谈美国志愿空军改编为美国正式军队问题。会谈中，宋美龄表达了几点意见：首先，对美国志愿空军改编问题，蒋委员长表示原则上同意，并相信陈纳德上校确有协助中国之诚意。其次，对美国志愿空军中有一部分不愿接受改编的理由陈述如下：

> （一）彼等来华之主要目的，既系为中国作战，故仍愿维持原定办法，继续为华作战。（二）彼等所得之报酬较丰，例如击落敌机一架，即可赏一千美元。改编为正式军队之后，即不能得此丰富之待遇。（三）彼等之饮食起居，亦较正式军队为佳，至陈纳德上校本人，其上校官级为罗斯那省郎主席所赐给，并非正式陆军官级。其陆军官级只少校耳，故彼惧改编后有不能保持其上校官级之虑。若彼在美国服务时，竭力主张战斗机之重要性，此种理论，受其长官与同事之反对，彼乃于二十年前，悻悻然脱离空军之关系。五年前来中国，今得组织志愿空军，使其生平主张借此得第一次成功之表现，证明战斗机之威力。彼自不愿见此志愿军之改编，彼并信一旦着手改编，此项军队欲恢复其原来之战斗力，必待三个月至六个月之后。目前时机紧迫，岂容再任蹉跎。如改编有非实行不可之势，则彼主张，彼个人须升任少将。盖统帅在华之美国空军。彼实为唯一适任之司令，倘彼官级仍为上校，恐威仪不彰，有碍职务之执行。②

这与陈纳德致函马格鲁德，表示“反对改编之意，并称，如欲改编，并另附条件”③ 是一致的。

① 《招待谢夫人》，《中央日报》1942年1月22日。
② 周美华编：《蒋中正“总统”档案：事略稿本》（48），第172—174页。
③ 周美华编：《蒋中正“总统”档案：事略稿本》（48），第171页。

会谈中，宋美龄将蒋介石关于美国军队在华缅战区行动节制问题作了如下口译：

马格鲁德将军就职华缅境内美国空军司令之后，该军在中国行动之部分，须受蒋委员长统率。在缅甸行动之部分，须受魏菲尔（Wavell）将军统率。故在缅活动之志愿空军，须受缅甸空军司令之指挥。唯其处理办法，须先由蒋委员长及魏菲尔将军双方认为满意。目前或将来派在中国战区之美国军队，倘得蒋委员长及魏菲尔之同意，得派赴缅甸作战，但经蒋委员长之召，当立即送回中国。[①]

会谈中，彼此就陈纳德上校的个性，作非正式交换意见，蒋宋夫妇毫不掩饰对陈纳德的好感。宋美龄强调说：

陈纳德上校赋性固执，但其固执确具理由。余等识彼，已历五年，故知之甚稔。彼不计个人利益，但有所主张，必坚持贯彻。当余为航空委员会秘书长时，彼几每晨有向余辞职之表示，故余于每日晤彼时，辄戏言曰：岂又将辞职耶，惟彼对阁下实具好感，尝告余称，凡有志愿军事，苟向阁下请求，无不如愿以偿。[②]

此次会谈，对美国空军志愿队改编和陈纳德在中国如愿以偿是十分重要的。

1月27日 与蒋介石闹意气多日，事由西南联大学生罢课示威，矛头直指孔祥熙，迫使蒋介石干预。[③]

2月1日 鉴于重庆生活费用日趋高涨，遗族教育费供给不

① 周美华编：《蒋中正“总统”档案：事略稿本》（48），第176页。
② 周美华编：《蒋中正“总统”档案：事略稿本》（48），第179—180页。
③ 《唐纵失落在大陆的日记》，第226页。

易，特在中国妇女慰劳自卫抗战将士总会救济款项下拨款两万元，以鼓励抗倭阵亡同学遗族工厂工作，又饬令救济委员会鉴此大寒岁暮，拨款万元以资救济遗族生活。①

2月5日 与蒋介石应英国驻印总督林利思戈（Linlithgow）勋爵的邀请访问印度。随行人员有国防委员会秘书长王宠惠、军事委员会办公厅主任商震、宣传部部长董显光和教育部部长张道藩、航空委员会主任周至柔等一行十五人。蒋介石此行的目的，是以盟军中国战区统帅的身份协调中英在缅甸战场和印度的防务问题，确保交通畅通和保障援华物资的供应。同时调解英国殖民当局与甘地和尼赫鲁为代表的要求印度民族独立力量之间的矛盾，以使英国能够调动印度内部力量，协同抗击日本侵略。宋以“第一夫人”身份担任翻译，同时借在印度妇女界的活动，加强中印合作，提高中国的国际地位。②

2月9日 与蒋介石抵达新德里，受到总督林利思戈勋爵及夫人的欢迎。担任蒋介石致答词的翻译。

2月11日 与蒋介石会见印度国民大会主席阿柴德（Arthurd）和执行委员尼赫鲁。会谈中对印度人民遭受的殖民统治深表同情，希望印度为了达到革命的目标，采用政治的方法，先得到真正自治领地地位，然后独立。③ 对以尼赫鲁为首的印度国大党对太平洋战争的态度感到欣慰。

2月12日 出席全印妇女协会举行的欢迎茶会，并发表《我们中华妇女》演说。首先，指出中印两国的传统友谊和在亚洲的地位说：“我国人民一向视印度人民为亲兄弟，两国之间且有悠久的宗教上的联系。”“今天中印两国已成了支撑亚洲经济上及工业上这个门面的两大支柱，并且两国正共同努力，以求民主世界获致安全，这种重要工作，实使我们为荣。”揭露了日本侵略者残酷屠杀中国人民的血腥暴行，宣传了中国人民英勇抗战和不屈的精

---

① 《蒋夫人关怀遗族》，《中央日报》1942年2月1日。

② 《蒋委员长印度之行》，《中央日报》1942年2月15日。

③ 周美华编：《蒋中正“总统”档案：事略稿本》（48），第277—278页。

神，侧重介绍了中国妇女在妇女工作指导委员会倡导下创立了很多组织机构，如“难胞收容、战时救济、增加生产事业以及难童教养……在中华妇女全面从事战时工作中，可说到处都在表现着热忱和成就。”① 继而，向全印妇女宣传中国人民团结抗敌、不怕牺牲、勇于奉献的精神说：“中国今天是民主国家所深知的一个盟友，但是我们之能得到这个称谓，乃是由于我们大半都以血肉之躯及拙劣的兵器来作战，同时并在往后方撤退时，尽量毁坏一切可能落入敌方的物资，使敌人无法利用。我们有这股勇气，乃是因为每一个人都知道为了拯救国家都得有一种牺牲个人生活的决心。”又说：“新中国的精神就是我为人人，人人为我。我们因国难而团结，我们的努力自必获致胜利。在任何一种有价值的事业中，如果要得到成功，一定要有些人甘愿牺牲一切，以求得他们认为最可贵的东西。在我们中国的确有这一类人……我指的是中国人民，那些无名的英雄们。”②

2月18日 在尼赫鲁陪同下与蒋介石前往加尔各答拜访“圣雄”甘地，接受甘地赠送纺车，希望中国妇女自力更生努力生产。访毕，宋与尼赫鲁谈对甘地感想，并坦率地表示对印度革命的悲观。③

2月19日 与蒋介石在尼赫鲁陪同下，参观泰戈尔国际大学。④

2月21日 英国大使卡尔致函，婉转劝说蒋宋勿前往华尔达会见甘地，认为华尔达之行，势将予英总督“在政治上以严重之妨碍”，“请求放弃此一既定之计划”。同时转达英总督的提议，如委员长既定与甘地先生会晤，“应根据印度之习惯而来德里”。⑤

① 宋美龄：《我们中华妇女》，载王亚权编纂：《蒋夫人言论集》（下集），第1011—1012页。

② 《向全印妇女发表演说》，载王亚权编纂：《蒋夫人言论集》（下集），第1016—1017页。

③ 王宇高、王宇正编：《蒋中正“总统”爱记》（三），第248页。

④ 周美华编：《蒋中正“总统”档案：事略稿本》（48），第347页。

⑤ 《英国大使卡尔致蒋夫人函》，载《蒋中正“总统”文物：革命文献——同盟国联合作战：蒋委员长访印》，卷宗号：002000000375A，台北“国史馆”藏。

用英语广播宣读蒋介石的《告印度人民书》，指出：中印两国人民命运相同，应并肩作战，敦促英国当局“从速赋予印度国民以政治上的实权”。[①] 该文告在国际和印度国内受到广泛好评。

在印度寓所与蒋介石邀尼赫鲁共进午餐。22日乘飞机离开印度飞抵昆明。[②]

2月27日 出席昆明妇女界举行的欢迎集会并致辞，勉励各界妇女继续努力，担负抗战救国的责任，发起对香港、新加坡沦陷后的难胞给予切实的救助。现场各界认捐二十五万元，有的妇女摘下首饰、耳环用于抗战捐助。[③]

2月28日 与蒋介石在昆明设宴酬谢自印缅归来的美国飞虎队。蒋介石对飞虎队来华战绩给予高度评价，赞誉飞虎队为“举世最勇敢的一支空军”。宋美龄以飞虎队荣誉队长的身份发表了热情洋溢的讲话：

> 在中国国运最严重的关头，你们带着希望和信仰飞越了太平洋来到本国。因为这个缘故，不仅我国空军，而且我们全国都展开双臂来欢迎各位……本人对各位能来华作战，曾经也尽过一点力量……现在各位来到此地给我们报仇雪耻。我们一直决心战至最后胜利，只是缺乏你们现在供给的空中武器。你们已来跟我们并肩作战，为此我愿意表达我们衷心的感谢……陈纳德中校在五年来的抗战中已经做了积极的努力。各位很知道陈中校的为人。你们知道他是多么值得钦佩的一位司令官，他又是如何的大公无私。我对他唯一不满之处就是他对于个人的工作从未感到满意。我再冒昧的说一句，不管现在的工作是多么繁重，他还是以为你们要做得更多……贵

---

① 秦孝仪主编：《中华民国重要史料初编：对日抗战时期》第3编《战时外交》，台北文物供应社1981年版，第431页。

② 王宇高、王宇正编：《蒋中正“总统”爱记》（三），第249页。

③ 《昆明妇女界欢迎蒋夫人》，《中央日报》1942年3月1日。

国政府正认识了中国不但是为本国而战，同时也是为美国及全世界而战，所以各位现在献出了你们一切来作战，一方面是为了你们的祖国，同时也是为了中国。

她针对飞虎队队员纪律松弛强调：

空中要有纪律，地面也要有纪律，没有纪律我们将是毫无成就。因此我本人，以贵队荣誉队长的身份，也要将更多的纪律灌入你们的耳中……我的意思是内心的纪律。仅仅遵守纪律是不够的，我们必须有内在的纪律才能充分发展我们的人格……全中国对你们都很爱护，因之我要你们的品性行为，处处配得上你们贵国的伟大传统。我要你们留给我国人民一个印象，一个真正代表美国国民的印象，我深信并知道，你们不论在中国何处，一定会使你们的行为让人看得起的……战争并不是端赖装备、枪炮、步兵或空军的；主要是靠精神或士气……更要紧的便是一天天的更加坚强，同时不论情形怎样，不能消极下来。因为当你们翱翔天空时，你们无异是用火焰在空中写出一些永恒的真理，给全世界都看到：第一，中国人民无畏的勇气，第二，中国军队不屈不挠的精神，以及第三，中华民族永存不灭的灵魂。[①]

3月5日　与蒋介石从昆明返回重庆。

3月6日　与蒋介石接见美国派赴中国、缅甸、印度军总司令史迪威将军。面晤明确了史迪威所负任务、与蒋节制关系及美国援华作战器械等问题。宋美龄向史迪威提出以下问题：一、负责训练中国军队作战任务的援华美国军官，目的地为何处？二、美国空军志愿队是否将并入美国空军第十军中？三、有美国运来飞

① 宋美龄：《对飞虎队讲话》，载王亚权编纂：《蒋夫人言论集》（下集），第1019—1022页。

机54架在印度过境是否应归中国？四、魏勒（Waller）将军受何人指挥？五、美国空军因何不直接送来中国？[①] 史迪威一一作答。

3月8日 被重庆市各界妇女“三八”节纪念大会主席团推选为主席，主席团成员有孙夫人、孔夫人、冯玉祥夫人、孙科夫人、张继夫人、何应钦夫人、马超俊夫人、商震夫人、黄兴夫人等十三人。并请吴铁成、朱家骅、谷正纲、吴国桢、刘峙等讲演，同时请蒋夫人向全世界广播，冯夫人、马超俊夫人向全国广播，黄兴夫人、商震夫人、吴国桢夫人向南洋广播，张默君女士向日本广播。[②] 宋发表题为《打倒轴心，解放妇女》的致辞，指出：“世界风云如此紧急，轴心强盗如此横行，我们要挽回人类的浩劫，惟有我们，每一个男女同胞，各竭其能，各尽其职，从实际工作上加紧努力。”她呼吁：“我们的女同胞们，更应该负起当仁不让的责任。”相信“侵略暴力必须打倒，人类文明必须获得，而我们这一代的妇女，应该对于这一次反侵略的义战有更大的贡献”。在谈及访印见闻时说：“印度的妇女界实在具有高尚伟大的潜力，特别是刻苦坚忍的德性。”并称印度妇女对战时中国妇女抱有关切、同情热爱之心。最后强调：“自今年元旦《二十六国共同宣言》发表以后，正义和暴力两大分野，划然鲜明……我们妇女当前的主题，不是向世界要求什么，而是将给予当前和未来的世界什么，我们应该替全人类担负起一半以上的责任，我们确实要有这样的抱负和自信。”[③]

向世界广播中国妇女战时工作。高度评价中国妇女战时大无畏的牺牲精神。“日本所谓‘大东亚共荣圈’，我中国妇女站在第一线与之抗争。”据访印的直观感受纠正人们对印度妇女的认知错误说：“我曾经与若干印度妇女长谈，她们有的是政治界与文化界的领袖。我立刻感觉到她们的理智，她们的气魄，以及待人接物的风度，与世界其他各国的优秀妇女完全一样。”“如果印度妇女

---

① 周美华编：《蒋中正“总统”档案：事略稿本》（48），第484、495—496页。
② 《陪都纪念妇女节》，《中央日报》1942年3月9日。
③ 《蒋夫人致辞全文》，《中央日报》1942年3月9日。

能得到利用其才能的完全机会，她们对于共同创造新世界的努力，必有无穷的贡献。我发现她们对于光明的世界前途，有敏捷的感觉、认识与信心。我并且觉得，只要一旦能实现她们的希望和抱负，世界一定会得到很大的改善。”并对美国听众宣传美国空军志愿队援华作战功绩，获得了中国人民的“亲善与尊敬”，并要求美国朋友“出全力以从事我们共同的奋斗”。①

3月10日 与蒋介石接见史迪威，研讨缅甸之部队处置要旨。史迪威将以蒋介石参谋长资格指挥中国入缅作战部队。②

3月14日 史迪威自缅甸致电，告以在缅各师汽油、粮食足敷供应及增援计划。“（一）倭今春如不攻俄，则一过秋季。美国攻势已成，倭即再无攻俄之机矣。（二）倭如此时北进攻俄，则南洋各岛，约留十个师兵力已足，其余十余师皆可抽调为攻俄预备队之用。（三）德国出地中海之海军，尚未准备完成。今夏以前，当不能出波斯湾，图印度也。（四）倭之作战范围，仍限于太平洋与东亚，而不敢以主力舰队开赴印度洋，甘冒大险。故非有极良机会。倭此时不敢侵印也。”③

3月17日 向印度人民广播致辞，答谢访印期间给予的优渥款待。并呼吁：“让我们拿出勇气和决心，不论敌人从何处进攻，一律要抵抗到底。未来亚洲的和平与繁荣，将有赖于中印两国抵抗侵略的伟大力量。”④

同日，与蒋介石巡视复兴关音乐干部训练班。⑤

3月19日 出席重庆各界妇女团体在嘉陵宾馆举行的欢迎茶会，慰劳访印归来。茶话主持人强调蒋宋夫妇此次访印具有三种重大意义：一、站在反侵略阵线的立场上看，说服印度参加到反

---

① 宋美龄：《向世界广播中国妇女战时工作》，载王亚权编纂：《蒋夫人言论集》（下集），第1026—1028页。

② 周美华编：《蒋中正“总统”档案：事略稿本》（48），第542页。

③ 《蒋中正“总统”文物，事略稿本：民国三十一年三月》，卷宗号：0020-00000642A，台北“国史馆”藏。

④ 宋美龄：《向印度人民广播致辞》，载王亚权编纂：《蒋夫人言论集》（下集），第1032页。

⑤ 周美华编：《蒋中正“总统”档案：事略稿本》（48），第604页。

侵略的民主阵线中来，为反侵略阵线增添了一支力量；二、站在中国立场来说，中国一向被视为次殖民地，这次蒋宋访印，使中国居于老大哥地位，实为历史上最光辉灿烂的一项；三、就妇女的立场来看："蒋夫人对于妇女界之贡献尤大，由于蒋夫人的才干与人格，获得了世界的尊崇。妇女一般被认为仅可从事社会福利等狭小工作，而蒋夫人已进而协助委员长解决军国大事，替中国妇女界争来无上的光荣。"①

日前，被母校美国韦斯理大学"费白它加巴会"聘为名誉会员。

3月28日 与蒋介石探视病中的林森主席。晚，蒋介石邀亲友聚宴，为宋诞辰庆祝。②

3月29日 与蒋介石参加时任中国战区统帅部参谋长史迪威并兼中印缅战区美军司令、驻华空军司令、驻华美军司令主持召开的首次会议，担任蒋介石的翻译。陈纳德出席会议。会上，史迪威提出解散美国空军志愿队，以一个完整的美国驻华战斗机大队代替志愿队，陈纳德将以美国高级空军指挥官身份留华，蒋介石虽然不愿意解散空军志愿队，但为了争取美国对华空军力量及物资的支援表示同意，并支持史迪威决定4月30日解散志愿队，陈纳德则坚持7月4日为"解散日"。相持中，宋美龄支持陈纳德的意见，"于是大家都在微笑和握手中同意了"。据陈纳德回忆："蒋夫人在和史迪威首次会议之后，她兴高采烈地握着史迪威和我的手臂，带领我们步出会议室外的平台，她告诉我们说她是何等的快乐，为了得到两个美国军事领袖的帮忙，又说史迪威和我应怎样地合作无间，她对我们指挥下的中美作战效果的希望又怎样的高。"③

是日 参加为英国军事代表团团长邓尼斯及与邓同死难者举行的追悼大会。中外人士前往参加者达三百余人。林森、蒋介石

---

① 《陪都妇女界慰劳蒋夫人》，《中央日报》1942年3月20日。

② 周美华编：《蒋中正"总统"档案：事略稿本》（48），第695页。

③ ［美］陈纳德：《陈纳德将军与中国》，第171、138页。

均送花圈。到会者有邓尼斯夫人、英大使、澳公使、荷公使、英美军事代表团团员、英美使馆馆员、英美教会人士暨吴铁成、朱家骅、王世杰、宋庆龄、宋蔼龄、陈立夫等。①

4月1日 与蒋介石接见史迪威，听取中国军队入缅作战汇报。史迪威以我军师长不听其指挥，负气提出辞职。宋美龄一方面表示“将军能坦白相告至感快慰”，一面予史迪威以安慰。认为“此确为第一重要问题”，“将军理应取得全权，否则局势必增严重”。并要求史迪威解决美国空军志愿队问题，欲打消史迪威负气辞职。史迪威当即表示“遵命”。

是日晚，由宋美龄任主席，与美国代表团商讨美空军志愿队正式改编为美空军事宜。参加者有史迪威参谋长、马格鲁德将军、毕赛尔上校、陈纳德上校等。② 毕赛尔上校提出问题七项，例如志愿兵之公允待遇、改编日期、人员器材之供应、俾改编后继续维持志愿队之效率。陈纳德上校又补充数点，经宋美龄主持协调，基本达成共识。并经决定在未得确定圆满解决之前，此事应严守秘密。③

4月2日 与蒋介石接见史迪威参谋长。蒋为协调中美入缅作战人事问题，派罗卓英指挥在缅甸作战之第五、第六两军以及其他部队，并直接听从史迪威命令。晤谈中，宋提出，此后由她本人择委座指令中要点摘译英文，同时直接送史迪威将军，以纠正过去疏忽。④

4月5日 与蒋介石乘飞机经昆明抵缅甸腊戌，处理军事、政治与外交等事宜。

4月7日 上午，与蒋介石在缅甸梅谋宴请史迪威将军。在座

---

① 《大公报》1942年3月30日，转自尚明轩主编：《宋庆龄年谱长编》（上），第437页。

② 周美华编：《蒋中正“总统”档案：事略稿本》（49），台北“国史馆”2011年版，第6—14页。

③ 《蒋中正“总统”文物：革命文献——同盟国联合作战：空军志愿队成立》，卷宗号：002000000379A，台北“国史馆”藏。

④ 周美华编：《蒋中正“总统”档案：事略稿本》（49），第22页。

者有中国入缅派遣军司令罗卓英、第五军军长杜聿明、师长戴安澜。席间，蒋宋尽力协调各方纠葛。经蒋与各将领讨论作战计划，决定在平曼纳与敌决战，不问英军之退却如何，即以缅甸东北为后方根据，并确保瓦城。下午，由罗卓英、杜聿明陪同游瓦城名胜。晚，由梅谋返美苗，与蒋介石宴请驻缅甸英军司令亚历山大将军。在座者有哈登（Harden）将军、史迪威将军。①

4 月 9 日　与蒋介石由腊戌飞抵昆明。翌日飞抵重庆。②

4 月 16 日　以美国航空志愿队名誉队长名义致函陈纳德上校，函曰：

> 收到美国航空志愿队队员捐赠给战争孤儿基金会的 5，133/8/0 卢比的支票，我非常高兴。队员生活艰苦，处境险恶，犹心系孤儿，至为感人。
>
> 请您转告“我的小伙们”，作为志愿队的名誉队长，我对他们英勇果敢的一贯表现极为赞赏，且与日俱增。也请您向他们转达我本人最衷心的谢意，感谢他们对中国战争孤儿的慷慨捐助。③

4 月 17 日　与宋庆龄、宋蔼龄等出席中美文化协会在孔祥熙寓所召开的游园茶会。茶会上，以中美文化协会名誉会长的身份致辞，并代表该会举行献赠中国空军美国志愿队“海鹰图”典礼。出席该仪式的中外人士有 400 余人。④

4 月 18 日　致电美国总统助理居里，函称：

> 数月前作战部由皮塞尔君致委员长之答复谓：租借

---

① 周美华编：《蒋中正“总统”档案：事略稿本》（49），第 71—75 页。

② 周美华编：《蒋中正“总统”档案：事略稿本》（49），第 97 页。

③ 《致陈纳德上校的信函》（1942 年 4 月 16 日），载张宪文、武菁主编：《宋美龄文集》第三卷，第 1171 页。

④ 《新华日报》1942 年 4 月 18 日，转自尚明轩主编：《宋庆龄年谱长编》（上），第 437 页。

> 案内划归中国之飞机不论任何压迫，若无委员长之许可，不得让给第三者。但今日皮塞尔君忽送来作战部通知书谓，除十足配借志愿队所需人员及飞机八十架外，其余租借案内拟拨中国之驱逐机，将拨发美国空军第十队，用以防护印度东北之被侵及防免英国远东空军之被毁灭。委座闻此建议不胜震怒，由其要求总统立即加派飞机三百架以助中国远征军一项通知。谅可看出委座对作战部此项建议坚决反对，并对皮塞尔君申述如下：（一）中国以最大期望耐心等候飞机已逾一载，而志愿军成立后，仍不以此增强中国前线而反以此援助缅仰。中国军队不无烦言，故若再将租借案飞机拨给第十队，则军民必感失望而认为未受同盟国一份子同等公允待遇，而生怨恨之心。（二）若为保卫印度等等需要飞机，何勿在供给俄、英部分中调拨，因该国等所得美国飞机皆以数千计而必欲由中国之有限数内抽调。（三）中国军民极盼美国援助，请问英方对同盟国有何贡献？请将前意转致总统。今日在缅甚已由麦威撤退，油田全部失去。①

4月19日　美国畅销期刊《纽约时报》周刊、《大西洋月刊》先后刊载宋美龄文学稿一篇和题为《中国之更生》文章。并发表评论称，前刊所载“蒋夫人之文字，发挥其独擅之专长，即承继并融合东西洋之文化”。论文《中国之更生》内容说明中国之地位与愿望，以及中国反对外力剥削之决心。②

4月21日　美国佛罗里达州斯特逊（Sterson）大学决定授予宋美龄文学博士名誉学位。③

4月23日　复信陈纳德称：“委座（蒋介石）同意志愿队对

---

① 《宋美龄致居里电》（1942年4月18日），载《蒋中正“总统”文物——远征入缅》，卷宗号：002000002115A，台北“国史馆”藏。

② 《美刊物竞载蒋夫人论文》，《中央日报》1942年4月22日。

③ 《赠蒋夫人学位》，《申报》1942年4月23日。

攻击我军的敌机作战而不作低空侦查。”又一次协调解决了史迪威将军与陈纳德在美国志愿队空军作战战术上的分歧。因4月中旬，陈纳德“写了一封私信给蒋夫人”，指出史迪威关于低空侦查的命令给美国空军志愿队带来的不利影响。[①] 宋在协调中帮助、支持陈纳德。

同日 发表《如是我观》，分析近代以来我国与西洋的关系，指出：

> 西洋人总是用武力为对付中国的工具，枪口对准着我们，使我们一再蒙受耻辱。我国的一切通商口岸不论从实际上说，或用比喻来说，都是在西洋人刺刀威胁之下强迫开放的……西洋各国对待中国，心中老是抱定了自居优越的宗旨，而且不论时境有没有变迁，总是不肯放弃这种优越之感……纵观我中国和外国所订的条约，差不多完全把中国视为劣等级的国家，从来没有基于平等立场的……中国这条蛰伏的潜龙，其惊天动地的震动，使西洋人不得不认识中国有一种卓异的精神……西洋人完全认识了中国这种英雄史诗式的战斗的重要性……西洋人必须改变他们对东方的观念。我们中国当然也同样的应当尊重西方国家。在我们所要创造的未来世界里，不应当再有谁是优秀谁是低劣的思想存在。应当人人平等，全世界各民族的男男女女大家携手向一个伟大的理想前进……大家都须认识各民族有各民族的长处，可供相互的借镜。我们中国的精神力量曾使我们渡过最恶劣最艰辛的难关，希望西洋人能了解这种精神力量的价值，我们中国也应当学习西方的科学进步。不论是东方人或是西方人，让我们各尽各的力量，对于文化科学以及精神的进步作无限的贡献，这是人类共同的宝藏，也是世

① ［美］陈纳德，《陈纳德将军与中国》，第153—154页。

界真正的财富。①

该文英文本已于4月19日刊载于美国《纽约时报》，公开的正式的批评英国人，这是近来的第一次。②

4月24日 重庆《中央日报》发表《新世界的心理基础》社论，称宋美龄在本月十九日美国《纽约时报》发表的《如是我观》“是富有历史性的，不特举世争诵，抑且将永垂不朽”。该文内容：“一、指陈过去西方人对于我国的误解与歧视；二、说明我中华民族五年来对日抗战的艰苦卓绝，因而西方人现已根本改变了他们传统的‘优越感’；三、发挥战后国际社会的新理想。”社论强调：“我们如果要此次所争取的共同胜利切实而永久，必须于此时此刻，努力树立新世界的心理基础。”《如是我观》，确立了战后新世界的心理基础。③

4月26日 美国全国性的社会科学荣誉学会在华盛顿举行年会，特颁赠宋美龄荣誉会员资格及荣誉钥匙。颁奖颂词称：

蒋委员长夫人，悠久文化的后裔，新文化创立者之一；东西方思想的调和者；人民欢乐忧患时，愉快而勇敢的顾问；二十世纪的女政治家，一个民族的智慧及精神复兴期间一个卓越的参与者；对于您，美国全国性的社会科学荣誉学会，特颁赠宋美龄荣誉会员资格，及象征本会最卓越地位的全国荣誉钥匙。

该日共颁两枚，另一领受者为麦克阿瑟将军。④

4月30日 代表中国妇女慰劳总会慰劳入缅作战、解救友军

---

① 《如是我观》，《中央日报》1942年4月24日。

② 《唐纵失落在大陆的日记》，第245页。

③ 《新世界的心理基础——蒋夫人的“如是我观”》，（重庆）《中央日报》1942年4月24日。

④ 《华盛顿举行荣誉金钥赠礼》，《中央日报》1942年4月29日。

出困，使战局发生转折的全体受伤将士，并发放了慰问金。由该会拨款五十五万元，委托昆明中国妇女慰劳分会代制汗衣，以资入缅军官兵。①

5月4日 获得美国全国性的社会科学荣誉学会所赠的荣誉钥匙后，特发表《人道的钥匙》，称：

> 我知道贵会系欲借此承认我国数十万同胞在社会工作方面的成就，这些工作实在是社会工作的具体化……这场战争，无可避免的，带来了与其有关的社会问题，同时也给我们开拓出社会服务的新道路。我们在千头万绪中，忽的又要照顾数以百万计的难民、万千出征军人的家属及无数失去双亲的难童，责任是繁重的，而财力却有限，但后者却因美国及其他友邦的慷慨捐助而宽裕不少，这种善意及富有同情心的举措是我国人民所深切感谢的……这个钥匙象征着社会科学本身，它开启了潜藏在人类心中乐于助人的宝库。②

5月6日 陈纳德来电报告："最近消息谓五月五日下午三时日军已到怒江西岸，桥已毁。日军到处未遇抵抗，因军民均仓皇沿路东逃。情势危殆，除非毁坏路桥以决心加强抵抗，日军可乘卡车抵昆。鉴于怒江西岸中国卡车多落日军手中，请委座下令攻击怒江与龙陵城间之目标。"宋美龄电复："委座命阁下倾美志愿队之全力袭击怒江与龙陵间之卡车船艇等。请转告志愿队谓余感念其忠诚，在目前危急关头，尤宜加倍努力。请继续攻击，特别是怒江上之船艇及运输工具。情势一起变化时，当另电告。"③

5月12日 陈纳德致电报告："志愿队飞机昨日轰炸并扫射七

---

① 《慰劳入缅军》，《中央日报》1942年4月30日。

② 宋美龄：《人道的钥匙》，载王亚权编纂：《蒋夫人言论集》（下集），第1034—1036页。

③ ［美］陈纳德：《陈纳德将军与中国》，第162—163页。

十五至一百辆日军南退卡车。殿后日军正进入畹町，其先头部队则在镇南。卡车二十辆被焚，损毁者亦复不少。日军队中轻坦克车曾还击。沿路至怒江之侦察机发现相距甚远始有一辆卡车。畹町以此殆已无大于一营之日军单位，今晨侦察怒江西岸，已无敌踪。”①

5月 发表《新中国的出现》，载于美国《大西洋月刊》。这是宋在国外刊物第一次系统阐述对战后中国重建的理念。文章指出：

> 我们已经选择了将来要走的路，我们痛下决心今后将永不再有列强剥削中国之事……美英两国现在已认清他们的错误，于是便自愿放弃那种最不公平的领事裁判权；所谓领事裁判权就是不承认中国有与其他国家平等相处的固有权利。以国家来讲，我们决定不再容忍外人的剥削，而在一国之内，我们一样决心不容忍有国家或社会的某一阶层去剥削另一阶层之事。富有资产并不能使富人有权去侵犯贫苦的人……在战后的中国，我们虽不再容许国际或国内的剥削，但我们将使私人资本得到合法的地位，因私人资本可发挥个人的创造力。同时我们中国人重视现实，充分认识这些基本事实……但是任何人都不得损人而利己，人民的权益应由累进税率而得到保障。我以为个人的收入超出合法的需要及免于匮乏的合理程度时，其余的都应归公，在另一方面，私人资本一定要予以种种鼓励，使之能发展国家的资源及企业——但是这一切都须与劳方合作才行。至于一切公用事业则需由国家经营。

文章认为：

---

① ［美］陈纳德：《陈纳德将军与中国》，第166页。

在中国每一重要政策都要着眼于一极重要之事实，即我们是个农业国家，国内百分之九十以上的人民是直接间接地依靠土地而生活，其中直接靠种地而生的人又占绝大多数……国家要发达除非农民均甚康乐。可是现在他们正度着从最盛时期以来所未曾梦想到的繁荣日子。由于战争的影响，各种农产品的价格均高涨，以致农民的生活水准也提高到从前似乎不可能的程度……许多公务人员及被称为知识分子的男男女女都因物价高涨而感到谋生不易。不过这些人仅是属于人口的一小部分，一旦胜利来临时，必可设法永久解除他们的困难，值得重视的就是我们国内一般民众正走上进步和安乐的大道，我希望他们永不转向，绝对不因政府任何的措置失当而受到影响。

文中又说：

我们正努力建立一发展政治经济的富有弹性的制度。这对于目前和将来都是很有用的……一种新的以民主思想为基础的中国社会主义。这并非专事抄袭西方的社会主义。中国所接触的东西往往都带有我们中国的色彩。我们不一定拒绝一切西方所有的东西，我们倒是愿意听现代社会主义者的言论，特别是其中有许多主张与我们国父孙中山先生的三民主义中的民生主义不谋而合的地方。我们整个的政治思想原是以三民主义为依据的。

文章谈及中国的社会主义、中国政治方向时称：

第一，社会主义的精神数十年来确已对国民思想大有影响，甚至在内乱外患的混乱期中亦复如此……第二，一九三八年在战争进行中，国民参政会即正式成立，而为国民议会的前驱……参政会有修改及建议之权，现已成为国家生活的一股重要因素。该会最显著的成就之一便是通过以县为地方自治单位的议案……这种以县为地方自治单位的新制度，其目的在使人民选举他们自己的代表到地方机关去，以处理他们本县的各种事务，一旦地方自治的方案付诸实施，人民便可自由选举他们的县长。再者这种完全由民选代表组成的各级参议会将来亦可推选代表参加国民大会，以采行并颁布永久性的宪法，并选举本国的总统。将来自最基层以至最高的政治机构，都会由人民自己去建立。第三，中国的社会主义……其最重要的目的乃是在保持个人与生俱来的权利。唯有一般国民都感到满足，然后国家才能富强。可是要他们感到满足就得保障他们个人的尊严和权利。我们所追求的是尊重人格的价值，因此我们正在给予个人以日益增进的权利，俾能决定其本身及整个国家的前途。第四，我以为民主政治的意义就是代议政治。而“代议”这个字眼，我以为是代表人民坚定不移的意志，而与一般政客的那种毫不负责、煽惑人心的口号迥然不同。此外，在一个真正的民主国家中，少数党是不能不顾到的。我反对任何一种仅让一个政党来永久享有绝对权力的制度。这种制度可说是对真正民主政治的否定；民主政治是必须有自由思想和进步的，可是一党制度就没有这两个要件。只要是少数党的行动无悖于国家的利益及安全，那么它是应该得到思想与行动的自由的……我们中国的民主制度虽然无疑的受了杰弗逊总统的机会均等与个人权利说的影响，但将不会是纯粹美国民主制度的抄袭。它将有我们本国的泥土味，并表现出中华民族的智慧。它必须符合中国本身的需要，并适合于我们目前的环境，而目前的环境必然是与我国过去最好的传统相关联的……由于我国已克服种种极大的阻碍而获得如许成就，

> 所以我们面对未来具有充分的镇定和信心……战争的机运已使中国第一次得到与列强并驾齐驱，而由于持久不屈的抗战，我们终于赢得了这头等国的地位。此后我们自当更致力于改善世界秩序以保持这种成果。[①]

《新中国的出现》对中华民族用浴血奋战换来的中国国际地位的提高，增强了宣传效应。

5月16日 收到英国援华救济会在英筹募善款一万英镑。委托宋用于救济中国难民、难童及抗日负伤将士。英国援华会成立后的初始两年间，曾募集善款20万英镑援助战时中国难民。1939年9月，欧战爆发后，该会曾作最大努力救济被日机轰炸的中国无辜难民，豫、陕、粤各省难民，均受其惠。英国政府曾资助五万英镑支持该会在华从事救济工作。[②]

5月18日 与蒋介石接见美国马格鲁德将军，对其因病返美表示惋惜。晤谈中，宋表达了中国名为同盟国，实被歧视的不满，直言感谓："我等受愚。"[③]

5月22日 与蒋介石前往九龙铺视察。

5月23日 适逢毕业于美国韦斯理大学二十五周年纪念，委托中国驻美大使胡适代表其接受美国斯特逊等大学赠予的荣誉学位。[④]

5月26日 与蒋介石接见美国毕赛尔（Bissell）将军，晤谈美国援华飞机相关事宜。[⑤]

6月1日 应美国陆军部邀请，与蒋介石于美国国家广播公司的陆事特别节目中，对美广播。即日凌晨，宋随蒋同赴重庆广播大厦，于二时五十四分，由蒋先行主讲，由美国国家广播公司驻

---

① 宋美龄：《新中国的出现》，载王亚权编纂：《蒋夫人言论集》（上集），第258—267页。

② 《英援华会捐英金一万镑》，《中央日报》1942年5月16日。

③ 周美华编：《蒋中正"总统"档案：事略稿本》（49），第398页。

④ 《美大学荣誉学位》，《中央日报》1942年5月24日。

⑤ 周美华编：《蒋中正"总统"档案：事略稿本》（49），第476—477页。

渝代表向纽约介绍，称谓“我们中国联军的统帅”。演讲辞由宋美龄译成英文，宋译毕后，又自作简短之演讲谓：刚才委员长声明我们虽经长期抗战，对最后胜利的信心更见坚强。强调“中国必能善尽责任”，并痛斥敌人造谣：“敌人说，中国拥有大量的武器，现在故意按兵不动，使美国来替它争取胜利，这显然是一个挑拨离间的阴谋，目的在毁坏我们亲睦的邦交，这种欺诈伎俩，当然用不着我提醒你们。中国向来注重发挥自己的力量，自将继续尽它应尽的责任。”“敌人屡次向我们求和，暗示欧美民主国家利用中国为工具，而日本却愿与中国合作，并以平等相待来欺骗我们，中国断然拒绝了这种和议，就这一点事实，已足证明我们对美国诚意信心是不可动摇的。”[①] 蒋宋夫妇广播的目的是强调：“我们同盟国要对倭寇得到最后的共同胜利，就非供给我们以机械化的重武器不可。”[②]

6月2日 由驻美国大使胡适代为接受古彻学院巴尔的摩马里兰学院名誉法学博士学位。[③]

收到印度妇女界募集善款印币八千余卢比。日前印举行“中国日”时，捐款救济尤为踊跃。印度妇女界，对蒋夫人主办的战时儿童保育院极为关注，在加尔各答发起孤儿救济运动，特将宋美龄推进中国战时儿童保育工作及成绩加以宣传，得到印度各界的同情，孟加拉省省长夫人带头捐印币五千卢比，此后全印人士相继捐助。所得善款汇解宋美龄转交儿童保育院使用。[④]

6月4日 与蒋介石接见史迪威，听其作整个缅甸战役汇报。史迪威说：“中国士兵之良好，伤兵绝无怨言，然缺乏优秀将领。一般连长甚佳，营团长优劣不一，唯高级将领殊令人失望。师长及较高之将领或缺能力，或少胆略……”并一一举例说明。宋美

① 宋美龄：《对美广播》，载王亚权编纂：《蒋夫人言论集》（下集），第1037—1038页。

② 《充实中国武器配备争取时间击溃敌人》，《中央日报》1942年6月2日。

③ 耿云志：《胡适年谱》，四川人民出版社1989年版，第304页。

④ 《印妇女界募集专款捐助我儿童保育院》，《中央日报》1942年6月2日。

龄闻言，要求史迪威将类此之事继续呈报蒋介石。[①]

6月11日 传统佳节端午将至，特拨巨款购买大量食用物品，“饬由中国妇女慰劳总会骨干率该会职员，携带慰劳信及食用物品在重庆分区挨户慰劳抗属”。[②]

6月13日 接受母校美国韦斯理大学设置的“宋美龄基金”及名誉法学博士学位。韦斯理大学校长麦格阿斐（McAfee）女士为设置是项基金声明称：

> 蒋宋美龄的双亲在打破国内的习俗，送其东方生长的女儿来到西方学校里求学时，实在需要想象力及勇气的。由于鼓励他们在一个文化中成长的女儿到另一个文化中求学，宋氏父母实为东西方文化融合的前驱。由蒋夫人的许多朋友发起，于一九四二年六月设立的宋美龄基金，原是要表现出同样的想象力，给美国学生一个东方深厚文化的介绍。凡能用以使美国妇女认识中国富饶文物的款项，其额数将不加以限制，宋美龄基金下的款项数量不论多寡，将是用来加深中美了解，并培养蒋夫人于其一生言行中倡导的善意。

为答谢母校的厚爱特作《善意的幼芽》一文，指出：

> 双亲在我幼时送我留学美国……对所有中国少女而言，这件事不仅被认为是一种至善，又且是好父母的一项责任，也是最智慧的一种做法。我的双亲把我送到美国求学，他们亦是一种远见，受过新教育的女子将如何对日益壮大的新中国有所贡献。[③]

---

① 周美华编：《蒋中正“总统”档案：事略稿本》(49)，第546—553页。

② 《蒋夫人拨巨款慰劳全市抗属》，《中央日报》1942年6月11日。

③ 宋美龄：《善意的幼芽》，载王亚权编纂：《蒋夫人言论集》(下集)，第1047—1048页。

她提议，印度可以优先派遣一名女学生到韦斯理大学学习，经奖学金委员会议定，印度国大党领袖尼赫鲁的女儿潘狄特，成为宋美龄奖学金的获得者。

是日，又发表《献给我的母校》讲话，答谢美国韦斯理大学授予名誉法学博士学位。再次向美国朋友宣传中国五年多来艰苦抗战的历程，指出："中国为了我们共同的目标牺牲了如许之多，我有把握，那些相信公道的人一定会坚持中国在战后重建世界制度的和平会议中其发言权。"她还要求美国朋友们："你们可以给我们帮个大忙……用你们的一切力量及声势，促成一事，就是要美国效力给予所有民族以自由公正及平等，与美国自身所享有的一样。这样你们亦将帮我的忙，因为这原是我指示国内人民的一幅远景。"①

纽约中美各界名流，为纪念宋美龄在韦斯理学校毕业二十五周年举行庆宴，林语堂与会并致辞称：中国需要轰炸机、战斗机等各式飞机，美国能迅速并继续以此援助置予中国，直至日本被驱逐出境为止，此为对蒋夫人最好之敬意。②

6 月 14 日　与蒋介石出席外交部举行的茶会，庆祝"联合国日"。出席者有各国驻华大使、代办、中国政府各部长官及各国记者百余人。③

6 月 15 日　与蒋介石接见史迪威。晤谈中，宋美龄对英军在缅作战能力表示失望，同时提出第五军军长杜聿明及其部下应如何处置问题。是日，由宋子文来电看，蒋宋夫妇对史迪威虽好，"但无十二分信任"，只是"善为利用其地位，以推动美军充分之接济"。④

---

① 宋美龄：《献给我的母校》，载王亚权编纂：《蒋夫人言论集》（下集），第1041、1046页。

② 《纽约名流举行庆宴》，《中央日报》1942年6月17日。

③ 周美华编：《蒋中正"总统"档案：事略稿本》（49），第623页。

④ 周美华编：《蒋中正"总统"档案：事略稿本》（49），第629、633、648—649页。

6月18日 与蒋介石并邀四川省主席张群夫妇、金陵女大校长吴贻芳等同往成都都江堰参观水利工程。[①]

6月21日 出席成都各界妇女欢迎会并致辞谓：希望蓉市妇女今后特别注意于生产事业，尤须时时顾念前方浴血奋战将士，及后方出征军人家属之生活，应联合各界妇女为征属服务，从事慰劳救济等项工作。并当场提议发起省会妇女界百万献金运动，经全体一致赞成。带头认捐五万元，各首长夫人亦均自动认捐。此后成立了四川省会妇女界“七七”献金筹备委员会，推定张群夫人为主任委员，邓晋康夫人、潘仲三夫人、向付义夫人等为常委。[②]

6月24日 与蒋介石接见史迪威与格罗勃将军，讨论在印中国军队人事及拟定中国战区整个作战计划事宜。讨论中，蒋介石为改变史迪威对华心理与态度，强调史迪威参谋长的职责，并对史迪威在缅战指挥中的错误各点，由宋翻译坦告。[③]

6月26日 与蒋介石接见史迪威、格罗勃、毕赛尔等美国将领。蒋宋对美国允准来华飞机、军备未能如数到达，并未经协商擅调空军第十军派赴埃及的举动，表示了强烈不满。宋美龄则“面斥严训，不假辞色”。要求史迪威立即派要员赴华盛顿，向最高当局详述利害，并对史迪威从中作梗提出质疑。[④]

6月29日 与蒋介石接见史迪威、格罗勃、毕赛尔诸将军，史迪威转呈罗斯福电文，强调中国战区的重要地位，解释美国允准来华军备他调中东的原因。蒋介石提出，保持中国战区三项最低限度军备供应需要。宋美龄予以支持，并就空军运输增设机场表示“余可负完全责任”。[⑤]

6月30日 为“新运”妇女指导委员会四周年纪念特刊发表

---

① 周美华编：《蒋中正“总统”档案：事略稿本》（50），台北“国史馆”2011年版，第6页。

② 《蒋夫人在蓉发起妇女界献金运动》，《中央日报》1942年6月22日。

③ 周美华编：《蒋中正“总统”档案：事略稿本》（50），第39页。

④ 周美华编：《蒋中正“总统”档案：事略稿本》（50），第76—77、85页。

⑤ 周美华编：《蒋中正“总统”档案：事略稿本》（50），第115—119页。

题词“负起抗建责任”。①

7月1日 出席庆祝中国“新运”妇女指导委员会成立四周年纪念大会并讲话，勉励妇女同胞努力工作，克服所有困难，以求抗战最后胜利。②

代表蒋介石召集中美空军主官，研究解决空军整个数量与空军计划问题。这一因美国方面延宕推托半年之久的事务，因宋美龄的主持协调于当日解决。蒋介石很高兴，于日记曰：“今以一日之力，竟得解决一切，殊足感慰，然非余妻之果敏，决不易成也。”③

7月4日 为纪念中国空军美国志愿队解散，在国民政府主席林森家中招待陈纳德一行，并由宋庆龄、宋蔼龄送给陈纳德一幅蒋介石夫妇与陈纳德合影的油画。④

7月6日 纽约市中心区原有日本公园拆除后改造为中国式，并命名为“美龄公园”，于中国抗战五周年纪念日举行揭幕礼，驻美大使胡适出席致辞，宋美龄特撰文对纽约市洛克菲勒中心“美龄园”命名致辞，彰显了宋的文学丰采。致辞谓：

> 各位给本园取上我的名字，使我有无比的荣誉，这是敏锐的心灵所能想出来的最优美的鼓舞方式。对我们国人而言，这个花园有一种心灵上的重要性质，因为它随季节变换而呈现各种美态，它就是生命的缩影。它也象征着人类的进化与成长，青年时代的春意盎然，壮年又如夏日的百花齐放，秋天代表成熟，冬季是富饶的收获期。整齐与相称是美的两名侍女，正如平静的心境及安宁的性灵是快乐的侍从一样。但愿各位来到这经艺术润饰过的大自然产物时，得到“美丽的岁月”，这就是

① 《蒋夫人题词》，《中央日报》1942年6月30日。
② 《妇女指委会纪念四周年》，（重庆）《扫荡报》1942年7月1日。
③ 王宇高、王宇正编：《蒋中正“总统”爱记》（三），第259页。
④ ［美］陈纳德：《陈纳德将军与中国》，第173—174页。

> “美龄”两字的直译。同时还获致安宁的性灵，后者是我们列代的祖先，在同样环境中所发现到的。[①]

7月13日 日前，国际职业妇女组织桑泰职业协会在加拿大多伦多举行第二十二届年会，议决推举宋美龄为战后和平会议妇女代表。[②]

7月17日 致美国大学优等生联谊会H分会主席Helen S. French小姐函曰：

> 能成为美国大学优等生联谊会马萨诸塞州H分会的会员，我感到非常荣幸。感谢您和Copeland小姐在信中转述联谊会对我的嘉奖词。很遗憾我未能亲自出席，但我相信代表我致辞的胡适博士一定忠实地表达了我的骄傲与感激之情。
>
> 我在6月24日收到荣誉钥匙后，便立即给您发去电报，告知钥匙已妥收，以及我对这项荣誉的珍视。这枚荣誉钥匙是对我人生最快乐一段时光的纪念。[③]

7月22日 与蒋介石接见美国总统代表居里。居里此行，为缓解中美之间关系。会谈中宋美龄提出以下几点：一、中国独立抗战五年，贡献不在英国之下，但未能取得与英国同等待遇。二、中国军队无重炮、无轰炸机，对日作战不能取攻势。三、美国对宋子文在华盛顿之举措的看法。[④] 会谈貌似坦诚，但未能消除彼此的不满。

同日，致电伦敦盟国妇女战时工作展览会，对英国妇女为保

---

① 宋美龄：《对纽约洛克菲勒中心“美龄园”命名致意词》，载王亚权编纂：《蒋夫人言论集》（下集），第1049页。

② 《蒋夫人之荣誉》，（重庆）《扫荡报》1942年7月13日。

③ 《致Helen S. French小姐函》（1942年7月17日），载张宪文、武菁主编：《宋美龄文集》第三卷，第1173—1174页。

④ 周美华编：《蒋中正“总统”档案：事略稿本》（50），第328、337、351页。

卫国家而贡献的业绩予以慰勉。①

7月25日 与蒋介石接见居里，谈话中蒋宋详述对史迪威的不满，对缅甸战役，蒋指责史迪威不执行命令，擅权诿过。宋指出："倘委员长不发令以挽救缅甸危局，真不知中国入缅军将成如何结局。"②

收到美国爱荷华州一城市发起"信赖中国运动"，募款救济中国伤兵及难民致敬函及善款。③

7月26日 与蒋介石接见居里，讨论缅甸战役失败责任，蒋对史迪威"终觉愤闷不满"。并指责史迪威故意曲解其所提出五百架飞机此项最低要求的本意。宋解释称："委员长以为彼所重视者，并非飞机之数量，而为态度与精神。"④

7月29日 与蒋介石接见居里，讨论要旨为空军五百架飞机与空运月需5000吨之数量。

7月30日 与蒋介石接见居里，讨论史迪威在华地位问题。宋指出，史迪威将军上委员长三路攻势作战计划书，签名列衔者为：美国陆军中将，就中国习惯言之，实属不当，应列衔参谋长。⑤ 居里认为，若建议将史迪威调回美国将有四不利。⑥

8月1日 为中国妇女慰劳自卫队抗战将士总会五周年特刊发表题词"检讨既往，策励来兹"。⑦

8月3日 与蒋介石约居里谈话，重点讨论战后问题。居里通报罗斯福电称："史迪威之地位，仍按照一九四二年一月三十日宋子文部长与美国军政部之约定，其双重任务并无变更。"并同意对蒋介石提出的三项要求，俟居里返美后再行决定。⑧ 晚，宴请居

---

① 《蒋夫人去电慰勉》，(重庆)《扫荡报》1942年7月23日。
② 周美华编：《蒋中正"总统"档案：事略稿本》(50)，第400—407页。
③ 《美一城市发起信赖中国运动》，《中央日报》1942年7月25日。
④ 周美华编：《蒋中正"总统"档案：事略稿本》(50)，第409、425页。
⑤ 周美华编：《蒋中正"总统"档案：事略稿本》(50)，第459、494页。
⑥ 周美华编：《蒋中正"总统"档案：事略稿本》(50)，第481页。
⑦ 《妇女慰劳总会五周年纪念》，《中央日报》1942年8月1日。
⑧ 周美华编：《蒋中正"总统"档案：事略稿本》(50)，第518—519页。

里、史迪威。

8月5日 与蒋介石接见居里，讨论印度政局。宋认为，美国不宜坐视印度问题而无所行动，须有暂时之办法转变印度危机。

写信给董先生，要求作者撰写关于难童一节中补充以下具体内容：

> 1938年3月和1940年12月之间，这些难童保育院共收留了二万四千九百九十七名由于战争而流离失所的儿童。在这期间，其中有一千五百零八名儿童被送往中学，六百一十七名在各种手工业或贸易组织中成为学徒，四千零三十名被父母或亲属领回，一千四百七十一名从保育院逃跑，一千零四十五名生病。因而，截至1941年初，仍得到保育院庇护的儿童有一万六千三百二十六名。男孩与女孩的比例为二比一。由于资金有限，从去年1月开始，新进入保育院的儿童数量不是很多。联合会几乎每天都会收到各分会发来的电报，要求接纳更多从战区不断涌入的难童。但极其遗憾的是，这些请求不得不被拒绝。
>
> 这四十五座难童保育院中的大多数坐落于寺庙或公共建筑中。在很多情况下，这些建筑里面会添加房屋用作宿舍、餐厅、教室、作坊、诊所和活动室等。几乎每一座难童保育院都会有一个操场。
>
> 所有7岁以下的儿童都会上幼儿园的课程；七至十二岁的儿童会定期接受小学教育；十三至十六岁的儿童及其他学习进展缓慢者会接受假期培训，他们所做的成品会在保育院里使用。
>
> 十六岁以上以及在课堂教育和假期培训中进展不大的人会参加一个特殊课程。为了这一目标，他们被组织得如同军事集团，而在外国儿童教养院中的类似培训是特殊用来对付调皮儿童的。

> 在这些保育院中，对于食物、衣物、教学用品和医疗设备有通用标准。由于居住成本提高，要培养一个孩子成长的成本也巨幅增加。在今年的前三个月，在山西、陕西、甘肃和宁夏照顾一个孩子的费用是八十五元（Ch.$），广东、广西和贵州的费用是七十五元，在湖南、江西、福建和重庆的费用是六十五元。到了4月，第一组省区的费用每人达到了一百四十元，而第二组是一百二十元，第三组是一百元，1941年预算达到了二千一百万元。
>
> 中国政府曾经每月补助全国难童联合会六万元。考虑到物价上涨，这笔款项提高到每月四百万元。但这还远远不够，联合会的运作很大程度上还要依赖国内外对这些难童的捐款。[①]

8月6日 和蒋介石与居里话别。

同日，宋庆龄致友人王安娜函曰："我听到蒋夫人抱怨说，美国援华会利用战争孤儿的宣传捐钱，但不是为了她的协会，而是为了保卫中国同盟。我当时正好在另一张桌子上，因此未能进行驳斥。"[②] 宋庆龄为"保卫中国同盟"主席，独立地向海外公众争取援助，并和海外援华救济团体建立联系，以打破国民党官办救亡团体对外援的垄断，又创建了"香港中国战争孤儿救济协会"，亲任名誉顾问。为救济战灾难民和支持八路军、新四军抗战开展了卓有成效的工作。[③]

8月15日 与蒋介石乘飞机抵兰州视察。

8月17日 与蒋介石往访甘肃省署，省长谷正伦夫妇陪同登望河楼游览。

8月25日 在兰州染伤风症重，蒋介石派专机赴重庆接医生

---

① 《致董先生关于难童工作的信函》（1942年8月5日），载张宪文、武菁主编：《宋美龄文集》第三卷，第1541—1542页。

② 《宋庆龄致王安娜函》，载宋庆龄基金会、中国福利会编：《宋庆龄书信集》（上），人民出版社1992年版，第211页。

③ 刘家泉：《宋庆龄在香港》，中共中央党校出版社1997年版，第71页。

来兰诊治。①

8月27日 与蒋介石由兰州飞抵青海，同游塔尔寺、大金瓦寺、小金瓦寺。蒋介石召见蒙回各领袖并赏洋十万元。②

8月28日 与蒋介石由西宁飞抵嘉峪关视察。

8月29日 飞抵迪化。蒋介石拟赴新疆面晤盛世才，因迪化机场停有苏联驱逐机，蒋往不妥，又不便召盛世才来渝。宋表示愿代表蒋赴新疆“慰盛，以壮盛胆”。③ 蒋致盛世才函曰：“千里咫尺未克面晤。为念。今日内子飞新代中慰劳。聊表惓惓之意而已。余托内子面详。不尽百一。诸维心照。”31日盛世才复函：“所有尊夫人转达钧座一切意旨，均已敬悉。职今后惟有遵照钧座一切指示切实奉行，诸请勿念。至详情已恳尊夫人回甘回禀。”④

9月1日 由迪化飞抵甘肃，并致电盛世才夫妇以谢盛情招待。

9月3日 与蒋介石由宁夏飞抵西安视察。

9月4日 与蒋介石重游西安事变时居所。⑤

9月5日 在西安向蒋介石谈及新疆盛世才对中央心理，认为目前盛已无恐惧之心，我们应更以诚意待之。⑥ 当晚，因事先行飞往成都，蒋纬国送宋登机。⑦

9月16日 与蒋介石往吊戴季陶夫人之丧。

10月3日 与蒋介石设宴招待美国总统代表、美国援华会名誉会长威尔基（Willkie），各国驻华使节暨党政军界人士，宋庆龄等应邀出席宴会。⑧

---

① 周美华编：《蒋中正“总统”档案：事略稿本》（51），台北“国史馆”2011年版，第66、106页。

② 周美华编：《蒋中正“总统”档案：事略稿本》（51），第111、113页。

③ 王宇高、王宇正编：《蒋中正“总统”爱记》（三），第261页。

④ 《蒋中正“总统”文物：事略稿本——民国三十一年八月》卷宗号：0020-00000647A，台北“国史馆”藏。

⑤ 周美华编：《蒋中正“总统”档案：事略稿本》（51），第133、141、144页。

⑥ 王宇高、王宇正编：《蒋中正“总统”爱记》（三），第263页。

⑦ 周美华编：《蒋中正“总统”档案：事略稿本》（51），第212页。

⑧ 尚明轩主编：《宋庆龄年谱长编》（上），第442页。

10 月 4 日 以美国联合援华委员会名誉会长名义，在外交部举行茶会，欢迎美国总统代表威尔基。宋庆龄、孔祥熙、孙科夫妇等出席茶会。史迪威将军、威尔基随员等外宾及中外记者一百余人参加茶会。宋美龄发表了热情洋溢的致辞，称“威尔基先生是一位很随便、很热情而毫不拘束的人物”，对中美两国人民的友谊及美国援华会给予中国抗战的支持予以高度的评价。[①] 并向总统代表一行宣传五年多来中国人民团结抗战取得的成绩。威尔基当即邀请宋美龄访问美国，向美国朝野宣传中国抗战的决心。

10 月 6 日 和宋庆龄出席孔祥熙在范庄私邸举行的欢迎美国总统代表威尔基的宴会。[②] 威尔基对孔祥熙说：“我是多么坚决地相信，让我的同胞了解亚洲的问题和亚洲人民的观点是非常重要的……必须从这个地区派出一个有智慧、口才和道义力量的人来进行帮助，使我们了解中国和印度以及他们的人民。夫人将是一位十全十美的大使，她的巨大才能——而且我知道她会原谅我说出这番私人的话——她对中国的高度忠诚，在美国是众所周知的。她将会发现她不仅会受到热爱，而且会发挥巨大作用。我们愿意倾听她的话，因为谁都比不上她。她既敏捷，又有魅力，怀有一颗慷慨和理解他人的心，具有优雅端庄的风度和容颜，加上抱有炽烈的信念，她正是我们所需要的那样的一种客人。”[③]

10 月 7 日 参加胡汉民夫人陈淑子女士追悼会。并与宋庆龄、孔祥熙、居正、孙科、吴稚晖等陪祭。[④]

与蒋介石接见威尔基并与之共进早餐。

上午 10 时，陪同威尔基前往妇女指导委员会视察。宋亲自招待，导往各办公室介绍妇指会工作人员与威尔基见面。威尔基对妇指会百余名女性勤勉工作，颇为赞许。宋向威尔基详细介绍妇指会各项工作情况。[⑤]

---

① 《蒋夫人招待威尔基》《蒋夫人致辞》，《中央日报》1942 年 10 月 5 日。
② 张世福主编：《宋庆龄与中国抗日战争》，第 603 页。
③ ［美］斯特林·西格雷夫：《宋氏家族秘闻》，第 453 页。
④ 尚明轩主编：《宋庆龄年谱长编》（上），第 444 页。
⑤ 《威尔基参观妇女指导委员会》，《中央日报》1942 年 10 月 8 日。

10月8日 据《今古奇观》之“苏小妹三难新郎”一节而编撰的中国民间故事——《苏小妹妹》一书在美出版。①

10月11日 致函克里浦新（Kerrypsin）爵士夫人，感谢英国援华组织捐赠的一张12万英镑支票。函曰：

> 我们未曾忘记，英国人民自一九三七年来即借“市长基金”及其他方法所表现的慷慨的同情……中英两国正在为着同一目标而战——即胜利与永久的和平。我们彼此间有许多共同之点，同时我们相信我们同其他盟邦一定会赢得胜利……中国和英国现在是盟邦，我深信我们现在既已倾其全力来争取胜利，在建立和平以后也仍旧会继续密切合作下去的。②

是日 罗斯福总统夫人来信称，美方邀请函已经就绪，函称：“我和外子讨论过这件事，我们都认为你到白宫作客，不仅可使我们更熟，对中国的问题有更好的了解，也可以起大量的文宣效用……我们当然会派一架舒适的飞机接你。”③

代蒋拟致罗斯福总统、丘吉尔电，感谢美、英自动放弃对中国治外法权，重订新约之通告。④

致罗斯福电文曰：

> 值兹中华民国三十一周年之纪念日。欣悉美国自动放弃在华之治外法权。举国莫不忭。又闻贵国为我国庆特在独立厅鸣自由之钟。此项自由钟声已在我国每一国民之心中激成对美亲密之回响。此其有裨于敝国继续抗战民气之提高。实胜于其他任何之力量。中正个人亦深

---

① 《蒋夫人著〈苏小妹妹〉在美出版》，（重庆）《扫荡报》1942年10月10日。

② 宋美龄：《集中智慧共谋和平》，载王亚权编纂：《蒋夫人言论集》（下集），第1051—1052页。

③ ［美］汉娜·帕库拉：《宋美龄新传》，第408页。

④ 王宇高、王宇正编：《蒋中正“总统”爱记》（三），第268页。

为此一优美动人之壮举所感动。实无适当言词足以表达快慰之情绪。中正自幼即对贵国“自由钟”与“独立厅”等名词寄以热烈之响慕。此心早已深镌不磨之印象在求取国家自由之奋斗中无时不在怀想中国终有一日确立为一完全独立民主之国家。而今此一理想业已由吾人共同实现矣。阁下为使我中国获得平等地位所表现伟大精神之领导以及无上之道德勇气。中正愿掬我衷诚致其感谢并向阁下保证中国在求取全人类自由之共同事业中决不有负阁下之雅望也。①

蒋介石阅后，对宋所拟致罗斯福电稿尤为赞赏。②

10月12日 接英国妇女《告中国妇女书》，对中国坚忍奋斗，英勇抵抗日本残暴侵略至为敬佩。英国职业妇女另函宋美龄，专以致敬。③

10月16日 致函美国韦斯理学院 McAfee 校长，对母校寄来的嘉奖词表示感谢。函曰：

对我来说，荣誉学位和学位帽象征着一个我不敢奢望的梦想的实现。母校给予我这般荣誉，让我的感激之情难于言表。

然而韦斯理学院在授予我——她众多女儿之一——此项殊荣时，意在彰显她不仅仅将其授予我个人，而实质上是对中国女性的褒奖。我是如此理解的。

荣誉学位和学位帽将成为我的永久珍藏。④

---

① 《蒋中正“总统”文物：事略稿本——民国三十一年十月》，卷宗号：002000000649A，台北“国史馆”藏。

② 周美华编：《蒋中正“总统”档案：事略稿本》（51），第396页。

③ 《全英妇女告中国妇女书，职业妇女函蒋夫人》，（重庆）《扫荡报》1942年10月13日。

④ 《致 Mildred H. McAfee 校长的函》（1942年10月16日），载张宪文、武菁主编：《宋美龄文集》第三卷，第1175—1176页。

10月24日 举行家宴，邀约十四位亲友庆贺蒋介石生辰。

10月29日 体弱多病，未能发现病因，蒋介石担心："妻体弱神衰，其胃恐有癌。""心甚不安。"①

10月31日 蒋介石一直忧虑宋美龄身体："恐其有癌，不如早割。"当晚决定宋"飞美医病"。②

11月8日 整理行装，预备赴美。

11月10日 接英国三军妇女辅助队复函，对中国妇女遥致钦佩与同情之意。函谓：

> 英妇女对作战虽已尽其绵薄，但从未如中国妇女之饱受侵略惊恐。五年来中国妇女勇毅不屈，吾人至为敬佩。故特遥电，略表吾人衷心仰慕之忱……中英两国妇女，际此重要关头，联合国家妇女精神上之团结，应如男子团结于战场之上。③

11月11日 荣获国民政府授一等宝鼎勋章，以褒奖前任航空委员会秘书长期间，对中国航空事业作出的甚大贡献。④

与蒋介石设宴欢迎英国议会代表团来访。应邀出席的有：英国大使薛穆爵士及使馆参事、秘书、专员、英国军事代表团团长、国民参政会参议员暨党政军各长官等作陪，计到宾客一百二十余人。宋庆龄、于右任和居正等到会。⑤

11月16日 在重庆嘉陵宾馆举行茶会，欢迎英国议会访问团、国民政府各长官（顾维钧大使、董显光副部长等）、英国大使薛穆、英军事代表团团长、女参议员及重庆市各妇女团体代表，妇女界名流应邀作陪。宋美龄致欢迎词曰：希望两国妇女共同努

---

① 王宇高、王宇正编：《蒋中正"总统"爱记》（三），第269页。
② 《蒋介石日记》（1942年10月31日），美国斯坦福大学胡佛研究所藏。
③ 《联合国家妇女精神团结》，《中央日报》1942年11月10日。
④ 《授蒋夫人一等宝鼎勋章》，《中央日报》1942年11月11日。
⑤ （重庆）《国民公报》1942年11月12日，转引自尚明轩主编：《宋庆龄年谱长编》（上），第445页。

力，为争取共同伟大的目标而作战。茶会结束后，宋陪同代表团及来宾参观妇女指导委员会工作成绩展览。①

同日，蒋介石致函罗斯福总统，曰：

> 此次内子之病，承蒙鼎力协助，得以提前赴美早日就医，私衷至为感谢。并得乘此访问阁下与贵夫人，代中亲致敬意，使中更觉无上愉快，一若与贵大总统及贵夫人晤聚一堂也。内子非仅为中之妻室，且为中过去十五年中，共生死、同患难之同志，彼对中意志之了解，并非他人所能及，故请阁下坦率畅谈，有如对中之面罄者也。余深信内子此行更能增进余两人私交及扩展我大民国之睦谊也。②

11 月 17 日　与蒋介石商定对美国总统谈话要领十项。晚，与蒋介石、宋蔼龄为赴美之行祷告。③

11 月 18 日　与蒋介石同乘飞机至新津大机场后作别，乘美国专机由成都启程，在外甥女孔令伟和外甥孔令侃陪同下，带着护士、秘书等一行二十余人前往美国。蒋介石的政治顾问拉铁摩尔同行。

11 月 21 日　纽约举行盛大的“庆祝中国募捐日”活动，到会者逾六千人。会上宣读了“蒋夫人文告”，并有“飞虎队”十五人出现在台上。会场气氛热烈，活动日收到募捐四万六千美元。④

11 月 26 日　飞抵佛罗里达州机场，宋子良、宋子安前往迎候。⑤

11 月 27 日　抵达美国纽约米切尔机场。罗斯福总统派代表霍

---

① 《欢迎英国访问团》，《中央日报》1942 年 11 月 17 日。

② 秦孝仪主编：《中华民国重要史料初编：对日抗战时期》第 3 编《战时外交》，第 781 页。

③ 周美华编：《蒋中正“总统”档案：事略稿本》（51），第 595—596 页。

④ 《纽约盛大举行庆祝中国募捐日》，（重庆）《扫荡报》1942 年 11 月 24 日。

⑤ 周美华编：《蒋中正“总统”档案：事略稿本》（51），第 632 页。

普金斯（Hopkins）到机场迎接，并安排宋住进了哥伦比亚长老教会医学中心哈克尼斯（Harkness）医院。途中，宋向霍氏谈了以下几方面的情况：一、她想向总统表明，她到这里除了医疗和休息之外没有其他的目的。二、对美国政府中主张对日本采取强硬路线并无论如何不要损害中国立场的人士表示感谢。三、对德国的战争和日本的战争表达了可以取胜的信念。但取胜之道在于尽我们的一切力量把日本打败。关心美国在中国本部的行动，强调美国要维持中国人民继续作战的情绪。四、关于中国军队援缅作战，她认为，史迪威犯了一个可悲的错误，就是强迫蒋介石把他的一个最精锐的师派到缅甸，结果惨遭覆灭。对陈纳德表示极端的钦佩。五、希望美国了解她严厉抨击英国政府的文章观点，并要求报界马上发布她将与罗斯福总统夫人会晤的新闻。① 外间舆论传闻，宋此次渡美，或系企图商洽美对渝物资充分援助问题，因英、美各国与重庆间所签订之协定，截至目前所供给之物资，尚不足协定数额之五分之一，故宋美龄此行一为督促飞机之供给，一为对英美废弃对渝不平等条约声明后，探询一切具体问题。②

是日 宋庆龄在致友人的函中提及宋美龄美国之行时称："也许你已听说蒋夫人已与拉铁摩尔博士一起抵达华盛顿，我怀疑她的健康能否适应那儿的紧张活动。如果有希望得到更多的轰炸机和弹药装备，使我们能有效地抵抗国敌，她的美国之行将使中国大大受益。"③

11 月 28 日 在医院与罗斯福夫人晤谈：强调此次来美的主要目的为私人看病，对美国政府并无任何要求，了解美国对英国在反法西斯战争中表现看法，对战后世界的看法及对目前印度的看

---

① ［美］舍伍德：《罗斯福与霍普金斯》（下），福建师范大学外语系编译室译，商务印书馆 1980 年版，第 273—274 页。

② 《宋美龄抵达纽约》，《申报》1942 年 12 月 12 日。

③ 《宋庆龄复函陆懋德小姐》，转引自尚明轩主编：《宋庆龄年谱长编》（上），第 445 页。

法。强调中国抗战对人类的贡献。①

是日 英国薛穆大使致电蒋介石，代表英国政府邀请宋美龄，自美返华途中顺道访英。②

11 月 30 日 蒋介石致电称：

> 明日为我们结婚十五周年纪念，东西远隔，此为一生最大之遥念，惟祝上帝特佑我夫妻身体健康，共同完成革命大业而已，临书怅怅。③

罗斯福夫人在其《我之一日》栏中，发表第一次与蒋夫人相会情形曰："余得于 28 日之晨与蒋夫人略谈一小时，诚属快事。余与夫人素无一面之雅，但仰大名已久，彼实有极伟大之性格，余知倘更多之人士能了解其为人，则彼对其本国与吾人之贡献，当不止于今日矣。吾人始终关注中国与其人民，但对吾人所予中国则每自鸣得意，在今后数日内，吾人或知一切可贵之关系，即为合作之关系，吾人尚知如何接受对方之报答，则有大之所予人者，亦可增加矣，一国苟能了解另一国家之贡献，有赖该国亦必愿尽力此另一国有所贡献。吾人有伟大之事物，贡献中国，亦有伟大之事物，得自中国。蒋夫人曾为余叙述一故事，或为我国妇女所欲知者。其言曰：曾有一腿被锯之伤兵，语夫人曰：'吾人非但为中国而战，亦为一切被侵略之民族而战。'一普通士兵，倘能了解及此，并认其个人生理缺憾，已因其作祇之目标而获得清偿，则此一作战之目标，可谓伟大，而全球人民，亦应以此为荣矣。"④

12 月 1 日 致电蒋介石称：

---

① 秦孝仪主编：《中华民国重要史料初编：对日抗战时期》第 3 编《战时外交》，第 782—783 页。

② 《薛穆大使致委座函》，载《蒋中正"总统"文物：名人书翰》，卷宗号：002000001373A，台北"国史馆"藏。

③ 周美华编：《蒋中正"总统"档案：事略稿本》（51），第 647 页。

④ 《中美妇女领袖之会晤》，《中央日报》1942 年 12 月 2 日。

介兄，

今日为兄妹十五年结婚纪念日，远隔重洋，不能与兄共处一地，为怅。忆此十五年中，同尝甘苦，佐兄建国。望未来之十五年中更能与兄同心协力，为国家民族之幸福而努力。愿上苍特加佑护吾两人，举杯邀祝我夫君康健平安。临电神驰。[①]

日前，蒋得知宋在美诊断：决无癌症。晚前往孔府共祝宋康健。[②]

12月3日 美国参议员魏里（Weley）在参议院表示，希望邀请蒋夫人到参议院演说。他认为，蒋夫人为“蒋委员长一生中之最大支持力……蒋夫人为世界伟大妇女之一，其伟大性在其本身之正直与其为中国伟大蒋委员长之助手”。[③]

致电蒋介石，告知与罗斯福总统夫人相见颇洽，并就美国准备调换新大使爱华德福林（Eward Ferin）征求蒋之意见。[④]

12月4日 致电蒋介石告知第二次会见罗斯福夫人所谈情况。电曰：

今晨罗夫人又来晤谈，其谈话约分四点：（一）在此次战争结束之后，妇女界对世界建设工作实占有更重地位，因妇女负有领导教育青年之责任。并告美国已往之教育诚太广泛，对诸问题大概取怀疑态度，结果大多数者均无最高中心信仰，故极愿与妹协作战后世界妇女工作，并盼妹能有完全信任。谈话中，屡谓如何对妹钦佩，真令妹忸怩异常，妹当答以在未来美之前，虽未亲聆，

---

① 高素兰编：《蒋中正“总统”档案：事略稿本》（52），台北“国史馆”2011年版，第2页。

② 王宇高、王宇正编：《蒋中正“总统”爱记》（三），第272页。

③ 《魏里希望美参议院邀请蒋夫人演说》，《中央日报》1942年12月5日。

④ 王宇高、王宇正编：《蒋中正“总统”爱记》（三），第272页。

但对彼之纯洁人格已有认识，故定能予以□□[1]（二）彼又告罗总统忽忆及似有一熊姓中国军人在美，托其夫人一询有无接谈之必要。妹因熊式辉为兄特别遴选来美者，并闻熊式辉对美国政府置之不理，极感痛苦，故告罗夫人熊式辉为日本军校毕业生，对日本问题颇有研究，虽不谙英文，但文字障碍可由翻译解决。（三）据罗又告，丘吉尔对俄极为防范，但据彼观察，英人民并无畏苏之心理，即罗本人亦觉苏已无赤化全世界之野心。（四）罗夫人告，罗总统日前与其通电话，为沙罗门岛屿战争极为焦虑，今日予彼之电话兴致似已恢复矣。[2]

12 月 6 日 中国驻美大使馆发表宣告称：蒋夫人自从来美国，即经过周密之诊断，结果其医生仍判定，体内器官并无严重之疾病。蒋夫人健康之受损部分，乃 1937 年巡视淞沪前线覆车受伤之结果。另一原因则为 1937 年以来从事战时工作过于劳瘁，健康乃受影响，侍从医生希望蒋夫人在若干时间内，勿接见宾客，蒋夫人之健康，现已有令人满意之进步。[3] 以答复外间对宋健康的关切。

12 月 7 日 英国《每日邮报》宣布蒋夫人有早日访问英国之可能。英《每日晚报》称：此伟大妇女之访问英国，将于吾人最大之愉快，中国抗战仅获有少量之援助，已经历恐怖之五年，凡此岁月中，蒋夫人均为蒋委员长之助手。彼一若其他之中国人，聪颖坚定，开明而不可征服，彼如莅临斯土，吾人将予热烈之欢迎。盖彼为妇女中一部分贡献之象征，此一部分之贡献，即保持人类生活，永世良好之工作。[4] 由此可知，英国舆论界赞佩宋，因

---

① 原文注明“似有遗漏”。

② 秦孝仪主编：《中华民国重要史料初编：对日抗战时期》第 3 编《战时外交》，第 783—784 页。

③ 《我大使馆发表疾情》，（重庆）《扫荡报》1942 年 12 月 8 日。

④ 《英报赞佩蒋夫人》，（重庆）《扫荡报》1942 年 12 月 9 日。

为英国议会访问团在华访问期间受到蒋宋夫妇热情接待，中英关系有所改善，中国人民英勇抗战和宋美龄领导的中国妇女指导委员会的工作得到西方国家的肯定。

12月10日 美国《芝加哥时报》《温斯敦沙伦日报》等多家报纸发表评论赞誉宋，有称其为“联合国家中最活跃之妇女”，或称“唤醒中国之重要人物之一”，又称“当代伟大妇女之一”。[①] 可谓好评如潮。

12月12日 致电蒋介石，报告观察美国对华实情及与美当局晤谈之立场。要点如下：

（一）欧美对我基本观点为，忌我自强，故对我援助除必要者外，均表面敷衍。（二）英方在美直属其大使馆人员负联络宣传工作者人数达3000余人。（三）美国当局、民众对美招待周到热情，将来对美当局谈话唯取十二分诚意，本平等互惠原则下，晓喻中美之利益。一切尽力为之，决不失国家及兄之尊严。（四）工作千头万绪，甚感缺乏助手，盼兄能催大姐及文兄从速来美以分劳顿。[②]

12月14日 美国华盛顿各界预料蒋夫人将在白宫度圣诞节，实为蒋夫人入访罗斯福夫妇最适当时期。政界人士极重视蒋夫人白宫之游，他们相信，蒋夫人定能借其高超人格，提出中国之战时需要，并扩大中美合作及盟国之各项作战努力。[③]

12月15日 罗斯福总统在招待记者会上宣布，下午开放美国妇女与重庆间无线电传真时，会以亲笔信致蒋委员长。“此举乃破其多年之惯例，因渠除在极少时机外，已久不为此，渠希望此信能于作成一小时内到达蒋委员长。传真电讯如此迅速，洵为伟绩，希望中国人民不久皆能获得此项服务。”罗斯福总统于信内称：“蒋委员长阁下……借此唯一之机会，奉告阁下，尊夫人在美深受

---

① 《美各报著论赞誉蒋夫人》，《中央日报》1942年12月12日。

② 高素兰编：《蒋中正“总统”档案：事略稿本》（52），第55—56页。

③ 《蒋夫人在白宫度耶诞节》，《中央日报》1942年12月16日。

美国人民及余夫人之欢迎。”①

12 月 16 日 英国政府曾邀请蒋夫人在访美后到英一行，宋未予答复。②

12 月 17 日 第三次会见罗斯福总统夫人，交谈“甚洽”。美国得克萨斯州《厄尔巴索毕时报》为蒋夫人之莅美发表评论曰：中美两国之友谊，将因蒋夫人之莅临华府而益加强，夫人将在此间为罗斯福总统及其夫人之上宾。举世皆知蒋夫人乃一绝顶之女子，彼将获得美国妇女竭诚之欢迎。蒋夫人前受教于吾美，故熟知吾人与中国之友谊，及对中国之景仰，吾国今日亦已参战，并尽一切可能援助中国，中美两国均有一共同目标，即彻底消灭日本之军事强权是也。③

罗斯福致蒋介石电文称：“尊夫人盛名清德，此次在美，深为余夫妇及我国国民所尊敬也。”④

12 月 20 日 蒋介石致电，嘱对美应以无求态度出之。“决不加勉强，使之觉有为难也。”⑤

12 月 21 日 蒋介石以无线电传真复函罗斯福总统，感谢罗斯福总统夫妇对宋美龄热忱款待。⑥ 并致电宋美龄询问愿否访英。⑦

12 月 22 日 英国克利浦斯（Kerrybs）爵士在援华募捐晚会上发表演说指出，英国人民尤应设法了解中国人民，并希望目前在美之蒋夫人在返国前能来英一游，过去中国人民对英国未完全满意，希望今后应以行动博得此伟大民族之友谊。⑧

12 月 23 日 会见霍普金斯，泛谈关于非洲战事及苏联战后之期望问题。

---

① 《美总统电我总裁蒋夫人备受欢迎》，《中央日报》1942 年 12 月 17 日。

② 《对英政府邀请，蒋夫人尚未作复》，（重庆）《扫荡报》1942 年 12 月 18 日。

③ 《全美妇女欢迎蒋夫人》，《中央日报》1942 年 12 月 19 日。

④ 高素兰编：《蒋中正“总统”档案：事略稿本》（52），第 76 页。

⑤ 高素兰编：《蒋中正“总统”档案：事略稿本》（52），第 93 页。

⑥ 《蒋委员长电复美总统》，《中央日报》1942 年 12 月 21 日。

⑦ 《蒋中正“总统”文物：名人书翰》，卷宗号：002000001373A，台北“国史馆”藏。

⑧ 《克利浦斯盼蒋夫人赴英一游》，（重庆）《扫荡报》1942 年 12 月 22 日。

致电蒋介石，报告与霍普金斯谈话要点：(一）美预计明年一月中将德军逐出非洲。(二）妹询俄国对于战后有期望否？霍普金斯答，俄拟割据立拉爱（立陶宛、拉脱维亚、爱沙尼亚）三国。对非洲及远东，斯大林亦表示要求善后问题。(三）战后罗斯福决不与俄开战，自信对斯大林有方法约束与应付。(四）霍普金斯告德近来拉拢日本甚力，妹乘机探询德国之军官可否利用，以团结结束战事。据称，美国决不愿为此期有任何谈判。(五）综合谈话印象，妹恐战后，美、英、俄等国又将忙于自身利益，将置我国于不顾。但如我善为准备，仍可在和议席上争得重要地位。①

蒋介石致电，祝贺圣诞节并勉其“为国增光，完成天父赐予吾人之使命”。②

12 月 29 日 接“新运”妇女指导委员会暨中国全体妇女界慰问电并贺年禧。③

12 月 30 日 蒋介石致电称，由董显光在美协助。嘱以后勿再提德事，恐对方引起误会。又说：“一切应酬与外交事暂时搁置，专以养疴为重。刻已催大姐旧历年后来美协助。”④

* * * * * *

是年

1 月 1 日 英、中、苏等二十六国在华盛顿签署《联合国家共同宣言》。宣言除对《大西洋宪章》表示拥护外，宣告各国政府保证运用其一切军事与经济资源对抗轴心国家，不与敌人缔结单独停战协定或和约。此宣言在世界反法西斯战争期间，又陆续有二十一个国家签署。

1 月 5 日 日前，中国战区（包括泰、越、缅甸北部地区）统帅部建立，蒋介石就任中国战区总司令。不久，美国委派史迪威

---

① 高素兰编：《蒋中正“总统”档案：事略稿本》(52)，第 135—136 页。
② 高素兰编：《蒋中正“总统”档案：事略稿本》(52)，第 109 页。
③ 《蒋夫人为国宣劳妇女界电美慰问》，《中央日报》1942 年 12 月 31 日。
④ 高素兰编：《蒋中正“总统”档案：事略稿本》(52)，第 137 页。

作为中、缅、印战区美军的指挥官和蒋介石的参谋长。

6月2日 宋子文和美国国务卿赫尔在华盛顿签署《中美抵抗侵略互助协定》。

8月15日 国民政府免除胡适驻美大使职务。

1943年 四十四岁

1月2日 致电蒋介石，告知其与霍普金斯就中国战场军情及蒋对反攻缅甸的意见进行会谈：即中方在云南战场缺乏空中力量的支持，所以无法进行总反攻；解决缅甸问题的先决条件是陆军与空军联合作战，从中国和印度反攻，同时由英国进行海面封锁；英美参谋部拟于1943年3月1日开始反攻缅甸。[①] 希望蒋及时通知国内战事消息以便答复美方；询问蒋对英国邀请她赴英访问的意见。

同日 蒋介石致电，指示其应允诺加拿大总理的访问邀请。[②]

1月4日 致电蒋介石，告知其月底将至白宫会谈，希望详细了解近期涉及中英关系的相关文件内容以便应对赴美的丘吉尔，并希望指派熟悉中国空军情况的官员与宋蔼龄、宋子文同时赴美以便咨询。[③]

1月5日 蒋介石致电，希望宋与美方会谈时，对英国不愿如约派军进攻仰光以致反攻缅甸延期的行为表示出遗憾。另外，告知宋蔼龄无意赴美。[④]

1月11日 蒋介石致电，告知丘吉尔将于一周内抵美，指示她如有人问及中英同盟之事，仍应表示要求美国参加；将派毛邦

---

① 《自纽约致蒋介石告知霍浦金斯来访询谈我国内军情及请将国内重要战事消息随时电知电》，载张宪文、武菁主编：《宋美龄文集》第三卷，第1188—1189页。

② 《革命文献——对美外交：蒋夫人访美》，台北“国史馆”藏，典藏号：0020-00000391A。

③ 《革命文献——对美外交：蒋夫人访美》，台北“国史馆”藏，典藏号：0020-00000391A。

④ 《革命文献——对美外交：蒋夫人访美》，台北“国史馆”藏，典藏号：0020-00000391A。

初负责空军咨询事宜。[①]

1月16日　致电蒋介石，询问《中英新约》条款的具体内容。[②]

1月18日　致电蒋介石，表示准备在丘吉尔未到美国之前至海德公园罗斯福私人官邸稍作逗留，以示与罗斯福夫妇关系之特殊。[③]

同日　蒋介石致电，询问居里（Lauchlin Currie）对记者所表示中国要求武器而不肯抗战的言论是否属实。另告知宋，《中英新约》内容与《中美新约》大致相同，但英方不肯涉及归还九龙租借地问题。[④]

1月20日　致电蒋介石，表示对居里所称国民党军队西北驻兵并非为抗战之用的“诋毁”确有耳闻。[⑤]

1月24日　蒋介石致电，赞成宋美龄至罗斯福家乡游览，并指示其在与罗斯福会谈时最好只谈国际局势与战后政策，所需飞机与陈纳德等事暂不提及，可待宋子文抵美后再议。[⑥]

1月26日　致电蒋介石，告知罗斯福与丘吉尔已在北非会议上决定了1943年的战略，询问蒋是否实时了解会议情况。另外，告知美国舆论界对蒋未被邀请参加北非会议表示不满，询问是否可利用此机会促使美政府采取积极态度援助中国。[⑦]

1月29日　蒋介石致电，嘱咐她应冷静处理中美关系，不应

---

① 《革命文献——对美外交：蒋夫人访美》，台北“国史馆”藏，典藏号：0020-00000391A。

② 《革命文献——对美外交：蒋夫人访美》，台北“国史馆”藏，典藏号：0020-00000391A。

③ 《革命文献——对美外交：蒋夫人访美》，台北“国史馆”藏，典藏号：0020-00000391A。

④ 《古兆鹏抄发蒋介石致宋美龄密电（1943年1月18日）》，载《蒋中正“总统”文物——对英法德意关系（三）》，台北“国史馆”藏，典藏号：002000002102A。

⑤ 《革命文献——对美外交：蒋夫人访美》，台北“国史馆”藏，典藏号：0020-00000391A。

⑥ 《革命文献——对美外交：蒋夫人访美》，台北“国史馆”藏，典藏号：0020-00000391A。

⑦ 《革命文献——对美外交：蒋夫人访美》，台北“国史馆”藏，典藏号：0020-00000391A。

批评美政府。[①]

2月5日 致电蒋介石，询问蒋与美空军司令安诺德的会谈详情。[②]

同日 再次致电蒋介石，告知罗斯福在太平洋会议报告中关于缅甸战场的计划，即一面提供中方大量飞机，一面由陆军沿伊雷和底河攻击日军。宋美龄认为缅甸战事不应限于沿河区域，应将日军完全驱出缅甸境内以免日军反扑，并强调应要求美军加入中英联队，以免我方“又吃英人之亏”。再次询问安诺德（Henry Harley Arnold）是否提及援华飞机的具体数量。[③]

2月7日 蒋介石致电，告知安诺德已于是日回美，双方就空运量与补充飞机的问题进行了讨论，但最终仍需美方确定相关方案。[④]

2月9日 致电宋蔼龄告知自己的行程计划，具体如下：2月17日，赴白宫；2月18日，美国国会讲演，之后至阿灵顿美国无名士兵纪念碑献花；3月1日，返回纽约，赴市政府接受纽约荣誉公民称号；3月2日，在麦迪逊花园演讲；3月4日，在卡尼奇会堂向华侨演讲；3月12日，赴芝加哥演讲；3月18日，赴旧金山，在市政府接受旧金山金钥匙。[⑤]

2月10日 病情好转出院。

2月12日 应美国罗斯福总统夫妇邀请，赴海德公园罗斯福私人官邸休养。

2月13日 蒋介石连发四封电报指导宋美龄在美演讲，内容

---

① 《革命文献——对美外交：蒋夫人访美》，台北“国史馆”藏，典藏号：0020-00000391A。

② 《革命文献——对美外交：蒋夫人访美》，台北“国史馆”藏，典藏号：0020-00000391A。

③ 《自纽约致蒋介石为罗斯福总统在太平洋会议中所作缅甸方面之报告提供意见电》，载张宪文、武菁主编：《宋美龄文集》第三卷，第1196页。

④ 《革命文献——对美外交：蒋夫人访美》，台北“国史馆”藏，典藏号：0020-00000391A。

⑤ 《自纽约致宋蔼龄告知即将在美国各地演讲及宴会之行程电》，载张宪文、武菁主编：《宋美龄文集》第三卷，第1197页。

如下：

一、“美国会对于中美平等新约及其撤销在华特权之议案于十一月一致通过，此为中美两国友爱之基础，表示无任感慰之意，此点应否提及请再酌之；深信华盛顿总统今日如尚在世，则其必主张美国须与东方被压迫民族共同奋斗，又如林肯总统如果生于今生，亦如今日罗斯福总统以解放被压迫人类为己任，此乃美国立国平等自由之精神，亦即耶稣基督博爱和平之教义，而与我中国孔夫子大同世界及国父孙博士三民主义立国之基本原理相同也……”希望宋美龄酌情予以讨论。

二、“对国会讲演语意只以友邦地位陈述意见以备其检讨与采择之态度出之，不使听者觉有训示或请求之意，其次应使听众能移其目光，留心于太平洋问题之重要，再次认定日本为中美两国共同之敌人，非根本打倒不可。再次可论战后亚洲经济地位之重要，应准备大量开发亚洲尤其是中国之资源。若能以中国之物资人力与美国机器资本配合，则中美两国百年内之经济皆无虑其缺乏，而世界全人类生活亦必能长足进步，增进其无穷之幸福矣”，强调中国的世界地位。

三、指出演讲应回顾中国近代历史以凸显中美友谊之源流：“自一八四二年鸦片战争以来，在此百年间中国之领土与主权被世界上每一个国家所剥夺。惟有美国对中国不但无侵略我领土之行动，而且时时领导各国表现其恢复中国主权之事实，即此一点凡我军民皆知。美国民主主义之纯洁无瑕及其对中国高尚友谊之可贵殊非任何各国之关系所可比拟也。”

四、“演讲中对于日本海陆空军实力不可轻视一点亦须注意。根据中国六年来与日本作战之经验深知日本武力之精强，比之德国在技术与科学方面虽有逊色，但其作战精神与其民族野心及其侵略教育则有过之而无不及。世人多视日本军力为容易对付，或以先打败德国之后日本即不成问题，此种心理实为错误。民主联合各国如不改变此种心理，甚恐将来因此而受不测之打击，此应请各盟邦特别注意而切勿轻易视之……”希望宋美龄通过演讲警告各国，应重视日本的军事力量。①

2 月 16 日 复电蒋介石，言称："妹向国会及各地演讲词当分别遵照电示，总以维持我国家尊严，宣扬我抗战对全世界之贡献及阐明中美传统友好关系为原则，从大处着眼，以世界观点说明战后合作之必要。"②

2 月 17 日 抵达华盛顿。

2 月 18 日 在美国国会两院联席会议上发表演说，赞扬美国部队的战斗力、美国的民主政体，介绍中国人民浴血抗战的情况，并强调不可小视日本的军事力量，提出要以实际行动实现中美两国共同的理想，建立和平的世界。演讲遵循了蒋介石 2 月 13 日四封电报的要求。

当天返回纽约。

2 月 19 日 宋美龄与罗斯福总统夫妇在白宫举行新闻记者招待会，美军参谋长李海上将（Admiral Leahy）、居里、美国财长摩根韬（Henry Morgenthau，Jr.）夫人等人出席了招待会。罗斯福总统夫人代表美国女界学会"志奥美亚"姊妹会（Chi Omega Sorority）赠予宋美龄该会年度奖章，赞扬她在中国抗击日本侵略者战争中的工作，认为其工作的实质是为人类谋幸福。

2 月 20 日 蒋介石致电，对宋美龄的议会演讲表示满意，认为该演讲会起到比较大的成效。另外提到原来转托宋子文面交她的文件中所涉及史迪威不易合作一事，此时似乎不宜提及，请她斟酌。

同日 宋美龄致电蒋介石，告知美国拟派克拉特海林为美驻华大使。③

2 月 22 日 是日为华盛顿诞辰两百周年纪念日，宋美龄与罗

---

① 《事略稿本——民国三十二年二月》，1943 年 2 月 13 日记事，台北"国史馆"藏，《蒋中正"总统"文物》，典藏号：002000000653A。

② 《事略稿本——民国三十二年二月》，1943 年 2 月 16 日记事，台北"国史馆"藏，《蒋中正"总统"文物》，典藏号：002000000653A。

③ 《事略稿本——民国三十二年二月》，1943 年 2 月 20 日记事，台北"国史馆"藏，《蒋中正"总统"文物》，典藏号：002000000653A。

斯福夫人先至阿灵顿（Arlington）无名英雄墓献花，继而与罗斯福夫妇同至佛能山（Mt. Vernon）华盛顿夫妇陵墓献花。

是日 宋子文抵达华盛顿。

2月24日 出席罗斯福夫人举办的新闻界女记者招待会。在回答记者提出有多少中国人需要美国供给粮食的问题时，她表示中国并不需要美方提供粮食援助，中国需要的是军械，以驱除共同的敌人。之后，在回答记者关于中国最需要何种军械时，她明确表示第一需要飞机及相关配件，第二需要重军器，如坦克、大炮。

2月26日 出席中华民国驻美大使馆举办的欢迎茶会。美国副总统华莱士（Henry Agard Wallace）夫妇、陆军总长马歇尔（George Catlett Marshall）、总统参谋总长李海、陆军航空总司令安诺德、英国驻美大使哈利法克斯（E. F. L. W. Halifax）、苏联驻美大使李维诺夫、菲律宾总统奎松（Manuel Luis Quezony Molina）等人出席。

2月28日 晚与罗斯福会谈。会谈内容：第一，蒋介石所要求的五百架飞机，罗斯福答应着手办理，预计年底落实并表示运输机三十架也已派员办理。第二，关于战后建设问题，罗斯福表示琉球群岛、满洲及台湾将来应归中国。对于香港问题，宋美龄强调此问题涉及主权，中国决意收回。罗斯福也认为香港主权应属于中国，但可以划定为自由港。另外，双方还就朝鲜、泰国、马来群岛及其他临近中国诸岛的战后政治制度、清算等相关问题进行了讨论。第三，初步讨论了战后国际警戒工作。①

当晚离开华盛顿，返抵纽约。

3月1日 出席纽约市长在纽约市政厅举行的欢迎会，接受荣誉市民称号并发表演讲。指出中国国土虽已被占领五年半，但仍能艰苦作战，完全是源于对正义的坚持，并赞扬中美两国间的友谊，强调抗日战争不仅是为中国人，更是为正义与世界和平。

---

① 《事略稿本——民国三十二年三月》，1943年3月1日记事，台北“国史馆”藏，《蒋中正“总统”文物》，典藏号：002000000654A。

致电蒋介石，报告与罗斯福谈话内容，电末评价罗斯福“为人圆滑不定，较难应付”。①

3 月 2 日 在纽约麦迪逊广场发表演说。详细描述日军空袭重庆时她亲身经历的两件事：一为难民谢绝施舍，一为难民谢绝乘坐蒋介石自用汽车疏散，以此证明中国人民在抗日战争中仍坚守尊严，强调中国人民虽已浴血奋战多年，但仍在坚持战斗，争取正义自由的胜利。在演讲结尾，她特别提到要从历史中吸取教训，避免自私、自满，不应忘记“憎恨与报复均非吾人之出路，而应使用吾人之精力于另一较佳之目的，俾每一个国家均能应用其本有之智慧与能力，建设永远进步之世界，在此世界中一切国家均本公平与正义之基础，参加合作。此次战争结束以后，吾人共同奋斗之目标，应为建设一未来世界，使吾人不得不以全世界为一切神灵、一切人类共有之一大国家”。②

同日 蒋介石致电，赞许宋美龄在华盛顿的言行，并询问具体行程，另外提到《中国之命运》英文版将延至四月底，待她回国校阅后再定稿付印。③

3 月 3 日 出席纽约华侨在卡尼奇会堂举行的欢迎大会，并发表演讲：“首对侨胞援助政府抗战之热忱，表示感谢与欣慰；次保证抗战到底，在日寇所占中国土地有一寸尚未收复之前，必继续抗战；继向侨胞讲述六年来国内军民抗战壮烈情形；最后勖勉侨胞在美必须作良好之公民，表显我大国之高尚品格，尽力服务同盟国之战时工作，以实现和平自由独立之中华民国。”④

是日 全华埠休假一日。

3 月 4 日 出席中华民国驻纽约总领事举行的欢迎茶会，纽约

---

① 《事略稿本——民国三十二年三月》，1943 年 3 月 1 日记事，台北“国史馆”藏，《蒋中正“总统”文物》，典藏号：002000000654A。

② 《在纽约麦迪逊广场演说》，载《蒋夫人思想言论集》编辑委员会编辑：《蒋夫人思想言论集》卷三，台北文物供应社 1966 年版，第 161—168 页。

③ 《事略稿本——民国三十二年三月》，1943 年 3 月 2 日记事，台北“国史馆”藏，《蒋中正“总统”文物》，典藏号：002000000654A。

④ 孔令伟：《蒋夫人美加行纪》，（重庆）中农印刷 1944 年版，第 40 页。

参议会主席摩里斯、威尔基（Wendell Lewis Willkie）夫妇等人参加，宋美龄由于身体原因仅到场十分钟。

3月5日 在宾馆举行记者招待会。有记者问及对华援助问题，她答道："对华援助，必须考虑两种因素，一即军事，一即道义，以飞机军火供给中国，乃是军事的援助，中国人力无穷，但倘能遣派远征军赴华，虽其数目微小，亦可向世界表示美国系崇尚道义，认真从事。"有记者询问国内抗战力量的团结问题，她答道："一国之有内部纠纷，犹如一人与其亲属间有纠纷，但一旦外侮入侵，则阖家或全国均将起而团结应付之。"另外，在记者谈及麦克阿瑟在俾斯麦海所获胜利时，宋美龄表示盟军的任何一处胜利对于促成日本的溃败均有裨益，但强调取得最后胜利的任何攻日战略必须在中国发动。①

两次致电蒋介石。一、告知虽拟交宋子文负责与罗斯福接洽相关问题，但罗斯福仍表示希望通过她本人与蒋介石洽商部分问题，询问是否可以让宋子文参加其与罗斯福的会谈。二、报告本月美国即将运交中国三十架C46五吨运输机，4月份美方将再运交二十架同型号飞机。②

3月6日 离开纽约，经波士顿抵达韦斯理。

3月7日 在母校韦斯理学院发表演说。首先回忆在韦斯理求学时的美好时光，继而谈论妇女在人类历史上的重要地位和作用，认为："妇女之地位逐渐增高，其后发展情形，虽各洲不一，然吾人却可发现一显著相同之点，是即妇女无论在世界上任何地方为人类谋福利，能发生如何力量与影响，亦无论在各该本国已获得何项足以影响政治与经济之成就，其发轫不事铺张之起点，可谓毫无例外。其实，妇女甘愿以小规模开始工作，继则于进行中渐次扩展，故能获得其所能建树之成功。"并特别介绍中国妇女三十余年来，追求女权的努力和妇女在抗战期间参加社会工作所取得

---

① 孔令伟：《蒋夫人美加行纪》，第42页。

② 《事略稿本——民国三十二年三月》，1943年3月5日记事，台北"国史馆"藏，《蒋中正"总统"文物》，典藏号：002000000654A。

的成绩，指出："以往中国妇女之地位，系以其夫之社会经济与政治地位为准绳。今日中国之妇女则以各本人自立而得社会承认其应有之地位。"演讲最后，宋美龄将韦斯理的校训"非以役人，乃役于人"阐述为"合作、谦逊、思想与行动之公正"，号召大家遵循校训，与"黑暗、自私、贪婪"斗争。①

3月8日 离开韦斯理，抵达波士顿，出席市民欢迎大会，当晚返回纽约。

是日 美国驻华大使高斯（Clarence Edward Gauss）奉召返美。

3月11日 罗斯福致电蒋介石，告知美国驻华空军已改组为空军第十四队，继续由陈纳德指挥，另外将增加对华空运能力，以期达到最终每月运送一万吨货物的目标，并计划帮助中国建立战斗机队与轻型轰炸机队。②

3月14日 蒋介石致电宋美龄与宋子文，告知罗斯福在来电中仅允诺建立战斗机与轻轰炸机若干队，并未明言飞机数量，这与之前同美军安诺德将军面谈时所谈补充中国空军飞机至五百架的设定不相符，陈纳德所部飞机不应计算入此五百架飞机之内，希望两人在与美方交流时间接提出。另外指示对英外相艾登（Robert Anthony Eden）到美后应采取之态度与交涉之方针，即应面允艾登访英之邀，重申两国应协力抗敌，谋求世界永久和平。③

3月18日 致电蒋介石，表示其身体欠佳，对英方的访问邀请决定以健康原因辞谢。④

同日 赴芝加哥。

3月19日 接受芝加哥市市长凯莱（Edward. J. Kelly）赠送的

---

① 《在母校魏斯里大学演说》，载《蒋夫人思想言论集》编辑委员会编辑：《蒋夫人思想言论集》卷三，第169—175页。

② 《事略稿本——民国三十二年三月》，1943年3月11日记事，台北"国史馆"藏，《蒋中正"总统"文物》，典藏号：002000000654A。

③ 《事略稿本——民国三十二年三月》，1943年3月14日记事，台北"国史馆"藏，《蒋中正"总统"文物》，典藏号：002000000654A。

④ 《革命文献——对美外交：蒋夫人访美》，台北"国史馆"藏，典藏号：0020-00000391A。

金钥匙。

3月20日 在芝加哥德雷克宾馆（Drake Hotel）召开记者招待会，再次提出中国最需要的是飞机，并在招待会结束时强调："中国绝无领土野心，但求固有领土完整，凡原属中国者必须收还。"①

3月21日 丘吉尔发表演讲，表示战争的进程应是先打败德国，之后再战胜日本，但无须用对付德国的军队去挽救中国。此外，他坚持认为应由英、美、苏来建立战后的世界组织，将中国排除在外。这一讲话体现了其"先欧后亚"的作战思路。

3月22日 在芝加哥运动场发表演讲，谈论美国立国、发展的历史，并指出中国艰苦对日作战的目的就是努力保存中国独有的文化，而这正是民族之间、国家之间共存的基础。针对丘吉尔21日的演讲，她特别强调国际间联合努力与合作的必要性，并呼吁建立战后永久和平。当日离开芝加哥赴旧金山。

3月24日 蒋介石致电宋子文，嘱其与宋美龄商讨美方拨给五百架飞机的要求可暂缓，目前急需防毒面具。②

3月25日 抵达旧金山。下午与顾维钧相谈一小时，主要讨论英国对华政策与丘吉尔21日的广播演说，并表示出对丘吉尔演说的不满。顾力劝她应访问英国，以获得英方在战时及战后的支持。宋对出访英国将受到什么规格的待遇比较顾虑，同时担心可能会伤害印度的感情。在谈话中，宋言及罗斯福曾向她示意，英国一行未必会有收获，可以不去。③

3月26日 蒋介石致电，称："丘吉尔二十一日演词对中国观念毫无变更"，指示宋美龄对访英邀请"不必肯定亦不必答复。"④

---

① 孔令伟：《蒋夫人美加行纪》，第58页。

② 《事略稿本——民国三十二年三月》，1943年3月24日记事，台北"国史馆"藏，《蒋中正"总统"文物》，典藏号：002000000654A。

③ 天津编译中心编：《顾维钧回忆录缩编（上册）》，中华书局1997年版，第605页；中国社会科学院近代史研究所译：《顾维钧回忆录》（5），中华书局1987年版，第262页。

④ 《事略稿本——民国三十二年三月》，1943年3月26日记事，台北"国史馆"藏，《蒋中正"总统"文物》，典藏号：002000000654A。

是日 在旧金山宾馆举行记者招待会。有记者提问："苏日至今和好，中国有何感想?"宋美龄回答："中国人民均为能认清现实者，故深知苏联现在之处境，有种种不能宣布之困难，设吾人遇有此种困难，或将采取同样之政策。"另外，在回答记者中国人是否确实受到毒气攻击时，宋美龄明确答复有，并表示亲眼目睹。

3月27日 在旧金山市政厅发表演讲，列述中美两国的相似点，详述中美两国共同奋斗的重要性，表示坚信"纳粹主义此种狭隘的国家主义必将失败，只有真理与真理的信念才能经得起时间的磨砺与暴力的袭击，同盟国最大的目标是促进人类的进步"。

下午与顾维钧会面，再次讨论访英问题。宋美龄仍犹豫是否应赴英访问。她希望与彼时在美访问的英国外相艾登先行会晤，由于艾登已安排赴加拿大访问，会见未果。①

3月29日 旧金山侨胞集会欢迎宋美龄并呈献捐款。

3月30日 离开旧金山赴洛杉矶。

3月31日 抵达洛杉矶。洛杉矶政府宣布此日为"蒋夫人日"。

4月2日 出席"洛杉矶市民欢迎蒋夫人委员会"举办的晚宴，对客人发表题为《中国民族的精神》的演讲，高赞中国人的责任心与侠义心之崇高伟大。②

4月4日 在洛杉矶好莱坞发表演讲，集中介绍中国抗日战争经过与惨烈情景，赞颂罗斯福的领导才能，并表示中国将尽全力促使世界获得最后的自由。

4月7日 蒋介石致电，询问其身体状况，望其早日回国。③

4月14日 由洛杉矶抵达纽约熊山，魏道明等至车站相迎。宋美龄希望魏竭力促成肯尼迪法案通过，取消对中国移民的限制。④

---

① 中国社会科学院近代史研究所译：《顾维钧回忆录》(5)，第263页。

② 孔令伟：《蒋夫人美加行纪》，第97页。

③ 《革命文献——对美外交：蒋夫人访美》，台北"国史馆"藏，典藏号：0020-00000391A。

④ 天津编译中心编：《顾维钧回忆录缩编（上册）》，第608页。

是日 宋美龄发表声明“促请释放尼赫鲁”①，引起英方不满。

4月28日 与顾维钧会面，宋美龄称其荨麻疹病情加重，访英或者不能成行。

4月29日 蒋介石致电，表示如一两个月内太平洋战场的日军不受到严重打击，日军必将进攻西伯利亚，请宋提示美方注意，并询问美方是否希望日俄之间迅速开战。②

5月1日 从熊山返回纽约，并于次日奔赴巴尔的摩（Baltimore）。

5月3日 离开巴尔的摩，抵达华盛顿。在白宫与罗斯福就反攻缅甸及加强中国战区空军与中印空运等问题进行协商。

5月4日 继续与罗斯福就3日涉及相关问题进行讨论。

5月5日 返抵纽约。告知宋子文她决意取消访英计划。③

5月7日 致电蒋介石，详述3、4两日与罗斯福的谈判情况。谓美方难以达到中方要求美军出兵反攻缅甸的要求，因为美军进兵缅甸须经英国同意。罗斯福希望蒋介石放弃进攻缅甸的计划，尽力维持吉大港（Chittagong）、列多（Ledo）、阿萨密（Assam）的空军基地。宋美龄在会谈中再三强调缅甸对中国战场的重要性，是中国的生命线。最后双方达成四点共识：1. 希望每月空运吨位由七千吨增至一万吨；2. 要求供给空军二大队，罗斯福允诺照办；3. 在列多新路线建成时，美方应帮助中方攻至腊戍、曼德勒，使此路线不再为敌军切断；4. 蒋介石要求美方派三个师的兵力赴缅，罗斯福允诺派一个师的海军陆战队协助抗敌，并表示会与陆军部洽商其余两师的兵力问题。在电文末尾，表示其已决意取消赴英之计划。④

同日 再次致电蒋介石，称其与罗斯福谈判时，罗斯福曾提

---

① 天津编译中心编：《顾维钧回忆录缩编（上册）》，第610页。

② 《事略稿本——民国三十二年四月》，1943年4月29日记事，台北“国史馆”藏，《蒋中正“总统”文物》，典藏号：002000000655A。

③ 天津编译中心编：《顾维钧回忆录缩编（上册）》，第610页。

④ 《事略稿本——民国三十二年五月》，1943年5月7日记事，台北“国史馆”藏，《蒋中正“总统”文物》，典藏号：002000000656A。

及想提供技术人员及机器赴玉门油田设厂，希望她回国后安排。宋向蒋表示，此计划应由中国政府主办为宜。①

5月8日 致电蒋介石，称已与罗斯福谈妥反攻缅甸计划。反攻时空军将由陈纳德指挥，史迪威将仅负责陆军的防守任务，不参加反攻。②

5月11日 致电蒋介石，认为日军进攻西伯利亚的消息对美国而言并没有太大价值。罗斯福原本主张完全放弃反攻缅甸计划，但在她的再三解释下同意助攻缅甸，她建议分步反攻缅甸，即先收复腊戍，再全面反攻。③

5月12日 与罗斯福夫人会面，罗斯福夫人告知丘吉尔当日抵达华盛顿，希望有机会与她见面。④

5月13日 蒋介石致电，表示英美如无意进攻仰光，中方决不能进攻腊戍与缅北，以免造成无谓的牺牲，且强调这是最后的底线，决不可有所迁就。

同日 宋美龄亦三次致电蒋介石，第一电谈到其在美演讲后，美议员向国会提议取消排挤华人法规；第二电谈及她托罗斯福夫人转告罗斯福应尽力按原计划夺回缅甸；第三电称罗斯福与丘吉尔讨论进攻缅甸之事颇多阻滞。⑤

5月16日 罗斯福夫人邀其参加5月23日白宫午宴以便与丘吉尔会面，宋以另有安排谢绝了邀请。⑥

5月19日 致电宋蔼龄，告知在美接洽诸事，并表示与宋子

---

① 《事略稿本——民国三十二年五月》，1943年5月7日记事，台北“国史馆”藏，《蒋中正“总统”文物》，典藏号：002000000656A。

② 《事略稿本——民国三十二年五月》，1943年5月8日记事，台北“国史馆”藏，《蒋中正“总统”文物》，典藏号：002000000656A。

③ 《自纽约致蒋介石对反攻缅甸计划陈述意见电》，载张宪文、武菁主编：《宋美龄文集》第三卷，第1211—1212页。

④ 天津编译中心编：《顾维钧回忆录缩编（上册）》，第612页。

⑤ 《事略稿本——民国三十二年五月》，1943年5月13日记事，台北“国史馆”藏，《蒋中正“总统”文物》，典藏号：002000000656A。

⑥ 天津编译中心编：《顾维钧回忆录缩编（上册）》，第613页。

文共事不易。①

5 月 26 日 致电宋蔼龄，告知美国大部分人士对丘吉尔演讲均不赞同。②

晚与顾维钧及私人医生艾奇理、洛布（哥伦比亚医疗中心基督教长老会医院医生）晚餐。在与顾交谈时，称丘吉尔目中无人，一定要她去华盛顿见他，她谢绝了。因为在国际关系和个人关系上，礼仪和尊严都至关重要、必不可少。强调与外宾及来访者保持礼节的重要。她希望顾维钧告诉艾登，说她在保养精力，以便能乘飞机回国。若不是因为身体，她定会赴英访问。③

6 月 1 日 加拿大总理金（William Lyon Mackenzie King）亲赴纽约，邀请宋美龄访问加拿大。

6 月 3 日 蒋介石致电，称其在衬衫袋中发现 3 月 15 日未寄出的生日贺电，表示抱歉。④

6 月 9 日 蒋介石致电，强调："如果攻缅海军以英国为主力则恐其届时不能履行计划，甚为可虑。仍望美国能派有力海军自主发动攻势。"⑤

6 月 11 日 致电蒋介石，告知第一批援华美机已准备起运；美国派员接替远征军来华事宜正在商讨中；肯尼迪法案中有关中国移民的法律如修正，对中国的影响可能会超过租借法案。⑥

6 月 15 日 抵达加拿大首都渥太华。

6 月 16 日 在加拿大国会下议院对加拿大两院联席会议发表

---

① 《革命文献——对美外交：蒋夫人访美》，台北"国史馆"藏，典藏号：0020-00000391A。

② 《革命文献——对美外交：蒋夫人访美》，台北"国史馆"藏，典藏号：0020-00000391A。

③ 中国社会科学院近代史研究所译：《顾维钧回忆录》（5），第 307 页。

④ 《革命文献——对美外交：蒋夫人访美》，台北"国史馆"藏，典藏号：0020-00000391A。

⑤ 《事略稿本——民国三十二年六月》，1943 年 6 月 9 日记事，台北"国史馆"藏，《蒋中正"总统"文物》，典藏号：002000000657A。

⑥ 《事略稿本——民国三十二年六月》，1943 年 6 月 11 日大事提要，台北"国史馆"藏，《蒋中正"总统"文物》，典藏号：002000000657A。

讲演，赞扬加拿大的议会政体，介绍中国努力作战之种种及所受战争创伤之重，号召各国不应再纵容日本的侵略战争，防止战争的破坏程度超过中国忍受的极限。①

同日下午参加中国公使刘锴在罗利埃别墅举行的茶会，并发表简短解说，感谢加拿大对中国抗战事业的支持与鼓励。

6月17日 在加拿大国会大厦众议院议长葛琏办公室内举行的记者招待会上，通过加拿大媒体发出警告：日本现正努力宣传诱使中国参加日本侵略者的阵线，以对抗西方民主国。强调中国需要空军和重炮。

6月18日 返抵纽约。

是日 蒋介石连发三封电报。希望宋美龄积极与美方沟通，加派陆军进攻缅甸，同时希望苏联能为美方提供西伯利亚空军基地，以便直接轰炸日本；战后远东地区的和平与善后处理问题，待宋美龄将协商结果带回国后再行答复，旅顺与大连中国只可与美国共同使用，而不宜与其他各国共用；另外，希望她与罗斯福辞别时适时提出史迪威的问题。②

6月20日 致电蒋介石，表示此时提出史迪威的问题，可能无益于中美关系。蒋介石随即回电，表示并非正式要求撤换史迪威，如时机不适，不提亦可。③

6月24日 到达华盛顿，向罗斯福夫妇辞行，并与罗斯福洽商反攻缅甸及战后远东地区的和平与善后处理事宜。④

6月25日 离开华盛顿，赴佐治亚省马康城卫斯理安学院。

同日 蒋介石收到宋美龄电报，报告与罗斯福洽商反攻缅甸与远东善后诸问题。具体内容为：第一，罗斯福允诺将派两个师

---

① 《事略稿本——民国三十二年六月》，1943年6月16日记事，台北“国史馆”藏，《蒋中正“总统”文物》，典藏号：002000000657A。

② 《事略稿本——民国三十二年六月》，1943年6月18日记事，台北“国史馆”藏，《蒋中正“总统”文物》，典藏号：002000000657A。

③ 《事略稿本——民国三十二年六月》，1943年6月21日记事，台北“国史馆”藏，《蒋中正“总统”文物》，典藏号：002000000657A。

④ 《事略稿本——民国三十二年六月》，1943年6月大事提要，台北“国史馆”藏，《蒋中正“总统”文物》，典藏号：002000000657A。

的兵力前往缅甸，预计当年9月准备完毕；第二，丘吉尔对缅甸海陆总攻计划并不热心，而缅甸原为英国属地，中美英又为盟国，不便强求英国；第三，关于旅顺、大连、台湾的中美海空军共用问题，罗斯福赞同，并表示俟中国准备完妥后美可退出；第四，朝鲜可由中美俄共管；第五，原“国联”交由日本照管的太平洋各岛，战后可由盟国接收共管。①

6月29日 离美归国。

在美期间，分别获得哈尼曼医科大学（Hahnemann Medical College）授予的法学博士学位（3月25日，由魏道明代领）、芝加哥洛约拉大学（Loyola University）授予的法学博士学位（4月10日，亲临接受）、霍巴特学院（Hobart College）授予的文学博士学位（5月10日，董显光代领）、罗素塞奇学院（Russel Sage College）授予的法学博士学位（5月16日，刘锴代领）、卫斯理安（Wesleyan College）大学授予的法学博士学位（6月26日，亲临接受，并代宋蔼龄、宋庆龄接受同等学位），并成为英国皇家医学院与英国矿学会荣誉会员。②

7月4日 返抵重庆，逢蒋经国自桂林归渝，同车返。蒋纬国前往迎接。③

9月4日 《中央日报》刊登宋美龄对英广播讲话全文，对英国向侵略国家宣战四周年纪念致敬，表示中英两国同受侵略，应并肩携手，争取最终的胜利。④

9月16日 罗斯福致电，表示为保护缅甸战区而增拨的第十四航空队两驱逐中队相关事宜正在办理中。⑤

9月20日 出席全体参政员招待席，发表演讲《浅论民主政

① 《事略稿本——民国三十二年六月》，1943年6月25日记事，台北“国史馆”藏，《蒋中正“总统”文物》，典藏号：002000000657A。

② 孔令伟：《蒋夫人美加行纪》，第3页。

③ 《事略稿本——民国三十二年七月》，1943年7月4日记事，台北“国史馆”藏，《蒋中正“总统”文物》，典藏号：002000000658A。

④ 《蒋夫人等广播向英致贺词》，《中央日报》1943年9月4日。

⑤ 《事略稿本——民国三十二年九月》，1943年9月16日记事，台北“国史馆”藏，《蒋中正“总统”文物》，典藏号：002000000660A。

治》，称“我们中国人比任何民族都富有民主思想，中国人在历史上任何能干的人，无论如何困苦，只要能爱民族、能吃苦，总能够造成极大事业。民之国家，政府知道人民意思以后，即可就人民的意志以施政”。①

10 月 10 日 国民政府授予宋美龄一等空军复兴荣誉勋章。②

10 月 15 日 同蒋介石至北碚澄江镇主持伤病新村落成典礼，并发表讲话鼓励大家将新村建设成为全国自治的模范。③

11 月 18 日 随蒋介石启程飞赴开罗，国防最高委员会秘书长王宠惠、军事委员会办公厅主任商震、航空委员会主任周至柔、侍从室主任林蔚、宣传部副部长董显光等人同行。21 日抵达开罗。

11 月 23 日 上午陪同蒋介石赴罗斯福寓邸，出席中美英三国领袖第一次会议。晚陪同蒋与罗斯福单方会谈，内容涉及战后日本政体、共产主义、中国领土、新疆开发、苏联对日作战、朝鲜独立、中美联合参谋会议、越南独立及战后旅顺港归属等问题。④

11 月 25 日 上午，陪同蒋介石与丘吉尔、蒙巴顿、艾登等人会谈，讨论反攻缅甸问题。后至罗斯福寓邸，蒋介石、丘吉尔、罗斯福、宋美龄留影纪念。

下午随蒋介石再至罗斯福寓邸，讨论中美合作及进攻缅甸相关事项。讨论结束回到驻地后，蒋与宋议定，第二日早宋美龄单独与罗斯福讨论借款与经济协助问题。⑤

11 月 26 日 上午独往罗斯福寓邸会谈。下午陪同蒋介石与罗斯福会谈，内容涉及借款与中国经济、蒙古领土、西藏问题、海军在缅登陆时间等方面。

是日 蒋介石称赞宋美龄自早十一时前往罗斯福官邸商谈，

---

① 《蒋夫人论民主政治》，《中苏文化》1943 年第 14 卷第 5—6 期。

② 《国民政府蒋宋美龄勋奖》，台北“国史馆”藏，典藏号：001000003462A。

③ 《荣军自治区开幕典礼中蒋夫人演词原文》，《中央日报》1943 年 10 月 17 日。

④ 《事略稿本——民国三十二年十一月》，1943 年 11 月 23 日记事，台北“国史馆”藏，《蒋中正“总统”文物》，典藏号：002000000662A。

⑤ 《事略稿本——民国三十二年十一月》，1943 年 11 月 25 日记事，台北“国史馆”藏，《蒋中正“总统”文物》，典藏号：002000000662A。

“十小时内几乎无一息之暇隙，而且时时皆聚精会神，未能有一语之松弛，故至十时已疲乏不堪，从未见有如此情状也。彼目疾而兼皮肤病之痛痒，诚非常人所能胜任也”。①

11 月 27 日 离开埃及，回国途中陪同蒋介石至印度兰溪，会晤英军上将蒙巴顿，并同至蓝姆伽（Ramgarh）营地，检阅中国驻印军。

12 月 1 日 抵达重庆。

同日 中、美、英三国发表《开罗宣言》，宣布将日本窃取的中国领土——满洲、台湾、澎湖列岛等地归还中国，战后给朝鲜以独立。

12 月 5 日 致信美国总统罗斯福，提及开罗会议期间曾谈到美国协助中国解决经济危机方案，并将与孔祥熙对此方案的讨论结果告知：罗斯福所建议的实行方法之确定有待摩根索部长的协助；蒋介石将派孔祥熙或其他全权代表赴美磋商具体方案。信末，宋美龄对罗斯福承诺给予两亿黄金贷款以稳定法币再次表示感谢。②

12 月 24 日 国民政府授予宋美龄青天白日勋章。③

* * * * * *

是年

1 月 11 日 中美、中英分别签订新约，清末以来列强强加于中国的不平等条约开始废除。

2 月 2 日 斯大林格勒战役结束。

3 月 10 日 蒋介石《中国之命运》正式出版。

5 月 13 日 北非战役胜利结束。

---

① 《事略稿本——民国三十二年十一月》，1943 年 11 月 26 日记事，台北“国史馆“藏，《蒋中正“总统”文物》，典藏号：002000000662A。

② 《蒋夫人致罗斯福总统函（三十二年十二月五日）》，载《革命文献——同盟国联合作战：开罗会议》，台北“国史馆”藏，《蒋中正“总统”文物》，典藏号：0020-00000377A。

③ 《国民政府蒋宋美龄勋奖》，台北“国史馆”藏，典藏号：001000003462A。

8月26日 英联合作战部大臣蒙巴顿（L. Louis Mountbatten）任东南亚盟军总司令。

10月13日 意大利对德宣战。

10月30日 中美英俄签订《莫斯科四国宣言》，决定根据一切和平国家主权平等的原则，尽快建立一个普遍性的国际组织。

11月28日—12月1日 德黑兰会议召开。

12月17日 美国国会废除所有排华法案。

1944年 四十五岁

1月13日 国民政府为赴开罗会议人员颁发勋章，宋美龄被授予一等卿云勋章。[①]

1月18日 下午随蒋介石前往中央图书馆，参观北平故宫博物院书画展。[②]

2月3日 随蒋介石赴桂林视察，后至湖南。

2月16日 返回桂林，代表蒋介石慰问中美空军。

2月17日 致信罗斯福，赞扬驻湖南、桂林美国空军的战绩及桂林步兵训练团的成绩，继而提出中国的经济力量难以负担在华美军之需，希望美方提供借款，并派员来华解决中国财政危机问题，以确保中国继续抗战。[③]

2月22日 是日为纪念“新生活运动”十周年之“盲残福利日”。下午在“新运”总会发表讲话勉励盲残；继而前往防盲诊疗所，参加宋蔼龄主持的该所揭幕仪式；之后出席记者会，讲述防盲诊疗所建立的意义，强调“一面固然是为募捐，但教育的意义

---

① 《民国三十三年元旦授勋案》，台北“国史馆”藏，典藏号：001000003618A。

② 《事略稿本——民国三十三年一月》，1944年1月18日记事，台北“国史馆”藏，《蒋中正“总统”文物》，典藏号：002000000664A。

③ 《蒋夫人致罗斯福总统二月十七日函》，载《革命文献——对美外交：财经援助（二）》，台北“国史馆”藏，《蒋中正“总统”文物》，典藏号：002000000385A。

更胜过募捐，预防比事后救济好得多”。[①]

3月3日 罗斯福复信，指出美军在华作战问题仍应与史迪威协商。[②]

3月6日 据《中央日报》报道，纽约麦迪逊圣约翰教堂安装宋美龄五彩玻璃窗以纪念她为世界和平、人类正义所作的贡献。[③]

3月8日 应伦敦国际妇女联盟会之邀，向该会发表致意文告，指出在战争中的妇女不仅应有爱国之心，还应有更长远的眼光，即“把全世界的人类一视同仁，到未来的新秩序实现之时，我们必须以过去对于本国人民的爱护与贡献，推广到整个世界的人类”。[④]

3月12日 “蒋夫人访美照片展”在重庆结束，并于是日运赴各县巡展。[⑤]

4月7日 致电史迪威，称罗斯福4日致蒋介石电文中对中国远征军拖延缅甸西部作战的指责措辞欠妥，会影响两国的盟友关系，希望史迪威向美方表明此意。[⑥]

5月13日 接受美国各大学校友联合会荣誉褒扬，联合会会长薛勃莱通过美国之音致介绍词，并宣读褒扬令全文。[⑦]

5月23日 捐助江西中华儿童新村四十八万元。[⑧]

6月14日 是日为联合国纪念日。宋美龄发表广播演说，表示不论是国家或个人，只要精神上保持自由不受束缚，就能抗御

---

① 《防盲诊疗所开幕》，《中央日报》1944年2月23日。宋蔼龄时任盲民幸福委员会委员长。

② 《事略稿本——民国三十三年三月》，1944年3月3日记事，台北“国史馆”藏，《蒋中正“总统”文物》，典藏号：002000000666A。

③ 《美人装制五彩玻璃窗纪念蒋夫人伟大贡献》，《中央日报》1944年3月6日；一说此五彩玻璃窗位于华盛顿华府西北十六街一所卫理公会的教堂，见章文灿、玉英编著：《百年风流宋美龄照片》，团结出版社2008年版，第28页。

④ 《蒋夫人告国际妇女》，《中央日报》1944年3月9日。

⑤ 《蒋夫人访美照片展》，《中央日报》1944年3月13日。

⑥ 《蒋中正“总统”档案：事略稿本（56）》，台北“国史馆”2011年版，第621页。

⑦ 《美国各大学校友联合会赠献蒋夫人荣誉褒扬令》，《中央日报》1944年5月14日。

⑧ 《蒋夫人捐助赣县儿童新村》，《中央日报》1944年5月23日。

任何不人道的打击，克服任何苦难，重申中国维护自由的信心与希望。①

同日 蒋经国致电，报告已安抵江西，一切工作皆照常。另代表新村儿童感谢她的五十万元捐款。②

7月2日 通过秘书询问董显光，孔令伟编写的《蒋夫人美加行纪》社会各界反应如何。③

7月9日 自重庆飞赴巴西，13日抵达里约热内卢，宋蔼龄等同机抵达。④

7月26日—9月9日 留居里约热内卢东郊石庐别墅（Casa Das pedras）。⑤

9月11日 入住纽约长老会医院疗养。⑥

9月21日 蒋介石致电，询问病情并告知决定设立战时生产总局，专事调整各种生产与运输业务。另表示对史迪威不满。⑦

9月26日 蒋介石致电，告知最近罗斯福的电报严责中国军情并强迫他委任史迪威为中国总司令，且电报措辞不堪忍受。蒋表示："关于中国立国之'三民主义'与中国之主权及中国国家与个人之人格如稍有损丧，则余必不惜任何牺牲，不能因循迁就。否则联盟国作战完全胜利，则虽胜尤败。"并告知已交给罗斯福一份要求撤换史迪威的备忘录，表示史迪威"绝难再留"。电末嘱咐宋美龄："如有人来说情，应严正拒绝，并请其从速撤换，以免阻碍今后之合作。"⑧

---

① 《蒋夫人广播》，《中央日报》1944年6月15日。

② 《蒋经国致宋美龄电文资料》，台北"国史馆"藏，典藏号：0020000002017A。

③ 《中宣部国际宣传处董显光与宋美龄及其秘书来往函件等》，中国第二历史档案馆藏，档案号：九/761。

④ 《蒋夫人抵巴西》，《中央日报》1944年7月16日。

⑤ 《巴西国人民崇敬蒋夫人》，《中央日报》1958年2月12日。

⑥ 《蒋夫人就医纽约》，《中央日报》1944年9月13日。

⑦ 《事略稿本——民国三十三年九月》，1944年9月21日记事，台北"国史馆"藏，《蒋中正"总统"文物》，典藏号：002000000672A。

⑧ 《蒋介石致孔祥熙宋美龄密电（1944年9月26日）》，《远征入缅（一）》，台北"国史馆"藏，典藏号：002000002114A。

10月8日 威尔基因脑出血逝世。

同日 由长老会医院搬至纽约市郊弗里代儿（Riverdale）孔祥熙宅邸休养。①

10月19日 美国政府决定召回史迪威，另派魏德迈为中国战区参谋长。

11月9日 致电罗斯福，祝贺其三度当选美国总统。②

12月22日 蒋经国致电，恭祝圣诞快乐。③

* * * * * *

是年

1月 张澜等在成都发起成立中国民主宪政促进会。

4月 豫湘桂战役开始。

6月6日 英美联军在诺曼底登陆，欧洲第二战场开辟。

1945年 四十六岁

4月25日 蒋经国次子蒋孝武在浙江奉化出生。④

6月 参观纽约州女犯监狱，收集材料作为管理中国女监之借鉴，并与犯人交谈。⑤

7月7日 致电英国友人克利浦斯夫人，对其为战时中国募款表示感谢。⑥

8月9日 致电蒋经国，询问蒋介石身体情况，希望随时电告相关情况。⑦

---

① 《蒋夫人移孔邸休养》，《中央日报》1944年10月12日。

② 《蒋夫人电贺罗斯福当选》，《中央日报》1944年11月10日。11月9日为美国东部时间。

③ 《蒋经国致宋美龄电文资料》，台北“国史馆”藏，典藏号：002000002017A。

④ 简洁、孟忻编著：《蒋介石和宋美龄》，吉林文史出版社1989年版，第189页。

⑤ 《蒋夫人参观纽约州女监狱》，《中央日报》1945年6月17日。

⑥ 《克利浦斯夫人募款援华，蒋夫人于七七致电申谢》，《中央日报》1945年7月10日。

⑦ 《宋美龄致蒋经国文电资料》，台北“国史馆”藏，典藏号：002000002016A。

8月15日 在纽约国家广播公司发表广播演讲，庆祝战争的胜利，并对美国给予中国的援助表示感谢。①

8月29日 晨自纽约飞抵华盛顿，分别与美国总统杜鲁门、美军参谋总长马歇尔会谈。

是日起程回国。②

9月4日 飞抵加尔各答。③

9月5日 下午飞抵重庆，晚在中央干部学校举办茶话会，招待苏联大使，毛泽东、周恩来、王若飞等人同席。④

9月14日 与妇指会总干事张蔼真及各组组长商谈会务并布置工作。⑤

9月21日 下午在林园官邸举办茶会，招待美军妇女辅助队及美国红十字会服务人员。⑥

9月26日 被任命为中央妇女运动委员会主任委员。

9月27日 陪同蒋介石至西昌视察。

10月10日 国民政府授予忠勤勋章、胜利勋章。⑦

10月16日 在林园官邸举办茶会，招待即将回国的美国第十四航空队官兵，并致辞号召大家继续为世界和平、民主而奋斗。⑧

10月20日 陪同蒋介石飞抵泸州，检阅青年军二〇三师。

12月11日 同蒋介石飞至北平。

12月19日 同蒋介石由北平飞抵南京，拜谒孙中山陵寝，并至灵谷寺祭奠阵亡将士。⑨

---

① 《蒋夫人在美播讲》，《中央日报》1945年8月17日。

② 《蒋夫人飞返国，行前拜会杜鲁门总统》，《中央日报》1945年8月30日；《蒋夫人启程返国前曾晤马歇尔安诺德》，《中央日报》1945年8月31日。

③ 《蒋夫人抵加尔各答》，《中央日报》1945年9月5日。

④ 《蒋夫人返抵渝》《蒋主席暨夫人茶会招待苏大使》，《中央日报》1945年9月6日。

⑤ 佟静：《宋美龄大传（下）》，团结出版社2006年版，第339页。

⑥ 《蒋夫人昨在林园招待美军妇女队》，《中央日报》1945年9月22日。

⑦ 《国民政府忠勤勋章》，台北“国史馆”藏，典藏号：001-3527A；《国民政府胜利勋章》，台北“国史馆”藏，典藏号：001-3527A。

⑧ 《惜别美十四航空队，蒋夫人昨招待茶会》，《中央日报》1945年10月17日。

⑨ 《蒋主席谒总理陵寝》，《中央日报》1945年12月20日。

12 月 21 日 同蒋介石在南京接见来华调处国共冲突的美国总统特使马歇尔。①

12 月 23 日 返回重庆。

12 月 30 日 蒋经国致电，报告其已安抵莫斯科，问候新年。②

* * * * * *

是年

2 月 4—11 日 美、苏、英三国首脑在苏联雅尔塔举行会议，英美与苏联达成秘密协定：维持蒙古国“现状”；恢复以前沙俄在中国和远东特权。这些侵犯了中国主权。

4 月 12 日 美国总统罗斯福逝世。

7 月 26 日 中、美、英发表《波茨坦公告》，敦促日本投降。

8 月 6 日、9 日 美国在日本广岛、长崎投下两颗原子弹。

8 月 8 日 苏联对日宣战，进攻中国东北的日本关东军。

8 月 14 日 中苏订立《中苏友好同盟条约》。

8 月 15 日 裕仁天皇播发停战诏书，日本宣布无条件投降。

8 月 28 日 毛泽东、周恩来、王若飞等至重庆与国民党代表举行会谈。

10 月 10 日 国共双方签订《国民政府与中共代表会谈纪要》。

1946 年　四十七岁

1 月 9 日 与妇指会工作人员聚餐，商讨当年“三八”节如何应对共产党妇女运动问题。③

1 月 18 日 蒋经国致电，报告东北各项准备均已办妥，静候她的到来。④

---

① 佟静：《宋美龄大传（下）》，第 341 页。

② 《蒋经国致宋美龄电文资料》，台北“国史馆”藏，典藏号：0020000002017A。

③ 佟静：《宋美龄大传（下）》，第 359 页；《蒋夫人与妇委会同人举行聚餐联欢》，《中央日报》1946 年 1 月 10 日。

④ 《蒋经国致宋美龄电文资料》，台北“国史馆”藏，典藏号：0020000002017A。

1 月 19 日 蒋经国致电，报告苏联马林洛夫斯基元帅询问她抵达长春日期，以便会面。另外，提醒其多带寒衣以避寒冷。①

1 月 20 日 自重庆飞抵北平。②

1 月 21 日 致电蒋介石，告知与美国公使罗宾逊等人的会谈情况：第一，北平军事调处执行部办事情况尚属乐观；第二，美方对叶剑英印象颇好，她反驳为何 13 日后仍有冲突，美方解释为电台原因；第三，若干地区冲突不断，执行部已派出六组调查组前往调查；第四，执行部已初步停止共产党军队占领集宁的行动；第五，执行部派机前往侦察，赤峰俄军引发的误会已解决，苏方对于停战令表示好感；第六，她自感美方人员完全听从马歇尔指挥。③

1 月 22 日 下午抵达长春。

1 月 23 日 上午巡视长春市区，并至市立医院探视病患，中午在寓所会见东北妇女代表。下午出席在中央银行大礼堂举办的各界代表欢迎茶会，为苏军将校授勋。④

1 月 24 日 上午十时至苏军兵营，检阅苏军仪仗队。十一时出席市民大会，并表示将促请善后救济总署救济东北难民。下午发表广播讲话，称："东北同胞无论男女老幼，都不愧为中华民国的国民，一致信仰三民主义，不是任何有形力量所能摧毁的……国军来此保护你们，为你们工作，我希望你们将国军视为自己的弟兄；你们要知道责任重大，要用各种方法为国家服务……乘此千载一时的良机，人人尽责努力，来提高我们同胞的文化水平和

---

① 《蒋经国致宋美龄电文资料》，台北"国史馆"藏，典藏号：002000002017A。

② 董显光：《一个农夫的自述：董显光自传》，曾虚白译，台北新生报社出版部 1981 年版，第 226 页。

③ 《宋美龄致蒋介石密电（1946 年 1 月 21 日）》，《谈判诡谋（一）》，台北"国史馆"藏，典藏号：002000002273A。

④ 《蒋夫人慰问长春病兵，代表政府向苏军授勋》，《中央日报》1946 年 1 月 24 日。

生活标准”。当晚出席苏军总部举行的饯行宴会。[1]

1 月 27 日 与蒋经国同机返抵重庆。[2]

2 月 13 日 上午陪同蒋介石至上海市政府出席中外记者招待会，后赴江海关码头参观美巡洋舰。下午举行茶会，招待上海士绅及美国教会人员。[3]

2 月 21 日 陪同蒋介石至杭州，游览雷峰塔、岳飞墓、灵隐寺、宝俶塔、钱塘江铁桥。[4]

3 月 4 日 出席国民党六届二中全会，会议决定撤销“国防最高委员会”，恢复“中央政治委员会”，并由该会指导国民政府相关工作。[5]

3 月 8 日 出席重庆市各界妇女举行的“三八”节纪念大会，并致辞赞扬妇女在抗日战争期间所作的贡献。

3 月 10 日 主持儿童保育会成立八周年纪念暨新址落成典礼，并致辞对该会八年来的工作表示满意。[6]

3 月 13 日 蒋经国致电，报告在溪口扫墓情况，并恭祝生日快乐。[7]

3 月 14 日 蒋经国、蒋纬国再致贺电，恭祝生辰快乐。[8]

3 月 18 日 在官邸与东北旅渝人员商讨救济东北事宜，旋被推选为东北救济会会长。[9]

---

① 《蒋夫人向东北保证，长城内外一视同仁》，《中央日报》1946 年 1 月 26 日。《蒋夫人长春广播词》，《中央日报》1946 年 1 月 27 日。参见董显光：《一个农夫的自述：董显光自传》，第 228 页。

② 《事略稿本——民国三十五年一月》，1946 年 1 月 27 日记事，台北“国史馆”藏，《蒋中正“总统”文物》，典藏号：002000000688A。

③ 《事略稿本——民国三十五年二月》，1946 年 2 月 13 日记事，台北“国史馆”藏，《蒋中正“总统”文物》，典藏号：002000000689A。

④ 《事略稿本——民国三十五年二月》，1946 年 2 月 21 日记事，台北“国史馆”藏，《蒋中正“总统”文物》，典藏号：002000000689A。

⑤ 《蒋夫人昨出席二中全会》，《中央日报》1946 年 3 月 5 日。

⑥ 《儿童保育会八周年纪念蒋夫人出席致辞》，《中央日报》1946 年 3 月 11 日。

⑦ 《蒋经国致宋美龄电文资料》，台北“国史馆”藏，典藏号：002000002017A。

⑧ 《蒋经国致宋美龄电文资料》，台北“国史馆”藏，典藏号：002000002017A。

⑨ 《蒋夫人招待东北人士商讨救济东北》，《中央日报》1946 年 3 月 19 日。

4 月 9 日 致函军务局，开列遗族学校复校筹备所需各项经费。①

4 月 30 日 随蒋介石至西安视察。

5 月 2 日 随蒋介石至汉口视察。

5 月 3 日 自汉口飞至南京。

是日下午，陪同蒋介石与美国济赈委员会主席胡佛商讨粮食救济问题。②

5 月 5 日 与美国陆军总参谋长艾森豪威尔会晤。

5 月 12—16 日 偕马歇尔夫人在上海游玩。③

5 月 23 日 陪同蒋介石抵达沈阳视察。

5 月 24 日 致电马歇尔，将国民党方面订立的与共产党达成谅解的基础条款分列告知，询问美方能否保证切实履行。④

5 月 28 日 致电马歇尔，向其转达蒋介石对于东北问题的态度：如共产党无法贯彻停战、政治协商、整军三协定，那么获得“和平”的唯一途径就是占领东北军事要点，以强使共产党实行其签订的协议。⑤

5 月 29 日 出席沈阳各界民众欢迎大会。

5 月 30 日 飞至北平，当晚蒋介石自长春视察后亦飞至北平。⑥

6 月 2 日 陪同蒋介石视察李文司令部。⑦

---

① 《蒋中正“总统”文物：一般资料——呈表汇集（一〇六）》，典藏号：0020-00001922A。

② 《事略稿本——民国三十五年五月》，1946 年 5 月 3 日记事，台北“国史馆”藏，《蒋中正“总统”文物》，典藏号：002000000692A。

③ 佟静：《宋美龄大传（下）》，第 345 页。

④ 《革命文献——政治协商与军事调处（二）》，台北“国史馆”藏，典藏号：002000000410A。

⑤ 《革命文献——政治协商与军事调处（二）》，台北“国史馆”藏，典藏号：002000000410A。

⑥ 《事略稿本——民国三十五年五月》，1946 年 5 月 30 日记事，台北“国史馆”藏，《蒋中正“总统”文物》，典藏号：002000000692A。

⑦ 《事略稿本——民国三十五年六月》，1946 年 6 月 2 日记事，台北“国史馆”藏，《蒋中正“总统”文物》，典藏号：002000000693A。

6月3日 飞抵南京。

6月13日 与蒋介石设午宴，招待即将离华的英国驻华大使萨穆。[①]

7月14日 陪同蒋介石飞抵庐山避暑。[②]

7月19日 司徒雷登至庐山呈递国书。

7月22日 宋庆龄在上海发表讲话，要求立即成立联合政府，并请美国停止军事援华。

8月1日 晚与蒋介石共赴马歇尔宴请，美国驻华海军总司令柯克上将夫妇亦出席。[③]

8月10日 马歇尔与美国驻中国大使司徒雷登发表声明，宣布调处失败。

9月14日 蒋经国致电张嘉璈，告知宋美龄赴东北慰问时向中国银行所借的五十万元东北券无法检据报销，请东北行辕予以核销。[④]

10月21日 自南京飞至台湾，随蒋介石视察台北市区。[⑤]

10月23日 晨随蒋介石至台中视察。午后游玩日月潭，并视察水利工程建设。[⑥]

10月25日 随蒋介石参加台湾省光复一周年纪念大会。会议结束后，乘“美龄号”专机离台，午后抵达上海。

下午，夫妻二人同至倪桂珍墓献花，后至宏恩医院探视端纳（William Henry Donald）病情，并视察上海市区。[⑦]

---

① 中国社会科学院近代史研究所译：《顾维钧回忆录》（5），第722页。

② 《三十五年大事记》，《中央日报》1947年1月1日元旦增刊。

③ 《事略稿本——民国三十五年八月》，1946年8月1日记事，台北“国史馆”藏，《蒋中正“总统”文物》，典藏号：002000000695A。

④ 《蒋经国致张嘉璈密电（1946年9月14日）》，《一般资料——蒋经国致各界电文资料（六）》，台北“国史馆”藏，典藏号：002000002023A。

⑤ 《事略稿本——民国三十五年十月》，1946年10月21日记事，台北“国史馆”藏，《蒋中正“总统”文物》，典藏号：002000000697A。

⑥ 《事略稿本——民国三十五年十月》，1946年10月23日记事，台北“国史馆”藏，《蒋中正“总统”文物》，典藏号：002000000697A。

⑦ 《事略稿本——民国三十五年十月》，1946年10月25日记事，台北“国史馆”藏，《蒋中正“总统”文物》，典藏号：002000000697A。

10 月 31 日 是日为蒋介石生日，宋美龄邀请马歇尔夫妇及美国《时代》《生活》《幸福》三杂志发行人鲁斯（Henry Robinson Luce）同游无锡，当晚返回南京。①

11 月 14 日 出席遗族学校成立十八周年纪念会，并致贺词。②

11 月 17 日 中午与蒋介石同游紫霞洞野餐。下午举办茶会招待国民大会妇女代表。③

12 月 23 日 蒋经国致电，恭祝圣诞快乐。④

* * * * * *

是年

1 月 10 日 国共双方签署《关于停止国内冲突的命令与声明》，并向各所属部队发布停战令。同日，政治协商会议在南京召开。

1 月 14 日 北平军事调处执行部成立，由共产党、国民政府和美国政府三方代表监督停战令的执行。

4 月 18 日 国民党军队对四平街发动攻城战，国共内战重新爆发。

5 月 5 日 国民政府在南京举行还都典礼。

11 月 4 日 《中美友好通商航海条约》在南京签字。

12 月 25 日 《中华民国“宪法”》三读通过，定于 1947 年 12 月 25 日施行。

12 月 30 日 北平学生举行抗议美军暴行游行，要求美军撤退。

---

① 《事略稿本——民国三十五年十月》，1946 年 10 月 31 日记事，台北“国史馆”藏，《蒋中正“总统”文物》，典藏号：002000000697A。

② 《遗族学校昨校庆，蒋夫人亲临训话》，《中央日报》1946 年 11 月 15 日。

③ 《事略稿本——民国三十五年十一月》，1946 年 11 月 17 日记事，台北“国史馆”藏，《蒋中正“总统”文物》，典藏号：002000000698A。

④ 《蒋经国致宋美龄电文资料》，台北“国史馆”藏，典藏号：002000002017A。

1947年　四十八岁

1月7日　晚与蒋介石在南京黄浦路官邸设宴为马歇尔饯行。①

2月15日　至“新运”妇女指委会南京下关实验儿童福利站、中山路职业妇女日间托儿所、白下路女工工厂视察。②

3月　国民政府授予宋美龄大同勋章。③

3月1日　宋子文辞去行政院院长一职。

4月　尼泊尔授予宋美龄最荣显勋章（The Most Illustrious Order of the Shakti Patta）。④

4月2日　下午随蒋介石自上海飞抵宁波，之后乘车前往溪口。⑤

4月3日　在溪口度过四十八岁生日。

4月4日　晨随蒋介石至清龙山谒祖墓，中午在法华庵野餐。⑥

4月5日　晨随蒋介石至蒋母墓祭拜，并至宗祠祭祖。⑦

4月6日　随蒋介石至溪口武岭学校礼堂礼拜。仪式结束后，接受鄞县妇女界代表所赠“功著外交”锦旗；下午同至雪窦寺游玩。⑧

4月11日　随蒋介石由溪口飞抵杭州。⑨

4月20日　下午由沪抵宁。⑩

4月22日　会见满、汉、蒙古、回、藏各族国大妇女代表，

---

① 《马歇尔定今离京返国报告我国局势，蒋主席夫妇昨饯行》，《中央日报》1947年1月8日。

② 《蒋夫人视察托儿所》，《中央日报》1947年2月17日。

③ 《国民政府蒋宋美龄勋奖》，台北“国史馆”藏，典藏号：001000003462A。

④ 《国民政府蒋宋美龄勋奖》，台北“国史馆”藏，典藏号：001000003462A。

⑤ 《主席夫妇昨抵溪口，清明节扫墓后返京》，《中央日报》1947年4月3日。

⑥ 《主席夫妇昨谒祖陵》，《中央日报》1947年4月5日。

⑦ 《主席夫妇恭谒太夫人墓并与族人同至宗祠祭祖》，《中央日报》1947年4月6日。

⑧ 《复活节在溪口》，《中央日报》1947年4月7日。

⑨ 《昨告别溪口故乡，主席携夫人抵杭》，《中央日报》1947年4月12日。

⑩ 《董显光昨午抵宁》，《中央日报》1947年4月21日。

讨论各民族平等发展等问题。①

4月24日 受聘为世界妇女公民协会名誉主席。

5月6日 应美国麻风病工作团（American Mission to Lepers）之约，为《麻风病文摘》著文，赞扬工作团在中国开展的项目符合战后中国需求。这些工作包括成立训练中心，训练乡村牧师、教师等人员，学习协助治疗早期及儿童麻风病患者。②

5月20日 至医院看望在“五二〇”血案中受伤的学生。③

5月27日 对国际新闻社（International News Service）请其代表宪政民主新时期中国女性发表讲话的请求，致信董显光，表示她对民主政治无话可说（What can I say about democracy），请他代为拒绝。④

6月24日 晚与蒋介石设宴，为司徒雷登庆祝生日。⑤

7月23日 上午与蒋介石会见杜鲁门特使魏德迈，晚设宴招待魏德迈及司徒雷登。⑥

7月25日 与蒋介石同魏德迈茶叙。⑦

8月10日 与宋庆龄、宋子文等人至上海龙华机场为赴美的孔祥熙送行。⑧

8月31日 上午随蒋介石由南京飞抵九江，下午转抵庐山牯岭。⑨

9月1日 与蒋介石游玩庐山仙人洞。⑩

9月6日 与蒋介石游玩庐山大天池，并于该地野餐。

是日 特令外交部礼宾司定制景德镇瓷器，作为英国伊丽莎

---

① 《世界妇女公民协会，蒋夫人任名誉主席》，《中央日报》1947年4月24日。
② 《宋美龄与董显光翻译稿件》，中国第二历史档案馆藏，档案号：二四/468。
③ 佟静：《宋美龄大传（下）》，第367页。
④ 《宋美龄与董显光翻译稿件》，中国第二历史档案馆藏，档案号：二四/468。
⑤ 《司徒大使昨诞辰，主席夫妇特设宴庆祝》，《中央日报》1947年6月25日。
⑥ 《魏德迈晋谒蒋主席，分别拜会军政首长》，《中央日报》1947年7月24日。
⑦ 《魏德迈昨谒蒋主席》，《中央日报》1947年7月26日。
⑧ 《孔祥熙离沪赴美》，《中央日报》1947年8月11日。
⑨ 《蒋主席夫妇抵牯岭，山上居民夹道欢迎》，《中央日报》1947年9月1日。
⑩ 《主席夫妇游仙人洞》，《中央日报》1947年9月2日。

白公主结婚礼物。①

9 月 8 日 与蒋介石飞抵南京。②

9 月 11 日 组织成立东北紧急救济会，担任救济会会长一职。

9 月 15 日 召集东北救灾会理监事暨各界有关人士举行茶会，筹商募捐赈济东北水灾事宜。③

9 月 22 日 出席在金陵女子大学举办的南京国际妇女联谊会成立大会，并致辞，阐述人生的目标在于培养和增进自己与他人的智慧与灵性，号召大家多研究、探索中国文化，以此促进国际间的友好与敦睦。④

10 月 4 日 下午与蒋介石同机飞抵北平，了解战况。⑤

10 月 5 日 中午与蒋介石同游颐和园，晚至王府井巡视。⑥

10 月 9 日 下午与蒋介石由北平飞抵南京。⑦

10 月 13 日 与蒋介石会见联合国善后救济总署署长鲁克斯将军，并亲自为鲁克斯佩戴一等景星大绶勋章。⑧

10 月 14 日 飞抵杭州，出席世界女青年会代表大会欢迎宴会，并发表演讲。简要回顾其在上海女青年会的工作经历，特别例举杭州女性代表人物岳母、秋瑾的故事，称“现在，许多人的心目中，明明有着一幅世界前途的美丽远景，但因自身内在的弱点，却不能以行动来使理想成为现实”，号召大家“不能为暂时的成功所蒙蔽，也不能为目前的失败而沮丧。假使我们是对的，我们必须勇往直前，不必因代价或牺牲之巨而感到气馁”。鼓励大家

---

① 《主席夫妇定瓷器赠送伊丽莎白公主》，《中央日报》1947 年 9 月 7 日。

② 《蒋主席夫妇由牯返首都》，《中央日报》1947 年 9 月 9 日。

③ 《蒋夫人举行茶会商急赈东北水灾》，《中央日报》1947 年 9 月 16 日。

④ 《南京国际妇女联谊会成立，蒋夫人发表演讲》，《中央日报》1947 年 9 月 23 日。

⑤ 《蒋主席夫妇飞平》，《中央日报》1947 年 10 月 5 日。

⑥ 《蒋主席在平第二日》，《中央日报》1947 年 10 月 6 日。

⑦ 《主席昨返京》，《中央日报》1947 年 10 月 10 日。

⑧ 《联总署长鲁克斯抵京，晋谒蒋主席受景星勋章》，《中央日报》1947 年 10 月 14 日。

努力以实际行动建立“美好世界”的秩序。①

11月5日 陪同美军顾问团鲁克斯将军夫妇至下关及浦口，视察国防部过境军队招待所，并题字“军队招待所，为国服务”。②

11月13日 招待美国军事顾问团美军官眷属。③

11月14日 在官邸举办茶会招待新疆歌舞团女团员。④

11月21日 是日为国民大会代表投票日第一天，南京以妇女团体选举为始。宋美龄上午赴南京珠江路莲花桥小学投票所投票，将票投给了民社党王涌德。⑤

12月22日 发表圣诞讲话。首先，号召大家要用基督教信仰的目光来看待中国的时局，鼓励大家要有信心。其次，批判那些在国际间用各种“卑劣”的宣传方法来公开侮辱政府与军队官兵以及公务员的“民族败类”，并指出：“这种种的挫折与侮辱是我们在建立更伟大与更完美的基督教义、三民主义、民有民治民享新中国的时候所必须付出的代价；超脱不幸命运的途径是相信人可以变善，世界的转变必须从人心的改善做起。”最后，在谈到即将实施的“新宪法”时认为“‘新宪法’的特点就是它保证要把基督教理的基本要素，即个人的尊严与自由普遍地给予我们全国的同胞，这个‘新宪法’确认了全国国民的各种自由权利与自由；‘新宪法’的实施是我们中国五千年来专制政体和封建社会中一个划时代的进步。”⑥

12月31日 蒋经国致电，恭贺新年。⑦

* * * * * *

是年

1月 马歇尔离华，临行前发表申明表示美国将不干涉中国的

---

① 《世界女青年会昨揭幕，蒋夫人发表演说》，《中央日报》1947年10月15日。
② 《蒋夫人视察过境部队招待所》，《中央日报》1947年11月12日。
③ 《中央日报》1947年11月14日。
④ 《蒋夫人昨茶会招待新疆歌舞团女团员》，《中央日报》1947年11月15日。
⑤ 《全国泛选潮，今日为职团选举》，《中央日报》1947年11月22日。
⑥ 《宋美龄广播词》，中国第二历史档案馆藏，档案号：二四/14。
⑦ 《蒋经国致宋美龄电文资料》，台北“国史馆”藏，典藏号：0020000002017A。

内政，并将继续调处国共冲突。

2 月 28 日 台北市民罢市，举行游行，抗议缉私人员殴打烟贩，枪击平民。

同日 中法政府达成协议，废除法国在华一切不平等条约。

5 月 20 日 宁沪苏杭地区学生在南京联合举行抢救教育危机反饥饿游行，遭到军警殴击。

7 月 23 日 魏德迈使团抵达南京进行调查。

8 月 14 日 巴基斯坦自治领成立。

8 月 15 日 印度宣告独立。

1948 年　四十九岁

1 月 6 日 受任联合国儿童救济劝募运动中国委员会主席。

2 月 9 日 蒋经国致电，恭祝春节。①

2 月 29 日 下午为响应联合国救济世界难童活动发表广播讲话。讲话简要阐述了救济世界难童理念的起源、意义并谈论自己对该项工作的认识："（救济）不仅发扬了人类的同情和正义感，而且是为未来的世界奠定一定良好的基础……我们现在必须设法使每一个难童获得有衣有食、成长的机会，好让他们成为一位健全的世界公民，来负担重建和平及造福人群的责任。"号召全国民众参加捐助。②

4 月 20 日 与蒋介石会见美国西太平洋舰队司令白吉尔中将。③

4 月 21 日 晚与蒋介石在励志社宴请河南、河北、天津、北平、青岛、甘肃、青海、宁夏、察哈尔等省国民大会代表。④

4 月 26 日 电贺英王乔治六世银婚。⑤

---

① 《蒋经国致宋美龄电文资料》，台北"国史馆"藏，典藏号：0020000002017A。
② 《宋美龄广播词》，中国第二历史档案馆藏，档案号：二四/14。
③ 《白吉尔谒蒋主席》，《中央日报》1948 年 4 月 21 日。
④ 《主席夫妇欢宴冀豫等省国代》，《中央日报》1948 年 4 月 22 日。
⑤ 《主席夫妇电贺英王英后银婚》，《中央日报》1948 年 4 月 27 日。

4月28日 中午随蒋介石赴于右任宅邸，恭贺于七十寿诞。①

4月30日 下午举办游园会，招待遗族学校的四十名童子军队员。②

5月4日 与蒋介石为中国卫理公会建立百年纪念而录制的讲话在全美广播。讲话分析彼时的世界局势，认为第二次世界大战虽获得了胜利，但个人自由的原则仍没得到安全的保障；中国患难持续不断，陷入危机，号召全球的教友为中国祷告。③

5月5日 午后随蒋介石赴陈诚宅邸，恭祝陈母八十寿诞。④

下午五时与蒋介石同来华考察的蒲立德（时任美国驻法大使）茶叙。⑤

5月11日 广州儿童福利园致函，历述筹措联合国劝募儿童救济金国币1000万元的经过。⑥

5月12日 下午同蒋介石会见英国太平洋舰队总司令包毅德。⑦

5月20日 蒋介石就任中华民国第一任“总统”。

5月26日 自南京抵达上海。⑧

7月26日 与蒋介石同机飞抵杭州，前往莫干山避暑。⑨

8月9日 下午同蒋介石自南京飞抵九江，赴庐山消暑。⑩

8月14日 中午在庐山牯岭宴请司徒雷登、白吉尔夫妇及傅泾波等人。⑪

8月16日 与蒋介石邀请司徒雷登、白吉尔夫妇等人同游大

---

① 《于右任昨七十大庆，主席夫妇躬临祝贺》，《中央日报》1948年4月29日。
② 《主席夫妇款待遗族学校童军》，《中央日报》1948年5月1日。
③ 《宋美龄广播词》，中国第二历史档案馆藏，档案号：二四/14。
④ 《蒋主席夫妇贺陈诚太夫人寿》，《中央日报》1948年5月5日。
⑤ 《蒲立德昨抵京，主席茶会招待》，《中央日报》1948年5月6日。
⑥ 《宋美龄与董显光翻译稿件》，中国第二历史档案馆藏，档案号：二四/468。
⑦ 《包毅德谒主席》，《中央日报》1948年5月13日。
⑧ 《宋美龄与董显光翻译稿件》，中国第二历史档案馆藏，档案号：二四/468。
⑨ 《“总统”夫妇昨离京，抵杭州赴莫干山》，《中央日报》1948年7月27日。
⑩ 《“总统”夫妇登庐山》，《中央日报》1948年8月10日。
⑪ 《“总统”昨游含鄱口，晚邀司徒共晚餐》，《中央日报》1948年8月15日。

天池并野餐。[①]

8月19日 蒋经国出任上海经济管制副督导员，清理黑市商业与地下银楼活动。

8月24日 下午参观孤儿院及牯岭儿童乐园，并接受上海《新闻报》《申报》《大公报》《中央日报》等报记者联合采访，呼吁全国人民对政府的新财经措施应予以拥护。[②]

8月25日 下午自牯岭飞抵南京。[③]

10月 荷兰授予宋美龄大绶皇家勋章（The Grandcross of the Order of Orange-nassau）。[④]

10月1日 自南京到上海，解决上海扬子公司囤积汽车、钢铁、棉纱事。

10月8日 赴机场迎接自北平飞抵上海的蒋介石，并于晚间乘车视察上海市区。[⑤]

10月9日 中午与蒋介石至万国公墓倪桂珍墓祭扫，下午同机飞抵南京。[⑥]

10月15日 同蒋介石飞抵沈阳视察，督促国民党军队西进。

10月16日 上午赴沈阳美龄小学参观，下午先行飞抵北平。[⑦]

10月17日 上午同蒋介石至西山碧云寺拜谒孙中山衣冠冢，晚宴请傅作义夫妇等人。[⑧]

10月24日 为庆祝联合国日发表全国广播讲话，赞扬联合国在解除人类痛苦与指示人类发展共同目标方面所取得的长足进步；

---

① 《司徒白吉尔今离牯返京，“总统”夫妇特邀游大天池》，《中央日报》1948年8月17日。

② 《蒋夫人吁请国民拥护财经新措施》，《中央日报》1948年8月25日。

③ 《蒋夫人返京》，《中央日报》1948年8月26日。

④ 《国民政府蒋宋美龄勋奖》，台北“国史馆”藏，典藏号：001000003462A。

⑤ 《蒋“总统”抵沪》，《中央日报》1948年10月9日。

⑥ 《蒋“总统”由沪返抵京，行前召见蒋经国俞鸿钧》，《中央日报》1948年10月10日。

⑦ 《“总统”北巡由沈抵平》，《中央日报》1948年10月17日。

⑧ 《蒋“总统”夫妇在平谒国父衣冠冢》，《中央日报》1948年10月18日。

详述中国的儿童救济劝募运动，宣扬中国在困难情况下所取得的成绩。①

10 月 28 日 蒋经国致电，报告蒋方良于 27 日生一男孩②；行政院初步决定解冻限价，蒋经国担心一旦如此，今后绝难管制；有立法委员正式在会议中提出要求蒋介石出国。③

是日下午，在北平行邸与傅作义夫人、陈继承及北平市妇女界领袖等 30 余人召开谈话会，商讨成立“新运”妇女运动会华北分会事宜并发表讲话，希望北方妇女运动能统一起来，与南京“新运”妇运总会及各地分会密切联络，共同推进救护伤病、救济难民等工作。④

11 月 10 日 致信韦斯理学院 Douglas Horton 校长，称中国韦斯理俱乐部特制了一口中国铜质寺钟及刻有铭文的木槌准备赠予该校，但表示对于捐款一事中国校友能力有限。⑤

11 月 13 日 与蒋介石前往殡仪馆吊唁陈布雷。⑥

11 月 21 日 应美国广播公司（ABC）之约，发表广播讲话。在讲话中，她谈到目前中国局势严重、人民饥寒交迫，造成这种情况的原因是共产党“有计划的破坏交通，使物资无法流通”；称共产党的宣传“蒙蔽了世人，损害了国民政府的声望”。她向美国友人保证“近来虽曾经有若干令人失望的事情，但‘总统’与我并没有丝毫气馁。我们决心继续从事‘剿共’的‘正义之战’，以免国家坠入铁幕的后面”；最后，她希望美国从速援助国民政府并强调建立所谓的联合政府并不能获得和平，因为共产党最终要求的是国家政权。⑦

---

① 《宋美龄广播词》，中国第二历史档案馆藏，档案号：二四/14。

② 即蒋孝勇。

③ 《蒋经国致宋美龄电文资料》，台北“国史馆”藏，典藏号：002000000 2017A。

④ 《蒋夫人在平发起妇运会华北分会》，《中央日报》1948 年 10 月 29 日。

⑤ 《致 Douglas Horton 的信函》，载张宪文、武菁主编：《宋美龄文集》第四卷，第 1829—1830 页。

⑥ 《陈布雷昨心脏病逝世》，《中央日报》1948 年 11 月 14 日。

⑦ 《宋美龄广播词》，中国第二历史档案馆藏，档案号：二四/14。

11月28日 晚乘美国海军军用机自上海飞赴美国。[①]

11月30日 抵达旧金山。

12月1日 抵达华盛顿。[②]

《华盛顿星报》(*The Washington Star*)、《华盛顿邮报》(*The Washington Post*)》、《纽约邮报》(*The New York Post*)》等多家报纸报道了宋美龄抵美的消息,《华盛顿星报》称美国政府对宋美龄的访问毫无热情,她来寻求美国援助是出于蒋介石的安排;美国各界之所以不如1943年热情,不是蒋介石与宋美龄失去了美国的同情,而是仅仅因为担心给予中国的援助会浪费。此外,报纸还指出蒋介石下属的愚蠢、贪腐及领导不力导致美国援助的装备都被共产党的军队获得。[③]

12月2日 由马歇尔夫人陪伴前往瓦尔特雷德医院探望马歇尔。

蒋介石致电,告知其国内战况,表示“必可获得决定性之胜利”。[④]

同日 致电蒋介石略谈访马歇尔经过。特别提到关于三年援助计划的会谈,她准备先谈原则而不涉及金额,以免引起美方不适。[⑤]

12月5日 再次探望马歇尔。

12月6日 蒋介石致电,指出此次赴美的主要任务是说明“剿共”形势而已,别无其他希望。催促她从速回国商讨内外政

---

① 《蒋夫人飞美》,《中央日报》1948年11月29日。

② 天津编译中心编:《顾维钧回忆录缩编(下册)》,中华书局1997年版,第801页。

③ 《美报论宋美龄到美救援失望》,中国第二历史档案馆藏,档案号:二四(2)/264。

④ 《蒋“总统”致蒋夫人电(1948年12月2日)》,《革命文献——对美外交:一般交涉(二)》,台北“国史馆”藏,典藏号:002000000447A。

⑤ 《革命文献——对美外交:一般交涉(二)》,台北“国史馆”藏,典藏号:002000000447A。

策，并强调在未归国之前万勿发表任何言论。①

12月8日 参加“联合援华会”华盛顿委员会主办的圣诞义卖会并致感谢词。②

12月9日 致电蒋介石，请其不要相信报端所载猜测之词，告知即将与杜鲁门见面，并准备待马歇尔手术后，与马歇尔继续进行会谈，以求获得良好结果。另外，请蒋忍耐镇静。③

12月10日 会见顾维钧。顾报告杜鲁门同情中国，表示愿意支持蒋介石领导的国民政府。顾建议美方完成三点工作：第一，杜鲁门发表支持中国“反共”的政策声明；第二，派遣高级军官率领的军事代表团赴华；第三，增加援华军用物资。宋美龄表示不公布此三点更利于她的工作。另外对马歇尔可能辞职的消息，表示怀疑。④

是日下午在白宫与杜鲁门茶会。

12月11日 致电蒋介石，告知其与杜鲁门总统会谈情形：她详述中国局势之严重，杜鲁门表示愿意相助，并表示待马歇尔身体好转后再行商议具体援华办法。电末强调应严守电报内容，并要求政府与外交人员勿发表任何言论。⑤

12月12日 致电蒋介石，告知美国会中的亲英法派担心对中国的援助会减少美国对英法的资助，故若想获得美援困难较多。⑥

12月13日 蒋介石复电，称战况不乐观，“恐与美方交涉更无希望且将为人轻侮”，嘱她从速回国。⑦

---

① 《蒋“总统”致蒋夫人电（1948年12月6日）》，《革命文献——对美外交：一般交涉（二）》，台北“国史馆”藏，典藏号：002000000447A。

② 《美圣诞节义卖会，蒋夫人出席致辞》，《中央日报》1948年12月10日。

③ 《革命文献——对美外交：一般交涉（二）》，台北“国史馆”藏，典藏号：002000000447A。

④ 天津编译中心编：《顾维钧回忆录缩编（下册）》，第805—806页。

⑤ 《蒋夫人上蒋“总统”电（1948年12月11日）》，《革命文献——对美外交：一般交涉（二）》，台北“国史馆”藏，典藏号：002000000447A。

⑥ 《革命文献——对美外交：一般交涉（二）》，台北“国史馆”藏，典藏号：002000000447A。

⑦ 《蒋“总统”致夫人电（1948年12月13日）》，《革命文献——对美外交：一般交涉（二）》，台北“国史馆”藏，典藏号：002000000447A。

同日 致电蒋介石，表示“明知事实困难，惟不得不以忍辱负重之决心为国为兄尽最后之心力，故不能轻言即返。兄须知任何国家改变政策绝非一二日内可办到。美当局对我政策现正在渐渐好转之时，故妹必须得到最后之答复方能离美，否则将惹起美方更深之误解，国内重大之恐慌”，希望蒋不要轻信传言。①

12月14日 会见顾维钧。顾报告美国援华联合总会对她在美应采取何种行动分歧较大。有人主张她应该公开露面以利用公众舆论对美政府施压，有人则认为公开呼吁将激怒美国政府。宋美龄表示，目前不适宜向美国公众呼吁，但可以与该会成员见面。②

12月24日 蒋经国致电，恭贺圣诞。

12月25日 中共中央公布国民党战犯名单，蒋介石、宋美龄均列其中。

12月26日 蒋介石致电，“速回国，勿再延误”。③

12月27日 致电蒋经国，转告蒋介石不可轻言辞职，另外指出奉化绝非安全之地，易遭人暗算，广东、台湾比较安全。④

同日 至国务院拜会美国代理国务卿洛维特（Lovett），重申援华请求。⑤

12月28日 致电蒋经国，表示坚决反对蒋介石下野回乡，如蒋在南京不能维持则须赴台湾或广州；马歇尔已再次催促杜鲁门在记者招待会上表示对蒋的好感，请再忍耐数日。⑥

12月30日 致电蒋介石，告知杜鲁门将在适当时机向国会提出继续援华方案。为促成援助继续，近期她不宜回国。⑦

---

① 《革命文献——对美外交：一般交涉（二）》，台北“国史馆”藏，典藏号：002000000447A。

② 中国社会科学院近代史研究所译：《顾维钧回忆录》（6），中华书局1988年版，第576页。

③ 《蒋介石致宋美龄电（1948年12月26日）》，《蒋中正“总统”文物：一般资料——民国三十七年》，台北“国史馆”藏，典藏号：002000001726A。

④ 《宋美龄致蒋经国文电资料》，台北“国史馆”藏，典藏号：002000002016A。

⑤ 天津编译中心编：《顾维钧回忆录缩编（下册）》，第807页。

⑥ 《宋美龄致蒋经国文电资料》，台北“国史馆”藏，典藏号：002000002016A。

⑦ 《蒋夫人致蒋“总统”电（1948年12月30日）》，《革命文献——对美外交：一般交涉（二）》，台北“国史馆”藏，典藏号：002000000447A。

同日 蒋经国致电，表示对国家的命运及蒋介石的安全问题都很忧虑。①

12月31日 在华盛顿发表新年文告，表示“中国在1949年将与在1948年同样艰苦，但中国决以勇气与不折不挠之精神应付一切”。②

* * * * * *

是年

1月4日 缅甸正式宣告独立。

3月29日 “行宪国大”在南京召开。

4月2日 美国援华案的金额经参众两院确定为四亿六千三百万美元（内一亿二千五百万为军事援助）。

4月29日 经“国民大会”选举，李宗仁当选中华民国“副总统”。

8月15日 大韩民国成立，李承晚任首届总统。

9月12日 辽沈战役开始。

10月31日 美国援华军火决定提前起运。

11月1日 中国人民解放军颁布《惩处战争罪犯命令》。

11月2日 杜鲁门连任美国总统。

11月6日 淮海战役开始。

11月29日 平津战役开始。

1949年 五十岁

1月2日 在华盛顿寓所接见大使馆及国民政府其他驻美机构的工作人员。当毛邦初提及有两艘运送军火和物资的船滞留在马尼拉和冲绳时，宋美龄表示已与马歇尔谈过，此问题已解决。③

---

① 《蒋经国致宋美龄电文资料》，台北“国史馆”藏，典藏号：0020000002017A。

② 《蒋夫人昨发表文告》，《中央日报》1949年1月2日。

③ 中国社会科学院近代史研究所译：《顾维钧回忆录》（6），第604—605页。

1月4日 蒋经国致电，报告台湾省政府已改组，陈诚任台湾省主席，他任台湾省党部主任委员。①

1月6日 赴纽约。②

1月8日 蒋介石致电，询问艾奇逊的政治倾向与对华立场。③

同日 致电蒋介石，称艾奇逊与“左倾人士”较为接近，对华关系除赞成派军事顾问团赴华外，尚无明确表示。④

1月21日 蒋介石宣告隐退，李宗仁宣布依法代行“总统”职权。

是日 致电蒋经国，对蒋介石回乡后的健康与安全甚为忧虑，强调只要安全能保障，一切仍有希望；她在美国的工作并非没有希望，正在全力推动中；希望蒋经国回乡婉劝蒋介石至加拿大暂住，其他事项再行商议。⑤

2月6日 致电蒋经国，再次表示担忧蒋介石的安全问题，希望蒋能出国或赴台；询问薛岳最近的态度。⑥

2月11日 蒋介石致电，望其早日归国。⑦

2月13日 致电蒋介石，告知美国近来对中国共产党的好感有所改变，故对国民政府的政策有逐渐转变之趋势，表示要继续留在美国以待时机。⑧

2月15日 致电蒋经国，希望蒋介石离开溪口择他处静养。表示自己留美肯定能起到作用，并称：“汝父革命伟业切不可认为

---

① 《蒋经国致宋美龄电文资料》，台北“国史馆”藏，典藏号：002000002017A。

② 天津编译中心编：《顾维钧回忆录缩编（下册）》，第811页。

③ 《革命文献——对美外交：一般交涉（二）》，台北“国史馆”藏，典藏号：002000000447A。

④ 《革命文献——对美外交：一般交涉（二）》，台北“国史馆”藏，典藏号：002000000447A。

⑤ 《宋美龄致蒋经国文电资料》，台北“国史馆”藏，典藏号：002000002016A。

⑥ 《宋美龄致蒋经国文电资料》，台北“国史馆”藏，典藏号：002000002016A。

⑦ 《革命文献——对美外交：一般交涉（二）》，台北“国史馆”藏，典藏号：002000000447A。

⑧ 《蒋夫人致蒋“总统”电（1949年2月13日）》，载《革命文献——对美外交：一般交涉（二）》，台北“国史馆”藏，典藏号：002000000447A。

即此竟事，应继续加强奋斗也。”[①]

2 月 16 日 蒋介石致电，望其从速回国，勿再留美。[②]

2 月 18 日 致电蒋介石，告知其经体检发现患有其母之疾，必须立即治疗以防不测。如她在纽约有碍蒋之政策执行，将避居乡间。[③]

同日 致电蒋经国，对他提出的必须从基本工作着手解决复兴的看法表示认同。另外，告知已有五十余名共和党议员向杜鲁门要求援华；民主党方面亦有议员将与她接洽；美对华空军器材出口证 17 日起已全部批准。并嘱咐蒋经国“内部团结，不惧外患”。[④]

2 月 24 日 蒋介石致电，望其早日归国，如必须在外医病，请其改换他国就医。[⑤]

2 月 26 日 致电蒋经国，表示她可利用在美看病期间“至少对李某（即李宗仁）及美国对我不利之分子发生抵消作用”，嘱咐他“务望善待汝父，并将国内情形随时见告”。[⑥]

3 月 6 日 致电蒋经国，询问张治中等赴溪口劝蒋介石将权力移交李宗仁之事是否属实，并询问国内情况及蒋介石的安排。[⑦]

3 月 11 日 致电蒋经国，表示她无法回国的原因是考虑到美援的重要，日内将派孔令杰回国报告。[⑧]

4 月 6 日 致电蒋经国，询问蒋介石对她留美抑或回台的态度。[⑨]

---

① 《宋美龄致蒋经国文电资料》，台北“国史馆”藏，典藏号：002000002016A。

② 《蒋“总统”致蒋夫人电（1949 年 2 月 16 日）》，载《革命文献——对美外交：一般交涉（二）》，台北“国史馆”藏，典藏号：002000000447A。

③ 《革命文献——对美外交：一般交涉（二）》，台北“国史馆”藏，典藏号：002000000447A。

④ 《宋美龄致蒋经国文电资料》，台北“国史馆”藏，典藏号：002000002016A。

⑤ 《蒋“总统”致蒋夫人电（1949 年 2 月 24 日）》，载《革命文献——对美外交：一般交涉（二）》，台北“国史馆”藏，典藏号：002000000447A。

⑥ 《宋美龄致蒋经国文电资料》，台北“国史馆”藏，典藏号：002000002016A。

⑦ 《宋美龄致蒋经国文电资料》，台北“国史馆”藏，典藏号：002000002016A。

⑧ 《宋美龄致蒋经国文电资料》，台北“国史馆”藏，典藏号：002000002016A。

⑨ 《宋美龄致蒋经国文电资料》，台北“国史馆”藏，典藏号：002000002016A。

4月27日 致电蒋介石，指出为防止中国银行因政局而发生变化，应速令中国银行总行迁离上海。①

4月30日 致电蒋介石，告知美国有可能承认中国共产党政权，建议蒋雇聘美国全国性宣传机构，加强宣传以获得美援。②

5月1日 致电蒋介石，指出急需注意之七点：1. 美政府拟与共产党秘密洽商；2. 英美商人也拟与共产党联络；3. 上海如无法坚守，应尽快撤退，以保存实力；4. 应设法集中国民政府各类力量；5. 应设法保护各工厂及物资；6. 美国防部长询问国民党战斗能力，应速予答复；7. 应速设立对美全国性之宣传机构。③

5月12日 致电蒋经国，表示上海恐难久守，为蒋介石安全起见，希望蒋能早去台湾，并询问国内政治情况。④

5月19日 致信宋庆龄，询问生活近况。⑤

6月12日 与顾维钧会面，询问华盛顿的情况，甘介侯的态度及其活动。⑥

6月27日 致电蒋介石，告知甘介侯在中华会馆发表演说，攻击蒋介石而赞扬李宗仁。另外华侨中共产党势力渐强，担心这部分力量会反对国民政府，从而影响美国民众。⑦

致电蒋经国，希望蒋介石早日迁往大溪，另须加强国内宣传，使民众自动表示拥护蒋介石为中国唯一“领袖”。⑧

---

① 《革命文献——政治重要设施》，台北“国史馆”藏，典藏号：0020－00000441A。

② 《革命文献——对美外交：一般交涉（二）》，台北“国史馆”藏，典藏号：002000000447A。

③ 《革命文献——对美外交：一般交涉（二）》，台北“国史馆”藏，典藏号：002000000447A。

④ 《电蒋经国：上海恐难久守为父安全起见应早赴台湾》，载张宪文、武菁主编：《宋美龄文集》第四卷，第1850页。

⑤ 上海宋庆龄故居纪念馆编译：《宋庆龄来往书信选集》，上海人民出版社1995年版，第199页。

⑥ 天津编译中心编：《顾维钧回忆录缩编（下册）》，第840页。

⑦ 《蒋夫人上蒋“总统”电（1949年6月27日）》，载《革命文献——京沪撤守前后之戡乱局势》，台北“国史馆”藏，典藏号：002000000435A。

⑧ 《宋美龄致蒋经国文电资料》，台北“国史馆”藏，典藏号：002000002016A。

7 月 18 日 致电蒋介石，称近来美国政府对华援助论调大为好转。①

致电蒋经国，强调须加强蒋介石在各地巡察时的警卫，以防西安事变重演。②

7 月 20 日 致电蒋介石，告知上周拨款委员会提出的援华方案未得通过。如欲推动部分委员在下次会议讨论时将拨款方案归入军事援华款项，须国民政府允诺提供他们下届选举所需经费，如同意，请即汇款。③

7 月 31 日 在纽约寓所分别会见陈之迈与顾维钧。询问陈之迈她应与马歇尔讨论的问题。并告诉顾维钧，经过她的努力，马歇尔的态度已有所缓和，双方可就援助计划展开讨论。宋认为援华款项的数目可定为二亿美元多一点，以便给国会减数留有余地，另外，应购买白银，铸成银圆发军饷，以免经济合作总署反对将拨款用于战争。④

8 月 5 日 美国政府发表《美国与中国的关系》白皮书，叙述了从 1844 年美国与中国签订《望厦条约》至 1949 年间的中美关系。着重叙述了 1945 年至 1948 年间国民政府如何浪费美国提供的巨额援助，暗示国民党的失败是咎由自取，美国政府没有任何责任。

8 月 9 日 蒋介石致电，表示《美国与中国的关系》白皮书发表后，暂不宜向美政府要求援助。⑤

8 月 12 日 蒋介石致电，认为国民党将领向共产党投降与自

---

① 《革命文献——对美外交：一般交涉（二）》，台北“国史馆”藏，典藏号：002000000447A。

② 《宋美龄致蒋经国文电资料》，台北“国史馆”藏，典藏号：0020000002016A。

③ 《革命文献——对美外交：一般交涉（二）》，台北“国史馆”藏，典藏号：002000000447A。

④ 中国社会科学院近代史研究所译：《顾维钧回忆录》（7），中华书局 1988 年版，第 222—223 页。

⑤ 《事略稿本——民国三十八年八月》，1949 年 8 月 9 日记事，台北“国史馆”藏，《蒋中正“总统”文物》，典藏号：002000000735A。

己下野有很大关系，如自己没有下野，绝不至于此。[①]

11 月 4 日 蒋介石致电，告知艾奇逊电报内容：“美国政府并无使用军事力量以防卫台湾之意；美国对于台湾之态度大部分须视目前‘中国’当局是否采取行动以建立有效率之政府，为人民谋取高度之政治及经济改善；除非‘中国’当局自动采取有效之步骤，外援将甚少；美国政府将在现行立法规定之范围内给予台湾以经济援助，至于任何新援助则将视‘中国’在台当局以后之表现如何而定。”询问宋的意见。[②]

11 月 15 日 致电蒋介石，提出为防止“国民政府”各机关存港物资发生损失，可将物资交由麦克阿瑟运出，并就此征询蒋的意见。[③]

11 月 26 日 蒋经国致电，报告目前局势艰难，希望她能回国帮助蒋介石。[④]

12 月 10 日 蒋介石自成都凤凰山机场飞赴台湾。

12 月 11 日 蒋介石致电，请其转告席德懋，政府已明令席兼任中国银行董事长，请他切勿推辞。另外表示关于台糖钨砂运美须经他准许一事完全不实。[⑤]

12 月 24 日 蒋经国、蒋纬国等致电宋美龄，恭祝圣诞。

12 月 29 日 董显光与顾维钧谈话时称，蒋介石命董带口信给宋美龄，将派专机去马尼拉，请她回“国”。[⑥]

* * * * * *

---

① 《事略稿本——民国三十八年八月》，1949 年 8 月 12 日记事，台北“国史馆”藏，《蒋中正“总统”文物》，典藏号：002000000735A。

② 《蒋介石致宋美龄电（1949 年 11 月 4 日）》，《对美“外交”（六）》，台北“国史馆”藏，典藏号：0020000001251A。

③ 《蒋夫人致蒋“总裁”电（1949 年 11 月 15 日）》，《革命文献——政治重要设施》，台北“国史馆”藏，典藏号：002000000441A。

④ 《蒋经国致宋美龄电文资料》，台北“国史馆”藏，典藏号：002000002017A。

⑤ 《事略稿本——“民国”三十八年十二月》，1949 年 12 月 11 日记事，台北“国史馆”藏，《蒋中正“总统”文物》，典藏号：002000000739A。

⑥ 天津编译中心编：《顾维钧回忆录缩编（下册）》，第 883 页。

是年

1月7日 美国国务卿马歇尔辞职，艾奇逊（Dean Gooderham Acheson）接任。

1月10日 淮海战役结束，长江以北的华东和中原地区基本处于中国共产党的控制之下。

1月14日 中国共产党宣布和平谈判八项条件。

1月31日 北平和平解放，平津战役结束。

4月23日 中国人民解放军占领南京。

5月27日 淞沪作战结束，上海解放。

9月21日 中国人民政治协商会议第一届会议在北平召开。

10月1日 中华人民共和国成立。

1950年 五十一岁

1月7日 会见顾维钧，表示美国舆论一直朝着赞成给中国更多援助的方面发展。[①]

1月9日 在纽约电台发表演说，将台湾定义为“一切希望的堡垒”，表示“无论有无援助，一定会坚持下去；只要一息尚存，只要对上帝存有信心，就要继续奋斗，无一日无一时不用来为争取自由而奋斗”。[②]

1月9日 飞离纽约。

1月11日 张学良致信，询问恢复党籍之事。[③]

1月13日 抵达菲律宾马尼拉[④]，对旅菲华侨发表演讲，号召华侨尽一切力量进行“反共”运动[⑤]，并于是日飞抵台湾。蒋经国

① 天津编译中心编：《顾维钧回忆录缩编（下册）》，第887页。

② 佟静：《宋美龄大传（下）》，第398—399页。

③ 张闾蘅、张闾芝、陈海滨：《张学良、赵一荻私人相册：温泉幽居岁月（一九四六—— 一九六〇）》，生活·读书·新知三联书店2006年版，第126页。

④ 《蒋介石致陈质平密电（1950年1月8日）》，台北“国史馆”藏，《蒋中正“总统”文物》，典藏号：002000001296A。

⑤ 《革命文献——蒋“总”访菲》，台北“国史馆”藏，典藏号：002000000437A。

1月12日乘专机前往马尼拉迎接。①

1月21日 与台北女界领导人至“国防”医学院、海陆空军总医院慰问住院疗养人员并赠送慰劳品。②

2月4日 至南京遗族学校学生在台寄读的台湾省立师范学院附中视察，表示将设法改善他们的生活。③

2月6日 飞赴金门劳军。④

2月8日 致函张学良，内附党部公函及年礼。⑤

同日 上午九时半，在台北励志社接受花莲妇女代表献旗；继赴基隆陆军医院慰问伤患将士，并分赠慰劳品。⑥

2月12日 晨自台北出发，开始为期四日的环岛劳军旅行。

下午抵达台中市，前往台中第八总医院、装甲兵野战医院、装甲兵集训处、空军医院、装甲兵子弟学校、战车修理厂等处慰劳、参观。⑦

2月13日 抵达嘉义。上午赴陆军第三十医院慰问伤病将士，赠送慰劳品；继至空军基地，与基地空军人员共进午餐，并发表演讲，表示空军应学习刻苦耐劳的精神，强调应注意保持官兵合作及努力做到军民合作，从而促进“反共”战争；后至空军医院视察。下午与嘉义妇女代表会谈，并共进晚宴。⑧

2月15日 晨赴高雄第三总医院慰问受伤的金门军人，赠送慰劳品。针对所收密函举报该院“办理不善、漠视病人”的情况发表讲话，指出“对待伤患将士绝不能用残酷之手段，而应以仁

---

① 《蒋夫人绕道菲岛，今可飞抵台湾》，《“中央”日报》1950年1月13日。

② 《蒋夫人昨莅各病院，慰问荣誉将士》，《“中央”日报》，1950年1月22日。

③ 《蒋夫人慰问烈士子弟，允将设法改善他们生活》，《“中央”日报》1950年2月5日。

④ 《蒋夫人昨偕菲侨领袖，飞临金门前线劳军》，《“中央”日报》1950年2月7日。

⑤ 张闾蘅、张闾芝、陈海滨：《张学良、赵一荻私人相册：温泉幽居岁月（一九四六—— 一九六〇）》，第126页。

⑥ 《蒋夫人今赴市郊劳军》，《“中央”日报》1950年2月8日。

⑦ 《蒋夫人昨晨出发，开始环岛劳军》《蒋夫人莅止台中》，《“中央”日报》1950年2月13日。

⑧ 《蒋夫人昨过嘉义，对空军发表演说》，《“中央”日报》1950年2月14日。

慈仁爱相持”，并表示“如调查密告确系事实，自当请当局向负责人追究责任”。

是日下午，赴凤山参观新军训练，继赴屏东参观防卫司令部所属之女青年大队，后抵高雄与该市女界代表进行座谈。①

2月16日　结束环岛劳军，晨抵台北。②

3月1日　蒋介石在台北复行“总统”职权，发表《复行视事文告》，宣称要“扫除共匪”“光复大陆”“重建三民主义中国”。③

3月8日　主持庆祝妇女节纪念大会，致辞号召妇女“不畏艰难、不灰心、不绝望，团结一致，负起救国救民的工作”，勉励妇女界“为前线作战的武装同志服务”，并提出建立“中华妇女反共抗俄联合会”。④

4月3日　出席“中华妇女反共抗俄联合会”筹备会议第一次委员会议，致辞号召“妇女同负保台重任，‘反攻’大陆拯救同胞”。⑤

4月10日　接见新疆妇女“领袖”阿里同汗，并聘请阿里同汗为“反共抗俄妇女联合会”委员。⑥

4月11日　致信张学良，表示自己并没有忘记他，希望他振作。另外告知将于下周末拜访，后张学良回信“余可随时随地往见”。⑦

4月17日　主持在台北宾馆举行的“中华妇女反共抗俄联合会”成立大会，并受任为主任委员。

在《“中华妇女反共抗俄联合会”成立纪念特刊》发表《今

---

① 《环岛劳军告一段落，蒋夫人今晨返台北》，《“中央”日报》1950年2月16日。

② 《蒋夫人返台北》，《“中央”日报》1950年2月17日。

③ 李勇、张仲田编：《蒋介石年谱》，中共党史出版社1995年版，第399页。

④ 《昨日盛会庆三八节，蒋夫人勉妇女团结》，《“中央”日报》1950年3月9日。

⑤ 《蒋夫人在“妇女反共筹备会”致辞》，《“中央”日报》1950年4月4日。

⑥ 《蒋夫人接见新省女领袖》，《“中央”日报》1950年4月11日。

⑦ 张闾蘅、张闾芝、陈海滨：《张学良、赵一荻私人相册：温泉幽居岁月（一九四六—— 一九六〇）》，第127页。

日中华妇女的重要使命》，提出对妇女工作的三方面要求："第一，要好好的组织各界妇女，动员她们直接参加'反共抗俄'的工作；第二，要好好的作宣传工作，要认识'共匪'的'欺骗言论残酷行为'，更要把这个认识推广到社会上去，坚定千万人的心志，要不受'共匪'的宣传'造谣'所动摇；第三，要唤起妇女同志一直警惕，不要让'共匪阴谋破坏分子'渗入到我们的队伍里。"①

4月19日 主持"妇联会"成立大会闭幕典礼。会议通过了"妇联会"组织章程，并发表大会宣言，督导军公眷属从事生产。②

4月29日 出席"妇联会"装甲兵分会成立大会，即席宣布"三个月内将号召全台妇女为前方将士服务"。③

5月5日 出席"妇联会"联勤分会成立大会，并致辞号召女同胞用工作来实现妇女"爱国"的精神。④

5月6日 在"妇联会"与在台女"国大代表""立法委员""监察委员"茶会，号召女同胞不分界限，参加实际"救国"工作。⑤

5月8日 至"妇联会"裁剪征衣。⑥

5月18日 率领"妇联会"代表至基隆港劳军。⑦

5月20日 冒雨在基隆慰劳从舟山撤退的国民党军人。⑧

5月26日 出席国民党军队政治部"妇联会"分会成立大会，

---

① 《"妇女反共抗俄联会"今在台北成立》，《"中央"日报》1950年4月17日；《"中华妇女反共抗俄联合会"昨宣告成立》，《"中央"日报》1950年4月18日。"中华妇女反共抗俄联合会"两度改名，1964年第一次改名，将"抗俄"二字取消；1996年，将"反共"二字取消，改为"中华民国妇女联合会"。为行文便宜，下文通称"妇联会"。

② 《"妇女反共抗俄会"昨已圆满闭幕》，《"中央"日报》1950年4月20日。

③ 《"妇联"装甲兵分会昨开成立大会》，《"中央"日报》1950年4月30日。

④ 《"妇女反共抗俄联合会"联勤分会昨成立》，《"中央"日报》1950年5月6日。

⑤ 《在台女"国代立监委"参加缝制征衣运动》，《"中央"日报》1950年5月7日。

⑥ 《蒋夫人亲裁征衣》，《"中央"日报》1950年5月9日。

⑦ 《蒋夫人率"妇联"代表今赴基隆劳军》，《"中央"日报》1950年5月18日。

⑧ 《蒋夫人昨冒雨慰劳》，《"中央"日报》1950年5月21日。

并致辞。①

6月13日 至“妇联会”处理会务，并与该会工作人员一同编制草鞋。②

6月28日 出席“妇联会”新竹分会成立大会。③

7月4日 在草山官邸宴请“妇联会”全体常务委员及各分会主任委员，餐后讨论如何加强各分会组训工作，并将今后工作目标定为慰劳与护训。④

7月16日 致电韩国总统李承晚夫人，对韩国妇女正遭受“暴力独裁主义侵略”的处境表示同情与慰问；宣扬在“妇联会”的组织下，“中国妇女”团结一致，“在重振的勇气和新生的信心中互相砥砺”；并鼓励韩国妇女“克制艰苦、重振勇气，为韩国独立而奋斗”。⑤

7月29日 慰问金门防卫司令部眷属。⑥

7月31日 全程陪同时任朝鲜战争联合国军统帅麦克阿瑟访问台北。

8月1日 与蒋介石宴请顾维钧。⑦

是日 吕晓道、钱用和、朱纶、张默君等十四人上书蒋介石提请遴选宋美龄为国民党改造委员。⑧

8月6日 至殡仪馆祭吊郭懺。⑨

8月15日 在“妇联会”接见菲律宾黑白篮球队队员，接受该队敬献的“妇女导师”锦旗，并陪同队员参观“妇联会”各部

---

① 《政治部“妇联会”成立，蒋夫人亲临激励》，《“中央”日报》1950年5月27日。

② 《热烈劳军》，《“中央”日报》1950年6月14日。

③ 《“妇联”新竹会昨正式成立》，《“中央”日报》1950年6月29日。

④ 《“妇联”赶完征衣后展开更重要工作》，《“中央”日报》1950年7月5日。

⑤ 《蒋夫人电韩国总统夫人》，《“中央”日报》1950年7月17日。

⑥ 《蒋夫人昨携礼品慰问金门军眷》，《“中央”日报》1950年7月30日。

⑦ 天津编译中心编：《顾维钧回忆录缩编（下册）》，第929页。

⑧ 《蒋中正“总统”文物：一般资料——“民国”三十九年（三）》，台北“国史馆”藏，典藏号：002000001731A。

⑨ 《各界昨公祭郭懺，蒋夫人亲临祭吊》，《“中央”日报》1950年8月7日。

门工作。[①]

8 月 16 日　在“妇联会”接见来台参观的菲律宾华侨考察团，并陪同参观缝纫工厂。[②]

8 月 22 日　出席“妇联会”台湾北部防守区分会成立大会，致辞号召妇女“不怕苦难麻烦，努力奋斗到底”。[③]

8 月 29 日　在“妇联会”接受遗族学校学生敬献的“慈母之爱”锦旗，表示遗族学校学生“如有困难问题，均可来信，当设法解决”，并合影留念。[④]

9 月 1 日　张学良致信问候感冒中的宋美龄。[⑤]

同日　在“妇联会”接见陈纳德。[⑥]

9 月 26 日　致信埃玛·德隆·米尔斯，在信中宋美龄告知须每天注射甲状腺素维持正常行动（其患有甲状腺功能减退，此病对患者的皮肤、神经系统、心血管系统、消化系统、内分泌系统等都有不同程度的影响），并再述湿疹造成的周身不适。[⑦]

10 月 3 日　至“妇联会”台北分会视察，并至该会主办之复兴幼稚园参观。同日接受“妇联会”台中分会敬献的“革命之母”锦旗。[⑧]

10 月 5 日　在“妇联会”接见“国防部”政干班女青年训练队大队学员，接受学员敬献的“女青年导师”锦旗，并勉励学员“毕业后应坚强意志，固守岗位努力‘反共抗俄’工作，以仁爱态度待人接物，把握时间充实自己，以期担负‘戡乱建国’的伟大

---

① 《菲律宾黑白篮球队昨晋谒蒋夫人献旗》，《“中央”日报》1950 年 8 月 16 日。

② 《考察团昨访“妇联会”》，《“中央”日报》1950 年 8 月 17 日。

③ 《“妇联”北防分会成立》，《“中央”日报》1950 年 8 月 23 日。

④ 《遗族学校学生向蒋夫人献旗》，《“中央”日报》1950 年 8 月 30 日。

⑤ 张闾蘅、张闾芝、陈海滨：《张学良、赵一荻私人相册：温泉幽居岁月（一九四六—— 一九六〇）》，第 126 页。

⑥ 《陈纳德等谒蒋夫人》，《“中央”日报》1950 年 9 月 2 日。

⑦ 《致埃玛·德隆·米尔斯的信函》，载张宪文、武菁主编：《宋美龄文集》第四卷，第 1864—1865 页。

⑧ 《中县“妇联分会”向蒋夫人献旗》，《“中央”日报》1950 年 10 月 4 日。

使命”。①

10 月 6 日 出席“妇联会”在台北女子师范学校礼堂举办的同乐晚会，与“国防部”政干班女青年训练队大队学员及苏门答腊华侨“返国”观光团团员晚餐，并致辞勉励侨胞“团结反共”。②

11 月 4 日 出席台湾省妇女会第三届会员代表大会并致辞，着重解释民主的意义，称“民主为代表‘国民’之意思”，台湾地区的选举，完全是“自由意志”的体现。③

11 月 6 日 出席在“妇联会”举办的招待参加台湾省妇女会第三届会员代表大会的全体代表茶会，并发表讲话：“盼各代表能共同努力，使内地同胞与台湾妇女同胞打成一片，同舟共济，即前途必更光明。”④

同日 出席“美国对华政策协会”代表萧德的追悼会。⑤

11 月 8 日 主持“妇联会”第一期救护训练班结业典礼，并号召学员“做事不可敷衍马虎，我们要专门把心血献给我们的神圣工作，唯有用热血染出来的光辉才是永远不褪色的”，希望学员结业后到伤兵医院学习、工作，给予伤员家人般的爱护。⑥

11 月 14 日 与蒋介石宴请泰国华侨“归国”观光团，并陪观光团成员至士林园艺试验所参观蝴蝶兰。⑦

11 月 17 日 下午与来台访问的美国经济合作总署署长福斯特夫人茶会。⑧

---

① 《女青年大会学员献旗致敬蒋夫人》，《“中央”日报》1950 年 10 月 6 日。

② 《“妇联”昨同乐会招待女青年队暨观光团》，《“中央”日报》1950 年 10 月 7 日。

③ 《妇女三届大会揭幕，蒋夫人昨莅临致辞》，《“中央”日报》1950 年 11 月 5 日。

④ 《三届大会昨闭幕》，《“中央”日报》1950 年 11 月 6 日。

⑤ 《报界暨中外人士昨追悼萧德》，《“中央”日报》1950 年 11 月 7 日。

⑥ 《“妇联”救护班结业，蒋夫人殷切勉励》，《“中央”日报》1950 年 11 月9 日。

⑦ 《“总统”夫妇宴观光团》，《“中央”日报》1950 年 11 月 15 日。

⑧ 《福斯特访问完毕，今晨离台飞越》，《“中央”日报》1950 年 11 月 18 日。

11 月 19 日 同蒋介石赴王宠惠宅邸祝贺王宠惠七十寿诞。①

12 月 13 日 下午抵达海军基地，访问海军眷属，并参观新海军训练情况。②

* * * * * *

是年

1 月 1 日 《人民日报》发表社论，提出当年的任务是解放海南岛、台湾和西藏。同日，蒋介石发表《告“全国”同胞书》，号召克服困难、“反共到底”。

1 月 5 日 美国杜鲁门总统发表《关于台湾的声明》，宣称：“美国此时不想在台湾获取特别权利或建立军事基地。美国也不利用其武力以干涉台湾现在的局势。美国并不采取足以涉及中国内战的途径。同样，美国政府也不供给军援与军事顾问于台湾的中国军队。”

6 月 美国抛出“台湾地位未定论”，指出“台湾未来地位的决定必须等待太平洋安全的恢复，对日合约的签订或经由联合国的考虑”，并令第七舰队开进台湾海峡。

6 月 25 日 朝鲜战争爆发。

7 月 22 日 国民党中常会临时会议通过了《本党改造之措施及程序》。

7 月 28 日 美国国务院任命蓝钦（Karl L. Rankin）为驻台“公使”，派海军少将查里特为驻台美国海陆军武官。

8 月 5 日 国民党中央改造委员会正式宣告成立，同日美国第十三航空队驻军台湾。

10 月 25 日 中国人民志愿军入朝参战。

---

① 《王宠惠七秩华诞，“总统”夫妇亲道贺》，《“中央”日报》1950 年 11 月 20 日。

② 《蒋夫人在高雄参观海军训练》，《“中央”日报》1950 年 12 月 14 日。

1951年　五十二岁

1月4日　会见陈纳德。①

1月13日　出席“妇联会”举办的“蒋夫人‘归国’周年庆祝会”，蒋介石同往。

2月2日　接受美联社记者采访，称“大陆上绝大多数的民众，均渴望国民政府重返大陆”，但当记者问及“反攻大陆”时间时，拒绝表示任何意见。②

3月1日　主持高雄海军基地中兴路通车典礼。③

3月7日　脚踝受伤。④

3月15日　美国宾夕法尼亚州匹兹堡市西方企业公司詹斯登（Charles S. Johnston）致信，告知已派员前往台湾进行训练工作。⑤

4月17日　是日为“妇联会”成立周年纪念，主持孺慕堂落成典礼，并设午宴招待总会工作人员及各分、支会负责人。⑥

4月18日　在“妇联会”成立周年纪念会上致闭幕词，称“我们的团体既不是政府机关，也不是属于那一种阶层团体，而是民众团体”，号召各分支会“积极发动整齐清洁运动来协助政府推行这一工作”。⑦

4月23日　在“妇联会”接见美国民主党参议员麦纽逊。⑧

---

① 《陈纳德昨谒蒋夫人》，《“中央”日报》1951年1月5日。

② 《大陆人民彻底“反共”，渴望国军早日“反共”》，《“中央”日报》1951年2月4日。

③ 《蒋夫人主持中兴路通车》，《“中央”日报》1951年3月1日。

④ 《中山堂昨盛会，模范妇女受奖》，《“中央”日报》1951年3月9日。

⑤ 《詹斯登致宋美龄信函（1951年3月15日）》，载《蒋中正“总统”文物：其他——西方企业公司卷》，台北“国史馆”藏，典藏号：002000001303A。

⑥ 《“妇联会”今成立周年，孺慕堂欣告落成》，《“中央”日报》1951年4月17日。

⑦ 《“妇联”纪念会昨闭幕，蒋夫人致辞慰勉有加》，《“中央”日报》1951年4月19日。

⑧ 《麦纽逊昨飞抵港，行前祝我获“最后胜利”并赴“妇联会”谒蒋夫人》，《“中央”日报》1951年4月24日。

4月30日 与“妇联会”菲律宾分会主任及绿蓉、群生、开明、群声等华侨篮球队队员共进晚餐。①

5月19日 接见美联社董事、香港分社主任及日本、意大利记者，并陪同参观“妇联会”各部门工作。②

6月20日 听取南县“妇联分会”主任委员薛周淑瑗报告该会工作，并接受该会赠送之绣花台布及椅垫。③

7月9日 接见日本记者长谷川仁，接受日本妇人经济联盟理事长竹内寿惠信函及礼物玩偶。④

7月12日 与美国国务卿艾奇逊特使鲍莱（William Pawley）茶叙。⑤

7月25日 会见美国维兰大学校长马尔绍博士一行，并陪同参观“妇联会”各部门工作。⑥

7月27日 致信魏德迈，对其退役表示慰问，称赞他“为人正直、才华横溢”，是“杰出的军人和政治家”，表示永远不会忘记他这个朋友。⑦

9月14日 同蒋介石、蒋方良及蒋孝武参加“中国护士学会”举办之游园义卖会。⑧

10月12日 下午在“妇联会”孺慕堂接见“国防部”“总政治部”女青年政治工作队全体人员，勉励全体队员要努力为三军服务。⑨

---

① 《“妇联会”昨自烹佳肴，款待菲华侨球队》，《“中央”日报》1951年5月1日。

② 《四外国记者谒蒋夫人参观“妇联”》，《“中央”日报》1951年5月20日。

③ 《南县“妇联分会”主委薛周淑瑗昨晋谒蒋夫人》，《“中央”日报》1951年6月21日。

④ 《日本经济联盟上书蒋夫人，由记者长谷川仁转致表敬意》，《“中央”日报》1951年7月10日。

⑤ 《鲍莱昨由港抵台，蒋“总统”今将接见》，《“中央”日报》1951年7月13日。

⑥ 《马尔绍博士等昨晋谒蒋夫人》，《“中央”日报》1951年7月26日。

⑦ 《致魏德迈的信函》，载张宪文、武菁主编：《宋美龄文集》第四卷，第1868—1869页。

⑧ 《护士会义卖会，蒋夫人购提包》，《“中央”日报》1951年9月15日。

⑨ 《女青年队出发前夕，蒋夫人殷切训勉》，《“中央”日报》1951年10月13日。

11月13日 接见《纽约时报》主笔史密斯及特派员李博文夫妇，并引导参观“妇联会”各工作部门。①

11月26日 居正病逝，致函吊唁。②

同日致信张学良，告之于凤至及孩子们的生活情况，希望他不要担心。③

12月3日 将其督导缝制的棉背心交由民航队空运至金门。④

12月5日 致信埃玛·德隆·米尔斯，告知她神经性皮炎病发，正在使用一种名为ACTH的新药，疗效较好，但副作用也明显，她每晚只能睡2—3个小时。ACTH只能缓解症状，不能去除病根。宋美龄认为最好的治疗方法是改换生活环境，台湾的潮湿气候加重了她的神经性皮炎。⑤

12月8日 陪同美国参议员斯巴克门、史密斯夫人、经合署中国分署署长施翰克夫人参观“妇联会”。⑥

12月21日 致信魏德迈，对其提出的各种建议表示感谢，并坚称蒋介石抵台后在经济、赋税、教育、铁道、卫生、公路等方面均有进步。⑦

12月28日 携带慰劳品飞赴金门慰劳伤患军人。⑧

* * * * * *

是年

5月1日 美军在台成立“美国军事援华顾问团”。

---

① 《两记者访“妇联”，蒋夫人亲接待》，《“中央”日报》1951年11月14日。

② 《蒋夫人致函居正夫人吊唁》，《联合报》1951年11月27日。

③ 张闾蘅、张闾芝、陈海滨：《张学良、赵一荻私人相册：温泉幽居岁月（一九四六—— 一九六〇）》，第143页。

④ 《蒋夫人拨棉衣，赠发金门战士》，《“中央”日报》1951年12月4日。

⑤ 《致埃玛·德隆·米尔斯的信函》，载张宪文、武菁主编：《宋美龄文集》第四卷，第1873—1875页。

⑥ 《斯巴克门等参观“妇联”，蒋夫人引导说明工作》，《“中央”日报》1951年12月9日。

⑦ 《夫人寄致魏德迈将军函》，《对美国外交（八）》，台北“国史馆”藏，典藏号：002000001253A。

⑧ 《蒋夫人昨曾飞金门慰劳荣军》，《联合报》1951年12月29日。

5月21日 巴基斯坦同中华人民共和国建交，同台湾“断交”。

1952年 五十三岁

1月7日 在“妇联会”接见美国纽约枢机主教史培尔曼(Francis Joseph Cardinal Spellman)，并亲自引导参观各部门及复兴幼稚园。①

1月14日 与蒋介石出席“妇联会”举办的庆祝蒋夫人“归国”两周年纪念暨春节同乐会，蒋介石致辞称：“二年来，蒋夫人在台湾组成‘中华妇女反共抗俄联合会’，对于军队、社会，尤其是荣军、伤病和游击队，都得到‘妇联会’的帮助和救济，这是应该感谢‘妇联会’同志们的努力。”致辞肯定了“妇联会”的工作。②

2月5日 上午赴北投第一总医院分院慰问伤患兵士，并分赠慰问品。③

2月28日 赴金门劳军。

4月11日 是日为基督受难日，下午一时至一时半以英语向基督徒证道。④

4月17日 主持在孺慕堂举办的“妇联会”成立两周年纪念会暨该会主办的救护训练班、国语师资训练班结业典礼，并致辞勉励妇女“服务从家庭开始”，为两班学员颁发结业证书。⑤

5月1日 致信张学良，并附送其画作一幅及杂志与食品。⑥

---

① 《史培尔曼昨抵菲，行前蒋夫人招待参观“妇联会”》，《联合报》1952年1月8日。

② 《庆祝蒋夫人“回国”二周年，“总统”勖勉“妇联”全体》，《联合报》1952年1月15日。

③ 《“妇联会”热烈慰劳伤患，蒋夫人亲赴北投医院》，《“中央”日报》1952年2月6日。

④ 《蒋夫人证道广播词》，《“中央”日报》1952年4月12日。

⑤ 《“妇联”成立两周年，“总统”昨亲临训话》《蒋夫人致辞全文》，《“中央”日报》1952年4月18日。

⑥ 张闾蘅、张闾芝、陈海滨：《张学良、赵一荻私人相册：温泉幽居岁月（一九四六—— 一九六〇）》，第145页。

5月5日 日本《读卖新闻》是日刊登《蒋夫人告日本妇女书》，文章称“共产主义刻正威胁日本的安全及世界文明”，呼吁日本妇女“奋起保障自由与文化，以抵抗继长增高的赤色潮流”；强调“只有‘反共’斗争取得胜利，然后有关妇女的各种社会问题始能完全解决”。①

5月12日 皮以书在国际护士节庆祝大会上宣读宋美龄演说词，勉励护士效法南丁格尔的精神，为“收复大陆、拯救同胞”、争取“反共抗俄”的胜利，克服一切困难向前进。②

6月6日 在阳明山官邸接见美国西雅图华侨领袖周少平夫妇。③

7月17日 主持在阳明山召开的防痨运动发起人座谈会。会议决定成立“台湾省防痨协会”，宋美龄被推举为名誉会长。在即席致辞中，表示因为政府预算有限，希望一般人民团体和各界人士尽力协助。④

8月9日 因神经性皮肤病复发，赴美就医。当日飞抵马尼拉后继飞檀香山。⑤

8月10日 飞抵檀香山，入住美国陆军特列普拉医院。⑥

8月14日 致电蒋经国，告知将于16日入旧金山某医院治疗。⑦

8月17日 入住旧金山富兰克林医院。据“中央社”报道，宋美龄当日请记者不要趋近摄影，因为她因患皮炎而显得肿胀。⑧

9月22日 治疗已近五周，但康复进展缓慢。⑨

10月2日 美国博俊大学授予宋美龄名誉法学博士学位，蒋

---

① 《蒋夫人鼓励日本妇女界》，《“中央”日报》1952年5月6日。
② 《蒋夫人勖勉“全国”护士》，《“中央”日报》1952年5月13日。
③ 《西雅图侨领晋谒蒋夫人》，《“中央”日报》1952年6月7日。
④ 《台展开防痨运动，组织防痨协会》，《“中央”日报》1952年7月18日。
⑤ 《蒋夫人赴檀岛就医》，《“中央”日报》1952年8月10日。
⑥ 《蒋夫人抵檀》，《“中央”日报》1952年8月11日。
⑦ 《宋美龄致蒋经国文电资料》，台北“国史馆”藏，典藏号：002000002016A。
⑧ 《蒋夫人已进入富兰克林医院》，《“中央”日报》1952年8月19日。
⑨ 《蒋夫人病况略见进步》，《“中央”日报》1952年9月23日。

介石代领。①

10月3日 蒋经国致电，恭祝中秋。②

10月10日 所作七幅中国风景水彩画在《生活》杂志刊登。③

10月20日 托人给张学良送去食品。④

12月9日 蒋经国致电，报告蒋介石下周起将赴台湾各地检阅部队。⑤

* * * * * *

是年

1月1日 蒋介石发表《新年文告》，声称要将台湾建设为“反攻基地”。

4月28日 台湾当局与日本在台北签订“和平条约”。

5月5日 周恩来发表声明，反对“日台和约”，称其是非法、无效的。

10月 艾森豪威尔当选美国总统。

1953年　五十四岁

1月5日 蒋经国致电，“敬祝新年康泰”。⑥

2月3日 致电蒋介石，告知与美国国务卿杜勒斯讨论第七舰队及其他事宜，希望蒋“勿再发表任何意见”，称“今英国等极力反对此举，我方唯有暗中工作，且美方作用明显，以注意亚洲来

---

① 《“总统”昨日接受法学博士学位》，《“中央”日报》1952年10月3日。

② 《蒋经国致宋美龄电文资料》，台北“国史馆”藏，典藏号：002000000 2017A。

③ 《美生活杂志刊登蒋夫人绘画》，《“中央”日报》1952年10月12日。

④ 张闾蘅、张闾芝、陈海滨：《张学良、赵一荻私人相册：温泉幽居岁月（一九四六—— 一九六〇）》，第152页。

⑤ 《蒋经国致宋美龄电文资料》，台北“国史馆”藏，典藏号：002000000 2017A。

⑥ 《蒋经国致宋美龄电文资料》，台北“国史馆”藏，典藏号：002000000 2017A。

强迫欧洲各国互相团结”，强调“前途变化仍多，不能因此举而自满”。①

2月8日 在纽约会见赴美参观的台湾“海军总司令”马纪壮。②

2月11日 蒋经国致电，告知蒋介石于9日飞抵高雄并拟在该处过年，电末恭贺春节。③

2月28日 致电蒋介石，告知艾森豪威尔邀她3月9日至白宫茶会面谈，询问蒋有何意见需面传。④

3月4日 在纽约孔令仪公寓会见顾维钧，与他讨论访问计划，并谈及“美国对台湾的援助情况、美国新政府关于朝鲜战争的意图以及中国为自由事业共同斗争可能做出的贡献”。⑤

3月8日 抵达华盛顿，入住双橡园。⑥

是日晚与顾维钧晤谈，询问美国对台湾政策，并讨论参加茶会及美国众议院议长马丁举办午宴的会谈与发言内容。⑦

3月9日 下午出席艾森豪威尔夫妇主持的茶会。

是日晚，出席“大使馆”为她举办的宴会，并与美国新任国防部长威尔逊（Charles Erwin Wilson）详谈，内容涉及建立“中美”联合参谋部事先制定应付事变计划及任命雷福德（Arthur William Radford）上将为参谋长联席会议主席的计划。⑧

3月10日 出席“大使馆”为她举办的第二次晚宴，同史密

---

① 《宋美龄致蒋介石密电（1953年2月3日）》，载《蒋中正“总统”文物——“对美关系”（七）》，台北“国史馆”藏，典藏号：002000002097A。

② 《马纪壮致蒋介石密电（1953年2月12日）》，载《蒋中正“总统”文物——“对美关系”（七）》，台北“国史馆”藏，典藏号：002000002097A。

③ 《蒋经国致宋美龄电文资料》，台北“国史馆”藏，典藏号：0020000002017A。

④ 《宋美龄致蒋介石密电（1953年2月28日）》，载《蒋中正“总统”文物——“对美关系”（七）》，台北“国史馆”藏，典藏号：002000002097A。

⑤ 天津编译中心编：《顾维钧回忆录缩编（下册）》，第1106页。

⑥ 双橡园即Twin Oaks Estate，位于美国华盛顿哥伦比亚区。1937—1949年为中华民国驻美国大使馆；1949—1978年为台湾当局“驻美国大使馆”；1978年12月中美建交后，为台湾地区驻美代表处。

⑦ 天津编译中心编：《顾维钧回忆录缩编（下册）》，第1114—1115页。

⑧ 天津编译中心编：《顾维钧回忆录缩编（下册）》，第1115—1116页。

斯将军长谈，讨论关于从缅甸遣返部队的问题。①

3 月 11 日 出席美国众议院议长马丁及参议院临时议长参议员勃里奇为她举行的午宴，会见美国政界名流。在答谢致辞中表示，“中国的前途充满希望，爱好自由的中国人民，不论他们在哪里，都将永不失去他们对于公理终必战胜所持具的信心……我们在自由世界边缘的台湾，将继续不屈不挠、坚定不移地献身于争取全人类的正义与公理，无论可能要我们做什么艰苦的牺牲，我们都能挺身以赴”。②

同日晚，出席“大使馆”为她举办的第三次晚宴，并即席发言向美国人民表示“赞赏、感谢和敬意”。③

3 月 12 日 出席“大使馆”为她举办的冷餐午宴，会见包括美国国会、国务院和武装部队成员、新闻广播界的代表和社会名流等未能列入邀请名单的美国友人。④

是日晚返回纽约。⑤

3 月 13 日 顾维钧致电蒋介石，报告宋美龄在华盛顿的情形：“除应邀赴白宫茶会及议院午餐外，经职馆每日以午晚餐方式邀美方军政当局议院议长与两党领袖议员、报界新闻社及广播电台代表、社会要人及我国旧友……前后四日，到者计有二百余人。”⑥

3 月 20 日 在马萨诸塞州韦斯理学院发表演说，称“台湾是‘中华民国’行政及经济改革的试验地，我们回到大陆后，将以在台湾所从事的改革作为模范；新的民族精神，正在台湾铸成”，并称赞台湾当局于 1953 年 1 月通过的“实施耕者有其田条例草案”。“台湾进步的一个明证是乞丐绝迹。”⑦

---

① 天津编译中心编：《顾维钧回忆录缩编（下册）》，第 1116 页。

② 《我与“共匪”搏斗具有必胜信心》，《“中央”日报》1953 年 3 月 13 日。

③ 天津编译中心编：《顾维钧回忆录缩编（下册）》，第 1117 页。

④ 天津编译中心编：《顾维钧回忆录缩编（下册）》，第 1117 页。

⑤ 《蒋夫人已赴纽约》，《“中央”日报》1953 年 3 月 14 日。

⑥ 《顾维钧致蒋介石密电（1953 年 3 月 13 日）》，载《蒋中正“总统”文物——“对美关系”（六）》，台北“国史馆”藏，典藏号：002000002096A。

⑦ 《蒋夫人发表演说，新的民族精神正在台湾铸成》，《“中央”日报》1953 年 3 月 21 日。

3月21日 蒋经国致电，告知蒋纬国之妻石静宜于是日清晨病故。①

3月22日 离开纽约飞抵旧金山。②

3月23日 下午飞抵檀香山，向夏威夷议会联席会议发表简短演讲，并与夏威夷总督夫人共进午餐。晚飞赴台湾。③

3月25日 经停菲律宾马尼拉后飞抵台北。④

3月26日 至“妇联会”附属之托儿所、缝纫工厂等处检视。⑤

4月8日 拨款新台币一万元慰问中和乡南势角废弹爆炸的受伤灾民。⑥

4月13日 致信埃玛·德隆·米尔斯，在附言中以开玩笑的口吻表示如果埃玛要将宋的信函捐给宋美龄基金会，那么一定要经过自己审查方可。⑦

4月17日 主持“妇联会”成立三周年纪念大会，致辞回顾了三年的工作成绩，即已建立了五十二个分会、二百二十个支会和九十四个工作队；完成了三百多万套单、棉军服；多次组织大规模的劳军活动等。强调“最难的事情不是一时的努力，一时的牺牲，而是继续不断的努力与牺牲”，号召大家“提高警觉、振作精神、热忱服务、把握时间、不断建设、不断努力以达成使命，争取‘反共抗俄’胜利”；并颁发护士生奖学金及演说竞赛优胜奖金，接受“妇联会”托儿所、伤残军人代表、军眷、遗族代表的献旗、献花。中午与全体常委暨各分会主任、会外宾客午餐，餐后赴海陆空第一总医院慰问因参加缝制工作而出车祸受伤的“妇

---

① 《蒋经国致宋美龄电文资料》，台北“国史馆”藏，典藏号：0020000002017A。

② 《蒋夫人启程“返国”》，《“中央”日报》1953年3月23日。

③ 《蒋夫人抵檀》，《“中央”日报》1953年3月24日。

④ 《蒋夫人抵台》，《“中央”日报》1953年3月26日。

⑤ 《蒋夫人昨日华诞，仍赴“妇联会”办公》，《“中央”日报》1953年3月27日。

⑥ 《救灾爆炸案灾民，蒋夫人拨万元》，《“中央”日报》1953年4月9日。

⑦ 《致埃玛·德隆·米尔斯的信函》，载张宪文、武菁主编：《宋美龄文集》第四卷，第1889页。

联会”北部防守区分会工作人员。①

5月1日 与蒋介石举办酒会，招待美国“军事援华顾问团”在台北官员及眷属，以庆祝该团来台两周年。②

6月2日 亲至机场迎接美军雷德福上将夫妇，并与蒋介石在官邸设晚宴招待。③

7月21日 出席“中华基督教妇女祈祷会”所举办之宴席，欢迎来台的青年归主篮球队。④

7月28日 与蒋方良至基隆慰问越南归台军眷。⑤

9月24日 下午至台北市中山堂为台湾省防痨协会新成立的X光巡回工作队授旗，并参观防痨展览及摄制肺部X光片。⑥

10月3日 赴美访问的蒋经国致电，告知尼克松副总统对宋美龄的访台邀请表示谢意，预计于11月5日抵台。⑦

10月7日 下午至“妇联会”处理公务，并亲自参加包装慰劳品工作。⑧

10月9日 “妇联会”各常务委员、委员、各分会主任委员、工作队队长一百余人分六组分至台北、花莲、阳明山等地各伤兵医院慰劳伤患战士，宋美龄带领第一组成员至联勤第一总医院慰问，分送慰劳品。⑨

11月4日 下午至谷正伦宅邸，向谷夫人陈白坚女士表示慰悼。⑩

---

① 《蒋夫人主持盛会颁发护生奖学金》，《“中央”日报》1953年4月18日。

② 《美军顾问团来华两周年，“总统”昨酒会款待》，《联合报》1953年5月2日。

③ 《雷德福上将抵台访问，“总统”夫妇昨设宴欢迎》，《联合报》1953年6月3日。

④ 《祈祷会宴归主，蒋夫人昨莅会》，《“中央”日报》1953年7月22日。

⑤ 《轸念越南“回国”军眷，蒋夫人赴基分赠慰问金》，《联合报》1953年7月29日。

⑥ 《X光巡回工作队成立，蒋夫人昨授旗》，《“中央”日报》1953年9月25日。

⑦ 《蒋经国致宋美龄电（1953年10月3日）》，载《蒋中正“总统”文物——“对美关系”（六）》，台北“国史馆”藏，典藏号：002000002096A。

⑧ 《“妇联会”“国庆”劳军，明分六组出发》，《“中央”日报》1953年10月8日。

⑨ 《蒋夫人亲赠慰劳品》，《“中央”日报》1953年10月10日。

⑩ 《谷正伦遗体今大殓》，《“中央”日报》1953年11月5日。

11 月 9 日 与蒋介石会见 8 日抵台的美国尼克松副总统夫妇，并接受尼克松夫人转交的美国退伍军人赠予贫苦儿童的捐款。①

11 月 10 日 上午陪同蒋介石与尼克松夫妇出席台北区部队机关、部队之阅兵典礼，中午在圆山饭店宴请尼克松夫人，继而同赴联勤总部医院慰问伤患，并至“妇联会”参观。②

11 月 11 日 下午在“总统府”介寿堂举办欢迎酒会，并在士林官邸设晚宴为尼克松夫妇饯行。③

11 月 16 日 在“妇联会”接待美国会众议员邱吉夫人。④

11 月 18 日 在“妇联会”接见澳门圣若瑟中学毕业生“回国”观光团。⑤

11 月 25 日 在“妇联会”接见澳门区女子篮球队队员，并接受队员赠送的“中华女儿领袖”锦旗。⑥

12 月 17 日 为“留韩反共义士”录制广播，宣扬“‘反共义士’绝不孤单，只要坚决忍耐继续抗暴，定能及早回到‘祖国’怀抱”。⑦

* * * * * *

是年

1 月 1 日 蒋介石发表《告同胞书》，称本年度要继续加强“反共抗俄”总动员，完成“反攻复国”准备。

1 月 20 日 台湾当局“立法”机构通过“实施耕者有其田条例草案”，并于当年 2 月开始实行。

---

① 《美国退伍军人赠款救“我国”贫苦儿童昨由尼克森夫人转交蒋夫人运用》，《“中央”日报》1953 年 11 月 10 日。

② 《“总统”昨邀美副总统校阅“国军”参观演习》《蒋夫人陪同尼夫人参观妇联慰问伤患》，《“中央”日报》1953 年 11 月 11 日。

③ 《尼克松今赴台中，晚应“总统”饯宴》，《“中央”日报》1953 年 11 月 11 日。

④ 《美国会女议员昨访“妇联会”》，《“中央”日报》1953 年 11 月 17 日。

⑤ 《圣若瑟旅行团昨拜会各机关》，《“中央”日报》1953 年 11 月 19 日。

⑥ 《澳华女篮球队员向蒋夫人献旗》，《“中央”日报》1953 年 11 月 26 日。

⑦ 《蒋夫人播告“反共义士”》，《“中央”日报》1953 年 12 月 18 日。1950 年 10 月中国人民志愿军援助朝鲜作战，战争过程中有士兵被俘，部分被俘士兵战后赴台，台湾方面即称这部分士兵为“韩战反共义士”。

2月2日 美国总统艾森豪威尔在向国会提出的首次国情咨文中，宣布立即解除台湾中立化，恢复台湾军队对大陆的行动自由。

2月13日 台湾当局决定废止《中苏友好同盟条约》。

4月 吴国桢辞去台湾省主席一职。

7月27日 《朝鲜停战协定》签订，朝鲜战争宣告结束。

1954年　五十五岁

1月1日 韩国电台转播宋美龄对印军监管下的“反共义士”的广播，广播“鼓励爱国义士加倍努力，俾获所久被剥夺的自由”。①

2月20日 致信埃玛·德隆·米尔斯，请她续订《妇女家庭杂志》。另外告知自己患了传染性肝炎，已卧床七周，并抱怨台湾的天气潮湿，令人不适。②

同日 出席妇女指导委员会第五次干事委员会会议（此为其“回国”后首次出席该委员会活动），并发表讲话，希望大家认识到委员会的责任，“真正相亲相爱地为党、为主义努力服务……应该特别注意培植下一代的女性，这是我们大家的责任”。③

3月1日 为台湾省建设厅与外籍妇女联谊会合办之工艺之家剪彩，并参观工艺之家与手工艺产品陈列室。④

3月8日 为庆祝妇女节发表书面祝辞，总结四年来妇女界的工作成绩，号召妇女“要扩充家族爱为民族爱，完成妇女‘复国建国’使命”；另外，在祝辞中特别提及即将召开的日内瓦会议，称该次会议可能会“出卖‘中华民国’以及整个亚洲”，希望妇女团结起来鼓励‘全国’军民，勇往直前，以安慰妇女先烈的在天

---

① 《蒋夫人对“反共义士”广播》，《“中央”日报》1954年1月1日。

② 《致埃玛·德隆·米尔斯的信函》，载张宪文、武菁主编：《宋美龄文集》第四卷，第1899—1901页。

③ 《中央委员会妇女工作指导委员会第五次干事委员会会议训词》，载张宪文、武菁主编：《宋美龄文集》第五卷，第2272页。

④ 《工艺之家昨开幕，蒋夫人主持剪彩》，《“中央”日报》1954年3月2日。

之灵；并称“我们民族伟大的精神，更是在我们高尚的伦理道德，这伦理道德实在就是我们中华民族五千年历史的结晶，因之我们中国从前妇女崇高的观念为贤妻良母，但我们在今日‘反共抗俄’‘反共复国’的时代，我们更要把这个伦理观念、贤妻良母的家庭爱扩充为‘国家’爱”，将妇女的典范定义为“母如岳母、妻如韩妻、教子为民族尽孝、劝夫为‘国家’效忠”。①

4月17日 是日为“妇联会”成立四周年纪念日，致函纪念大会表示祝贺，解释她无法参加会议的原因为“旧疾复发，无法照常工作”。②

4月22日 孔令杰告知顾维钧，宋美龄神经性皮炎复发，苦不堪言，决定赴美就医。③

4月29日 晚抵达旧金山富兰克林医院等待检查。④

5月20日 蒋介石致电，告知当日就职典礼一切完备周到，遗憾的是她未能参加。⑤

5月25日 蒋经国致电，告知台北炎热，蒋介石将迁居草山。⑥

6月5日 蒋介石致电，询问病情并希望她尽早回台。⑦

6月22日 致电蒋经国，提出台南酷热异常，希望蒋经国竭力设法避免蒋介石“南巡”。⑧

6月26日 蒋经国致电，报告孙立人调任“总统府参军长”，

① 《妇女节庆祝大会中，蒋夫人致书面祝辞》，《“中央”日报》1954年3月9日。

② 佟静：《宋美龄大传（下）》，第423页。

③ 天津编译中心编：《顾维钧回忆录缩编（下册）》，第1233页。

④ 《宋美龄致蒋介石密电（1954年4月30日）》，载《蒋中正“总统”文物：一般资料——“民国”四十三年》，台北“国史馆”藏，典藏号：002000001738A；《蒋夫人抵美》，《“中央”日报》1954年5月1日。

⑤ 《蒋介石致宋美龄密电（1954年5月20日）》，载《蒋中正“总统”文物：一般资料——“民国”四十三年》，台北“国史馆”藏，典藏号：002000001738A。

⑥ 《蒋经国致宋美龄电文资料》，台北“国史馆”藏，典藏号：002000002017A。

⑦ 《蒋介石致宋美龄电（1954年6月5日）》，载《蒋中正“总统”文物：一般资料——“民国”四十三年》，台北“国史馆”藏，典藏号：002000001738A。

⑧ 《宋美龄致蒋经国文电资料》，台北“国史馆”藏，典藏号：002000002016A。

张彝鼎接任“政治部主任”。[①]

7月3日 蒋介石致电，希望派人前往堪萨斯河滨医院看望在该院开刀的蒋纬国。[②]

7月6日 前往纽约。[③]

7月11日 下午在美国长岛蝗虫谷（Locust Valley）孔祥熙宅邸会见顾维钧，表示顾维钧的岗位非常重要，目前不宜更换人员。美国的援助关系台湾的生死存亡。[④]

8月3日 蒋介石致电，表示李承晚在美的建议自己毫不知情，且此次访美前李与蒋并无商洽，李的言行与台湾绝无关系。[⑤]

8月6日 蒋经国致电，报告国民党七届四中全会已于3日开幕，今日圆满结束。[⑥]

同日 蒋介石致电，拟以夫妻联名形式函祝美前总统胡佛生日。[⑦]

8月14日 蒋介石致电，告知桂永清因心脏病突发于13日逝世。[⑧]

8月29日 晚10时抵达华盛顿，入住“双橡园”。[⑨]

8月30日 下午在美国退伍军人大会发表演说“中国将重获自由”，演说首先对美国退伍军人协会给予的支持表示感谢；继而“控诉苏联从中国内部着手，逐步侵占了大陆”；最后详述台湾的

---

① 《蒋经国致宋美龄电文资料》，台北“国史馆”藏，典藏号：002000002017A。

② 《蒋介石致宋美龄电（1954年7月3日）》，载《蒋中正“总统”文物：一般资料——“民国”四十三年》，台北“国史馆”藏，典藏号：002000001738A。

③ 天津编译中心编：《顾维钧回忆录缩编（下册）》，第1238页。

④ 天津编译中心编：《顾维钧回忆录缩编（下册）》，第1240页。

⑤ 《蒋介石至宋美龄密电（1954年8月3日）》，载《蒋中正“总统”文物：一般资料——“民国”四十三年》，台北“国史馆”藏，典藏号：002000001738A。1954年7月，李承晚访美，对美方提出资金援韩要求，并多次发表演说攻击艾森豪威尔。

⑥ 《蒋经国致宋美龄电文资料》，台北“国史馆”藏，典藏号：002000002017A。

⑦ 《蒋介石致宋美龄密电（1954年8月6日）》，载《蒋中正“总统”文物：一般资料——“民国”四十三年》，台北“国史馆”藏，典藏号：002000001738A。

⑧ 《蒋介石致宋美龄电（1954年8月14日）》，载《蒋中正“总统”文物：一般资料——“民国”四十三年》，台北“国史馆”藏，典藏号：002000001738A。

⑨ 《顾维钧致蒋介石密电（1954年8月30日）》，载《蒋中正“总统”文物：“对美关系”（六）》，台北“国史馆”藏，典藏号：002000002096A。

“自由”，并称“大陆人民对于台湾都抱着极大的希望，把他们的自由愿望寄托于台湾”，台湾是“自由的庇护地”，艾森豪威尔亦到场参加。①

9月1日 接见“反共义士”访问团、侨团代表及驻华盛顿各机关职员，并于当日下午返回纽约。②

9月7日 蒋经国致电，报告他被任命为“国防会议副秘书长”，并恭贺中秋。③

9月10日 蒋介石致电，告知与来台的杜勒斯（John Foster Dulles）仅交谈三小时，内容集中于“中美互助双边公约”。④

9月20日 蒋介石致电，嘱宋在回台前应与魏德迈、鲁斯及《纽约时报》《论坛报》社长等人约谈一次。⑤

9月21日 蒋介石致电，对美政府“对华军援”金额仍如去年表示不满，询问美对台政策究竟如何及台湾即将提出的军事协助计划可否照办。⑥

9月22日 蒋介石致电，表示将不提军事协助计划以免“再受轻侮”。⑦

9月29日 蒋介石致电，告知《时代》杂志欲刊登他在1952年国民党“七全大会”上所作的政治报告，蒋要求经宋美龄校阅

---

① 《顾维钧致蒋介石密电（1954年8月31日）》，载《蒋中正“总统”文物——“对美关系”（六）》，台北“国史馆”藏，典藏号：002000002096A；《蒋夫人在美退伍军人协会演讲》，《“中央”日报》1954年9月1日。

② 《顾维钧致蒋介石密电（1954年9月1日）》，载《蒋中正“总统”文物——“对美关系”（六）》，台北“国史馆”藏，典藏号：002000002096A。

③ 《蒋经国致宋美龄电文资料》，台北“国史馆”藏，典藏号：0020000002017A。

④ 《蒋介石致宋美龄密电（1954年9月10日）》，载《蒋中正“总统”文物：一般资料——“民国”四十三年》，台北“国史馆”藏，典藏号：0020000001738A。

⑤ 《蒋介石致宋美龄密电（1954年9月20日）》，载《蒋中正“总统”文物：一般资料——“民国”四十三年》，台北“国史馆”藏，典藏号：0020000001738A。

⑥ 《蒋介石致宋美龄密电（1954年9月21日）》，载《蒋中正“总统”文物：一般资料——“民国”四十三年》，台北“国史馆”藏，典藏号：0020000001738A。从1951年到1953年三个财政年度，美国向台湾施以4.78亿美元的军事援助，其中1953年度的军援为3.06亿美元，超过历年水平。至1962年6月，美国对台军援约24亿美元。

⑦ 《蒋介石致宋美龄密电（1954年9月22日）》，载《蒋中正“总统”文物：一般资料——“民国”四十三年》，台北“国史馆”藏，典藏号：0020000001738A。

后再刊登，并请她斟酌此时发表是否合适。[①]

10月12日 在旧金山富兰克林医院接受返回台湾前最后一次体检。[②]

10月22日 上午自檀香山起飞，经停威克岛、关岛后，于中午抵达台北松山机场。[③]

10月26日 上午至“妇联会”陪同世界女青年会副主席、“美国援助中国知识人士协会”副会长摩尔夫人等参观该会各工作部门；送客离会后，听取“妇联会”工作报告。[④]

10月30日 张学良致信，请她代转其写给于凤至及 Mr. Elder[⑤] 的信。在致 Mr. Elder 的信中，张索要 3000 美元，张请宋美龄定夺可否如此，如否，请她将此页抽去。[⑥]

11月15日 在中央委员会妇女工作会新旧主任交接茶会上发表讲话，表示自己应对没有推动党内妇女工作开展负责，今后要改进党务，“和衷共济、精诚合作”，对“‘国家’、党、民族尽忠”，相信今后的工作会有更大的成绩。[⑦]

11月27日 主持“妇联会”游园大会，慰勉工作人员并参加游戏项目。[⑧]

* * * * * *

是年

2—3月 台湾举行“国大”二次会议，蒋介石当选为“中华

---

① 《蒋介石致宋美龄密电（1954 年 9 月 29 日）》，载《蒋中正“总统”文物：一般资料——“民国”四十三年》，台北“国史馆”藏，典藏号：0020000001738A。

② 《蒋夫人将由美“返国”》，《“中央”日报》1954 年 10 月 13 日。

③ 《蒋夫人“返国”，“总统”亲往迎迓》，《“中央”日报》1954 年 10 月 23 日。

④ 《蒋夫人莅临“妇联会”》，《“中央”日报》1954 年 10 月 27 日。

⑤ Elder 即 Jimmy Elder，张学良的英籍业务总管。

⑥ 《张学良致宋美龄的信函》，载张宪文、武菁主编：《宋美龄文集》第五卷，第 2519 页。

⑦ 《中央委员会妇女工作会新旧主任交接茶会训词》，载张宪文、武菁主编：《宋美龄文集》第五卷，第 2273—2274 页。

⑧ 《“妇联会”昨举行游园会》，《“中央”日报》1954 年 11 月 28 日。

民国第二任总统”。

4月26日 日内瓦会议召开，中华人民共和国首次以五大国之一的身份参与会议。周恩来在会上发言强调，台湾是中国领土，谴责美国破坏中国主权与领土完整。

6月17日 中英两国达成建立代办级外交关系协议。

6月28日 中印两国发表联合声明，提出和平共处五项原则。

7月20日 印度停战协定签订。

9月3—15日 两岸炮兵在金门、马祖诸岛之间展开炮战。

12月2日 “美台”签署“共同防御条约”，将台湾纳入美国军事占领和军事战略要地。

1955年 五十六岁

1月7日 下午举行茶会，招待省市政府及卫生、警政当局领导，研商改善环境卫生事宜。①

1月28日 致电美国妇女国家安全问题座谈会，称“民主政治和共产主义不能并存……取得国家安全唯一方法，在于领悟并能于领悟之后，以勇气实行一项原则，即任何国家在求其自身生存之际，必须同时能为其他坚守公平、正直与人道原则之国家觅取生存”，寻求美国的支持。②

1月29日 在“妇联会”接见自大陈岛至台的八十四名孤儿，并召开“大陈军人子弟及孤儿接运来台安置筹备会议”。会议决定由“妇联会”附设育儿院收容军人子弟及孤儿；成立接运大陈军人子弟及孤儿来台理事会，由宋美龄担任理事长，筹备孤儿接运及来台后之安置等事宜。③

2月9日 大陈岛军民一万四千人迁至台湾。

---

① 《蒋夫人邀省市首长研商改善环境卫生》，《“中央”日报》1955年1月8日。

② 《民主与“共党”不能并存，蒋夫人致电美妇女座谈会》，《“中央”日报》1955年1月29日；《蒋夫人演词电文》，《“中央”日报》1955年1月30日。

③ 《安置大陈来台孤儿，“妇联会”筹设育儿院》，《“中央”日报》1955年1月30日。

2月10日 在“妇联会”接见纽约大学副校长赫莱及美国共同广播公司记者卜特，表示后方妇女参加“妇联会”的目的是“替我们的军人服务，并且使军民之间获得了解；许多妇女愿意担任‘妇联会’工作，是完全为了争取世界的自由”。[①]

同日下午在孺慕堂主持法国现代名画代表作品展开幕典礼。[②]

2月11日 赴基隆“义胞”接待所慰问大陈岛民，继赴省立医院慰问最近临盆的妇女，后至十七号码头巡视联勤“妇联分会”及基隆市“妇联分会”之服务情形，并于此接见运送大陈岛民来台的美舰舰长。[③]

2月14日 偕美国驻联合国出席人权委员会代表劳得夫人等至“义士战斗团”巡视、参观妇女军中服务情形，并接受妇女军中服务团所献“妇女之光”锦旗。致辞鼓励大家团结一致，“继续为‘国家’，为大陆同胞，为人类自由、正义而奋斗”。[④]

2月16日 陪同劳得夫人参观“妇联会”，并至机场送别。[⑤]

2月19日 接受美国互通广播公司记者波特的录音采访，表示“中国妇女不但愿意受苦，而且切盼受苦，只要我们这样受苦而能实现我们的目标”；并说美国人士“从事协助的最佳途径乃是体认中国奋战以求的并非是为了中国自己，而正是为了某些基本原则而从事的一个战斗”。[⑥]

2月22日 将大陈岛遗孤儿童收容所暂名为光华育幼院。[⑦]

2月26日 上午，在“妇联会”接见大陈来台岛民代表，并以午餐招待。[⑧]

同日 会见美国《克利夫兰新闻报》记者福亨，把同时承认

---

① 《蒋夫人接见“外宾”》，《“中央”日报》1955年2月11日。

② 《法国名画展览今起举行五天》，《“中央”日报》1955年2月11日。

③ 《蒋夫人昨偕陈夫人冒雨赴基慰问义胞》，《“中央”日报》1955年2月12日。

④ 《蒋夫人偕劳得夫人等访“义士战斗团”》，《“中央”日报》1955年2月15日。

⑤ 《劳得夫人昨参观“妇联”》，《“中央”日报》1955年2月17日。

⑥ 《蒋夫人对美记者谈话》，《“中央”日报》1955年2月20日。

⑦ 《华兴三十年》，第41页，转引自亓乐义：《蒋夫人与华兴》，台北商讯文化事业股份有限公司2011年版，第25页。

⑧ 《蒋夫人昨在“妇联会”接见义胞代表》，《“中央”日报》1955年2月27日。

“中华民国”与中华人民共和国一事比作《圣经》上所提勿一面信奉上帝一面信奉玛拿西的警告，表示“两个中国”政策很像是信奉两个上帝。①

2月27日 美国互通广播公司的宋美龄录音采访在该公司“国情”栏目中对纽约地区广播。②

2月28日 在士林官邸主持“大陈军人子弟及孤儿接运来台安置筹备会议”理事会第二次会议，决定将“光华育儿院”改名为“华兴育儿院”。③

3月8日 上午出席妇女节庆祝大会，致辞称“应不忘大陆姐妹深陷铁幕之痛苦，必痛下决心，早日‘反攻大陆’，使大家能享受自由之乐”，并勉励“‘自由中国’妇女只要下决心，好自努力，前途必极光明。‘全国’妇女万不能轻估自身力量，每人均应以明灯自期，以照亮全世界”。④

3月11日 台湾省环境卫生指导委员会成立，宋美龄担任该会名誉主任委员。⑤

3月28日 出席台湾疗养院开幕典礼。⑥

4月2日 在孺慕堂举行茶会招待近年来对“妇联会”慰劳工作有帮助的各界妇女代表、“外宾”及日本“归国”妇女侨团等。⑦

4月8日 是日为耶稣受难日，下午至士林礼拜堂用英语证道，叙述复活与十字架相关联的能力，并检讨人类在赎罪中所处的地位。⑧

---

① 《上帝只有一位，中国岂能两个》，《“中央”日报》1955年2月27日。

② 《美互通广播公司广播蒋“总统”谈话录音》，《“中央”日报》1955年2月28日。

③ 《“总统”蒋公八秩大庆》，第27页，转引自亓乐义：《蒋夫人与华兴》，第43页。

④ 《“自由中国”各界妇女，昨日盛会庆祝佳节》，《“中央”日报》1955年3月9日。

⑤ 《指导环境卫生，台省设委员会》，《“中央”日报》1955年3月12日。

⑥ 《台湾疗养医院昨举行开幕典礼，蒋夫人启钥并致辞》，《“中央”日报》1955年3月29日。

⑦ 《蒋夫人昨茶会招待“中外”妇女》，《“中央”日报》1955年4月3日。

⑧ 《蒋夫人证道译文》，《“中央”日报》1955年4月9日。

4月14日 陪同蒋介石到马祖视察。[①]

4月18日 在接受联合社记者访问时表示，对于“保卫”金门、马祖，有不可动摇的决心，并称“无论美国援助与否，我们均有决心并予以实现……有些外国人认为他们可以代表我们作任何决定，其实，任何我们命运之事，只有我们能自作决定”。[②]

5月12日 向台北市护士节庆祝大会发去书面致辞，勉励从事护士工作的妇女们发挥南丁格尔的伟大精神，在无我的职业中保持崇高的传统。[③]

5月31日 在“妇联会”主持茶会，欢迎美国交响乐团团员。[④]

6月4日 在“妇联会”接见菲律宾艺术宣传队全体队员，并会见土耳其“反共”妇女领袖、亚盟代表塔拉巴夫人。[⑤]

6月8日 在“妇联会”接见金马三军代表，并慰勉各代表转告“前线”战士，“只要坚决守卫‘国’土，前方有何需要、有何问题当代为设法解决”。[⑥]

6月18日 设午宴款待世界道德重整运动访问团联络员何理德夫妇。[⑦]

6月23日 陪同蒋介石在台北宾馆与世界道德重整运动访问团全体团员茶叙，并担任蒋介石翻译。[⑧]

6月25日 在官邸与世界道德重整运动访问团部分团员茶叙。[⑨]

---

① 《“总统”上周四曾莅马视察》，《联合报》1955年4月20日。

② 《“总统”上周四曾莅马视察》，《联合报》1955年4月20日。

③ 《蒋夫人书勉护士工作者》，《“中央”日报》1955年5月13日。

④ 《美交响乐团昨抵台，蒋夫人特举行茶会欢迎》，《“中央”日报》1955年6月1日。

⑤ 《塔拉巴夫人昨晋谒蒋夫人》，《“中央”日报》1955年6月5日。

⑥ 《蒋夫人昨接见金马将士代表》，《“中央”日报》1955年6月9日。

⑦ 《“总统”接见何里德夫妇》，《“中央”日报》1955年6月19日。

⑧ 《“总统”暨夫人昨茶会，款待道德重整团员》，《“中央”日报》1955年6月24日。

⑨ 《“总统”暨夫人昨接见部分道德重整团员》，《“中央”日报》1955年6月26日。

7月4日 在官邸接见美国华亚之声社负责人夏荣光牧师夫妇，并接受夏氏夫妇为华兴育幼院新建礼堂与饭厅所捐款项。①

7月9日 上午会见美国勒斐雅特大学考察团。②

9月4日 在官邸设宴招待十四名空军遗族，并赠送纪念品。③

10月5日 至“妇联会”包装“双十节”慰劳三军将士礼物。④

10月8日 上午先至“妇联会”督导“双十节”劳军工作，后偕“使节团”及“妇联会”委员至联勤第一总医院慰问伤患将士，并致辞鼓励伤患努力为大陆同胞“争取自由”。⑤

10月17日 出席“留美同学会”成立会，并致辞略述“美国大学阶段教育的特色在发展负责任的自由”，称“以责任卫护自由，以自由启发责任，显然是一个双重目的，是接受美国教育的学子们一切行为的基准”，认为中国的留学生在学习技术知识时，往往忽略了对精神的追求……据此阐述该会成立的理由：“今日如认为美国的一切都是尽善尽美的话，那么这个观念的危险，我用不着提醒各位……在思想方面和在社会改革方面，舶来的制成品，未必尽适合我们国家和社会的需要。所以我们需要自动的有选择的能力，尤其需要开拓我们的精神。我们面临一个艰巨的工作，即将一个民族要从思想的理性中拯救出来，使它重获活力，热烈追求真理，并在生活中竭诚奉行真理。”⑥

10月20日 设午宴招待台湾各县市长夫人。⑦

11月12日 与蒋介石设晚宴招待美国空军参谋长戴宁

---

① 《蒋夫人接见夏荣光》，《“中央”日报》1955年7月5日。

② 《陈“副总统”款待美大学考察团，该团昨谒蒋夫人致敬》，《“中央”日报》1955年7月10日。

③ 《蒋夫人昨款待空军烈士遗族》，《“中央”日报》1955年9月5日。

④ 《庆祝今年“双十节”，外侨组织团体慰劳伤患“国军”》，《“中央”日报》1955年10月6日。

⑤ 《蒋夫人偕同“使节团”慰问伤患将士》，《“中央”日报》1955年10月9日。

⑥ 《留美同学会成立会上蒋夫人演讲全文》，《“中央”日报》1955年10月18日。

⑦ 《蒋夫人款宴县市长夫人》，《“中央”日报》1955年10月22日。

(Nathan Farragut Twinidg) 上将夫妇。①

11 月 15 日 在“妇联会”举办茶会，招待国际妇女会全体会员暨各国“使节夫人”，并致辞将“妇联会”的工作精神总结为三点：“一、包括各阶层妇女民主而平等；二、工作人员无区域之分，只要是中国人，即团结在一起；三、本日开会之孺慕堂为海外同胞所捐建，表示海内外一条心。”②

11 月 23 日 出席“妇联会”感谢赴金马劳军团所举办之茶会，并与华兴育儿院儿童代表见面。③

11 月 28 日 所著《确实的胜利》在纽约出版，该书记述台湾地区的若干祈祷会，表示相信祈祷会的力量。④

11 月 29 日 在美国广播公司主办的《美国以外》电视节目中发表七分钟演说，称“我们曾经努力，并正继续努力，为我们的未来建立力量，我们在这样做的时候，深知此项战斗是长期的，而且必须不惜牺牲的”；“(台湾土地改革计划) 已经使地主和农夫都能享受到此项和平改革的果实”；并强调台湾保持了中国的传统文化与风俗习惯。

12 月 6 日 与蒋介石陪同美国众议院外交委员会主席萨布劳基等一行十人自台中访问后飞抵台北，并为萨布劳基等飞赴琉球送行。⑤

12 月 17 日 致信索科尔斯基 (George E. Sokolsky)，感谢他为《确实的胜利》一书所写的书评。⑥

12 月 21 日 上午至北投联勤总医院慰问伤患士兵，并亲发圣

---

① 《“总统” 伉俪设宴款待戴宁将军》，《“中央” 日报》1955 年 11 月 13 日。

② 《国际妇女会员昨访问 “妇联会”》，《“中央” 日报》1955 年 11 月 16 日。

③ 《蒋夫人昨招待参加劳军妇女》，《“中央” 日报》1955 年 11 月 24 日。

④ 《〈确实的胜利〉 蒋夫人新著将在美出版》，《“中央” 日报》1955 年 11 月 13 日。

⑤ 《美七议员结束访问，昨离台飞琉球》，《“中央” 日报》1955 年 12 月 7 日。

⑥ 索科尔斯基，一译索克思，美国著名俄裔记者，哥伦比亚新闻学校毕业，曾任《字林西报》社论编辑，在华期间与孙中山及宋家关系甚密。回国后主要为《纽约先驱论坛报》《纽约太阳报》、赫斯特系报纸撰写专栏。参见《致乔治·E. 索科尔斯基的信函》，载张宪文、武菁主编：《宋美龄文集》第四卷，第 1911 页。

诞礼品。①

* * * * * *

是年

1月24日 周恩来发表声明，谴责美国政府干涉中国人民解放台湾。

2月13日 中国人民解放军解放大陈岛、渔山列岛、披山岛等岛屿。

4月18日 万隆会议召开，周恩来在会议上表示中国政府愿意同美国政府谈判，以缓和台湾地区紧张局势。

8月1日 中美两国大使级会谈在日内瓦举行。

8月20日 蒋介石革除孙立人"总统府参军长"一职，并组成调查委员会开始侦讯。

1956年 五十七岁

1月6日 上午至机场为美国参谋长联席会议主席雷德福夫妇送行；继至"妇联会"会见美空军部长邝尔斯夫人、美国国防部助理部长麦克奈尔夫人，并偕二人至妇工会及妇女之家参观。②

1月13日 至军官外语学校为该校师生以英语证道。③

1月14日 傍晚与蒋介石至中兴山庄妇女训练班全体学员捐赠之实践室参观，并接受该班学员捐赠的实践室模型；继在妇女之家宴请妇女"国大代表"及立监委员等三百余人，以为春节联欢。④

1月18日 在"妇联会"会见美国密歇根大学校长海契尔一行，并陪同参观各工作部门及华兴育儿院。⑤

---

① 《蒋夫人慰问伤患》，《"中央"日报》1955年12月22日。
② 《邝尔斯夫人等昨参观"妇联会"》，《"中央"日报》1956年1月7日。
③ 《蒋夫人英语证道》，《"中央"日报》1956年1月15日。
④ 《中兴山庄女学员昨向蒋夫人呈献实践室》，《"中央"日报》1956年1月15日。
⑤ 《海契尔博士参观"妇联会"》，《"中央"日报》1956年1月19日。

2月8日 在蒋经国陪同下至高雄市旗后“大陈义胞新村”慰问，号召他们安居乐业，忍受一时的困苦艰难，共同完成“反共抗俄”大业，“解放”大陆同胞。①

2月17日 下午出席美籍布道家葛理翰在台北市省立一女中大礼堂举办的布道会，晚亦出席葛理翰在三军球场举办的证道会。②

3月4日 下午在官邸与琉球美军子弟中小学教员旅行团一行茶叙。③

3月15日 上午偕美国赫斯特系④报纸总编辑兼美国国际通讯社社长小赫斯特夫人至“妇联会”、华兴育儿院参观；晚与蒋介石在官邸宴请小赫斯特夫妇等人。⑤

3月30日 在士林礼拜堂证道，阐释得救永生的含义：“永生不仅表示应该腐烂的不会腐烂，而是指心灵的继续成长，精神的无限扩充和人格的提高。”⑥

4月26日 参观木栅新成立之秋瑾堂——“开国”史实纪念馆。⑦

4月28日 下午参加俞鸿钧三女儿俞筱涟婚礼。⑧

5月1日 陪同蒋介石至中山堂大礼堂出席美军顾问团成立五周年纪念大会，并发表演说感谢美国人民在“帮助改善中国人民福利”方面的贡献。⑨

5月2日 下午前往台大医院看望病中的王宠惠。⑩

---

① 《蒋夫人莅高市慰问大陈义胞》，《“中央”日报》1956年2月9日。

② 《名布道家葛理翰昨两次传布福音》，《“中央”日报》1956年2月18日。

③ 《琉球美教员旅行团昨谒蒋夫人后返琉》，《“中央”日报》1956年3月5日。

④ 即赫斯特国际集团所属报业，其创始人为威廉·蓝道夫·赫斯特，美国报业大王、企业家。

⑤ 《“总统”伉俪设宴款待赫斯特等》，《“中央”日报》1956年3月16日。

⑥ 《耶稣受难节蒋夫人证道》，《“中央”日报》1956年3月31日。

⑦ 《蒋夫人曾莅临木栅参观秋瑾堂》，《“中央”日报》1956年4月28日。

⑧ 《俞揆昨嫁女，蒋夫人陈“副总统”等莅临教堂管理致贺》，《“中央”日报》1956年4月29日。

⑨ 《蒋夫人亦发表演说，感谢美国盟友贡献》，《“中央”日报》1956年5月2日。

⑩ 《蒋夫人探视王宠惠病况》，《“中央”日报》1956年5月3日。

5月9日 上午再赴台大医院看望王宠惠。①

5月11日 下午前往“华美协进社”台湾分社，参观美军顾问团妇女俱乐部美术组与该分社联合举办的中国画展。②

5月16日 是日为台湾省妇女会成立十周年纪念，发表讲话号召妇女“集中意志，团结力量，本卧薪尝胆之决心，求‘反攻复国’之胜利”。③

5月19日 上午主持“妇联会”成立六周年纪念会暨工作检讨会开幕典礼，并致辞及颁发“前线”将士慰劳品及“国军”眷属生育补助金。致辞以“妇联会”三种工作即宣传、慰劳、组训为序回顾六年的历史，最后勉励“‘全国’妇女刻苦耐劳，为国努力”。④

下午在孺慕堂主持旅日大阪华侨观光团及菲律宾中国童子军团友会观光团、港九自由农民观光团及“妇联会”纪念会参会人员茶会。在茶会中宣布预建军眷建筑住宅千幢，按每幢价款六千元计，需经费约六百万元。茶会宾客当场认捐一百六十一幢。⑤

5月24日 上午主持召开“妇联会”临时常会，决定募捐三千万元，以二千四百万元建筑军眷住宅四千幢，其余六百万元充作此项住宅卫生康乐及礼堂等项设备之用⑥，并成立国军眷属住宅筹建委员会。

同日 接见美国洛杉矶交响乐团团长兼指挥瓦伦斯坦夫妇。

5月31日 主持在阳明山官邸举行的“妇联会‘国军’眷属住宅筹建委员会”第二次会议，决定优先无依军眷、遗族及最贫苦者的军眷住宅筹建。⑦

---

① 《蒋夫人再度探视王宠惠院长病况》，《“中央”日报》1956年5月10日。

② 《美“驻华”官员夫人举行中国画展》，《“中央”日报》1956年5月12日。

③ 《省妇女会庆祝十周年，蒋夫人昨特颁训词》，《“中央”日报》1956年5月17日。

④ 《“妇联会”昨庆成立六周年，蒋夫人向前线将士分赠慰劳金慰劳品》《蒋夫人勉“全国”妇女刻苦耐劳为“国”努力》，《“中央”日报》1956年5月20日。

⑤ 《“总统”伉俪分别接见旅日菲港“归国”侨团》《“妇联会”筹款六百万决为军眷建屋千幢》，《“中央”日报》1956年5月20日。

⑥ 《“妇联会”决募捐三千万元建军眷住宅四千幢》，《“中央”日报》1956年5月25日。

⑦ 《“妇联”筹建军眷住宅全部计划在研拟中》，《“中央”日报》1956年6月1日。

6月1日 在阳明山管理局礼堂与“妇训班”第七期全体女学员茶叙，该期女学员为各县市乡镇妇女会理事、监事中的国民党员。①

6月4日 在官邸举办茶会，欢迎来台访问的美国得克萨斯州妇女界领袖友好访问团。②

6月8日 在官邸与来台私访的美国国际奇异电器公司（即通用电气公司）海洛夫妇茶叙。③

6月25日 马尼拉《新闻日报》刊登该报女记者陈北原在台北对宋美龄的访问，宋美龄在访问中号召华侨妇女“提高警觉、防范共产党的赤色宣传”。④

7月11日 在阳明山庄介寿堂主持中华基督教妇女祈祷会举行的流动医院奉献典礼。⑤

8月18日 在官邸会见旅日神户“中华”妇女协会“回国”观光团，后陪同蒋介石与日本各界亲善访问团团长石井光次郎茶叙。⑥

8月19日 在孺慕堂接见参加捐献军眷住宅联合大公演的港台影剧人员，并勉励他们继续努力。⑦

8月21日 下午与美国女作家伍特里茶叙。⑧

8月22日 下午接见香港基督教宣教观光团团长张陈舜英等一行四人，感谢她们为响应筹建军眷住宅所捐款项。⑨

---

① 《蒋夫人昨日召见中兴山庄女学员》，《“中央”日报》1956年6月2日。

② 《美德州妇女团昨来华访问，今谒蒋夫人致敬》，《“中央”日报》1956年6月4日。

③ 《美奇异公司总经理海洛夫妇抵台，昨晋谒蒋夫人致敬》，《“中央”日报》1956年6月9日。

④ 《蒋夫人勉励妇女侨胞努力“反共抗俄”斗争》，《“中央”日报》1956年6月26日。

⑤ 《蒋夫人昨亲自主持流动医院奉献典礼》，《“中央”日报》1956年7月12日。

⑥ 《蒋夫人昨接见神户妇女侨团》《石井光次郎再度晋谒，“总统”伉俪接见款待》，《“中央”日报》1956年8月19日。

⑦ 《蒋夫人接见港台影剧人》，《“中央”日报》1956年8月20日。

⑧ 《蒋夫人昨接见美女作家伍特里》，《“中央”日报》1956年8月22日。

⑨ 《蒋夫人接见张陈舜英等》，《“中央”日报》1956年8月23日。

8月27日 在孺慕堂接见日本、韩国、越南、柬埔寨及港澳等地赴台参加军中服务的女性华侨学生，勉励她们努力读书。①

9月17日 马尼拉《新闻日报》1956年《年鉴》出版，开篇文章为宋美龄所撰《三十年来中国史稿》，该文叙述其自1926年起所目睹的历史，将这段历史定义为“为实现孙中山先生的三民主义而奋斗努力的记载”，并分析国民党失去大陆的原因，称：“第一，中国经过长期对日抗战元气大伤；第二，长期抗战结果造成极多的复杂难题，复因‘共匪’的破坏和苏俄诽谤‘我国’政府领袖的宣传，加剧了困难；第三，‘共匪’听命于莫斯科且得到苏俄的资助，‘共匪’是用军事夺取大陆，并非由于民意的选择；第四，和‘共匪’尝试建立联合政府的企图，已于今日被公认为极不幸的错误。”号召大家“立志使大陆同胞重获自由，才可报答为祖国壮烈牺牲的先烈”。②

9月18日 下午在官邸与巴西“驻台大使”杜善笃茶叙。③

9月25日 上午接见韩国学生代表团，号召“两国”青年紧密合作，为“反共抗俄”战斗，“光复大陆，统一北韩”。

下午，与美国纽约大学人类学教授司徒华夫妇在官邸茶叙。④

9月27日 上午至历史文物馆，主持由美国新闻处与美国史都邦玻璃公司联合举办的“镌刻在玻璃器皿上的亚洲”艺术展览开幕式。⑤

10月9日 与“妇联会”常务委员、委员及蓝钦夫妇等人至第一总医院慰问伤患官兵。⑥

---

① 《蒋夫人接见款待“回国”服务女侨生》，《“中央”日报》1956年8月28日。

② 《蒋夫人撰专文叙述“我国”三十年来史实》，《“中央”日报》1956年9月18日。

③ 《蒋夫人昨接见巴西“驻华大使”》，《“中央”日报》1956年9月19日。

④ 《蒋夫人昨接见韩学生“访华团”》《“总统”夫人接见司徒华》，《“中央”日报》1956年9月26日。

⑤ 《刻画玻璃器皿昨日在台展出，蒋夫人主持揭幕礼》，《“中央”日报》1956年9月28日。

⑥ 《蒋夫人偕外宾慰问伤患官兵》，《“中央”日报》1956年10月10日。

10 月 20 日 在孺慕堂与来台观光的旅菲六桂堂宗亲会①，菲律宾、大阪、东京、神户、马来西亚、新加坡、印尼、星马等侨团成员茶叙，感谢华侨对民国缔造、革命成功、抗战胜利、“反共抗俄”的贡献，将华侨比为“革命之母”。②

10 月中旬 宋蔼龄自美国飞抵台湾。

11 月 2 日 是日为东海大学建校周年纪念，宋美龄发表书面致辞，表示“要建立一个较好的世界，我们必须要努力克制自私、贪婪与对于是非善恶漠视无干的态度，而代之以耶稣的高尚思想，如公而两忘的意志、牺牲的精神和为公理正义而奋斗的决心”，鼓励学生追寻真理。③

11 月 3 日 下午在士林官邸举行茶会，向在台各界高层人士之夫人及妇女团体代表介绍宋蔼龄。④

11 月 5 日 在“妇联会”会见菲律宾新闻部长克茹斯夫妇和美国胜家缝衣机公司总经理莱特夫妇，并陪同参观中央妇女工作会、妇女之家、军眷手工艺展、征衣缝制场、嘉幼托儿所、华兴育幼院等处。⑤

11 月 8 日 与蒋介石联名致电美国副总统尼克松，祝贺其连任副总统。

同日上午至“妇联会”主持军眷住宅筹建委员会第九次会议，并接见在会参观的美国记者布朗夫妇。⑥

11 月 10 日 在官邸接见越南华侨基督教领导詹剑青夫人张

---

① 六桂堂是由方、翁、洪、江、龚、汪等六姓人士组成的民间组织，相传这六个家族，虽然姓氏完全不同，实际上却是一父所出的同一家人，故用“六桂堂”堂名。该堂分布于十一个国家，共十六个会所，世界总会设在美国洛杉矶。从 20 世纪 30 年代起，世界各地的六桂宗亲纷纷成立“六桂堂”机构，旨在团结互助，排忧解难。

② 《蒋夫人昨招待“回国”观光侨团》，《“中央”日报》1956 年 10 月 21 日。

③ 《蒋夫人勖勉东大学生追寻真理》，《“中央”日报》1956 年 11 月 3 日。

④ 《蒋夫人介绍孔夫人与“中外”妇女界会晤》，《“中央”日报》1956 年 11 月 4 日。

⑤ 《蒋夫人参观军眷工艺展》，《“中央”日报》1956 年 11 月 6 日。

⑥ 《“总统”及夫人电贺尼克森》《美记者布朗夫妇昨谒蒋夫人》，《“中央”日报》1956 年 11 月 9 日。

世德。[①]

11 月 24 日 上午在“妇联会”会见来自印尼、新加坡、港澳等地的第二批侨团，并共赏文艺节目。[②]

12 月 26 日 是日美国各报刊登盖洛普年度民意测验[③]，宋美龄当选为世界十位“令人最敬佩的女人”之一，另外九名分别为：美国前总统罗斯福夫人、美国驻意大利大使鲁斯夫人、美国总统艾森豪威尔夫人、世界著名盲声教育家凯勒、英国女王伊丽莎白、美国女演员海伦·赫斯、广播及电视明星凯特·史密茨、黑人歌星安德森及摩洛哥国王雷尼尔王妃葛丽丝·凯莱。[④]

12 月 29 日 在“妇联会”接受“国防部”军眷服务处军眷代表所赠的工艺品。[⑤]

* * * * * *

是年

1 月 18 日 中华人民共和国外交部发表声明，重申中国政府愿在可能的条件下和平解放台湾。

1 月 21 日 美国国务院发表声明，强调美国有协防台湾的“义务”。

5 月 1 日 蒋介石向驻台美军发表演说，称欲保台湾，必守金、马。

9 月 15—27 日 中国共产党召开第八次全国代表大会提出，中国国内主要矛盾是人民对于经济文化迅速发展的需要同当前经济文化不能满足人民需要的状况之间的矛盾，因而党的中心任务

---

① 《蒋夫人召见越南华侨詹张世德》，《“中央”日报》1956 年 11 月 12 日。

② 《蒋夫人接见第二批侨团》，《“中央”日报》1956 年 11 月 25 日。

③ 盖洛普年度民意测验即 Gallup Poll，以美国统计学家乔治·盖洛普的名字命名，是一种观点的民意测验，常常被各大媒体用于代表民意的一种表现方式，内容包括政治、经济、社会等。

④ 《今日世界最值得敬佩的女性十位名人中蒋夫人膺选》，《“中央”日报》1956 年 12 月 28 日。

⑤ 《军眷代表谒蒋夫人呈献工艺制品》，《“中央”日报》1956 年 12 月 30 日。

是保护和发展生产力。

10月23—11月4日 匈牙利布达佩斯各界群众举行大规模游行，继而引发武装暴动，苏联出兵进行军事干预。

1957年 五十八岁

1月6日 至台湾省立台北盲哑学校慰问盲哑学生，并发表讲话，先阐述耶稣基督降生博爱救世精神，继指出盲哑虽为身体缺陷，但盲哑者的智慧往往超人，勉励各生努力学习。①

1月17日 上午在官邸接见英籍中国古物收藏家裴席卫夫妇。②

1月23日 上午在孺慕堂代表“妇联会”接受美国胜家公司赠送该会的百台缝纫机。③

1月24日 在“妇联会”会见菲律宾文化友好访问团。④

2月 蒋纬国与台湾“中央信托局”副处长邱秉敏女儿邱爱伦在日本结婚。⑤

2月1日 美国国家广播公司“今晚”电视节目转播宋美龄对旅美华侨的春节祝词。⑥

2月13日 在“妇联会”接见参加台湾省女子警察讲习会的全省女性警员六十五人，鼓励女警员好好为民服务，并亲为女警员主持祈祷会。⑦

3月2日 上午在“妇联会”接见美国环球旅行团团员、伦敦“自由中国”之友协会秘书柯玲舞女士、美国卫斯理安女子学院教

---

① 《蒋夫人偕妇女界领袖慰问盲哑学校学生》，《“中央”日报》1957年1月7日。

② 《蒋夫人接见裴席卫夫妇》，《“中央”日报》1957年1月18日。

③ 《美商赠“妇联会”缝机，蒋夫人昨代表接受》，《“中央”日报》1957年1月24日。

④ 《蒋夫人昨接见菲文化访问团》，《“中央”日报》1957年1月25日。

⑤ 简洁、孟忻编著：《蒋介石和宋美龄》，第182页。

⑥ 《旅美侨胞度春节，蒋夫人发表祝辞》，《“中央”日报》1957年2月4日。

⑦ 《台省女警员晋谒蒋夫人》，《“中央”日报》1957年2月14日。

授鲍尔女士和美国霍华德报系代表史丹先生。①

下午与蒋介石在官邸接见美国新闻界访问团，表示“中国妇女”在“反共抗俄”事业中协助三军做了大量的社会福利工作，并感谢中外各方对“妇联会”工作的支持。②

3月9日 在“妇联会”主持军眷住宅筹建委员会第十一次会议，决定在即将落成的四千幢军眷住宅以外，再行建造军眷住宅一千幢。③

4月9日 上午在“妇联会”会见出席“亚盟三届大会”的各国代表。下午与蒋介石在官邸接见伊朗政府经济访问团一行。④

4月10日 下午参观为庆祝1957年世界卫生节所举办的“食物与营养”展览会。⑤

4月15日 下午至新落成之“国立”艺术馆参观郑曼青个人书画展。⑥

4月24日 在台北国际扶轮社埠际联会发表题为《生存与灭亡间的抉择》的英文演讲。号召大家按照自己的理想“体贴别人是服务的基础，帮助别人就是它的表现”，为“反共抗俄”作出贡献。⑦

4月24日 至“妇联会”参观已故艺术家袁留莘国画展。⑧

5月24日 台湾省妇女会第六届代表大会开幕典礼宣读宋美龄书面致辞，鼓励妇女会发挥潜能，响应政府号召，协助建设台

---

① 《蒋夫人昨接见美环球旅行团》，《“中央”日报》1957年3月3日。

② 《蒋夫人答美记者问》，《“中央”日报》1957年3月3日。

③ 《蒋夫人主持军宅筹建会，决再建一千幢》，《“中央”日报》1957年3月10日。

④ 《“外宾”参观“妇联会”，蒋夫人亲临接待》《“总统”伉俪昨晚接见伊朗经济访问团员》，《“中央”日报》1957年4月10日。

⑤ 《蒋夫人昨日参观“食物与营养”展览》，《“中央”日报》1957年4月11日。

⑥ 《艺术馆今开幕，展出郑曼青书画》，《“中央”日报》1957年4月16日。

⑦ 《蒋夫人在扶轮社埠际联合会演说》，《联合报》1957年4月24日；《蒋夫人在扶轮社演说》，《联合报》1957年4月25日。

⑧ 《袁留莘遗画明预展，蒋夫人昨莅临参观》，《“中央”日报》1957年4月25日。

湾为三民主义的模范省，完成“中兴复国”之使命。①

7月2日 在“妇联会”接待美国旧金山教育界访问团时称“‘中华民国’妇女今天不仅在‘反共抗俄’工作尽了最大的力量，就是在社会政治上也有良好的表现。在台湾的地方自治选举中，妇女的投票率占有百分之五十左右，这很显明地看出妇女对政治的兴趣”。②

7月4日 在官邸接见时任伊朗总理马努切赫尔·艾格巴的女儿。③

7月11日 在阳明山台银俱乐部主持“中国防痨协会”筹备会，商讨该会的组织与成立事宜，决定将台湾省防痨协会的组织予以扩大，使其成为“全国性”的防痨组织，将组织初定名为“中国防痨协会”，宋美龄被推举为筹备会主任委员。④

7月23日 在“妇联会”接见美国丝蒂曼女士及曾任职于国际劳工局之旅居瑞士华侨朱家让。⑤

7月24日 上午至台大医院探望病中的王宠惠。⑥

7月25日 上午在“妇联会”接见日本参议院议员访问团，发表讲话称“‘中日两国’为兄弟之邦，文化及生活方式相似，兹值苏联暴力威胁世界安全之际，‘中日两国’应共同合作，为反对极权、争自由、维护世界和平而奋斗”。⑦

7月26日 在“妇联会”接见菲律宾华侨佛教居士访问团，并接受该团赠送的“任重致远”锦旗。⑧

8月19日 在“妇联会”接见即将赴美参加世界道德重整会议的台湾青年访问团，提醒团员要注意当地风俗及待人接物之礼

---

① 《台省妇女会开代表大会，蒋夫人颁发训词》，《“中央”日报》1957年5月25日。

② 《蒋夫人昨接待旧金山访问团》，《“中央”日报》1957年7月3日。

③ 《蒋夫人接见艾格巴小姐》，《“中央”日报》1957年7月5日。

④ 《中国防痨协会昨开筹备会议》，《“中央”日报》1957年7月12日。

⑤ 《蒋夫人接见丝蒂曼女士》，《“中央”日报》1957年7月24日。

⑥ 《蒋夫人探望王宠惠病况》，《“中央”日报》1957年7月25日。

⑦ 《日参议员一行昨谒蒋夫人》，《“中央”日报》1957年7月26日。

⑧ 《蒋夫人接见菲华居士团》，《“中央”日报》1957年7月27日。

仪，学习别国的长处，表现大“国民”的风度，珍惜此次机会。[①]

8 月 30 日 在官邸接见匈牙利“反共”青年梅占沙巴与琵罗西娜。[②]

10 月 1 日 在官邸接见美国女低音歌唱家玛丽安·安德逊女士。晚间至中山堂欣赏安德逊独唱会。[③]

10 月 4 日 参观美术展览会。[④]

10 月 9 日 率领参加“国庆劳军”的外宾及“妇联会”常委与干事等至“陆军第一总医院”慰问伤患官兵，并讲话鼓励他们保持乐观，以取得最后的胜利与成功。之后，与陈诚夫人谭祥至“空军总医院”“陆军第五十六医院”及“北投第一总医院”等处，继续慰问伤患官兵。[⑤]

10 月 26 日 出席在中山堂召开的“慈坛社”年会，并应邀发表演说。

10 月 30 日 下午四时与蒋介石在官邸接见美国《纽约时报》社论委员史密斯。六时至“妇联会”接见菲律宾华侨祝寿团。晚与蒋介石在中山堂光复厅宴请华侨祝寿观光团（10 月 31 日为蒋介石七十周岁生日）。[⑥]

11 月 约旦授予宋美龄一等复兴勋章（First Grade, Al-Nahda）；伊拉克授予宋美龄费易萨一世大绶勋章（Sash of King Faisal I Order）。[⑦]

11 月 12 日 上午随蒋介石飞抵花莲，视察横贯公路东线施工情况，继至陆军化学兵训练班视察。下午返抵台北，在官邸接见美

---

① 《我出席道德会代表，“总统”昨日召见训勉，蒋夫人亦曾接见勉励》，《“中央”日报》1957 年 8 月 20 日。

② 《匈牙利两志士昨谒蒋夫人》，《“中央”日报》1957 年 8 月 31 日。

③ 《蒋夫人接见安德逊女士》，《“中央”日报》1957 年 10 月 2 日。

④ 《蒋夫人昨参观“全国”美术展览》，《“中央”日报》1957 年 10 月 5 日。

⑤ 《蒋夫人昨日主持“妇联”“国庆”劳军》，《“中央”日报》1957 年 10 月 10 日。

⑥ 《“总统”暨夫人接见史密斯》《“总统”伉俪款宴“回国”祝寿侨胞》《蒋夫人昨接见“归国”侨领》，《“中央”日报》1957 年 10 月 31 日。

⑦ 《“国民政府”蒋宋美龄勋奖》，台北“国史馆”藏，典藏号：001000003462A。

国明尼苏达州州长傅鲤门夫妇及该州《明星评论报》编辑皮德生，继接见美国基督教卫理公会会督奥克斯曼夫妇与克莱第夫妇。①

12月19日 主持“妇联会”代表大会开幕典礼及第一次大会，并在开幕典礼上致辞，希望会员不要满足于原有成果，应该总结过去的经验，团结一致、加强组织，促进“妇联会”服务工作发展，“争取我民族自由幸福，维护天赋人权为应尽的职责”。②

12月20日 下午参加“妇联会”代表大会第三次大会，通过“中华妇女反共抗俄联合会章程”及组训、慰劳、宣传等提案四十九件。下午6时在台北宾馆宴请参加“妇联会”代表大会的全体代表。③

12月21日 出席“妇联会”代表大会第四次大会，被推选为“妇联总会”永久主任委员。④

12月22日 主持“妇联会”代表大会闭幕典礼及第一次委员会议。在闭幕典礼上致辞，希望妇女界人士合力为“国家”服务，并帮助男子，使他们的工作更有效果。⑤

12月27日 在官邸接见意大利专栏作家莫尼契里。⑥

* * * * * *

是年

3月8日 美国国务卿杜勒斯发表谈话，阐述对华三原则：一、承认“中华民国”；二、不承认中华人民共和国；三、反对中华人民和国进入联合国。

5月7日 美国空军导弹部队驻军台湾。

---

① 《“总统”伉俪莅临花莲视察横贯公路工程》《蒋夫人昨接见“来华”访问“外宾”》，《“中央”日报》1957年11月13日。

② 《“妇联会代表大会”揭幕，蒋夫人昨亲临主持》《蒋夫人勉励“妇联”会员加强组织发展服务，汇成“复兴”雄厚动力》，《“中央”日报》1957年12月20日。

③ 《“妇联会代表大会”今举行闭幕典礼》，《“中央”日报》1957年12月21日。

④ 《“妇联代表大会”延至今日闭幕》，《“中央”日报》1957年12月22日。

⑤ 《“妇联代表大会”昨日圆满结束》《蒋夫人期勉妇女界埋头苦干“为国服务”，表现中国女子力量》，《“中央”日报》1957年12月23日。

⑥ 《蒋夫人接见意国一作家》，《“中央”日报》1957年12月28日。

5月24日 因刘自然被枪杀事件，台湾爆发反美运动。

10月10日 国民党召开第八次“全国代表大会”，拟定“反共建国共同行动纲领”。

11月 毛泽东率中国代表团出访苏联，在莫斯科公开提出，中国的钢产量要在十五年内赶上和超过英国，以“大炼钢铁”为中心的生产“大跃进”运动开始在全国范围内展开。同月，美国第六舰队在台湾南部海域举行大规模的军事演习。

1958年　五十九岁

1月4日 上午主持“中华民国防痨协会”成立大会，并为台湾省防痨协会新落成的第一结核病防治所剪彩。

在成立大会上，宋美龄发表讲话，回顾台湾省防痨协会五年来的工作成绩，分析肺结核的病因及治疗前景，并提出数年内的工作目标，即“第一，使十五岁以上的同胞全部都做肺部检查，查处所有肺结核患者，悉数予以治疗；第二，对贫困病者，予以免费治疗；第三，对于未感染之儿童，普遍接种卡介苗，增加其免疫力”。在讲话最后，她号召全体会员一致努力，以期完全控制肺结核病的传播。经成立大会讨论，宋美龄被推选为该会理事长。①

下午，在“妇联会”分别接见至台北参加“克难英雄大会”的五位女“英雄”、“国防部”女青年工作队全体队员及美国哥伦比亚大学教授魏佛吉夫妇和艾伟德女士。②

1月5日 在台北芝山岩华兴育幼院举行餐会，招待“国防部”女青年工作队全体队员、中兴山庄妇女训练班第十三期全体学员及国军女“克难英雄”等人。③

---

① 《“中华民国防痨协会”成立，“总统”特颁训词策励，蒋夫人昨主持盛典》《蒋夫人致辞全文》，《“中央”日报》1958年1月5日。

② 《蒋夫人昨召见五女英雄政士》，《“中央”日报》1958年1月5日。

③ 《蒋夫人招待女青年队员》，《“中央”日报》1958年1月6日。

1月6日 陪同蒋介石出席“国民革命军”遗族学校成立三十周年纪念大会并致辞，勉励学生“要有牺牲的精神，报效‘国家’；女同学要自己争气，不可落后；要追求真理和知识”；并于中午聚餐后参加联谊座谈会。①

2月4日 “中华全国体育协进会”召开年度首次常务理监事会议，决议聘请宋美龄为名誉会长。②

2月9日 赴台大医院看望病情恶化的王宠惠。③

2月12日 在“妇联会”接见东京华侨妇女“回国”劳军团全体团员。④

2月15日 索科尔斯基致信，告知罗斯福夫人一直在美国攻击她，他通过《星期六晚间邮报》著文对罗斯福夫人的攻击进行了反驳。⑤

3月18日 致信索科尔斯基，感谢他反驳罗斯福夫人。⑥

4月4日 在士林凯歌堂证道，叙述其对耶稣受难节默念的心得，强调“信”是到达永生的交通工具。⑦

4月9日 上午会见美国退伍军人协会妇女辅助会会长梅德丽·凯莱女士夫妇，双方就“美台”妇女“反共”等问题交换意见。⑧

下午在孺慕堂接见檀香山华侨春季旅行团全体团员。⑨

4月12日 晚与蒋介石在官邸宴请“中研院”院长胡适及该

---

① 《遗族学校昨日校庆，“总统”亲临致训》，《“中央”日报》1958年1月7日。

② 《“全国体协”昨开理监会决请蒋夫人任名誉会长》，《“中央”日报》1958年2月5日。

③ 《王“院长”病况严重》，《“中央”日报》1958年2月10日。

④ 《蒋夫人昨日接见东京华侨妇女团》，《“中央”日报》1958年2月13日。

⑤ 《乔治·E. 索科尔斯基致宋美龄的信函》，载张宪文、武菁主编：《宋美龄文集》第五卷，第2559页。

⑥ 《致乔治·E. 索科尔斯基的信函》，载张宪文、武菁主编：《宋美龄文集》第四卷，第1914页。

⑦ 《蒋夫人证道词：关于信的心得》，《“中央”日报》1958年4月5日。

⑧ 《凯莱夫人离华，昨上午曾谒蒋夫人》，《“中央”日报》1958年4月10日。

⑨ 《蒋夫人接见檀岛华侨团》，《“中央”日报》1958年4月10日。

院院士朱家骅、李济、王世杰、董作宾等人。①

4月17日 举办“妇联会”成立八周年纪念茶会，并致辞。首先回顾了“妇联会”八年的工作概况，肯定该会在组训妇女、加强基层、扩大宣传、抚孤育幼、慰劳三军、照顾军眷等方面工作的成效，继而提出该会当年的中心工作为：“一、继续筹建军眷住宅三千幢，分配军眷属居住，连已完成者共为八千幢；二、拨款二十万元，举办军人子女奖学金，全年分两期办理，每期计奖励大专学校学生二十名，每名五百元，高中及高级职业学校学生二百名（高中学生五十名，高级职业学校学生一百五十名），每名三百元，初中及初级职业学校学生一百五十名，每名两百元。”后与到会祝贺的蒋介石共同观看儿童节目表演及参观各项工作展览。②

4月18日 至中山堂参观国际青年商会“中国分会”与台湾手工业推广中心联合主办的手工艺品展览会。③

4月25日 在官邸接见美国《生活》杂志专栏作家贾德威夫妇。④

4月28日 在官邸接见西班牙《星期一之页》报社社长阿柏利西奥及爱斐通讯社外交新闻编辑阿尔法瑞斯。⑤

4月29日 在“妇联会”分别接见美国妇女界名流远东观光旅行团全体团员及美国报业工作者迭可斯夫妇。⑥

5月8日 与蒋介石至于右任宅邸恭贺八十寿诞，并在中山堂宴请于右任及陈诚、张群等人以为祝贺。⑦

5月12日 向庆祝国际护士节大会发去书面致辞，勉励护士

---

① 《“总统”暨夫人昨宴胡适等人》，《“中央”日报》1958年4月13日。

② 《“妇联会”昨庆八周年，揭示今年中心工作》，《“中央”日报》1958年4月18日。

③ 《蒋夫人昨参观手工艺品展览》，《“中央”日报》1958年4月19日。

④ 《蒋夫人接见贾德威夫妇》，《“中央”日报》1958年4月26日。

⑤ 《蒋夫人昨接见美妇女观光团》，《“中央”日报》1958年4月30日。

⑥ 《蒋夫人昨接见美妇女观光团》，《“中央”日报》1958年4月30日。

⑦ 《于“院长”昨八秩华诞，“总统”伉俪设宴祝嘏》，《“中央”日报》1958年5月9日。

发挥服务精神，为人类解除痛苦，为世界谋求幸福。①

下午，以“中华体育协进会”名誉会长身份在“妇联会”向“中华民国”参加第三届亚洲运动会代表团授旗。②

同日 索科尔斯基致信，告知美国形势，即“美国现在最为担心的是国内的经济萧条和苏俄在阿拉伯国家取得的成功。您还会发现美国人民从未像现在这样敌视苏联，但他们想避免战争”。另外，美国人民几乎忘记了台湾，如果想让美国人民记住台湾的事情，必须悄悄进行。他还提醒宋美龄，她在美国人民心目中的地位很高，只要演讲打动人心，就会获得良好的效果。③

5月17日 至西子湾看望张学良。④

5月21日 上午起程赴美⑤，当晚抵达檀香山。⑥

5月22日 飞抵旧金山。⑦

5月25日 出席旧金山华侨在中华总商会为其举办的欢迎会，并致辞。致辞感谢华侨对“祖国”的贡献，强调共产党的统治是“暂时的现象”，呼吁华侨继续支持台湾“反共抗俄”。⑧

5月27日 飞抵纽约。⑨

6月9日 入纽约某医院体检。⑩

6月11日 致电蒋经国，言及“孝文身体消瘦，最好不必对其学业逼之过甚”。⑪

6月20日 画作《溪山雄秀》被赠予巴西美术院留为纪念。⑫

---

① 《昨国际护士节庆祝会，蒋夫人特颁训词》，《“中央”日报》1958年5月13日。

② 《蒋夫人昨颁授亚运代表团旗》，《“中央”日报》1958年5月13日。

③ 张宪文、武菁主编：《宋美龄文集》第五卷，第2560—2561页。

④ 张闾蘅、张闾芝、陈海滨：《张学良、赵一荻私人相册：温泉幽居岁月（一九四六—— 一九六〇）》，第197页。

⑤ 《赴美检查身体，蒋夫人昨首途》，《“中央”日报》1958年5月22日。

⑥ 《蒋夫人抵檀岛，昨继飞旧金山》，《“中央”日报》1958年5月23日。

⑦ 《蒋夫人经檀飞抵旧金山》，《“中央”日报》1958年5月24日。

⑧ 《旧金山华侨盛会热烈欢迎蒋夫人》，《“中央”日报》1958年5月27日。

⑨ 《蒋夫人抵纽约》，《“中央”日报》1958年5月28日。

⑩ 《蒋夫人入医院施行健康检查》，《“中央”日报》1958年6月11日。

⑪ 《宋美龄致蒋经国文电资料》，台北“国史馆”藏，典藏号：0020000002016A。

⑫ 《蒋夫人手绘国画致赠巴西美术院》，《“中央”日报》1958年6月21日。

6 月 27 日 在纽约寓所接受美国记者访问。当谈及中国问题时，表示坚决反对“两个中国”的论调，宣称“自由中国”必将“光复”中国大陆。另外，还强调“‘自由中国’将在时机来临时，自己‘反攻’大陆，不希望美国为我们‘光复’大陆”。呼吁“自由世界支持一切‘反共’国家与人民，停止支持骑墙的中立主义者”。[①]

7 月 2 日 致信索科尔斯基，随信附去将在华盛顿新闻俱乐部发表的演讲稿，请其参详。[②]

7 月 5 日 索科尔斯基回信，建议她删去演讲词中抨击美国以往政策的部分，不要“直言不讳”，更不要挑起战争情绪。[③]

7 月 9 日 上午由纽约飞抵底特律，继而乘车前往密歇根安娜堡，入住密歇根大学。下午接受密歇根大学电视台采访，强调“‘自由中国’的重要性至少与西德对自由世界的重要性相同”，并否认大陆在台人员与台湾人之间有摩擦，“因为他们都是中国人”。[④]

7 月 10 日 参观密歇根大学附属医院、原子实验所、图书馆等处。是日晚，密歇根大学授予宋美龄荣誉法学博士学位，其在授予典礼上发表题为《在苦难中》的演说，称自由的传统使学生可以按喜好研究、吸收和消化相关知识，摒弃与天性气质所不容的知识，并从对科学的狂热努力、自由教育传统的缺点等方面攻击共产主义，告诫学生“不可向共产主义出卖肉体和精神”。

典礼结束后，出席密歇根大学校长海契尔为其举行的招待会，会见台湾留学生及大学教职员代表。[⑤]

---

① 《蒋夫人告美国人民，“我国”必将“光复”大陆》，《“中央”日报》1958 年 6 月 29 日。

② 张宪文、武菁主编：《宋美龄文集》第四卷，第 1918 页。

③ 张宪文、武菁主编：《宋美龄文集》第五卷，第 2562—2563 页。

④ 《蒋夫人应密大电视访问》，《“中央”日报》1958 年 7 月 11 日。

⑤ 《密歇根大学举行盛会赠蒋夫人博士学位》《蒋夫人接受荣誉学位时演说》，《“中央”日报》1958 年 7 月 12 日。

7 月 11 日 抵达奥尔良，探望因患肺癌而入院治疗的陈纳德。[①]

7 月 13 日 返抵纽约。[②]

7 月 14 日 抵达华盛顿。[③]

7 月 15 日 在白宫与艾森豪威尔总统午餐，并与合众国际社记者谈话。谈话赞扬艾森豪威尔干预中东危机的决定，称“如不采取行动，将是意味着对共党投降”，并驳斥伊拉克政变、黎巴嫩叛乱以及中东一般的反西方情绪是正当的阿拉伯民族主义的表现的说法，称“没有疑问，克里姆林宫一定是这一切的幕后操纵者……共党在中东的行动以及其捣乱联合国的企图，足以证明莫斯科的目标是要征服世界。苏俄确是希望和平，但是他们的和平是要由他们来统治整个世界，而使我们成为他们的奴隶”。[④]

7 月 16 日 出席美国参议院外交委员会为其举办的午宴，发表题为“美国的重要性”的演讲，将黎巴嫩、伊拉克及约旦之独立归为“共产党所蓄意制造的使自由世界利益产生分歧的事件”，称此类事件的发生缘于“共产党首先制造人们对价值的混乱，继而制造对自由世界共同宗旨和方向的混乱”，并称“自由世界自 1946 年来大都处于防御地位”。

下午出席董显光夫妇在“双橡园”为其举办的酒会，孔祥熙专程从纽约赶来参加。[⑤]

7 月 17 日 出席美国全国记者联谊会午餐会，发表题为《对共产主义危险性的认识》演讲并回答记者提问。

在演讲中坚称“阿拉伯民族主义分子的攫取伊拉克，已使整

---

① 《蒋夫人探视陈纳德病况》，《“中央”日报》1958 年 7 月 13 日。陈纳德于 1958 年 1 月离台赴美就医。

② 《蒋夫人昨返抵纽约》，《“中央”日报》1958 年 7 月 14 日。

③ 《蒋夫人抵达华府》，《“中央”日报》1958 年 7 月 16 日。

④ 《蒋夫人赞扬艾森豪威尔对中东作明智决定》，《“中央”日报》1958 年 7 月 17 日。

⑤ 《蒋夫人发表演说保证“中国”人民继续与美合作》，《“中央”日报》1958 年 7 月 18 日。

个中东有陷于成为一个苏俄附庸的悲惨危险”，呼吁“对于如何应付共党挑衅这个全球性问题应该有更佳的对策”。

在回答记者提问时，强调“光复大陆”的紧要性，称“等待愈久，大陆同胞所受的痛苦亦越深”。当记者问及共产党获取政权的重要因素是什么时，她说：“因素很多，但是我认为最重要的一项因素正和今天的情形相同，就是苏俄当时的宣传说‘共匪’不是共产党人，而是土地革命者。”①

晚与杜勒斯餐叙。

7月18日 与尼克松夫妇午餐，并与雷德福海军上将晚餐。②

7月19日 中午出席董显光夫妇为其所设午宴。下午赴弗吉尼亚里士满度周末。③

7月20日 中午会见里士满新闻与摄影记者。是日下午返抵华盛顿。④

7月21日 出席美国众议院外交委员会远东暨太平洋小组委员会午餐会，发表题为《解决问题的方法》的演讲，以如何避免第三次世界大战而解决问题为始，宣称共产党“第三次世界大战的军事思想”为“凭借装备战术性原子武器的地面部队横扫欧亚”，并据此呼吁“自由世界协助和鼓励亚洲人民，特别是中国大陆的亿万人民，在精神上、政治上、经济上和军事上起而‘反共’”。⑤

7月22日 出席美国海军军令部长勃克（Arleigh Burke）上将夫妇为其举行的晚宴。⑥

7月23日 接见赫斯特要闻供应社记者蒙哥马利，指斥苏俄要求举行最高阶层会议讨论中东问题是一种“转移世人注意力”的方法，认为苏联“企图借此转移自由世界对于共党在中东渗透

---

① 《蒋夫人对全美记者联谊会演说，呼吁对共党“挑衅”采取更佳对策》《蒋夫人答复美记者问》，《“中央”日报》1958年7月19日。

② 《尼克森、雷德福欢宴蒋夫人》，《“中央”日报》1958年7月20日。

③ 《中华妇女》，1958年第9卷第3期。

④ 《中华妇女》，1958年第9卷第3期。

⑤ 《蒋夫人思想言论集》编辑委员会编辑：《蒋夫人思想言论集》卷四，台北文物供应社1966年版，第107—109页。

⑥ 《勃克及“董大使”分别宴请蒋夫人》，《“中央”日报》1958年7月24日。

行动的注意”，警告“自由世界”应注意苏联在中东所使用的策略，并赞扬英美迅速出兵黎巴嫩与约旦。①

7 月 26 日 晚致电陈纳德询问病情。

7 月 27 日 下午三时陈纳德因动脉大出血逝世，宋美龄随即应互通广播公司邀请发表哀悼声明。

是日夜返抵纽约。起程前参加华盛顿华侨为其举办的欢迎酒会，表示一定会“光复大陆”。②

7 月 28 日 与蒋介石联名致电吊唁陈纳德，认为陈的逝世是他们的重大损失。赞扬陈纳德“于吾人独力抗日最艰苦之际来助，飞虎队之辉煌功业将永铭于人心，成为美国人侠义气概之象征”。③

7 月 30 日 自纽约赶赴华盛顿阿灵顿公墓参加陈纳德的葬礼，当日下午即返纽约。④

8 月 6 日 蒋经国致电，告知海峡局势紧张。⑤

8 月 8 日 与《纽约时报》发行人塞资伯格夫妇在位于康涅狄格州史丹福德的塞氏乡间别墅共进午餐。⑥

8 月 25 日 蒋经国致电，告知金门交战情况。⑦

同日 致电蒋经国，望他善待蒋介石并随时报告情况。⑧

8 月 26 日 在纽约机场表示面对中国共产党对于金门的军事行动，西方国家应“坚定立场”。当晚飞抵洛杉矶。⑨

8 月 28 日 出席美国律师公会第八十一届年会餐会，发表题为《不加分辨的乐观》的演讲。

演讲列举罗马法学家乌尔彼安、政治家西塞罗等人对法律的

---

① 《蒋夫人警告自由世界赫魔鬼要求开高层会系俄对中东一诡谋》，《“中央”日报》1958 年 7 月 26 日。

② 《蒋夫人抵纽约》，《“中央”日报》1958 年 7 月 30 日。

③ 《蒋“总统”暨夫人致电悼陈纳德之丧》，《“中央”日报》1958 年 7 月 29 日。

④ 《陈纳德遗体在华府安葬》，《“中央”日报》1958 年 8 月 1 日。

⑤ 《蒋经国致宋美龄电文资料》，台北“国史馆”藏，典藏号：0020000002017A。

⑥ 《塞资伯格夫妇款待蒋夫人》，《“中央”日报》1958 年 8 月 10 日。

⑦ 《蒋经国致宋美龄电文资料》，台北“国史馆”藏，典藏号：0020000002017A。

⑧ 《宋美龄致蒋经国文电资料》，台北“国史馆”藏，典藏号：0020000002016A。

⑨ 《蒋夫人对记者表示“共匪”企图进攻台湾》，《“中央”日报》1958 年 8 月 28 日。

解释，并分析东方的法律观念，结论认为“除非法律成为社会关系中一种规范性的理性或标准，社会便必然是一片混乱，正义是一切法律的支持力量，如果没有正义，整个社会就将是蛮荒世界”。继而分析在核武器时代的现实环境下，“只在国界以内维持法律和秩序是不够的，因为现代的军事装备超越了人为的领土界限，所以在思想上必须以国际为范畴，行动必须以整个世界为依归，否则将失去世界性的法律与秩序”。呼吁西方国家“应立即断绝自由世界为了经济利益与共产集团贸易”，并强调律师既应了解历史，更要知道现实，只有这样才能成为“真正高明的律师”。①

8月29日 下午出席洛杉矶中华会馆及“华侨反共会”为其举办的欢迎宴会，并发表演讲勉励华侨“保持信心并信任‘中华民国’的领导，继续支持‘中华民国政府’，做一个良好公民”。②

9月2日 抵达芝加哥。③

9月3日 下午，在记者招待会上称“如果金门竟失陷于‘共匪’之手，则其意义很可能为丧失太平洋整个一条连锁岛屿，例如台湾、菲律宾、琉球、日本，而且甚至夏威夷之开始”，表示“‘共匪’目前炮轰金门及其附近各小岛的行动是共党准备进一步‘侵略’的迹象，自由世界应当制止这一行动。如果美国采取强硬立场，就能阻止共党的扩张”。并强调目前不需要美国士兵和资金保卫台湾。④

出席在莫里逊酒店举行的芝加哥美国退伍军人协会妇女分会第三十八届年会，对美国退伍军人协会及其妇女分会多年来对台湾的支持表示感谢。

9月4日 上午出席美国退伍军人协会第四十届年会，发表题为《当前国际局势的认识》的演讲，分析四年来的国际局势，将

---

① 《美国律师公会年会上，蒋夫人发表演说》，《“中央”日报》1958年8月30日。

② 《洛杉矶侨胞欢迎蒋夫人》，《“中央”日报》1958年8月31日。

③ 《蒋夫人离洛杉矶，抵芝加哥访问》，《“中央”日报》1958年9月4日。

④ 《蒋夫人在芝加哥告记者美国采取强硬立场即能阻止“共党扩张”》，《“中央”日报》1958年9月5日。

埃及纳塞主义比作纳粹，认为其已成为苏联的“傀儡”，并称东南亚国家与苏联的交往也是同样情况。宣称台湾“坚定的站在自由世界的最前哨，坚守着‘反共’的岗位”；“共产党对金、马的轰击将在自由世界引发连锁反应，并将决定人类今后的命运”。①

中午出席芝加哥“华埠华商协会”举行的欢迎会，称将不惜任何代价决心保卫金门和马祖，并尽最大努力“光复大陆”。②

同日 返回纽约。

9月8日 蒋经国致电，告知金门战况，并提到美军虽成功补给金门，但仍愿与共产党军队谈判，他本人对此表示忧虑。③

9月21日 在纽约接受美国国家广播公司《会见新闻界》电视节目采访，表示“中国政府”保留对华沙会谈中，美国与中共之间任何台湾地区协议加以拒绝的权利，并称“不承认大陆上的共党政权，无论如何绝不与共党政权谈判”；认为金马问题是原则问题，是“中华民国”的主权，只有“中华民国”能作决定，没有接受外岛解除军事化的任何可能性。④

9月22日 蒋经国致电，告知金门补给虽比以前顺利，但困难仍多。⑤

9月25日 致信索科尔斯基，对索氏在《美国纽约日报》上发表的关于毛泽东的文章表示同意。认为毛泽东要比赫鲁晓夫志高一筹，而且对马克思理论的阐述更为正确。赫鲁晓夫为保证自己的权威，不会与毛泽东公开论战。⑥

9月26日 蒋经国致电，恭贺中秋。⑦

---

① 《蒋夫人思想言论集》编辑委员会编辑：《蒋夫人思想言论集》卷四，第129—133页。

② 《蒋夫人告芝城侨领“政府决心收复大陆”》，《“中央”日报》1958年9月6日。

③ 《蒋经国致宋美龄电文资料》，台北“国史馆”藏，典藏号：0020000002017A。

④ 《蒋夫人答美记者问，如对共党让步即是鼓励战争》，《“中央”日报》1958年9月23日。

⑤ 《蒋经国致宋美龄电文资料》，台北“国史馆”藏，典藏号：0020000002017A。

⑥ 《宋美龄书信》，南京大学中华民国史研究中心藏，未刊稿。

⑦ 《蒋经国致宋美龄电文资料》，台北“国史馆”藏，典藏号：0020000002017A。

10 月 4 日 电唁“国民大会”秘书长洪兰友夫人李兰。①

10 月 6 日 蒋经国致电报告：自杜勒斯发表对台不利言论后，蒋介石大为烦恼；共产党提出金门停火一周及谈判的要求，迫于国际政治环境，亦似不可拒绝，只能“坚忍苦斗”。②

10 月 7 日 索科尔斯基致信，对宋美龄就毛泽东与赫鲁晓夫关系的预判进行分析，认为两者最终会产生分歧。③

10 月 8 日 致电蒋经国，望他善待蒋介石并注意其健康。④

10 月 31 日 致电蒋经国，希望他对蒋介石能“时刻善待左右”，并提及她患脚疾须手术。⑤

11 月 5 日 下午飞抵迈阿密，在机场对哥伦比亚广播公司记者发表讲话，对“中华民国”的未来，表示坚定的信念。当记者问及何时“进攻大陆”时，明确指出“进攻”一词并不是一个合适的词语，人们不会进攻自己的国家，应当使用“收复”一词。⑥

11 月 7 日 上午分别接受迈阿密当地报纸代表、美国国家广播公司广播记者与电视记者、《迈阿密前锋报》记者的采访。下午分别与迈阿密滩市市长奥卡、迈阿密市市长郝艾会谈，并参加韦斯理学院联谊会。其在入住的封腾布罗旅馆举行的记者招待会上表示，“除非阻止‘共党的侵略’，否则全世界将陷入另一次大战”。⑦

11 月 11 日 返抵纽约。

11 月 13 日 飞抵印第安纳州印第安纳波利斯（Indianapolis）。

11 月 14 日 中午出席全美“反共大会”在大陆宾馆为其举办的午餐会。

---

① 《蒋夫人电唁洪兰友家属》，《“中央”日报》1958 年 10 月 5 日。

② 《蒋经国致宋美龄电文资料》，台北“国史馆”藏，典藏号：0020000002017A。

③ 张宪文、武菁主编：《宋美龄文集》第五卷，第 2564—2565 页。

④ 《宋美龄致蒋经国文电资料》，台北“国史馆”藏，典藏号：0020000002016A。

⑤ 《宋美龄致蒋经国文电资料》，台北“国史馆”藏，典藏号：0020000002016A。

⑥ 《蒋夫人在迈阿密谈话对于“收复大陆”表示坚定信念》，《“中央”日报》1958 年 11 月 7 日。

⑦ 《蒋夫人在迈阿密谈话大陆人民普遍革命事实上有其必然性》，《“中央”日报》1958 年 11 月 10 日。

晚出席全美“反共大会”举办的宴会，接受全美“反共大会”颁发的“殊功”奖状，并发表演说，称共产党擅用宣传手段教唆“自由世界”的舆论，运用“文字战的力量给予若干字眼以虚妄的政治性、哲理性及教条性的含义”，以此“左右一般人的思想”，表示对“中华民国”的前途极具信心，相信“反共斗争”必获胜利。①

11月15日 中午与美国基督教监理会二十五人餐叙。下午在旅邸会见韦斯理学院印第安纳州同学会的校友。②

11月19日 在罗德岛新港海军大学发表题为《维系和平的最确实方法》的演讲。指出“人类任何努力的力量要质是来自合作，或者诸位也可以称之为团体精神……可是第二次世界大战以后的世事，已向我们显示，自由世界人民在政治方面的缺少这种团结精神和缺少持久的深思，已使世界共产主义得以成为一个巨大的威胁”。并认为“从美国国会记录和调查美国国内颠覆活动各委员会的报告，以及共党本身的‘招供’中，可以看出共党已渗入政府、社会及工商业机构的重要职位，这些都已畀予他们由“欺诈”而得到的报酬……共党征服世界的主要计划已在不知不觉的协助下进行了……海权是陆权的延伸，但在今天，它却在防线的最前面。而海军战略的目的一向是强有力的支援与增强，在平时如此，在战时亦复如此”，呼吁美国海军“作为这个国家及自由世界的保卫者应明白维系和平最确实方法，便是居于一种足以发挥威胁力量的地位”。③

11月21日 致电魏德迈，吊唁其母丧。④

11月24日 在纽约接受墨西哥广播公司记者威拉访问，表示

---

① 《蒋夫人在全美“反共”大会上演讲，共党自播“灭亡”的种子“反共斗争”必获胜利》，《“中央”日报》1958年11月16日；《全美“反共”大会集会，赠蒋夫人殊功奖状》，《“中央”日报》1958年11月17日；《全美“反共”大会上蒋夫人演说全文》，《“中央”日报》1958年11月27日、11月28日。

② 《中华妇女》1959年第9卷第8期。

③ 《蒋夫人思想言论集》编辑委员会编辑：《蒋夫人思想言论集》卷四，第143—151页。

④ 《蒋夫人电唁魏德迈母丧》，《“中央”日报》1958年11月23日。

“‘中华民国政府’的使命是使中国人民‘从共党的压迫下获得自由’”。①

12 月 9 日 应邀赴波士顿出席美国农业协会联合会第四十届年会，并于当日下午在波士顿音乐厅发表演讲批斥大陆推行的人民公社制度。②

12 月 10 日 赠送亲笔所作国画五幅与韦斯理学院，并与该校校长及教职员共进午餐后参观学校。③

12 月 11 日 在波士顿出席新英格兰中华公所举办的餐会，并致辞略述台湾近况及大陆实行人民公社的状况，称“绝不放弃光复大陆、恢复大陆同胞的神圣使命”。

当晚返回纽约。④

12 月 23 日 蒋经国致电，请其代向病中的孔祥熙问安。⑤

12 月 26 日 经美国盖洛普民意调查，被选为 1958 年世界“最受钦敬的女性”之一。⑥

* * * * * *

是年

1 月 22 日 中国人民解放军海军与国民党海军在马祖列岛附近发生激烈海战。

2 月 10 日 周恩来在第一届全国人民代表大会第五次会议上发表讲话，谴责美国企图制造“两个中国”的阴谋。

3 月 美国成立“美军驻台协防军援司令部”，统一指挥各类美军在台人员。

5 月 中国共产党召开八大二次会议，会议提出“鼓足干劲，

---

① 《蒋夫人答墨西哥广播记者问》，《“中央”日报》1958 年 11 月 26 日。

② 《宋美龄致蒋经国文电资料》，台北“国史馆”藏，典藏号：002000000 2016A；《蒋夫人在美演说痛斥“公社化”比俄国更残酷》，《“中央”日报》1958 年 12 月10 日。

③ 《蒋夫人莅母校，校长酒会欢迎》，《“中央”日报》1958 年 12 月 12 日。

④ 《蒋夫人在波士顿应侨胞款宴》，《“中央”日报》1958 年 12 月 14 日。

⑤ 《蒋经国致宋美龄电文资料》，台北“国史馆”藏，典藏号：002000000 2017A。

⑥ 《蒋夫人在美声誉益隆》，《“中央”日报》1958 年 12 月 28 日。

力争上游，多快好省地建设社会主义”的总路线，“大跃进”运动迅速在全国展开。

7月14日　伊拉克爆发革命，伊拉克共和国建立；7月15日，美军出兵黎巴嫩；7月16日，英军出兵约旦。

8月6日　台湾当局“国防部”宣布台湾海峡局势紧张，金马地区进入紧急备战状态。

8月23日　中国人民解放军炮击金门。

9月7日　美军第七舰队开始为国民党海军的金门补给舰队护航。

10月6日　彭德怀发表《告台湾同胞书》，宣布从10月6日起，暂以七天为期停止炮击金门，以便使台湾、澎湖、金门、马祖军民同胞输送应用品，但以没有美军护航为条件。

10月25日　彭德怀发表《再告台湾同胞书》，宣布将双日停止炮击金门飞机场、料罗湾的码头、海滩和船只的规定，推广到其他一切地区的军事目标，逢双日都不打炮。

12月10日　美国宣布从台湾地区撤出部分海空军。

1959年　六十岁

1月10日　蒋经国致电，告知宋子安已离台返港。①

2月2日　致电蒋经国，“望多陪伴父亲加意侍奉”。②

2月28日　蒋经国致电，告知约旦国王将于下月九日抵台访问。③

3月5日　应美国国防大学邀请赴华盛顿麦克奈尔堡（Fort McNair），就亚洲情势发表演讲。④

---

① 《蒋经国致宋美龄电文资料》，台北“国史馆”藏，典藏号：002000000 2017A。

② 《宋美龄致蒋经国文电资料》，台北“国史馆”藏，典藏号：0020000002016A。

③ 《蒋经国致宋美龄电文资料》，台北“国史馆”藏，典藏号：0020000002017A。

④ 《宋美龄致蒋经国文电资料》，台北“国史馆”藏，典藏号：0020000002016A；《蒋夫人应邀在美国国防大学演讲》，《“中央”日报》1959年3月7日。由于演讲被视为该校课程的一部分，具有保密性，所以演讲内容未予公布。

3月19日 蒋经国致电，遥祝寿诞。[①]

3月23日 致电蒋经国，告知日内将赴艾奥瓦及密歇根演讲。[②]

4月6日 在德瑞克大学（Drake University）发表题为《腐败的精神和支离政策的结果》的演讲。演讲以“一般中国人的生活”“天灾人祸毁尽繁荣”“自私军阀猖獗横行”“革命领袖任劳任怨”“国民政府三面战斗”“东北被侵‘匪乱’扩大”“知识分子惑于学说”与“苏俄特务来华以后”等章节回顾中国近代史，指责共产党“以偷袭、吞并的方式扩大势力，利用苏俄接受大量装备获得胜利”，而美国“却拒绝给予国民政府援助和支持，致使军心突变，战局受到影响”。认为这些是“大陆沦陷”的根本原因。[③]

4月8日 在美国底特律行政学院午餐会上发表演讲，阐述其所理解的人民公社制度，认为人民公社制度遭到大陆人民普遍反对。[④]

5月5日 在纽约接见国民党空军雷虎小组。[⑤]

5月20日 蒋经国致电，报告国民党八届二中全会已结束，全会决定蒋介石连任“总统”一职。[⑥]

5月26日 自纽约抵达华盛顿。[⑦]

5月27日 参加在华盛顿国家大教堂举行的美国国务卿杜勒斯葬礼。[⑧]

6月10日 与宋蔼龄同机自纽约飞抵旧金山，宋子安夫妇、蒋孝文、蒋孝章等人前往机场迎接。在抵达旧金山接受记者访问

---

① 《蒋经国致宋美龄电文资料》，台北“国史馆”藏，典藏号：0020000002017A。

② 《宋美龄致蒋经国文电资料》，台北“国史馆”藏，典藏号：0020000002016A。

③ 《“匪”实行“公社暴政”，自种“毁灭之机”》，《“中央”日报》1959年4月8日；《腐败的精神和支离政策的结果》，1959年6月10日、6月11日、6月12日。

④ 《底特律行政学院午餐会上蒋夫人发表演说》，《“中央”日报》1959年4月10日、4月11日、4月12日。

⑤ 《雷虎小组在美晋谒蒋夫人》，《“中央”日报》1959年5月17日。

⑥ 《蒋经国致宋美龄电文资料》，台北“国史馆”藏，典藏号：0020000002017A。

⑦ 《蒋夫人赞扬杜勒斯》，《“中央”日报》1959年5月28日。

⑧ 《艾森豪威尔款待蒋夫人》，《“中央”日报》1959年5月29日。

时称，“西方有权留驻柏林，苏俄无权提出期限；台湾海峡的冷战一直在进行，局面愈是沉寂愈当警戒”。①

6月13日 飞抵檀香山。在记者招待会上宣称“一些孤立的革命已经在中国大陆发生，大规模的革命一定会提早发生”。②

6月14日 接受夏威夷大学授予的荣誉法学博士学位，并在该校毕业典礼上发表题为《思想的摹拟之害》的演讲。

演讲论述“自由思想”的重要，称“技术虽决定生活的外表，精神价值却深入我们的内在根源。不过，如忽略真理的追求，则持久的自我检讨与自我批评也仍属肤浅而无益。对于这一点，一个唯物主义的头脑将感无法理解，更不健康的现象是：目前有一种倾向，个人让他自己在思想上完全为环境所同化，而摈拒一切外来的影响，甚至除了刻着环境标志的东西外，拒绝接触一切新的情操和新的思想。紧紧跟随着所规定的环境思想，其结果必然是使自己进入一种摹拟的程序，通过此一程序，原本可以产生丰富果实和放出异彩的个人特性与潜在的创造力遂为之凋谢窒息……应任由个人依随其自己的气质发展，选择其自己的职业，允许人性中天生的自动热情滋长，必能产生慷慨、不自私及高尚的思想，转而有益于全人类”。并指责共产党“暗示人们独立思想的恐怖，利用人类不惜代价求取安全的共同愿望，和我们原始的轻信心理，以支持他们的‘虚伪逻辑’与‘谬论’成为真理与实证，并得以影响政治上的不成熟者毫不质疑地接受共党的结论”。最后提出“自由世界应强调思想的集中主义……应该不予强调属部分性或自私的利益”，并认为思想的集中“只有加强自由制度训练场所的学校及学院的自由体制并使之永久化才可完成”。呼吁学生应从根本上追求道德和宗教的价值。③

---

① 《蒋夫人抵旧金山谈话》，《“中央”日报》1959年6月12日。

② 《蒋夫人抵檀香山》《蒋夫人在檀香山对记者谈话》，《“中央”日报》1959年6月15日。

③ 《思想的摹拟之害》，《“中央”日报》1959年6月20日。

6月15日 被联合国世界难民年“中国委员会”推举为名誉会长。①

是日晨，参观珍珠港，凭吊珍珠港事变时沉没的美舰“亚利桑那号”。②

6月18日 飞抵台北。③

6月22日 下午至“妇联会”视察工作。④

7月4日 接见檀香山华侨及美国教育界人士来台观光团。⑤

7月18日 至阳明山庄，接见参加夏令讲习会的大专学校女学生。⑥

7月20日 致信埃玛·德隆·米尔斯，告知她从美国回台后，在浴室滑倒，后背疼痛不堪，需要一段时间恢复，另外，台湾遭受了严重的台风，伤亡严重。⑦

8月27日 上午至华兴育幼院看望该院收容的在台南水灾中失去家庭的六名孤儿，并会见该院毕业生及教职员。下午，与蒋介石在官邸同“老挝访华团”茶叙。⑧

8月31日 在阳明山庄分别接见夏威夷华侨观光团、香港女教师观光团团员。⑨

9月8日 在阳明山官邸会见联合国秘书长哈马绍代表德坎摩拉瑞亚，讨论有关世界难民年的情势及救济在香港的大陆难民的情况。⑩

---

① 《世界难民年“中国委员会”昨日正式成立》，《“中央”日报》1959年6月16日。

② 《蒋夫人游珍珠港》，《“中央”日报》1959年6月17日。

③ 《蒋夫人昨载誉“返国”》，《“中央”日报》1959年6月19日。

④ 《蒋夫人莅“妇联会”垂询工作实况》，《“中央”日报》1959年6月23日。

⑤ 《檀岛教育界观光团谒蒋夫人致敬》，《“中央”日报》1959年7月5日。

⑥ 《蒋夫人昨召见大专优秀女生》，《“中央”日报》1959年7月19日。

⑦ 《致埃玛·德隆·米尔斯的信函》，载张宪文、武菁主编：《宋美龄文集》第四卷，第1927—1928页。

⑧ 《蒋夫人莅华兴育幼院抚慰被灾六孤儿》《“寮国访华团”今赋归，“总统”伉俪昨予款待》，《“中央”日报》1959年8月28日。

⑨ 《蒋夫人昨接见海外“回国”侨团》，《“中央”日报》1959年9月1日。

⑩ 《联合国秘书长昨谒蒋夫人》，《“中央”日报》1959年9月9日。

9月14日 致信埃玛·德隆·米尔斯，告知台湾今夏受灾严重，台风、洪水、地震接二连三，谢谢埃玛的赈灾支票，表示已将此款交给了华兴儿童保育院，并译转了小难童的感谢信。①

9月24日 参观台北市国际妇女联谊会为募集水灾捐款而主办的花鼓展览。②

10月2日 主持美军援顾问团团本部夫人捐建的"国军"军眷住宅落成典礼，并在致辞中表示当年要完成军眷住宅总数达到一万幢的目标。

晚与蒋介石在官邸宴请美国国防部长麦艾乐（Neil Mc. Elroy）夫妇。③

10月6日 下午在官邸与美国众议院拨款委员会国外事务小组主席派斯曼，委员凯瑞、亚历山大、罗兹等人茶叙。④

10月9日 率领"妇联会"慰劳第五分组成员至基隆海军总医院，慰问伤患官兵。⑤

10月12日 在蒋经国陪同下至台北市郊的荣民总医院慰问住院病患。⑥

10月14日 在"妇联会"接见檀香山华侨"回国"庆祝"国庆"暨祝寿团一行三十八人。⑦

10月17日 与蒋介石致电马歇尔夫人，吊唁马歇尔之丧。⑧

10月27日 批准拨付军眷住宅捐款新台币二千二百万元，交

---

① 《致埃玛·德隆·米尔斯的信函》，载张宪文、武菁主编：《宋美龄文集》第四卷，第1929—1932页。

② 《国际妇联展览花鼓，蒋夫人昨莅临参观》，《"中央"日报》1959年9月25日。

③ 《美军捐赠我军眷住宅昨日落成揭幕》《"总统"伉俪昨晚款宴，麦艾乐等今日离"华"》，《"中央"日报》1959年10月3日。

④ 《美众议院四议员访"华"，蒋夫人昨茶会款待》，《"中央"日报》1959年10月7日。

⑤ 《蒋夫人昨率慰劳团冒雨赴基慰劳伤患》，《"中央"日报》1959年10月10日。

⑥ 《蒋夫人昨莅荣民总医院慰问住院荣民》，《"中央"日报》1959年10月13日。

⑦ 《蒋夫人接见檀岛华侨团》，《"中央"日报》1959年10月15日。

⑧ 《"总统"伉俪致电唁马歇尔夫人》，《"中央"日报》1959年10月19日。

与“国防部”兴建二千幢军眷住宅。①

12月28日 经美国盖洛普民意调查，被选为1959年“世界最可钦佩的妇女”之一。②

* * * * * *

是年

3月 以达赖喇嘛为首的西藏上层分子发动叛乱，旋被平息。蒋介石发表《告西藏同胞书》，支持西藏叛乱分子活动。

4月18—28日 第二届全国人民代表大会一次会议召开，宋庆龄被选举为中华人民共和国副主席。

7月2日—8月16日 中共中央在庐山先后举行政治局扩大会议和八届八中全会，在全党全国开展“反右倾”斗争。

9月17日 国家主席刘少奇发布特赦令，首次对确有改恶从善的国民党战犯、伪满洲国战争罪犯、反革命罪犯和普通刑事罪犯实行特赦。

1960年 六十一岁

1月12日 前往台北新公园参观台北国际妇女协会主办的现代家庭示范展览，并为该展览揭幕。③

1月14日 出席台北美国军官妇女俱乐部宴会，并致辞，提醒“自由世界”应提高警惕。

是日 至张学良家中，与其商量张在美存款管理、伴读人选及赵一荻与于凤至关系等事宜。④

---

① 《蒋夫人昨批准拨发专款兴建四期军眷住宅》，《“中央”日报》1959年10月28日。

② 《世界十位最可钦佩的妇女，蒋夫人荣居第六》，《联合报》1959年12月30日。

③ 《家庭示范展览开幕，蒋夫人昨亲临剪彩》，《“中央”日报》1960年1月13日。

④ 张闾蘅、张闾芝、陈海滨：《张学良、赵一荻私人相册：温泉幽居岁月（一九四六—— 一九六〇）》，第223页。

1月23日 为“全国各界庆祝一二三自由日六周年纪念”和“中国世界难民日”大会发表书面致辞，呼吁海内外同胞和各团体组织，解衣推食，节省消费，救助国际难民。①

2月3日 至“妇联会”参观七友第三届书画欣赏会，并分别接见五位韩国画家及日本女歌唱家石井好子。②

2月7日 中午在“妇联会”宴请准备为“妇联会”募捐而义演的美国茱碧丽歌舞团团员。

下午，在官邸与蒋介石同美太平洋空军总司令欧丹奈尔上将、美国十三舰队司令摩曼少将等人茶叙。③

3月24日 下午在“妇联会”与全体“国民大会”女代表茶叙。④

4月6日 在“妇联会”接见夏威夷凤梨公司董事长怀特夫妇。⑤

4月13日 晚与蒋介石在官邸宴请参加第三届太平洋区“自由国家”空军首长会议的泰国、美国、韩国、菲律宾等国空军司令。⑥

4月14日 上午至台北新公园主持陈纳德铜像落成典礼，并致辞。⑦

4月15日 中午与蒋介石至士林凯歌堂做礼拜，并用英语证道。⑧

---

① 《蒋夫人呼吁海内外同胞解衣推食慷慨捐输全力救助国际难民》，《“中央”日报》1960年1月23日。

② 《蒋夫人接见韩画家并接受其呈现画册》，《“中央”日报》1960年2月4日。

③ 《蒋夫人昨欢宴茱碧丽歌舞团》《“总统”伉俪昨设茶会款待欧丹奈尔》，《“中央”日报》1960年2月8日。

④ 《蒋夫人昨设茶会招待“国大”女代表》，《“中央”日报》1960年3月25日。

⑤ 《怀特夫人即将返美，蒋夫人昨接见》，《“中央”日报》1960年4月7日。

⑥ 《“总统”伉俪昨晚设宴款待五国空军首长》，《“中央”日报》1960年4月14日。“太平洋区自由国家空军首长会议”的发起人为美国前远东空军司令库特，该会议的主要意图是促进太平洋区自由国家与地区空军的团结和友谊，交换军事上的意见，增进彼此间的密切合作。第三届会议由台湾主办。

⑦ 《陈纳德将军铜像揭幕，蒋夫人昨主持典礼》，《“中央”日报》1960年4月15日。

⑧ 《昨日为耶稣受难节，蒋夫人发表证道辞》，《“中央”日报》1960年4月16日。

4月20日 在“妇联会”分别接见美国俄亥俄报系负责人迪克斯夫妇、菲律宾侨领庄万里、纽约中国新闻服务社社长倪源卿。[①]

5月 菲律宾授予宋美龄一等金心勋章（First Grade of the Order of Gold Heart）。[②]

5月16日 致信埃玛·德隆·米尔斯，感谢她帮助自己续订《时代》杂志，另外表示对《新闻周刊》不太感兴趣，《哈珀斯杂志》（为妇女提供关于家庭、旅游及娱乐等方面的相关信息）及《美国新闻与世界报道》如已到期无须续订。[③]

5月18日 下午在“妇联会”接见即将返美休假的基督教拿撒勒人会监督梅瑞义夫妇。

晚与蒋介石宴请西班牙军事访问团。[④]

5月23日 在官邸与旅菲侨领庄清泉太夫人、庄氏岳母等人茶叙。[⑤]

5月25日 下午为在“妇联会”举办的驻台美军眷属画展剪彩，并与参加展览的美军军眷茶叙。[⑥]

5月30日 至台北寓所看望张学良。[⑦]

同日 致信埃玛·德隆·米尔斯，表示未收到友人寄给华兴儿童之家孤儿们的捐款支票。[⑧]

5月31日 向“中华民国女童军总会”举行的第二次基本会

---

① 《蒋夫人接见迪克斯夫妇》，《“中央”日报》1960年4月21日。

② 《“国民政府”蒋宋美龄勋奖》，台北“国史馆”藏，典藏号：001000003462A。

③ 《致埃玛·德隆·米尔斯的信函》，载张宪文、武菁主编：《宋美龄文集》第四卷，第1939—1940页。

④ 《蒋夫人接见梅瑞义夫妇》《“总统”伉俪昨设晚宴款待西军事“访华团”》，《“中央”日报》1960年5月19日。

⑤ 《“总统”昨日接见旅菲律宾侨领，蒋夫人并以茶会款待》，《“中央”日报》1960年5月24日。

⑥ 《美军眷属画展，蒋夫人昨主持揭幕》，《“中央”日报》1960年5月26日。

⑦ 张闾蘅、张闾芝、陈海滨：《张学良、赵一荻私人相册：温泉幽居岁月（一九四六—— 一九六〇）》，第228页。

⑧ 《致埃玛·德隆·米尔斯的信函》，载张宪文、武菁主编：《宋美龄文集》第四卷，第1942页。

员大会发表书面致辞，勉励女童军工作人员尽心竭力贯彻训练规范。①

6月1日 在“妇联会”接见至台湾参加“总统”就职典礼的泰国海南华侨。②

同日 俞鸿钧病逝，宋美龄亲往俞宅吊唁。③

6月6日 出席亚洲妇女团体联合会第二届年会，并发表演讲。

6月18日 美国总统艾森豪威尔访台。

6月19日 与蒋介石在官邸接见随美国总统艾森豪威尔来台采访的美白宫记者。④

7月6日 下午在士林官邸接见日本女画家伊藤畹芳，之后在阳明山台湾银行招待所与美国基督教社会活动联合考察团团员茶叙。⑤

8月 伊朗授予宋美龄大绶七星勋章（Grand Cordon of the Haft Peykan Order）。⑥

8月11日 上午至北投参观工矿公司陶瓷厂。⑦

8月12日 主持在阳明山“国防”研究院举行的“妇联会”成立十周年纪念茶会，向为该会服务十年的工作人员颁发奖章，并宣布本年度将再筹建军眷住宅四千幢。⑧

8月19日 与蒋介石在官邸同韩国新任“驻华大使”白善烨夫妇茶叙。⑨

---

① 《女童军总会两周年，昨举行二次会员会》，《“中央”日报》1960年6月1日。

② 《蒋夫人昨接见自泰“回国”侨团》，《“中央”日报》1960年6月2日。

③ 《“中央银行”总裁俞鸿钧昨病逝》，《联合报》1960年6月2日。

④ 《“总统”伉俪昨接见美白宫记者团》，《“中央”日报》1960年6月20日。

⑤ 《美教会考察团昨拜会蒋夫人》，《“中央”日报》1960年7月7日。

⑥ 《“国民政府”蒋宋美龄勋奖》，台北“国史馆”藏，典藏号：001000003462A。

⑦ 《“中央”日报》1960年8月12日。

⑧ 《“妇联会”庆祝成立十周年，蒋夫人主持纪念会》，《“中央”日报》1960年8月13日。

⑨ 《“总统”伉俪设茶会款待白善烨夫妇》，《“中央”日报》1960年8月20日。

8月20日 “妇联会”发起筹建的一万幢军眷住宅已全部完成。①

9月14日 陪同蒋介石至高雄，出席空军官校实施新制教育后的首期新生开学典礼暨空军指挥参谋大学正规班学员毕业典礼，视察南部基地新建的空军史迹馆，并为该馆剪彩。②

10月8日 带领由“妇联会”会员与各国“驻华”官员及夫人组成的“劳军团”第三组成员，至空军总医院慰问伤患。③

10月12日 在“妇联会”分别接见旅居美国的国民党“中央”委员刘兴诚、美国安息日会的传教士米尔顿夫妇。④

10月17日 应邀出席美国国际合作总署“驻华”分署妇女会茶会，并参观该会捐赠台湾大学附属医院的医疗机器。⑤

12月26日 经美国民意测验学会调查统计，当选为1960年十位“世界最受钦仰的女性”之一。⑥

12月29日 为台湾艺术馆与华兴育幼院联合主办的“华兴儿童画展”揭幕，并为优胜者颁奖。⑦

* * * * * *

是年

5月20日 蒋介石就任“中华民国”第三任“总统”。

7月 苏联政府单方面毁约，撤走在中国的全部苏联专家，中苏关系恶化。

9月4日 《“自由中国”》发行人雷震、主编傅正等人被捕，并以“煽动叛乱罪”被审判定刑。

---

① 《蒋夫人号召督导下万幢军眷住宅落成》，《“中央”日报》1960年8月20日。

② 《空军官校新制首期开学，“总统”亲临主持盛典训勉发扬光荣传统》，《“中央”日报》1960年9月15日。

③ 《蒋夫人率劳军团慰问住院伤患》，《联合报》1960年10月9日。

④ 《蒋夫人昨接见女侨领刘兴诚》，《“中央”日报》1960年10月13日。

⑤ 《蒋夫人昨出席美合作分署妇女会茶会》，《“中央”日报》1960年10月18日。

⑥ 《蒋夫人今年又膺选世界十大女性之一》，《联合报》1960年12月28日。

⑦ 《华兴儿童画展揭幕，蒋夫人昨亲临剪彩》，《联合报》1960年12月30日。

9月28日 国民党召开八届三中全会，会议通过“反共建国纲领”“促进反共爱国人士团结合作决议”。

1961年 六十二岁

1月11日 参观设在台湾的美国海军第二医疗研究所。①

1月12日 接受美国记者采访，表示相信未来的肯尼迪政府将不会对美国有关中国共产党或者“中华民国”所坚守的各外岛政策作出重大改变，并称“光复大陆”定将实现。②

1月16日 参加“妇联会”“国防部”分会在三军军官俱乐部举行的新春联欢会，并致辞勉励在座人员“要把眼光看得更远更广，认识世界的现况和潮流，不要以既得的知识为满足，也不只要研习外国文字，还要研究中国的古书，使得知识有进步；同时，更要充分发挥爱心，不但为军眷服务，更要推及‘全国’服务”③。

2月1日 至高雄。上午出席空军官校毕业典礼，接受空军荣誉飞鹰胸章。蒋介石亲自为其佩戴，并致辞赞扬她在空军建军初期的贡献：“夫人在担任航空委员会秘书长任内，对空军建军大计的策划、士气的鼓舞都有良好的成就。”④

下午在海军基地主持海军育幼院奠基典礼，并视察海军新村。⑤

2月22日 参观七友书画展。⑥

3月1日 在“妇联会”接见韩国《釜山日报》社驻东南亚

---

① 《蒋夫人昨参观美海军医疗所》，《“中央”日报》1961年1月12日。

② 《蒋夫人昨对美记者谈话》，《“中央”日报》1961年1月13日。

③ 《昨举行新春联欢，蒋夫人莅临致辞》，《“中央”日报》1961年1月17日。

④ 《感谢蒋夫人伟大贡献，空军呈献飞鹰胸章》，《“中央”日报》1961年2月2日。

⑤ 《蒋夫人在高雄巡视海军新村》，《“中央”日报》1961年2月2日。

⑥ 《蒋夫人参观七友书画展》，《“中央”日报》1961年2月23日。

特派员韩亨锡、金在文。[①]

同日 致信埃玛·德隆·米尔斯，请她代购库克（Cook）、米勒（Miller）和卢班（Loban）合著的《文学欣赏探奇》（*Adventures Appreciation*）与克劳斯（Cross）、达金（Dakin）和翰隆（Hanlon）合著的《文学作品选集：理解文学》（*Literatures: a series of anthologies; understanding literature*）两书。[②]

3月8日 至基隆，参观招商局的"中国第一艘"近洋客货轮"海鸥号"。[③]

3月15日 接受台湾"交通部邮政总局"赠送的以其照片为图案的"妇联会"成立十周年纪念邮票。[④]

3月20日 蒋孝文之女蒋友梅出生，其为蒋家第四代新生儿。

4月 尼加拉瓜授予宋美龄鲁宾达理奥镶银大勋章（Order of Ruben Dario Grand Cross Plaque of Silver）。[⑤]

4月2日 上午在士林教堂参加复活节礼拜，其默想文指出，复活节既是用来庆祝的节日，也是用来检讨属灵生活与自省的日子。认为"现有若干学派认为物质本身并不存在，物和心不过是许多有组织事件的适切表现而已……这种对感官方面感觉传递的次要现象所作的解释，若把它当作一种科学的说明，我们固然无须予以指责，然而应注意的是，如此解释仅仅涉及心灵活动的次要现象，至于给人类以生命活力的基本心灵活动，仍未作明白的解释……从历史去看智力的创造力、物质的进步，以及社会的改造，大部分都与基督教的型式和时代，密切地交织成难分难解的一片。次之，耶稣基督的为人点燃了人类的想象之火，他的言行已经成为被人类接受的智慧、道德、仁爱和人道的标准观念。由

---

① 《蒋夫人接见韩国两记者》，《"中央"日报》1961年3月2日。韩亨锡抗战时期曾在西安宋美龄领导下的第二儿童保育院工作。

② 《致埃玛·德隆·米尔斯的信函》，载张宪文、武菁主编：《宋美龄文集》第四卷，第1944—1945页。

③ 《蒋夫人昨莅基参观海鸥轮》，《"中央"日报》1961年3月9日。

④ 《"交部"昨以邮票呈献给蒋夫人》，《"中央"日报》1961年3月16日。

⑤ 《"国民政府"蒋宋美龄勋奖》，台北"国史馆"藏，典藏号：001000003462A。

于他心灵的纯洁，他所领导的积极生活，他已永远成为古今中外基督徒的典范”。表示她“不能同意信仰系由质子和电子的作用而来，因为，无论上智或下愚，皆不能使我们中任何人相信电子和质子能在人类精神紧张和孤寂的时候，给我们以援助和慰藉。凡是精神修养成熟的人，都知道宗教信仰有如道德观念，是超越智慧和理性的范畴和界限的。在我个人，认识上帝是先验性的，因为它完全是直觉的”。结尾，她强调“今天，我们较之以往更需要这种神圣的火花，和上帝的灵性，如在圣经旧约中宣讲者，以照明我们区别善恶的知识所在处。因此，可以使人类再度发现内在魄力和辨别中，寻求这种永生以征服唯物主义的诱人的邪恶”。①

4月3日 在士林官邸与至台访问的美国医学学术团体妇女代表旅行团团员茶叙。②

4月26日 至台北市私立义光育幼院残疾部及该院本部参观，并捐赠十万元支票兴建院舍。③

5月 秘鲁授予宋美龄特种大绶镶钻太阳勋章（Brilliant Grand Cross of the Order of Sun）。④

5月3日 在“妇联会”分别接见回台参加郑成功收复台湾三百年纪念的旅菲华侨郑氏宗亲会代表团、旅菲华侨幼稚教师观光队，并接受团队献赠的布料、用于军眷住宅建设的捐款及锦旗等钱物。⑤

5月14日 下午在“妇联会”会见随美国副总统约翰逊（Lydon Baines Johnson）来台访问的约翰逊夫人和史密斯夫人琼·安妮·肯尼迪（Jean Ann Kennedy，肯尼迪总统的妹妹）以及秘书克丽丝夫人等人，继而在官邸陪同蒋介石与约翰逊及其随行人员

---

① 《蒋夫人默想文全文》，《“中央”日报》1961年4月3日。
② 《蒋夫人接见美妇女代表》，《“中央”日报》1961年4月4日。
③ 《蒋夫人参观义光育幼院》，《“中央”日报》1961年4月27日。
④ 《“国民政府”蒋宋美龄勋奖》，台北“国史馆”藏，典藏号：001000003462A。
⑤ 《蒋夫人接见旅菲两侨团》，《“中央”日报》1961年5月4日。

茶叙，并共进晚餐。①

5月20日 随蒋介石至淡水，观看陆军飞弹部队胜利女神力士型飞弹射击，并参观飞弹发射基地。②

5月23日 陪同秘鲁总统蒲乐多夫人及其女儿参观华兴育幼院、忠勇新村及妇联总会的缝纫工厂、军眷手工艺品陈列室。③

6月27日 同蒋介石在官邸与访台的刚果共和国新闻部长巴辛嘉茶叙。④

7月4日 中午在官邸设宴招待访台的美国前任十三航空特遣部队司令戴维斯夫妇。⑤

7月11日 至台北松山机场，为民航公司新购置的超级“翠华号”喷气式客机剪彩，并致辞。⑥

7月29日 主持阳明山华兴育幼院六周年院庆及毕业典礼，并为该院新建的篮球场剪彩、感恩堂启钥。⑦

8月3日 致信埃玛·德隆·米尔斯，请其为自己购买 A. J. 赫尔曼公司出版的黑皮革封面《圣经》两本。⑧

8月17日 在官邸接见由美国各大学教授讲师组成的美教育协会旅行团。⑨

8月31日 上午陪同蒋介石接见由美国全国地方报纸编辑协会所组成的亚洲访问团全体团员。下午在阳明山官邸与参加阳明

---

① 《詹森夫人一行昨拜会蒋夫人》《蒋“总统”暨夫人昨晚接见詹森》，《“中央”日报》1961年5月15日。

② 《两枚胜利女神飞弹发射完全成功》，《“中央”日报》1961年5月21日。

③ 《蒲乐多总统夫人参观“妇联”等机关》，《“中央”日报》1961年5月24日。

④ 《“总统”伉俪接见刚果新闻部长》，《“中央”日报》1961年6月28日。

⑤ 《蒋夫人款宴戴维斯夫妇》，《“中央”日报》1961年7月5日。

⑥ 《民航公司启用新机，蒋夫人昨亲临剪彩》，《“中央”日报》1961年7月12日。

⑦ 《华兴育幼院昨庆六周年，蒋夫人主持盛典》，《“中央”日报》1961年7月30日。

⑧ 《致埃玛·德隆·米尔斯的信函》，载张宪文、武菁主编：《宋美龄文集》第四卷，第1949—1950页。

⑨ 《蒋夫人昨接见美教协旅行团》，《“中央”日报》1961年8月19日。

山第二次会谈的教育、学术、文化界人士以及与会人员夫人茶叙。①

9月4日 在官邸接见菲律宾银行家帛罗纱夫妇、旅菲侨领庄材赐夫妇和马尼拉大中华日报社社长柯俊智，并接受庄夫人所赠慈善捐款。②

9月16日 针对“波密拉”风灾，指示各分支及所属各工作队，即日起动员全体会员，立即分别展开募捐衣服被褥及现金运动，以地区为单位，就近分发给灾区民众。③

9月21日 “百万人委员会”在美国纽约卡耐基纪念堂召开“反对准许中华人民共和国加入联合国”集会，会上宣读了宋美龄的书面演讲词，希望美国支持维护“正义自由”的斗争。④

10月4日 下午在“妇联会”举办茶会为张群夫妇庆祝金婚，蒋介石亦出席。⑤

10月9日 上午在“妇联会”接见参加“国庆”慰劳工作的外宾，后至“陆军八〇一医院”北投分院慰问伤患官兵。⑥

10月10日 随蒋介石观看“国庆”阅兵典礼。

为菲律宾《新闻日报》及《晨报》撰文，号召大家加强信心、勇气与毅力，“‘光复大陆’拯救同胞”。⑦

11月14日 以“中央”评议委员身份出席“中央”评议委员会第六次会议，并参观在“四中全会”期间展出的党务工作绩

---

① 《“总统”伉俪接见美编协访问团》《蒋夫人昨款待与会人士夫人》，《“中央”日报》1961年9月1日。

② 《蒋夫人接见帛罗纱夫妇》，《“中央”日报》1961年9月5日。

③ 《蒋夫人昨派员慰问宜兰灾民》，《“中央”日报》1961年9月17日。

④ 《纽约举行群众大会，蒋夫人作书面演说》，《“中央”日报》1961年9月23日。“百万人委员会”是20世纪50至60年代美国院外“援华”集团的著名游说组织，其目的是抵制中华人民共和国进入联合国，竭力反对美国政府缓和与中华人民共和国的关系，维护“中华民国”的利益。

⑤ 《蒋夫人举行茶会祝张群伉俪金婚》，《“中央”日报》1961年10月6日。

⑥ 《“妇联会”昨扩大劳军》，《“中央”日报》1961年10月10日；《蒋夫人慰问伤患》，《“中央”日报》1961年10月10日。

⑦ 《欢度“开国”五十年“国庆”，“总统”主持阅兵大典》《蒋夫人“国庆”为菲岛侨报撰文》，《“中央”日报》1961年10月11日。

效展览。[①]

11月22日 在“妇联会”接见美国纽约国际学校环游世界旅行团全体团员，并赠予《蒋夫人演讲选集》。[②]

11月29日 至左营主持海军育幼院落成典礼，并至凤山陆军育幼院为兴建的育婴楼主持奠基典礼。[③]

12月11日 指示“妇联会”继续兴建第六期军眷住宅三千幢。[④]

* * * * * *

是年

4月17日 美国中央情报局组织雇佣军入侵古巴，遭到古巴军民反击。

5月 美国派遣特种部队参加越南内战，美越战争爆发。

12月21日 中华人民共和国外交部发表声明，强烈抗议美日阻挠中国恢复联合国席位的行为。

1962年 六十三岁

1月30日 中午在圆山饭店与“妇联会”全体常务委员暨所属机关与县市分会主任委员聚餐。[⑤]

2月10日 上午接见“中华民国”女医师协会负责人樊长松与女医师代表，听取该会报告协办“妇女之家”保健工作的情况；接见“国防部”女青年工作队队长及队员代表，听取该队报告历

---

① 《蒋夫人参观党务工作绩效展览》，《“中央”日报》1961年11月15日。

② 《蒋夫人昨接见美学生旅行团》，《“中央”日报》1961年11月23日。

③ 《海军育幼院落成，蒋夫人主持典礼》，《“中央”日报》1961年11月30日。

④ 《蒋夫人指示“妇联会”筹建六期军眷住宅》，《“中央”日报》1961年12月12日。

⑤ 《蒋夫人昨款待各级妇运人员》，《“中央”日报》1962年1月31日。

年服务军中情况。接见后在官邸与两组人员餐叙。①

2月14日 下午在“妇联会”接见台湾家政推广工作美籍顾问毕玲丝和台湾省农会家政指导课课长朱明。②

2月25日 至钱思亮公馆慰唁胡适夫人江冬秀。③

3月7日 下午陪同蒋介石在官邸与任满即将返国的美国“驻华大使”庄莱德夫妇茶叙。傍晚参观在“妇联会”及妇女之家举办的庆祝三八节手工艺品展览。④

3月26日 接受美联社记者采访，表示如想帮助大陆饥饿人民，应先帮助“中华民国”政府返回大陆，并暗示美国那些主张运粮前往大陆的人不要把“感情用错了地方”。⑤

4月3日 接受赴台访问的马拉加西（即马达加斯加）共和国总统奇拉纳授予的马拉加西共和国国家大绶勋章（National Order of Grand Cross of Malagasy Republic）。⑥

4月23日 “中央社”发表宋美龄复活节默念文。详述《圣经》中“基督被出卖”一节，认为“只有在灵的范畴，修养以精诚，发展了内在的勇毅精神，方能指示出人生的正确目的。只有靠灵的力量，人类终能超越心、体和情的阶段而更进一层，盖只有在灵的范围里，人类方能不受人生其他因素的控制，而以了解、同情和宁静去审查人生和它的一切弱点”。⑦

5月9日 致信埃玛·德隆·米尔斯，告知自己为卫斯理校友会准备了150个沙滩包（包的右侧绣有“中华民国国旗”），但估

---

① 《蒋夫人昨召见女医师及女青年工作队队员》，《“中央”日报》1962年2月11日。

② 《蒋夫人昨接见毕玲丝、朱明》，《“中央”日报》1962年2月15日。

③ 《蒋夫人慰问胡夫人》，《“中央”日报》1962年2月26日。

④ 《“总统”伉俪设茶会款待庄莱德大使》《蒋夫人昨先后参观妇女界两项展览会》，《“中央”日报》1962年3月8日。

⑤ 《欲救大陆饥饿人民应助我“政府”返大陆》，《“中央”日报》1962年3月27日。

⑥ 《“国民政府”蒋宋美龄勋奖》，台北“国史馆”藏，典藏号：001000003462A；《中马“元首”互赠勋章》，《“中央”日报》1962年4月4日。

⑦ 《蒋夫人于耶稣复活节发表默念文》，《“中央”日报》1962年4月23日。

计5月底才能到达纽约。宋美龄请中国招商局轮船有限公司将这些包由洛杉矶空运到波士顿。[①]

5月10日 巴拉圭授予宋美龄大绶国家功绩勋章（National Order of Merit of the Grade of Grand Cross）。[②]

5月20日 至梅贻琦公馆慰唁梅夫人韩咏华。[③]

5月24日 接见墨西哥广播评论家韦拉，在谈话中称“中华民国”接受不限定人数的“中国难民”，并不是出于“政治目的”，而是因为“这些难民冒着生命危险逃到香港，已赢得他们享有自由的权利”。[④]

5月26日 在官邸接见来台访问的外国记者团，称“中国大陆灾胞救济总会”理事长谷正纲已赴香港处理具体事宜，重申将收容所有愿来台湾的大陆难民。[⑤]

5月29日 出席“救济大陆逃港难胞专案小组”第二次会议。决定“继续通过友邦政府要求英国及香港当局，立即停止遣返难胞。同时吁请国际救济机构，本人道的立场，迅速采取有效行动，协助接运及救济工作”。[⑥]

6月14日 主持由“妇联会”与国民党“中央”妇女工作会联合举办的欢迎世界道德重整运动亚洲工作团茶会，并致辞号召与会者用善良的办法，以道德重整的精神和思想弘扬世界来对抗共产党。[⑦]

6月15日 下午在官邸与危地马拉共和国“驻华大使”韦凯诺暨夫人茶叙，并接受韦氏代表该国总统所授的危地马拉大十字

---

① 《致埃玛·德隆·米尔斯的信函》，载张宪文、武菁主编：《宋美龄文集》第四卷，第1958—1959页。

② 《“国民政府”蒋宋美龄勋奖》，台北“国史馆”藏，典藏号：001000003462A。

③ 《蒋夫人慰唁梅贻琦夫人》，《“中央”日报》1962年5月23日。

④ 《蒋夫人告墨评论家我接运逃港难民系基于人道责任》，《“中央”日报》1962年5月25日。

⑤ 《蒋夫人接见“外国”记者团》，《“中央”日报》1962年5月27日；《蒋夫人对“外国”记者谈话》，《“中央”日报》1962年5月29日。

⑥ 《蒋夫人昨亲临参加专案小组会》，《“中央”日报》1962年5月30日。

⑦ 《蒋夫人茶会招待道德重整工作团》，《“中央”日报》1962年6月15日。

吉瑞大绶勋章。[①]

8月4日 至三军俱乐部，主持“救助大陆逃奔自由祖国‘难胞’奖券奖品展览”预展及揭幕典礼，其所绘五幅画品作为特奖亦在会场展览。[②]

8月13日 中午至“救助大陆逃奔自由祖国‘难胞’奖券奖品展览”闭幕会场视察。[③]

8月21日 下午与蒋介石在官邸同美国太平洋陆军总司令柯林斯上将夫妇及美军台湾协防司令梅尔逊夫妇等人茶叙。之后，接见参加美国“在华教育基金会”主办中国文化暑期讲习会的美国学者。[④]

9月26日 于台湾省妇女会第八届一次会员代表大会开幕前发表书面致辞，“期勉妇女革新生活，树立优良家教，贡献妇女整体力量，为齐家报‘国’奠立坚强基础”。[⑤]

9月30日 参加天主教台北总主教区举行的徐光启诞生四百年纪念弥撒。[⑥]

10月9日 在“妇联会”接见参加“国庆”劳军的“外宾”，并带领慰劳二组成员至八一六医院慰问伤患官兵。[⑦]

10月10日 为台湾电视公司开播典礼剪彩，并启动开关，正式播出节目。[⑧]

10月21日 是日为第十届华侨节。为新建的侨联大厦启钥、

---

① 《危地马拉总统昨赠勋蒋夫人》，《“中央”日报》1962年6月16日。

② 《救助大陆“逃亡难胞”奖券全部奖品昨日预展 蒋夫人主持揭幕礼》，《“中央”日报》1962年8月5日。

③ 《救助大陆“逃亡难胞”奖券奖品展览会昨闭幕 蒋夫人曾莅会场巡视》，《“中央”日报》1962年8月14日。

④ 《柯林斯上将昨“访华”“总统”伉俪茶会款待》《蒋夫人昨接见卅五位美学人》，《“中央”日报》1962年8月22日。

⑤ 《省妇女会今代表会蒋夫人特颁训词》，《“中央”日报》1962年9月26日。

⑥ 《徐文定公诞生四百年纪念会蒋夫人参加天主教纪念弥撒》，《“中央”日报》1962年10月1日。

⑦ 《蒋夫人昨率团亲切慰问伤患》，《“中央”日报》1962年10月10日。

⑧ 《电视公司昨日开播，蒋夫人剪彩并按钮》，《“中央”日报》1962年10月11日。

剪彩，并号召侨胞“继续发扬伟大的无我精神，共同在三民主义的旗帜下，解救大陆上的‘苦难同胞’”。①

10月23日 孔祥熙夫妇及孔令伟飞抵台湾。②

10月29日 出席在台北“国防”医学院介寿堂举行的美国医药助华会二十五周年纪念会，并发表英文演讲感谢助华会的工作。③

11月4日 至三军军官俱乐部，参观文化康乐暨文物联合展览。④

11月8日 致电美国已故总统罗斯福亲属，吊唁罗斯福夫人的逝世。⑤

11月25日 在官邸接见香港和兴白花油厂董事长颜玉莹，感谢其捐助‘难胞’的货品及用于兴建军眷住宅的款项。⑥

12月5日 至“妇联会”参观军眷手工艺品展览。⑦

12月10日 下午至桃园县大溪镇中庄，为石门水库淹没区第二移民新村新落成的天主教堂剪彩。⑧

12月13日 在“妇联会”接见当选“1962年好人”的十位妇女。⑨

12月21日 至华兴育幼院出席圣诞晚会，并与前来参观的美国史培尔曼枢机主教会面。⑩

12月26日 在“妇联会”接见至台访问的国际女医师学会第

---

① 《侨联大厦落成典礼蒋夫人昨莅临启钥》，《“中央”日报》1962年10月22日。

② 翁元口述，王丰笔录：《我在蒋介石父子身边的日子》，中华书局1994年版，第88页。

③ 《中华妇女》1962年第13卷第3期。

④ 《“国军”文康展览昨圆满闭幕，蒋夫人莅会场参观》，《“中央”日报》1962年11月5日。

⑤ 《蒋夫人昨电吊唁罗斯福夫人之丧》，《“中央”日报》1962年11月9日。

⑥ 《蒋夫人昨接见实业家颜玉莹》，《“中央”日报》1962年11月26日。

⑦ 《军眷手工艺展览蒋夫人亲临参观》，《“中央”日报》1962年12月6日。

⑧ 《蒋夫人为新建教堂剪彩》，《“中央”日报》1962年12月11日。

⑨ 《蒋夫人昨接见十位女性好人》，《“中央”日报》1962年12月14日。

⑩ 《华兴育幼院昨耶诞晚会蒋夫人亲临与院童同乐》，《“中央”日报》1962年12月22日。

九届大会美国女医师代表，表示从“大陆逃港难胞”到台湾后都按照他们的志愿辅导就业、就学，“难童们”也都照着他们的志愿和学业程度安排到各级学校就读。①

同日 据“中央社”报道，宋美龄当选为1962年“美国人民最崇敬的世界十大女性”之一，位列第七。②

* * * * * *

是年

1月1日 蒋介石发表《元旦文告》，强调“反共的力量是精神大于实质。‘反攻’的步骤是政治先于军事”。

6月10日 中共中央发出《准备粉碎蒋军窜犯东南沿海地区的指示》。

10月14日 古巴导弹危机爆发。

10月20日 中国同印度发生边界冲突。

10月29日 台湾当局“外交部”就中印边境冲突发表声明：“所谓麦克马洪线系英国在统治印度时期所片面主张之中印疆界，我政府从未接受，且坚决反对。”

1963年 六十四岁

1月1日 上午与蒋介石出席在中山堂举行的“国军英雄政士”团拜典礼，并向他们颁发勋章。中午出席蒋介石为“英雄政士”举办的午宴，并为女“英雄政士”佩花以示嘉许。③

1月18日 出席“国防部”军官外语学校圣经班十周年纪念会，并发表演讲，表示“喜悦有如明亮火炬，能带给人类希望快乐……疾病是不因人而异的，不论老幼、贫富，中国人或外国人，

---

① 《美女医师访华，谒蒋夫人致敬》，《“中央”日报》1962年12月27日。

② 《蒋夫人再膺选最受崇敬女性》，《“中央”日报》1962年12月28日。

③ 《“总统”伉俪昨接受英雄政士贺年》《嘉许女英雄政士，蒋夫人亲为佩花》，《“中央”日报》1963年1月2日。

铁幕内或铁幕外的人，都是一样的。现代的精神病治疗法，已查出大多数疾病的根源是在心理方面，只有快乐的人才会心地健康”。①

1月28日 至“三军”俱乐部，接受“参谋总长”彭孟缉代表军人和军眷献赠的“军徽镜”，并致辞称“为增强士气，免除后顾之忧，最近六年来妇联总会筹建了军眷住宅一万七千幢……现在决定在今年内再续建三千幢”，表示“妇联会”的工作成绩以民众团体服务军队为目标，鼓励军人和军眷明白“收复大陆”的使命，发挥互助合作精神，努力“反攻复土”。之后，参观“总统夫人嘉惠军眷资料展览”。②

2月6日 在官邸分别与英国教授卡特林夫妇及英国小说家史廉明夫妇、英国上议院议员季连勋爵夫妇茶叙。③

2月15日 致信埃玛·德隆·米尔斯，告知其与宋子文、宋子安、孔祥熙上周去高雄参观了军事演习。④

3月6日 至孺慕堂参观“妇联会”主办的妇女手工艺品展览。⑤

3月18日 陪同蒋介石在官邸与厄瓜多尔首都基多《商报》驻惠夜基分社社长罗卡博士夫妇茶叙。⑥

4月15日 下午在士林官邸花园与台湾省各县市妇联分会主委等人茶叙。⑦

5月3日 在官邸接见美国斯坦福大学副校长魏德夫妇，并赠予亲手所绘国画一幅。⑧

---

① 《蒋夫人在外语学校演讲》，《“中央”日报》1963年1月20日。

② 《彭“总长”昨代表“三军”向蒋夫人献军徽镜》，《“中央”日报》1963年1月29日。

③ 《蒋夫人昨接见季连勋爵夫妇》，《“中央”日报》1963年2月7日。季连于1926年至1933年间为英国驻华公使。

④ 《致埃玛·德隆·米尔斯的信函》，载张宪文、武菁主编：《宋美龄文集》第四卷，第1964—1965页。

⑤ 《蒋夫人昨莅“妇联会”参观妇女工艺展览》，《“中央”日报》1963年3月7日。

⑥ 《“总统”伉俪接见厄瓜多尔国报人》，《“中央”日报》1963年3月19日。

⑦ 《蒋夫人昨设茶会招待妇女界领袖》，《“中央”日报》1963年4月16日。

⑧ 《蒋夫人昨接见魏德教授夫妇》，《“中央”日报》1963年5月4日。

6月4日 在“妇联会”接见菲律宾华侨血干团，并接受该团赠献锦旗与捐款。①

6月 泰国授予宋美龄秀拉钟克劳最高大勋章（Knight of Grand Cross of the Most Illustrious Order of Chula Chom Klao）。②

7月1日 至“妇联会”主持该会第一期救护干部训练班开学典礼，并致辞。称“台省各地的救护人员，实在非常缺乏，一旦遇敌侵袭，以及配合‘反攻’，亟须推广救护，普及各乡村地方。现在已经是太空时代，时间和距离都已缩短至极，今后没有前方后方的分别，事实对我们的要求，和我们对‘国家’、对同胞、对家庭都有学习急救和护理的必要，因此举办救护训练班”。勉励学员学习技术、增长学问，并要彻底具有为民服务的精神。③

8月12日 上午主持国民党中央妇女工作委员会第七次妇女工作干部会议开幕典礼，并致辞。希望妇女干部“今后在工作的目标与方法上应更求发展，要进一步结合妇女，发动党的力量，服务社会，促进‘国家’民族的强盛……但推动工作必须实事求是，杜绝旧习，并须具有毅力和百折不回的信心，互相策励，发挥力量，‘拯救’大陆同胞，达成我们应负的责任”。

下午在官邸接见旅美华侨方玉明夫妇，询问美国侨情。④

8月13日 出席国民党中央妇女工作委员会第七次妇女工作干部会议闭幕典礼，同全体与会者会餐并致辞。在致辞中鼓励全体人员“应以身作则，一切表现与众不同，必须使人们认识国民党的党员是接受了三民主义的教育，故能表现高尚的人格，做出光明正大的事情；更要了解党员代表中国国民党是为谋求‘国家’民族利益的，所以要尽力为‘国家’民族牺牲服务，才获得民众的信心”。⑤

---

① 《蒋夫人接见菲华侨血干团》，《“中央”日报》1963年6月4日。

② 《“国民政府”蒋宋美龄勋奖》，台北“国史馆”藏，典藏号：001000003462A。

③ 《“妇联会”举办救护训练，蒋夫人主持开学礼》，《“中央”日报》1963年7月2日。

④ 《本党妇女干部会议，蒋夫人主持开幕典礼》《蒋夫人接见方玉明夫妇》，《“中央”日报》1963年8月13日。

⑤ 《妇工会圆满闭幕》，《“中央”日报》1963年8月14日。

8 月 31 日　上午至“妇联会”，主持该会第一期救护干部训练班结业典礼，颁发结业证书，并致辞。希望毕业生对自己和将来训练他人，要注意服务精神，应以谦虚、诚恳的态度对人，并要“以身作则，致使他人因信服而起仿效，激励其自动自发的精神，以达我们为‘国家’、为民众服务的目的”。

下午，陪同蒋介石在官邸与新任美国太平洋空军总司令史美德上将茶叙。①

9 月 10 日　蒋经国致电，告知已抵达华盛顿。②

9 月 13 日　下午在官邸分别接见肯尼亚妇女领袖恩吉利夫人与韩国贝利亚基金会主席朴仁德夫人。③

9 月 14 日　蒋经国致电，告知在美具体行程。④

上午至历史博物馆参观郑曼青画展。⑤

9 月 16 日　出席“妇联会”所办第二期救护干部训练班开学典礼，并致辞。希望受训人员“无论在班受训，或结业后回各单位去担任救护训练工作，或将来从事实际急救护理工作，都要记住以仁爱的精神，服务人群，是人生最崇高的贡献”。

晚陪同蒋介石在官邸与来台访问的美国陆军部长范锡夫妇，及美国第七舰队司令穆勒夫妇餐叙。⑥

10 月 9 日　上午至“妇联会”接见参加“国庆”劳军的“中外”妇女代表，并带领第三组团员前往空军总医院慰问伤患。⑦

10 月 30 日　在“妇联会”接见参加金马奖颁奖典礼的各代表团女代表。⑧

---

① 《“妇联”救护训练班结业》《“总统”伉俪设茶会款待史美德上将》，《“中央”日报》1963 年 9 月 1 日。

② 《蒋经国致宋美龄电文资料》，台北“国史馆”藏，典藏号：002000000 2017A。

③ 《蒋夫人昨接见肯尼亚女领袖》，《“中央”日报》1963 年 9 月 14 日。

④ 《蒋经国致宋美龄电文资料》，台北“国史馆”藏，典藏号：002000000 2017A。

⑤ 《蒋夫人参观郑曼青画展》，《“中央”日报》1963 年 9 月 15 日。

⑥ 《救护干训班第二期开学》《“总统”伉俪昨设晚宴款待范锡、穆勒夫妇》，《“中央”日报》1963 年 9 月 17 日。

⑦ 《蒋夫人率妇女代表慰问住院伤患官兵》，《“中央”日报》1963 年 10 月 10 日。

⑧ 《蒋夫人昨接见金马奖各女星》，《“中央”日报》1963 年 10 月 31 日。

10月 达荷美（现贝宁人民共和国）授予宋美龄达荷美国家勋章（National Order of Dahomey）。①

11月13日 至“妇联会”参观陆军北部某军团妇联分会军眷手工艺成品预展。②

11月15日 下午至“妇联会”，观看急救护理表演，之后主持该会举办的第二期救护干部训练班结业典礼，并发表讲话，认为救护干部训练班的训练首先将有助于“反攻大陆”，其次将有助于家庭救护卫生，希望受训人员协助保送单位开办救护训练班，推广急救护理和卫生知识。③

11月16日 至“妇联会”再度参观陆军北部某军团妇联分会展出的“军眷手工艺成品展览”。④

11月18日 参观国民党党务工作绩效展览及党史展览。⑤

11月21日 参观国民党“敌后反共救国军”及“反共挺进军”某支队突袭闽江口琅崎岛及霞浦南日岛的战情展览。⑥

11月23日 至“妇联会”主持救护干部训练班第三期开学典礼。⑦

11月25日 参观“中华民国”海军“嵩山演习”，并接受“海军总司令”黎玉玺代表海军献赠的荣誉徽章。在即席致辞中称“海军是一个国家海权的保障者，没有海军就没有海权，所以海军在战略上是居非常重要的地位”，号召海、陆、空“三军”合作，“反攻大陆”。⑧

12月4日 在“妇联会”接见泰国盘谷银行经理姚文莉。⑨

---

① 《“国民政府”蒋宋美龄勋奖》，台北“国史馆”藏，典藏号：001000003462A。

② 《蒋夫人昨参观军眷手工艺品预展》，《“中央”日报》1963年11月14日。

③ 《“妇联会”救护训练班二期学员结业礼，蒋夫人主持致训》，《“中央”日报》1963年11月16日。

④ 《军眷工艺品展出，蒋夫人昨再往参观》，《“中央”日报》1963年11月17日。

⑤ 《蒋夫人昨参观党工绩效展览》，《“中央”日报》1963年11月19日。

⑥ 《蒋夫人昨参观游击健儿战果》，《“中央”日报》1963年11月22日。

⑦ 《“妇联会”救护干训班第三期昨开学 蒋夫人亲主持》，《“中央”日报》1963年11月24日。

⑧ 《感戴蒋夫人盛德，海军呈献荣誉徽》，《“中央”日报》1963年11月26日。

⑨ 《蒋夫人昨日接见旅泰女侨领姚文莉》，《“中央”日报》1963年12月5日。

12 月 23 日 至华兴育幼院，与院童共度圣诞。[①]

* * * * * *

是年

1 月 4 日 全国人大副委员长、民革中央副主席张治中致函国民党副总裁陈诚，提出只要台湾回归祖国，其他一切问题都尊重台湾领导人的意见妥善处理。

9 月 6 日 《人民日报》发表长编评论《苏共领导同我们分歧的由来和发展》，由此开始系列评论“九评苏共”。

11 月 12—22 日 国民党召开第九次“全国”代表大会，通过了《中国国民党现阶段工作纲领》，并拟定“反共建国共同行动纲领”案。

1964 年　六十五岁

3 月 前往屏东基督教医院，视察该院的小儿麻痹后遗症康复工作。

3 月 20 日 游建文致电，报告尼克松准备 4 月 7 日至 9 日访台。[②]

4 月 7 日 陪同蒋介石在官邸与来台访问的尼克松共进晚餐。

同日 致电美国驻台军事援助顾问团前团长杜安少将之妻，吊唁杜安之丧；另致电美国第七舰队前司令及台湾协防司令殷格索，吊唁其丧妻之哀。[③]

4 月 15 日 在“妇联会”与参加“国防”医学院“麦范德博士大楼”落成典礼的美国全国职业妇女协会前任会长麦范德博士、

---

① 《蒋夫人暨陈“副总统”夫人昨莅临华兴育幼院与院童共度圣诞佳节》，《“中央”日报》1963 年 12 月 24 日。

② 《游建文致宋美龄密电（1964 年 3 月 20 日）》，载《蒋中正“总统”文物——“对美关系”（七）》，台北“国史馆”藏，典藏号：002000002097A。

③ 《尼克森昨“访华”，会晤“总统”伉俪》《蒋夫人昨电唁杜安夫人》，《“中央”日报》1964 年 4 月 8 日。

现任会长艾伦小姐及该会女代表等人茶叙。①

4月16日 上午在官邸接见美国国务卿鲁斯克夫人。晚与蒋介石设宴招待鲁斯克夫妇。②

5月4日 中午至“妇联会”参观该会举办的妇女手工艺品展览。下午，在官邸与蒋介石同约旦、洪都拉斯新任“大使”茶叙。③

6月6日 上午至台北“三军”军官俱乐部，参观“国际”妇女会举办的慈善基金义卖会。④

6月15日 至美国新闻处参观美国女画家陶乐珊画展。⑤

7月2日 与蒋介石在中山大饭店设晚宴款待“飞虎队”队员，并致辞，希望与该队队员继续合作，奋斗“抗暴”。⑥

7月3日 菲律宾《马尼拉侨报》是日刊登该报记者对宋美龄的采访报道，题目为《历史女性：我与蒋夫人欢谈半小时》。在采访中，她略述“妇联会”的成绩，并表示“我绝不同意妇女只是妻子的这种观念。我也绝不赞成妻子把时间全花在取悦丈夫或只做一些女人们做的事。固然，这没有什么不对，但我相信妇女们应该做的不止于这些。她们应该尽她们自己的力量，不应以作为他们丈夫的内助为满足。但她们应该在她们丈夫身边，明了丈夫的各项问题。一个妻子必须认识当前时事才能做到这一点。这就是我何以要求妇女多受教育，尽管单是教育仍嫌不够”。⑦

7月14日 主持“妇联会”救护干部训练班第五期学员结业

---

① 《蒋夫人昨设茶会款待麦范德博士》，《“中央”日报》1964年4月16日。

② 《蒋夫人接见鲁斯克夫人》《“总统”伉俪昨晚设宴款待鲁氏》，《“中央”日报》1964年4月17日。

③ 《蒋夫人昨参观手工艺品展览》《“总统”伉俪款待约宏两国“使节”》，《“中央”日报》1964年5月5日。

④ 《“国际”妇女会昨举办慈善义卖，蒋夫人莅临参观》，《“中央”日报》1964年6月7日。

⑤ 《蒋夫人参观陶乐珊画展》，《“中央”日报》1964年6月16日。

⑥ 《“总统”伉俪昨设晚宴款待飞虎队员》，《“中央”日报》1964年7月3日。

⑦ 《蒋夫人接见菲记者，谈“我国”“妇联会”成就》，《“中央”日报》1964年7月4日。

典礼，并致辞。希望受训学员发扬公德心，对自己要严格、对他人则应宽容。①

7月 巴拿马授予宋美龄大绥巴尔波大十字勋章（Order of Vasco Nunez of Balboa of the Grade of Grand Cross）。②

8月22日 在官邸与台湾省卫生处处长许子秋、农复会农村卫生组组长许世钜、军医局局长杨文建、联勤留守业务署署长陈德谋及“妇联会”总干事皮以书等人会谈，指出眷村卫生亟须改进，可由“妇联会”护训班教职员发动眷村内已在护训班结业的学员实地推展各户卫生工作，包括个人卫生、家庭急救、家庭清洁、环境卫生及孕前卫生等项。③

9月5日 在官邸与泰国前国王拉玛七世王后茶叙。④

9月21日 至华兴育幼院与院童共度中秋。⑤

10月5日 《中央日报》刊登宋美龄为“中国防痨会”出售纪念章所作讲话，指出1964年世界卫生组织的口号是“与痨病奋战到底”，提醒民众不要以未患结核病而对此病漠不关心，呼吁大家积极购买防痨慈善纪念章，不断给予财政支援，并与科学界合作，从而完全消灭肺痨。⑥

10月9日 上午至“妇联会”接见参加“国庆”劳军的外宾，并带领慰劳团第五组成员至基隆海军医院及“陆军八二一医院”慰劳伤患官兵。⑦

12月23日 至华兴育幼院与院童共度圣诞。⑧

---

① 《“妇联会”救护干部训练班五期学员昨结业，蒋夫人亲颁证书》，《“中央”日报》1964年7月15日。

② 《“国民政府”蒋宋美龄勋奖》，台北“国史馆”藏，典藏号：001000003462A。

③ 《蒋夫人邀有关人士商改进军眷村卫生》，《“中央”日报》1964年8月23日。

④ 《蒋夫人设茶会款待泰前王拉玛七世后》，《“中央”日报》1964年9月6日。

⑤ 《蒋夫人昨莅华兴育幼院与孩子们共度中秋》，《“中央”日报》1964年9月22日。

⑥ 《“中国防痨会”出售慈善纪念章，蒋夫人特发表讲词》，《“中央”日报》1964年10月5日。

⑦ 《蒋夫人昨率“中外”妇女慰问伤患官兵》，《“中央”日报》1964年10月10日。

⑧ 《蒋夫人昨莅育幼院与孤儿共度圣诞节》，《“中央”日报》1964年12月24日。

* * * * * *

是年

1月21日 台湾装甲兵团副司令赵志华图谋发动“湖口兵变”。

1月27日 中法宣布建交，法国承认中华人民共和国政府是中国唯一合法政府。

5月3日 台湾第一条快速公路——麦克阿瑟公路完工通车。

10月16日 中国第一颗原子弹爆炸成功。

12月 台湾当局发动“毋忘在莒”运动，目的在于“使全体战友和人民，毋忘今日在台、澎、金、马的军民，共患难、同生死的千古不磨的纪念”。

1965年 六十六岁

1月1日 上午陪同蒋介石至中山堂，出席第十五届“英雄政士”团拜典礼，并于午宴间隙接见女“英雄政士”。①

1月2日 接见“日华美术交友会”创办人、日本女画家柴原雪。②

同日 据“中央社”纽约分社报道，宋美龄当选1964年度美国人民最钦仰的十大世界女性之一。③

1月8日 在艺术馆向来台访问的美国七海大学师生发表英语演讲，并接受该校荣誉董事长一职。④

1月13日 蒋经国担任“国防部长”。

同日下午，至“妇联会”慰问自金门、马祖、东引各岛回台

---

① 《“总统”伉俪召宴全体“英雄政士”》《蒋夫人召见女“英雄政士”》，《“中央”日报》1965年1月2日。

② 《蒋夫人昨接见日画家柴原雪》，《“中央”日报》1965年1月3日。

③ 《美民意测验显示，蒋夫人极受崇敬》，《“中央”日报》1965年1月4日。

④ 《美国七海大学昨聘请蒋夫人任荣誉董事长》，《“中央”日报》1965年1月9日。

度假官兵。①

2 月 18 日 在官邸与来台为“中国防痨协会”进行义展的西班牙鲍鹏亲王及唐特男爵夫妇等人茶叙。②

2 月 19 日 经台湾省各县市红十字会业务会议讨论通过，被推举为红十字总会会长。③

3 月 12 日 在“妇联会”接见西班牙外长斯蒂爱雅夫人及佛朗哥元帅女儿卡门，并带领她们参观缝纫工厂、护训班和惠幼托儿所等部门。④

3 月 16 日 “中央社”译发美联社记者对宋美龄采访的报道。在报道中她首先表示“很高兴看到约翰逊总统已在越南采取了如此坚定的立场，希望他将继续如此去做。最近数周的发展最令人鼓舞了。亚洲人民一直在密切注意不仅是美国对其敌人的态度，而且也注意其对友人的态度。亚洲人民常常觉得，美国将不会采取行动以维持她时常宣告的协助人民保持其既有自由的原则”，并认为东南亚问题的实质是苏联与欧美国家的对抗，坚信苏联不会向中华人民共和国提供真正的援助。继而回忆 1943 年在美国白宫会谈与国会演讲、战时随蒋介石出访缅甸归途遭日机追击的惊险往事。在谈到闲暇时间的消遣时，表示自 1950 年来台以后，她一直在练习绘画。⑤

3 月 24 日 至屏东，视察为收容及教育小儿麻痹症童而设立的基督教儿童之家，并与病童合唱宗教歌曲。⑥

3 月 25 日 至高雄市卫生局，主持“妇联会”高雄分会第三

---

① 《妇联欢宴有功官兵，蒋夫人曾亲临慰勉》，《“中央”日报》1965 年 1 月 14 日。

② 《蒋夫人今接见西鲍亲王等》，《“中央”日报》1965 年 2 月 18 日。

③ 《各县市红十字会推戴蒋夫人为总会会长》，《“中央”日报》1965 年 2 月 20 日。

④ 《蒋夫人昨接见西班牙两嘉宾》，《“中央”日报》1965 年 3 月 13 日。

⑤ 《蒋夫人对美联社记者谈美在越南立场坚定，亚洲人民获得鼓舞》，《“中央”日报》1965 年 3 月 16 日。谈话中所说约翰逊对越采取坚定的立场应是指 1965 年 3 月 8 日，3500 名美军陆战队成员在越南岘岛登陆，越南战争进一步升级之事。

⑥ 《蒋夫人莅屏巡视基督教儿童之家》，《“中央”日报》1965 年 3 月 25 日。

期救护训练班开学典礼。其后至省立高雄女师视察，鼓励女学生努力用功读书、专心学习，将来负起妇女的时代使命。①

3 月 29 日 至“华侨联合救国总会”，为该会新落成的华侨宾馆启钥，并主持孙中山铜像与百龄堂揭幕仪式。在庆典中致辞，希望“大家以忘我的精神，贡献自己的力量，‘收复大陆河山’”。②

4 月 西班牙授予宋美龄伊萨伯尔一世大十字勋章（The Grand Cross of the Order of Isabella the Catholic）。③

4 月 14 日 至“妇联会”主持救护干部训练班第六期结业典礼。④

4 月 17 日 为庆祝“妇联会”成立十五周年，邮政总局发行“蒋夫人玉照邮票”。⑤

5 月 26 日 至台北市国际画廊，参观桑鹏油画展。⑥

6 月 26 日 至“妇联会”主持救护干部训练班结业典礼。⑦

8 月 22 日 启程赴美，下午抵达檀香山，当被问及如何看待李宗仁归国时，她认为李的行为是“变节”。⑧

8 月 23 日 下午访问夏威夷大学东西文化中心。⑨

8 月 24 日 下午抵达旧金山。⑩ 在机场举办的记者招待会中表示“‘中华民国政府’与人民必将完成其‘光复’大陆”。

晚参加当地华侨为其举办的欢迎晚会，并致辞感谢华侨对孙中山革命工作及中华民国建国工作的支持，希望华侨能于当年前

---

① 《蒋夫人勉励高雄女师学生》，《“中央”日报》1965 年 3 月 26 日。

② 《蒋夫人主持侨联宾馆揭幕礼》，《“中央”日报》1965 年 3 月 30 日。

③ 《“国民政府”蒋宋美龄勋奖》，台北“国史馆”藏，典藏号：001000003462A。

④ 《蒋夫人昨莅“妇联会”主持救护班结业礼》，《“中央”日报》1965 年 4 月 15 日。

⑤ 《“妇联会”成立十五周年，“全国”邮局昨发行蒋夫人玉照邮票》，《“中央”日报》1965 年 4 月 18 日。

⑥ 《蒋夫人昨参观桑鹏小姐油画展》，《“中央”日报》1965 年 5 月 27 日。

⑦ 《蒋夫人昨主持救护班结业礼》，《“中央”日报》1965 年 6 月 27 日。

⑧ 《蒋夫人赴美访问》，《“中央”日报》1965 年 8 月 23 日；《蒋夫人抵檀，今飞旧金山》，《“中央”日报》1965 年 8 月 24 日。《中华妇女》1965 年第 16 卷第 1 期。

⑨ 《中华妇女》1965 年第 16 卷第 1 期。

⑩ 《周书楷致蒋介石密电（1965 年 9 月 10 日）》，载《蒋中正“总统”文物——“对美关系”（七）》，台北“国史馆”藏，典藏号：002000002097A。

往台湾，庆祝孙中山诞辰一百周年。①

8 月 27 日 上午接受哥伦比亚公司电视记者昆特的采访时称，"'中华民国'不仅在积极的计划，并且业已完成了'反攻'的准备以推翻'共匪'的'暴政'，'收复大陆'"。

中午至旧金山圣玛丽公园，向孙中山铜像献花。②

8 月 29 日 飞抵纽约。在机场接受记者采访时呼吁"自由世界国家""消灭中国共产党政权"。③

8 月 31 日 致电蒋经国，称"此次来美如能对'国家'精忠以报，为汝父能稍分忧劳乃皆上帝意旨所赐。望儿在侧侍父亲时能随时请其为'国'节劳"。④

9 月 3 日 蒋经国致电，告知蒋介石第三次手术经过良好；孔祥熙寿诞全家在草山聚餐。⑤

9 月 5 日 至纽约华埠接受华侨欢迎，并在华侨社会中心发表讲话，希望华侨是年回台参加孙中山百年诞辰纪念。⑥

9 月 7 日 在入住的纽约卡莱尔酒店举办记者招待会。在答记者问时称，巴基斯坦和中国共产党的交友是"非常危险的"。当记者问及其对中华人民共和国获准参加联合国，"中华民国"将怎么办的问题时，她回答："我从来就没想过这个问题。你晓得，我想象不到中共进入联合国，就如我不能想象我在空中飞而不坐飞机一样。"⑦

是日，抵达华盛顿。

9 月 9 日 出席美国众议院议长及众议员为其举办的欢迎午宴，并致辞，表示相信美国所采取的坚定政策使亚洲人民受到鼓

---

① 《蒋夫人告美新闻界，我必"光复大陆"》《蒋夫人演说赞许华侨爱国热忱》，《"中央"日报》1965 年 8 月 26 日。

② 《蒋夫人在美作电视谈话》《蒋夫人在旧金山华埠向国父铜像献花致敬》，《"中央"日报》1965 年 8 月 29 日。

③ 《蒋夫人抵纽约》，《"中央"日报》1965 年 8 月 30 日。

④ 《宋美龄致蒋经国电文资料》，台北"国史馆"藏，典藏号：0020000002016A。

⑤ 《蒋经国致宋美龄电文资料》，台北"国史馆"藏，典藏号：0020000002017A。

⑥ 《蒋夫人抵纽约华埠，接受侨社热烈欢迎》，《"中央"日报》1965 年 9 月 7 日。

⑦ 《蒋夫人在纽约告记者，"匪"支持巴基斯坦实怀有"吞并阴谋"》，《"中央"日报》1965 年 9 月 8 日。

励，将有利于“自由世界”。①

9月10日 下午接见美参议院共和党领袖宾克逊、众议院外交委员会的民主党参议员斯巴克曼及共和党众议员威尔森夫妇等人。②

是日蒋经国致电，恭贺中秋。③

9月11日 中午与美国众议院前议长马丁餐叙。下午分别会见美国驻远东第十三航空队前司令狄恩中将夫妇、台北美军顾问团原团长史迈斯少将夫妇、参谋官长联席会议前主席雷德福上将夫妇。④

9月14日 下午出席白宫茶会，与美国约翰逊总统夫妇会谈。⑤

9月15日 中午与魏德迈将军夫妇餐叙。下午分别会见参议员兰东史达夫妇、联邦调查局局长胡佛、众议院外交委员会议员伯尔逊和众议员惠特勒。晚上与太平洋美军前总司令史敦普海军上将夫妇餐叙。⑥

9月17日 上午在“双橡园”授予美国医生罗布大绶景星勋章，以表彰他对“中华民国”医学教育与军队服务的贡献。

晚上出席美国工商及职业妇女俱乐部全国协会为其举办的欢迎酒会。⑦

9月18日 上午会见美国“驻华大使”赖特夫妇。中午与前任美国海军军令部长勃克夫妇餐叙。

晚上，应邀出席美国巡回大使哈里曼举办的宴会，在谈论中

---

① 《美议员宴请蒋夫人讨论远东一般局势》，《“中央”日报》1965年9月11日。第二次印巴战争爆发后，美国的反应与政策是以不介入及停止援助迫使印巴接受停火，而这在很大程度上是对巴基斯坦发展同中国关系的惩罚。详细论述见戴超武：《1965年印巴战争与美国的反应与政策》，《世界历史》2008年第2期。

② 《蒋夫人续接见宾克逊等会谈》，《“中央”日报》1965年9月12日。

③ 《蒋经国致宋美龄电文资料》，台北“国史馆”藏，典藏号：0020000002017A。

④ 《马丁与雷德福等拜访蒋夫人》，《“中央”日报》1965年9月13日。

⑤ 《周书楷致蒋介石密电（1965年9月14日）》，载《蒋中正“总统”文物——“对美关系”（七）》，台北“国史馆”藏，典藏号：002000002097A；《美总统伉俪在白宫设茶会欢迎蒋夫人》，《“中央”日报》1965年9月16日。

⑥ 《蒋夫人继续会见美国重要议员》，《“中央”日报》1965年9月17日。

⑦ 《美妇女团体欢迎蒋夫人》，《“中央”日报》1965年9月19日。

国相关事宜时，宋美龄称共产党正在赶制核武器，对“自由世界”威胁巨大，而美方则表示无此忧虑。① 美国主管国家安全事务的总统特别顾问麦克乔治·彭岱夫妇亦出席晚宴。②

9月19日 下午与艾森豪威尔夫妇会谈。之后，分别会见美国空军参谋长马康尔的夫人、美国海军陆战队司令葛林将军夫妇、陆战队上校卡尼夫妇、美国参谋长联席会议前主席泰勒将军夫妇。晚上与马歇尔夫人餐叙。③

9月20日 上午至阿灵顿国家公墓向无名英雄墓献花。下午分别会见众议员阿希布鲁克和参议员伦道夫。晚至国务院，出席国务卿鲁斯举办的招待宴会。④

9月22日 参加华盛顿美国参议院外交委员会午餐会，发表题为《自由不会廉价得来》的演讲，以法国革命、美国革命及中国革命为例，强调“自由”需要奋斗而来。⑤

下午分别会见曾任香港“知识难民救济会”副主席的尼尔夫妇及孙科。⑥

9月24日 上午与美国前“驻华大使”庄莱德夫妇共进早餐，之后即至阿灵顿国家公墓，凭吊肯尼迪总统。

当晚返抵纽约。⑦

9月30日 下午接见林语堂夫妇。⑧

10月1日 与孔令侃等人参观在纽约举办的世界博览会，并与博览会主席等人共进午餐。⑨

10月5日 抵华盛顿，准备参加“驻美大使馆”于七日为其

---

① 《周书楷致蒋介石密电（1965年9月23日）》，载《蒋中正“总统”文物——“对美关系”（七）》，台北“国史馆”藏，典藏号：002000002097A。

② 《哈里曼暨彭岱与蒋夫人晤谈》，《“中央”日报》1965年9月20日。

③ 《艾森豪伉俪至华府会晤蒋夫人作长谈》，《“中央”日报》1965年9月21日。

④ 《鲁卿款宴蒋夫人》，《“中央”日报》1965年9月22日。

⑤ 《蒋夫人对美参议员演说》，《“中央”日报》1965年9月24日。

⑥ 《蒋夫人接见孙科》，《中央“日报”》1965年9月24日。

⑦ 《蒋夫人赴纽约》，《“中央”日报》1965年9月26日。

⑧ 《蒋夫人接见林语堂夫妇》，《“中央”日报》1965年10月2日。

⑨ 《蒋夫人参观世界博览会》，《“中央”日报》1965年10月3日。

举行的酒会。①

10 月 7 日 蒋经国致电，告知蒋介石当日手术状况良好。②

10 月 8 日 下午返抵纽约。③

同日致电蒋经国，希望及时电告蒋介石健康情况。④

10 月 10 日 出席“中美联谊会”在纽约巴尔的摩大饭店举办的晚宴，并致辞感谢美国人民对大陆人民的关切，希望“中美”永远保持同盟关系。宴会开始前，纽约市长魏格纳曾赠予其金质市钥，并宣告是日为“自由中国日”。⑤

10 月 18 日 下午由纽约抵达华盛顿。⑥

10 月 19 日 晚上出席众议院外交委员会在雷朋大厦举办的欢迎酒会。⑦

蒋经国致电，告知魏德迈夫妇在台留居一周后前往香港；蒋介石由蒋孝武陪同前往金门休息。⑧

10 月 20 日 中午自华盛顿飞抵佐治亚州。下午出席卫斯理安学院毕业典礼，并发表演讲，强调心智教化的重要和精神领域成就的意义。希望青年追求理想，努力工作，绝不沮丧。晚上出席该学院欢迎宴会。⑨

10 月 21 日 上午至亚瑞博士夫妇墓地祭扫，宋美龄在佐治亚

---

① 《周书楷致蒋介石密电（1965 年 10 月 5 日）》，载《蒋中正“总统”文物——“对美关系”（七）》，台北“国史馆”藏，典藏号：002000002097A。

② 《蒋经国致宋美龄电文资料》，台北“国史馆”藏，典藏号：0020000002017A。

③ 《蒋夫人抵纽约》，《“中央”日报》1965 年 10 月 10 日。

④ 《宋美龄致蒋经国文电资料》，台北“国史馆”藏，典藏号：0020000002016A。

⑤ 《蒋夫人望“中美两国”永远保持忠实同盟》，《“中央”日报》1965 年 10 月 12 日。

⑥ 《周书楷致蒋介石密电（1965 年 10 月 18 日）》，载《蒋中正“总统”文物——“对美关系”（七）》，台北“国史馆”藏，典藏号：002000002097A。

⑦ 《周书楷致蒋介石密电（1965 年 10 月 18 日）》，载《蒋中正“总统”文物——“对美关系”（七）》，台北“国史馆”藏，典藏号：002000002097A；《美众院外交委会盛会欢迎蒋夫人》，《“中央”日报》1965 年 10 月 21 日。

⑧ 《蒋经国致宋美龄电文资料》，台北“国史馆”藏，典藏号：0020000002017A。

⑨ 《周书楷致蒋介石密电（1965 年 10 月 18 日）》，载《蒋中正“总统”文物——“对美关系”（七）》，台北“国史馆”藏，典藏号：002000002097A；《访问魏斯里安学院，蒋夫人在母校演说》，《“中央”日报》1965 年 10 月 22 日；《蒋夫人在魏斯里安学院演说》，《“中央”日报》1965 年 10 月 22 日。

州马康市学习期间曾在其家寄宿。

下午出席在卫斯理安学院举办的记者招待会，称“一旦‘中华民国’军队在大陆上建立了一个稳固的滩头阵地，大陆人民和大多数中共军队均将响应支持”，并表示即使没有美国的支持，也将致力从共产党手中“光复大陆”，“这是我们的问题，‘中华民国’所求于美国的是美国的谅解与道义上的支持。我们不希望任何军队支援。我们甚至不希望有一名美国兵参战”。但当记者问及“反攻”时间表时，她拒绝给出具体时间。

当晚返抵华盛顿。①

10 月 27 日 蒋经国致电，告知孔祥熙健康情况尚好；蒋介石已赴高雄并将在彼处度过生日；孙科将于 29 日来台。②

10 月 30 日 是日抵达华盛顿，应美国国家广播公司邀请参加 31 日举办的全国性电视新闻访问节目。③

10 月 31 日 下午接受美国国家广播公司《会晤报界》电视节目采访。在采访中，声称“共产党的核子力量对和平的危险已经倍增”。但她坚信可以使用普通武器摧毁核武器，暗示美国提供相关武器。另外，她还预测中国共产党政权将在两三年内使用原子弹，提示时间紧迫。④

11 月 2 日 下午返回纽约。⑤

11 月 4 日 下午至纽约无线电城音乐厅，观看反映台湾经济发展的纪录片《一个复兴中的“国家”》。⑥

11 月 6 日 蒋经国致电，报告蒋介石是日清晨手术后感觉尚好。⑦

11 月 16 日 接受墨西哥无线电及电视评论员的访问，声称共

---

① 《蒋夫人对美记者谈话》，《“中央”日报》1965 年 10 月 23 日。

② 《蒋经国致宋美龄电文资料》，台北“国史馆”藏，典藏号：002000002017A。

③ 《周书楷致蒋介石密电（1965 年 10 月 30 日）》，载《蒋中正“总统”文物——“对美关系”（七）》，台北“国史馆”藏，典藏号：002000002097A。

④ 《蒋夫人答复美电视访问》，《“中央”日报》1965 年 11 月 2 日。

⑤ 《蒋夫人卓见美舆论响应》，《“中央”日报》1965 年 11 月 4 日。

⑥ 《蒋夫人在纽约观赏我经济进步纪录片》，《“中央”日报》1965 年 11 月 6 日。

⑦ 《蒋经国致宋美龄电文资料》，台北“国史馆”藏，典藏号：002000002017A。

产党“正假借文化与商业机构，在中南美洲进行颠覆活动”。①

11月17日　中午同《时代》和《生活》杂志发行人鲁斯餐叙。②

11月27日　蒋经国致电，告知蒋介石已结束对台南部队的检阅回到台北，孔祥熙病情不重。③

12月6日　晚自纽约抵达波士顿。④

12月7日　在韦斯理学院发表演讲。回溯中国近代历史，称“‘中华民国政府’献身于维护自由与宏扬之世界和平，而为一切民族所共享”，强调只有“‘中华民国’获得自由统一，亚洲和平始有保障”，并表示共产党政权将发动核战，警告“自由世界”正面临严重危机。⑤

12月8日　在韦斯理学院举行记者招待会。在回答记者关于中国共产党与苏联关系的问题时，她认为两者之间的公开分裂可追溯至苏联答应协助中华人民共和国发展核子武器，两者目标相同，“但是他们的手段具有很大的距离”，进而表示相信一旦“自由世界”与中国共产党冲突，苏俄不会与中国共产党联盟。⑥

12月9日　晚返抵纽约。⑦

12月13日　晚出席华美协进社举办的欢迎宴会。⑧

12月15日　接受《纽约美国人报》记者皮亚斯楚采访，表示对报纸称中华人民共和国为中国而感到烦恼，强调中国是“中华民国”，中国人民是在台湾的人民和大陆上的同胞。提醒美国“如果自由世界的领袖不采取反对共党侵略的立场，你们将在你们自

---

① 《蒋夫人对墨国记者指出‘匪’藉文化商业机构在中南美颠覆》，《“中央”日报》1965年11月22日。

② 《鲁斯曾设宴款待蒋夫人》，《“中央”日报》1965年11月19日。

③ 《蒋经国致宋美龄电文资料》，台北“国史馆”藏，典藏号：002000000 2017A。

④ 《蒋夫人抵达波士顿访问母校发表演说》，《“中央”日报》1965年12月8日。

⑤ 《蒋夫人在美卫斯理演说》，《“中央”日报》1965年12月9日；《在美国卫斯理学院蒋夫人演说全文》，《“中央”日报》1965年12月9日。

⑥ 《蒋夫人分析“匪俄”关系》，《“中央”日报》1965年12月10日。

⑦ 《蒋夫人返纽约》，《“中央”日报》1965年12月12日。

⑧ 《华美协进社欢宴蒋夫人》，《“中央”日报》1965年12月15日。

己的土地上面临共党的战争”，并称越南战争“不仅是为履行承诺而战，而且是为争取最后生存而战”。①

晚出席美国民间“反共团体”——拉斐特协会举办的宴会，接受该会授予的自由奖章，并发表演讲。演讲简要叙述了美法之间的历史，希望两国能认清“自由世界”的共同命运，加强联系，强调如果“为了一种难以捕捉的利益而自私地对任何一个自由国家暗中加以损害，即是对于全体自由国家的损害”，暗示应保障台湾的利益。②

12 月 18 日 蒋经国致电，报告孔祥熙健康尚佳，已能下地行走；胡炘调任“国防部”次长，郝伯村接任侍卫长一职；美参谋长定于当月 29 日至台。③

12 月 22 日 在纽约宋子文家中与韩国孤儿进行圣诞聚会。

蒋经国致电，报告蒋介石手术经过良好，并恭祝圣诞。④

12 月 25 日 与蒋孝章等欢度圣诞。⑤

12 月 31 日 经美国盖洛普民意测验，当选为 1965 年最受敬佩的十位女性之一。⑥

* * * * * *

是年

1 月 30 日 台湾当局公布“加工出口区设置管理条例”，在加工出口区内施行一系列优惠政策，台湾经济开始起飞。

5 月 1 日 在福建东引海面，两岸军队发生激烈海战。

---

① 《蒋夫人警告美国人民如不采取反侵略立场，美本土将面临战争》，《“中央”日报》1965 年 12 月 18 日。

② 《美拉斐特协会表扬蒋夫人》，《“中央”日报》1965 年 12 月 17 日；《在接受自由奖章会上蒋夫人致辞全文》，《“中央”日报》1965 年 12 月 18 日。拉斐特协会大部分成员为法国后裔。

③ 《蒋经国致宋美龄电文资料》，台北“国史馆”藏，典藏号：002000002017A。

④ 《蒋夫人为韩孤儿举行耶诞聚会》，《“中央”日报》1965 年 12 月 24 日；《蒋经国致宋美龄电文资料》，台北“国史馆”藏，典藏号：002000002017A。

⑤ 《蒋经国致宋美龄电文资料》，台北“国史馆”藏，典藏号：002000002017A。

⑥ 《蒋夫人再膺选世界十大女性》，《“中央”日报》1966 年 1 月 2 日。

7 月 20 日 李宗仁偕夫人郭德洁自美国返回北京。

11 月 13 日 在福建惠安县崇武以东海面，两岸军队发生激烈海战。

1966 年 六十七岁

1 月 19 日 下午自纽约抵华盛顿。①

1 月 20 日 应邀在美国国防大学发表题为“中国共产主义——一个世界性问题”的演讲。②

1 月 22 日 中午出席韦斯理学院校友会年度午餐会。下午出席国际妇女联谊会为其举办的欢迎茶会。③

1 月 23 日 返回纽约。④

2 月 9 日 蒋经国致电，报告“国民代表大会”临时会议已闭幕，正式大会定于 19 日开幕；3 月 7 日召开的“中央全会”将提名“总统与副总统”候选人；3 月 21 日进行选举。⑤

2 月 28 日 蒋经国致电，告知孔祥熙与孔令仪已于当日离台赴美。⑥

3 月 4 日 蒋经国致电，告知宋子安夫妇与孔令侃已先后抵台。⑦

3 月 6 日 参观在纽约举行的第四十九届国际花展。⑧

3 月 14 日 下午抵达华盛顿。⑨

3 月 15 日 上午至华盛顿区陆战队营地参观，并接受该队赠

---

① 《蒋夫人抵华府》，《“中央”日报》1966 年 1 月 21 日。

② 《蒋夫人在美国防大学发表精辟演说》，《“中央”日报》1966 年 1 月 23 日。因该校相关规定，演讲内容未予公开。

③ 《华府两著名妇女团体盛大欢迎蒋夫人》，《“中央”日报》1966 年 1 月 24 日。

④ 《蒋夫人返纽约》，《“中央”日报》1966 年 1 月 26 日。

⑤ 《蒋经国致宋美龄电文资料》，台北“国史馆”藏，典藏号：0020000002017A。

⑥ 《蒋经国致宋美龄电文资料》，台北“国史馆”藏，典藏号：0020000002017A。

⑦ 《蒋经国致宋美龄电文资料》，台北“国史馆”藏，典藏号：0020000002017A。

⑧ 《蒋夫人在纽约参观国际花展》，《“中央”日报》1966 年 3 月 8 日。

⑨ 《蒋夫人赴华府》，《“中央”日报》1966 年 3 月 16 日。

送的乐器。下午在国防经济研究所学院（即美国三军工业学院）发表演说。[①]

3月18日 出席在华盛顿举行的美全国记者联谊会午宴，并发表演讲。[②] 演讲就美国部分人士提出对中国共产党“围堵而不孤立”的新政策进行反驳，声称美国政府的“不孤立”政策不会得到中共的任何有利反应。在演讲中，她再次强调应以普通武器来对付中国共产党所拥有的核武器。[③]

3月21日 蒋经国致电，报告蒋介石当选“中华民国第四届总统”。[④]

4月11日 在纽约出席美国共和党妇女联谊会为其举办的欢迎茶会。[⑤]

4月17日 自纽约飞抵底特律。[⑥]

4月18日 上午出席底特律华侨在退伍军人大厦社教中心举办的欢迎茶会，并接见密歇根青年大学生代表。中午出席美国底特律经济联谊会的欢迎午宴，并发表题为《人们对美国的看法》的演讲。警告美国不要帮助中国共产党，并在同日举行的记者招待会上表示，国民党“反攻大陆”不需要美国一兵一卒的协助，但同时提醒美国应遵守承诺，继续坚持反对中共入联合国的政策。[⑦]

4月19日 上午至美国工具制造工程师会大会访问，并参观

---

① 《周书楷致蒋介石密电（1966年3月14日）》，载《蒋中正“总统”文物——“对美关系”（七）》，台北“国史馆”藏，典藏号：002000002097A；《美三军工业学院邀请蒋夫人演说》，《“中央”日报》1966年3月17日。因该校相关规定，演讲内容未予公开。

② 《周书楷致蒋介石密电（1966年3月14日）》，载《蒋中正“总统”文物——“对美关系”（七）》，台北“国史馆”藏，典藏号：002000002097A。

③ 《蒋夫人对全美记者演说》，《“中央”日报》1966年3月20日。

④ 《蒋经国致宋美龄电文资料》，台北“国史馆”藏，典藏号：0020000002017A。

⑤ 《美共和党全国妇女联谊会设欢迎茶会款待蒋夫人》，《“中央”日报》1966年4月13日。

⑥ 《蒋夫人离纽约飞底特律访问》，《“中央”日报》1966年4月18日。

⑦ 《底特律华侨社会热烈欢迎蒋夫人》，《“中央”日报》1966年4月20日；《蒋夫人在底特律演说》，《“中央”日报》1966年4月19日。

福特汽车厂的组装车间。晚至格罗斯角（密歇根州）战争纪念协会剧院，出席由底特律政治研究所主办的二十五周年演讲会，并发表题为《台湾——事实与数字》的演讲。概述台湾“人口年轻富于活力、生活水平不断提高、经济稳定工业发达、教育普及没有文盲、农业示范享誉亚洲”，并列举统计数字为证。①

4月22日 返抵纽约。

4月26日 在宾夕法尼亚州卡莉索美国陆军大学发表演讲。②

5月12日 自纽约飞抵芝加哥。③

5月13日 上午在芝加哥薛曼之家饭店举行记者招待会，表示虽然没有避免与中国共产党作战的安全办法，但相信坚定的立场是防止战争的最佳机会。另外，她坚称“北平间谍”在美国的活动已渗入各方面，包括最近的反越战示威。④ 招待会后，出席芝加哥各界领袖联谊会。⑤

5月14日 中午参加芝加哥韦斯理学院校友会的年度午餐会。另接受芝加哥“WBKB”电视台“KUPS”节目采访，介绍台湾在土地改革、经济发展、军事准备、提高识字率和开展选举等方面的情况；强调急需在“北平政权”的核能力发展前摧毁它，以保障世界和平。⑥

5月15日 参观科学与工业博物馆，并至芝加哥华埠会见当地华侨领袖。当日下午乘机返回纽约。⑦

---

① 《蒋夫人参观两工业中心》，《“中央”日报》1966年4月21日；《蒋夫人在美提警告，“匪”正急切准备核战》，《“中央”日报》1966年4月21日；《蒋夫人返纽约，在底特律演说极为成功，听众座无虚席反应热烈》，《“中央”日报》1966年4月22日；《台湾——事实与数字》，《“中央”日报》1966年4月26日、4月27日。

② 《蒋夫人赴宾州在美陆大演讲》，《“中央”日报》1966年4月28日。

③ 《蒋夫人抵芝城》，《“中央”日报》1966年5月14日。

④ 《蒋夫人在芝城答记者问》《蒋夫人直率指出“匪谍”在美活动已渗入各方面》，《“中央”日报》1966年5月15日。

⑤ 《蒋夫人在美演讲斥姑息分子谬论》，《“中央”日报》1966年5月14日。

⑥ 《蒋夫人亲临参加卫斯理校友餐会》，《“中央”日报》1966年5月16日；《蒋夫人在芝城电视问答》，《“中央”日报》1966年5月16日。

⑦ 《蒋夫人巡视芝加哥华埠》，《“中央”日报》1966年5月17日。

5 月 18 日 抵达华盛顿。[①]

5 月 20 日 在美国国会议员眷属联谊会对两院议员夫人发表题为《历史必将有公正的判断》的演讲。演讲回忆了“第二次世界大战后期中华民国不与日本妥协、坚持作战、在亚洲大陆牵制了大量日本军力，盟国秘密出卖中国东北，致使苏联攫取了大量工业设备”的历史。指斥美国在国民党与共产党作战过程中，不但停止对国民党的援助，还迫使国民党与共产党联合，致使国民党只得以通货膨胀来应对军饷，导致“大陆沦陷”，赞扬蒋介石始终一贯的“反共立场”。[②]

蒋经国致电，告知蒋介石于是日上午宣誓就任第四任“总统”，并言及美国新任“大使”马康卫将于 24 日返美。[③]

5 月 21 日 至魏德迈在马里兰州的农庄度周末并出席酒会。[④]

5 月 22 日 返回华盛顿，应美国 ABC 电视公司《问题与答案》节目邀请接受记者采访[⑤]，表示中国共产党可能会以核武器攻击美国，必须予以摧毁。[⑥]

5 月 23 日 在宇宙俱乐部发表演讲，警告美国，希望美国不要存有“和解的幻想”。[⑦]

---

① 《周书楷致蒋介石密电（1966 年 5 月 18 日）》，载《蒋中正“总统”文物——“对美关系”（七）》，台北“国史馆”藏，典藏号：002000002097A。

② 《周书楷致蒋介石密电（1966 年 5 月 18 日）》，载《蒋中正“总统”文物——“对美关系”（七）》，台北“国史馆”藏，典藏号：002000002097A；《对美议员眷属联谊会蒋夫人发表演说》，《“中央”日报》1966 年 5 月 22 日；《历史必将有公正判断（上）》《历史必将有公正判断（下）》，《“中央”日报》1966 年 5 月 27、5 月 28 日。

③ 《蒋经国致宋美龄电文资料》，台北“国史馆”藏，典藏号：0020000002017A。

④ 《周书楷致蒋介石密电（1966 年 5 月 18 日）》，载《蒋中正“总统”文物——“对美关系”（七）》，台北“国史馆”藏，典藏号：002000002097A；《魏德迈将军款宴蒋夫人》，《“中央”日报》1966 年 5 月 23 日。

⑤ 《周书楷致蒋介石密电（1966 年 5 月 18 日）》，载《蒋中正“总统”文物——“对美关系”（七）》，台北“国史馆”藏，典藏号：002000002097A；《蒋夫人促自由世界及时毁“匪”核子能力》，《“中央”日报》1966 年 5 月 24 日。

⑥ 《蒋夫人在美演说指出“匪”可能对美国发动核子偷袭》，《“中央”日报》1966 年 5 月 23 日。

⑦ 《周书楷致蒋介石密电（1966 年 5 月 18 日）》，载《蒋中正“总统”文物——“对美关系”（七）》，台北“国史馆”藏，典藏号：002000002097A；《蒋夫人在美提出警告》，《“中央”日报》1966 年 5 月 25 日。

5月24日 举行小型茶会招待韦斯理学院华盛顿校友会会员。①

5月25日 在寓所与美国妇女联合会领导成员茶叙。②

8月25日 国民党“中央”委员会致电，对其在美国所做的宣传工作表示敬意。③

8月28日 抵达华盛顿。④

8月30日 出席“雄象协会”午餐会，并发表题为《揭斥今日世界的险恶动态》的演讲。声称造成第二次世界大战爆发的原因在于1940年前弥漫世界的民族主义与现实主义，同当下世界的情况基本相同。但与之不同的是，如今西方国家所拥有的核打击能力占据了优势。并指称当年英国的外交政策导致了日本对中国及英国各殖民地的全面侵略，批评英国对中国禁运武器。继而分析当下的局势，认为1960年代“带有强烈暗流与漩涡的历史潮流开始在亚洲流动回旋”，号召以美国为首的西方国家以武力对付中国共产党。⑤

9月1日 晚上在华盛顿寓所与遗族学校留美校友餐叙。⑥

9月21日 出席美国众议院拨款委员会在华盛顿议会大厦举办的午宴，拨款委员会主席马洪向她保证，“返国时将带回美国人民的尊敬、善意和支持”。⑦

9月24日 在纽约寓所与画家高逸鸿、黄君璧茶叙。⑧

9月27日 蒋经国致电，恭祝中秋，并报告“中美号”飞机

---

① 《蒋夫人款待卫斯理校友会人员》，《“中央”日报》1966年5月26日。

② 《蒋夫人款待美妇女联合会人员》，《“中央”日报》1966年5月27日。

③ 《国民党中委会电蒋夫人致敬》，《“中央”日报》1966年8月26日。

④ 《蒋夫人抵华府》，《“中央”日报》1966年8月31日。

⑤ 《蒋夫人在华府演说斥“共匪”为万恶之源》，《“中央”日报》1966年9月1日；《蒋夫人思想言论集》编辑委员会编辑：《蒋夫人思想言论集》卷四，第227—240页。“雄象协会”为美国共和党参议员及众议员所组成的团体。

⑥ 《蒋夫人在华府接见遗族学校留美校友》，《“中央”日报》1966年9月13日。

⑦ 《美众议院领袖款宴蒋夫人》，《“中央”日报》1966年9月23日。

⑧ 《蒋夫人茶会款待黄君璧高逸鸿》，《“中央”日报》1966年9月30日。

已飞美，待检查后供宋美龄使用。①

9月28日 自纽约抵达梅肯市。

9月29日 至梅肯市卫斯理安学院，接受该校授予的荣誉文学博士学位，并发表演讲。

10月7日 在纽约接见参加第二十一届联大的“台湾当局”代表。②

10月16日 至纽约华埠，出席“全美华人福利总会第五届代表大会”开幕典礼，并发表即席演讲。动员在美华人从事“国民外交”。③

10月18日 乘“中美号”专机自纽约飞抵洛杉矶，宋子文到机场送别。④

10月19日 出席洛杉矶世界问题研究会与市民会堂联合举行的午餐会，并发表演讲，警告美国不可对中国共产党一味容忍，并于当日接受美国国家广播公司电视网的访问。⑤

10月20日 飞抵旧金山。⑥

10月21日 在旧金山联邦联谊会举办的宴会上发表演讲，认为红卫兵正在图谋征服世界，警告美国当局应小心，不要陷入共产党所设的“陷阱”中。⑦

10月22日 下午出席记者招待会及华侨招待茶会。在记者会上抨击“美国联合国同志会”发表的“两个中国”的建议，强调“‘两个中国’的说法是不能想象的，因为北平政权绝对不代表中国人民。只有一个中国，那就是‘中华民国’”。并在茶会上呼吁

---

① 《蒋经国致宋美龄电文资料》，台北“国史馆”藏，典藏号：0020000002017A。

② 《蒋夫人接见“我国”出席联大代表》，《“中央”日报》1966年10月9日。

③ 《蒋夫人告旅美华侨美国舆论已相信“匪伪”无法苟延残喘》，《“中央”日报》1966年10月18日。

④ 《夫人即将结束访美行程“回国”》，《“中央”日报》1966年10月20日。

⑤ 《蒋夫人在洛城演说指出“共匪”狂妄好战》，《“中央”日报》1966年10月20日。

⑥ 《蒋夫人明启程取道檀岛“返国”》，《“中央”日报》1966年10月23日。

⑦ 《蒋夫人在金山演说警告媚“匪”姑息者将随时被牺牲》，《“中央”日报》1966年10月23日。

侨胞永远不可忘记自己是中国人，希望侨胞全心全意支持“中华民国”。①

10月26日 返抵台湾，蒋介石与蒋经国同至机场迎接。②

10月31日 《蒋夫人思想言论集》在台湾出版。

11月2日 陪同蒋介石在圆山饭店与赴台庆祝蒋介石八十岁生日的千名侨胞茶叙。③

12月4日 向参加第五届亚洲运动会的代表团授旗，并致辞希望运动员做好宣慰侨胞的工作，能够为“祖国”出力；同日陪同蒋介石在日月潭官邸接见自日本回台的棒球运动员王贞治夫妇。④

12月23日 下午至华兴育幼院与院童共度圣诞。⑤

是年韩国授予宋美龄一等建国勋章（Order of the Merit for National Foundation，Jungjang）。⑥

* * * * * *

是年

3月21日 蒋介石当选第四任“总统”，严家淦当选“副总统”。

5月16日 中共中央政治局扩大会议通过“五一六通知”，“文化大革命”开始。

10月10日 蒋介石发表《告“全国”同胞书》，指责“文化

---

① 《蒋夫人在旧金山指出任何牵“匪”阴谋均将注定失败》，《“中央”日报》1966年10月24日；《蒋夫人勉旅美侨胞支持“政府”反攻》，《“中央”日报》1966年10月25日。

② 《访美经年为“国”宣劳，蒋夫人载誉归来》，《“中央”日报》1966年10月27日。

③ 《“总统”伉俪昨设茶会款待“回国”祝寿侨胞》，《“中央”日报》1966年11月3日。

④ 《蒋夫人昨授旗我亚运代表团》《“总统”伉俪亲切接见，王贞治夫妇极感奋》，《“中央”日报》1966年12月5日。

⑤ 《蒋夫人与孤儿一同庆祝耶诞》，《“中央”日报》1966年12月24日。

⑥ 《“国民政府”蒋宋美龄勋奖》，台北“国史馆”藏，典藏号：001000003462A。

大革命”毁灭民族优秀文化。

11 月 12 日 台湾当局将孙中山诞辰日定为“中华文化复兴节”。

11 月 21 日 第三次印巴战争爆发。

12 月 25 日 台湾“国大宪政研究会”召开会议，发起“中华文化复兴运动”。

1967 年 六十八岁

1 月 10 日 至美国军事援华顾问团军官俱乐部出席美军女眷餐会，并祝新年贺词，蒋方良陪同出席。①

2 月 15 日 至孺慕堂参观一年一度的七友书画展。②

2 月 21 日 至国宾大饭店与台北国际妇女协会全体会员欢度春节。③

3 月 1 日 致电吊唁《生活》杂志编辑委员会主席亨利·鲁斯之丧。④

3 月 22 日 至“妇联会”庆祝生日，并出席“中华妇女基督教祈祷会”。⑤

3 月 30 日 应美军顾问团士官太太俱乐部邀请，出席该部举办的午宴。⑥

4 月 18 日 至台北近郊新店参观正在兴建中的职业妇女公寓。⑦

---

① 《驻华美军女眷餐会蒋夫人致新年贺词》，《“中央”日报》1967 年 1 月 11 日。

② 《蒋夫人参观七友书画展》，《“中央”日报》1967 年 2 月 16 日。

③ 《国际妇协春节欢聚蒋夫人亲参加祝福大家快乐》，《“中央”日报》1967 年 2 月 22 日。

④ 《蒋夫人昨电唁亨利鲁斯之丧》，《“中央”日报》1967 年 3 月 2 日。

⑤ 《蒋夫人昨欢度华诞，各界妇女献花祝贺》，《“中央”日报》1967 年 3 月 23 日。

⑥ 《蒋夫人昨应邀出席美顾问团军眷宴会》，《“中央”日报》1967 年 3 月 31 日。

⑦ 《职业妇女公寓蒋夫人表示关怀亲往参观兴建情形》，《“中央”日报》1967 年 4 月 19 日。

4 月 19 日 在士林官邸接见即将赴加拿大世界博览会“中国馆”服务的女服务员，并指导女性服务员在“国外”的应对礼仪。①

4 月 28 日 在官邸会见千里达总督何才爵士夫妇。②

4 月 30 日 出席在台北女师专举行的“中华民国”女童军第一次检阅大会，并致辞，称“‘中华民国’女童军是以四维八德为训练的最高原则，培养优良品格，使知能丰富、身心健全，成为智、仁、勇兼备的女青年，并注重女性美德的阐扬，以致能切实服务社会人群，为最大快乐……你们的规律中的第二条，有‘忠心’二字，这是要忠于家，更要忠于‘国’，在家庭要孝顺父母，对‘国家’要忠诚守法。在学校要做一个力求上进的学生，实行你们的铭言”③。

5 月 13 日 至台北国际学舍体育馆参观国际慈善义卖会。④

6 月 29 日 出席辅仁大学在台第一届毕业典礼，接受该校授予的名誉董事长之衔，并致辞勉励毕业生不可自满，仍要继续努力、接受历练。⑤

8 月 马拉维授予宋美龄马拉维一等雄狮项环勋章（Grand Commander of the Order of the Lion of Malawi）。⑥

8 月 16 日 孔祥熙因突发心脏病在美国病逝，终年八十八岁。⑦

---

① 《参加加拿大博览会“我国”女服务员昨晋谒蒋夫人致敬》，《“中央”日报》1967 年 4 月 20 日。

② 《蒋夫人昨接见何才爵士夫妇》，《“中央”日报》1967 年 4 月 29 日。千里达及托巴哥共和国即特立尼达和多巴哥共和国，何才（Solomon Hochoy）是该国首位英国委任的华裔总督。

③ 《蒋夫人亲临检阅“全国”女童军代表》《蒋夫人勖勉女童军忠于“国家”力求上进》，《“中央”日报》1967 年 5 月 1 日。女童军总会成立于 1958 年 6 月 1 日，1966 年 12 月加入世界女童军总会，宋美龄为该会的名誉会长。

④ 《蒋夫人昨莅临会场参观各国义卖摊位》，《“中央”日报》1967 年 5 月 14 日。

⑤ 《辅大学生毕业典礼，蒋夫人莅临致训》，《“中央”日报》1967 年 6 月 30 日。

⑥ 《“国民政府”蒋宋美龄勋奖》，台北“国史馆”藏，典藏号：001000003462A。

⑦ 郭荣生编著：《民国孔庸之先生祥熙年谱》，台北商务印书馆 1981 年版，第 239 页。

8月17日 宋美龄由蒋纬国陪同，乘专机赴美，参加孔祥熙葬礼。①

8月18日 蒋经国致电，请代他问候孔祥熙家人。②

8月19日 抵达纽约。③

8月20日 下午两度前往停放孔祥熙灵柩的坎培尔殡仪馆吊祭，宋子文夫妇亦至祭悼。④

8月29日 蒋经国致电，报告“党政军”各界将于9月2日追悼孔祥熙。⑤

9月12日 自美返台，蒋介石与蒋经国同至机场迎接。⑥

9月29日 中午在“妇联会”宴请参加“世界反共联盟会议”第一届大会的妇女代表，并参观救护干部训练班的救护演习。之后，主持“妇联会”第十三期救护训练班结业典礼，并致辞勉励护训班学员以身作则，服务他人。⑦

10月9日 上午至“妇联会”接见参加“国庆”劳军的外宾，并带领慰劳第五分组成员至基隆海军医院慰问。⑧

10月18日 至“妇联会”参观“陆总”与“陆训部”妇联分会联合举办的军眷手工艺品展览。⑨

10月27日 至历史博物馆参观张大千近作展览。⑩

11月27日 主持在阳明山中山楼中华文化堂举行的国民党中央委员会妇女工作会第九次工作会议开幕礼，并致辞勉励妇女不

---

① 郭荣生编著：《民国孔庸之先生祥熙年谱》，第239页。

② 《蒋经国致宋美龄电文资料》，台北“国史馆”藏，典藏号：002000000 2017A。

③ 《蒋夫人抵纽约》，《“中央”日报》1967年8月20日。

④ 《蒋夫人在纽约吊祭孔故资政》，《“中央”日报》1967年8月22日。

⑤ 《蒋经国致宋美龄电文资料》，台北“国史馆”藏，典藏号：0020000002017A。

⑥ 《蒋夫人昨自美返“国”》，《“中央”日报》1967年9月13日。

⑦ 《蒋夫人昨邀宴世盟妇女代表》《蒋夫人勉励护训班学员》，《“中央”日报》1967年9月30日。

⑧ 《蒋夫人昨率劳军团慰问“国军”伤患官兵》，《“中央”日报》1967年10月10日。

⑨ 《蒋夫人莅临“妇联会”巡视军眷工艺展览》，《“中央”日报》1967年10月19日。

⑩ 《蒋夫人赞赏张大千近作》，《“中央”日报》1967年10月28日。

要从自己的利益出发考虑问题，而要为“国家”社会的利益去做事，更要具备现代“国民”知识，注重个人道德及良好生活习惯。尤其应讲究个人卫生和环境卫生，以整洁为基础，从而以个人影响社会。号召大家检讨过去，规划将来，虚心接受领导，彼此团结合作，要脚踏实地，牺牲小我，为“国家”民族服务，并发挥幸福家庭运动的精神，改良社会风气。①

11 月 28 日　出席国民党中央委员会妇女工作会第九次工作会议举办的庆祝晚会。②

12 月 5 日　主持国民党中央妇女工作指导会议第三十五次例会，讨论救济风灾地区捐款分配事宜。③

12 月 9 日　参加在台北举行的追思弥撒，悼念已故美国纽约总主教史培尔曼枢机。④

12 月 22 日　至华兴育幼院与院童共度圣诞。⑤

* * * * * *

是年

2 月　台湾当局成立“动员戡乱时期国家安全会议”。

6 月 5 日　第三次中东战争爆发。

6 月 17 日　中华人民共和国第一颗氢弹试爆成功。

7 月 28 日　台湾“行政院”成立“中华文化复兴运动委员会”，蒋介石任“委员长”。

1968 年　六十九岁

2 月 6 日　在士林官邸召集“妇联会”常务委员会临时会议，

---

① 《“中央”妇工会第九次会议，蒋夫人主持揭幕礼》，《“中央”日报》1967 年 11 月 28 日。

② 《蒋夫人观赏妇工会晚会》，《“中央”日报》1967 年 11 月 29 日。

③ 《蒋夫人昨亲临主持“中央”妇女指导会议》，《“中央”日报》1967 年 12 月 6 日。

④ 《蒋夫人昨参加弥撒悼念史培尔曼枢机》，《“中央”日报》1967 年 12 月 10 日。

⑤ 《蒋夫人亲临华兴院与孩子们共度耶诞》，《“中央”日报》1967 年 12 月 23 日。

发起为越南难民捐募衣服运动。①

2月29日 至台北市卫理堂参加悼念美国《基督教前锋报》前总编辑包林博士的追思会。②

5月10日 至"三军"总医院主持开幕式，并参观医院设施及慰问住院伤患，蒋经国夫妇陪同。③

5月11日 至台北国际学舍参观台北国际妇女协会举办的慈善义卖会。④

6月10日 在官邸为负责办理救济越南难民物资工作表现突出的"妇联会"相关人员颁发奖状。⑤

6月13日 至台大医院探视罹患乳腺癌的华兴育幼院院长黄若瑛。⑥

9月10日 与蒋介石在阳明山中山楼举办茶会，欢迎参加第一届亚洲青年育乐营的全体代表。另于茶会前接见当选年度十大杰出女青年的八位在台女性。⑦

9月12日 至台湾省立护理专科学校，主持"妇联会"救护训练干部班第十四期结业典礼并致辞。⑧

10月9日 带领"妇联会"成员与各国"驻华使节"夫人及外宾组成的"国庆"劳军团第一分组至"三军总医院"慰劳伤患官兵。⑨

10月22日 为新落成的天主教医院——耕梓医院主持剪彩

---

① 《蒋夫人特发起捐募衣服运动》，《"中央"日报》1968年2月7日。

② 《各界追思包林博士，蒋夫人与严"副总统"伉俪参加礼拜》，《"中央"日报》1968年3月1日。

③ 《"三军"医院昨揭幕，蒋夫人莅临剪彩》，《"中央"日报》1968年5月11日。

④ 《国际妇女会义卖，蒋夫人热心赞助》，《"中央"日报》1968年5月12日。

⑤ 《蒋夫人颁奖"妇联"援越工作人员》，《"中央"日报》1968年6月11日。

⑥ 《蒋夫人探视黄若瑛病情》，《"中央"日报》1968年6月14日。

⑦ 《蒋夫人接见杰出女青年》《"总统"伉俪昨日接见亚青育乐营各代表》，《"中央"日报》1968年9月11日。

⑧ 《"妇联"救护班结业，蒋夫人主持并训勉》，《"中央"日报》1968年9月13日。

⑨ 《蒋夫人今率劳军团慰问"三军"伤患官兵》，《"中央"日报》1968年10月9日。

典礼。①

12 月 20 日 至华兴育幼院与院童及振兴复健医学中心的部分伤残儿童共度圣诞。②

12 月 21 日 至振兴复健医学中心与残疾儿童共度圣诞。③

* * * * * *

是年

1 月 30 日 越南民族解放阵线展开春季攻势。

5 月 25 日 中共中央、中央“文化大革命”小组发出《转发毛主席关于〈北京新华印刷厂军管会发动群众开展对敌斗争的经验〉》。

8 月 20 日 苏联入侵捷克斯洛伐克。

1969 年 七十岁

2 月 1 日 至台湾艺术馆参观美国女画家介乐尔女士中西画展。④

2 月 25 日 宋子安因突发脑溢血病逝。

4 月 7 日 在官邸接见出列席国民党第十次“全国”代表大会的妇女代表，并共进午餐。⑤

5 月 12 日 致信埃玛·德隆·米尔斯，对宋子安的突然病逝深感悲伤，认为他的去世对家族而言是个巨大打击。宋蔼龄也抱病赶往旧金山参加葬礼，后与宋美龄同回台湾。抵台后，宋蔼龄进行了眼部手术，宋美龄在医院陪伴了十天。宋子安的早逝、宋蔼龄的病体使宋美龄感触颇深，“我自己刚刚从子安之死对我的打

---

① 《耕梓医院昨揭幕，蒋夫人亲临剪彩》，《“中央”日报》1968 年 10 月 23 日。

② 《蒋夫人莅临华兴育幼院》，《“中央”日报》1968 年 12 月 21 日。

③ 《蒋夫人祝缺陷儿童圣诞快乐望前迈进》，《“中央”日报》1968 年 12 月 22 日。

④ 《蒋夫人参观介乐尔画展》，《“中央”日报》1969 年 2 月 2 日。

⑤ 《蒋夫人昨设午餐会款待全会妇女同志》，《“中央”日报》1969 年 4 月 8 日。

击中恢复过来，因为我从未想过他会是兄弟姐妹中第一个去世之人，而且他是我们中年纪最轻的一个，更是使人比以前任何时候真切地感到死亡”。①

5 月 24 日 由台“驻米兰领事馆”与米兰侨社联合举办的米兰电影欣赏会播放了纪录片《春风沐雨》，该片由澳大利亚记者以专访形式介绍宋美龄创办华兴育幼院的经过。②

6 月 20 日 向辅仁大学第三届毕业生发表书面致辞，称“今天环顾整个自由世界，就只有我们‘中华民国’自由基地，由于历史文化之深远，道德精神之坚确，青年们对自由正义认识之清明，虽一世横流，惟独我们能不惑不惧，但大家并不当以此独善自足，而更当以勇气和智慧，对自己、对时代、对文明负责”，号召毕业生“以三民主义革命者的智勇与毅力，贯注于一切学术德业，此亦即所以开拓自己的学术德业。愿大家奉行主的慈爱来为社会服务，为人群服务，求更拔俗的‘圣’，更纯洁的‘美’，更忘我的‘善’，更丰富的‘真’”。③

6 月 21 日 至历史博物馆参观张道藩遗作展。④

7 月 在梨山宾馆为宋蔼龄庆祝生日。⑤

7 月 4 日 向是日下午成立的台北市卫生指导委员会第一次委员会议发去书面致辞，批评台北改为特别市后，环境卫生日益恶化的情况，指示委员会所属各委员应分别就各人岗位、各人职权范围，主动予环境卫生改进执行机构以支援，以监督彻底配合，以求台北市环境有所改善。⑥

---

① 《致埃玛·德隆·米尔斯的信函》，载张宪文、武菁主编：《宋美龄文集》第四卷，第 1987—1989 页。

② 《〈春风沐雨〉片在米兰放映》，《“中央”日报》1969 年 6 月 5 日。

③ 《蒋夫人书勉辅大毕业生》，《“中央”日报》1969 年 6 月 21 日。

④ 《蒋夫人观赏张道藩遗作》，《“中央”日报》1969 年 6 月 22 日。

⑤ 《郝伯村先生访问记录》，载《蒋中正“总统”侍从人员访问记录》（上篇），“中央研究院”近代史所口述历史丛书 94，台北“中央研究院”近代史研究所 2012 年版。

⑥ 《北市环境卫生指导会成立，名誉主委蒋夫人特颁训词》，《“中央”日报》1969 年 7 月 5 日。

7月11日 致信埃玛·德隆·米尔斯，对同学温蒂和蒂琪的死讯深表伤心，“她们的离去让我的心空了老大一块，这个空虚无法填补，因为她们的存在能让我时常想起在学校的日子。某种程度上来说，任何时候结下的友情都不能够与我们在成长期间获得的友谊相媲美。同学之间的友谊，不需要我们彼此表示太多，就可以相互理解；我们之间不需要解释太多，就知道对方想要什么。不管我们身处怎样的环境，与同学在一起，我们都感到惬意”。①

7月29日 赠予康氏家族一万元作为康有为夫人梁随觉女士的治丧费。②

9月16日 与蒋介石在阳明山遭遇车祸，受伤严重。

10月10日 发表“国庆”慰问伤兵讲话，鼓励大家“在未来的前程中，本华夏健儿传统，刚毅正直之精神，为‘国家’民族继续奋斗”。③

* * * * * *

是年

1月30日 李宗仁逝世，临终遗嘱希望留在台湾和海外的国民党人和一切爱国知识分子回祖国。

3月 苏联边防军武装入侵中国珍宝岛地区，中国军民进行反击。同月，国民党召开的“第十次全国代表大会”通过了“积极策进反攻大陆案”。

4月1—24日 中国共产党召开第九次全国代表大会，大会通过政治报告和党章，强化了江青、林彪在党中央的地位。

6月 尼克松宣布美国开始从越南撤军。

---

① 《致埃玛·德隆·米尔斯的信函》，载张宪文、武菁主编：《宋美龄文集》第四卷，第1990—1991页。

② 《康梁随觉女士病逝 蒋夫人赠款作为治丧费》，《“中央”日报》1969年7月30日。

③ 《蒋夫人发表谈话“双十节”慰问伤患》，《“中央”日报》1969年10月10日。

1970年 七十一岁

2月7日 所绘彩色山水画参加台北“故宫博物院”同人书画展。①

6月18日 主持在台北“故宫博物院”举办的中国古画讨论会开幕式，并致辞。认为“在全世界的艺术中，中国画是独一无二的，因为画与诗融为一体，两者使中国文化更为丰富。对中国画有素养的人们，都能涵泳于画中所传达的一种幽美沉静的音韵，与蕴藏着无比的智慧。中国画的特色，由于深涵诗意与灵感，更含有高度的文学性，并具有深刻的和谐性，且又能使人们感受宁静的吸引力，此即中国画之能超国界的特质”。②

6月20日 “中国电视广播公司”播出宋美龄在中国古画讨论会的致辞实况。③

6月23日 至辅仁大学为该校新建的“中美堂”落成启用剪彩，并参加该校第四届毕业生毕业典礼，由他人代其宣读演讲词。鼓励毕业生“凡遇挫折切忌气馁，以朝气与毅力寻求克服困难之途径。为人处事谦恭礼让，勿‘独善自足’，应‘兼善天下’，本赤子之心，尽一己德行、知能、慧心及学术，忠诚为‘国家’民族奋力，裨益社会人群，庶不负‘国家’、父母、师长多年苦心培育与期望”。④

12月3日 所绘画作参加由纽约凯撒琳-罗里拉-伍尔夫俱乐部在纽约“全国设计学会”主办的画展。⑤

12月22日 至振兴复健医学中心与患有小儿麻痹的残疾儿童

---

① 《蒋夫人作品山水画意境深远赢得赞赏》，《“中央”日报》1970年2月8日。

② 《中国古画讨论会开幕，蒋夫人昨莅临致辞》，《“中央”日报》1970年6月19日。

③ 《蒋夫人在古画会上致辞，中视今午重播全部实况》，《“中央”日报》1970年6月20日。

④ 《辅大举行毕业典礼蒋夫人亲临致辞》，《“中央”日报》1970年6月24日。

⑤ 《蒋夫人绘画在纽约预展引起极大重视》，《“中央”日报》1970年12月5日。

共度圣诞。①

12 月 23 日 至华兴育幼院与院童共度圣诞。②

* * * * * *

是年

1 月 1 日 “世界台湾人争取独立联盟”（即“台独联盟”）在美国成立。

2 月 8 日 台湾发生泰源监狱事件。

4 月 20 日 蒋经国在美与尼克松就“台美”关系举行会谈。

6 月 28 日 美国自柬埔寨撤走地面部队。

1971 年 七十二岁

1 月 24 日 参加在台北怀恩堂举行的董显光追思会。③

2 月 9 日 至美军顾问团军官俱乐部，出席美军军官眷属举办的春节餐会。④

2 月 11 日 参加台北“国际”妇女协会举办的春节联欢会。⑤

3 月 15 日 致信埃玛·德隆·米尔斯，告知身体仍未从一年前的车祸中完全恢复，右脚因承受受伤左脚过重的负担而受到损伤，进行了手术。⑥

3 月 25 日 至台北省立博物馆，为第六届美术展览会揭幕主

---

① 《蒋夫人慈惠广被与儿童预度耶诞》，《“中央”日报》1970 年 12 月 22 日。

② 《蒋夫人在华兴育幼院与孤儿共度欢乐耶诞》，《“中央”日报》1970 年 12 月 24 日。

③ 《董显光博士亲友昨举行追思礼拜》，《“中央”日报》1971 年 1 月 25 日。

④ 《蒋夫人昨应邀参加美军军官眷属春节餐会》，《“中央”日报》1971 年 2 月 10 日。

⑤ 《蒋夫人莅临春节盛会与“国际”妇协会员同乐》，《“中央”日报》1971 年 2 月 12 日。

⑥ 《致埃玛·德隆·米尔斯的信函》，载张宪文、武菁主编：《宋美龄文集》第四卷，第 1998—1999 页。

持按钮仪式，其山水画作《山飞水立》亦参展。①

4 月 2 日 主持国民党中央委员会妇女工作会第十次工作会议开幕仪式，并致辞，勉励大家“在这姑息主义弥漫和时局晦暝动荡的时候，更要秉持民族道德，发扬真理正义，坚持不移，奋厉精进”。②

4 月 24 日 在振兴复健医学中心接见澳大利亚国际小姐苏丽施及台北扶轮社社长百乐德夫妇等人，并接受扶轮社捐赠华兴复健医学中心残疾儿童的救助基金，在谈话中强调“对于这些不幸的孩童，除了希望获得外界物质的支援之外，更需要各方精神的援助，使他们沐浴在温暖之中”。之后，接见了第四届、第五届的十七名十大杰出女青年，勉励大家“坚守岗位、为‘国’服务”。③

4 月 25 日 宋子文去世。

4 月 30 日 台湾当局发言人宣布宋美龄临时决定不赴美国参加宋子文的葬礼。宋美龄原定于 4 月 30 日上午飞往纽约，参加翌日举行的殡仪，后因获悉大陆拟派宋庆龄赴美吊唁，决定取消行程。④

6 月 18 日 向辅仁大学第五届毕业生发表书面致辞，称“今天我们的‘国家’，正遭遇着梗阻和艰苦交织的困扰，然而这正是时代和环境考验我们的传统民族精神和‘国民’的毅力心智，特别是衡量我们青年的智慧力能、胆识骨气，并考验其对‘国家’、对历史、对文化、对‘国脉’民命延续的职责”，号召青年“发挥其强力的‘国家’意识和炽热的民族爱心，以血拯救民族，以智

① 《第六届“全国”美展揭幕，蒋夫人莅临主持》，《“中央”日报》1971 年 3 月 26 日。

② 《蒋夫人勉妇女同志宏扬伦理道德》《妇工会工作会议昨揭幕 蒋夫人主持并致训》，《“中央”日报》1971 年 4 月 3 日。

③ 《蒋夫人阐释救助伤残儿童工作，爱心是重要的因素》《蒋夫人接见杰出女青年》，《“中央”日报》1971 年 4 月 25 日。

④ 《宋子文葬礼今在美举行，蒋夫人决定不参加》，《“中央”日报》1971 年 5 月 1 日。

力救‘国家’，为‘中国’文化写下光荣复兴、可歌可颂的史页”。①

9月18日 陪同宋蔼龄赴梨山，主持捐献新建之教堂落成。

10月9日 至“妇联会”主持“国庆”扩大劳军活动，接见参加劳军的各国“驻华使节”与外宾。②

10月27日 蒋介石发表《为联合国通过非法决议告“全国”同胞书》，表示将台湾当局代表逐出联合国是“置公理、正义于不顾，卑微地向暴力屈膝……对于本届大会所通过此项违反宪章规定的非法决议，绝不承认其有任何效力”。

11月9日 致信埃玛·德隆·米尔斯，感谢其来信哀悼宋子文逝世。称宋子文与宋子安毫无征兆的突然去世让她全家“悲上加悲，难以忍受”。③

12月22日 至振兴复健医学中心，参加小儿麻痹儿童的圣诞同乐会。之后，至孺慕堂接见好人好事代表。④

12月23日 至华兴育幼院，参加该院的圣诞庆祝会。⑤

* * * * * *

是年

4月9日 中国留学生在美举行游行，抗议日本对钓鱼列岛主权的要求，抗议美国同意将钓鱼列岛交予日本。

4月24日 中华人民共和国成功发射第一颗人造卫星。

7月9—11日 基辛格秘密访华。

9月13日 林彪乘飞机外逃，在蒙古温都尔汗附近坠机身亡。

---

① 《蒋夫人勉辅大学生奋发努力光宗耀祖》，《“中央”日报》1971年6月19日。

② 《蒋夫人亲临“妇联会”嘉勉妇女劳军热忱》，《“中央”日报》1971年10月10日。

③ 《致埃玛·德隆·米尔斯的信函》，载张宪文、武菁主编：《宋美龄文集》第四卷，第2000页。

④ 《蒋夫人莅振兴复建中心》《蒋夫人昨在“妇联会”致贺好人好事代表》，《“中央”日报》1971年12月23日。

⑤ 《在华兴耶诞庆祝会中蒋夫人接受学生祝贺》，《“中央”日报》1971年12月24日。

10月25日 联合国第二十六届大会通过二七五八号提案：恢复中华人民共和国在联合国的合法席位和权利，并将台湾当局代表逐出联合国。

1972年 七十三岁

2月4日 在士林官邸接见加蓬、多米尼加、巴拿马“驻华大使”夫人及柬埔寨代表团团长夫人。[①]

3月22日 至中泰宾馆参加台北国际妇女协会春节联欢会。[②]

4月17日 在圆山饭店举行晚宴，庆祝“妇联会”成立二十二周年，并发言希望该会人员群策群力，以达到终极目的。[③]

4月18日 在圆山饭店举行茶会，招待“妇联会”所属工作队队长及参加义务缝制征衣人员，以庆祝“妇联会”成立二十二周年。在茶会致辞中称“当此世界姑息主义弥漫，邪说恶势崛起之际，有些国家罔顾道义，见利忘义，只求现实，不计后果，争先恐后，卖友媚敌；有些则欺师灭祖，背弃信诺；有些人想法天真，幼稚无知；有些则只求短暂苟安；尚有些只图满足个人野心，泯灭天良；更有才智之士，竟自欺欺人，甘做尾巴，形成可悲之现象”，号召大家“坚定不移，埋头苦干，尽各自力量，报效‘国家’”。[④]

5月24日 至振兴复健医学中心接见赴台参加“总统就职”典礼的美国沙加缅度（Sacramento）中华鼓乐队、西雅图中华女子体操队及亚东女子篮球队成员，致辞勉励年轻人应忠于自己的理想与原则，“不要追随美国的一切，只要效法你自己认为是好的，

---

① 《蒋夫人昨接见“四国使节”夫人》，《“中央”日报》1972年2月5日。

② 《台北国际妇女春节联欢，蒋夫人莅临为会员祝福》，《“中央”日报》1972年3月23日。

③ 《蒋夫人勉“妇联”群策群力奋斗》，《“中央”日报》1972年4月18日。

④ 《蒋夫人勉“妇联”工作人员以爱心为将士服务，处逆境应坚定不移》，《“中央”日报》1972年4月19日。

不论美国或中国的”，更要保有勇气信心，以取得成功。①

6月1日 蒋经国出任台湾“行政院长”。

6月6日 致信埃玛·德隆·米尔斯，对埃玛丈夫的故去表示哀悼。在信中她提到自己对“代沟”一词的理解，“所谓的代沟并不仅仅是社会宽容造成的，而是因为成年人或太懒、或太自我，不愿花功夫与正在成长、开拓思维的年青一代去沟通”。并称赞埃玛保持着对世界的信念，认为“如果我们对这个世界失去了信仰，那么世上还能剩下些什么呢？因此，关键并不在于发生了什么，而是在于我们对发生的事情做出怎样的反应”。②

6月29日 主持辅仁大学董事会并致辞，称“宗教所需要的是‘真’，而不是‘假’；真正的宗教精神是‘实在’和讲‘道义’”，希望作为教会学校的辅大的教师在教导和训练学生时，发挥“真”的精神。③

7月27日 出席在阳明山中山楼举行的中美合作所第十八届会议，致辞对中美合作所在二次世界大战中对中国情报工作及游击部队所提供的协助表示感谢。④

8月4日 在阳明山中山楼接见美国田纳西大学教授詹森博士夫妇。⑤

8月12日 在官邸分别接见前美国志愿航空队上校顾问史密斯夫妇、卫斯理安学院院长麦克法逊博士夫妇。⑥

8月21日 在官邸接见时任“中华教育文化基金会”董事的前美国“驻华大使”庄莱德（Everett Drumright）。⑦

---

① 《蒋夫人昨接见中华鼓乐队等》，《“中央”日报》1972年5月25日。

② 《致埃玛·德隆·米尔斯的信函》，载张宪文、武菁主编：《宋美龄文集》第四卷，第2003—2004页。

③ 《主持辅仁大学董事会，蒋夫人望师长发挥“真”的精神》，《“中央”日报》1972年6月30日。

④ 《中美合作所十八届会议，蒋夫人告与会人士，姑息者必自陷地狱》，《“中央”日报》1972年7月28日。

⑤ 《蒋夫人昨接见詹森博士夫妇》，《“中央”日报》1972年8月5日。

⑥ 《蒋夫人接见访“华”美嘉宾》，《“中央”日报》1972年8月13日。

⑦ 《蒋夫人接见庄莱德》，《“中央”日报》1972年8月22日。

9月7日 在阳明山华兴中学介寿堂接见夺得当年世界少棒、青少棒双料冠军的台北市少年棒球队、美和青少年棒球队及最近返台的国泰人寿女子篮球队的队员，并在致辞中表示“体育的真正意义乃是民族健康的提高和普及”，希望“‘国民’人人都有健全的体魄、智能和不屈不挠的奋斗精神”。①

9月26日 应美军援顾问团士兵俱乐部邀请，参加该会在六三俱乐部举行的餐会。②

9月28日 在阳明山中山楼宴请五百余位教授、教师及教育行政人员，致辞勉励教育工作人员“倍加努力，复兴传统文化，栽成民族幼苗，使中华儿女能够屹立于世界”。③

10月9日 至“妇联会”接见参加“国庆”劳军的各国“驻华使节”夫妇及“外宾”。④

10月12日 在阳明山中山楼设茶会招待“归国”侨团侨胞，并发表讲话，指斥：“现在的时代是一个科学进步的时代，却又是一个道德堕落的时代，因为一小部分的人，泯昧良知，颠倒是非，以致使得一般人迷惑盲从，失去了自我的意识和立场，造成今天善恶不分、利害不明、可悲的现象”，称“我们的‘国家’是一个有道德的‘国家’、有正义的‘国家’、有悠久文化的‘国家’，这就是我们‘立国’的精神和基础，我们海外侨胞不只是发扬了这种民族正义，更被视为民族文化的代表，处处体现了民族的伦理道德”，希望侨胞政治上支持、经济上投资，从而促进台湾发展。⑤

10月14日 在士林官邸分别接见萨尔瓦多“特使”、前总统桑傑士将军夫妇及西萨摩亚总理戴玛赛赛夫妇。⑥

---

① 《蒋夫人接见三球队》，《“中央”日报》1972年9月8日。

② 《蒋夫人参加美军眷餐会》，《“中央”日报》1972年9月27日。

③ 《蒋夫人勉教育人员致力复兴传统文化》，《“中央”日报》1972年9月29日。

④ 《“中外”妇女慰问住院“国军”官兵》，《“中央”日报》1972年10月10日。

⑤ 《蒋夫人勉“海外”侨胞伸张正义抗拒邪恶》《蒋夫人昨日设茶会欢迎“海外回国”侨胞》，《“中央”日报》1972年10月13日。

⑥ 《蒋夫人设茶会款待两国贵宾》，《“中央”日报》1972年10月15日。

10 月 16 日 在士林官邸接见冈比亚共和国贾瓦拉总统夫妇，并代表蒋介石授予贾瓦拉总统采玉大勋章，授予贾瓦拉夫人特种大绶卿云勋章。①

10 月 21 日 在士林官邸与来台访问的美国太平洋总司令盖勒上将夫妇茶叙。②

11 月 16 日 在官邸与来台访问的基督教名布道家比利·葛理翰茶叙。③

11 月 17 日 出席在阳明山中山楼举行的国际青年商会第 27 届世界大会颁奖典礼，并发表题为《以反击当前道德的卑怯和不健全的思想》的演讲。

演讲指称"中国大陆的人民，没有购买力——那就是诸位经济学家、工商经营家和技术专家所称的'消费倾向'……它在贸易上，尤其与自由世界的贸易上，主要是想根本排弃国际贸易一贯的互利的概念"。并分析英国与中华人民共和国进行贸易的原因："一、不肯承认做过错事，也就是俗语常说的有损面子的问题；二、战后英国的国势日蹙，其本身社会结构的内部不幸已受腐蚀，实不及顾到道德准则；三、所谓皇家'殖民地'的香港，位处大陆边沿，为英国不断带来利润的诱惑，远非英国所能抗御"，指责英国与中华人民共和国的贸易"不光彩"。接着引述第一次世界大战的史实，认为此时的台湾与第一次世界大战中的法国相似，当时世界强国的冷漠态度与自欺犹如今天"自由世界"的情形，指责"若干政府背弃道德原则"，呼吁大家继续努力奋斗，相信"正义最后必然战胜"。④

12 月 8 日 在士林官邸接见美国海外作战退伍军人妇女协会总会长罗拉·芮德女士及其先生。⑤

---

① 《甘比亚总统夫妇拜会蒋"总统"伉俪》，《"中央"日报》1972 年 10 月 17 日。
② 《蒋夫人设茶会款待盖勒上将》，《"中央"日报》1972 年 10 月 22 日。
③ 《蒋夫人昨接见布道家葛理翰》，《"中央"日报》1972 年 11 月 17 日。
④ 《蒋夫人昨发表演说揭示正义终必战胜》，《"中央"日报》1972 年 11 月 18 日。
⑤ 《蒋夫人接见芮德夫妇》，《"中央"日报》1972 年 12 月 9 日。

12月9日 在士林官邸接见国际码头工会代表史密斯等人。①

12月17日 在士林官邸接见美国众议员费雪。②

12月23日 至华兴育幼院主持华兴中学、华兴育幼院圣诞节庆祝会。③

12月29日 在士林官邸设晚宴招待美国参谋长联席会议前主席雷德福上将夫妇，美国前“驻华大使”蓝钦夫妇、美国“驻华大使”马康卫、美军协防台湾司令贝善谊中将夫妇及美军顾问团团长巴恩斯少将夫妇等人亦出席。④

* * * * * *

是年

2月21日 美国总统尼克松正式访华。

2月28日 《中美联合公报》发表，美国声明对“只有一个中国，台湾是中国的一部分”这一立场不提出异议，并确定最终从台湾撤出全部美国武装力量和军事设施。

6月8日 蒋经国对台湾当局行政人员提出十项革新要求，解决台湾政治风气存在的严重问题。

9月25日 日本首相田中角荣访华。

9月29日 中日两国发表联合公报，宣布结束两国迄今为止的不正常状态，日方承认中华人民共和国政府为中国唯一合法政府。

1973年　七十四岁

3月16日 所作二十四幅山水画结集出版，蒋介石为其题写书名《夫人山水册》，此画册为其《兰》册、《竹》册之后出版的

---

① 《蒋夫人昨接见国际码头工会代表》，《“中央”日报》1972年12月10日。
② 《蒋夫人昨接见美众议员费雪》，《“中央”日报》1972年12月18日。
③ 《蒋夫人昨莅临华兴与学童欢庆耶诞节》，《“中央”日报》1972年12月24日。
④ 《蒋夫人款宴雷德福夫妇》，《“中央”日报》1972年12月30日。

第三本专题画册。①

3月22日 向国际崇她社亚洲区域大会开幕式发去书面贺辞，称该次会议的主题“人类为吾族，世界乃我家”是“儒家与基督教和佛教伦理的摘要”，足以令人深思。贺辞表示“男女两性的大联合，为其所处时代的条件所规定。我们必须在一种公正的和平、谅解与自由之中团结一致，否则，我们将在可以预见的将来被毁灭。人类现世的善恶两种势力决斗就在目前。公理与正义未必常在短期内获得胜利。强有力的掠夺者在我们的世界和家庭中肆行无忌。并非所有的妇女，也并非世界上所有的民族和国家全都明了我们和他们的危险。我们亚洲人接近侵略的祸源，有义务登高一呼，号召全体提高警觉”。呼吁国际崇她社的妇女应尽全力协助保持自由，“以缔造一个比较完美的世界”。②

4月17日 与至台访问的约旦王储哈山亲王茶叙。③

4月24日 主持振兴复健医学中心美国馆的奠基典礼，并致辞感谢美国国会议员派斯曼为建立美国馆所做的努力。④

5月22日 下午在士林官邸举行茶会，接待哥斯达黎加共和国费盖莱斯总统夫人一行。⑤

7月13日 在士林官邸与巴西众议院议长马西里欧夫妇、参议院执政党领袖玻德拉夫妇等人茶叙。⑥

7月23日 蒋孝勇与台湾公路局副局长方恩绪之女方智怡结婚⑦，宋美龄与蒋介石在荣民总医院病房接受蒋孝勇夫妇行跪礼与

---

① 《蒋夫人写山水寄意灵气浮动气象宏阔》，《“中央”日报》1973年3月16日。

② 《国际崇她社亚洲区会议，蒋夫人颁书面贺词》，《“中央”日报》1973年3月22日。国际崇她社亦名国际崇德社（Zonta International），是一个国际性的女性团体，主要以社区为基础，帮助需要的妇女，最早成立于美国纽约水牛城。1963年10月，在台湾设立分社。

③ 《约王储晋见蒋夫人》，《“中央”日报》1973年4月18日。

④ 《振兴复健中心美国馆新厦奠基，蒋夫人昨主持典礼》，《“中央”日报》1973年4月25日。

⑤ 《蒋夫人昨举行茶会款待哥国总统夫人》，《“中央”日报》1973年5月23日。

⑥ 《蒋夫人接见巴西议员团》，《“中央”日报》1973年7月14日。

⑦ 简洁、孟忻编著：《蒋介石和宋美龄》，第191页。

奉茶。

下午在士林官邸接见美国商务部部长邓特夫妇一行。①

8月14日 在阳明山中山楼举办茶会，招待出席“国家建设研究会”的专家及眷属。谈话中希望年轻学人在工作岗位上不断充实自己，储存新知识和新经验，使亿万同胞得到“真正的自由和幸福”。②

8月23日 在阳明山中山楼举办茶会，招待出席“亚洲人民反共联盟”第十九届会议的参会人员。③

9月6日 在阳明山中山楼接见荣获1973年世界青少年棒球冠军的“中华华兴队”和世界少棒冠军的“中华巨人队”全体队员。④

9月14日 为发售1973年度防痨纪念票发表《告“全国”同胞书》，呼吁大家慷慨捐助抗痨运动。该年的防痨纪念票图案为宋美龄亲绘的题为“平安磐石”的国画。⑤

9月28日 在阳明山中山楼代表蒋介石设午宴招待五百多位大专教授及各级资深优良教师，并发表讲话。讲话回忆了她在卫斯理安女子学院的求学经历，认为品德教育与身教同样重要，希望教师们以身作则，尽心尽力教育学生，并赞扬教育工作虽然清廉但却快乐，“你们一生一世的生活，是在讲求精神上的快乐，而不是追逐物质上的享受。你们不是为自己，而是为的他人，更是为的‘国家’培植一代又一代的青年”。⑥

9月29日 参加孙科的追思礼拜，并代表蒋介石慰问孙科家属。⑦

---

① 《蒋夫人接见美商务部长》，《“中央”日报》1973年7月24日。

② 《蒋夫人昨款待“归国”学人》，《“中央”日报》1973年8月15日。

③ 《蒋夫人设茶宴款待出席亚盟各国代表》，《“中央”日报》1973年8月24日。

④ 《蒋夫人赞两少年棒队，表现堂堂“国民”风度》，《“中央”日报》1973年9月7日。

⑤ 《蒋夫人吁“全国”同胞慷慨捐助防痨运动》，《“中央”日报》1973年9月15日。

⑥ 《蒋夫人代表“总统”款宴资深优良教师》，《“中央”日报》1973年9月29日。

⑦ 《孙故院长之丧昨日公祭大殓，蒋夫人参加追思礼拜》，《“中央”日报》1973年9月30日。

10月1日 赴美探望患病的宋蔼龄。[①]

10月16日 返抵台湾。[②]

10月19日 宋蔼龄逝世，终年八十五岁。[③]

11月15日 在阳明山中山楼设晚宴招待出席国民党第十届四中全会和中央评议委员第五次会议的全体与会人员及工作人员，并代表蒋介石主持宴会。[④]

12月11日 在阳明山中山楼与参加第三届“中美中国大陆问题”研讨会的与会者茶叙。[⑤]

12月15日 至华兴育幼院与华兴师生、振兴复健医学中心的伤残儿童共同欣赏维也纳童声合唱团的演唱。[⑥]

12月21日 至振兴复健医学中心与病童共度圣诞，蒋经国陪同前往。[⑦]

* * * * * *

是年

1月18日 蒋经国在接见美国客人时表示，以建设台湾、“光复大陆”为既定“国策”，绝不与中共谈判。

10月6日 第四次中东战争爆发。

11月 国民党十届四中全会确定有限度地实行“弹性外交”原则。

---

① 《蒋夫人飞美》，《“中央”日报》1973年10月2日。

② 《蒋夫人返“国”》，《“中央”日报》1973年10月17日。

③ 郭荣生编著：《民国孔庸之先生祥熙年谱》，第246页。

④ 《“总裁”伉俪款宴全会参加人员》，《“中央”日报》1973年11月16日。

⑤ 《蒋夫人昨以茶会款待大陆问题研讨会学者》，《“中央”日报》1973年12月12日。

⑥ 《蒋夫人与华兴师生聆赏天使歌声》，《“中央”日报》1973年12月16日。

⑦ 《蒋夫人赴复健中心与孩子们欢度耶诞》，《“中央”日报》1973年12月22日。

1974年　七十五岁

1月29日　参加台北国际妇女协会春节联欢会。①

3月14日　在士林官邸接见至台访问的沙特阿拉伯王国主管外交事务的国务大臣萨加夫一行。②

3月15日　在振兴复健医学中心接见中美洲妇女界文化观光团。③

4月2日　在士林官邸设茶会欢迎至台访问的洪都拉斯元首罗培兹将军夫人一行。④

4月5日　参加“妇联会”总干事皮以书的安息礼拜。⑤

4月25日　在阳明山中山楼接见出席亚洲主教团协会第一届全体会议的亚洲各国主教及观察员，并与之茶叙。⑥

4月30日　向国民党中央妇女工作会1974年北区妇女工作会议发去书面致辞，勉励妇女工作人员“坚持自己纯洁诚挚的品格，发挥妇女特有的、天赋的爱心，锻炼革命的、战斗的胆识……再一次肩负起这一时代的革命“复国”的神圣使命”。

下午在官邸与美国安良工商会年会出席代表的眷属茶叙。⑦

5月28日　与出席亚洲暨太平洋地区第三届市政会议的各国市长、市政学者、专家等人在阳明山中山楼茶叙。⑧

6月12日　向辅仁大学的第八届暨夜间部第一届毕业典礼发去书面致辞，号召毕业生“以道德为力量、学识为武器、大勇无

---

① 《国际妇协春节联欢会蒋夫人亲临参加》，《“中央”日报》1974年1月30日。

② 《蒋夫人接见沙外务大臣》，《“中央”日报》1974年3月15日。

③ 《蒋夫人昨接见中美洲妇女文化团》，《“中央”日报》1974年3月16日。

④ 《宏国元首夫人访“华”，蒋夫人设茶会款待》，《“中央”日报》1974年4月3日。

⑤ 《皮以书之丧昨安息礼拜》，《“中央”日报》1974年4月6日。

⑥ 《蒋夫人昨接见主教会议代表》，《“中央”日报》1974年4月26日。

⑦ 《蒋夫人勉妇工同志坚守品格、发挥爱心、锻炼胆识》，《“中央”日报》1974年5月1日。

⑧ 《蒋夫人设茶会款待市政会议各国代表》，《“中央”日报》1974年5月29日。

惧，与邪恶奋斗，使‘国家’臻于幸福康乐”。①

6月21日 接见韩国国会议长丁一权。②

6月25日 在阳明山中山楼设茶会招待至台访问的国际基督妇女协会会员，并赠送会员她所写《必胜之路》摘录本。③

7月1日 在士林官邸接见美国“驻华大使”安克志夫妇。④

7月19日 在阳明山中山楼接见至台参加“中华民国支援被奴役国家周”活动的宾客，谈话称“自由为人类所渴望，我们应该尽一切努力，不但为保护我们的自由，同时也要为我们的下一代争取自由”。⑤

7月20日 参加张群夫人马育英的追思会。⑥

8月10日 就尼克松辞职一事接受“中央社”记者采访，表示尼克松辞职是“一项符合美国最佳利益的决定”。在回答记者所问如何评论尼克松说“已经打开了二十五年来美国与中国大陆之间的门，我们现在必须保证生活在中国大陆占全世界人口四分之一的人民，将是并继续是我们的友人，而不是我们的敌人”这一论述时，宋美龄表示门并没有打开，中美之间的官方关系使大陆人民在心理上受到“致命打击”，希望美国政府不要犯同样的“历史错误”。⑦

10月9日 至“妇联会”主持“国庆”扩大劳军工作。⑧

10月13日 在阳明山中山楼举办茶会招待回台庆祝“国庆”的华侨。⑨

---

① 《蒋夫人书勉辅大毕业生》，《“中央”日报》1974年6月13日。

② 《蒋夫人昨设茶会款待丁一权议长》，《“中央”日报》1974年6月22日。

③ 《蒋夫人设茶会款待国际基督妇协会员》，《“中央”日报》1974年6月26日。

④ 《蒋夫人接见美“大使”》，《“中央”日报》1974年7月2日。

⑤ 《蒋夫人昨接见各国“反共人士”》，《“中央”日报》1974年7月20日。

⑥ 《马育英女士之丧昨安息礼拜》，《“中央”日报》1974年7月21日。

⑦ 《蒋夫人昨引述事实指证“毛共残民暴行”》，《“中央”日报》1974年8月11日。

⑧ 《蒋夫人昨亲主持“国庆”劳军工作》，《“中央”日报》1974年10月10日。

⑨ 《“总统”伉俪举行茶会款待“海外归国”侨胞》，《“中央”日报》1974年10月13日。

10 月 14 日 在士林官邸接见林语堂夫妇，并为《庆祝林语堂先生八十岁论文集》撰写序文。[①]

10 月 15 日 发表题为《真伪之辨》的时局评论文章，高赞台湾的经济发展，并斥责承认中华人民共和国政权的国家，呼吁国际社会“明辨真伪”。[②]

11 月 7 日 至荣民总医院及三军总医院，巡视由“妇联会”捐款修建的两院职工宿舍。[③]

11 月 20 日 参加马超俊夫人国民党评议委员沈慧莲的安息礼拜。[④]

11 月 26 日 出席国民党第十届中央评议委员第六次会议。

同日，国民党第十届五中全会第四次大会决议授予宋美龄中山奖章。决议文作出如下评述：

> 早岁参加革命，领导妇女运动、抗战戡乱；尤长期致力外交，宣扬文化，仁逮孤幼，爱及伤残；宏规懿范，中外具瞻。综其卓越之贡献，悉遵主义以力行，并益本其渊识，屡抒伟论，斥姑息之谬说……赞中兴之大业。[⑤]

11 月 27 日 下午在阳明山中山楼接受国民党第十届五中全会主席团授予的中山奖章，并致辞号召大家“下定决心、确立信心、坚持恒心，来‘解救’大陆同胞”。

晚上代表蒋介石在中山楼设宴招待参加国民党第十届五中全

---

① 《蒋夫人接见林语堂夫妇》，《“中央”日报》1974 年 10 月 15 日。

② 《蒋夫人发表论世局专文，正告世人明辨真伪》，《“中央”日报》1974 年 10 月 16 日。

③ 《蒋夫人到两总医院巡视捐赠职务馆舍》，《“中央”日报》1974 年 11 月 8 日。

④ 《马沈慧莲女士之丧昨公祭后安葬》，《“中央”日报》1974 年 11 月 21 日。

⑤ 《“五中全会”一致决议赠蒋夫人中山奖章》，《“中央”日报》1974 年 11 月 27 日。中山奖章为国民党最高荣誉奖章，宋美龄为获此奖章第一人。

会及中央评议委员会第六次会议的全体出列席人员。①

* * * * * *

是年

1月 台湾当局开始实施“十大建设”。

1月19日 西沙群岛保卫战开始。

8月8日 美国总统尼克松因“水门事件”被迫宣布将于次日辞职。

1975年 七十六岁

3月5日 发表题为《“不要说它”——但是我们要说》的文章，认为美国1974年提出重新致力于美俄和中国共产党关系的决定，对美国当时的经济与社会、对外关系政策及世界政治、社会和经济各方面均造成重要影响。并在文中坚称中苏“对峙”将不可避免，美俄两个超级强国，尤其是苏俄在实质问题上都不会受中国共产党的“欺骗”，而美国与中国共产党的外交联络“只是一项幻想或者希望把一种逡巡的知识分子的试验变为暂时现实的一种平衡游戏”。另外针对某些新闻报道所提出的“‘中华民国’泄了气”的说法，她予以否认，强调“长久以来，以及非中国人的一般看法，我们的同胞，不管受过教育或未受教育，不管识字或文盲，都有高度的固有领悟能力和本能的智慧”，定会获得最后的胜利。②

3月27日 致信埃玛·德隆·米尔斯，在信中怀念一年前去

---

① 《蒋夫人接受中山奖章》《“总裁”伉俪昨款宴全会出列席人员》，《“中央”日报》1974年11月28日。

② 《蒋夫人发表检讨世局专文》，《“中央”日报》1975年3月6日。自1973年起，由于中东产油国提高石油价格而引发了世界性危机，美国的经济地位逐步下降，失业率居高不下，经济状况堪忧；另外，旷日持久的越南战争对美国社会、经济造成了巨大影响，美国国内的种族问题、民权问题越发显现尖锐的态势，这些因素致使美国重新调整了外交政策。

世的“妇联会”总干事皮以书，称“很难找到像皮夫人这样能干、高尚和智慧的人选”。①

4月1日 至华兴复健医学中心，参加该院新建美援翼楼的落成典礼并致辞。②

4月5日 蒋介石去世，终年八十九岁。

4月7日 至荣民总医院再见蒋介石遗容。③

4月11—14日 接连四天至设在孙中山纪念馆的蒋介石灵堂默哀。④

4月15日 至慈湖察看蒋介石厝灵设施。⑤

4月16日 参加蒋介石“奉厝大典”。

4月28日 蒋经国继任国民党主席。

4月29日 是日为蒋经国六十五岁生日，特致信：

> 今天又届你的生辰，往年我都为你设席与家人共聚，一享天伦之乐，此次自［你］父亲撒手离我你之后，我们再也无此兴致作任何设宴之举。今晨我特别起得早，为你祷告，祈求上帝给你智慧、健康和毅力，并特别赐福予你，这是我今年以此为你寿。⑥

在士林官邸接见国民党第十届中央委员会临时全体会议推定

---

① 《致埃玛·德隆·米尔斯的信函》，载张宪文、武菁主编：《宋美龄文集》第四卷，第2016页。

② 《振兴复健医学中心新厦落成，蒋夫人莅临并致辞》，《“中央”日报》1975年4月2日。

③ 《蒋“院长”陪侍蒋夫人瞻仰故“总统”遗容》，《“中央”日报》1975年4月8日。

④ 《蒋夫人由蒋“院长”随侍昨日清晨至灵堂默哀》，《“中央”日报》1975年4月12日。

⑤ 《蒋夫人、严“总统”昨分别至慈湖察看厝灵设施》，《“中央”日报》1975年4月16日。

⑥ 蒋经国：《守父灵一月记》，载《蒋经国回忆录》，东方出版社2011年版，第311页。

的八位致祭代表。①

5月10日 在士林官邸举办茶会招待为蒋介石治丧的工作人员。②

5月13日 致信埃玛·德隆·米尔斯，感谢她的同情与关心。表示自己很难接受蒋介石去世这一事实，时时感到蒋仍在眼前，宁愿相信蒋只是去某地旅行而已。自己努力强打精神，恢复正常生活。③

6月4日 致电吊唁日本前首相佐藤荣作之丧。④

6月18日 向辅仁大学第九届及第二届夜间部毕业典礼发去书面致辞，对毕业生提出两点希望："第一，各展所长，学以致用；第二，不断研究，精益求精"，并称"你们是在宗教信仰的学校出身，对于精神训练所得到的真理，当较其他人更了解、更透彻，以维护正义、阐扬真理，这正是我们的责任"，号召毕业生"同心合力，光复大陆"。⑤

7月17日 在士林官邸分别接见林语堂夫妇及美国田纳西州大学校长赫尔德博士夫妇。⑥

7月20日 接见卫斯理安女子学院院长纽威尔博士，并与之晚宴。⑦

8月2日 第十四航空队联谊会第二十八届年度大会宣读了宋美龄的致谢信，在信中她感谢飞虎队队员所发的唁电，表示"你们对他的致敬对我尤为可贵，因为你们了解你们所说的话，这是一种权威和坦率之声"，认为有些"保卫人类自由的西方国家现正在使这一自由丧失，陷自由世界于危险不稳定之中"。并称台湾人

---

① 《蒋夫人接见严常委等人》，《"中央"日报》1975年4月30日。

② 《蒋夫人设茶会款谢为蒋公治丧人员》，《"中央"日报》1975年5月11日。

③ 《致埃玛·德隆·米尔斯的信函》，载张宪文、武菁主编：《宋美龄文集》第四卷，第2018—2020页。

④ 《蒋夫人昨电唁佐藤荣作之丧》，《"中央"日报》1975年6月5日。

⑤ 《蒋夫人勉励辅大毕业生》，《"中央"日报》1975年6月19日。

⑥ 《蒋夫人接见林语堂夫妇》，《"中央"日报》1975年7月18日。

⑦ 《蒋夫人接见纽威尔博士》，《"中央"日报》1975年7月21日。

民正“秉持信心，继续进行保卫自由之战”，并宣称这一战斗“实际上是第二次大战的继续。二次世界只是假的结束了，因为民主国家的自陷沉迷和对共产主义之危险的视而无睹”。①

8月15日 接见美国葛理轮布道团副会长史密斯博士夫妇。②

8月28日 接见美国前“驻华大使”庄莱德夫妇。③

9月17日 启程赴美。

行前发表书面讲话，解释其赴美的原因：一是因为近年来屡遭家人丧故，自己却无从诀别，遗憾良深；二是因为三年来为侍蒋介石之疾，身心俱乏，渐染疾病，亟须医理。号召大家“坚守民主阵容，自强以求自立，自助以求合作，坚强信心，勇往直前”。④

10月12日 致电蒋经国，称“今年‘国庆’令我回忆四十八寒暑与父亲生死相共，以及每一年国运艰难不同景况，历历犹在目前，不禁百感交集唏嘘不已”，另外告诉蒋经国基辛格强调上海公报将继续直至达成统一意见、美国友善联谊会（US-China Peoples Friendship Association）广设分支为中华人民共和国宣传，提醒注意应对。⑤

10月15日 致电蒋经国，对10月14日《纽约时报》所载文章中所言士林官邸奢华的报道表示不满，认为“此类偏差甚能造成及影响日后大局及‘国家’前途”，望其注意。⑥

11月11日 致电蒋经国，提醒他要注意休息。⑦

11月19日 致电蒋经国，告知“台独”人员上周在《纽约时

① 《蒋夫人函谢飞虎联谊会慰问》，《“中央”日报》1975年8月4日。

② 《蒋夫人接见史密斯》，《“中央”日报》1975年8月16日。

③ 《蒋夫人接见庄莱德夫妇》，《“中央”日报》1975年8月29日。

④ 《蒋夫人书勉全体“国人”》，《“中央”日报》1975年9月17日。

⑤ 周美华、萧李居编：《蒋经国书信集——与宋美龄往来函电（上）》，台北“国史馆”2009年版，第332—333页。

⑥ 周美华、萧李居编：《蒋经国书信集——与宋美龄往来函电（上）》，第334—335页。

⑦ 周美华、萧李居编：《蒋经国书信集——与宋美龄往来函电（上）》，第344页。

报》登载广告要求全台人民选举决定应否独立。[①]

12月31日 致电蒋经国，以自身经历安慰他丧父之痛，“余幼年去国，就学十年后返国，祖父不期时即谢世，顿失父亲之善引爱导，汝祖母兼顾严慈。今父亲登高寿，撒手离我母子，汝得伴侍更多年，时已较余幸运多多也”。并告知自己皮肤病发作，另发现患有肾结石，痛楚异常。[②]

* * * * * *

是年

3月19日 中华人民共和国最高人民法院根据人大特赦令，释放了全部在押战犯。

4月30日 越南人民军攻陷西贡，越南战争结束。

5月8日 中华人民共和国与欧洲经济共同体达成建交协议。

9月2日 蒋经国发表《告大陆同胞书》称，蒋介石的“思想和精神始终是我们‘复国建国’的指导”。

12月1日 美国总统福特抵达北京，开始访问中国。

1976年 七十七岁

1月6日 致电蒋经国，告知“台独”在美国活动加强，嘱其对此问题应“探察处理之，免细小贻大，一如大陆后期”。[③]

2月10日 致电蒋经国，询问其身体情况，望其注意身体；2月28日，又致电蒋经国，强调勿在病中操劳。[④]

3月10日 致电蒋经国，希望其在余南庚大夫在台诊病期间，

---

① 周美华、萧李居编：《蒋经国书信集——与宋美龄往来函电》（上），第348页。

② 周美华、萧李居编：《蒋经国书信集——与宋美龄往来函电》（上），第366—367页。

③ 周美华、萧李居编：《蒋经国书信集——与宋美龄往来函电（上）》，第374—375页。

④ 周美华、萧李居编：《蒋经国书信集——与宋美龄往来函电（上）》，第385、389页。

仔细进行心脏检查以求查出病因，对症下药。①

3月25日 为回台湾参加蒋介石逝世周年纪念致电蒋经国，称美国“台独活动复苏，‘共匪’亦较前时在各方面更为积极。为勇孙（蒋孝勇）安全计，自不宜派其来美迎迓”。②

4月2日 自纽约飞抵台北。③

4月4日 至慈湖探视蒋介石陵寝，行礼致哀。④

6月15日 致信埃玛·德隆·米尔斯，告知其患带状疱疹，疼痛不已。⑤

8月 赴美就医。

9月17日 致电蒋经国，告知自己赴波士顿就医的情况，“此次体检发现胃溃疡及因车祸后左手、左脚及左边神经系统损伤”。电中对蒋经国的身体状况极为关切，望他速告知健康情况以免自己担心。⑥

9月30日 致电蒋经国，提醒他应多休息，并询问蒋孝勇之子中文名（即蒋友柏）。⑦

10月15日 致函台湾当局“立法委员”，感谢他们对其健康的慰问，称“上年来美医疗，因故延搁，未竟诊断；月前再度首途，经霍普金斯医院数十位医师会同检查，发现十二指肠溃疡，其余仅旧日创伤筋骨作疼，是则弓杯疑云，可借以扫除……一俟健康许可，自当兼程返‘国’，共谋‘光复’大计也”。⑧

10月28日 发表《与鲍罗廷谈话的回忆》一文，回忆1926

---

① 周美华、萧李居编：《蒋经国书信集——与宋美龄往来函电（上）》，第393—395页。

② 周美华、萧李居编：《蒋经国书信集——与宋美龄往来函电（上）》，第405—406页。

③ 《蒋夫人昨“归国”》，《“中央”日报》1976年4月3日。

④ 《蒋夫人赴慈湖蒋公灵前致哀》，《“中央”日报》1976年4月5日。

⑤ 《致埃玛·德隆·米尔斯的信函》，载张宪文、武菁主编：《宋美龄文集》第四卷，第2042—2043页。

⑥ 周美华、萧李居编：《蒋经国书信集——与宋美龄往来函电》（上），第417页。

⑦ 周美华、萧李居编：《蒋经国书信集——与宋美龄往来函电（上）》，第421页。

⑧ 《蒋夫人复谢“立委”问候，健康许可时即行“返国”》，《“中央”日报》1976年11月3日。

年其与鲍罗廷的几次谈话，称鲍罗廷在谈话中曾反复阐释“列宁教条”，认为“不论民主政制如何呈现疵痕和笨拙，它还是人类和人类进步的精髓”。①

11月 国民党第十一届“全国”大会召开，蒋经国正式当选国民党中央主席。

11月21日 致电国民党第十一届“全国”大会，感谢大会的致敬信，认为此次会议“承先启后，继往开来，责任之重，自不待言。仰赖先烈、先哲之血肉与心智，为我人树立指标，铺开道路，定下纲领，非仅缔造革命之丕基，更遣吾人以至真至美之革命思想与动力”。表示“只须遵循遗训，善保善用，集众智策群力，排除万难，善势待机，贯彻始终，必能跻登完全实施三民主义之佳境，以对总理、对总裁、对先烈、先进、对‘国家’、对历史有所交代”，号召大家“以‘国家’安危为己任，亲民爱民，甘苦共当，联合友党，兴仁减暴，共张义帜，挞彼魔障，必能予以最后一击，以解救亿万生灵之倒悬，为之再造生机，理势归趋，终必如此，信能慰如所期”。②

11月22日 致电“监察院院长”余俊贤、“副院长”周百炼等人，感谢他们的慰问函。③

同日致电蒋经国，告知不慎跌倒伤及腰部。④

12月22日 致电蒋经国，称美国有人撰文“不断对南韩作各种攻击，大有不打垮朴正熙誓不甘休之态度也。倘南韩既打垮，终将朝鲜半岛落入北韩之范围，则无异赤剑直对日本心脏。此时极可能日共叫嚣为确保日本，日共必须出而组织联合政府，亦即日本政权共产化之先声。此次三木误认日本报纸电视舆论对彼彻首彻尾抨击，田中歌颂备至以自况。以为师心自用左右逢源必能继任首相，结果不期然反毁长城，陷自民党于惨败。现虽谢罪引

① 《蒋夫人述与鲍罗廷谈话》，《“中央”日报》1976年10月29日。
② 《蒋夫人自美来电谢全会同志关怀》，《“中央”日报》1976年11月24日。
③ 《蒋夫人复电谢“监委”慰问》，《“中央”日报》1976年11月28日。
④ 周美华、萧李居编：《蒋经国书信集——与宋美龄往来函电（上）》，第439页。

咎辞职，但大错铸成悔已莫及，于日本前途有害无益”。表示担心日本国内共产党力量的增强。电末鼓励蒋经国，“忆父亲历有多次危厄，均能化险为夷，乃均能在狂澜中及时得有力数人之襄助，渡过难关，汝亦谂知……希与诸老成同志图筹之”。[①]

* * * * * *

是年

1月8日 周恩来逝世。

4月5日 北京发生百万群众悼念周恩来、反对“四人帮”的“四五”运动。

7月2日 越南社会主义共和国成立。

7月6日 朱德逝世。

7月28日 唐山发生7.8级地震。

9月9日 毛泽东逝世。

10月6日 王洪文、张春桥、江青、姚文元等被逮捕并接受隔离审查，“文化大革命”结束。

1977年 七十八岁

1月 复电“国民大会”，号召“军民勠力同心，挞彼枭獍，重登‘国’泰民安之境”。[②]

3月5日 致电蒋经国，嘱对于美国报端所载不利于蒋介石的报道可由台“新闻局”驻美机构予以驳斥，以免谣言蔓延。表扬蒋经国在“立法院”的报告“语气不卑不亢，内容丰富，材料组织有条理，‘国策’展望乐观，步骤缓急先后合理于实践，令余特别欣慰”。[③]

---

① 周美华、萧李居编：《蒋经国书信集——与宋美龄往来函电（上）》，第446—448页。

② 《蒋夫人复电“国民大会”》，《“中央”日报》1977年1月6日。

③ 周美华、萧李居编：《蒋经国书信集——与宋美龄往来函电（上）》，第472—473页。

3月29日 致电蒋经国，称赞他“处处均想得到，孝思勿怠，令余特别欣慰”。①

3月31日 台湾当局“交通部”邮政总局发行《蒋夫人山水画》邮票及邮票原图彩色明信片各一套，四幅山水画名分别为《云山耸峰》《春光满船》《濯泉自洁》《绿水平桥》。②

致电蒋经国，询问“新添曾孙（即蒋友柏）是否现已能作嘎嘎笑声耶?”③

4月17日 致电蒋经国，告知尼克松与基辛格拟在尼克松第二届任期内与中华人民共和国建立正常贸易关系，但碍于共和党与民主党中同情台湾者的反对以及“水门事件”之发生而作罢。并言及“弱国无外交”，回忆“初抵台时之困难情形，无论人心民生经济军力军心财政‘外交’各方面皆不能与今日相论匹。但当事临濒危，尚能运用得法，转险为安”，担心美国与中华人民共和国的频繁联络，认为台湾“外交”堪忧。④

4月23日 致电蒋经国，鼓励他对于“外交低潮”，“应在国外各点线站馆及其他各种关系密切之工作单位，侧面或直接响应汝所提倡改进及加强工作之意义。如是，庶可有成”。⑤

6月20日 辅仁大学毕业典礼宣读宋美龄的书面致辞。致辞首先强调，作为教会大学的辅仁大学，具有提供给学生了解何为崇高道德的优点，“这种道德律正是现代世界所急需的，亦惟有宗教才能给予的”。继而表示“在这激变混乱的世界上，常听说人的行为是无所谓善恶的，换句话说，只要能逃脱惩罚，任何事情都能去做，也都允许去做；因此，对历来谨慎遵循，屡证无误的一切人类行为规范，不但变为随意伸缩，因人而异，而且只要在不

---

① 周美华、萧李居编：《蒋经国书信集——与宋美龄往来函电（上）》，第479页。

② 《蒋夫人山水画邮票一套明天发行》，《“中央”日报》1977年3月30日。

③ 周美华、萧李居编：《蒋经国书信集——与宋美龄往来函电（上）》，第480页。

④ 周美华、萧李居编：《蒋经国书信集——与宋美龄往来函电（上）》，第493—494页。

⑤ 周美华、萧李居编：《蒋经国书信集——与宋美龄往来函电（上）》，第497—498页。

受处罚的标准下，便可以把它任意抛弃。在这种放任的情况下，无怪在我们周遭的世界里，处处见到社会的腐败，和人品的低落”。号召大家坚守宗教赋予的道德优势。①

7月26日 致电蒋经国，询问台湾南部遭受台风的损失情况，并叮嘱他病体初愈，不可操劳过度。②

8月 致电美国第十四航空队年会，表示与第十四航空队“以铁和血凝聚和铸炼而成战友般的神圣结合，绝不会因时过境迁而遭捐弃”，希望大家“相互亲善和信赖的民族精神得以继续”。③

8月27日 在纽约接见获得世界冠军的“中华青少棒代表队”队员。④

10月26日 致电祝贺美国医药援华会成立四十周年。⑤

12月1日 致电蒋经国，询问台湾地区选举情况，特别提及桃园县长许信良的当选原因，表示如为自由竞选后当选，似应“公开［阐］明真相以正‘中外’听闻”。⑥

12月25日 “国大代表”六十六年度年会致电致敬。⑦

* * * * * *

是年

7月16—21日 中国共产党第十届三中全会在北京召开，全会决定恢复邓小平党内外职务。

8月12—18日 中国共产党第十一次全国代表大会在北京召开，大会宣告“文化大革命”结束，重申建设社会主义现代化强国的任务。

---

① 《蒋夫人赠言期勉辅大毕业生强调崇高道德为世界所急需》，《“中央”日报》1977年6月21日。

② 周美华、萧李居编：《蒋经国书信集——与宋美龄往来函电》（上），第525页。

③ 《美国十四航空队年会蒋夫人致电祝贺》，《“中央”日报》1977年8月4日。

④ 《蒋夫人在纽约接见青少棒队》，《“中央”日报》1977年8月28日。

⑤ 《美医药援华会四十会庆，严“总统”、蒋夫人分别致电祝贺》，《“中央”日报》1977年10月28日。

⑥ 周美华、萧李居编：《蒋经国书信集——与宋美龄往来函电》（上），第552页。

⑦ 《“国大”年会昨通过向蒋夫人致敬电》，《“中央”日报》1977年12月26日。

8月16日 “台湾基督长老教会”发表“人权宣言”，要求“台湾独立”。

1978年 七十九岁

1月5日 复电“国民大会代表全国联谊会”，感谢该会慰问。①

1月20日 致电蒋经国，再次强调蒋友兰、蒋友松回到台湾后应接受中国教育，“稚孩须父母之抚爱及引导，且生为中国人对国家民族及中国的伟大文化若盲无所知，亦不愿知之，甚至以中国人为耻，实为遗憾……希长诗、孝武能和衷共济，深体父母及余之心情为至盼”。②

3月 为薛光前所编著《1937—1945年的中华民国》撰写书评，指出1937至1945年“对政府来说，它所面临的是中国历史上前所未见的狂暴局势和包藏的恶运。中国历史上的侵略记载与之相较，较为缓和，因为它们未牵涉到这么多的地区和这么多人口。在以往的历史上，总是有避难所和足够的时间可以逃避暴风‘眼’。要逃避具有强烈摧毁性火力和各种有效运输途径的猛烈攻势是困难多了。就任何一方面来说，中国的命运之船是航行在方向不明的海上，因为没有两种经验是类似的，更不用说中国是在与一个极端有效率与具有侵略性的战争机器——当时为四强之一的日本——抗争”。但即使在“丧失所有的海港以及大部分海岸线都被封锁后，中国以过时的装备与贫乏的支援工业能力作战”，“西方专家预测我们的抗战将在三个月内结束——被彻底击败。我们不仅设法生存下去，而且还在中国战场上牵制住了一百三十万日军”。认为薛书“说明了许多决策与事件的原因，也详述战时我国政府各机关组织的作业情形”，“为局外人极少了解或常常误解的作业情形和各种争论，包括谣传、流言与想象在内，适时而适

---

① 《蒋夫人电谢“国代”慰问》，《“中央”日报》1978年2月12日。

② 周美华、萧李居编：《蒋经国书信集——与宋美龄往来函电（上）》，第568页。

切的提供了正确的看法”，“它的适切性在于它对中国人民与政府在那危急的几年当中所面对的艰难任务，为现在与未来那些认真的学者们提供了确切、突出而且非常详尽的看法——这种看法或是被埋没，或是很少为西方学者正确道及……它的重要性则在于它的诚实”。①

3月5日 第一届“国民大会”第六次会议致电致敬。②

3月18日 致电蒋经国，称“岁届耄年，大陆沉赤，回顾往事，百无一是，无点屑可祝瑕称庆之处”，但在言及“顷接来电告以孙曾为我虔诚葵倾忱祷”时，表示“孝思洋溢言表，为父母者有何求哉？”③

3月21日 台北“故宫博物院”举办宋美龄画展，展出其所作山水画、兰竹、花卉共计三十七幅。④

同日 “国民大会”一届六次会议选举蒋经国为“中华民国第六任总统”。

3月24日 致电蒋经国，鼓励他“既被征召，不必惶恐愧汗”，提醒他要控制行政院的权力。称“近数月来多次梦及父亲，三年驶逝至今思之尤为心酸。余为人有一原则，即永不强人以难，或尽可能不令人有此设想或假想，常以平易待人接物为宗，与家人共处和蔼善慈为旨。希诸孙对我有此种想则已足矣。今年届古稀，时以长江后浪前浪之至理，以怡身心”。并表示“此次得悉汝应召，亟盼在此段时期内涓滴成就皆映及汝，不便稍有分色之感，以树立簇新政府之箴信。他日汝偶有确切须要时，余当襄助也”。⑤

4月1日 致电蒋经国，叙述五十年与蒋介石的情感与追思，“余与父亲，除数次负任去美，其他时日相伴近半百年岁，尤以诸

① 《薛光前编撰中国抗战史实，蒋夫人亲撰书评》，《“中央”日报》1978年3月3日。

② 《全体“国大”代表电蒋夫人致敬》，《“中央”日报》1978年3月6日。

③ 周美华、萧李居编：《蒋经国书信集——与宋美龄往来函电（上）》，第579页。

④ 《“故宫博物院”举办蒋夫人画展》，《“中央”日报》1978年3月22日。

⑤ 周美华、萧李居编：《蒋经国书信集——与宋美龄往来函电（上）》，第582—584页。

多问题，有细有巨，均不惮有商有量，使彼此精神上有所寄托，二人相勉，所得安慰非可形诸笔墨。自忖余对我之生父相处总共仅短短九年余，因我八岁即离家来美求学，返国后年余彼即弃养，与余母亲相与总共只十七年，即与父亲结缡，可谓自龀龄启蒙，最亲近最长久伴侣，兼相依为命者，乃父亲耳。此种扣心萦怀情性，只有如汝与方媳结合四十余年者，可能体会之。余幼承庭训，均授以对大悲伤大灾祸以坚强镇静为鹄的，余虽不能谓事事做到，但时以之自律自勉。忝在母子之分，又汝廿九日电深为关切，能体会余三年之情绪，乃罄心言之”。①

4月5日　蒋介石逝世三周年纪念会在台北中山纪念馆举行，宋美龄因湿疹与旧创未愈，在美默祷追思。②

4月24日　将其言行资料和二十一卷显微胶片的拷贝捐赠给纽约圣若望大学，这些文件主要为记载第二次世界大战期间南京国民政府与北美间关系的新闻报道、活动、演讲、画报及纪录资料。③

5月17日　致电蒋经国，以司马迁“《易》本隐而之显，《春秋》推见至隐。若用内籀法以察其曲而知其全，执其微以会其通”为赠言，希望他心绪烦闷或遭遇艰难问题时以此为解决方法。④

5月20日　蒋经国宣誓就任“中华民国第六任总统”。

6月17日　向辅仁大学毕业生发去书面致辞，称今天这个时代里，各位该注意到许多社会的、政治的、经济的现象，所指出的自由世界的总退却……局势虽然不容乐观，但切记今天美国和自由世界其他各地，由于不断地思考再思考，已经开始觉醒”，劝告毕业生“勿沉迷于浮浅的诱惑，必须警惕地严防所谓自由主义

---

① 《蒋夫人致电蒋“院长”，追思蒋公扣心萦怀》，《“中央”日报》1978年4月5日。

② 《蒋公逝世三周年“中枢”明举行纪念会》，《“中央”日报》1978年4月4日。

③ 《蒋夫人言行资料胶片、拷贝赠纽约圣大珍藏》，《“中央”日报》1978年4月26日。

④ 周美华、萧李居编：《蒋经国书信集——与宋美龄往来函电（上）》，第604—605页。

者，和更多放任人们所玩的游戏的污染，才能确保自由心灵的生存”，并应坚守传统文化与三民主义所包含的传统价值，“完成‘国家’复兴的大业”。①

6月22日 致电蒋经国，认为《“中央”日报》应再撰文驳斥美国卡特总统所提“中美关系正常化”。②

7月16日 “妇联会”所编《蒋夫人言论集》正式出版，该言论集分为上、下两册，收录了宋美龄自1934年至1977年的重要论著、函电、讲词、谈话，共计二百二十二篇。③

9月 发表《告同胞书》，回溯防痨协会建立的初衷、目标与成绩，指出随着工业的发展、社会的繁荣，不利于肺部的职业病和空气污染之类的危害逐渐加重，防痨工作仍须加大努力，呼吁大家慷慨解囊认购防痨纪念票，为消灭肺结核贡献力量。④

10月30日 致电蒋经国，对台湾十大建设中已完成四项及“美台”贸易的发展深表欣喜。⑤

11月5日 《“中央”日报》刊登宋美龄致辅仁大学校长罗光总主教的书信，对前校长于斌枢机主教的逝世表示悼念，希望辅仁大学应负起责任，使西方堕落的倾向不在台湾社会中发生；并希望台湾的天主教会尽最大的力量抵抗无神主义、不可知论和共产主义。⑥

11月12日 《“中央”日报》刊登宋美龄书信，提前祝贺“国民革命军”遗族学校11月14日的五十周年校庆，希望学生能体会革命的价值和意义，以及正确立身处世的重要性。⑦

---

① 《蒋夫人书勉辅大毕业生》，《“中央”日报》1978年6月18日。

② 周美华、萧李居编：《蒋经国书信集——与宋美龄往来函电（上）》，第620—621页。

③ 《“妇联会”编纂出版蒋夫人言论集》，《“中央”日报》1978年7月17日。

④ 《蒋夫人吁同胞努力，发扬爱心消灭肺痨》，《“中央”日报》1978年9月16日。

⑤ 周美华、萧李居编：《蒋经国书信集——与宋美龄往来函电（上）》，第645页。

⑥ 《蒋夫人致函辅大校长罗光》，《“中央”日报》1978年11月5日。

⑦ 《“国民”遗族学校金禧之庆，蒋夫人勉同学体会革命价值》，《“中央”日报》1978年11月12日。

11月17日 向国际基督徒从业人员协会第三届亚洲年会开幕典礼发去书面贺辞，希望与会者“能全心的支持梵蒂冈第一次及第二次大公议会，能使议会的盼望和精神实现，以致基督信仰中的所有弟兄姊妹，和其他有神信仰的人，可以团结起来，我们能屹立不动，在共同向承认无神的人作战的时候，获得丰硕的战果”。①

12月22日 致电蒋经国，对蒋经国在近日电报中所提担心她在美安全一事表示感动与欣慰，称“但余个性，对善意者以善相饷，对恶意者执拗不耻。余与父亲结缡时，已下决心置生死于度外。在此四十九年中曾多次面对噩厄，不由然有处之泰然之感。今即有大批‘匪类’来美，其又能莫如何耶？且我心田磊落光明何惧之有？余即遭暗算，固不能与泰山相比拟，但卑鄙行为将令当世舆论更能领悟，暴露无遗”。

对于中美建交问题，她表示“今向以人权第一、民主第一，自由世界所瞻望标榜之领袖国家竟行如此下策，自况其行为正常三十年来之畸型情况，其固自取其道。但惜者将来遭殃受累受咎者乃美人也，将来得利之渔者决非美国也”。

电末，提醒蒋经国“为此艰难情况下之‘中华民国’计，冷静头脑测之，政治之为物在无道义者操纵下，倏敌倏友乃司空见惯。若以后沉着应对下，不浮不躁不负气，得体行事。令某些美人星星之良知不为泯灭，即时把持时机，可得近水楼台先得月之佳兆优先也。最忌者，乃是被对方漠视或渐渐淡忘，令每下愈况之沉没地步”。②

12月31日 致信“中华民国妇女团体自强爱国大会”，称“‘国家’之生存，三民主义之赓续实施，皆端赖我自身兢业之活力与奋斗为基本，而非以他人之违背信义为我生存之准绳及要

---

① 《国际基督协会亚洲年会今在台北揭幕，蒋夫人颁书面贺词》，《“中央”日报》1978年11月17日。

② 周美华、萧李居编：《蒋经国书信集——与宋美龄往来函电（上）》，第659—661页。

素”，希望与会人员“本着岗位，努力迈进，图强成功”。①

* * * * * *

是年

8月12日 《中日和平友好条约》在北京签订。

10月31日 台湾第一条高速公路——中山高速公路全线通车。

12月16日 《中美联合公报》发表，宣布从1979年1月1日起建立外交关系。

12月22日 中国共产党十一届三中全会在北京闭幕。

12月25日 越南入侵柬埔寨。

12月31日 台湾当局驻华盛顿“大使馆”正式关闭。

1979年 八十岁

2月1日 致电“国民大会代表全国联谊会”，称“自由世界领导歼灭蠖蝼者，不顾信义反纵之于菹而助长之，令我大陆八亿同胞对平日喧嚷民主人权最响亮之行为，大谬不然，挠首称怪”，指斥美国总统卡特“助纣为虐……终将为美国民物之害”，认为“‘中华民国国民’守信义、大节无亏，对‘国’格、对人格、对历史、对自由世界、对世世代代之后裔均能昂首称傲，毫无愧色”，进而称赞“国大代表”——“老成睿智、精诚谋‘国’”，希望他们“运用各僚属在“国内外”亲朋，辅弼‘国家’，达成严气正辉之团结”。②

6月15日 向辅仁大学毕业生发去书面致辞，鼓励毕业生除了应掌握良好的谋生技能外，更应学习智慧，而为了学到智慧，

---

① 《蒋夫人勉“全国”妇女各本岗位图强迈进》，《“中央”日报》1979年1月7日。

② 《蒋夫人电全体“国代”赞佩老成“谋国”》，《“中央”日报》1979年2月2日。

就要先成熟、反省，甚至吃苦。提醒毕业生要真正理解自由的含义，小心防范因误解自由而导致的灾祸，并指称这些灾祸已发生在美国、英国的年青人身上，即“把粗俗平等观念放在学术工作前面，造成整个‘国家’的颓废，又没有使教育目标的实现获益，最后还造成经过尝试而又经过时间考验的教学方法的破坏”。①

6月27日 致电吊唁前荣民总医院院长卢致德逝世。②

7月20日 发表声明谴责越南驱逐华裔侨胞，称此行为是“残酷之灭族行为”，呼吁相关国家“将一切援助从速赶往此前所未见之惨剧现场”，并呼吁“幅员广袤之国家开放边境与港口，且放宽移民限额”，号召“所有世界各地之‘自由中国’人士，在我中华民族再次遭此厄运之际，重申最大毅力，肩负起此意义深远之责任”。③

9月1日 为祝贺空军军官学校建校五十周年庆发表书面致辞。致辞在回忆该校的建校历史后，再次提及其1940年演说《我将再起》中所述及的中华民族所具有的勇气、毅力、忍耐、群策群力仍是中国人的精神和真髓，鼓励大家“要立志发挥中国人的精神，来‘恢复’独立、自由、民主的‘新中国’”。④

12月8日 为辅仁大学建校五十周年庆发去书面致辞，认为辅仁大学“代表了普世天主教会的精神，是教会精神具体而微的化身”，并以教会的历史回溯为始，历数教会册封圣人的不易——“没有一位因其丰功伟业而被册封为圣人”，阐述教会得以“持久不衰”的原因是“作为人类精神磐石的教会，并不把现世的卓越才能和聪明才智当成做圣的标准，除非我们肯定宗教献身的精神有其崇高的意义。人类精神将无法超越无神论和不可知论的困惑”，希望大家“作为教会大学的学生，能够对教会多了解一些，

---

① 《蒋夫人书面赠言勉励辅大毕业生》《蒋夫人对辅大应届毕业生赠言》，《“中央”日报》1979年6月16日。

② 《蒋夫人电慰卢致德夫人》，《“中央”日报》1979年6月29日。

③ 《蒋夫人吁自由世界，尽速援助越南难民》，《“中央”日报》1979年7月21日。

④ 《蒋夫人勉空军师生发挥中国人的精神》，《“中央”日报》1979年9月2日。

并深入反省，何以教会在快速变化的世界中，能够持守其独特的、坚定不移的本质”。①

12月14日 国民党第十一届中央委员会第四次全体会议及中央评议委员第四次会议致电，表示“将克服一切艰难险阻，达成‘反共复国’任务”。②

12月26日 复电国民党第十一届四中全会，表示对其慰问的感谢，希望大家能效仿孙中山、蒋介石的“革命献身精神”，“以‘国家’生存为重，捐弃小我，成全大我”。③

12月27日 致电“国民大会”，述及台湾当年的对外贸易额为九十六亿美元，“每人平均收入已达一千五百美元，除日本、新加坡外，吾为亚洲第三位收入高者”，赞扬“国大代表”务实以及人民自强不息的表现，强调只要大家团结，必能“光复河山”。④

* * * * * *

是年

1月1日 全国人大常委会发表《告台湾同胞书》，强调在解决统一问题时尊重台湾现状和台湾各界人士的意见，采取合理的政策和办法，不使台湾人民蒙受损失。宣布了和平统一中国的大政方针。

1月30日 邓小平在向美国参众两院议员发表演讲时指出，“我们不再用‘解放台湾’这个提法了，只要实现祖国统一，我们将尊重那里的现实和现行制度”。

4月4日 蒋经国提出“三不方针”，即与中国共产党方面“不接触，不谈判，不妥协”。

4月 美国会通过《与台湾关系法》，使“美台”能够在没有官方代表与“外交”关系的情况下，继续维持商务、文化和其他

---

① 《辅仁大学建校五十周年，蒋夫人颁书面训词》，《“中央”日报》1979年12月8日。

② 《“四中全会”上电蒋夫人致意》，《“中央”日报》1979年12月15日。

③ 《蒋夫人复电全会勉为党“建国”奋斗》，《“中央”日报》1980年1月2日。

④ 《蒋夫人复电“国民大会”》，《“中央”日报》1980年1月8日。

关系。

12 月 10 日 台湾当局镇压聚集在高雄市《美丽岛》杂志社门前要求当局解除戒严令，开放党禁、报禁的群众，并于事件平息后立即开展逮捕行动。

12 月 14 日 蒋经国在国民党第十一届四中全会开幕式上提出“三民主义统一中国”的口号。

12 月 24 日 苏联出兵阿富汗。

1980 年　八十一岁

3 月 28 日 台北“故宫博物院”举办《蒋夫人山水兰竹花卉画页特展》。①

4 月 4 日 “中正纪念堂”落成典礼与蒋介石逝世五周年纪念大会在台北举行，宋美龄发去书面致辞。解释其不能与会的原因在于“病体难胜”，接着称“中华民国”能在日趋呈现逆境的世界局势中发展的原因在于“全体军民同胞之协力同心”，继而累述蒋介石的军政生涯，评价其“为人尊崇儒道，身体力行，律己严而待人宽厚，对父老先进恭敬礼遇，对同僚友济，念旧重义”，提醒大家“坦途易蹶、浅水易溺，疏虞成于安乐，忧患亦同时生于安乐”，希望大家自我鞭策，再作贡献。②

4 月 17 日 向“妇联会”成立三十周年纪念发去书面贺辞，认为“如今普世已对女性刮目相看，且认识除体力外，女性若获同等教育与同样机会，并无逊色，故女性地位日受重视，此乃女性不断奋发自强所致”，但“权利与义务，原是相因相成，欲争取权利，必须善尽义务”，号召台湾妇女为“反共救国”事业作出更大贡献。③

---

① 《蒋夫人画展揭幕》，《“中央”日报》1980 年 3 月 29 日。

② 《蒋夫人发表专文勉同胞策励将来》，《“中央”日报》1980 年 4 月 4 日。“中正纪念堂”于 1976 年 10 月 31 日开始建造。

③ 《蒋夫人勉励妇女同胞为“救国”作更大贡献》，《“中央”日报》1980 年 4 月 17 日。

4月18日 致信埃玛·德隆·米尔斯，告知其感冒痊愈后，膀胱炎又发作，身体不便，已近两个多月没出门了。①

5月29日 致电蒋经国，告知突发血栓，现已在治疗之中，病情好转。②

6月20日 向辅仁大学毕业生发去书面致辞。分析近年来的世界局势，认为“以学术和宗教为根基的西方国家和社会，已发觉到宗教信仰的逐渐丧失”，希望作为教会大学毕业的学生们“应该体验到一种极为深刻的荣耀感”，“坚守原则，一生不渝”。③

12月4日 致电吊唁国民党“中央”评议委员徐柏园之丧。④

* * * * * *

是年

1月1日 “美台共同防御条约”终止。

3月8日 宋庆龄在全国妇联举行纪念“三八”国际妇女节七十周年联欢会上致辞，期望台湾姐妹回大陆探亲访友，为台湾回归祖国，实现祖国统一大业而共同奋斗。⑤

5月16日 台湾交通处通告，禁止外籍商船直接往返于中国大陆和台湾各对外港口。

8月23日 台湾“国贸局”通令，“台湾所有输出厂商及贸易商，不得与大陆进行贸易”。

8月26日 第五届全国人大常委会第十五次会议决定，在深圳、珠海、汕头、厦门设置经济特区。

9月22日 两伊战争爆发。

12月15日 台湾新竹科学工业园区正式成立。

---

① 《致埃玛·德隆·米尔斯的信函》，载张宪文、武菁主编：《宋美龄文集》第五卷，第2135页。

② 周美华、萧李居编：《蒋经国书信集——与宋美龄往来函电（下）》，第88页。

③ 《蒋夫人书勉辅大应届毕业生》，《“中央”日报》1980年6月21日。

④ 《蒋夫人电唁徐柏园夫人》，《“中央”日报》1980年12月7日。

⑤ 尚明轩等编著：《宋庆龄年谱》，中国社会科学出版社1986年版，第353页。

1981年　八十二岁

1月5日　复电“国民大会”全体代表，感谢慰问，相信“‘中华民国’之人民及诸代表以万众一心之真挚活力及不屈不挠之沉毅精神努力求进”，定可以获“光复大陆”之成功。①

4月5日　国民党第十二次代表大会致电，表示将谨记宋美龄为蒋介石逝世五周年纪念及空军军官学校成立五十周年发表的书面讲话精神，努力迈进，“早日达成三民主义统一中国”。②

4月8日　复电国民党第十二次代表大会全体代表，号召大家紧执“总理之主义、总裁之遗训”，以保证台湾为“‘中华民国复兴’基地、‘拯救大陆同胞复国力量’之中心”。③

5月23日　中国政府将宋庆龄病危的消息通过中国驻美大使馆转告客居美国的宋美龄。

5月29日　宋庆龄因患慢性淋巴细胞白血病在北京逝世，终年八十八岁。治丧委员会通知宋美龄、蒋经国、蒋纬国等人，请他们参加葬礼。

6月21日　辅仁大学应届毕业生毕业典礼宣读宋美龄书面致辞，称“在世界各国许多的学校中，并没有把客观的研究本身当作教育的最后目标。它们反而变成了一知半解、混淆是非、曲解真理，甚至散布彻头彻尾谎言的温床和中心”。指斥英国部分青年学生受苏俄利用，向苏俄出卖情报；美国学校借反对越战之机，“在广面（爱国和信神）及狭面（家庭关系和道德的崩溃与放纵）放弃悠久历史考验的传统价值”，致使国家的道德品质不断衰落。指出“一个拥有健全自由的文明社会最能成长、兴盛，但它必须不断注意本身的限制和约束自己”。④

---

① 《蒋夫人昨电谢全体“国大”代表》，《“中央”日报》1981年1月6日。

② 《全会电蒋夫人致敬》，《“中央”日报》1981年4月6日。

③ 《蒋夫人复电十二“全大会”代表》，《“中央”日报》1981年4月12日。

④ 《辅仁大学明举行毕业礼，蒋夫人颁书面赠言》，《“中央”日报》1981年6月20日。

7月17日 在纽约寓所接见赴美国参加第六届国际分龄足球锦标赛的“中华西湖足球代表队”领队赵筱梅。①

7月28日 致电蒋经国，对他眼部手术后的健康表示关切，劝他“汝开刀后须多时静养，对事须看得淡些，尤其不可着急或动肝火”，希望他“不时告知进步状况，以慰悬念”。②

9月15日 再次致电蒋经国，表示“眼睛视力恢复实须时日，尤须耐心，绝不可急躁”。③

12月8日 以“美国在华医药促进会荣誉会长”的身份在“美国——‘中华民国’医药座谈会”上发表书面致辞，感谢美国在华医药促进会在抗战期间对中国的援助及战后对台湾的支持，并赞扬台湾，称台湾的“自由、繁荣——高居亚洲第三位，仅次于日本与新加坡，以及很高的识字率，达百分之九十八。甚至中共‘政权’都喊出‘向台湾学习’的口号”。④

* * * * * *

是年

4月2日 国民党召开十二大，正式通过“贯彻以三民主义统一中国案”，将“以三民主义统一中国”作为国民党今后努力奋斗之目标。

6月27日 中国共产党通过《关于建国以来党的若干历史问题的决议》。

9月30日 叶剑英向新华社记者发表谈话，阐述实现和平统一的九条建议。

---

① 《赵筱梅在纽约晋见蒋夫人》，《“中央”日报》1981年7月19日。

② 周美华、萧李居编：《蒋经国书信集——与宋美龄往来函电（下）》，第175页。

③ 周美华、萧李居编：《蒋经国书信集——与宋美龄往来函电（下）》，第180页。

④ 《蒋夫人发表书面致辞感谢美在华医药会对“我国”坚定支持》，《“中央”日报》1981年12月11日。

1982年 八十三岁

6月18日 对辅仁大学毕业生发表“七十年度”毕业赠言，除鼓励毕业生勤奋学习，努力服务社会和“国家”以求对“国家”及全世界有所贡献之外，提醒大家应“负起知识分子的责任，将中华文化的遗产发扬光大”。①

7月24日 廖承志在《人民日报》发表《致台湾国民党负责人蒋经国的一封信》，希望蒋经国以‘国家’民族利益为最高准则，开展和谈，达成‘国家’统一，并提到统一之后，可将蒋介石遗体迁安故土。

8月17日 在纽约发表《给廖承志的公开信》。

公开信首先称“经国主政，负有对我‘中华民国’赓续之责任，故其一再声言‘不接触、不谈判、不妥协’，乃是表达我‘中华民国’、中华民族及中国国民党浩然正气使之然也”。继而以长辈的身份回忆她与廖仲恺、何香凝的交往，称何香凝“从未浸受西方教育之中国女子而能了解西方传来之民主意识，在五十余年前实属罕见。余认为其为一位真正不可多得之三民主义信徒也”，称蒋介石对廖仲恺怀有深厚的感情，“黄埔阅兵典礼，‘先总统’向学生训话时，再次称许廖党代表对本党之勋献，再次言及仲恺先生对黄埔之贡献时，‘先总统’热泪盈眶，其真挚恸心，形于词色，闻之者莫不动容”，并表示其本人始终认为廖仲恺是孙中山的忠实信徒。接着指责“中国共产党曲解孙中山三民主义”，“断章取义，以国父容共一词为护身符”，并说“在抗战前后，若非‘先总统’怀仁念旧，则世侄何能脱囹圄之厄、生命之忧，致尚希翼三次合作，岂非梦呓？又岂不明黄台之瓜不堪三摘之至理耶？”规劝廖承志“幡然来归，以承父志，澹泊改观，颐养天年，或能予以参加‘建国’工作之机会。倘执迷不醒，他日‘光复大陆’，则

① 《蒋夫人对辅大毕业同学赠言》，《“中央”日报》1982年6月19日。

诸君仍可冉冉超生，若愿欣赏雪窦风光，亦决不必削发，以净余劫，回头是岸，愿扪心自问”。[①]

* * * * * *

是年

3月 苏联最高苏维埃主席团主席勃列日涅夫在塔什干发表讲话，表示愿意改善同中国的关系。

6月6日 以色列全面入侵黎巴嫩。

7月18日 台湾“行政院”发言人发表谈话，称“台独”是叛乱组织，应当警惕。

8月17日 中美经过磋商和谈判，就分步解决美国向台湾出售武器问题达成协议，并发表《八一七公报》。

1983年 八十四岁

1月24日 致电蒋经国，告知其于1月20日自休斯顿返抵纽约。在休斯敦期间曾与蒋孝武、蒋友兰、蒋友松共度圣诞。并赞扬蒋经国《沉思在慈湖之畔》一书中对陈立夫的答复言辞得当。[②]

4月8日 致电蒋经国，希望他趁蒋家曾孙辈“容易种植影像时能领略曾祖父一生令人起爱戴行谊”。[③]

5月6日 蒋经国致电，报告台湾地区军队的人事变动情况：拟改任“海军总司令”邹坚为“副总参谋长”，“海军副总司令”刘和谦继任“海军总司令”一职；拟改调“总政治作战部”主任王昇为联合作战训练部主任；蒋纬国仍留在联勤司令部“暂相臂助”。[④]

7月31日 致电蒋经国，告知其“旧伤（1969年阳明山车

① 《蒋夫人发表致廖承志函》《蒋夫人发表给廖承志公开信》，《“中央”日报》1982年8月18日。

② 周美华、萧李居编：《蒋经国书信集——与宋美龄往来函电（下）》，第348页。

③ 周美华、萧李居编：《蒋经国书信集——与宋美龄往来函电（下）》，第360页。

④ 周美华、萧李居编：《蒋经国书信集——与宋美龄往来函电（下）》，第363页。

祸）复发，右臂及右手发麻致痪，抖颠不易高举，颈项旋转不便”。①

8月14日 致信洛杉矶大鹏联谊会，庆祝第四十六届空军节。②

9月19日 致电蒋经国，遥祝中秋。电文如下：

> 中秋又即届，八年前一中秋之日，余曾在悲痛中追念。迁台后除偶然为“国事”离“国”外，每一佳节均与父亲、良媳、汝及其他家人在万籁俱悄中和远地吠声中，以旷阔之神情赏月乘凉，当清晰忆及之。正兹年，父亲远离遐行，我等似顿失魂魄，哀泪纵横，深夜不眠，此景犹在眼前。今届指已是坐八望九年矣。在此漫长过程中，汝睿守立场原则，在不时惊浪骇涛中稳然驶舵，无忝家门，令余无限安慰。③

11月18日 致电在台湾传教近五十年的牧师郝益民，感谢其“专心致力领导台湾归主协会，以及对‘中华民国’的献身与忠贞不移。”④

* * * * * *

是年

6月26日 邓小平第一次提出“一国两制”的构想。

11月15日 美国参议院外交委员会通过“台湾前途决议案”。

---

① 周美华、萧李居编：《蒋经国书信集——与宋美龄往来函电（下）》，第368页。

② 《洛杉矶大鹏联谊会盛大宴会空军节，蒋夫人颁贺函》，《“中央”日报》1983年8月16日。

③ 周美华、萧李居编：《蒋经国书信集——与宋美龄往来函电（下）》，第377页。

④ 《郝益民传教五十周年，蒋夫人特电申贺》，《“中央”日报》1983年11月21日。

1984年　八十五岁

1月10日　复电“国民大会”全体代表，感谢“国代”致敬。[①]

2月5日　致电蒋经国，在鼓励的同时提醒他一定要选择好副手。电称：

> 汝既已肩负“党国”之重任，若再析各方属望且自具信心，则可勿用踌躇。唯希慎重考虑副贰人选，盖汝父与汝均集“党魁”与“元首”于一身，故难免或被认为顺理成章。尤要者，其应对吾党宗旨深切服膺并有毅力、胆识、忠诚、可靠，不自满于偈踞一方而坚持执行“复兴”大业者，庶不辜负为“国”牺牲诸忠贞人士及汝父之抱负与翘首渴望王师之受难同胞为主。[②]

2月15日　国民党第十二届中央委员会第二次全体会议暨中央评议委员第二次会议致电，向其致敬。[③]

2月16日　针对邓颖超的发言，发表公开信。

邓颖超在1月16日召开的纪念国民党第一次全国代表大会召开六十周年学术讨论会及孙中山研究学会成立大会上发表讲话，回顾国民党“一大”的历史内容与历史地位，颂扬孙中山的历史功绩，并强调祖国统一是历史的必然，希望台湾方面有所回应，将民族大义放在第一位，以“国家”利益为重，共同建设“国家”。

宋美龄公开信解释“新三民主义”的形成原因：“按当时国家

---

① 《接到“国代”致敬电，蒋夫人复电致谢》，《“中央”日报》1984年1月11日。

② 周美华、萧李居编：《蒋经国书信集——与宋美龄往来函电（下）》，第399页。

③ 《二中全会暨评委会议电蒋夫人致敬》，《“中央”日报》1984年2月16日。

处境危殆，外则有世界列强企图恣意瓜分中国。加之各帝国主义藉用不平等条约之各种特权，不断榨取我人力、物力、资源，以填其欲壑，国内则有大小军阀猖獗，生灵涂炭，民生凋敝。我总理深感于此，乃为求中国在国际上享有平等待遇，呼吁世界助我自助，亦即是求取消束缚我国之不平等条约，但世界列强犹如聋聩不加理会，此时仅新起之苏联政权，别具心裁，予我革命基地广东以极有限之械弹，得一箭双雕之收获。当时，苏联政权被各国歧视，世界地位极其孤立，其予我一臂之助，既可博得全世界受压迫众生之好感，并又可以之炫耀于列强之前，显示苏俄政权乃是正义感之政权。且在广大之中国，顺理成章，树立一将来征服世界不绝之兵源，亦即充当其炮灰之资源，假此机会肆意吸收训练基干分子，以贯彻由苏俄所控制之全世界苏维埃帝国蓝图之推行与实施。”

继而回忆与邓颖超在重庆抗战时期的交往，“曾与大姐孔夫人数度与先生聚首交谈时，征询先生对当时抗战问题及国家前途之展望，余二人均认为先生识解超群，娓娓道来，理解精透，所谈及之问题均无过于偏颇之处，实我当时女界有数人才”，赞扬邓颖超的才识。

在公开信的最后，对国共“三度合作”的提法表示反对，认为合作会削弱国民党的力量。

2月17日 复电国民党第十二届全体中央委员和中央评议委员，感谢致敬。①

2月26日 蒋经国致电，告知台湾“行政院院长”孙运璇24日突发脑溢血入院，病情恶化，经手术治疗，正处恢复中。②

同日 致电蒋经国，称其注意到台湾的日本商品比重超过美国商品，提醒蒋经国，“台湾大中小企业在传统方面且在教育方面均响（向）往日本较多，自有其由来，但在‘国产’方面应求调整倾向……美商对其政府具有相当影响力，日本则绝然不同，无

① 《蒋夫人电谢二中全会》，《“中央”日报》1984年2月18日。

② 周美华、萧李居编：《蒋经国书信集——与宋美龄往来函电（下）》，第405页。

论商人政府唯利是图，眼光浅近，只顾现实，罔顾道义……若我对美贸易额渐趋调整，壹以在某些货品上取代日本，则可事先消灭美商借口之虞而波及政治及外交”。①

3月2日 致电孙运璇，以示慰问。②

3月14日 是日为宋美龄生日，“妇联会”特设陈列室“至德堂”展出宋美龄相关资料及国画作品。③

3月21日 蒋经国当选为“第七任总统”。

5月2日 蒋经国致电，称孙运璇因病无法续任“行政院院长”一职，考虑俞国华为继任人选，询问宋美龄意见。④

5月8日 致电蒋经国，表示“国华接任运璇，余对其接事后执行命令之忠实均认毫无问题，所顾虑者‘政院’乃时须应对，‘立法院’为其首当其冲之机关。忆沈昌焕在‘外交’任内曾对其无理取闹，令其深感难堪，身为‘外长’只得忍受。俞鸿钧曾被誉为好好先生，但终被‘立委’攻击，即用公家卫生纸亦提出询及，若非父亲力予支持，方得回‘央行’……今日之‘立委’较前之‘立法院’更为独立、更难应付，若干‘立委’穷极无聊，以为凡掌握理财经者均可向之勒索。若不能达到欲望，必千方百计设法攻讦，令其无法应付，届时国华能否再回任‘央行’当作难测。孙运璇之优点除其本身干练且非近密，妙在外界均悉其为圈外人，故对付亦较易……若曰无另一妥人可减轻汝之压力，而浸浸不为更增汝之压力亦只得如此耳”。⑤

6月3日 致电蒋经国，称其在美国报端注意到韩国电信业正努力发展以求在21世纪成为世界上第三大电信市场，表示“台湾交通方便及地理优势均胜过彼，且深信我中国人之聪慧领悟率及恒心均不输任何人种”，希望台湾能有所超越。在电文的结尾，她特别指出

---

① 周美华、萧李居编：《蒋经国书信集——与宋美龄往来函电（下）》，第407页。

② 《孙“院长”积劳成疾，蒋夫人特电慰问》，《“中央”日报》1984年3月4日。

③ 《恭祝蒋夫人华诞，至德堂昨揭幕》，《“中央”日报》1984年3月15日。

④ 周美华、萧李居编：《蒋经国书信集——与宋美龄往来函电（下）》，第424页。

⑤ 周美华、萧李居编：《蒋经国书信集——与宋美龄往来函电（下）》，第425—427页。

“韩国其所收到如此迅速成效乃毅然决然将国营电讯局蜕变为公共企业。换言之，脱掉官僚束缚乃是其今日成功最大秘诀”。[①]

6月6日 与“妇联会”总干事王亚权通话，询问台湾6月3日的暴雨灾情，并指示要切实帮助受灾军眷。[②]

6月19日 致电蒋经国，称蒋纬国性格已受到磨炼，其军事才能远在某些将领之上，希望蒋经国能以兄长之心提携他。[③]

10月13日 致电蒋经国，希望蒋孝武、蒋孝勇对子女教育时多讲述蒋介石的行谊，以此指导他们的人生；提醒蒋经国警惕支持“台独”的美国人士。[④]

11月 在休斯敦某医院体检、治疗。[⑤]

12月11日 王亚权按宋美龄指示捐赠一百万元用于海一煤矿矿难罹难矿工家属的慰问。[⑥]

12月23日 致电蒋经国，称所患皮肤病是“受神经系统之影响”，须尽量避免刺激，静心修养。[⑦]

* * * * * *

是年

6月22日 邓小平发表谈话，香港实行“一国两制”，五十年不变。

10月15日 《蒋经国传》作者江南（刘宜良）被枪杀。

11月11日 海峡两岸及旅美、旅加华人学者在美国纽约举行“中国之前途”讨论会，共商祖国统一大计。

---

① 周美华、萧李居编：《蒋经国书信集——与宋美龄往来函电（下）》，第434—435页。

② 《蒋夫人极关怀六三豪雨灾情》，《“中央”日报》1984年6月7日。

③ 周美华、萧李居编：《蒋经国书信集——与宋美龄往来函电》（下）》，第439—441页。

④ 周美华、萧李居编：《蒋经国书信集——与宋美龄往来函电（下）》，第456—457页。

⑤ 周美华、萧李居编：《蒋经国书信集——与宋美龄往来函电（下）》，第475页。

⑥ 《蒋夫人关怀矿灾，王亚权代表慰问》，《“中央”日报》1984年12月12日。

⑦ 周美华、萧李居编：《蒋经国书信集——与宋美龄往来函电（下）》，第475页。

11 月 12 日 台湾当局宣布开展针对岛内主要帮派及流氓进行扫荡的“一清专案”。

12 月 19 日 中英两国在北京签署《中英关于香港问题的联合声明》。

1985 年 八十六岁

1 月 13 日 蒋经国致电，报告“江南案”的调查情况，“情报局少数人员涉有罪嫌”。①

1 月 26 日 蒋经国致电，报告美方赴台调查“江南案”的具体情况，并称黑社会成员与情报工作人员的“牵连”严重损害了台湾形象。②

1 月 28 日 致电蒋经国，对他帮助处理振兴复健中心扩建计划用地一事表示欣慰，并认可他在“江南案”中所采取的合作态度。③

2 月 10 日 致电蒋经国，告知为了解美国高层对台态度，已派孔令侃赴华盛顿，并指出目前对台湾重要的第一是确保美方继续对台军售，第二是须确保“台湾关系法”。④

2 月 17 日 致电蒋经国，安慰其不必对“江南案”过于自责，表扬他“修为达练已非往者，且悉心埋头苦干建设之猛进，汝亦可问心无愧矣”。⑤

3 月 14 日 蒋经国致电，称《宋家王朝》一书充满“污蔑诽谤”之语，决意派“中研院”近代史研究所、党史会研究人员组成工作小组，赴斯坦福大学研阅宋子文档案及美国国会图书馆相

---

① 周美华、萧李居编：《蒋经国书信集——与宋美龄往来函电（下）》，第479 页。
② 周美华、萧李居编：《蒋经国书信集——与宋美龄往来函电（下）》，第481 页。
③ 周美华、萧李居编：《蒋经国书信集——与宋美龄往来函电（下）》，第483 页。
④ 周美华、萧李居编：《蒋经国书信集——与宋美龄往来函电（下）》，第493 页。
⑤ 周美华、萧李居编：《蒋经国书信集——与宋美龄往来函电（下）》，第504 页。

关史料以便驳斥，请示宋美龄此举是否可行。①

3 月 17 日 致电蒋经国，希派蒋孝勇赴美以便面授相关事宜。同日再次致电，同意蒋经国组织专家批驳《宋家王朝》。②

5 月 4 日 在纽约寓所会见由国民党“中央”妇女工作会主任钱剑秋带领的台湾省妇女会访问团一行，并与团员茶叙，表示妇女应在精神与道德的提升工作上多作努力。③

6 月 6 日 在纽约寓所会见王亚权带领的“妇联会”各县市主任委员访问团，并设晚宴招待团员。在听取该会工作报告后，表示“现在‘国内’经济繁荣，人民生活水准大幅提高，工作同仁也因此要加强‘精神生活’方面的工作”。④

6 月 15 日 向辅仁大学应届毕业生发表书面赠言。

赠言批评美国的教育，认为第二次世界大战后，美国大量退伍军人的入学，使美国高等教育的权利被滥用，“加重了纳税义务人的负担”，并“腐蚀了提升教育水准的崇高理想，导致教育品质的日益低落”。

继而提及其曾勉励大家珍惜中国的固有文化遗产以及“基督教服务牺牲和博爱宽容的精神”，并特别解释宽容的意义：“并不是姑息的容忍；因为宽容是在日常生活错综复杂的社会人际关系中，为避免摩擦，改善气氛，所不可缺少的做人态度，并不必对是非善恶的基本原则有所牺牲或妥协。姑息的容忍则是另一回事，它可纵容罪恶而牺牲基本原则，如果不是根本忘了善恶之分，便是有意颠倒是非……在你们毕业的时刻，我要说明一个过分强调善意、会破坏纪律，并造成持续数代不良影响的例子。日本自第二次世界大战失败后，由于自贬造成全面的自我批评，其中特别

---

① 周美华、萧李居编：《蒋经国书信集——与宋美龄往来函电（下）》，第 512—514 页。

② 周美华、萧李居编：《蒋经国书信集——与宋美龄往来函电（下）》，第 515—519 页。

③ 《蒋夫人身体健康，对“国事”非常关心》，《“中央”日报》1985 年 5 月6 日。

④ 《蒋夫人勉“妇联会”访美团重视为民服务工作》，《“中央”日报》1985 年 6 月 8 日。

令人想到在民族教育方面的强烈批评。日本由于战败的耻辱以及自认不如人的复杂心理交织，于是全盘采行美国教育的哲学与结构。然而，经过四十年模仿的结果，他们开始了解，全盘采行美国制度只强调一面，已造成种种不良的后果，因此有必要重新调整步调。于是又重新提倡佛教、日本神道教以及儒家思想的文化价值，将这些传统思想与某些西方的理念，折衷地融合"，指责美国人民"目睹美国连续在政治、外交上的挫败而幸灾乐祸、美国知识分子以尽量诋毁美国各项缺点以表现自己的学术勇气与身价"。

最后，赞扬台湾能始终不受西方国家所谓"当代文化"的影响，"免除了走向毁灭之途"。希望毕业生们"勤于思考把持正确方向，明辨是非为理想而奋斗"。①

8 月 16 日　致电蒋经国，告知在美国出版的《人民日报》排版醒目、字迹清晰、利于阅读，而《"中央"日报》排版较长、阅读费时，应予调整。②

9 月 16 日　致信东海大学董事长查良鉴等人，对该校新建"中正纪念堂"表示欣慰，并言及如需蒋介石与基督教的相关资料可请秦孝仪、周联华提供。③

11 月 15 日　"妇联会"美东分会为庆祝该分会成立一周年，在纽约中华文化中心举行"蒋夫人勋业照片展览"，展出宋美龄照片、中英文言论集、国画书册及其获得的各类勋章。④

12 月　跌倒导致大腿骨骨折，接受手术治疗。蒋经国特派蒋孝勇赴美照顾。⑤

* * * * * *

---

① 《蒋夫人赠言辅大应届毕业同学》，《"中央"日报》1985 年 6 月 15 日。

② 周美华、萧李居编：《蒋经国书信集——与宋美龄往来函电（下）》，第581 页。

③ 《东大新建中正纪念堂定卅一日启用》，《"中央"日报》1985 年 10 月 22 日。

④ 《蒋夫人勋业照片在纽约公开展出》，《"中央"日报》1985 年 11 月 16 日。

⑤ 周美华、萧李居编：《蒋经国书信集——与宋美龄往来函电（下）》，第 629—631 页。

是年

2月8日 台北第十信用合作社弊案爆发，导致台湾金融风暴。

6月4日 中央军委主席邓小平宣布中国政府裁军一百万。

1986年 八十七岁

4月8日 复电国民党第十二届中央委员会、中央评议委员会，感谢慰问。①

4月25日 致电蒋经国，祝贺其生日。②

5月16日 为庆祝台湾省妇女会成立四十周年颁布书面致辞，鼓励该会会员将伦理精神融于观念之中，将道德规范实践于行为之上，结合妇女力量，发挥妇女智能的组织，以提升生活的质量。③

8月19日 在纽约曼哈顿寓所接见获得1986年世界少棒大赛冠军的“中华青少棒队”。④

8月29日 致电“妇联会”，询问台湾所受风灾影响，并指示拨款新台币两百万元以资救助。⑤

9月4日 向日本“蒋介石先生遗德显彰会”发去书面祝词，感谢该会为蒋介石百年诞辰所作的纪念工作。⑥

10月25日 由蒋孝勇陪同，自纽约飞抵台北。⑦

10月30日 由蒋经国夫妇及家人陪同抵达桃园慈湖为蒋介石

---

① 《蒋夫人电谢三中全会同志关怀》，《“中央”日报》1986年4月10日。

② 《蒋“总统”今日诞辰，蒋夫人来电祈福》，《“中央”日报》1986年4月26日。

③ 《蒋夫人颁训词贺勉省妇女会四十周年》，《“中央”日报》1986年5月17日。

④ 《蒋夫人接见“中华青少年棒队”》，《“中央”日报》1986年8月21日。

⑤ 《蒋夫人越洋垂询台风灾情，指示“妇联会”两百万赈灾》，《“中央”日报》1986年8月30日。

⑥ 《日人显彰蒋公德泽，蒋夫人颁祝词致意》，《“中央”日报》1986年9月5日。

⑦ 简洁、孟忻编著：《蒋介石和宋美龄》，第138页；《蒋夫人“返国”》，《“中央”日报》1986年10月26日。

扫墓。①

10月31日 主持在台北"中正纪念堂"举行的蒋介石百年诞辰纪念大会，并致辞"希望大家再进一步发扬无私无我的精神，把艰苦建设的责任担当在自己的肩头，让中华民族世世代代都能享受更多的自由幸福，'国家'得到真正的自由平等，让三民主义的光辉普照大陆"。②

同日发表题为《我将再起》的文章，引起岛内外诸多猜测。

在这一段回忆中，宋美龄特别将自己的相关活动融入其中，"尚忆江西'清剿'时代，于收复地区，我们一面发起'新生活运动'，一面则推动乡村服务与重建工作……民国二十六年，美龄结合妇女团体，发起及创立抢救各省战地烽火中与父母失散'孤苦伶仃'孑然一身婴稚之摭聚及保育机构。二十九年战况正趋激烈，而国际局势益见阴霾之时，美龄亦不时振笔为文，以期鼓舞纯正的爱国思想，并建立坚强无比的信心，这些文字，经合刊成书，题名为《我将再起》"。

最后表示将"本此一贯的爱'国'纯诚与信心，愿与我全体同胞誓相勖勉，蹑着先烈的榜样一齐向胜利和成功的道路上迈进"。③

11月1日 分别接见美国前财政部长、时任"美中经济协会"主席的大卫·肯尼迪，及韩国国政咨问委员丁一权夫妇。④

11月10日 接见台湾"行政院院长"俞国华夫妇，问询当时岛内政治、经济情况，请俞"转告'全国'同胞，在'国家'处境困难的时期，一定要'全国'同胞团结一致，开创'国家'光明前途，达成'复国建国'的目标"。⑤

---

① 《蒋夫人偕家人慈湖谒陵追思》，《"中央"日报》1986年10月31日。

② 《蒋公百年诞辰各界盛会纪念》《蒋夫人向"国人"表达由衷感谢，期勉无私无我担当建设重任》，《"中央"日报》1986年11月1日。

③ 《蒋夫人手撰"先总统"蒋公百年诞辰纪念文》，《"中央"日报》1986年10月31日。

④ 《蒋夫人接见"外宾"》，《"中央"日报》1986年11月2日。

⑤ 杨树标、杨菁：《百年宋美龄》，人民出版社2010年版，第296页。

11月11日 与时任“副总统”的李登辉、“总统府资政”、“五院院长”、各部会领导及台北市议会议长、台北市市长、高雄市市长等人茶叙。①

11月13日 在士林官邸接见国民党军队高层将领王叔铭、彭孟缉、黎玉玺、高魁元、刘安祺、宋长志、郝柏村以及陆、海、空、警备“总司令”、“总政治作战部”主任等人。②

11月15日 在士林官邸接见国民党中央委员会常务委员袁守谦、王惕吾、林洋港、黄尊秋、洪寿南、曹圣芬、何宜武、林挺生，中央委员会秘书长马树礼，副秘书长郭哲、邵恩新，党史委员会主任秦孝仪以及中央委员会各工作会主任、台湾省委员会主任委员、台北市与高雄市委员会主任委员等人。③

11月25日 分别接见辅仁大学校长罗光与“行政院”政务委员李国鼎。④

12月3日 发表文章详述其近年来的所思所想。文章从美国民主理念的利好、美国“对华”错误政策与美国友好人士的支持、蒋介石对金马的坚持与台湾发展、警惕日本篡改历史及阻止军国主义复活、民主的实际运用等方面进行分述。

在美国民主理念的利好一节中，她谈到“毫无疑问的，美国有太多值得赞誉的事。杰弗逊的民主理念，大体上在这个国度里推行，可说是顺利的，然而我们必须着眼于整个北美大陆，即使在法国与英国殖民时期，先有一些具有更独立和更冒险精神的男女们所移植；许多来到这个新世界的人，是以他们认为敬拜上帝的合适方式，他们或摈弃、或培育、或采纳、或创立新的传统、社会规范和文化，使能更适应他们当地环境的需要。换言之，美国的伟大，源自不为过去的泥泞孑孓似的寄生虫所覆盖，凡此将阻挡想象力，并阻扰足以勃发的成长。新大陆的立国先民，享受

① 《蒋夫人昨日接见李“副总统”等首长》，《“中央”日报》1986年11月12日。
② 《蒋夫人昨接见“国军”高级将领》，《“中央”日报》1986年11月14日。
③ 《蒋夫人昨接见本党中常委等》，《“中央”日报》1986年11月16日。
④ 《蒋夫人昨接见罗光与李国鼎》，《“中央”日报》1986年11月26日。

到不曾为传统中败坏的因素所压制和发展；美国这个国家能够自主的选择，采纳她所需求而挣脱羁绊。因此，放纵个人的创意及动力，而促成许多发明创造的机会。几乎可以说，对每个人而言，提到亚美利坚这个名字即会联想到她是一个年轻而有勇毅且是充满活力而又美丽的一个国家，由具有崇高理想的男女们所工作和生活的住所，他们充满真善美的人性光辉，具有广博的胸襟气度，并对自由全力奉献投入。而他们的子孙则都被教导公民和政治自由的责任，而自稚子开始训导使确知这是每一个美国人与生俱来的权利”，赞扬美国的民主自由。

在美国对华“错误”政策与美国友好人士支持一节中，她转而批评美国。认为美国自20世纪70年代经济发生衰退后，威望受到了削弱。对中华人民共和国的承认就是典型的案例，这一决定使美国后任总统的负担加重，且不断影响其他西方国家与中华人民共和国的关系；而美国某些高层官员更是为升迁而对金门、马祖的重要战略地位的判定态度暧昧，致使“美国对台湾澎湖及外岛的既定政策”发生变化。但同时，她又赞扬某些美国官员如美国参谋长联席会议主席雷德福上将、太平洋区总司令史敦普上将、负责西太平洋海岸地区的助理国务次卿华特·罗宾森，认为他们“不但敢于表达坚强的战略见解，而且就金门对厦门、马祖在闽江口对福州、在台湾防卫上有其士气与心理战略上的价值，用铿锵有力的言词向他的同僚、长官以及往昔的盟友——如当时英国首相艾登表明战略意见，并强调国务卿杜勒斯宣布的美国外交政策”。

在蒋介石对金马的坚持与台湾发展一节中，她赞扬蒋介石在美国施压希望其撤出金门、马祖地区时多次表示“无论有无美国协助，他都会坚决固守这两个岛屿”，并称“假使没有‘先总统’在大原则上不屈服、不妥协的领导，坚守金门、马祖，谁也不难想象到，如果金马陷落，难道台湾不会像这两个外岛一样沦亡？若不是因为他的坚定不移，谁能说，会因此而造成什么样的后果”？

在回顾过去种种之后，宋美龄将视野转向未来，提出“我所关切的是一些对未来不祥的征兆。很明显的由种族偏见造成的盲目的爱国主义再度在日本昂扬起丑陋的头颅，因为潜伏的军国主义先锋正又在日本崛起……但是面对1986年的今天，在日本战败与盟国占领下，并历经四十余年的民主化和国民大批出外观光的结果，应可使日本人更意识到外在世界的存在。日本民族不应再有偏狭观念，否则仍会预兆着黑暗与不祥，对于日本天皇正当的向奎诺总统（菲律宾）表示了他的遗憾与难过，仍然有人大表反对，真是令人不可置信……早在1982年7月24日，路透社曾自东京报道说，日本文部省决定要删除在学校教科书上任何有关日本在1937年到1945年间对中国发动战争的‘批评性文字’。这个篡改侵略及大屠杀的种种行为，文部省竟然狂言说是‘一项审定政策’；而且是‘既客观又公正的’。忽视事实真相的教育是为了实现这句讥诮讽刺的格言：‘无知便是福’。日本内阁在世界舆论的压力之下，已有腼然之意，而不再赞成这种做法，那位大臣因而就被迫辞职了，封建时期武士道的英雄事迹确实是一种令人赞佩对部落民族的忠诚，适合现在的青少年或成人茶余饭后消遣时光的，但是在廿世纪的现在，此种像发生在十七、十八世纪的野蛮行为，颂扬暴力与大屠杀的英雄式崇拜，已经不再符合现代文明人的信念”，号召大家应警惕并及时阻止军国主义复活。

在文章的最后，她谈到“当今世界充满着怪异现象，‘民主’一词已经成了任人投掷的陈腐口号。一些行之多年的原则，现在却反被指为‘意识形态上的障碍’”，表示赞同第一次世界大战后奥地利财政部部长对知识分子的评论，即“知识分子不同于一般人的许多事实之一，在于他们缺乏直接的责任，或是没有第一手知识，或是缺少实际经验。但是在从事批评时，他们十分苛刻，却又提不出方案与解决办法，最重要的是没有责任”，并指斥某些西方政客借“民主”口号在竞选活动中不择手段以获得个人的利益，认为台湾“美丽岛”事件中台湾的警察与安全人员的行为要远优于所谓民主的法国、美国警察，既而得出结论“民主政治不应对外国的方式照单全收。对我们来说，民主政治实应植基于国父孙中山先生的三民主义……在此并不完美的世界中，民主政治无疑是最高等的政府形式，然而正如同目前，在近二年中，雷根总统以及好些明理之士就常常指责民主政治有时不免失之偏袒，未能照顾到全民的福祉”，提醒大家“国家的死敌并非外来的，他们来自萧墙之内”。[1]

12月8日　出席留美同学会与美侨商会举办的联合餐会，发表题为《结果你们来承当?》的英文演讲。演讲指出“我们都知道世事如何受到新闻媒体的影响，甚至控制”，认为“新闻的要旨在于报道真实而未加渲染的消息和根据事实传播资讯”，指责某些新闻媒体“为了本身的成见或目的，竟以不正确的话和彻底的谬言扭曲事实来操纵大众”；并分析西方世界在赢得第二次世界大战战争胜利后失去了“和平”的原因，即“自由派人士反对美国、英国及日本扩张海军，并玩弄阴险的骗人理论，和利用人们反对加强军备及反战的情绪，而苏俄则身在一旁暗笑，准备在一旦有关方面互斗时坐收渔利”，从而造成了历史重演的可能，提醒大家要防止第三次世界大战的爆发。[2]

* * * * * *

是年

3月29日　蒋经国发表题为《中国之统一与世界和平》的讲话，强调“中国只有一个，中国必须统一”。

5月3日　台湾“中华航空公司”飞行员王锡爵将所驾货机降落在广州白云机场。

6月30日—7月1日　中华人民共和国与葡萄牙进行了关于澳门问题的首轮会谈。

9月28日　台湾民主进步党成立。

---

① 《蒋夫人昨发表专门畅谈年来所思所感》，《“中央”日报》1986年12月4日、12月5日。

② 《结果你们来承当?》，《“中央”日报》1986年12月9日。

1987年　八十八岁

1月1日　与家人至慈湖悼念蒋介石。[①]

1月10日　至台北市翡翠水库视察水库建设施工情形，听取台北市市长许水德及翡翠水库建设委员会执行长谢毅雄关于水库防治水源污染、工程进度及安全管理的报告。[②]

1月16日　在“妇联会”接见前战时儿童保育院在台师生。[③]

1月18日　在“妇联会”举办茶会，接见“国民”革命遗族学校学生。[④]

1月29日　与蒋经国夫妇至慈湖悼念蒋介石。[⑤]

4月5日　与蒋经国夫妇至慈湖悼念蒋介石。[⑥]

5月1日　洪都拉斯授予宋美龄莫拉桑大十字金质勋章，台湾“外交部长”丁懋时代为接受。[⑦]

6月12日　向辅仁大学毕业生发表毕业赠言。

赠言以美日贸易逆差开篇，认同美国官员将工业萎缩归于美国的自满与教育这一论断，并批评美国教育，认为“在过去的廿五年里，尽人皆知，美国的教育，因受放任哲学的影响，而导致了严重的衰退。家长的随便态度和教学的不良环境，更对学生造成了实质的伤害”，进而延伸至美国的“自由民主”，批评“言论自由的口实已遮掩了是非真相，推倒了真民主，但并没有推倒我们举世所见之代用的假民主。在这种情况下，‘左’倾的或极左派分子往往因而获得荣宠”，并指责英国自第二次世界大战结束后所

---

① 《蒋夫人昨至慈湖谒陵》，《“中央”日报》1987年1月2日。

② 《蒋夫人巡视翡翠水库》，《“中央”日报》1987年1月11日。

③ 《蒋夫人昨下午接见前战时保育院师生》，《“中央”日报》1987年1月17日。

④ 《蒋夫人关怀遗族学校学生》，《“中央”日报》1987年1月19日。

⑤ 《蒋夫人昨赴慈湖谒陵》，《“中央”日报》1987年1月30日。

⑥ 《蒋夫人偕蒋“总统”夫妇伉俪慈湖谒陵默祷追思》，《“中央”日报》1987年4月6日。

⑦ 《宏国赠蒋夫人勋章丁懋时昨代表接受》，《“中央”日报》1987年5月2日。

采取的教育政策使教育的品质每况愈下。最后对教师和毕业生提出希望："诸位（毕业生），有朝一日几乎都会为人父母，很可能必须在这世风日下的世界中，面对如何以'明暗对照法'的方式来教导孩子们明辨是非。你们肩负的重责大任，不光是如何设法使你们的子女发挥所长，贡献给我们这个社会大家庭，而且更要赢取世人对我们中国人的尊重"。①

6月23日 台湾"立法院"正式通过"动员戡乱时期国家安全法"。

7月14日 蒋经国宣布自1987年7月15日零时起在台湾地区"解除戒严"。

9月19日 为"美国在华医药促进局"成立五十周年庆发表书面贺辞，感谢该会在抗日战争期间对中国的帮助。②

10月8日 向"世界广东同胞第十二次恳亲大会"发去书面贺辞，鼓励"广东同胞继承优良传统，支持'政府'施政，共同为十亿同胞争取自由、平等、幸福的生活"。称台湾社会"不免呈现若干不良的社会风气，以及部分'国人'对个人、对'国家'的责任感之认识欠清，这些大家应该予以善加启导改正才好"，强调台湾近四十年来的努力均为"光复大陆"。③

10月30日 与蒋经国等人至慈湖悼念蒋介石。④

11月14日 发表对魏德迈《论战争与和平》一书的读后感言。文章以1937年抗日战争全面爆发后的历史回顾为主体，赞扬该书不仅澄清了二战期间中国战场的"真实情况"，而且揭露了"左派分子的谎言"。

此文开篇指出国民政府负担了过多的历史包袱，如"国家管

① 《蒋夫人赠言辅仁大学毕业生》《人类真正的成就是来自知识，经由教育追求知识为"国"奉献》，《"中央"日报》1987年6月13日。

② 《"美国在华医药促进局"五十周年，蒋夫人书贺赞誉对我贡献》，《"中央"日报》1987年9月20日。

③ 《蒋夫人勉全球广东同乡，继承优良传统支持"政府"》，《"中央"日报》1987年10月9日。

④ 《蒋夫人偕家人前往慈湖谒陵》，《"中央"日报》1987年10月31日。

理不善，贪污腐化，因与外国帝国主义列强多次小规模战争中羞辱的败战而产生的半殖民状况与治外法权，国内军阀毫无休止且两败俱伤之阋墙的内战，和清朝末年因与列强签订不平等条约所造成的殷需”，表示即使在这种情况下，中国仍然未让日本“三月亡华”的妄想成真，这与法国的沦陷截然不同。继而指责“国联”的怯懦助长了日本的侵略气焰，表示国民政府虽不免“自私、嫉妒、对立或说其他致命的罪恶等不体面的毛病”，但领导层一直坚持着“三民主义所倡导的理想，来塑造中国成为现代的、进步的、强大的国家”，所以即使在珍珠港事件美国受创、新加坡沦陷、英国受挫之后，中国仍坚持与日本作战，从而有力地支持了欧洲与太平洋战场。但“遗憾”的是，第二次世界大战结束后，“左派分子开始分裂国民党与国民政府……打击国民政府已变成一种风尚”，美国也开始倾向于中国共产党一侧。

在文章的最后，宋美龄赞扬蒋介石的“以德报怨”及“不要求日本赔偿”。[①]

12 月 25 日 至辅仁大学，出席该校授予孔令侃名誉法学博士典礼。[②]

* * * * * *

是年

4 月 13 日 中华人民共和国与葡萄牙签署关于澳门问题的联合声明，声明确认中国政府将于 1999 年 12 月 20 日对澳门恢复主权。

6 月 12 日 台湾发生“六一二事件”，台湾“爱国阵线”成员与民主进步党支持者发生冲突。

10 月 14 日 台湾当局宣布有限制地允许民众赴大陆探亲。

10 月 16 日 国务院公布《关于台湾同胞来大陆探亲旅游接待办法的通知》。

---

① 《〈魏德迈论战争与和平〉读后感言》，《“中央”日报》1987 年 11 月 15 日。

② 《蒋夫人身心健朗，神采清明》，《“中央”日报》1987 年 12 月 26 日。

10 月 25 日—11 月 1 日 中国共产党第十三次全国代表大会制定了社会主义初级阶段“一个中心，两个基本点”的基本路线。

1988 年 八十九岁

1 月 1 日 在士林官邸与蒋经国欢庆元旦。[①]

1 月 13 日 在得知蒋经国病危的消息后，驱车前往大直官邸探视。当日蒋经国去世，终年 77 岁。[②]

1 月 26 日 致信国民党中常委，指出此时选举主席时机不当，应在国民党“十三大”时决定比较适合。[③]

2 月 19 日 同家人至慈湖悼念蒋介石，后至大溪蒋经国陵寝默祷。[④]

4 月 5 日 台湾“行政院长”俞国华在“立法院”答复“立法委员”质询时表示，“蒋夫人宋美龄女士于七十五年十月为参加‘先总统’蒋公百年冥寿而返‘国’，至今从未对政治有所干预，所谓染指外汇存底毫无事实根据”，称“蒋孝武从未参与过情治工作，所谓‘国共接触’更无事实根据”，另外强调“蒋孝勇并未参与‘政府’工作，是平民身份”。[⑤]

6 月 9 日 与“妇联会”各分会主任委员、总干事举行联谊茶会，并发表讲话，称在当局的领导下，通过近四十年军民的努力，日本占领台湾所造成的经济、教育与农村的落后状况得以改变，“妇联会”在此一过程中亦作出重大贡献。指出当下社会对“政府”的诸多批评，“若是建设性的批评，是应该的，但为一己的私心而作批评或诋毁，是不道德会遭人唾弃

---

① 《“总统”昨赴士林，向蒋夫人请安》，《“中央”日报》1988 年 1 月 2 日。

② 《蒋夫人暨严“前总统”痛悼经国先生之丧》，《“中央”日报》1988 年 1 月 15 日。

③ 简洁、孟忻编著：《蒋介石和宋美龄》，第 141 页。

④ 《蒋夫人赴慈湖瞻谒，并到大溪陵寝致意》，《“中央”日报》1988 年 2 月 20 日。

⑤ 《蒋夫人从未干政，俞“院长”澄清蒋氏家族的不实传闻》，《“中央”日报》1988 年 4 月 6 日。

的。我们大家都知道，建设是不容易的，毁损却是极容易的，一个人一身的英名可被捏造污蔑毁之于一旦，惟善良的同胞眼睛是明亮的，目会辨别是非曲直”。提醒“未经困苦的一般幸运者，慎防被少数野心人物或潜伏渗透者利用，作为工具，影响社会安宁，碍及‘国家’形象，损害‘全国’军民努力不易得来的成果”，强调权利与义务是相对应的，民主与自由各有规范，民主是法治下的民主，自由不可侵犯他人的自由。① 此次联谊茶会是宋美龄当年的第一次公开露面。

7月5日 会见“中央妇工会主任”钱剑秋等妇女工作干部，勉励她们全力推进重整家教、复苏固有亲情伦理、敬老尊贤、崇尚道德、守法重纪、提倡公德、改正风气，建设安和康乐的民主“国家”。②

7月8日 出席国民党第十三届代表大会，委托大会秘书长宣读题为《老干新枝》的讲话。讲话首先简要回顾了“中华民国”的“建国”历程；继指出“眼前正值紧要关头，老成引退，新血继之，譬比大树虽新叶丛生，而卓然置基于地者，则赖老根老干。于今党内白发苍苍、步履蹒跚者，不乏当年驰骋疆场之斗士或为劳苦功高之重臣，其对‘党国’之贡献，丝毫不容抹杀，当思前人种树，后人乘凉。夫‘国’之强，党之壮，赖有一定之原则，连续生存之轨迹，创新而不忘旧，前进而不忘本”；强调国民党的原则不可改变，“今后党之发扬光大有赖纪律之恪遵，有品有德优秀人员之引进，然而其不容变者则是党之精神、党之原则、党之方向及党之纪律，其不可有者则为藉党逞私欲、个体求炫众、标新立异，动摇国本”；要求“坊间新闻媒体对‘国事’之批评与建言，应诉诸社论专栏，堂堂正正供大众判读，若任意制造民意，混淆视听，则非所应为，而为‘国人’所弃……崇尚民主，慎防尔‘民’我‘主’”。最后，她强调“党主席表率全党，其产生应

---

① 《蒋夫人吁同胞慎思明辨，勿受蛊惑利用自毁成果》，《“中央”日报》1988年6月10日。

② 《蒋夫人吁重整家教改正风气》，《“中央”日报》1988年7月6日。

根据党章，不宜草率为之。诸位同志身负重托，心系安危，自当内和不同、外纳舆情，求新而非排旧，守纪而拒乖张，法律必须严格遵守，暴乱亟应依法切实制止，庶几可以推行民主，巩固经济，在党主席领导下群策群力继续发扬本党辉煌历史”，引发各界诸多猜测。①

10 月 30 日 出席“妇联会”举行的“国民革命军”遗族学校六十周年校庆，并致辞，将台湾经济、文化等方面发展的原因完全归于台湾当局政策的得当，即“一面捍卫‘国家’，巩固前线；一面实现三民主义，使耕者有其田，力行三七五减租，促成贫富差距缩小，并推行克难双手万能勤俭节约，人尽其才、物尽其用，使社稷安定，扶植工商业，改进农产，发展养殖业，激励全民奋发，并于‘国库’拮据情况下，断然实施九年‘国教’，不遗余力培植大专‘出国’深造”，借此批评台湾“少数人不但不饮水思源、感念‘党国’，革命先烈志士付出之性命与血汗，以及‘政府’之抚养培植，而在坐享其成之余，反而处处弥漫乖戾之气，制造是非、丑化‘政府’，借民主为口号违法乱纪，不择手段尽百般污蔑之能事，尚有若干人士歪曲事实，抹煞良知，胡诌指责，更有暴跳谩骂幼稚行径者，凡此概非读书人所为”。强烈指斥“台独”分子“竟异想天开，在外国活动，企图于种族（Ethnic）类，中国人项下将台湾人分出另列”，斥责此种行为“实为‘弃’祖灭宗、荒谬绝伦”，号召遗族后代“发扬我固有伦理道德，祛除时尚时髦崇洋心理及拜金主义之歪风”。②

* * * * * *

是年

2 月 李登辉表示，“中华民国”的“国策”就是只有“一个

---

① 《蒋夫人莅临全会，指出“国强党壮”原则》，《“中央”日报》1988 年 7 月 9 日。

② 《有决策奇迹，才有经济奇迹，少数人不知感念“党国”，蒋夫人认为荒谬绝伦》，《“中央”日报》1988 年 10 月 31 日。

中国”的政策。

5月15日 苏联开始从阿富汗撤军。

7月 国务院正式公布《关于鼓励台湾同胞投资的规定》。

7月12日 国民党第十三届代表大会通过《现阶段大陆政策案》，决定继续开放民众赴大陆探亲，允许大陆同胞赴台奔丧探病，并以民间、间接、单向为原则，逐步开放两岸文化、体育、学术和经济贸易来往；将其政策重点从“反共复国”转变成“偏安等待”。

8月24日 国民党中常会通过成立“大陆工作指导小组”，以统筹、指导新的“大陆政策”。

9月24日 台湾“九二四”证所税事件爆发，台湾证券史上最惨重的波段跌幅开始。

1989年 九十岁

2月 在荣民总医院接受乳腺癌手术。①

4月4日 长孙蒋孝文逝世，终年五十四岁。

6月12日 在“妇联会”接受美国波士顿大学校长史约翰颁赠的法学荣誉博士学位，并发表答谢辞。②

6月17日 至台北市怀恩堂出席陈诚夫人谭祥女士的追思礼拜。③

同日，为辅仁大学七十七年度毕业典礼发表题为《不健全教育的影响及其后遗症》的书面讲话。批评美国教育制度的缺失，认为美国各级教育机构虽然都要求教育改革，但却从未真正提出过有效的改革途径，只将教师数量的不足归为教育品质下降的原因；另一方面，大学入学资格审查委员会的评审委员倾向于通俗

---

① 《荣总说明蒋夫人动手术情形》，《“中央”日报》1989年2月14日。

② 《蒋夫人获颁荣誉博士学位》，《“中央”日报》1989年6月13日。

③ 《谭祥女士追思礼拜，蒋夫人昨亲临致祭》，《“中央”日报》1989年6月18日。

心理学和社会理论，忽视了正统的学术，致使教师与学生的行为失当，而正是这两个原因导致了美国教育的衰退。随即，宋美龄提出“养不教，父之过；教不严，师之惰”，认为应适当减除孩子的某些享受，正当引导，才能使“晚辈明辨是非善恶”，“二十一世纪的竞争将不是经济或军事之争，而是价值观之争……这些众人公认的价值观，是由我们遵循一辈子的金科玉律所凝聚成的永恒价值”。①

10 月 9 日 至“妇联会”接见参加“国庆”劳军的“中外”人士，并致辞表示感谢。②

12 月 为辅仁大学创立六十周年发表书面贺辞。贺辞通篇回顾辅仁大学的创建历史，赞扬辅仁大学的老师“传道、授业、解惑的精神以及治学的热诚，实与当今美国教育人士的态度大相径庭”，并号召校友“追求知识，努力向学，报效‘国家’社会，进而保存‘我国’固有文化，同时亦能不固步自封，撷取其他文化之精髓”。③

* * * * * *

是年

2 月 15 日 苏联军队全部撤出阿富汗，阿富汗战争结束。

6 月 24 日 中国共产党十三届四中全会选举江泽民为中共中央总书记。

1990 年　九十一岁

3 月 8 日 是日为宋美龄九十一岁生日，在士林官邸接见前来

---

① 《不健全教育的影响及其后遗症》，《“中央”日报》1989 年 6 月 17 日。

② 《“妇联会”“国庆”扩大劳军，蒋夫人亲自主持》，《“中央”日报》1989 年 10 月 10 日。

③ 《辅仁大学六十周年校庆，蒋夫人勉学生追求知识报效“国家”》，《“中央”日报》1989 年 12 月 8 日。

祝寿的李登辉。①

4月17日 主持“妇联会”成立四十周年纪念会并致辞，呼吁与会者“要对‘国家宪法’爱之惜之，协助大陆同胞‘解脱桎梏’，‘重获自由’”。②

6月1日 当日清晨派员赠送花篮与张学良，祝贺他九十岁寿辰。张学良于是日在台北圆山饭店庆祝生日，此为其五十四年来首度在公开场合露面。③

11月14日 至台北翡翠水库参观、游玩。④

12月20日 “妇联会”完成新旧任总干事交接，国民党中常委辜振甫夫人严倬云接替王亚权担任总干事。

* * * * * *

是年

8月2日 伊拉克入侵科威特，海湾战争爆发。

9月22日 第十一届亚运会在北京举行。

10月3日 民主德国并入联邦德国，德国统一。

11月21日 台湾海峡交流基金会成立，辜振甫任董事长。

1991年 九十二岁

4月17日 出席“妇联会”举办的“前瞻八十年代妇女研讨会暨‘妇联会’八十年工作检讨会”并致辞。指出随着台湾经济的发展，人民的生活水平得以提升，但随之而来的奢靡与贪婪却使“公权力不彰，司法偏颇，致盗贼猖獗肆无忌惮，甚而目无法纪，以身试法”；与此同时，“国会”中常发生的暴力事件已被国

---

① 《蒋夫人九秩诞辰，李“总统”签名祝寿》，《“中央”日报》1990年3月9日。

② 《蒋夫人：对“宪法”要爱之惜之》，《“中央”日报》1990年4月18日。

③ 《蒋夫人赠花篮致贺》，《“中央”日报》1990年6月2日。

④ 《蒋夫人参观翡翠水库》，《“中央”日报》1990年11月15日。

际社会“讥嘲之为马戏”，“令人羞愤”。号召妇女们应尽为人母者之天职，“对子女耳提面命教以伦常，对‘老吾老以及人之老、幼吾幼以及人之幼’率先躬行，推展社会”。①

4月28日 向“战时儿童保育会”师生集会发去书面致辞，指责近年来台湾社会风气败坏，影响了国际形象、社会安定与经济发展，号召保育院在台全体师生“应具敢言敢为之胆识，挺身而出，择善固执，以导正社会乱象”。②

7月1日 蒋孝武去世，终年四十六岁。

7月15日 指示“妇联会”总干事辜严倬云速购粮食与药品，通过红十字会等机构送往大陆，救济大陆遭受洪灾的民众。③

7月21日 出席台北“故宫博物院”主办的“中国艺术文物讨论会”，并以荣誉主席的身份发表了十分钟英语演讲，指出在第二次世界大战期间及战后被掠夺的西方名画著作应归还其原来合法所有人；清末义和团运动时被西方抢夺的中国国宝文物，以及抗日战争期间被日本攫取的私人收藏品，也应归还给中国人。④

9月21日 离台赴美，李登辉等人至机场送行。⑤

9月26日 针对台湾社会对宋美龄赴美飞行费用的质疑，“中华航空公司”强调宋美龄搭乘的并非外界所称的“专机”，而是受雇于士林官邸的“包机”，纯属商业行为。⑥

12月31日 台“中央民意代表”全体退职，“万年国会”时代结束。

* * * * * *

---

① 《“国会”暴力遭国际讥嘲为马戏，蒋夫人沉痛表示令人羞愤》，《“中央”日报》1991年4月18日。

② 《战时保育会百余师生重聚一堂》，《“中央”日报》1991年4月29日。

③ 《蒋夫人指示“妇联会”送灾胞食米药品》，《“中央”日报》1991年7月16日。

④ 《蒋夫人在“中国艺术文物讨论会”发表演说》，《“中央”日报》1991年7月22日。

⑤ 《蒋夫人赴美长期休养》，《“中央”日报》1991年9月22日。

⑥ 《蒋夫人赴美，乘的是包机》，《“中央”日报》1991年9月27日。

是年

8月19日 苏联发生“八一九事件”。

12月16日 海峡两岸关系协会在北京成立，汪道涵任会长。

12月26日 苏联最高苏维埃举行最后一次会议通过宣言，宣布苏联终止存在。

1992年 九十三岁

1月4日 台北“地检署”宣布宋美龄搭乘专机赴美遭人告发涉嫌侵占一案结案，判定此案无犯罪嫌疑。①

3月15日 在长岛寓所与“国民革命军”遗族学校学生聚会庆祝生日。同日，国民党第十三届中央评议委员会第三次会议向其电贺生日。②

8月1日 孔令侃在纽约病逝。

9月10日 台湾“监察院”联席会议通过“监察委员”林纯子所提“宋美龄赴美使用通行状暨士林官邸长期占用公地”弹劾案的调查报告。该案指控1991年宋美龄赴美定居时，其身份为卸任“总统夫人”，已不具“总统夫人”身份，使用“外交公务护照”违反规定；宋美龄方面尚未交付华航班机“加班飞航”费用；士林官邸之用地应根据安全与体制，改为“元首官邸”，范围以外地区应考虑对外开放，供民众休憩。③

* * * * * *

是年

7月23日 捷克斯洛伐克分裂。

---

① 《蒋夫人搭乘华航专机赴美案“地检署”调查后签结》，《“中央”日报》1992年1月5日。

② 《蒋夫人在美欢度华诞》，《“中央”日报》1992年3月24日；《中评委员会议通过决议，向蒋夫人致敬祝贺华诞》，《“中央”日报》1992年3月16日。

③ 《蒋夫人赴美使用通行状一案，“监察院”通过调查报告》，《“中央”日报》1992年9月11日。

8月24日 中华人民共和国与韩国建交。

10月12—19日 中国共产党第十四次全国代表大会在北京召开，确立了建设社会主义市场经济体制的改革目标。

11月7日 金门、马祖解除“战地政务”，实施地方自治。

1993年 九十四岁

3月 孔令伟赴美探视宋美龄。①

5月7日 在纽约曼哈顿东城83街寓所接见“总统府”资政郝柏村。②

9月27日 在纽约寓所会见巴拉圭新任总统汪慕西、台湾“驻纽约办事处”处长吴子丹及驻乌拉圭代表陈明德。③

* * * * * *

是年

4月27—29日 海峡两岸关系协会会长汪道涵与台湾海峡交流基金会董事长辜振甫在新加坡进行第一次“汪辜会谈”。

8月31日 国务院台湾事务办公室和国务院新闻办公室发表《台湾问题与中国的统一》白皮书。

1994年 九十五岁

3月23日 在纽约寓所与家人共度生日。④

4月27日 向“妇联会”创立四十四周年庆祝大会发去书面贺辞，期望“妇联会”及“全国”妇女同胞能凝聚家庭伦理的道德

---

① 《探视孔令伟病情，蒋夫人可能近日“返国”》，《“中央”日报》1994年9月6日。

② 《郝柏村探望蒋夫人》，《“中央”日报》1993年5月10日。

③ 《巴拉圭总统汪慕西在纽约拜访蒋夫人》，《“中央”日报》1993年9月29日。

④ 《蒋夫人九十五寿辰，亲朋好友齐赴纽约祝寿》，《“中央”日报》1994年3月24日。

力量，对国际社会广为宣传“我国”的政治哲学，特别要对大陆广大妇女同胞给予关怀与援手，激起她们追求幸福美满家庭的愿力。[①]

9月10日 上午6时飞抵台湾，蒋孝勇等人同机回台。上午前往慈湖谒陵，下午至振兴医院探视已患直肠癌晚期的孔令伟，当晚留宿振兴医院。后陪伴孔令伟直至13日下午，始返回士林官邸。[②]

9月16日 下午至振兴医院探视孔令伟。[③]

9月19日 结束回台探视孔令伟病情的行程，下午离台赴美。[④]

11月10日 孔令伟在台北振兴医院去世，终年七十五岁。

11月16日 参加在纽约曼哈顿方砖教堂举行的孔令伟追思礼拜与在上州墓园举行的安葬典礼。[⑤]

* * * * * *

是年

3月5日 第八届全国人民代表大会常务委员会通过《中华人民共和国台湾同胞投资保护法》。

4月14日 李登辉接受台湾《自由时报》专访，公开否认“一个中国”的原则。

7月12日 国务院台湾事务办公室就台湾当局公布的《台海两岸关系说明书》发表讲话，肯定了台湾当局说明书所坚持“一个中国”、反对“两个中国”与“一中一台”的主张，但坚决反

---

① 《“妇联会”成立44周年，蒋夫人特颁书面训词》，《“中央”日报》1994年4月28日。

② 《蒋夫人“返国”，李“总统”伉俪在机场迎接》，《“中央”日报》1994年9月11日；《蒋夫人留守医院陪伴孔令伟》，《“中央”日报》1994年9月12日；《孔令伟病情已稳定》，《“中央”日报》1994年9月20日。

③ 《孔令伟病情已稳定》，《“中央”日报》1994年9月20日。

④ 《蒋夫人昨搭机返纽约寓所》，《“中央”日报》1994年9月20日。

⑤ 《孔令伟葬礼在美举行，蒋夫人全程参与》，《“中央”日报》1994年11月18日。

对说明书所提“两岸分裂分治”“两个对等政治实体”“两个国际法人”等谬论。

12月3日 台湾举行第一次台湾省省长选举与院辖市（台北市、高雄市）市长选举。

1995年 九十六岁

3月12日 在纽约寓所欢度九十六岁生日，蒋孝勇、孔令仪等家人均前往拜寿。①

4月20日 致函李登辉，吊唁其父之丧。②

7月26日 上午由纽约飞抵华盛顿。下午接受美国参议院多数党领袖杜尔及参议员赛蒙分别代表共和党及民主党的邀请，出席美国国会为她举行的致敬酒会，并发表讲话。感谢美国国会的邀请，并简要回顾抗战岁月，对美国在第二次世界大战中对中国道义与物质的支持表示感谢。

晚7时，出席台湾“驻美代表处”在“双橡园”为她举办的欢迎茶会，接受“妇联会”秘书长辜严倬云、国民党妇女工作会主任林澄枝及黄埔校友会等代表赠送的礼物，并致辞。

致辞简述战后五十年来的世界局势，号召大家在面对“国家前途”这一挑战问题时，应“学习孔子哲理哲学世界大同的理想，和效法耶稣基督牺牲自我拯救世人的精神，发挥人类集体的智慧，共同合作奋斗，才能重建一个自由、民主、富足、和谐并且具备人性尊严的‘国家’和社会”。

当晚返回纽约。③

8月12日 全球遗族学生代表在新泽西州举行庆祝抗日战争胜利五十周年纪念大会，宋美龄向大会发去书面致辞，称“五十

---

① 《蒋夫人深居纽约，云淡风轻》，《“中央”日报》1995年5月1日。

② 《蒋夫人致函慰问李“总统”》，《“中央”日报》1995年4月21日。

③ 《感念中美并肩作战深厚情谊》《勉国人学习孔子哲理、效法耶稣精神，建立和谐社会》，《“中央”日报》1995年7月28日。

年过去了，今天‘国家’民族仍然深陷分裂艰难之中”，呼吁“最后的和平统一，尚有待大家始终抱持自己父兄母妹们当年大忠大孝的愿力，从海内海外、从各个领域岗位来协力完成。”①

* * * * * *

是年

1月30日 江泽民发表题为《为促进祖国统一大业的完成而继续奋斗》的讲话，就发展两岸关系、推进祖国和平统一进程的若干重要问题提出八项主张。

6月8日 李登辉公开发表讲话，再三强调“‘中华民国’在台湾”或“在台湾的‘中华民国’”。

7月21—26日 中国人民解放军在台湾东北方向进行地对地导弹发射训练。

1996年 九十七岁

3月11日 至纽约大都会博物馆参观台北“故宫博物院”珍藏特展“中华瑰宝展”之预展。②

3月29日 在纽约寓所同华兴育幼院与华兴中学的校友共度生日。③

6月25日 向“妇联会”成立四十六周年庆祝大会发去书面贺辞。④

6月 恰逢蒋孝勇次子蒋友常赴纽约大学就读，蒋孝勇全家飞赴纽约看望宋美龄。

8月19日 委托“妇联会”秘书长辜严倬云捐赠新台币五千万元用于台湾“贺伯”风灾救灾之用。⑤

---

① 《蒋夫人吁完成“最后的和平统一”》，《联合报》1995年8月14日。
② 《华兴校友齐聚纽约，为蒋夫人暖寿》，《“中央”日报》1996年3月30日。
③ 《华兴校友齐聚纽约，为蒋夫人暖寿》，《“中央”日报》1996年3月30日。
④ 《“妇联会”四十六周年庆生》，《“中央”日报》1996年6月26日。
⑤ 《蒋夫人赈灾捐款五千万元》，《“中央”日报》1996年8月20日。

12月中旬 在“蒋介石、蒋经国奉安移灵小组”所拟的两阶段奉安移灵方案（即先在台湾“国葬”，待统一后迁葬大陆）公文上批复“同意”。①

12月22日 蒋孝勇在台北逝世，终年四十八岁。

12月26日 时任台北市长的陈水扁提出希望宋美龄在去世前，能捐赠士林官邸正房，让台北市政府将之建为蒋公纪念馆，以供瞻仰。②

* * * * * *

是年

3月8—25日 中国人民解放军在台湾海峡北部西侧，进行大规模陆海空联合演习。

3月23日 台湾举行首次“总统直选”。

1997年 九十八岁

2月16日 儿童保育会在台师生聚会，举办恭祝宋美龄百龄嵩寿签名祝寿大会。③

2月27日 国民党党史会在阳明书屋举办“庆祝蒋夫人期颐嵩寿”座谈会。④

3月8日 “妇联会”举办“蒋夫人百岁嵩寿联谊茶会”，李登辉参加并致辞，称赞宋美龄是“中国近代史上，非常杰出的妇女领袖，她不但为自己‘国家’的发展、人民的福祉，作出了卓越贡献，同时也为世界和平、人类理想付出心力，获得国际社会崇高的敬意。蒋夫人不但是‘先总统’蒋公的得力助手，并以全部的智慧和力量投入‘国家’各阶段建设……民国十八年创办国

---

① 《两蒋“总统”奉安事，蒋纬国尊重蒋夫人意见》，《“中央”日报》1996年12月20日。

② 《陈水扁隔海遥请，盼蒋夫人捐官邸》，《“中央”日报》1996年12月27日。

③ 《祝蒋夫人嵩寿》，《“中央”日报》1997年2月17日。

④ 《为蒋夫人暖寿，党史会明办座谈》，《“中央”日报》1997年2月27日。

民遗族学校，照顾孤苦无依遗族；二十六年抗日期间，率领妇女同胞慰问前线官兵、探视战地医院，救济流离灾民；二十七年成立战时儿童保育会，抢救战地难童；来台后，分别办理育幼院、复健医学中心，更成立‘中华妇女反共联合会’，开始有组织、有系统地关怀三军、服务妇女以及济助老弱、残障、贫苦同胞，成为建设社会的一股重要力量。蒋夫人在数十年奉献的事业中，始终坚守一个原则：把‘爱’送到最基层，把‘爱’分享给弱势同胞，没有锦上添花，只有雪中送炭，因此成为大家心中‘永远的蒋夫人’”。①

3 月 14 日 在纽约寓所会见前来贺寿的前“国大代表”蔡孟坚。②

3 月 17 日 在纽约寓所会见抵美祝寿的华兴中小学师生、校友代表。③

3 月 18 日 在纽约寓所会见台湾祝寿代表团。④

3 月 19 日 晚上至位于纽约曼哈顿第五大道 84 街的孔令仪家中，出席暖寿宴，蒋、孔、宋家族成员及俞国华、郝柏村、沈昌焕、秦孝仪、辜严倬云等人均参加。⑤

3 月 20 日 上午在纽约寓所与至亲好友、儿孙及蒋介石身前重要工作人员举行感恩礼拜，并共进午餐，九十七岁的陈立夫亲赴纽约参加。⑥

12 月 向旅居纽约华人举办的“抗日六十周年纪念大会”发去书面致辞，指出“日本军队在南京的大屠杀为——空前的残酷暴行”，批评“部分日本新生代不断歪曲史实，一再企图抹去战争罪行，洗脱其侵略者的责任。更令人遗憾的是，一些反历史主义

---

① 《蒋夫人无私奉献，爱心无远弗届》，《“中央”日报》1997 年 3 月 9 日。

② 《老友拜寿，蒋夫人亲切话家常》，《“中央”日报》1997 年 3 月 16 日。

③ 《接见首批祝寿团，蒋夫人慈辉温暖华兴人》，《“中央”日报》1997 年 3 月 19 日。

④ 《贺寿蒋夫人》，《“中央”日报》1997 年 3 月 20 日。

⑤ 《亲友暖寿大团圆，蒋夫人乐享天伦》，《“中央”日报》1997 年 3 月 21 日。

⑥ 《蒋夫人百龄嵩寿，感恩庆生叙亲情》，《“中央”日报》1997 年 3 月 22 日。

者视抗战历史为包袱；凡此均无异否定了三千五百万死难同胞的牺牲代价，使得历史真相益形模糊。”认为蒋介石战后放弃对日本索赔的决定维持了战后东亚乃至世界局势的稳定。①

* * * * * *

是年

2 月 19 日 邓小平逝世。

7 月 1 日 中国政府恢复对香港行使主权，香港特别行政区成立。

9 月 22 日 蒋纬国去世，海峡两岸关系协会于次日发去唁电，称蒋纬国“坚持一个中国，反对台独”。②

11 月 29 日 台湾民主进步党在县市长选举中首度超越中国国民党。

1998 年 九十九岁

2 月 宋美龄曾居住过的、位于纽约市近郊长岛蝗虫谷菲克斯路的孔家宅第以二百万美元的价格售出。③

3 月 5 日 “妇联会”宣布捐赠一百七十五万美元在美国韦斯理学院设置“宋美龄中华文化学术讲座”，用以传播中华文化、培养知悉中国文化的人才。④

3 月 15 日 在纽约寓所与来自中国台湾、美国各地的遗族学校、华兴育幼院校友、华兴中小学生代表共度九十九岁生日。⑤

5 月 23 日 接见辜振甫夫妇，听取有关圆山饭店修缮工程进

---

① 《烛光默祷，全美华人同哀思》，《“中央”日报》1997 年 12 月 15 日；《七七事变及南京大屠杀六十周年感言》，载张宪文、武菁主编：《宋美龄文集》第四卷，第 1805—1807 页。

② 《汪道涵电宴致哀》，《“中央”日报》1997 年 9 月 25 日。

③ 《蒋夫人长岛故居二百万美元售出》，《“中央”日报》1998 年 2 月 16 日。

④ 《蒋夫人 101 华诞暖寿献礼》，《“中央”日报》1998 年 3 月 6 日。

⑤ 《齐聚纽约为蒋夫人祝嘏》，《“中央”日报》1998 年 3 月 17 日。

度情形及“妇联会”事务的相关报告。①

8月30日 至纽约《世界日报》所设文化艺廊参观岭南派国画家欧豪年画展。②

10月15日 受宋美龄委托，辜严倬云至上海宋氏墓园宋耀如、倪桂珍墓前献花拜祭。③

12月 接见遗族学校北美地区校友会负责人向厚禄，并鼓励校友“要顶天立地，继续努力，作‘国家’社会的栋梁”。④

12月12日 位于纽约长岛蝗虫谷的宋美龄故居正式对外开放。⑤

* * * * * *

是年

6月30日 美国总统克林顿在访华期间重申，美国不支持“台湾独立”，不支持“一中一台”“两个中国”，不支持台湾加入任何必须由主权国家才能参加的国际组织。

10月14—19日 台湾海基会董事长辜振甫率团访问大陆，并与海协会会长汪道涵举行会谈。

1999年 一百岁

3月 中正文教基金会举办“蒋夫人行谊演讲会”。⑥

3月28日 至孔令仪家出席为其举办的暖寿宴，并接见华兴学校代表。⑦

---

① 《蒋夫人接见辜振甫夫妇》，《“中央”日报》1998年5月25日。

② 《蒋夫人参观欧豪年画展》，《“中央”日报》1998年9月1日。

③ 《受蒋夫人之托，辜严倬云今向宋氏墓园献花》，《“中央”日报》1998年10月15日；《辜严倬云代蒋夫人偿愿》，《“中央”日报》1998年10月16日。

④ 《遗族校友向蒋夫人致敬》，《“中央”日报》1998年12月31日。

⑤ 《蒋夫人长岛故居，惊叹豪门风华》，《“中央”日报》1998年12月14日。

⑥ 《五国学者研讨蒋夫人与近代中国》，《“中央”日报》1999年10月30日。

⑦ 《蒋夫人欢度102岁生日，温馨开怀》，《“中央”日报》1999年3月31日。

3月29日 在寓所欢度生日，并与台湾“驻美代表”陈锡蕃、“妇联会”秘书长辜严倬云共进午餐。①

9月23日 指示“妇联会”捐款一亿元新台币用于台湾中部地震救灾，并指示华兴中小学收留五十名“集集大地震”的孤儿，免费帮助他们完成学业，同时设立临时收容所，帮助难童渡过难关。②

11月1—3日 “蒋夫人宋美龄女士与近代中国”国际学术讨论会在台北“故宫博物院”举行。③

* * * * * *

是年

3月24日 北约向南联盟发动大规模空中打击。

7月9日 李登辉接受“德国之声”访问，称两岸是“特殊的国与国关系”。

12月20日 中国政府对澳门恢复行使主权，建立澳门特别行政区。

2000年　一百零一岁

1月1日 出席纽约《世界日报》举办的《蒋夫人宋美龄女士暨书画名家跨世纪千禧联展》画展开幕式。④

3月14日 发表亲笔签名公开信，称“目前‘国内’面临民主的痛苦抉择……走向民主的脚步，如果一旦跌倒，那将使‘国家’民族万劫不复……“中华民国”是国父手创、‘先总统’一生艰苦卓绝捍卫的‘国家’，大家必须警觉，不要由于抉择错误，而使之毁于一旦！‘国家’的领航人，必须具备坚忍刚毅的性格，

---

① 《蒋夫人欢度102岁生日，温馨开怀》，《“中央”日报》1999年3月31日。

② 《蒋夫人指示“妇联会”捐一亿元》，《“中央”日报》1999年9月24日。

③ 《“蒋夫人宋美龄女士与近代中国”国际学术讨论会“故宫”举行》，《“中央”日报》1999年11月2日。

④ 《蒋夫人画展，纽约迎千禧》，《“中央”日报》2000年1月3日。

前瞻远见的眼光，久经历练的政治经验，才能把‘国家’领向安全繁荣，领向自由民主，今天只有‘总统’候选人连战符合这些要件”，呼吁选民支持国民党员连战竞选台湾地区领导人，认为“只有他提出的政策和方法，能为弱势者创造平等互惠的大环境！为两岸开创恢复协商、沟通协进的新局！”①

3月19日 在纽约寓所与专程赴美祝寿的郝柏村、秦孝仪、辜严倬云等人庆祝生日。②

3月21日 与专程赴美祝寿的华兴育幼院学生茶叙。③

4月17日 “妇联会”举行五十周年庆晚会，宋美龄发去书面贺辞。称“妇联会”的会务随着社会的转型而转变，不但照顾了社会弱势群体，而且将该机构从“服务国军”的团体成功转型为“民众公益”的团体，希望大家继续努力。④

9月8日 以国民党中央评议委员会主席团首席主席的身份，采取通信报名的方式，完成党员重新登记手续，成为中国国民党终身党员，并亲笔签署绝不参加或支持其他政党的党员规约。⑤

* * * * * *

是年

2月21日 中国政府发表《一个中国原则与台湾问题白皮书》。

3月18日 台湾“大选”结果揭晓，执政五十年的国民党败选，民进党候选人陈水扁当选“第十任总统”，台湾首次政党轮替。

3月24日 李登辉宣布辞去国民党主席一职，连战代理国民党主席。

3月31日 宋楚瑜正式组建“亲民党”，并担任主席。

---

① 《蒋夫人吁支持国民党连战》，《“中央”日报》2000年3月15日。
② 《蒋夫人欢度103岁大寿》，《“中央”日报》2000年3月20日、3月21日。
③ 《华兴院童向蒋夫人祝寿》，《“中央”日报》2000年3月27日。
④ 《“妇联会”欢庆50周年》，《“中央”日报》2000年4月18日。
⑤ 《蒋夫人领衔办妥总登记》，《“中央”日报》2000年9月9日。

6 月 14 日 朝鲜领导人金正日与韩国总统金大中签署《北南共同宣言》，提出双方要进行经济、社会和文化等方面的合作和交流。

2001 年 一百零二岁

2 月 8 日 陈立夫逝世。

4 月 17 日 发表“妇联会”成立五十一周年训词，对该会多年的工作成绩表示肯定，希望“在新的世纪中，我全体同仁仍须以促进全民福祉为业务推进目标，期使弱势族群皆能获得妥善照顾”。①

10 月 14 日 张学良逝世。

10 月 23 日 “妇联会”秘书长辜严倬云代表宋美龄，参加在夏威夷举行的张学良追思礼拜及公祭。②

* * * * * *

是年

9 月 11 日 恐怖分子劫持民航客机撞入美国世界贸易中心及五角大楼。

10 月 7 日 阿富汗战争爆发。

12 月 11 日 中国正式加入世界贸易组织。

2002 年 一百零三岁

3 月 5—17 日 “台湾女书画百家祝贺蒋夫人宋美龄一百零三岁嵩寿联展”在孙中山纪念馆德明艺廊展出。③

---

① 《“妇联会”成立五十一周年训词》，载张宪文、武菁主编：《宋美龄文集》第五卷，第 2374—2376 页。

② 《蒋夫人派代表祭张学良》，《“中央”日报》2001 年 10 月 19 日。

③ 《贺寿蒋夫人联展明登场》，《“中央”日报》2002 年 3 月 4 日。

3月25日 在纽约寓所与赴美拜寿的辜严倬云、林澄枝、秦孝仪及孔令仪夫妇、宋仲虎夫妇、蒋方智怡等人共度生日。①

* * * * * *

是年

8月3日 陈水扁公开表示台湾与大陆的关系是“一边一国”。

2003年 一百零四岁

3月 因患重感冒住院疗养。

3月14日 台湾“驻美代表”程建人夫妇与驻纽约办事处处长夏立言夫妇与蒋宋家亲属等人至寓所拜寿，因宋美龄12日才出院，身体仍须休养，未出面见客。②

10月中旬 出现轻微肺炎迹象，左肺出现钙化。③

10月23日 于美国东部时间23日11时17分在纽约曼哈顿寓所逝世，彼时孔令仪夫妇、蒋友常在旁陪伴。美国主要媒体都报道了宋美龄逝世的消息。④

10月24日 全国政治协商会议主席贾庆林发唁电至宋美龄亲属，对宋美龄逝世表示哀悼，电文如下：

> 惊悉中国近现代史上有影响的知名人士宋美龄女士逝世，我谨代表中国人民政治协商会议全国委员会表示深切哀悼，并向你们表示诚挚慰问。⑤

同日 时任美国总统布什发表声明，对宋美龄的逝世感到悲伤。称宋美龄毕生都是美国的挚友，世世代代的美国人都将记得

① 《蒋夫人欢度105嵩寿》，《“中央”日报》2002年3月27日。
② 《“驻美代表”向蒋夫人祝寿》，《“中央”日报》2003年3月16日。
③ 亓乐义：《蒋夫人与华兴》，第248页。
④ 《蒋夫人辞世》，《“中央”日报》2003年10月25日。
⑤ 《大陆政协致电哀悼》，《“中央”日报》2003年10月25日。

且尊敬她的才智与坚毅。①

10月25日 国民党主席连战夫妇、副主席林澄枝及台湾驻纽约办事处处长夏立言等人至宋美龄寓所致悼。②

同日 海峡两岸关系协会会长汪道涵致唁电，称宋美龄一生经历世事沧桑，晚年“萦怀两岸关系，期望国家统一”。③

10月26日 设置于“中正纪念堂”的宋美龄灵堂正式开放。④

李登辉曾在一场座谈会中称，宋美龄当年所进行的“联美抗日”是以“‘贿赂’罗斯福家族的方式换取美国对中国的支持，是所谓的‘中国料理’”。针对这一指责，蒋方智怡10月26日指出：“蒋夫人在中华民国处于内忧外患时还能抱病前往美国，主要是与美国前总统罗斯福的情谊；而她在美国国会演讲中痛斥日本侵华举动更让美国人知道日本的真面目。”严斥李登辉所云毫无依据，违背伦理道德。⑤

10月27日 国民党召开宋美龄治丧筹备会，商讨治丧事宜。会议决定由国民党、亲民党、新党三党与“中华妇女联合会”成立治丧委员会，连战担任治丧委员会主任委员，宋楚瑜、郁慕明、辜严倬云担任副主任委员。⑥

10月28日 蒋方智怡在驻纽约台北经文处表示，宋美龄遗体将暂厝纽约，日后再安葬慈湖。⑦

10月29日 宋美龄停灵的纽约法兰克林坎尔贝殡仪馆开放外界吊唁。⑧

10月30日 宋美龄灵柩由周联华牧师及家人护送，移至纽约

---

① 《华府哀悼：她毕生都是美挚友》，《“中央”日报》2003年10月26日。

② 《连战赴蒋夫人寓所敬悼》，《“中央”日报》2003年10月26日。

③ 《汪道涵电唁》，《“中央”日报》2003年10月26日。

④ 《蒋方智怡痛批李登辉贿赂说》，《“中央”日报》2003年10月27日。

⑤ 《蒋方智怡痛批李登辉贿赂说》，《“中央”日报》2003年10月27日。

⑥ 《送别蒋夫人，治丧五决意》，《“中央”日报》2003年10月28日。

⑦ 《夫人暂厝纽约，择时安葬慈湖》，《“中央”日报》2003年10月30日。

⑧ 《纽约灵堂，鲜花、泪水、十字架》，《“中央”日报》2003年10月31日。

上州芬克里夫（Ferrn Cliff）家族墓园。①

10 月 31 日 台湾当局发布褒扬令，明令褒扬宋美龄。全文如下：

> “故总统”蒋中正夫人宋美龄女士，资赋颖秀，维四岳之通灵；才慧双修，随百花而诞降。早岁负笈游美，卒业麻州韦斯理女子学院，学贯中西，超群拔萃；相夫弼政，沥胆披肝，历经开国、靖难、“剿共”、抗战、“戡乱”等诸役，尤以西安事变，蹈危履险，深入虎穴，厥绩至伟。
>
> 抗日战争期间，周旋坛坫，应邀赴美国国会参众两院演讲，蜚声海甸，巩固中美邦谊，终至胜利。出席开罗会议，确保我国领土完整，盛誉扬辉，贡献至钜。为我国空军建军，展布新猷；创办华兴育幼院，施爱遗孤；成立“中华妇女反共抗俄联合会”，恢弘妇权；筹设振兴复健医学中心，泽慧群民。
>
> 综其生平，跨历三个世纪，惠爱在朝野，简册留芬，允垂世范。上寿归真，殊深轸悼，应予明令褒扬，以示政府崇念懿德之至意。②

同日 时任台湾地区领导人陈水扁至纽约宋美龄寓所，颁赠宋美龄家人“中华民国国旗”与褒扬令，蒋孝刚代为接收。③

11 月 5 日 宋美龄追思会在纽约曼哈顿圣巴托罗缪大教堂（Saint Bartholomew Church）举行，美国共和党参院多数党前领袖杜尔及民主党前联邦参议员赛门夫妇、美国前总统小罗斯福孙媳、纽约前市长朱利安尼、尼加拉瓜、格瑞那达及教廷驻联合国代表

---

① 《蒋夫人安厝纽约》，《“中央”日报》2003 年 11 月 1 日。

② 《“总统府”褒扬蒋宋美龄》，《“中央”日报》2003 年 11 月 1 日。

③ 《扁抵蒋夫人寓所致悼，家属接赠“国旗褒扬令”》，《“中央”日报》2003 年 11 月 2 日。

等人参加。在追思会开始前，连战将国民党党旗交予宋美龄家人以示敬意，后在追思会上发表题为《风雅常亲——纪念宋美龄女士》的谈话，称宋美龄是二十世纪最杰出的女性领袖，是“中华民国”与美国之间友谊的永恒象征。[①]

11 月 21 日 由国民党、亲民党、新党及“中华妇女联合总会”共办的“蒋夫人宋美龄追思会”在台北中山纪念馆举行。[②]

* * * * * *

是年

3 月 15 日 第十届全国人民代表大会选举胡锦涛为中华人民共和国主席，江泽民为中华人民共和国中央军事委员会主席，吴邦国为第十届全国人民代表大会常务委员会委员长。

---

① 《追思蒋夫人，独唱奇异恩典》《蒋夫人追思礼拜》，《“中央”日报》2003 年 11 月 6 日。

② 《蒋夫人追思礼拜，尊崇荣美遐龄》，《“中央”日报》2003 年 11 月 22 日。